ACCESO GRATIS a la Lectura en la Nube

Para visualizar el libro electrónico en la nube de lectura envíe junto a su nombre y apellidos una fotografía del código de barras situado en la contraportada del libro y otra del ticket de compra a la dirección:

ebooktirant@tirant.com

En un máximo de 72 horas laborables le enviaremos el código de acceso con sus instrucciones.

La visualización del libro en **NUBE DE LECTURA** excluye los usos bibliotecarios y públicos que puedan poner el archivo electrónico a disposición de una comunidad de lectores. Se permite tan solo un uso individual y privado

EL CONSEJO DE EUROPA Y LOS DERECHOS SOCIALES

Instrumentos normativos, jurisprudencia del TEDH y doctrina del CEDS

COMITÉ CIENTÍFICO DE LA EDITORIAL TIRANT LO BLANCH

María José Añón Roig
Catedrática de Filosofía del Derecho de la Universidad de Valencia

Ana Cañizares Laso
Catedrática de Derecho Civil de la Universidad de Málaga

Jorge A. Cerdio Herrán
Catedrático de Teoría y Filosofía de Derecho Instituto Tecnológico Autónomo de México

José Ramón Cossío Díaz
Ministro en retiro de la Suprema Corte de Justicia de la Nación y miembro de El Colegio Nacional

María Luisa Cuerda Arnau
Catedrática de Derecho Penal de la Universidad Jaume I de Castellón

Manuel Díaz Martínez
Catedrático de Derecho Procesal de la UNED

Carmen Domínguez Hidalgo
Catedrática de Derecho Civil de la Pontificia Universidad Católica de Chile

Eduardo Ferrer Mac-Gregor Poisot
Juez de la Corte Interamericana de Derechos Humanos Investigador del Instituto de Investigaciones Jurídicas de la UNAM

Owen Fiss
Catedrático emérito de Teoría del Derecho de la Universidad de Yale (EEUU)

José Antonio García-Cruces González
Catedrático de Derecho Mercantil de la UNED

José Luis González Cussac
Catedrático de Derecho Penal de la Universidad de Valencia

Luis López Guerra
Catedrático de Derecho Constitucional de la Universidad Carlos III de Madrid

Ángel M. López y López
Catedrático de Derecho Civil de la Universidad de Sevilla

Marta Lorente Sariñena
Catedrática de Historia del Derecho de la Universidad Autónoma de Madrid

Javier de Lucas Martín
Catedrático de Filosofía del Derecho y Filosofía Política de la Universidad de Valencia

Víctor Moreno Catena
Catedrático de Derecho Procesal de la Universidad Carlos III de Madrid

Francisco Muñoz Conde
Catedrático de Derecho Penal de la Universidad Pablo de Olavide de Sevilla

Angelika Nussberger
Catedrática de Derecho Constitucional e Internacional en la Universidad de Colonia (Alemania). Miembro de la Comisión de Venecia

Héctor Olasolo Alonso
Catedrático de Derecho Internacional de la Universidad del Rosario (Colombia) y Presidente del Instituto Ibero-Americano de La Haya (Holanda)

Luciano Parejo Alfonso
Catedrático de Derecho Administrativo de la Universidad Carlos III de Madrid

Consuelo Ramón Chornet
Catedrática de Derecho Internacional Público y Relaciones Internacionales de la Universidad de Valencia

Tomás Sala Franco
Catedrático de Derecho del Trabajo y de la Seguridad Social de la Universidad de Valencia

Ignacio Sancho Gargallo
Magistrado de la Sala Primera (Civil) del Tribunal Supremo de España

Elisa Speckman Guerra
Directora del Instituto de Investigaciones Históricas de la UNAM

Ruth Zimmerling
Catedrática de Ciencia Política de la Universidad de Mainz (Alemania)

Fueron miembros de este Comité:
Emilio Beltrán Sánchez, Rosario Valpuesta Fernández y **Tomás S. Vives Antón**

Procedimiento de selección de originales, ver página web:
www.tirant.net/index.php/editorial/procedimiento-de-seleccion-de-originales

EL CONSEJO DE EUROPA Y LOS DERECHOS SOCIALES

Instrumentos normativos, jurisprudencia del TEDH y doctrina del CEDS

JOAQUÍN GARCÍA MURCIA
IVÁN ANTONIO RODRÍGUEZ CARDO

tirant lo blanch
Valencia, 2025

Copyright ® 2025

Todos los derechos reservados. Ni la totalidad ni parte de este libro puede reproducirse o transmitirse por ningún procedimiento electrónico o mecánico, incluyendo fotocopia, grabación magnética, o cualquier almacenamiento de información y sistema de recuperación sin permiso escrito de los autores y del editor.

En caso de erratas y actualizaciones, la Editorial Tirant lo Blanch publicará la pertinente corrección en la página web www.tirant.com.

Estudio realizado en el marco de los proyectos coordinados que llevan por título Las transformaciones de la legislación laboral contemporánea y el nuevo estatuto del trabajo (PID2020-118499GB-C31, C32 y C33 /AEI/10.13039/501100011033, financiado por la Unión Europea).

© Joaquín García Murcia
Iván Antonio Rodríguez Cardo

© TIRANT LO BLANCH
EDITA: TIRANT LO BLANCH
C/ Artes Gráficas, 14 - 46010 - Valencia
TELFS.: 96/361 00 48 - 50
FAX: 96/369 41 51
Email:tlb@tirant.com
www.tirant.com
Librería virtual: www.tirant.es
DEPÓSITO LEGAL: V-3659-2024
ISBN: 978-84-1071-253-9
MAQUETA: Disset Ediciones

Si tiene alguna queja o sugerencia, envíenos un mail a: *atencioncliente@tirant.com*. En caso de no ser atendida su sugerencia, por favor, lea en *www.tirant.net/index.php/empresa/politicas-de-empresa* nuestro procedimiento de quejas.

Responsabilidad Social Corporativa: http://www.tirant.net/Docs/RSCTirant.pdf

Joaquín García Murcia es catedrático de Derecho del Trabajo y Seguridad Social de la Universidad Complutense de Madrid

Iván Antonio Rodríguez Cardo es catedrático de Derecho del Trabajo y Seguridad Social de la Universidad de Oviedo

Ambos pertenecen como expertos nacionales a la *European Labour Law Network* que desde 2008 asesora a las instituciones de la Unión Europea en materia de legislación laboral

Índice

Abreviaturas

AL= Actualidad Laboral

AS= Aranzadi Social

BOE= Boletín Oficial del Estado

CC= Código Civil

CCAA= Comunidades Autónomas

CE= Constitución Española

CEDH= Convenio Europeo de Derechos Humanos

CEDS= Comité Europeo de Derechos Sociales

Cfr.= Confrontar

CP= Código Penal

CSE= Carta Social Europea

DA= Disposición Adicional

DD= Disposición Derogatoria

DF= Disposición Final

DL= Documentación Laboral

DT= Disposición Transitoria

DUDU – Declaración Universal de Derechos Humanos de 1948

ET= Estatuto de los Trabajadores

LEC= Ley de Enjuiciamiento Civil

LECrim= Ley de Enjuiciamiento Criminal

LGSS= Ley General de Seguridad Social

LJCA= Ley de la Jurisdicción Contencioso-administrativa.

LO= Ley Orgánica

LPRL= Ley 31/1995, de 8 de noviembre, de Prevención de Riesgos Laborales

LRJS= Ley Reguladora de la Jurisdicción Social

OIT= Organización Internacional del Trabajo

OM= Orden Ministerial

OOMM= Órdenes Ministeriales

RGDTSS= Revista General de Derecho del Trabajo y de la Seguridad Social

REDT= Revista Española de Derecho del Trabajo

RD= Real Decreto

RDS= Revista de Derecho Social

RL= Relaciones Laborales

RMESS= Revista del Ministerio de Empleo y Seguridad Social

RMTAS= Revista del Ministerio de Trabajo y Asuntos Sociales

RMTIN= Revista del Ministerio de Trabajo e Inmigración

RPS= Revista de Política Social

SAN= Sentencia de la Audiencia Nacional

SMI= Salario Mínimo Interprofesional

STC= Sentencia del Tribunal Constitucional

STEDH= Sentencia del Tribunal Europeo de Derechos Humanos

STJUE=Sentencia del Tribunal de Justicia de la Unión Europea

STS= Sentencia del Tribunal Supremo

STSJ= Sentencia del Tribunal Superior de Justicia

TC= Tribunal Constitucional

TEDH= Tribunal Europeo de Derechos Humanos

TJUE= Tribunal de Justicia de la Unión Europea

TL= Temas Laborales

TS= Tribunal Supremo

TSJ= Tribunal Superior de Justicia

UE= Unión Europea

v.gr.= Verbi Gratia

Vid.= Véase

Introducción

Es innegable la contribución de las organizaciones internacionales a la construcción y el progreso de lo que habitualmente entendemos como Derecho Social, en el que, como es bien sabido, suelen quedar comprendidos tanto el Derecho del Trabajo como el ordenamiento jurídico de la Seguridad Social, bien es cierto que junto a otros segmentos jurídicos de variada índole y de bastante menor entidad. Desde el punto de vista histórico, probablemente haya que reconocer que los mayores impulsos para ese proceso han venido de la mano de la Organización Internacional del Trabajo creada en 1919, que desde sus inicios fue marcando horizontes y abriendo las pertinentes líneas de regulación. Para España y el resto de los países comunitarios, es innegable asimismo la autoridad que en los últimos tiempos ha desplegado la Unión Europea en la armonización y modernización de los ordenamientos laborales y los sistemas de protección de los riesgos sociales, una vez que desde sus originales metas económicas supo ampliar su acción normativa hacia esos otros terrenos. De cualquier manera, la legislación social también debe buena parte de su configuración y de su contenido al influjo de otras muchas instancias de carácter supranacional, algunas de ellas de proyección universal, como la Organización de Naciones Unidas, y otras de ámbito regional o continental, como es el caso, para nosotros, del Consejo de Europa.

Hoy en día, puede dar la impresión de que el Consejo de Europa ha quedado en buena medida oscurecido por el enorme protagonismo que la Unión Europea ha logrado adquirir en el contexto europeo y en el concierto mundial. Curiosamente, fue creado antes de la aprobación del Tratado constitutivo de la Comunidad Económica Europea (1949 frente a 1957), por lo que cuenta con una trayectoria histórica aún más longeva que las instituciones comunitarias. Pero tal vez careció de la fuerza atractiva y de la capacidad de impacto que con el paso del tiempo despertaría en Europa lo que en sus primeros pasos fue conocido como "mercado común", pese a la máxima trascendencia de los ideales que se propuso defender y difundir. Frente a la inmediatez y rotundidad de los intereses económicos y financieros, el Consejo de Europa nació, en efecto, con el objetivo esencial de propiciar la buena convivencia entre las naciones europeas, de extender y preservar un acervo común de valores, principios y derechos básicos, y de garantizar el gobierno democrático de nuestras sociedades. Tampoco aspiraba el Consejo de Europa a un proceso de integración supranacional tan intenso políticamente y tan extenso funcionalmente como el que se fue desarrollando al calor de las Comunidades Europeas.

El Consejo de Europa, de todas formas, siempre fue consciente de la necesidad de delimitar su propio campo de juego y de detectar sus particulares espacios de influencia. Pese a sus muchos puntos en común con lo que actualmente conocemos como Unión Europea, mantuvo desde el principio una notable singularidad tanto en su ideario como en su programa de actuaciones, claramente diferenciados de los que se activarían a partir del Benelux. Su vocación esencial no tenía que ver directamente con la economía o el comercio, sino más exactamente con la orientación y supervisión desde la atalaya de los principios democráticos. Por ello mismo, no formaba parte de su estrategia la interconexión de los mercados nacionales en términos financieros o productivos, sino la creación de vínculos básicos en el plano político e institucional, suficientemente flexibles como para permitir el alojamiento de la generalidad de los países europeos. No hacen falta mayores indagaciones para darse cuenta de que eran otras sus preocupaciones y muy distintos sus horizontes, por lo que sus criterios de organización y funcionamiento podían quedar perfectamente a resguardo de lo que pudiera suceder a su alrededor con la puesta en marcha de las Comunidades Europeas. Mientras que la senda comunitaria fue fraguándose y renovándose con firmes aspiraciones de superación de los estrechos límites nacionales en las típicas tareas de gobierno, el Consejo de Europa nunca se propuso ir más allá de sus objetivos fundacionales de orientación y en su caso fiscalización externa de la acción política de las Partes Contratantes, sin ánimo de inmiscuirse en sus cometidos gubernamentales ni en su haz de competencias.

Comoquiera que fuese, lo cierto es que el Consejo de Europa hizo valer desde el primer momento su carácter de organización especializada en la defensa y protección de los derechos humanos, como una especie de instrumento de ámbito regional en el desarrollo de la labor que, a tal efecto y acaso con unos mimbres menos precisos, había sido encomendada unos años antes a la Organización de Naciones Unidas para el conjunto del planeta. Esta singular dimensión, que inicialmente pudo parecer un tanto desangelada e imprecisa, se fue haciendo más sofisticada con el transcurso de los años y ha llegado a conseguir en los últimos tiempos unos niveles de impacto difícilmente imaginables en sus momentos iniciales, probablemente por el interés cada vez mayor de nuestras sociedades occidentales en la salvaguarda de los principios y valores democráticos y de todo lo que en buena lógica les debe acompañar para la debida consideración de la dignidad de las personas. La defensa de los derechos fundamentales y libertades básicas ha sido con toda seguridad el factor que en mayor medida ha contribuido a preservar y luego revalorizar la posición del Consejo de Europa dentro de un escenario –el europeo– en el que podía quedar fácilmente expuesto al riesgo de arrinconamiento o desnutrición por la pujanza de la Unión Europea.

Con independencia del peso político que suele alcanzar en determinadas coyunturas, hoy en día el Consejo de Europa reluce antes que nada por sus competencias de seguimiento o vigilancia de la actuación de las instituciones estatales, y de los mismos Estados, en el terreno de los derechos humanos y las libertades públicas. En ese sentido, el Consejo de Europa aporta fundamentalmente un mecanismo de último nivel para completar el sistema de garantías jurisdiccionales del que en buena lógica deben disfrutar los ciudadanos en su correspondiente recinto nacional, que de esa manera cuentan con un recurso añadido mediante el que pueden cuestionar la labor de su propio Estado y reparar las deficiencias que pudieran advertirse tras la intervención de la jurisdicción nacional. Sirve de complemento a la actividad de salvaguarda de los derechos y libertades desempeñada por los instrumentos de cada país, pero al mismo tiempo cuida del buen hacer de los mismos, en tanto que puede revisar sus decisiones, resoluciones o sentencias y, en su caso, exigir al Estado de referencia la corrección o reconfiguración de su sistema. La solidez de esta importante función se debe sin duda a que el Consejo de Europa, en sus distintas instancias, se ha organizado conforme a criterios que han de ser compartidos por todas las "partes contratantes".

La tarea desarrollada por el Consejo de Europa en ese crucial terreno de los derechos y libertades se ha traducido esencialmente en la aprobación de textos declarativos y en la protección de su contenido mediante mecanismos especializados de diversa naturaleza. En un primer momento pudo suponerse que la actividad del Consejo de Europa iba a proyectarse sobre los derechos humanos tal y como habían sido enunciados por la Declaración Universal de la ONU de 1948, pero lo cierto es que pronto empezó a dotarse de sus propias cartas o declaraciones, aunque fueran elaboradas, como era de esperar, a partir de aquellos otros soportes más generales. Como resultado de esa actividad normativa, el Consejo de Europa cuenta sobre todo con dos grandes catálogos de derechos, el primero de carácter civil y político (por dirigirse al conjunto de la ciudadanía) y el segundo de carácter social (por concentrarse preferentemente en los espacios propios de la política laboral y de la protección social). A ellos se unen desde luego otros muchos instrumentos de carácter complementario o de contenido más específico, muchas veces destinados al desarrollo, la especificación y la aplicación de esa estructura básica.

El primero de los catálogos de derechos del Consejo de Europa está comprendido en el Convenio para la Protección de los Derechos Humanos y las Libertades Públicas, firmado en 1950 y conocido normalmente como Convenio Europeo de Derechos Humanos (CEDH), aunque también como Convención Europea sobre ese mismo objeto (siguiendo una traducción puramente literal de su nombre anglosajón, *European Convention on Human Rights*). De alguna manera, es una traslación al ámbito europeo de la lista de derechos incluida en la Declaración Universal de 1948, aunque su equivalencia no es total, ni en su fisonomía ni en su alcance material, máxime desde que el Convenio Europeo empezó a ser complementado con diversos protocolos y otros muchos textos más especializados. El segundo catálogo, de aplicación particular en el ámbito laboral y de la protección social como hemos dicho, es la Carta Social Europea (CSE), firmada en 1961 y revisada en 1996. Como cabe suponer, este otro instrumento es en última instancia fruto del proceso de intensificación experimentado por los derechos sociales a lo largo de las décadas centrales del siglo XX, y desde ese punto de vista revela cierto paralelismo con el Pacto Internacional de Derechos Económicos, Sociales y Culturales que sería aprobado pocos años después (en 1966) en el seno de la ONU, en términos parecidos a la conexión que indudablemente existe entre el CEDH y el Pacto sobre Derechos Civiles y Políticos firmado en esa misma fecha y por esa misma Organización de carácter mundial.

Como sabe perfectamente el lector avezado, y como hemos ido teniendo oportunidad de apreciar, cabe hablar también de cierta relación entre el CEDH y la CSE, aunque son muchas y muy sustanciosas, asimismo, sus divergencias y notas distintivas. Difieren, por supuesto, en el contenido y alcance de sus respectivas tablas de derechos y libertades, pero además se separan netamente en lo que toca a su naturaleza, su valor jurídico y sus medios de garantía. El CEDH reconoce derechos de proyección universal susceptibles de ejercicio inmediato y de invocación directa en sede judicial, y cuenta como último recurso para su interpretación y aplicación efectiva con el Tribunal Europeo de Derechos Humanos (TEDH), instancia auténticamente jurisdiccional con sede en Estrasburgo. Sin embargo, los derechos proclamados en la CSE son a la postre otros tantos compromisos para las "partes contratantes", cuya actuación en ese campo es supervisada en primer término por el Comité Europeo de Derechos Sociales (CEDS), que carece de naturaleza jurisdiccional y que no conoce propiamente de litigios (ni siquiera a través del más moderno procedimiento de reclamaciones colectivas), con la particularidad añadida de que la efectividad de sus informes depende del aval que les otorguen los órganos de dirección y gobierno del Consejo de Europa.

Tanto los catálogos de derechos aprobados por el Consejo de Europa como las decisiones de los instrumentos encargados de velar por su virtualidad y eficacia han sido objeto de un renovado interés en los medios académicos desde hace algún tiempo, y han dado lugar por ello a una producción científica de singular riqueza y abundancia. Muy voluminosa es, en particular, la labor de análisis y comentario realizada desde la perspectiva o problemática española durante los últimos lustros, tanto por lo que se refiere a los derechos específicamente laborales o sociales declarados en la CSE, como en lo que atañe a la producción jurisprudencial del TEDH, que con bastante frecuencia aborda cuestiones propias de nuestro campo de estudio. Esas fuentes de conocimiento permiten tener ya una idea muy cabal acerca de lo que significa el Consejo de Europa desde la perspectiva sectorial del trabajo asalariado y de la protección social, y desde luego han ampliado de modo muy notable el espacio de juego del Derecho del Trabajo y del Derecho de la Seguridad Social en comparación con sus contornos más tradicionales.

Ello no quiere decir, sin embargo, que no quede resquicio alguno para nuevas indagaciones y reflexiones, no sólo para seguir alumbrando la vertiente laboral y social de la jurisprudencia del TEDH o para matizar el tipo y grado de incidencia que puede tener la CSE en nuestra actividad legislativa y jurisdiccional, sino también para conocer mejor una organización supranacional que durante mucho tiempo quedó bastante eclipsada por nuestra incorporación a la Unión Europea. Ese es precisamente el destino de esta obra, en la que se pretende valorar de manera global la influencia del Consejo de Europa en la configuración de la legislación laboral y la política social. Con ese fin, nuestra labor de investigación se ha proyectado sobre la propia institución, sobre sus catálogos y declaraciones de derechos, sobre la doctrina elaborada a propósito de su interpretación y aplicación, sobre su relación con otras organizaciones internacionales y sobre el impacto que todo ello ha podido tener para el sistema español, siempre desde la perspectiva laboral y social.

De ahí que la hayamos enmarcado en la noción de "derechos sociales", en la que probablemente pueda alojarse con una mínima comodidad toda la actividad normativa del Consejo de Europa que trataremos de abarcar a lo largo de nuestro recorrido. Es verdad que al hablar de derechos sociales nos introducimos en un terreno que carece de perfiles precisos y que no se presta con facilidad a las operaciones de delimitación material y funcional tan necesarias para el jurista. A veces, la categoría de derechos sociales se utiliza como contrapunto de la más clásica de derechos civiles. Otras veces se usa más bien para poner de relieve la dimensión prestacional de tales derechos frente a los típicos derechos de libertad. En muchas ocasiones, en fin, parece ser una especie de compendio de los derechos de contenido laboral, o de todos aquellos que de alguna manera están ligados a las personas que viven de su trabajo. Pero todas esas aproximaciones tienen indudablemente algo de convencional, y ninguna de ellas es por sí sola totalmente satisfactoria. Pensemos, por ejemplo, en el derecho de libertad sindical, que por su proyección puede tomarse decididamente como derecho social pero que en su configuración y en su forma de operar se acerca bastante más a las libertades públicas más genuinas. Nótese, por otra parte, que en los catálogos de derechos sociales, y no sólo en los de más moderna generación, suelen figurar derechos ajenos a los escenarios que habitualmente se toman como referencia de lo social, como es el caso del derecho a la vivienda, o incluso del derecho al medio ambiente, que no coincide exactamente con la idea de entorno o medio ambiente de trabajo. La noción de derechos sociales parece reclamar, en definitiva, cierto grado de templanza y flexibilidad por parte del intérprete.

Realizada en fechas aún próximas a la ya celebrada conmemoración del septuagésimo quinto aniversario del Consejo de Europa, la publicación que tiene en sus manos el lector se enmarca en los Proyectos I+D+i que sobre *La jurisprudencia social del Tribunal de Justicia: de las libertades económicas y profesionales a la tutela del trabajo por cuenta ajena* (DER2013-45781-P), *La jurisprudencia del Tribunal Supremo en materia laboral y social: ámbito funcional, trayectoria y aportaciones más significativas* (DER2016-80327-P) y *Las transformaciones de la legislación laboral contemporánea y el nuevo estatuto del trabajo. El influjo de la Unión Europea y el entorno internacional* (PID2020-118499GB-C31, C32 y C33/AEI/10.13039/501100011033), fueron sucesivamente respaldados y financiados por los Ministerios españoles competentes en materia de investigación científica y técnica y, en ese último caso, por la Unión Europea. El estudio, que tiene mucho de interdisciplinar dentro siempre de los contornos jurídicos, se ha elaborado, por lo demás, siguiendo las pautas habituales en nuestra tradición académica, con cita a pie de página de las obras científicas y las resoluciones jurisdiccionales utilizadas, y con el complemento de un anexo de bibliografía.

PARTE PRIMERA:

El Consejo de Europa

Puede que la Unión Europea sea hoy en día la organización supranacional de matriz europea más influyente no sólo en el Viejo Continente, sino también en otras latitudes. Pero el germen del proceso de construcción europea se encuentra más bien en el Consejo de Europa, que desde su creación en 1949 ha venido desarrollando un papel de máxima relevancia en los terrenos político y jurídico. El Convenio Europeo de Derechos Humanos y su mecanismo de garantía, el Tribunal Europeo del mismo nombre, constituyen seguramente los resultados más visibles y conocidos, pero desde luego no son los únicos. El Consejo de Europa, en efecto, no ha cesado en la búsqueda de espacios de influencia para la buena convivencia entre las naciones europeas y la mejora de las condiciones de vida de sus ciudadanos, con particular énfasis en los derechos sociales, parcela ésta en la que la Carta Social Europea ha contado con un protagonismo singular.

1. Origen y estructura básica

De más está decir que los pueblos que conforman Europa, con muchos siglos de historia, no siempre han compartido unos mismos objetivos, ni han sido capaces en todas las épocas de convivir en paz y concordia. Pero también es verdad que no han sido infrecuentes los propósitos y planes encaminados a construir y consolidar una situación de buen entendimiento entre las diversas naciones en la que prevalezcan las relaciones de amistad y fructífera colaboración. Sin necesidad de remontarnos más atrás en el tiempo, vale la pena recordar en este sentido los intentos de estrechar lazos políticos y económicos que, al cabo de grandes períodos de desencuentros, teñidos muchas veces de cruentos conflictos bélicos, se desarrollaron tras la Primera Guerra Mundial. Esos primeros pasos de aproximación, que tenían como objetivo último procurar una paz duradera y una mayor prosperidad económica en el entorno europeo, estaban guiados además por el ánimo de hacer frente en común a los crecientes desafíos provenientes de otras zonas del planeta (el occidente americano, el oriente asiático), que parecían poner en cuestión la histórica posición de hegemonía ostentada por Europa en materia económica, en los dominios de la técnica e incluso en el campo militar.

Ciertamente, esas iniciales propuestas con vistas a una mayor vinculación institucional entre los países europeos no cristalizaron de manera inmediata en entramados de suficiente consistencia como para perdurar en el tiempo. Pero no cabe duda de que sirvieron de base para que, una vez concluida la Segunda Guerra Mundial, se insistiese en esa misma dirección desde distintos foros o sectores políticos, ya con fines bastante más ambiciosos y con un empeño más consecuente de colaborar en la construcción de instituciones compartidas[1]. Bien mirado, no era sencillo articular procesos de esa índole en un contexto en el que las heridas de la contienda de los años cuarenta aún no habían cicatrizado por completo y donde la estrategia de los distintos actores políticos revelaba diferencias de consideración, principalmente porque las potencias más relevantes, como Alemania, Reino Unido o Francia, aspiraban a mayores cotas en su poder de decisión y a imponer su respectiva visión

---

1 Entre las propuestas que se barajaron durante aquellos años figuraban las de creación de la Unión Europea de Federalistas, el Consejo francés para la Europa Unida, la Unión Parlamentaria Europea, el Movimiento socialista para los Estados Unidos de Europa o la Liga Europea de Cooperación Económica. Como se puede ver, llegó a figurar incluso la idea de creación de unos "Estados Unidos de Europa", que al menos en parte tuvo raíz británica y fue defendida por Winston Churchill.

acerca de cómo debían discurrir las relaciones de cooperación en el futuro que se estaba labrando. De ahí que los muchos proyectos sometidos a debate tuvieran indefectiblemente acogida muy dispar, desde la aceptación fervorosa al simple rechazo. Y de ahí también que, en lugar de la ansiada convergencia, tan sólo pudieran circular por aquellos escenarios propuestas de muy variado contenido y planes de diferente calado.

En esa fase proteica, las ideas aparentemente más ambiciosas parecían provenir de las posiciones británicas lideradas por Churchill, que sorprendentemente aspiraban a la creación de una especie de Estados Unidos de Europa. Pero al lado de esa maximalista postura también afloraron otras muchas opciones de corte federalista o defensoras de fórmulas de cooperación institucional con variado grado de intensidad. En el fondo, había una clara pugna de sensibilidades acerca del ser y la esencia de Europa, algo que, dicho sea de paso, no debe asombrar al analista mínimamente preparado, en tanto que sigue siendo el pan nuestro de cada día. Mientras que desde algunos flancos europeos se pretendía limitar la relación intergubernamental a la vertiente estrictamente económica, otros grupos de opinión ansiaban una mayor integración en el plano político e institucional, con el fin de que se fueran difuminando las tradicionales fronteras entre los Estados europeos y se fueran implantando de modo progresivo instancias o mecanismos comunes de toma de decisiones, vinculantes para todos los asociados.

Tampoco debe perderse de vista que esos perseverantes movimientos proeuropeos aglutinaban a países con tradiciones y estructuras muy distintas, no sólo desde una perspectiva económica, sino también en el terreno social, cultural e incluso ideológico. Así pues, no era cosa fácil poner de acuerdo a todos ellos con la premura que algunos pretendían, a diferencia de lo que podía suceder con iniciativas que sólo involucrasen a países más homogéneos, que se concentrasen en cuestiones más concretas u operativas y que no fuesen tan exigentes desde el punto de vista de la armonización jurídica o la unión política.

En todo caso, esa especie de fervor paneuropeo dio como resultado la creación del Comité Internacional de Coordinación de los Movimientos para la Unificación Europea (CIMUE), que fue efectivamente constituido en 1947 y que celebró su primera reunión en La Haya en mayo de 1948, bajo la fórmula y denominación de "Congreso Europeo". Presidido por Winston Churchill, de esta relevante iniciativa nació a su vez el así llamado "Movimiento Europeo", que, por lo que ahora importa, instaba a profundizar en el proceso de integración política y económica de los países comprometidos en esta tarea.

Con esas miras, se constituyó un "Consejo Especial" al que se dotó de capacidad de iniciativa para la consecución de esos fines de integración europea, y también se contempló la creación de una asamblea deliberativa, la proclamación de una carta de derechos humanos y la implantación de un tribunal de justicia, con un aparente espíritu federalista[2]. De forma paralela, pero en todo caso con evidentes puntos de conexión, determinados países europeos (Francia, Reino Unido, Bélgica, Holanda y Luxemburgo) procedieron con fecha de 17 de marzo de 1948 a la firma de un acuerdo de cooperación militar (el denominado "Pacto de Bruselas"), que tenía como objetivo principal la unión frente a una eventual agresión armada, pero que dio lugar a la creación de un Comité Consultivo y que, tras la adhesión de otro importante grupo de países (Dinamarca, Irlanda, Italia, Noruega y Suecia), propició la celebración de la llamada "Conferencia de los Diez" en 1949, que sería ya el germen definitivo para la puesta en pie del Consejo de Europa, que vería la luz efectivamente el día 5 de mayo de ese mismo año en la ciudad de Londres, aunque su sede definitiva fue radicada en Estrasburgo.

---

2 Vid. R. OYARZÚN IÑARRA, "El Consejo de Europa", *Revista de Política Internacional*, núm.5 (1951), pp.78 y ss.; J.M. SIERRA NAVA, *El Consejo de Europa*, Instituto de Estudios Políticos, Madrid, 1957, pp.15 y ss.

El Consejo de Europa contó desde ese momento con un Comité de Ministros (integrado por los Ministros de Asuntos Exteriores de los Estados Miembros) como principal órgano de decisión y gobierno, y con una Asamblea Consultiva (después reconvertida en Asamblea Parlamentaria) como órgano de deliberación, integrado por parlamentarios en representación de los distintos países miembros. Dentro de su estructura también figuraba una Secretaría y una Comisaría de Derechos Humanos, con funciones de promoción de esos derechos básicos, de sensibilizar a la población acerca de su relevancia, de hacer recomendaciones a los Estados con vistas a su legislación interna y de emitir informes sobre esas materias con destino al Comité de Ministros y a la Asamblea Parlamentaria. Más adelante, ya en 1990, fue creada la Comisión Europea para la Democracia por el Derecho, también conocida como "Comisión de Venecia", órgano consultivo que proporciona asistencia jurídica a los Estados para acomodar sus estructuras a los estándares fijados por el Consejo de Europa en lo que concierne a los valores democráticos y al respeto de los derechos humanos[3].

Según el Estatuto aprobado en el momento de su creación[4], que aún sigue vigente, el Consejo de Europa nació con la finalidad de "realizar una unión más estrecha entre sus miembros para salvaguardar y promover los ideales y los principios que constituyen su patrimonio común y favorecer su progreso económico y social" [art.1.a)], de modo que los países pertenecientes a esa institución quedaban comprometidos a la "adopción de una acción conjunta en los campos económicos, social, cultural, científico, jurídico y administrativo, así como

---

3 Vid. https://www.venice.coe.int/WebForms/pages/?p=01_Presentation&lang=EN. Una referencia particular a dicha Comisión aparece en la sentencia TS (Penal) de 14-10-2019 (causa especial 20907/2017) en el contexto del procedimiento seguido con ocasión del intento de secesión de Cataluña.

4 Hecho en Londres con fecha de 5 de mayo de 1949.

la salvaguardia y la mayor efectividad de los derechos humanos y las libertades fundamentales" [art.1.b)]. Al mismo tiempo, advertían esas reglas fundacionales que los "asuntos relativos a la defensa nacional no son de la competencia del Consejo de Europa" [art.1.d)], pese a que, como vimos, muchos de los debates proclives a la unidad europea se plantearon en aquellos tiempos con claras ansias de reforzar la protección frente a posibles amenazas militares.

También hay que dejar constancia de que las originarias aspiraciones de tipo federalista quedaron reducidas finalmente a fórmulas de asociación más modestas, sin perjuicio de que no se cerrara la posibilidad de un mayor grado de integración en el futuro. A la postre, el Consejo de Europa nacía con escasa capacidad para dirigir o fiscalizar de modo global la actuación de las Partes Contratantes, y con muy limitadas facultades para ordenar o reconfigurar sus sistemas institucionales y normativos. La explicación última de esos moderados resultados reside en la existencia de distintas posturas y distintos grados de sensibilidad acerca del papel que efectivamente estaba llamado a desempeñar el Consejo de Europa. Frente a los países más optimistas o preconizadores de mayores avances, especialmente en el terreno de la colaboración económica, se alzaba otro importante grupo de Estados que no contaban con compromisos de tanta envergadura. Contra el empuje de los países comandados por Francia, se notaba a la postre la resistencia de las naciones más adictas a la postura de Gran Bretaña.

En buena medida, esas diferentes concepciones entrañaron de entrada algunos frenos para la actividad del Consejo de Europa, en cuyo seno se llegaron a pergeñar proyectos de cooperación económica de cierta intensidad para algunos sectores de actividad, como el transporte y la agricultura, pero sin mayores efectos prácticos. No obstante, uno de esos proyectos, respaldado por Francia, adquiriría una relevancia histórica de primer nivel cuando condujo a la creación de una "Autoridad Especializada" en el sector del carbón. Por la oposición de

Gran Bretaña, tal iniciativa tuvo que desgajarse del Consejo de Europa, pero acabó dando lugar a la constitución de la Comunidad Económica del Carbón y del Acero (CECA). Podemos comprobar, de ese modo, que los impulsos de puesta en marcha y organización del Consejo de Europa se entrecruzaron en algún momento con los que iban a provocar, por esos mismos tiempos, la formación de la actual Unión Europea. Todo ello, en cualquier caso, también sirvió para reforzar al propio Consejo, que desde su origen tuvo que tomar conciencia de que la consecución de resultados tangibles, más allá de las declaraciones de buena voluntad, era indispensable para su misma supervivencia[5].

Sabido es que, de todos modos, el Consejo de Europa se mantuvo en una senda bien distinta a la de las emergentes Comunidades Europeas, que apostaron por convertirse en una organización supranacional con más canales y grados de integración. El Consejo de Europa, en cambio, conservó su carácter eminente de organización internacional de cooperación política, a la que apenas se cedió el ejercicio de las competencias que habitualmente van de la mano de la soberanía estatal[6]. Ahora bien, esa aparente modestia facilitó la percepción de que era factible, y no una mera quimera sin fundamento, la creación de una entidad común a todos los países europeos para la conducción de los asuntos políticos y de gobierno, más allá de sus distintas tradiciones y sus eventuales diferencias, a veces muy acusadas. La realidad es que con el transcurso del tiempo ha llegado a formar parte del Consejo de Europa la práctica totalidad de las naciones europeas (un

---

5 Vid. R. OYARZÚN IÑARRA, "Etapas de la integración europea: El Consejo de Europa y el Plan Schuman", *Revista de Política Internacional*, núm.11 (1952), pp.24 y ss.

6 Vid. J.A. PASTOR RIDRUEJO, "Sesenta años del Consejo de Europa", *Revista de Derecho Comunitario Europeo*, núm.33 (2009), pp.441 y ss.

total de 46 países[7]), sin perjuicio de las vicisitudes que eventualmente pueda sufrir el estatuto de asociado[8]. Es cierto que quedan aún al margen del Consejo algunos Estados ubicados en suelo europeo[9] y que, como era de esperar, se mantienen fuera también diversos territorios que gozan de alguna independencia en el plano político pero que no han visto reconocido plenamente el estatus de país soberano por la comunidad internacional[10]. Pero la capacidad de convocatoria del Consejo de Europa está ya suficientemente acreditada, máxime cuando en dicha institución participan además diversos Estados no europeos en calidad de observadores[11].

Por su nutrida y variada composición, el Consejo de Europa ha podido ocupar, en consecuencia, un espacio propio muy relevante para el desarrollo de las naciones europeas y de la propia Europa, especialmente en los planos político y social, pero también, a veces, en el terreno de las relaciones económicas. No es baladí, ni mucho menos, el hecho de que haya conse-

---

7 Son los siguientes: Albania, Alemania, Andorra, Armenia, Austria, Azerbaiyán, Bélgica, Bosnia-Herzegovina, Bulgaria, Croacia, Chipre, Dinamarca, Eslovaquia, Eslovenia, España, Estonia, Finlandia, Francia, Georgia, Grecia, Holanda, Hungría, Islandia, Irlanda, Italia, Letonia, Liechtenstein, Lituania, Luxemburgo, Macedonia del Norte, Malta, Moldavia, Mónaco, Montenegro, Noruega, Polonia, Portugal, Reino Unido, República Checa, Rumanía, San Marino, Serbia, Suecia, Suiza, Turquía y Ucrania.

8 La más grave por ahora ha sido la expulsión de Rusia con fecha de 16 de marzo de 2022 a consecuencia de la invasión de Ucrania. Vid. Resolution CM/Res(2022)2 on the cessation of the membership of the Russian Federation to the Council of Europe.

9 V.gr., Bielorrusia y Kazajistán.

10 Como sucede con Kosovo, la República Turca del Norte de Chipre, Osetia del Sur, Abjasia, Transnistria y Artsaj.

11 Como EE.UU., Canadá, Japón, Israel y México, además de la Ciudad del Vaticano. Vid. En general, F.J. MONTES FERNÁNDEZ, "El Consejo de Europa", *Anuario Jurídico y Económico Escurialense,* núm.47 (2014), pp.57 y ss.

guido aglutinar a muchos más Estados que la Unión Europea, ni tampoco debe perderse de vista que a lo largo del tiempo ha sabido encontrar unas pautas aceptables para coexistir con esa otra organización de matriz europea y para mantener determinadas zonas de actuación preferente. A la postre, el Consejo de Europa ha apostado por centrarse fundamentalmente en aspectos relativos a la consolidación de los valores democráticos, de las libertades políticas y de los derechos civiles y sociales, marcando así ciertas distancias respecto de los fines de integración comercial e institucional de la Unión Europea. Ello no ha sido obstáculo, de cualquier manera, para que entre ambas organizaciones puedan apreciarse zonas de confluencia y de intercambio mutuo, algo que también tiene que ver con la innata aspiración de crecimiento y expansión, en todos los sentidos, de lo que comenzó siendo un neto mercado común y en la actualidad se ha convertido en un claro sujeto político, como es el caso de la Unión Europea[12].

2. Principales áreas y vías de actuación

Como ya vimos, el Consejo de Europa busca sobre todo la acción conjunta o concertada de los Estados miembros para la consecución de un mayor grado de armonización y cooperación entre las naciones europeas en diversos ámbitos de la organización social, con especial énfasis en la salvaguardia y aplicación efectiva de los derechos humanos y las libertades fundamentales. Con ese fin, puede desplegar actuaciones de diverso tipo a través de sus órganos de dirección y gobierno, y, sobre todo, puede promover y adoptar convenios y declaraciones de diferente carácter y contenido, principalmente con la finalidad de orientar o canalizar la acción normativa e ins-

---

12 Vid. P. ANDRÉS SÁENZ DE SANTA MARÍA, J.A. GONZÁLEZ VEGA y B. FERNÁNDEZ PÉREZ, *Introducción al Derecho de la Unión Europea*, Eurolex, Madrid, 1996, pp.37 y ss.

titucional de los países que lo componen. En todo caso, tras sus setenta años de experiencia y funcionamiento los centros o puntos de atención del Consejo de Europa han ido reajustándose en consonancia con su composición numérica, con las concretas necesidades de los países adheridos y con sus verdaderas posibilidades de influencia política y jurídica.

En una primera etapa, el Consejo de Europa pretendió convertirse en una organización defensora de los valores de libertad y democracia, y centró el grueso de su actividad en la proclamación y garantía de los derechos humanos y las libertades fundamentales, tareas que han dado lugar, por cierto, a lo que probablemente constituya el ámbito de influencia más perceptible de esa organización europea. No en vano, uno de sus mayores emblemas es el Convenio Europeo de Derechos Humanos de 1950, de ineludible cita y de incontestable ascendencia en los tiempos actuales[13], como una pieza esencial de lo que doctrinalmente se viene apreciando como un proceso de "constitucionalización" a escala internacional[14]. De cualquier modo, a través de su ya larga trayectoria el Consejo de Europa ha ido ampliando y reconfigurando su papel de forma progresiva, de tal forma que, desde una perspectiva más actualizada, su actividad podría agruparse y sistematizarse en tres grandes áreas temáticas.

La primera de esas áreas, y sin duda la principal, sigue siendo inevitablemente la tutela de su clásica tabla de derechos, terreno en el que cumple dos funciones, sin perjuicio de lo que digamos después en materia laboral y social. Función esencial y primigenia es por supuesto la de protección de los derechos hu-

---

13 Vid. F.J. MONTES FERNÁNDEZ, "El Consejo de Europa", cit., pp. 69 y ss.

14 Vid. R. CANOSA USERA y E. CARMONA CUENCA, *La Europa de los derechos sociales: la Carta Social Europea y otros sistemas internacionales de protección*, Tirant lo Blanch, Valencia, 2024, pp. 23 y ss.

manos y libertades fundamentales, que en sede jurisdiccional se lleva a cabo a través del TEDH, pero que también se manifiesta en otra amplia serie de soportes e instrumentos dirigidos a procurar la correcta implementación del CEDH. Algunos de esos medios tienen fines de asistencia y asesoramiento (como el Programa Europeo para la Formación en Derechos Humanos de los Profesionales Jurídicos[15], conocido por el acrónimo HELP)[16], pero otros desarrollan funciones más operativas, como el Comité Europeo para la Prevención de la Tortura y de las Penas o Tratos Inhumanos o Degradantes[17], que despliega misiones de seguimiento cercanas a la típica competencia de inspección. A veces el Consejo de Europa cumple labores aparentemente más básicas, pero igualmente necesarias, como sucede con la creación de observatorios para detectar el respeto a los derechos humanos en determinados sectores sociales o en contextos especiales[18].

Una función adicional del Consejo de Europa, dentro aún de este primer apartado, es la de favorecer la promoción y difusión de todos esos derechos básicos de la persona. De ello se encarga principalmente la Comisaría de Derechos Humanos, figura creada por la Resolución (99) 50 del Comité de Ministros de 7 de mayo de 1999. Se trata de una institución de naturaleza no jurisdiccional dedicada primordialmente a promover la educación y la sensibilización de la sociedad en

---

15 Vid. https://www.coe.int/es/web/help-country/home-spain.

16 Vid. R. BUSTOS GISBERT y E. PASTRANA, "*Good training for good judgments.* El programa HELP (*human rights education for legal professionals*) de formación en derechos humanos del Consejo de Europa", *Teoría y Realidad Constitucional,* núm.42 (2018), pp.527 y ss.

17 Vid. https://www.coe.int/en/web/cpt/home.

18 Como por ejemplo en relación con los periodistas, a través de la *Platform to promote the protection of journalism and safety of journalists* (https://www.coe.int/en/web/media-freedom) o respecto de los riesgos emergentes que provoca la inteligencia artificial (https://www.coe.int/en/web/artificial-intelligence/cahai).

materia de derechos humanos, con los objetivos esenciales de fomentar su respeto y cumplimiento efectivo y de identificar posibles deficiencias al respecto dentro de los Estados miembros, para colaborar con ellos, en tal caso, en la búsqueda y aplicación de respuestas apropiadas[19]. Al margen de esa instancia, el Consejo de Europa también ha sido muy activo, particularmente, en la promoción de la libertad de expresión, especialmente a través de medios de comunicación y de soportes electrónicos, así como en la lucha contra la discriminación en sus distintos frentes (sexo, raza, discapacidad[20] u orientación e identidad sexual[21]), contra la violencia de género[22] o contra la postergación de minorías étnicas o culturales. En coyunturas o circunstancias especiales también se ha ocupado del impacto sobre los derechos humanos de las restricciones impuestas a tal efecto por los responsables gubernamentales de los países miembros[23]. Para todo ello, es frecuente que el Consejo de Eu-

---

19 Vid. https://www.coe.int/en/web/commissioner/home.

20 Vid. P. CUENCA GÓMEZ, "Revisando el tratamiento de la capacidad jurídica de las personas con discapacidad en el Consejo de Europa desde la Convención de la ONU", *Revista Europea de Derechos Fundamentales,* núm.20 (2012), pp.213 y ss.

21 Con esa finalidad se constituyó la Unidad SOGI, acrónimo de *Council of Europe Sexual Orientation and Gender Identity* (Unidad de Orientación sexual e Identidad de Género del Consejo de Europa).

22 Vid. J.F. LOUSADA AROCHENA, "El convenio del Consejo de Europa sobre prevención y lucha contra la violencia contra las mujeres y la violencia de género", *AequAlitaS,* núm.35 (2014), pp.6 y ss.: A. VENTURA FRANCH, "El Convenio de Estambul y los sujetos de la violencia de género. El cuestionamiento de la violencia doméstica como categoría jurídica", *Revista de Derecho Político,* núm.97 (2016), pp.179 y ss.; M.N. SALDAÑA DÍAZ, "Estándares internacionales de derechos humanos adoptados en el Consejo de Europa para combatir y prevenir la violencia contra la mujer: Los llamados "crímenes de honor", *AequAlitaS,* núm.41 (2017), pp.6 y ss.

23 Vid. https://www.coe.int/en/web/portal/covid-19 a propósito de la vacunación y del "pasaporte COVID" exigidos en algunos países durante dicha pandemia.

ropa proceda a la formación de comités o grupos de expertos, con el encargo concreto de hacer propuestas o sugerir posibles medidas[24].

Como segunda gran área temática en la actividad del Consejo de Europa hay que situar la defensa y expansión de todos aquellos valores y principios que en nuestro contexto se han venido considerando como imprescindibles para la convivencia pacífica y el afianzamiento de los pilares característicos del gobierno democrático. En este sentido, el Consejo desarrolla sobre todo actividades de colaboración y cooperación con las Partes contratantes para diseñar e instaurar prácticas de buen gobierno, de transparencia en las tareas de dirección y gestión política[25], o de apertura de vías de participación de la sociedad civil en la toma de decisiones por parte de sus instituciones[26]. Dentro de esta gran línea de actuación destacan las acciones emprendidas en pos de una "educación en valores", sobre todo para garantizar la tolerancia frente a la diversidad de ideas o creencias y prevenir y combatir los actos de discriminación[27].

La tercera de las áreas de intervención del Consejo de Europa tiene mucho que ver con la anterior, pero se concentra más bien en el objetivo específico de consolidación del Estado de Derecho y, más concretamente, de las estructuras e instituciones que forzosamente han de sostenerlo. El Consejo ha impulsado a tales fines numerosas acciones para fortalecer y mejorar la actuación de la Administración de Justicia, como pone de manifiesto la creación de una Comisión Europea para

---

24 Por ejemplo, GREVIO en materia de violencia de género (https://www.coe.int/en/web/istanbul-convention/) o ECRI en el campo de la discriminación por motivos de raza (https://www.coe.int/en/web/european-commission-against-racism-and-intolerance/home).

25 Vid. https://www.coe.int/en/web/good-governance/.

26 Vid. https://www.coe.int/en/web/civil-society/.

27 Vid. https://www.coe.int/en/web/edc.

la Eficiencia de la Justicia[28] y de sendos Consejos Consultivos, uno formado por jueces[29] y otro por fiscales[30], con igual objeto. Otras acciones dentro de este mismo apartado se han dirigido a la prevención y la lucha contra los comportamientos delictivos que pueden socavar la democracia o que pueden dañar las relaciones entre países, como la corrupción[31], el tráfico de drogas[32] o el uso de medios informáticos y nuevas tecnologías en perjuicio de la sociedad democrática (el llamado "cibercrimen")[33]. Finalmente, dentro de esta misma línea de actuación también pretende el Consejo de Europa el establecimiento de estándares mínimos de regulación o intervención pública en ciertos aspectos de la vida social y económica, como la tutela de los derechos humanos en el contexto de internet[34], la protección de datos personales en las relaciones sociales y económicas[35], o la difusión y preservación de determinados criterios éticos o de pautas básicas de exigencia de responsabilidad en la utilización de seres vivos con fines de investigación científica[36].

Este intento de clasificación o sistematización de las áreas de actividad del Consejo de Europa no debe verse, de todas formas, con ojos restrictivos. No debe empañar, en efecto, la amplitud de miras del Consejo de Europa ni la diversidad material y funcional de sus actuaciones, cuyos objetivos siempre han revestido perfiles muy ambiciosos y cuyas acciones se han

---

28 Vid. https://www.coe.int/en/web/cepej/home/.
29 Vid. https://www.coe.int/en/web/ccje/home.
30 Vid. https://www.coe.int/en/web/ccpe/home.
31 Vid. https://www.coe.int/en/web/corruption.
32 Vid. https://www.coe.int/en/web/pompidou/home.
33 Vid. https://www.coe.int/en/web/cybercrime/home.
34 Vid. https://www.coe.int/en/web/freedom-expression/internet-governance.
35 Vid. https://www.coe.int/en/web/data-protection/home.
36 Vid. https://www.coe.int/t/e/legal_affairs/legal_co-operation/biological_safety_and_use_of_animals/default.asp.

desplegado en multitud de ocasiones con un marcado carácter transversal. Por ejemplo, ha tratado de incrementar su influencia en la programación de la política económica y social mediante su Plataforma Europea para la Cohesión Social[37], se ha introducido por diversas vías en el terreno de la sanidad o la bioética y, sobre todo, ha procurado una mayor aproximación entre los sistemas educativos nacionales, en todos sus niveles, mediante la aprobación de convenios sobre reconocimiento mutuo de titulaciones y la transmisión a los Estados miembros de recomendaciones acerca del contenido deseable en las distintas etapas formativas, como es el caso de la «educación para la ciudadanía democrática» y la «educación en derechos humanos».

Estas últimas referencias a la educación permiten destacar, por otra parte, la actividad del Consejo de Europa dirigida al ámbito de la juventud, que ha dado lugar a una maquinaria institucional específica (como el Centro Europeo de la Juventud) y a una línea particular de apoyo económico (a través del Fondo Europeo para la Juventud), siempre con el objetivo de promover la cooperación entre los jóvenes a lo largo y ancho de Europa, especialmente a través de medidas de fomento de su participación activa en la sociedad civil y en la actividad política. Estas acciones dirigidas a jóvenes pretenden a la postre convertirse en una especie de inversión cultural con miras al futuro, con la finalidad en muchos casos de fomentar la tolerancia y de conseguir sociedades más respetuosas con los valores democráticos.

Por lo demás, el Consejo de Europa también colabora con otras muchas organizaciones internacionales de fines coincidentes, próximos o tangenciales. Un campo singularmente relevante a esos efectos lo ofrece la política sanitaria, tanto en

---

37 Vid. https://www.coe.int/en/web/european-social-charter/european-social-cohesion-platform-about.

su dimensión colectiva de cuidado de la salud pública como en su faceta más individualizada de prestación de asistencia en situaciones patológicas. En este ámbito, el Consejo desarrolla proyectos comunes con la Oficina Regional Europea de la Organización Mundial de la Salud, la Liga de la Cruz Roja o las instituciones pertinentes de la Unión Europea. El propósito de todo ello es la creación de un marco normativo global capaz de facilitar y optimizar la atención a las personas o grupos de personas en determinadas situaciones, como es el caso de los programas de ayuda frente a la adicción a sustancias psicotrópicas o el de la formación en los campos de la medicina y la higiene industrial. Es un área de actuación que de algún modo conecta con otros escenarios más modernos, como la protección del medio ambiente o la programación de medidas de sostenibilidad del planeta. En general, la mejora de la calidad de vida es uno de los grandes objetivos de la creciente colaboración entre el Consejo de Europa y las organizaciones no gubernamentales, que primordialmente se lleva a efecto a través de la Conferencia de ONGs conformada dentro de esa instancia europea.

Como ya sabemos, en el cumplimiento de sus tareas o competencias el Consejo de Europa puede adoptar medidas o acciones de muy diverso tipo. En el plano eminentemente político e institucional, el Consejo actúa a través de las decisiones y resoluciones de su Consejo de Ministros, de la Asamblea Parlamentaria, de la Secretaría, de la Comisaría de Derechos Humanos o de la llamada Comisión de Venecia. Pero el Consejo de Europa cuenta con otros muchos órganos de carácter más técnico, como la Conferencia de Ministros Europeos de Justicia o la Conferencia Permanente de Poderes Locales y Regionales. Desde una perspectiva global, podría decirse que la actividad del Consejo de Europa se desarrolla en ámbitos y contextos muy variados, y que puede tener consecuencias no sólo para el funcionamiento de los poderes legislativo y ejecutivo de los países miembros, sino también para el desarrollo de las tareas jurisdiccionales propias de juzgados y tribunales. Sus acciones tienen a veces efectos inmediatos, pero en muchas ocasiones se diseñan con objetivos a medio o largo plazo y con amplios horizontes temporales, lo cual significa que sólo con cierta perspectiva puede hacerse un balance cabal de su capacidad de incidencia y del grado de efectividad de sus intervenciones.

Toda esa actividad del Consejo de Europa cobra cuerpo, por otro lado, a través de instrumentos o soportes de muy distinta naturaleza y fisonomía. Es bastante habitual que las instancias competentes del Consejo utilicen las recomendaciones o, en general, los instrumentos orientados a regir la vida política y social que suelen agruparse bajo el rótulo de *soft-law*. Pero en una buena proporción la intervención de esa organización supranacional se traduce en instrumentos de estricta naturaleza normativa dotados de la correspondiente fuerza vinculante. Además de las mencionadas declaraciones de derechos, el Consejo de Europa ha impulsado desde su nacimiento más de doscientos tratados internacionales, con una diversidad temática que excede incluso de las líneas de actuación indicadas más arriba, y que en ocasiones alcanza materias con un evidente trasfondo económico (como la preservación de patentes, el buen fin de las emisiones televisivas o la responsabilidad por daños mediante vehículos a motor). También ha promovido acuerdos de cooperación entre las Partes Contratantes en materias tan diversas como la asistencia sanitaria, el cuidado de hijos menores, la imposición de sanciones penales, la extradición de delincuentes o la solución extrajudicial de conflictos de comercio internacional[38]. En las últimas décadas ha logrado la aprobación de convenios destinados a evitar la discriminación de las minorías, a proteger a los grupos de población más vulnerables o a combatir la violencia contra la mujer[39].

---

38 https://www.coe.int/en/web/conventions/full-list.

39 Ejemplo de esto último es el "Convenio de Estambul", que entró en vigor el 1 de agosto de 2014 y que impone a los Estados que lo

3. Intervención en el campo laboral y de política social

Como tuvimos ocasión de decir, ya en los Estatutos fundacionales del Consejo de Europa se hacía referencia a lo "social" como uno de los ámbitos posibles para su actuación, siempre dentro de los objetivos más generales, típicos de dicha organización supranacional, de «salvaguardar y promover los ideales y los principios que constituyen su patrimonio común y favorecer su progreso económico y social» en el contexto de los países europeos. No puede extrañar, de ese modo, que desde el Consejo de Europa se abordasen materias y problemas de esa índole desde sus primeros años de existencia. Lógicamente, la falta de competencias de intervención directa en la configuración de las instituciones y del sistema normativo de las Partes contratantes conllevaba evidentes limitaciones, pero también en este terreno supo el Consejo de Europa medir sus fuerzas reales. De ahí que en sus primeros momentos optara por atender en exclusiva asuntos de interés social o profesional con dimensión trasnacional, sin la pretensión de impulsar cambios directos en las legislaciones internas ni inmiscuirse en su contenido.

No podía sorprender, de ese modo, que la atención a los trabajadores migrantes en el espacio correspondiente a los países miembros constituyera la primera preocupación de envergadura del Consejo de Europa dentro del terreno social, como se pudo comprobar, en efecto, prácticamente desde la puesta en marcha de sus actuaciones. A diferencia de lo que luego buscarían las Comunidades Europeas, no entraba en los planes del Consejo de Europa el establecimiento de reglas de libre circu-

---

ratifiquen la obligación de prevenir la violencia contra las mujeres, proteger a las supervivientes, castigar a los autores y garantizar la disponibilidad de servicios sociales aptos para esos fines (líneas telefónicas de emergencia, refugios, asistencia médica, asesoramiento y asistencia jurídica).

lación de trabajadores, pues su espacio de intervención no se configuraba desde la perspectiva de creación de un mercado común o de una zona libre de fronteras para favorecer las relaciones de intercambio entre naciones con fines económicos y profesionales. Pero sí se consideró oportuno atender las necesidades particulares de las personas que dejaban su territorio de origen para buscar empleo o realizar trabajos en otro país europeo. De ahí que muy pronto procediera a la aprobación de tratados y acuerdos dirigidos a regular esos flujos de índole profesional para otorgar a sus protagonistas cierto nivel de protección y, en especial, para facilitar la obtención de las pertinentes autorizaciones administrativas de residencia y trabajo por parte de migrantes y, en su caso, de personas en busca de refugio o asilo[40].

Junto a esta importante tarea, el Consejo de Europa también se encaminó desde muy temprano a la consolidación de los derechos humanos en el terreno de lo social, que paulatinamente se fue convirtiendo en una de sus más firmes sendas de actuación. En un primer momento, el Consejo de Europa se contentó con la posibilidad de que el catálogo de derechos humanos y libertades públicas elaborado en 1950 para la generalidad de los ciudadanos llegara también, en la medida de lo posible, al terreno particular de las relaciones de trabajo y la seguridad social. Eso explica, por ejemplo, que en la cláusula que consagra con carácter general el derecho de asociación se aloje una referencia explícita a la libertad sindical, como derecho de fundación de sindicatos. No obstante, esa primera toma de posición fue superada al cabo de algunos lustros mediante la estrategia de elaboración y proclamación de instrumentos específicamente diseñados para el ámbito laboral y de la política social. Con esa nueva intervención el Consejo de Europa

---

40 Una de cuyas muestras es el Convenio Europeo relativo al Estatuto jurídico del trabajador migrante hecho en Estrasburgo el 24 de noviembre de 1977 del que trata la Parte Cuarta.IV de esta obra.

pretendía en parte orientar la acción política y normativa de las Partes Contratantes, pero también se imponía el propósito de abordar desde una perspectiva supranacional el desplazamiento de personas con fines de empleo, para hacer frente de modo articulado al fenómeno migratorio o para afrontar mediante la técnica de coordinación de sistemas nacionales otras vicisitudes laborales y sociales de afectación común.

La iniciativa de mayor envergadura tomada por el Consejo de Europa para guiar la política laboral y social de las Partes contratantes fue sin duda la ya mencionada Carta Social Europea, acompañada de la creación del Comité Europeo de Derechos Sociales[41]. Aprobada finalmente en 1961 y revisada en 1996[42], la CSE fue concebida como un instrumento paralelo y equiparable al CEDH incluso en su naturaleza jurídica, con la única diferencia de estar dedicado en exclusiva al ámbito de lo laboral y social. Sin embargo, su configuración definitiva desmintió en gran medida esa supuesta pretensión de similitud, por cuanto la CSE acabó formulando sus prescripciones no al modo de los derechos de invocación directa por parte de los ciudadanos, sino más estrictamente como mandatos a los Estados. De cualquier modo, si el CEDH dio cobijo a los clásicos derechos civiles y políticos (que son en esencia derechos de libertad), la CSE albergó un buen compendio de derechos humanos de segunda o tercera generación, que conectan en mayor medida con las necesidades o inquietudes sociales de la población y que con frecuencia operan como derechos "de prestación", lo cual significa que muchas veces necesitan algún

---

41 Vid. https://www.coe.int/en/web/european-social-charter/european-committee-of-social-rights.

42 Vid. M. RODRÍGUEZ-PIÑERO Y BRAVO-FERRER, "Antecedentes, génesis y significado de la Carta Social Europea", *RPS*, núm.53 (1962), y "La Carta Social Europea y la problemática de su aplicación", *RPS*, núm.118 (1978), pp.18 y ss.

tipo de apoyo (logístico o normativo) para adquirir virtualidad plena o para conseguir el pretendido grado de efectividad.

Lo cierto es que la capacidad de impacto estrictamente jurídico de la CSE nunca ha sido comparable a la del CEDH. Entre otras razones porque, más allá de sus diferencias de formulación, CEDH y CSE no han contado con instancias de la misma naturaleza para hacer valer sus respectivas prescripciones. Sentada esa premisa, también cabe decir que el catálogo de derechos laborales y de protección social que incorpora la CSE constituye una referencia incuestionable para los países pertenecientes al Consejo de Europa, además de haber servido de marco de referencia para la elaboración de otros textos de contenido social en el ámbito europeo. Su influencia ha subido de nivel, por otra parte, cuando ha empezado a servir como pauta de regulación para la Unión Europea, que se ha inspirado de manera muy clara en la CSE a la hora de preparar la parte social de la Carta comunitaria de derechos sociales fundamentales de los trabajadores de 1989 o de elaborar la Recomendación sobre el pilar europeo de derechos sociales de 2017, por poner dos buenos ejemplos de ese crecido impacto. Es posible, por lo demás, que la CSE también haya dejado sentir sus efluvios más allá de los puros contornos europeos.

En ese mismo escenario de influencia del Consejo de Europa en la conformación de los sistemas nacionales ha de citarse también el Código Europeo de Seguridad Social aprobado en 1964 y revisado en 1990 (CESS), un texto muy encomiable pero que no ha logrado el esperado grado de incidencia, tal vez por su alto nivel de exigencia[43]. Conectado temáticamente con algunos pasajes de la CSE, el CESS trataba de llevar a cabo una especie de armonización de los sistemas nacionales

---

43 No debe ser casualidad que el proceso de ratificaciones se limite de momento a la firma de Holanda. https://www.coe.int/en/web/conventions/full-list/-/conventions/treaty/139.

de seguridad social –y de algunos otros flancos de la protección social– mediante la fijación de unos niveles mínimos de protección, a partir del suelo establecido con carácter universal por el Convenio núm.102 de la OIT[44], aunque con mayor ambición, al menos aparentemente. A la postre, procuraba evitar las diferencias por razón de nacionalidad en materia de contingencias y prestaciones de seguridad social (jubilación, invalidez, muerte y supervivencia y otras) o próximas a la seguridad social (como la asistencia sanitaria), especialmente para determinados grupos de población (veteranos de guerra o personas necesitadas de tratamientos especiales, por ejemplo) dentro del espacio europeo de referencia.

La acción emprendida por el Consejo de Europa mediante ese Código fue completada unos años más tarde con la aprobación de reglas de coordinación de los sistemas nacionales de seguridad social, de un corte muy similar al de los correspondientes reglamentos de la UE. Fueron articuladas en el Acuerdo Europeo de Seguridad Social de 1972 y su convenio complementario, y, al igual que en la Europa comunitaria, perseguían el doble objetivo de conservación de los derechos adquiridos por los trabajadores migrantes durante su trayectoria profesional y de totalización de sus sucesivos períodos de residencia y cotización en diferentes países. Pese a su indudable trascendencia, toda esta meritoria labor del Consejo de Europa en el campo de la seguridad social de los trabajadores migrantes fue quedando bastante oscurecida por las normas de coordinación nacidas de la UE, que parecían dotadas de mayor operatividad y efectos prácticos. Por otra parte, la mayor parte de los Estados que han ratificado el Acuerdo del Consejo de Europa pertenecen también a la UE, por lo que los problemas de coordinación en materia de seguridad social que les pue-

---

44 Vid. M. VIVES CABALLERO, "Código Europeo de Seguridad Social: comentarios a su contenido y a su ratificación por España", *RL*, núm.12 (1995), pp.88-89.

dan afectar se regirán prioritariamente por la normativa comunitaria. Sólo en cuanto quede implicado un país tercero que la hubiera ratificado habrá ocasión de acudir a esa otra fuente de regulación supranacional en el ámbito europeo[45], que desde luego podría ser también de aplicación cuando de ella resultara una prestación más favorable para el beneficiario, según la propia jurisprudencia comunitaria[46].

La coordinación entre sistemas nacionales en relación con trabajadores migrantes volvió a ser abordada por el propio Consejo de Europa unos años después a través del Convenio Europeo relativo al Estatuto jurídico del trabajador migrante, hecho en Estrasburgo con fecha de 24 de noviembre de 1977. Con el objetivo particular de asegurar a los trabajadores migrantes procedentes de los Estados miembros del Consejo de Europa "un tratamiento que no sea menos favorable que el que disfrutan los trabajadores nacionales del Estado de acogida en todo lo que se refiere a las condiciones de vida y trabajo", y con el propósito más general de "facilitar la promoción social y el bienestar de los trabajadores migrantes y de los miembros de sus familias", el Convenio de 1977 proporciona reglas sobre reclutamiento "de futuros trabajadores migrantes", sobre forma y contenido del contrato de trabajo y sobre condiciones de empleo, además de deberes de información de diverso tenor y previsiones complementarias sobre el entorno familiar y social del trabajador migrante. Como base de todo ello, impone a las partes contratantes el reconocimiento tanto del derecho de salida del territorio de la Parte Contratante de la que sea natural el trabajador, como del derecho de admisión en el territorio de cualquiera de las Partes Contratantes para desempeñar un empleo remunerado, sin perjuicio de "las restricciones prescritas

45 Como es el caso de Turquía.

46 Doctrina iniciada con la sentencia TJCE *Rönfeldt*, de 7 de febrero de 1991 (asunto C-227/89).

por la ley y relativas a la seguridad del Estado, al orden público, a la salud pública o a la moralidad".

4. Otros instrumentos de impacto laboral o relieve social

Más allá del campo específico del empleo asalariado y de la protección social también podemos encontrar una variada serie de instrumentos normativos aprobados en el seno del Consejo de Europa que, aun teniendo una proyección general sobre la población, pueden afectar en particular a quienes viven de su trabajo o son beneficiarios de prestaciones sociales. El caso más significativo de esa otra veta normativa del Consejo de Europa es muy probablemente el Convenio núm.108 de 1981 sobre protección de datos personales[47], entre otros motivos por ser el primer instrumento internacional de carácter vinculante aprobado en una materia que en aquellos momentos se situaba resueltamente en las fronteras de la vanguardia jurídica[48]. Procedente en última instancia de sendas Resoluciones de esa misma organización supranacional adoptadas en los años 1973 y 1974 (para la protección del derecho a la intimidad en el contexto de los bancos electrónicos de datos tanto en el sector público como en el privado), el Convenio núm.108 constituye sin duda alguna uno de los avances de mayor consideración en la tutela de la esfera de privacidad de las personas[49]. Motor de

---

47 https://www.coe.int/en/web/conventions/full-list/-/conventions/treaty/108.

48 La primera vez que este Convenio fue mencionado explícitamente por el TC fue en la STC 202/1999, de 8 noviembre, que afirmó la compatibilidad de nuestra regulación interna con esa norma internacional. Con posterioridad, también aludieron a ese texto europeo la STC 259/2018, de 7 marzo, y la STS de 21 de septiembre de 2015 (recurso de casación 259/2014).

49 Vid. A.E. PÉREZ LUÑO, "La incorporación del Convenio Europeo sobre Protección de Datos Personales al ordenamiento jurídico español", en M.G. LOSANO, A.E. PÉREZ LUÑO y M.F. GUERERO

muchas normas nacionales en la materia, e incluso de la correspondiente normativa comunitaria, fue revisado en el año 2018 precisamente para fortalecer su acervo de garantías en la línea impulsada por el Reglamento UE 2016/679[50].

Como hemos dejado ver, no fueron concebidos esos instrumentos del Consejo de Europa sobre protección de datos personales específicamente para el ámbito de la relación de trabajo, que no parecía ser en aquellos momentos un sector particularmente preocupante desde ese punto de vista[51]. Pero una vez en marcha no fue difícil apreciar que sus efectos también se proyectaban sobre el terreno del empleo, para el que, por sus especiales características y exigencias, fueron elaboradas más tarde dos Recomendaciones (de 1989[52] y 2015[53]) por parte del Comité de Ministros del Consejo de Europa. La última de ellas, destinada a revisar la precedente, se sitúa en una dirección muy próxima a la que empezaron a marcar las normas de la Unión Europea (primero con la Directiva de 1995 y posteriormente con el Reglamento de 2016). De ahí que insista igualmente en los principios de minimización y limitación en el uso de los datos personales del trabajador, de modo que

---

MATEUS, *Libertad informática y leyes de protección de datos personales*, Centro de Estudios Constitucionales, Madrid, 1989, pp.22 y ss.

50 https://www.coe.int/en/web/conventions/full-list/-/conventions/treaty/223.

51 Vid. M.B. CARDONA RUBERT, "Tratamiento automatizado de datos personales del trabajador", *RTSS*, núm.16 (1994), pp.87 y ss.; J.A. PAVÓN PÉREZ, "La protección de datos personales en el consejo de Europa: el protocolo adicional al convenio 108 relativo a las autoridades de control y a los flujos transfronterizos de datos personales", *Anuario de la Facultad de Derecho de la Universidad de Extremadura*, núm.19-20 (2002), pp.235 y ss.

52 Recomendación R (89), https://www.coe.int/t/dg3/healthbioethic/texts_and_documents/Rec(89)2E.pdf.

53 https://search.coe.int/cm/Pages/result_details.aspx?ObjectID=09000016805c3f7a.

las posibilidades de captación por parte del empleador queden constreñidas a los que sean necesarios para el cumplimiento de fines propios de la relación laboral, y que el uso de los mismos quede limitado al tiempo estrictamente necesario, con la consiguiente prohibición de conservación de los datos *sine die*[54]. Además, la referida Recomendación también proporciona pautas relativas al ejercicio por parte del empresario de sus facultades de control del trabajo, desde la implantación de medios de videovigilancia y geolocalización a la utilización de test de contenido psicológico o la obtención de datos biométricos. La preocupación del Consejo de Europa por esta problemática vinculada al impacto de las nuevas tecnologías ha quedado patente con nuevas recomendaciones sobre la protección de los datos personales con ocasión de la elaboración de perfiles[55] o sobre la salvaguarda de los derechos humanos respecto de los sistemas de inteligencia artificial[56]. Los esfuerzos en este último campo se han intensificado progresivamente, de lo que es buena muestra la adopción por el Consejo de Europa del Convenio Marco sobre Inteligencia Artificial y Derechos Humanos, Democracia y Estado de Derecho (nº 225), abierto a su firma desde 5 de septiembre de 2024.

A lo largo de sus años de funcionamiento el Consejo de Europa también ha proporcionado recomendaciones sobre formación en algunas profesiones (v.gr., enfermería) y ha abordado, con fines de regulación, algunas manifestaciones del empleo no asalariado. Además de las pautas aprobadas por esa institución europea sobre la protección social de determinados grupos de trabajadores por cuenta propia (como los del

---

[54] Vid. STEDH *Catt vs. Reino Unido* (de 24-1-2019, recurso 43514/15).

[55] Vid. *Recommendation CM/Rec(2021)8, of the Committee of Ministers to member States on the protection of individuals with regard to automatic processing of personal data in the context of profiling.*

[56] Vid. *Recommendation CM/Rec(2020)1 of the Committee of Ministers to member States on the human rights impacts of algorithmic systems.*

sector agrícola), dentro de este capítulo merece una reseña específica el Acuerdo Europeo sobre la Colocación *au pair* hecho en Estrasburgo con fecha de 24 de noviembre de 1969[57]. Sobre la base de que "un número cada vez más numeroso de jóvenes, especialmente muchachas, se trasladan al extranjero para colocarse *au pair*" y de que por motivos de diverso orden "es conveniente definir y armonizar en todos los Estados miembros" las condiciones que rigen dicha colocación, el Acuerdo de 1969 pretende "garantizar a las personas colocadas *au pair* una protección social adecuada, inspirada en los principios formulados contenidos en la Carta Social Europea". Tras proporcionar una definición común de ese trabajo, el Acuerdo establece edades mínima y máxima para el acceso a ese tipo de trabajo y se ocupa entre otros aspectos de su duración, de las condiciones de alojamiento y de las compensaciones y atenciones que debe recibir quien realiza tal actividad por parte de la familia de acogida.

5. España ante el Consejo de Europa

España no pudo incorporarse al Consejo de Europa en las fechas de su creación, por incumplimiento de los principios democráticos que estaban en la base de esa organización supranacional. Sólo tras la celebración de las elecciones democráticas de 15 de junio de 1977 pudieron comenzar en firme las negociaciones para la adhesión de nuestro país, que culminaron con la aprobación en los meses siguientes de sucesivas Resoluciones de la Asamblea Parlamentaria y el Comité de Ministros del Consejo de Europa sobre las condiciones que debían concurrir y los requisitos que debían cumplimentarse para la aceptación de la candidatura española y la pertinente

---

57 Ratificado por España con fecha de 24 de junio de 1988 (BOE 6 de septiembre).

invitación formal. Finalmente, con fecha de 22 de noviembre de 1977 fue firmado el Instrumento de ratificación por parte de España del Estatuto del Consejo de Europa, y dos días más tarde, con ocasión de su depósito formal, nuestro país pasó a ser miembro de pleno derecho de tal organización[58].

A partir de ese momento se inició el proceso de ratificación de declaraciones de derechos y textos normativos de dicha organización supranacional. Casi de forma inmediata al mencionado acto de adhesión, con fecha de 24 de noviembre de 1977 concretamente, fue aprobado el instrumento de ratificación del Convenio Europeo de Protección de Derechos Humanos y Libertades Fundamentales, que entró en vigor para España con fecha de 4 de octubre de 1979[59]. Poco después se empezarían a dar los pasos oportunos para la ratificación de los convenios o acuerdos de contenido específicamente laboral y para los relativos a la materia de protección social. El día 29 de abril de 1980 fue ratificado el Convenio Europeo sobre el Estatuto jurídico del trabajador migrante de 1977[60], el día 12 de noviembre de 1984 lo fueron tanto el Acuerdo Europeo de Seguridad Social como su Acuerdo Complementario de aplicación[61], y el día 12 de febrero de 1993 se tomó esa misma decisión en relación con el Código Europeo de Seguridad Social[62].

Mención especial merece en este particular proceso la ratificación de la Carta Social Europea. Relativamente pronto –el

---

58 El Instrumento de Adhesión de España al Estatuto del Consejo de Europa se publicó en el BOE de 1 de marzo de 1978 por Resolución de 21 de febrero de 1978 (https://www.boe.es/buscar/doc.php?id=BOE-A-1978-5972).

59 Instrumento de ratificación publicado en el BOE de 10 de octubre de 1979.

60 BOE 18 de junio de 1983.

61 BOE 12 de noviembre de 1986.

62 BOE 17 de marzo de 1995.

día 29 de abril de 1980– fue ratificada su versión de 1961[63], pero la aceptación formal de su texto revisado, que había sido aprobado con fecha de 3 de mayo de 1996, se pospuso durante mucho tiempo, lo cual dio lugar a una situación un tanto extraña en la que con cierta frecuencia se expresaron reproches o críticas de distinta profundidad, normalmente para poner de relieve deficiencias del ordenamiento español que en hipótesis podían ser subsanadas con la ratificación y dirigir las consiguientes quejas a los responsables políticos de turno. El 23 de octubre del año 2000 el Plenipotenciario de España firmó en Estrasburgo esa segunda versión de la CSE, pero hubo que esperar un par de décadas para que la cuestión volviera a ser planteada con suficiente firmeza ante nuestras instituciones legislativas. Como resultado de ese nuevo impulso, en 2019 fue aprobada una Resolución de la Mesa del Congreso de los Diputados por la que se encomendó el pertinente Dictamen a la Comisión de Asuntos Exteriores, se abrió plazo para la admisión de propuestas y se dispuso la publicación de la Declaración que España podría formular sobre las condiciones de aplicación de dicho instrumento en lo que respecta a nuestro país[64]. Casi dos años más tarde, el día 29 de abril de 2021, fue firmado definitivamente el instrumento de ratificación de la versión revisada de la CSE, con algunas declaraciones de reserva o y advertencia, con aceptación expresa del Protocolo Adicional de 9 de noviembre de 1995 sobre el sistema de reclamaciones colectivas, y con entrada en vigor para nuestro país a partir de

63 Instrumento de ratificación fue publicado en el BOE de 26 de junio de 1980.

64 Resolución de 12 de febrero de 2019 (BO de las Cortes Generales de 15 de febrero de 2019, sección de "Autorización de Tratados y Convenios Internacionales").

1 de julio de 2021[65]. Al año siguiente fue ratificado de forma específica y definitiva dicho Protocolo[66].

Si hubiera que hacer un balance global de la posición o la experiencia española, podría decirse que hasta el momento España ha ratificado la mayor parte de los convenios y tratados del Consejo de Europa[67], al menos los de mayor interés para los asuntos de incumbencia social. No parece que la falta de ratificación de algunos textos pertenecientes al acervo general de esa institución europea sea especialmente significativa. Es el caso, por poner un ejemplo muy gráfico, de los convenios sobre la situación de los veteranos de guerra, que naturalmente fueron adoptados por el Consejo de Europa en un contexto histórico muy concreto y para una realidad social muy diferente a la que ya existía en las fechas en las que España se incorporó a dicha organización. Mucho más relevante es el hecho de que, de los numerosos convenios aprobados desde el año 2000 en el Consejo de Europa, España sólo haya dejado de ratificar un número que ha de calificarse de muy bajo o de escasamente representativo en términos relativos[68].

---

65 El instrumento de ratificación puede consultarse en BOE de 11 de junio de 2021.

66 Aunque ya había sido firmado por el Plenipotenciario de España con fecha de 4 de febrero de 2021, con fecha de 26 de julio de 2022 se procedió a la ratificación específica de dicho Protocolo con la fijación de la fecha de 1 de diciembre de 2022 para su definitiva entrada en vigor para España y con la precisión de que "con ello finaliza la aplicación provisional por España de este Protocolo, iniciada el 1 de julio de 2021 y publicada junto con el texto del mismo en el «Boletín Oficial del Estado» número 153, de 28 de junio de 2021". Este otro instrumento puede consultarse en el BOE de 2 de noviembre de 2022.

67 El total de ratificaciones, con indicación de la fecha, puede consultarse en https://www.coe.int/en/web/conventions/full-list?module=treaties-full-list-signature&CodePays=SPA.

68 Se han dejado de ratificar, concretamente, los convenios referidos a la promoción del voluntariado para jóvenes, al acceso ilícito a emi-

Por otra parte, es bueno poner de manifiesto que desde las instituciones competentes del Consejo de Europa sólo esporádicamente se han puesto reparos de envergadura a la configuración o al desenvolvimiento de nuestro sistema político y jurídico[69], sin perjuicio de que ya sea bastante voluminosa la jurisprudencia del Tribunal Europeo de Derechos Humanos referida a casos judiciales promovidos en nuestro país, algunas veces con sentencia de condena para el Estado español, y con independencia de que durante los últimos años no haya sido infrecuente la invocación de cláusulas de la Carta Social Europea para cuestionar algunos pasajes de nuestra legislación laboral, como tendremos ocasión de comentar.

Lo cierto es que de modo progresivo ha ido creciendo la presencia de los instrumentos normativos, los criterios jurisprudenciales y los informes de aplicación procedentes del Consejo de Europa en los fundamentos jurídicos de las decisiones de nuestros órganos jurisdiccionales, que a veces han buscado bases o pautas interpretativas incluso en textos de esa organización que no son más que meras recomendaciones[70].

---

siones de radio o televisión, a la cooperación relativa a los servicios de la sociedad de la información, a la "herencia audiovisual", a la protección de animales durante el transporte internacional, así como varios protocolos sobre biomedicina, el convenio sobre prevención de apátridas en supuestos de sucesión de Estados, el relativo a la transparencia en el acceso a documentos oficiales y el dirigido a proteger la propiedad cultural.

69 Respecto de la observancia del Código Europeo de Seguridad Social, A. OJEDA AVILÉS, "La convergencia europea en materia de Seguridad Social: los problemas de un Código internacional de prestaciones mínimas", *RMTIN*, núm.84 (2009), pp.15 y ss.

70 Por ejemplo, la Sala Cuarta de nuestro TS se ha apoyado ocasionalmente en Recomendaciones del Consejo de Europa para elaborar su doctrina en materia de indemnización por daños y perjuicios derivados de una contingencia profesional o respecto de la financiación pública de la cirugía de cambio de sexo.

Ese creciente interés español por la aportación jurídica del Consejo de Europa puede tener explicaciones diversas, pero de alguna manera tiene que ver, como ha sucedido también con algunos otros instrumentos internacionales, con lo dispuesto en el artículo 10.2 de la Constitución Española, a cuyo tenor "las normas relativas a los derechos fundamentales y a las libertades que la Constitución reconoce se interpretarán de conformidad con la Declaración Universal de Derechos Humanos y los tratados y acuerdos internacionales sobre las mismas materias ratificados por España".

PARTE SEGUNDA:

El Convenio Europeo de Derechos Humanos

El Convenio Europeo de Derechos Humanos es indudablemente el principal producto normativo del Consejo de Europa, sin perjuicio de que el grado de relevancia que ha logrado alcanzar con el paso de los años se deba en buena medida no sólo a la calidad de su texto, sino también a la constante labor de intensificación desempeñada por el Tribunal Europeo de Derechos Humanos (TEDH). Lo cierto es que el catálogo de derechos reconocido en el CEDH, y la autoridad moral y jurídica que le ha insuflado el Tribunal de Estrasburgo, han contribuido a la expansión de los derechos fundamentales por toda Europa, con su corolario de reforma o adaptación de los sistemas normativos nacionales y de renovación o reactivación de la doctrina de los tribunales internos. España no ha sido, en absoluto, inmune a esa influencia general.

I. LA APORTACIÓN DEL CONVENIO Y SUS PROTOCOLOS AL ACERVO DE DERECHOS Y LIBERTADES

El CEDH no es un compendio de derechos laborales, ni tampoco una carta de derechos sociales, pero por su diseño omnicomprensivo y su proyección general al conjunto de las relaciones sociales nunca ha sido un texto ajeno al ámbito del empleo y de la protección social, donde ha conseguido despertar un notable interés. El carácter común o "civil" de muchas de sus cláusulas no ha sido impedimento alguno para extraer de su interior ingredientes específicos para esas específicas parcelas de la vida social. Su importancia estriba no sólo en su papel institucional de base o modelo de regulación para los sistemas nacionales, sino también en su naturaleza de norma dotada de fuerza vinculante tanto para la actividad de los poderes públicos como para el desenvolvimiento de las relaciones entre las personas y los grupos sociales. Constituye, a la postre, un medio eminente de integración jurídica supranacional y una pieza esencial de lo que ha dado en llamarse "orden público europeo"[71]. Reconoce derechos y libertades que son susceptibles de invocación directa en sede judicial y que están amparados en última instancia por una jurisdicción propia y especializada (el TEDH), con capacidad para revisar, desde ese punto de vista, las decisiones de las instancias nacionales una vez agotado el correspondiente proceso interno. Está acompañado por un buen número de Protocolos adicionales, que han ido completando y precisando progresivamente tanto su elenco de derechos como su cuadro de garantías formales y procedimentales.

1. Génesis y proceso de consolidación del Convenio

Hecho en Roma con fecha de 4 de noviembre de 1950, el CEDH constituye desde hace mucho tiempo una referencia ineludible para la comprensión y salvaguarda de ese cupo selecto de derechos a los que, por su íntima conexión con la dignidad de la persona, se suele dar la calificación de "derechos huma-

---

71 Vid. GARCÍA ROCA, J. y PÉREZ-MONEO, "El preámbulo. Contexto hermenéutico del Convenio: un instrumento constitucional del orden público europeo", VVAA (coord. de M GARCÍA ROCA, J., SANTOLAYA MACHETTI, P., y PÉREZ-MONEO), *La Europa de los derechos. El Convenio Europeo de Derechos Humanos,* Vol. I y II, CEPC, Madrid, 2023, pp.22 ss. La obra contiene estudio y comentario sistemático de los sucesivos preceptos del Convenio y sus Protocolos anejos.

nos", y que por su grado de consideración y tutela dentro del sistema jurídico e institucional se vienen conociendo también como "derechos fundamentales"[72]. Por supuesto, el CEDH no puede entenderse al margen de su contexto normativo a escala mundial, y difícilmente puede ponderarse sin tener a la vista, en particular, su vinculación con instrumentos de similar vocación aprobados en el seno de la ONU. Entre ellos se sitúa desde luego la Declaración Universal de los Derechos Humanos de 1948, que le precedió en el tiempo y que naturalmente le sirvió de referencia directa. También forman parte de ese entorno más general, aunque sea de manera sobrevenida, los Pactos alcanzados en el seno de esa organización mundial en el año 1996, el primero sobre Derechos Civiles y Políticos y el segundo sobre Derechos Económicos, Sociales y Culturales. En todo caso, cabe decir que el CEDH ha conseguido una capacidad de impacto bastante mayor que esos otros catálogos de derechos, muy probablemente por su más contundente formulación y por su proyección sobre un ámbito territorial y social (el europeo) relativamente homogéneo y particularmente comprometido con los valores democráticos. También hay que tener en cuenta la contribución que a tal efecto ha entrañado la implantación y actuación efectiva de aquella potente instancia jurisdiccional.

Al igual que esas otras declaraciones de derechos, el origen del CEDH se encuentra en el contexto social, económico y político resultante de la conclusión de la II Guerra Mundial, en el que la creación de las condiciones adecuadas para garantizar una paz duradera pasó a ser, junto a la reconstrucción del sistema productivo y el rearme moral de la sociedad, una prioridad absoluta. En tal escenario, el reconocimiento y respeto de los derechos de la persona frente al poder público se mostraba

---

72 Vid. M. KOTZUR, "Los derechos fundamentales en Europa", *Revista de Derecho Constitucional Europeo,* núm.12 (2009), pp.78-80.

como uno de los pilares esenciales para el afianzamiento de los sistemas democráticos frente a las doctrinas totalitarias germinadas durante las décadas anteriores y sus inevitables riesgos de confrontación. Como ya vimos, el Consejo de Europa asumió una posición de liderazgo en ese terreno, tratando de fomentar la colaboración entre los países europeos y de expandir por todos sus territorios esa clase de valores. Nacido con ese propósito, pronto comprendieron los órganos de gobierno de dicha institución supranacional que para la preservación real de los derechos fundamentales no bastaba con sumarse a los textos internacionales de rigor –como la Declaración Universal de la ONU– sino que había que procurar el asentamiento de un sistema propio dotado de mayores canales de influencia en el devenir político y gubernamental y de medios de control y aplicación más perfeccionados y contundentes.

Para ello fue diseñado precisamente el Convenio de 1950, cuya génesis tampoco estuvo exenta de controversia. En realidad, durante su proceso de elaboración pudieron apreciarse dos concepciones distintas acerca de un proyecto de esas características. La primera de ellas ponía el acento en el protagonismo de los Estados y en la necesidad de canalizar adecuadamente las relaciones interestatales, y defendía en consecuencia la confección de un instrumento normativo que sirviera sobre todo para el buen entendimiento entre los países pertenecientes al Consejo de Europa, dentro de los objetivos de mantenimiento de la paz y fortalecimiento de la democracia. Con esa premisa, para esta primera postura la labor de control y seguimiento tenía que recaer principalmente en los propios Estados, que habrían de ser los encargados de proceder a las pertinentes denuncias por incumplimiento del Convenio. Había, no obstante, una segunda manera de ver las cosas. Desde otros sectores se defendió, en efecto, que, sin perjuicio de las relaciones entre los Estados, el texto que se proyectaba debía constituir ante todo una "carta de derechos" en favor de la ciudadanía, en la que se atendiera especialmente tanto la relación entre los ciudadanos y el poder público como las relaciones entre los propios ciudadanos. Consecuentemente, el futuro convenio tenía que contar con mecanismos aptos para hacer valer sus previsiones tanto frente a los actos lesivos procedentes de instancias públicas, como frente a las violaciones cometidas por cualesquiera sujetos de los que operan en el ámbito de las relaciones sociales[73].

Inicialmente pareció imponerse la primera de esas concepciones, puede que por la dificultad de algunos Estados (Francia y Reino Unido, por ejemplo) de garantizar en todos sus territorios, también en los de ultramar, el pleno respeto de unas exigencias comunes en materia de derechos y libertades de los ciudadanos. De ahí que en esa primera fase de su historia el impacto del CEDH en las relaciones sociales fuese bastante reducido. La situación, no obstante, fue cambiando con el paso del tiempo, mediante la puesta en marcha de órganos específicos para el control de su aplicación. Así, en el año 1956 fue creada la Comisión Europea de Derechos Humanos para atender quejas de los interesados, y en 1959 fue implantado el Tribunal del mismo nombre para sustanciar por cauces procesales las correspondientes demandas, en un primer momento con el filtro previo de la propia Comisión. Pese a que en sus primeras dos décadas de funcionamiento el número de asuntos planteados ante este novedoso órgano jurisdiccional no llegó a superar la decena, eran sin duda pasos importantes en aquella dirección.

Tal vez no se dieran aún las condiciones para la reactivación del Consejo de Europa como motor de protección efectiva de los derechos humanos, entre otras razones porque, junto a los problemas estructurales ya mencionados, durante esos años los esfuerzos de buen número de sus países miembros se estaban

---

73 Vid. L. LÓPEZ GUERRA, "La evolución del sistema europeo de protección de derechos humanos", *Teoría y Realidad Constitucional*, núm.42 (2018), pp.111 y ss.

dirigiendo ya, y muy probablemente con más intensidad, a la construcción de entidades supranacionales de mayor fuerza vinculante, como las Comunidades Europeas. Sin embargo, el Convenio fue logrando poco a poco mayor protagonismo en el ámbito europeo, sobre todo a partir de los años setenta del siglo pasado. El número de ratificaciones fue incrementándose, el acervo de derechos fue ampliándose mediante sucesivos protocolos adicionales y la posibilidad de utilizar la vía de recurso individual por parte de sus ciudadanos fue siendo aceptada cada vez por un mayor número de Estados[74]. Un significativo punto de inflexión tuvo lugar con la aprobación del Protocolo número 11 en el año 1994[75], que suprimió el filtro tradicional de la Comisión de Derechos Humanos y procedió a una operación de recreación y reactivación del Tribunal, que desde entonces quedó configurado como órgano jurisdiccional en su sentido más pleno, sin perjuicio de sus limitaciones en el terreno de la ejecución de sentencias[76].

Tras estas variadas vicisitudes, puede que el año 1998 representara el nacimiento de una nueva época para el TEDH, pues desde esas fechas vio considerablemente aumentado el volumen de asuntos y pudo aportar al CEDH una dimensión cualitativa muy superior a la que venía desplegando hasta esos momentos y que era prácticamente desconocida en el ámbito de otros textos internacionales de similar factura o conteni-

---

74 Vid. F. VALDÉS DAL-RÉ, *El constitucionalismo laboral europeo y la protección multinivel de los derechos laborales fundamentales: luces y sombras*, Bomarzo, Albacete, 2016, pp.22 y ss.

75 Con entrada en vigor el 1 de noviembre de 1998. El texto puede verse en https://www.coe.int/en/web/conventions/full-list/-/conventions/treaty/155.

76 Vid. S. QUESADA POLO, “El Convenio Europeo de Derechos Humanos: Apuntes sobre el sistema de control del Convenio”, *Anales de Derecho*, núm.6 (1998), pp.171 y ss.

do[77]. El TEDH empezaría a intervenir como una especie de tribunal "constitucional" a escala europea, con la consiguiente ascendencia sobre el territorio de las Altas Partes Contratantes y con la posibilidad de ejercer su particular control de "convencionalidad" sobre los correspondientes ordenamientos nacionales, incluidos, en su caso, los textos constitucionales de referencia[78]. Para todos ellos empezaría a crearse, en definitiva, una doctrina homogénea y de obligada observancia sobre el contenido y alcance de los derechos humanos y las libertades fundamentales[79]. Una doctrina que ya tiene, por lo demás, una capacidad de impacto más allá del *limes* europeo que no era fácil de imaginar.

2. El catálogo original de derechos y libertades

El CEDH ha conocido diversas fases a través de su trayectoria histórica, fundamentalmente porque, como hemos dicho, su texto inicial fue siendo objeto de sucesivas operaciones de ampliación, reforma y consolidación, sobre todo mediante la aprobación de protocolos adicionales y, en algún caso, mediante la refundición de las normas existentes hasta un determinado momento[80]. Lo cierto es que a lo largo de su largo periplo

---

77 Vid. J.A. PASTOR RIDRUEJO, "Sesenta años del Consejo de Europa", *Revista de Derecho Comunitario Europeo*, núm.33 (2009), pp.446 y ss., y C. MORTE GÓMEZ, "El Convenio Europeo de Derechos Humanos: primcros pasos para una nucva rcforma", *Anuario de Derechos Humanos*, núm.5 (2004), pp.755 y ss.

78 Vid. C. AYALA CORAO, *Hacia una justicia constitucional internacional de los derechos humanos (La internacionalización de las constituciones y la constitucionalización de los tratados)*, Tirant lo Blanch/Ciudad de México, 2024, pp.180 ss.

79 Vid. M. KOTZUR, "Los derechos fundamentales en Europa", *Revista de Derecho Constitucional Europeo*, núm.12 (2009), pág.85.

80 Vid. la recepción española del texto refundido del CEDH en BOE de 6 de mayo de 1999.

ha podido dejar constancia de su carácter dinámico y su enorme capacidad de adaptación a la evolución de los tiempos, no sólo para la recepción de nuevos derechos, sino también con vistas a la perfección de sus mecanismos de garantía. En todo caso, el CEDH ha presentado desde el principio una estructura compleja, en la que, junto a las clásicas disposiciones sobre ratificación y vigencia, se albergaba una parte "sustantiva", consagrada a la proclamación de derechos y libertades, y una parte "adjetiva" de carácter instrumental o procedimental, dedicada a la implantación y configuración de las pertinentes instancias de control y aplicación. No es sólo una carta de derechos y libertades que las Altas Partes Contratantes se obligaron a reconocer frente "a toda persona dependiente de su jurisdicción" (como dice su art.1). Es también un código de garantías y normas de procedimiento.

Su catálogo de "derechos humanos" y "libertades fundamentales" es bastante completo y avanzado, incluso desde la perspectiva supuestamente más moderna de nuestros días. Aun cuando no se utilicen criterios explícitos de clasificación dentro del CEDH, dentro de su lista de derechos y libertades públicas podrían delimitarse tres grandes grupos atendiendo a su contenido, a sus más directos destinatarios y a sus funciones primordiales. Un primer grupo puede formarse con los derechos más básicos de la persona, que en más de un caso se enuncian como mandatos directos a los poderes públicos: el derecho a la vida (art.2), la prohibición de la tortura (art.3) y la erradicación de la esclavitud y los trabajos forzados (art.4). Un segundo grupo abarcaría los más clásicos derechos de libertad y ciudadanía: el derecho a la libertad y seguridad (art.5), el derecho al respeto a la vida privada y familiar (art.8), la libertad de pensamiento, conciencia y religión (art. 9), la libertad de expresión (art.10), las libertades de reunión, asociación y sindicación (art.11), y el derecho a contraer matrimonio (art.12). En el tercer grupo, en fin, habría que alojar las garantías esencialmente procedimentales, como el derecho a un proceso equitativo (art.6) y el principio de legalidad penal (art.7). A todo ello, y como una especie de clausulado de cierre, habría que unir el derecho a un recurso efectivo para hacer frente a la eventual violación de alguno de los anteriores derechos (art.13), así como la prohibición de distinción en el disfrute de los mismos y particularmente de los actos de discriminación por razones de sexo, raza, color, lengua, religión, opiniones políticas u otras, origen nacional o social, pertenencia a una minoría nacional, fortuna, nacimiento o cualquier otra situación (art.14).

Como es natural, no todos los derechos y libertades del CEDH presentan la misma estructura, ni todos aparecen con la misma densidad de contenido. Pero una pauta de regulación muy generalizada en dicho texto es el establecimiento, junto al acto de declaración o reconocimiento, de una larga lista de salvedades o excepciones, sin duda por la necesidad de conjugar el derecho en cuestión con otros derechos o intereses legítimos, con necesidades de orden público o con las competencias del legislador nacional. Aunque no es ni mucho menos el único que podría citarse a tal efecto, valga el ejemplo del derecho a la vida privada y familiar reconocido en el artículo 8 CEDH, respecto del que, tras su solemne proclamación, se precisa que «no podrá haber injerencia de la autoridad pública en el ejercicio de este derecho, sino en tanto en cuanto esta injerencia esté prevista por la ley y constituya una medida que, en una sociedad democrática, sea necesaria para la seguridad nacional, la seguridad pública, el bienestar económico del país, la defensa del orden y la prevención del delito, la protección de la salud o de la moral, o la protección de los derechos y las libertades de los demás». Una precaución que, por dar otro ejemplo significativo, también se adopta con nitidez a propósito de la libertad de manifestación de la religión o las convicciones personales, que «no puede ser objeto de más restricciones que las que, previstas por la ley, constituyen medidas necesarias, en una sociedad democrática, para la seguridad pública, la protección del orden, de la salud o de la moral públicas, o la protección de los derechos o las libertades de los demás», según el artículo 9.2 CEDH.

En realidad, ésa es la fórmula habitualmente utilizada por el CEDH para tratar de aquilatar el alcance de su catálogo de derechos y su grado de afectación a los sistemas nacionales. Pero también hay que tener en cuenta que el listado de salvedades o excepciones suele ofrecerse con ánimo de exhaustividad y, en consecuencia, con el claro propósito de no aceptación de límites o restricciones de otra clase. Tampoco debe dejarse a un lado el hecho de que en más de un caso el propio CEDH opta por una formulación de cariz eminentemente positivo, en el sentido de que concede mayor protagonismo a la descripción de los elementos o ingredientes del derecho que a la mención de los supuestos de posible modulación o exclusión. Así ocurre, por ejemplo, con el derecho a un proceso equitativo (que según el art.6 CEDH exige en esencia posibilidades de audiencia pública en plazo razonable, juez independiente e imparcial, pronunciamiento público de la sentencia y salvaguarda de la presunción de inocencia), con la libertad de pensamiento, de conciencia y de religión (que según el artículo 9 del CEDH «implica la libertad de cambiar de religión o de convicciones, así como la libertad de manifestar su religión o sus convicciones individual o colectivamente, en público o en privado, por medio del culto, la enseñanza, las prácticas y la observancia de los ritos»), o, en cierto modo, con la libertad de expresión (que según el art.10 CEDH «comprende la libertad de opinión y la libertad de recibir o de comunicar informaciones o ideas, sin que pueda haber injerencia de autoridades públicas y sin consideración de fronteras»).

Como se ha podido ver, el CEDH proclama principalmente derechos “de primera generación”, de contenido civil y político, procedentes en último término de la tradición que fue fraguándose a lo largo de los siglos XVIII y XIX en Europa y América del Norte, y que tuvo entre sus textos iniciales más simbólicos e influyentes la Declaración de Derechos de Virginia de 1776 y la Declaración de los Derechos del Hombre y del Ciudadano aprobada en 1789 en el contexto de la Revolución Francesa. Son, como se sabe, los derechos de ciudadanía más clásicos, que en unos casos actúan como libertades de acción y en otros como garantías de la dignidad de la persona frente al poder público o como instrumentos de participación política. Es evidente por ello que, desde el punto de vista de su contenido, el CEDH presentaba en su origen y sigue presentando aún diferencias apreciables respecto de la Declaración Universal de 1948, pese a que este otro texto le pudiera servir de referencia inicial. Como se sabe, la Declaración de la ONU desborda el mero ámbito civil y político y dedica buen número de sus pasajes a los derechos sociales, tanto a los más generales (como la educación, la salud, la vivienda o la cultura) como a los específicamente laborales (derecho al trabajo y a condiciones mínimas de trabajo) o de protección social (seguridad social o servicios sociales). Sólo con el paso de los años lograría el CEDH albergar algunos de los llamados derechos de nueva generación, más ligados a las condiciones de vida, al medio ambiente o a los avances científicos, y muchos de ellos pertenecientes, para más señas, a esa categoría que suele ser conocida como derechos de "prestación"[81].

---

81 Vid. M. FRANCO DEL POZO, *El derecho humano a un medio ambiente adecuado*, Universidad de Deusto, Bilbao, 2000, pp.11 y ss.; J.M. MARTÍNEZ DE PISÓN CAVERO, "Las generaciones de derechos humanos", J. BETEGÓN CARRILLO y otros (Coord.), *Constitución y derechos fundamentales*, Presidencia del Gobierno, Madrid, 2004, pp. 409 y ss.; E. MUÑOZ CATALÁN, "El medio ambiente como bien jurídico y derecho humano de tercera generación reconocido desde el imperio romano", *DELOS: Desarrollo Local Sostenible*, núm.21 (2014), y E. CARMONA CUENCA, "Derechos sociales de prestación y obligaciones positivas del Estado en la jurisprudencia del Tribunal Europeo de Derechos Humanos", *Revista de Derecho Político*, núm.100 (2017), pp.1212 y ss.

La dimensión clásica que desde una perspectiva global presenta el CEDH se explica en gran medida por el contexto en el que fue elaborado y por los fines atribuidos originalmente al Consejo de Europa. Su objetivo esencial de fortalecimiento de las libertades ciudadanas para cerrar el paso definitivamente a experiencias totalitarias no requería en verdad el reconocimiento directo de derechos económicos y sociales. Tampoco el entorno empobrecido en el que en aquellos momentos tenían que resurgir los países castigados por la Gran Guerra aconsejaba la imposición de las exigencias económicas que ineludiblemente deben ir ligadas a su proclamación para la garantía efectiva de tal clase de derechos. Las condiciones materiales y sociales de aquellos tiempos, dicho de otro modo, tan sólo parecían permitir la protección eficaz de los derechos de primera generación[82], sin perjuicio de que, como dijimos más arriba, al cabo del tiempo se procediera a la ampliación progresiva del elenco inicial con una orientación más abierta y comprensiva[83].

---

82 Vid. L. LÓPEZ GUERRA, "La protección de derechos económicos y sociales en el Convenio Europeo de Derechos Humanos", *Parlamento y Constitución*, núm.14 (2011), pág.10.

83 Siempre resulta de interés la mirada al proceso de proclamación y reconocimiento de derechos humanos en el ámbito americano, en el que al margen de la experiencia histórica de la Declaración de Virginia de 1776 y la Carta de Derechos de los Estados Unidos unida a su Constitución en 1791, fue aprobada una Declaración Americana de los Derechos y Deberes del Hombre en el año 1948, unos meses antes de la Declaración de la ONU y en el contexto de creación de la Organización de los Estados Americanos, de algún modo como antecedente de la Convención Americana sobre Derechos Humanos (Pacto de San José) de 1969.

3. La ampliación del catálogo inicial de derechos a través de protocolos adicionales

El panel de derechos, libertades y garantías del CEDH fue completándose desde sus primeros años de vida y a lo largo de su tiempo de vigencia a través de protocolos adicionales, que ante todo incidieron en ese mismo ámbito de los derechos civiles y políticos, pero que también intensificaron la virtualidad de los instrumentos de garantía. Por otra parte, a través de esos instrumentos complementarios se fue dando paso, en más de una ocasión, a la tarea de incorporación al sistema del CEDH de derechos de mayor contenido social. Hasta el momento han sido aprobados hasta dieciséis de esos protocolos, cuyo contenido ha sido adjuntado al texto inicial del Convenio mediante fórmulas diversas. Una de las técnicas utilizadas a tal efecto ha sido la inserción plena y consiguiente disolución de su articulado en el propio CEDH, unas veces como reforma de cláusulas ya existentes, y otras como añadido neto al catálogo original (criterio utilizado por los Protocolos 2, 3, 8, 9 y 11). Una segunda técnica ha sido la yuxtaposición de las nuevas previsiones al texto de base con la condición de "artículos adicionales" (criterio que se ha seguido para los Protocolos 1, 4, 6, 7, 12, 13 y 16). Con una u otra opción, lo cierto es que buena parte de los protocolos ha incrementado la parcela sustantiva del CEDH, mientras que algunos otros se han ocupado exclusivamente de aspectos orgánicos o procedimentales.

El primero de esos protocolos (al que, en lugar de número, se le puso sencillamente la denominación de "Protocolo Adicional") fue aprobado en 1952[84], y tenía por finalidad «asegurar la garantía colectiva de derechos y libertades distintos de los que ya figuran en el título I del Convenio». Supuso el añadido de tres derechos de distinta consideración, pero muy co-

---

[84] https://www.coe.int/en/web/conventions/full-list/-/conventions/treaty/009.

nectados en todo caso con la Declaración Universal de 1948: el derecho de toda persona física o moral al respeto de sus bienes aunque con posibilidades de afectación por causa de utilidad pública en las condiciones previstas por la ley y los principios generales del derecho internacional ("protección de la propiedad" según su art.1); el derecho a la «instrucción» o educación, del que «nadie» puede quedar excluido aunque es conjugable con el «derecho de los padres a asegurar esta educación y esta enseñanza conforme a sus convicciones religiosas y filosóficas» (art.2), y el derecho "a elecciones libres", que es ante todo un mandato a las Altas Partes Contratantes para que organicen «a intervalos razonables, elecciones libres con escrutinio secreto, en condiciones que garanticen la libre expresión de la opinión del pueblo en la elección del cuerpo legislativo» (art.3). Por propia disposición del Protocolo, estos derechos se consideran «artículos adicionales al Convenio» (art.5).

En el año 1963 fueron aprobados tres nuevos protocolos. El Protocolo número 2 abordó aspectos jurisdiccionales y de control que más tarde fueron revisados por el Protocolo número 11 y que a la postre quedaron incorporados al texto del CEDH a través de sus artículos 31.b) y 47 a 49. En esa misma senda se situó el Protocolo número 3, que modificó los artículos 29, 30 y 34 del CEDH para agilizar el procedimiento de la entonces existente Comisión Europea de los Derechos Humanos, e igualmente fue sustituido en su momento por el Protocolo 11. Distinto objeto tuvo sin embargo el Protocolo número 4[85], que –con los mismos fines que el protocolo de 1952– entrañó el reconocimiento de un nuevo grupo de derechos para los ciudadanos, también ligados en mayor o menor grado a la Declaración de 1948 de la ONU. En este caso se trató de la prohibición de la privación de libertad por la única razón de

85 https://www.coe.int/en/web/conventions/full-list/-/conventions/treaty/046.

no poder cumplir una obligación contractual (erradicación de la "prisión por deudas" según su art.1), de la libertad de toda persona que se encuentre legalmente en un Estado a circular libremente por su territorio y elegir libremente su lugar de residencia (art.2), de la prohibición de los actos de expulsión o de denegación de entrada referidos a los nacionales del país de referencia (art.3), y de la prohibición de "expulsiones colectivas de extranjeros" (art.4). También éstos pasaron a ser "artículos adicionales al Convenio" (art.6).

Unos años más tarde, con fecha de 20 de enero de 1966, vio la luz el Protocolo número 5, que entraría en vigor el día 21 de diciembre de 1970. Con este texto adicional se modificaron los artículos 22 y 40 del CEDH, con una finalidad eminentemente orgánica, pues no ampliaba ni aquilataba el catálogo de derechos hasta ese momento reconocidos, sino que se ocupaba de la duración del mandato de las personas que adquirían la condición de miembros de la Comisión Europea de Derechos Humanos. Al desaparecer esta instancia, es fácil llegar a la conclusión de que esas nuevas reglas introducidas por el Protocolo 5 quedaron afectadas por reformas posteriores, en particular por el Protocolo número 11[86].

En 1983 fue aprobado el Protocolo número 6[87], para reflejar y dar carta de naturaleza a "los avances realizados en varios Estados miembros del Consejo de Europa" expresivos de "una tendencia general en favor de la abolición de la pena de muerte". Su artículo 1 declara solemnemente que "queda abolida la pena de muerte" y que nadie puede ser condenado a tal clase de pena, aunque con la salvedad de que los Estados podrán preverla para "aquellos actos cometidos en tiempo de guerra

86 Vid. https://www.echr.coe.int/Documents/Library_Collection_P5_ETS055E_ENG.pdf.

87 https://www.coe.int/en/web/conventions/full-list/-/conventions/treaty/114.

o de peligro inminente de guerra" (art.2), pero también con la prohibición de proceder a la derogación de estas disposiciones por parte de los Estados al amparo de las habilitaciones de la cláusula general del artículo 15 del Convenio referida al "estado de urgencia" (art.3). La excepción, en todo caso, sería suprimida por el Protocolo número 13 de 2002[88], que no admite reserva alguna a la anterior prohibición general (art.3). Las disposiciones de uno y otro Protocolo recibirían de nuevo la calificación de "artículos adicionales al Convenio" (arts.6 y 5, respectivamente).

El Protocolo número 7 del Convenio fue aprobado en 1984 para insistir en "la garantía colectiva de ciertos derechos y libertades". Este Protocolo aportó en efecto nuevas previsiones de sentido garantista para la aplicación y observancia efectivas de lo dispuesto por el Convenio, en este caso referidas a la incorporación de determinados trámites a los procedimientos de expulsión de extranjeros con residencia legal en el territorio del Estado de referencia (art.1), a la exigencia de "doble grado" en el enjuiciamiento de las infracciones penales (art.2), al reconocimiento del derecho a indemnización para las víctimas de error judicial (art.3), al derecho a no ser "perseguido o condenado penalmente" por los tribunales del mismo Estado por una infracción por la que ya hubiera sido absuelto o condenado en virtud de sentencia firme, como manifestación del principio *non bis in idem* en la sanción penal (art.4), y al derecho de los cónyuges a la igualdad en "derechos y obligaciones civiles entre sí y en las relaciones con sus hijos" (art.5)[89], todos ellos, una vez más, como "artículos adicionales al Convenio" (art.7).

---

88 https://www.coe.int/en/web/conventions/full-list/-/conventions/treaty/187.

89 https://www.coe.int/en/web/conventions/full-list/-/conventions/treaty/117.

A partir de ese momento sería activada una nueva serie de Protocolos (los que llevan los números 8, 9, 10 y 11), que iban a ocuparse de aspectos orgánicos y jurisdiccionales, en la línea del mencionado Protocolo número 5, y que en algunos casos sufrirían un proceso de reacomodo o sustitución sucesiva para quedar integrados finalmente en el texto del Convenio. El Protocolo número 8 llevó a cabo una amplia reforma de los preceptos del CEDH dedicados a la Comisión (funcionamiento y organización interna de la Comisión, designación de sus miembros y tipo de decisiones que puede adoptar) y alguna modificación de menor envergadura en los dedicados al Tribunal (estatuto jurídico de sus miembros y algunos aspectos de su funcionamiento). El Protocolo número 9 fue aprobado en 1990 y abrió la posibilidad de que los interesados (personas físicas, organizaciones no gubernamentales o grupos de particulares) presentaran demanda ante el Tribunal Europeo de Derechos Humanos una vez concluida la intervención de la Comisión Europea de los Derechos Humanos. El Protocolo número 10, que procedía a una mínima modificación del artículo 32 del CEDH[90], también con fines orgánicos, nunca llegó a entrar en vigor, pues perdió su objeto tras el Protocolo número 11, que fue aprobado en 1994 y supuso la "institución" del Tribunal Europeo de Derechos Humanos, operación que consistía ni más ni menos que en la supresión de las anteriores instancias de control (tanto de la Comisión como del antiguo Tribunal), la pérdida de vigor de la parte del CEDH que estaba dedicada a las mismas (así como de los Protocolos que habían procedido con anterioridad a su modificación en estas parcelas), y la incrustación de nuevas reglas sobre la composición y el funcionamiento de esa renovada instancia jurisdiccional.

---

90 https://www.echr.coe.int/Documents/Library_Collection_P10_ETS146E_ENG.pdf.

En el año 2000 la actividad normativa del Consejo de Europa volvió a ocuparse de aspectos sustantivos relativos al CEDH, y a tal fin fue aprobado el Protocolo número 12[91], con "nuevas medidas para promover la igualdad de todos mediante la garantía colectiva de la prohibición general de la discriminación". Su contenido regulador quedaba reducido en efecto al compromiso de los Estados firmantes de que "el goce de los derechos reconocidos por la ley ha de ser asegurado sin discriminación alguna, especialmente por razones de sexo, raza, color, lengua, religión, opiniones políticas o de otro carácter, origen nacional o social, pertenencia a una minoría nacional, fortuna, nacimiento o cualquier otra situación", de modo que nadie podría ser objeto de discriminación "por parte de una autoridad pública", especialmente por los motivos mencionados en el párrafo precedente (art.1). La técnica de vinculación al Convenio de estas precisiones sería la misma que en los casos anteriores (art.3). Dentro del mismo capítulo sustantivo, el Protocolo 13 de 2002 procedió a la abolición de la pena de muerte sin excepciones ni reservas, aunque permitía que en el momento de su firma y depósito los Estados designaran "el territorio o territorios" a los que se aplicaría tal mandato.

El Protocolo número 14, de 2004, incidió una vez más en el terreno orgánico y procedimental, y a tal efecto modificó varios preceptos del CEDH relativos al Tribunal Europeo de Derechos Humanos y, en particular, a la duración del mandato de sus jueces, a las causas de revocación de los mismos, a los modos de formación del Tribunal con vistas a su labor de enjuiciamiento y resolución (juez único, Comités, Salas y Gran Sala), a las causas de no admisión de la demanda, a las posibilidades de transacción entre las partes interesadas, a la naturaleza de

---

91 https://www.coe.int/en/web/conventions/full-list/-/conventions/treaty/177.

las sentencias y a sus formas de ejecución[92]. Los Protocolos con número 15 y 16, ambos aprobados en el año 2013, se instalaron en esa misma línea y fueron dedicados a la reforma del TEDH y de su estatuto jurídico, a fin de agilizar sus procedimientos y "promover un diálogo con las autoridades nacionales" encaminado a "facilitar la protección de derechos humanos a nivel nacional". Con esa orientación, el Protocolo número 15 tiene por objeto reforzar el papel de los Estados en la aplicación y salvaguarda del CEDH (mediante la precisión en tal sentido de los conceptos de "subsidiariedad" y "margen nacional de apreciación") y la reforma del CEDH en algunos aspectos relativos al funcionamiento del TEDH (como el plazo de presentación de las demandas o los trámites de admisibilidad de las mismas). Por su parte, el Protocolo número 16 abre la posibilidad de que "los órganos jurisdiccionales de mayor rango de una Alta Parte Contratante" puedan solicitar al Tribunal Europeo "opiniones consultivas sobre cuestiones de principio relativas a la interpretación o a la aplicación de los derechos y libertades definidos en el Convenio o sus protocolos", en el marco "de un asunto del que esté conociendo" (art.1)[93], regla que una vez más entra a formar parte de los "artículos adicionales del Convenio" (art.6)[94].

---

[92] Vid. Y. CACHO SÁNCHEZ, "La última reforma del sistema de garantía del Convenio Europeo de Derechos Humanos: alcance, impacto y viabilidad futura", *Revista General de Derecho Europeo*, núm.50 (2020).

[93] Vid. M. HINOJO ROJAS, "Se inicia el diálogo entre las jurisdicciones nacionales de más alta instancia y el Tribunal Europeo de Derechos Humanos", *Revista General de Derecho Europeo*, núm.52 (2020).

[94] En vigor desde el día 1 de agosto de 2018, tras la firma de Albania, Armenia, Estonia, Finlandia, Francia, Georgia, Lituania, San Marino, Eslovenia y Ucrania.

4. Derechos laborales y de seguridad social

Ya sabemos que el CEDH no es una declaración de derechos laborales y de protección social, y también tuvimos ocasión de decir con anterioridad que la acción del Consejo de Europa en ese otro terreno se canalizó básicamente a través de la Carta Social Europea, de la que hablaremos en la Parte Tercera. En todo caso, los llamados derechos sociales, muchos de los cuales tienen bastante que ver con las personas que viven de su trabajo, no quedaron completamente al margen de este relevante capítulo de la acción normativa e institucional del Consejo de Europa representado por el CEDH. Básicamente, por dos razones. En primer lugar, porque dentro de su catálogo de derechos, y como ya pusimos de relieve en los epígrafes precedentes, se ha dado acogida expresa a ciertas instituciones típicamente laborales, aunque haya sido de forma extremadamente minoritaria. Y en segundo lugar, porque la actividad de interpretación y aplicación del CEDH llevada a cabo por el TEDH ha supuesto desde hace mucho tiempo la apertura de una enorme ventana al mundo de las relaciones laborales y de la protección social, al que por su mediación se han proyectado buen número de los derechos y libertades reconocidos con carácter general a todos los ciudadanos, y del que, para más señas, han partido a decir verdad muchas de las exploraciones que ha efectuado dicha instancia jurisdiccional con el fin de dar sentido y afianzar la aplicación de las correspondientes cláusulas del CEDH.

El derecho de sindicación es una buena muestra de la confluencia de esas dos formas de acercamiento a los derechos sociales por parte del CEDH. Por lo pronto, es el ejemplo más rotundo de la técnica de recepción expresa en el CEDH de esa categoría de derechos. Desde su versión original, el artículo 11 del CEDH ha reconocido de forma expresa, junto a la proclamación general de las libertades de reunión pacífica y asociación, "el derecho de fundar, con otras, sindicatos y de afiliarse a los mismos para la defensa de sus intereses". A diferencia de lo que un par de años antes había hecho la Declaración Universal de la ONU[95], el CEDH optó decididamente por la inclusión de un derecho propio del ámbito específico de las relaciones de trabajo, aunque lo hiciera como subespecie

---

95 El artículo 20 de la Declaración Universal de Derechos Humanos de la ONU reconoce exclusivamente el derecho de toda persona a "la libertad de reunión y asociación pacíficas", laguna ampliamente compensada, de todas formas, por el artículo 8 del PIDESC, en el que los Estados Partes se comprometen a garantizar "el derecho de toda persona a fundar sindicatos y a afiliarse al de su elección, con sujeción únicamente a los estatutos de la organización correspondiente, para promover y proteger sus intereses económicos y sociales", y sin más restricciones a su ejercicio –tal vez por influencia del CEDH—"que las que prescriba la ley y que sean necesarias en una sociedad democrática en interés de la seguridad nacional o del orden público, o para la protección de los derechos y libertades ajenos", con la posibilidad explícita de establecerlas para "los miembros de las fuerzas armadas, de la policía o de la administración del Estado". Según este mismo precepto del PIDESC, el derecho de sindicación incluye el derecho de los sindicatos "a formar federaciones o confederaciones nacionales y el de éstas a fundar organizaciones sindicales internacionales o a afiliarse a las mismas", el derecho de la asociación sindical "a funcionar sin obstáculos y sin otras limitaciones que las que prescriba la ley y que sean necesarias en una sociedad democrática en interés de la seguridad nacional o del orden público, o para la protección de los derechos y libertades ajenos", y el "derecho de huelga, ejercido de conformidad con las leyes de cada país". Con la apostilla final de que "nada de lo dispuesto en este artículo autorizará a los Estados Partes en el Convenio de la Organización Internacional del Trabajo de 1948 relativo a la libertad sindical y a la protección del derecho de sindicación a adoptar medidas legislativas que menoscaben las garantías previstas en dicho Convenio o a aplicar la ley en forma que menoscabe dichas garantías", texto que sin duda sirvió de referencia a quienes intervinieron en la elaboración del PIDESC.

del derecho común de asociación[96]. Como el derecho matriz de asociación, el ejercicio de la libertad sindical se reconoce en este texto sin más restricciones "que aquellas que, previstas por la ley, constituyan medidas necesarias, en una sociedad democrática, para la seguridad nacional, la seguridad pública, la defensa del orden y la prevención del delito, la protección de la salud o de la moral, o la protección de los derechos y libertades ajenos", entre las que expresamente se admiten, por cierto, las referidas a su eventual uso por "los miembros de las fuerzas armadas, de la policía o de la Administración del Estado". Hay que tener en cuenta, por otra parte, que el derecho a la libertad sindical pronto empezó a poner de relieve su contenido complejo y sus muchos ingredientes. Por mediación de la jurisprudencia del TEDH, la libertad sindical reconocida en el CEDH ha servido en efecto para proporcionar amparo a las medidas de acción o presión colectiva que habitualmente se adoptan o despliegan en el ámbito de las relaciones de trabajo, como la negociación colectiva o el conflicto colectivo de trabajo, incluida la huelga[97].

Esta labor de exploración del TEDH en el terreno de lo social se ha extendido, por cierto, a otras muchas cláusulas del CEDH, cuando menos a las que en potencia pueden tener alguna virtualidad para el ámbito del trabajo o de la protección social. Dos motivos parecen haberse conjuntado para impulsar esa tendencia jurisprudencial: por una parte, la demanda social de protección jurisdiccional de los derechos de la persona en el ámbito de la relación de trabajo, y, por otra, la decidida apuesta del constitucionalismo moderno en pos de la eficacia

---

96 Vid. M.A. MARTÍN HUERTAS, "El derecho de asociación en el contexto del Consejo de Europa", *Revista de Ciências Jurídicas e Sociais da UNIPAR*, núm.1 (2009), pp.17 y ss.

97 Vid. F. DURÁN LÓPEZ, "El derecho de huelga en la doctrina del Tribunal Europeo de Derechos Humanos", *Temas Laborales*, núm.145 (2018), pp.318 y ss.

horizontal de los derechos generales de los ciudadanos[98]. A ello habría que unir, naturalmente, el carácter claramente "universal" de determinadas cláusulas del CEDH, como el principio de no discriminación o muchos de los elementos constitutivos del derecho a un proceso equitativo. Lo cierto es que el TEDH, aunque también habría podido optar por una interpretación más convencional o menos ambiciosa de los derechos y libertades acogidos en el CEDH, coherente por lo demás con los fines más genuinos del Consejo de Europa, se inclinó decididamente por una lectura favorable a su extensión a todos los ámbitos de la vida, incluidos, en su caso, tanto el ámbito laboral como el de la protección social. Fue una suerte de optimización de los derechos humanos, tanto en lo que se refiere a su contenido como a lo que atañe a su perímetro de aplicación, lo cual, indudablemente, hizo ganar enteros al propio CEDH.

En lo que se refiere al territorio de las relaciones de trabajo ello significaba que los derechos y libertades codificados en el CEDH pasaban a ser también derechos de quienes prestan servicios por cuenta ajena, no sólo en su esfera personal o en sus actos de ciudadanía, sino también en esa condición de trabajadores, aunque no se tratara de derechos de contenido laboral[99]. Los efectos de esa doctrina son innumerables. Por ejemplo, y como expondremos con mayor detalle en epígrafes posteriores, el derecho al respeto a la vida privada y familiar

---

98 Vid. M. FORNASIER y M.G. STANZIONE (Eds.), *The European Convention on Human Rights and its Impact on National Private Law. A Comparative Perspective*, Intersentia, 2023, pp.34 y ss.

99 Vid. J. POHL, "Sobre la exigibilidad judicial débil de los derechos sociales: escuchar al TEDH, o hacerlo decir", *Revista Chilena de Derecho*, vol.45, núm.3 (2018), pp.691 y ss.; J.I. CUBERO MARCOS, "La *vis* expansiva de los derechos fundamentales y su incidencia en la configuración y exigibilidad de los derechos sociales, *Revista Española de Derecho Constitucional*, núm.110 (2017), pp.105 y ss., y C. NIVARD, "La justiciabilidad de los derechos sociales en el Consejo de Europa", *Lex Social*, vol.6, núm.2 (2016), pp.12 y ss.

reconocido en el artículo 8 del CEDH ha servido para garantizar la intimidad del trabajador frente al ejercicio por parte del empleador de sus facultades de control y vigilancia del trabajo, lo mismo que el derecho a la libertad de pensamiento, conciencia y religión reconocido en su artículo 9, con enorme virtualidad en otros muchos contextos sociales[100], ha podido servir para que el trabajador exhiba o invoque sus creencias con ocasión del ejercicio de su actividad profesional. Otro tanto podría decirse, desde luego, de la libertad de expresión, en sí misma o ligada a la acción sindical, respecto de la que también ha tenido algo que aportar el derecho de reunión.

Muchas otras manifestaciones de este interesante proceso de optimización de los derechos y libertades del CEDH podrían ponerse de manifiesto, siempre a partir de la doctrina que progresivamente ha ido elaborando el TEDH. Como cabía imaginar, los contornos más expansivos probablemente puedan encontrarse en las cláusulas del CEDH relativas a la prohibición de discriminación y al derecho a un proceso equitativo con todos sus ingredientes (como el acceso a la jurisdicción y en su caso a los recursos, la imparcialidad judicial, la respuesta fundada dentro de plazo o la exigencia de motivación y congruencia para las sentencias), que en numerosas ocasiones han sido manejadas por el Tribunal de Estrasburgo en el contexto de reclamaciones o litigios laborales[101].

---

[100] Vid. V.J. VÁZQUEZ ALONSO, "Laicidad y libertad religiosa en la jurisprudencia de la Corte Europea de Derechos Humanos: una convivencia necesaria y difícil", *Estudios de Deusto,* Vol. 56/2 (2008), pp. 136 y ss.; M.J. ROCA FERNÁNDEZ, "Impacto de la jurisprudencia del TEDH y la Corte IDH sobre libertad religiosa", *Revista Española de Derecho Constitucional,* núm.110 (2017), pp.255 y ss.

[101] Vid. L.E. DELGADO DEL RINCÓN, "El TEDH y las condenas a España por la vulneración del derecho a ser juzgado en un plazo razonable: las dificultades para alcanzar una duración óptima de los procesos judiciales", *Teoría y realidad constitucional,* núm.42 (2018), pp.569 y ss., y E. LÓPEZ BETANCOURT y R.C. FONSECA LUJÁN,

Una operación similar, salvando las distancias, puede apreciarse también en el terreno de la protección social, y particularmente en el de la seguridad social, en el que la jurisprudencia del TEDH ha dado cabida al derecho a un proceso equitativo, a la libertad ideológica y de creencias y a los principios de igualdad y no discriminación. Muy ilustrativo de todo ello ha sido el recurso del TEDH al artículo 1 del primer Protocolo Adicional del CEDH para atender demandas de reconocimiento o cuantificación de determinadas prestaciones públicas, en el entendimiento de que la afectación infundada a los derechos de seguridad social puede suponer una vulneración del derecho de propiedad. Aunque no pueda hablarse aquí en puridad de eficacia horizontal de los derechos del ciudadano, estamos de nuevo ante una muestra clara de la *vis expansiva* que el Tribunal de Estrasburgo ha sabido encontrar en los derechos y libertades consagrados por el Consejo de Europa y, dicho sea de paso, del grado de "activismo" que, desde esa perspectiva, ha podido notarse en la labor de dicha instancia jurisdiccional[102].

5. Operatividad e impacto del CEDH sobre los sistemas nacionales

Como es de rigor, la vigencia del Convenio requiere el pertinente acto de ratificación, que está abierto desde luego a "los miembros del Consejo de Europa" y sólo a ellos, de modo que su regulación deja de aplicarse a "toda Alta Parte Contratante

---

"Jurisprudencia de Estrasburgo sobre el derecho a un proceso equitativo: sentencias contra España de interés para México", *Revista de Derecho UNED*, núm.21 (2017), pp.355 y ss.

102 Vid. C. SÁNCHEZ-RODAS NAVARRO, "La aplicación del primer protocolo adicional del Convenio Europeo de Derechos Humanos a las prestaciones sociales ¿freno para las reformas de seguridad social?", *Cuadernos de Derecho Transnacional*, núm.2 (2018), pp.680 y ss.

que deje de ser miembro" de esa Organización"[103]. Su entrada en vigor con carácter general se condicionaba al depósito "de diez instrumentos de ratificación"[104], acontecimiento a partir del cual podía entrar a regir también para los Estados que se fueran adhiriendo ulteriormente, obviamente "desde el momento del depósito del instrumento de ratificación". Como es habitual en dicho ámbito, el Secretario General del Consejo de Europa actúa como depositario de los protocolarios actos de ratificación, con el consiguiente encargo de notificar a todos los miembros del Consejo de Europa "la entrada en vigor del Convenio, los nombres de las Altas Partes Contratantes que lo hayan ratificado, así como el depósito de todo instrumento de ratificación que se haya efectuado posteriormente". Las Partes Contratantes sólo pueden denunciarlo "al término de un plazo de cinco años" a partir de la fecha de entrada en vigor del Convenio para su territorio, y para ello han de observar "un preaviso de seis meses dado en una notificación dirigida al Secretario General del Consejo de Europa", en el bien entendido de que tal desvinculación no tiene efectos "en lo que se refiere a todo hecho que, pudiendo constituir una violación de estas obligaciones, hubiera sido realizado por dicha Parte con anterioridad"[105].

---

103 Los preceptos referidos a los actos de ratificación y a otras cuestiones conexas han variado tanto en su ubicación formal como en su numeración, no tanto en su contenido, con las modificaciones experimentadas por el CEDH. En la versión original se encontraban estas reglas en los artículos 57 y siguientes de su Título V, mientras que en la versión actual residen en los artículos 52 y siguientes de su Título III.

104 El día 3 de septiembre de 1953.

105 En el momento de la ratificación o con posterioridad a la misma cualquier Estado puede declarar que se aplicará "a todos los territorios o a algunos de los territorios de cuyas relaciones internacionales es responsable", con las precisiones pertinentes respecto de "la competencia del Tribunal para conocer de las demandas de personas físicas, de organizaciones no gubernamentales o de grupos de

La adhesión al CEDH genera consecuencias diversas en el plano jurídico. Por lo pronto, las "Altas Partes Contratantes" asumen el deber de respeto a su clausulado (art.1), lo cual significa que han de procurar, impulsar y respaldar su observancia en el correspondiente ámbito de las relaciones sociales. Cabe, como es habitual en los textos internacionales, alguna posibilidad de "derogación" de sus previsiones en el ámbito estatal de referencia, algo que más exactamente equivale a "suspensión" o cesación transitoria. Así se prevé, concretamente, para el caso de "estado de urgencia", concepto jurídico general que el propio CEDH conecta a los supuestos "de guerra o de otro peligro público que amenace la vida de la nación", y que sólo puede invocarse "en la medida estricta en que lo exija la situación, y supuesto que tales medidas no estén en contradicción con las otras obligaciones que dimanan del derecho internacional"; cuenta a su vez con limitaciones específicas (pues no puede afectar al "derecho a la vida" salvo "para el caso de muertes resultantes de actos lícitos de guerra") y con ciertas exigencias de información (art.15 del texto vigente, aunque con precedente en el anterior). En todo caso, se exige a los Estados que las restricciones de derechos permitidas por el propio CEDH no sean aplicadas "más que con la finalidad para la cual han sido previstas" (art.18 del texto actual, con precedente en el anterior)[106].

---

particulares", y con la posibilidad de formular "una reserva a propósito de una disposición particular del Convenio en la medida en que una Ley en vigor en su territorio esté en desacuerdo con esta disposición", sin que ello autorice "reservas de carácter general" (arts.56 y 57 del texto actual, con precedente en los arts.63 y 64 de la versión primitiva).

[106] Es una posibilidad que, por cierto, algunos Estados utilizaron en el contexto de la pandemia COVID. Lo hicieron, en concreto, Albania, Armenia, Estonia, Georgia, Letonia, Macedonia, Moldavia, Rumanía, San Marino y Serbia; vid. https://www.coe.int/en/web/conventions/derogations-covid-19.

La firma del CEDH, por otra parte, no puede ser fundamento para "limitar o perjudicar aquellos derechos humanos y libertades fundamentales que podrían ser reconocidos conforme a las leyes de cualquier Alta Parte Contratante o en cualquier otro Convenio en el que ésta sea parte" (advertencia que se recogía en el art.60 del texto original y que se contiene en el art.53 en el actual)[107]. Esta disposición no sólo da al CEDH una dimensión de suelo mínimo o básico de carácter general en materia de derechos y libertades, sino que también impide a los Estados caminar hacia una eventual reducción de sus particulares niveles de tutela mediante la ratificación de estos textos del Consejo de Europa[108], con independencia, lógicamente, de que el CEDH, directamente o a través de la mediación del TEDH, inaugure una nueva etapa en el sistema nacional correspondiente en lo que se refiere a la interpretación de su legislación, y sin perjuicio, naturalmente, de que puedan surgir opiniones dispares acerca del grado de acomodación de los derechos de matriz nacional a los estándares establecidos por esa norma internacional europea. En un terreno más concreto, el CEDH no puede ser interpretado "en el sentido de que implique para un Estado, grupo o individuo, un derecho cualquiera a dedicarse a una actividad o a realizar un acto tendente a la destrucción de los derechos o libertades reconocidos en el presente Convenio o a limitaciones más amplias de estos derechos o libertades que las previstas en el mismo" (art.17 del texto actual, con precedente en el anterior). Más concreta aún es la prohibición de

---

107 Vid. J.M. ZUMAQUERO, "La Constitución española de 1978 y el Convenio Europeo de Derechos Humanos", *Persona y Derecho*, núm.8 (1981), pp.332 y ss., y A. RODRÍGUEZ DÍAZ, "La mayor protección interna de los derechos de la Convención Europea de Derechos Humanos y el impacto del margen de apreciación nacional", *Revista de Derecho Político*, núm.93 (2015), pp.73 y ss.

108 Vid. S. QUESADA POLO, "El Convenio Europeo de Derechos Humanos: Apuntes sobre el sistema de control del Convenio", *Anales de Derecho*, núm.16 (1998), pp.164-168.

que determinados derechos (libertad de expresión, libertades de reunión y asociación y prohibición de discriminación) sean interpretados de modo que supongan la imposición de "restricciones a la actividad política de los extranjeros" (art.16 del texto actual, con precedente en el anterior).

Para vigilar su observancia el CEDH prevé diversos mecanismos. En primer término, cabría hablar de medios de control de carácter interno, en el sentido de que se dirigen al seguimiento de la actividad de las Partes Contratantes en relación con los compromisos directamente asumidos. A esta faceta se refieren, sobre todo, algunas de las facultades atribuidas a la Secretaría General del Consejo de Europa, a la que todos los Estados miembros deben suministrar en general "las explicaciones pertinentes sobre la manera en que su derecho interno asegura la aplicación efectiva de cualesquiera disposiciones de este Convenio" (art.57 del texto original y art.52 del texto vigente), y a la que, si se diera esa situación, deben proporcionar información plena de las medidas de "derogación" del CEDH que se hubieran adoptado y "de la fecha en que esas medidas hayan dejado de estar en vigor y las disposiciones del Convenio vuelvan a tener plena aplicación" (art.15). También es relevante recordar en este mismo apartado que "las Altas Partes Contratantes renuncian recíprocamente, salvo compromiso especial, a prevalerse de los tratados, convenios o declaraciones que existan entre ellas, a fin de someter, por vía de demanda, una diferencia surgida de la interpretación o de la aplicación del presente Convenio a un procedimiento de solución distinto de los previstos en el presente Convenio" (art.62 del texto original y art.55 del texto actual). Por supuesto, "ninguna de las disposiciones del presente Convenio prejuzgará los poderes conferidos al Comité de Ministros por el Estatuto del Consejo de Europa" (art.61 del texto original y art.54 del texto actual), que se mantienen así disponibles para sus labores de supervisión.

Pero también prevé el CEDH instrumentos de control orientados de manera más explícita y directa a la tutela de los derechos y libertades desde el punto de vista de sus titulares o beneficiarios. El objeto propio de estas previsiones no es otro que dar razonable cabida a las eventuales reacciones de los ciudadanos frente a las correspondientes instituciones estatales (administrativas o jurisdiccionales) por desconocimiento o infracción del CEDH. En la versión original del CEDH se crearon a estos efectos "una Comisión Europea de Derechos Humanos" ("la Comisión") y "un Tribunal Europeo de Derechos Humanos" ("el Tribunal"). La Comisión, ya desaparecida, podía conocer "de cualquier demanda dirigida al Secretario general del Consejo de Europa por cualquier persona física, organización no gubernamental o grupo de particulares, que se considere víctima de una violación, por una de las Altas Partes Contratantes, de los derechos reconocidos en el presente Convenio, en el caso en que la Alta Parte Contratante acusada haya declarado reconocer la competencia de la Comisión en esta materia" (art.25). Por su parte, el Tribunal –totalmente remodelado con el Protocolo de 1994– tenía competencia en aquellos momentos para entender de "todos los asuntos relativos a la interpretación y aplicación del presente Convenio que las Altas Partes Contratantes o la Comisión le sometan", bajo el presupuesto previo de que su jurisdicción hubiera sido reconocida "como obligatoria de pleno derecho y sin convenio especial" (arts.45 y ss.).

En la versión actual del CEDH, como ya sabemos, tan sólo se cuenta a esos efectos con un "Tribunal", que funciona de manera permanente y al que se pueden someter o bien quejas procedentes de una Alta Parte Contratante por "incumplimiento" de otra de lo dispuesto en el Convenio y sus Protocolos, o bien "demandas individuales" promovidas por "cualquier persona física, organización no gubernamental o grupo de particulares que se considere víctima de una violación por una de las Altas Partes Contratantes de los derechos reconocidos en el Convenio o sus Protocolos". En este caso se requiere agotamiento previo de "las vías de recursos internas, tal como se entiende según los principios de derecho internacional generalmente reconocidos y en el plazo de seis meses a partir de la fecha de la decisión interna definitiva", y se excluyen de forma expresa las demandas anónimas, las ya examinadas anteriormente por el Tribunal y las sometidas "a otra instancia internacional de investigación o de acuerdo, y no contenga hechos nuevos" (arts.19 y ss.). El Tribunal también puede ponerse a disposición de las partes interesadas para conseguir "un acuerdo amistoso sobre el asunto" (art.39), y puede emitir "opiniones consultivas", ya sea a solicitud del Comité de Ministros (arts.47 y ss.), ya sea, según dijimos, de "los órganos jurisdiccionales de mayor rango de una Alta Parte Contratante [...] en el marco de un asunto del que esté conociendo" (Protocolo número 16).

De más está decir que todos y cada uno de los protocolos adicionales del CEDH, abiertos igualmente a los miembros del Consejo de Europa, constituyen en sí mismos nuevos tratados internacionales que exigen la pertinente ratificación de cada uno de los Estados parte y que suelen admitir la formulación de reservas y declaraciones interpretativas específicas. Ello quiere decir, si bien se mira, que el acervo de exigencias impuestas por el Consejo de Europa a las "Altas Partes Contratantes" puede quedar en situación asimétrica o desigual, pues la vinculación estatal a este elenco de derechos humanos y libertades públicas depende del acto de ratificación de cada Estado. No todos los países pertenecientes al Consejo de Europa han ratificado todos los protocolos, ni todos los que han dado ese paso lo han hecho con la misma extensión e intensidad. De ese modo, tampoco la labor jurisdiccional y jurisprudencia del TEDH puede tener el mismo alcance ni la misma profundidad en todo este espacio europeo[109].

---

[109] Vid. J.A. CARRILLO SALCEDO, "El convenio europeo de derechos humanos", en F. GÓMEZ ISA (Dir.), *La protección internacional de los derechos humanos en los albores del siglo XXI*, Universidad de Deusto, Bilbao, 2004, pp.397 y ss.

6. España ante el Convenio Europeo de Derechos Humanos

Por razones de todos conocidas, de las que ya tuvimos oportunidad de hablar, España se sumó tarde al Consejo de Europa, circunstancia que también supuso su tardía incorporación al acervo normativo de dicha Organización y, en concreto, al sistema del CEDH. Como ocurrió con otras muchas normas internacionales, esos pasos sólo pudieron darse con el proceso de transformación de nuestro sistema político y legislativo hacia el actual régimen constitucional iniciado con la denominada "transición política". En ese contexto, mucho más receptivo a las tendencias internacionales, y mucho más apropiado para el reconocimiento de esta clase de derechos, tuvo lugar la firma y ratificación del CEDH, que se efectuó con fecha de 24 de septiembre de 1977, conjuntamente con la de sus Protocolos número 3 y 5. Para el acto preceptivo de depósito hubo que esperar al 4 de septiembre de 1979, fecha de entrada en vigor de dichos textos para nuestro país[110].

La operación, como era de rigor, fue aprobada por las Cortes Generales, con algunas declaraciones y reservas. En lo que se refiere al primero de esos capítulos, nuestro país dejó constancia de su posición acerca de la pertinente interpretación del artículo 10.1° punto tercero (perteneciente a la libertad de expresión) y de los artículos 15 y 17 del CEDH (derogación "en caso de urgencia" y límites a posibles limitaciones estatales), en el primer caso para entenderlo "como compatible con un régimen que corresponda a la organización de la radiodifusión y televisión en España", y en el segundo para dar cabida en su radio de acción a "las medidas contempladas en los artículos 55 y 116 de la Constitución Española". En el capítulo de las reservas, España hizo la consiguiente advertencia respecto de la

110 Instrumento de ratificación expedido con fecha de 26 de septiembre de 1979 y publicado por Resolución de 4 de octubre de 1979 (BOE 10 de octubre de 1979).

aplicación de los artículos 5 (libertad y seguridad), 6 (proceso equitativo) y 11 del CEDH (libertades de reunión, asociación y sindicación), en los dos primeros casos "en la medida en que fueran incompatibles" con las disposiciones reguladoras del régimen disciplinario de las Fuerzas Armadas, y en el tercero "en la medida en que fuere incompatible con los artículos 28 y 127 de la Constitución Española".

El Estado español hizo constar además otras dos tomas de posición respecto del CEDH. De un lado, que albergaba "la intención de formular la declaración prevista en el artículo 25 de dicho Convenio, relativa a la competencia de la Comisión Europea de Derechos Humanos para conocer de demandas individuales, tan pronto como lo permita el desarrollo legislativo consiguiente a la promulgación de la Constitución española". De otro, que reconocía "como obligatoria de pleno derecho y sin convenio especial, bajo condición de reciprocidad, la jurisdicción del Tribunal Europeo de Derechos Humanos para conocer de todos los asuntos relativos a la interpretación y aplicación de dicho Convenio que se susciten con posterioridad al 14 de octubre de 1979", al amparo de lo dispuesto por el art.46 CEDH (en su versión original) y "por un período de tres años a partir del 15 de octubre de 1979". En ambos casos, lógicamente, se hablaba de un texto que, vigente en 1979, sería profundamente modificado al cabo de algunos años, como sabemos.

Posteriormente, España procedió, de forma sucesiva, a la ratificación de diversos protocolos adicionales al CEDH. Esta serie de ratificaciones comprende la del Protocolo número 6 de 1983 sobre abolición de la pena de muerte sin excepciones ni reservas[111]; la del Protocolo número 8 de 1985 sobre aspectos

[111] Instrumento de ratificación publicado por Resolución de 8 de abril de 1985 (BOE 17 de abril de 1985), con entrada en vigor de forma general y para España el día 1 de marzo de 1985.

orgánicos y procedimentales de la Comisión y el Tribunal[112]; la del Protocolo adicional de 1952 sobre derecho de propiedad y otras ampliaciones, con reserva a propósito del derecho de propiedad para "evitar cualquier incertidumbre" a la luz del artículo 33 de la Constitución Española y reiteración de las declaraciones que sobre la competencia de la Comisión y del Tribunal ya se habían formulado a propósito del Convenio[113]; la del Protocolo número 11 de 1994 "relativo a la reestructuración del mecanismo de control establecido por el Convenio"[114]; la del Protocolo número 4 de 1963 sobre supresión de la sanción de prisión por deudas y libertades de circulación y residencia (con una declaración referida a Gibraltar)[115]; la del Protocolo número 7 de 1984 sobre expulsión de extranjeros, *non bis in ídem* e igualdad de los cónyuges (de nuevo con declaración sobre Gibraltar)[116]; la del Protocolo número 13 de 2002 sobre abolición de la pena de muerte (una vez más con declaración sobre Gibraltar)[117], la del Protocolo número 14 de 2004 de modificación del mecanismo de control del Convenio con acep-

---

112 Instrumento de ratificación publicado por Resolución de 7 de noviembre de 1989 (BOE 11 de noviembre de 1989), con entrada en vigor "de forma general y para España" el 1 de enero de 1990.

113 Instrumento de ratificación publicado por Resolución de 9 de enero de 1991 (BOE 12 de enero de 1991), con entrada en vigor para España el 27 de noviembre de 1990.

114 Instrumento de ratificación expedido con fecha de 15 de junio de 1998 (BOE 26 junio 1998) y entrada en vigor de forma general y para España el 1 de noviembre de 1998.

115 Instrumento de ratificación publicado por Resolución de 28 de septiembre de 2009 (BOE 13 de octubre de 2009), con entrada en vigor el 16 de septiembre de 2009.

116 Instrumento de ratificación publicado por Resolución de 28 de septiembre de 2009 (BOE 15 de octubre de 2009), con entrada en vigor el día 1 de diciembre de 2009.

117 Instrumento de ratificación publicado por Resolución de 16 de marzo de 2010 (BOE 30 de marzo de 2010), con entrada en vigor para España el 1 de abril de 2010.

tación expresa de "la aplicación provisional de las disposiciones relativas a la nueva función del juez único y a las nuevas competencias de los comités de tres jueces"[118], y, finalmente, la del Protocolo número 15, que, al margen de otros aspectos de carácter más orgánico, introduce en el Preámbulo del CEDH referencias al principio de subsidiariedad y al "margen de apreciación" nacional[119]. Aún no se ha procedido a la ratificación por parte de España del Protocolo número 16. Como curiosidad, la Resolución de 5 de abril de 1999 hizo públicos en su momento los textos refundidos del CEDH con el del Protocolo Adicional de 1952 y el del Protocolo número 6 de 1983, en todos los casos con las modificaciones introducidas por el Protocolo número 11[120].

Obviamente, el CEDH podía –y en buena lógica debía– estar a la vista del legislador español en los momentos de elaboración de nuestro texto constitucional. Es bastante probable su influencia en el catálogo constitucional de derechos y libertades, aunque también debe recordarse que la Constitución de 1978 cuenta con otras muchas fuentes de inspiración. Cabe llegar a la conclusión, en cualquier caso, de que la regulación constitucional de esta materia no merece reproche alguno desde la perspectiva del CEDH. Con independencia de que en su formulación e incluso en su denominación puedan apreciarse diferencias más o menos notables entre ambos textos, es evidente que a lo largo del articulado de nuestra Constitución pueden tener cabida, o pueden verse reflejadas, todas las exigencias de ese Convenio internacional. Por su génesis y con-

---

[118] Instrumento de ratificación publicado por Resolución de 17 de mayo de 2010 (BOE 28 mayo 2010), con entrada en vigor, "de forma general y para España", el 1 de junio de 2010.

[119] Instrumento de ratificación publicado en el BOE de 7 de mayo de 2021, con entrada en vigor "con carácter general y para España" el 1 de agosto de 2021, y con Declaración sobre Gibraltar.

[120] BOE 6 de mayo de 1999.

texto, es lógico que la Constitución no incluya de forma literal muchas de las prohibiciones expresas del CEDH (como las que se refieren a la esclavitud, a la prisión por deudas o a la expulsión de nacionales), como lo es asimismo que contemple desde una perspectiva diferente algunos de los derechos más clásicos (elecciones libres, libre circulación, proceso justo y equitativo o exclusión de la duplicidad de condenas). Pero no hay ninguna duda de que todas esas reglas, que a la postre son garantías para los ciudadanos, están comprendidas en nuestra Constitución, bajo uno u otro formato. Piénsese, sin ir más lejos, en el derecho a la tutela judicial efectiva (art.24) y en la recepción constitucional de los principios de legalidad, tipicidad y *non bis in idem* (art.25). A veces, la recepción constitucional de las cláusulas del CEDH las hace mucho más explícitas, como ocurre con el rechazo a la tortura y las penas o tratos inhumanos o degradantes, que acompañan al derecho a la vida junto a la abolición de la pena de muerte (art.15).

También es verdad que muchos de los derechos generales del ciudadano compartidos entre el CEDH y nuestra norma constitucional se enuncian y describen con distinta redacción y extensión en uno y otro texto. Ocurre así, por ejemplo, con el derecho al respeto de la vida privada y familiar, con la libertad de pensamiento, conciencia y religión, con el derecho a la libertad y seguridad, con la libertad de expresión, con la libertad de reunión y asociación o con el derecho a la educación, entre algunos otros. Ni siquiera coincide la lista de causas de no discriminación expresamente identificadas en uno y otro texto, como por lo demás suele suceder cuando se comparan las fórmulas nacionales con las de carácter supranacional, o incluso cuando la comparación se efectúa entre diversas normas internacionales, especialmente en una materia tan abierta a la innovación formal como la igualdad y no discriminación. Pero también son muy numerosos los puntos de coincidencia, y, sobre todo, no debe perderse de vista que con el paso del tiempo las diferencias de formulación o de presentación formal van perdiendo relevancia ante el imparable proceso de parificación que, por obra y gracia de la jurisprudencia, van experimentando los catálogos de derechos y libertades de diversa procedencia.

A la altura de nuestros días, se sabe perfectamente que el contenido de los derechos y libertades no sólo depende de su descripción literal, sino también, y acaso en mayor grado, de los ingredientes que se le van descubriendo o añadiendo mediante la pertinente labor de interpretación y aplicación, que se nutre fundamentalmente de la doctrina científica y de la persistente labor de los tribunales. Como tendremos ocasión de ver, la jurisprudencia del TEDH ha venido jugando un papel esencial en este fenómeno de enriquecimiento, por vía interpretativa y con ocasión de su experiencia aplicativa, de nuestro propio listado de derechos y libertades. Ciertamente, lo dispuesto en el artículo 10.2 de nuestra Constitución, apoyado por las crecientes prácticas de "diálogo jurisdiccional", ha contribuido a la adaptación de nuestro acervo particular de derechos y libertades a las pautas internacionales y, en muchos casos, a las disposiciones del CEDH[121]. Sobra decir que ninguna contradicción con el CEDH entraña la recepción constitucional de derechos no reconocidos en ese otro catálogo, o no explicitados por ese otro texto, como el derecho de huelga o los derechos de participación política y acceso a los cargos y puestos públicos.

---

121 Un particular balance de nuestra relación con el CEDH, focalizado en unos cuantos preceptos de dimensión general, en I. ÁLVAREZ RODRÍGUEZ, *Brechas Convencionales en España. Un Reto Constitucional del Siglo XXI*, Aranzadi, 2020, con conclusiones en pp.129-133.

II. EL TRIBUNAL EUROPEO DE DERECHOS HUMANOS

El Tribunal Europeo de Derechos Humanos, también conocido como "Corte" (*European Court of Human Rights*), forma parte de los mecanismos de garantía creados en el seno del Consejo de Europa para dotar al Convenio Europeo de Derechos Humanos de efectividad real, en este caso mediante una instancia de rotunda naturaleza jurisdiccional. La eficacia del CEDH también puede y debe procurarse, naturalmente, a través de la labor cotidiana de los tribunales internos, que están obligados a velar por su observancia a través de los cauces procesales previstos por el correspondiente sistema nacional. Pero es evidente que la creación de un órgano dotado específicamente de la condición de último recurso e intérprete supremo supone un salto cualitativo con vistas a la plena virtualidad del texto internacional de referencia. La existencia de un órgano jurisdiccional "en la cúspide" entraña, además, la apertura inmediata de una fuente de jurisprudencia especializada que, además de la pertinente fuerza vinculante, puede actuar como directriz y soporte doctrinal para la labor de interpretación y aplicación del CEDH que inexcusablemente han de desarrollar los juzgados y tribunales de las Altas Partes Contratantes.

1. Configuración jurídica y papel institucional

Desde el punto de vista orgánico, el TEDH pertenece a la estructura institucional del Consejo de Europa, como depositario de sus competencias jurisdiccionales. Previsto en el CEDH desde su versión original, fue constituido efectivamente en enero de 1959, tras la puesta en marcha en el año 1956 de la ya desaparecida Comisión Europea de Derechos Humanos. En su primera fase, el TEDH tan sólo podía conocer de las demandas que a tal efecto le hacía llegar la Comisión, que ejercía una peculiar función de instancia previa no jurisdiccional, como una especie de filtro inicial, y que en aquellos primeros momentos pudo jugar un papel más directo y tal vez más determinante, al menos desde el punto de vista cuantitativo, en la tutela de los derechos humanos reconocidos por el Consejo de Europa[122]. Sin embargo, algunos lustros después empezaron a cambiar las reglas de configuración y articulación de esos mecanismos de garantía, muchas veces mediante la aprobación de protocolos anexos al CEDH, o mediante las sucesivas reformas de esos mismos textos complementarios[123]. Como ya se indicó, el Protocolo número 11 supuso la fusión de los dos órganos precedentes en una única institución, precisamente el TEDH, que a partir de 1998 pasaría a desempeñar su función con carácter exclusivo y permanente[124].

Lejos ya de nosotros esos interesantes avatares históricos, el TEDH constituye la pieza angular del sistema de garantías del CEDH. Su régimen jurídico se encuentra en los artículos 19 y siguientes del CEDH, en algunos de sus protocolos adicionales y en su Reglamento de funcionamiento (*Rules of Court*), que también ha sufrido cambios importantes a lo largo del tiem-

---

[122] Vid. L. LÓPEZ GUERRA, "La evolución del sistema europeo de protección de derechos humanos", *Teoría y realidad constitucional*, núm.42 (2018), pág.115; J. GARCÍA ROCA, *La transformación constitucional del Convenio Europeo de Derechos Humanos*, Civitas, Madrid, 2019, pp.25 y ss.; J.A. CARRILLO SALCEDO, "El convenio europeo de derechos humanos", en F. GÓMEZ ISA (Dir.), *La protección internacional de los derechos humanos en los albores del siglo XXI*, Universidad de Deusto, Bilbao, 2004, pp.407 y ss.

[123] Sobre el significado del Convenio y, en general, de la creación del Consejo de Europa, vid. C. WALTER, "*The Notion of Fundamental Rights and Freedoms*", y D. EHLERS, "*General Principles*", en D. EHLERS (Dir.), *European Fundamental Rights and Freedoms*, De Gruyter, Berlin, 2007, pp.1-10 y 25 ss.

[124] Vid. J. GARCÍA ROCA, "La evolución del sistema del Convenio Europeo de Derechos Humanos", en AA.VV., *Historia de los Derechos Humanos*, Tomo IV, Dykinson, Madrid, 2014.

po[125]. El TEDH es, antes que nada, un tribunal "internacional" típico, dedicado a garantizar el cumplimiento efectivo por las Altas Partes Contratantes (los Estados miembros del Consejo de Europa) de los compromisos asumidos con la organización de referencia (el Consejo de Europa). Su particularidad radica en el objeto de su competencia de control jurisdiccional y en su canon de enjuiciamiento, que naturalmente está formado por el CEDH y por sus protocolos adicionales y restantes normas complementarias. Desde ese punto de vista, conviene precisar también que no se trata de un tribunal "supranacional" conectado orgánicamente a la jurisdicción interna, pues no constituye, respecto de la misma, una instancia dedicada a la revisión o casación de sus resoluciones o sentencias[126], ni participa de la potestad jurisdiccional de los Estados miembros, ni es fruto propiamente de una cesión de soberanía estatal en

---

[125] El texto actualizado del CEDH y de sus Protocolos vigentes puede consultarse en https://www.echr.coe.int/Documents/Convention_SPA.pdf.

[126] Las normas reguladoras de nuestro sistema judicial, al declarar que el ejercicio de la potestad jurisdiccional, juzgando y haciendo ejecutar lo juzgado, corresponde exclusivamente a los juzgados y tribunales determinados en las leyes, aluden también a los órganos judiciales creados "en los tratados internacionales" (art. 2.1 LOPJ), pero esta referencia no parece que pueda significar la inclusión en el "poder judicial" español de un órgano externo como el TEDH. Según la STC 249/1991, de 16 de diciembre, el Convenio no ha introducido en el orden jurídico interno una instancia superior supranacional en el sentido técnico del término, de revisión o control directo de las decisiones judiciales o administrativas internas, ni tampoco impone a los Estados miembros unas medidas procesales concretas de carácter anulatorio o rescisorio para asegurar la reparación de la violación del Convenio declaradas por el tribunal. Una posición interpretativa similar, utilizada en esos casos para rechazar sendas pretensiones de nulidad de actuaciones, mantienen la STS (Penal) de 4-4-1990 (Roj: STS 9966/1990) y la STS (Civil) de 20-11-1996 (recurso 1748/1988).

tal sentido[127]. Se sitúa, por decirlo así, en un ámbito jurisdiccional distinto, tanto por su configuración orgánica como por sus especializadas funciones. Su labor, de todas formas, no deja de tener cierta proximidad con los cometidos propios de una jurisdicción constitucional, desde el momento en que uno de sus objetivos más destacados es la garantía de los derechos fundamentales de los ciudadanos frente al poder público y, a la postre, la preservación de un orden básico de convivencia en el ámbito social correspondiente.

Hoy en día (y, especialmente, tras las reformas llevadas a cabo por el Protocolo número 11), el TEDH es una instancia de carácter permanente que ejerce sus funciones jurisdiccionales de forma "obligatoria" y "exclusiva" en relación con los problemas de interpretación y aplicación que el CEDH pudiera suscitar. Las Altas Partes Contratantes, en consecuencia, quedan obligadas a la jurisdicción del TEDH, y a las decisiones que en su seno se adopten, en lo que se refiere a las eventuales demandas por lesión de los derechos y libertades reconocidos en dicho tratado internacional. Su actividad jurisdiccional, en todo caso, queda limitada a las materias comprendidas en el CEDH y en sus Protocolos (arts. 19 y 32 CEDH), de manera que no cabe extenderla ni al conjunto de la actividad normativa e institucional del Consejo de Europa (que, como es sabido, cuenta con otras declaraciones de derechos), ni tampoco, naturalmente, a todos los instrumentos internacionales que reconocen derechos humanos. Fuera de su canon de enjuiciamiento quedan asimismo los catálogos nacionales de derechos fundamentales y libertades públicas.

---

127 Vid. C. IZQUIERDO SANS, "El carácter no ejecutivo de las sentencias del Tribunal Europeo de Derechos Humanos", *Derecho Privado y Constitución*, núm.11 (1997), pág.361, y A. QUERALT JIMÉNEZ, *El Tribunal de Estrasburgo: una jurisdicción para la protección de los derechos fundamentales*, Tirant lo Blanch, Valencia, 2003, pp.32-37.

Su principal cometido institucional es el ejercicio de esas funciones jurisdiccionales para la resolución de los pleitos y litigios que se planteen a propósito de la interpretación y aplicación del CEDH y sus Protocolos, tanto los que se suscitan entre las Altas Partes Contratantes como los que surgen entre los Estados y sus respectivos ciudadanos. Ha de tratarse, en todo caso, de quejas contra un Estado parte (o un Estado relacionado con el mismo a propósito del litigio en cuestión), presentadas por un Estado contra otro o por un sujeto particular (individual o colectivo) contra el Estado responsable[128]. En este contexto, pueden ser objeto de queja toda clase de actos públicos imputables al Estado en cuestión: actos normativos (aunque siempre a partir de un caso concreto, pues no es jurisdicción que resuelva con carácter abstracto y general), actos ejecutivos (de toda clase de Administraciones y autoridades públicas) y actos judiciales (de los diversos niveles del sistema judicial interno), siempre que se respete el principio de subsidiaridad respecto de los órganos de control y revisión jurisdiccional de carácter interno, es decir, siempre que se agoten los procedimientos nacionales aplicables al caso. Los actos privados (como las decisiones empresariales en el contexto del contrato de trabajo) pueden llegar al TEDH de forma mediata, tras su impugnación a través del sistema jurisdiccional interno, por lo que podría decirse, en tal sentido, que los derechos reconocidos en el CEDH despliegan una especie de *drittwirkung*[129].

Junto a esa función típicamente jurisdiccional, el TEDH también ejerce otras competencias importantes, aunque en buena medida pueden calificarse de adyacentes o complemen-

---

128 Sobre el ámbito territorial del CEDH, vid. C. GRABENWARTER, *European Convention on Human Rights. Commentary*, C.H. Beck, Munich, 2014, pp.6 y ss.

129 Vid. D.J. HARRIS, M. O'BOYLE y E.P. WARBRICK, *Law of the European Convention on Human Rights*, Oxford University Press, New York, 2009, pp.18 y ss.

tarias. Entre ellas se encuentra la emisión de opiniones consultivas a petición del Comité de Ministros del Consejo de Europa acerca de cuestiones jurídicas relativas a la interpretación y aplicación del CEDH y sus Protocolos, así como la respuesta a peticiones de interpretación o aclaración presentadas por dicho Comité con vistas a la ejecución de las sentencias dictadas por el propio TEDH. También le compete la resolución de las cuestiones que en el contexto de dicha ejecución puede interponer el citado Comité de Ministros en caso de resistencia o negativa del Estado implicado al cumplimiento de una sentencia (arts. 46 y 47 CEDH) [130].

En términos generales y cuasi políticos, puede decirse que el TEDH es un instrumento creado para la consecución efectiva de los objetivos y valores proclamados por el Consejo de Europa a través del CEDH, entre los que se encuentra la efectividad en el ámbito europeo de la Declaración Universal de Derechos Humanos (lo que muestra la conexión entre la ONU y el Consejo de Europa), el refuerzo de la integración europea mediante una concepción común de los derechos humanos, y la difusión de valores como la paz, la justicia y la democracia. Como a veces se ha dicho, en el trasfondo de ese importante papel late una determinada concepción del Consejo de Europa, como una especie de "club de la democracia". El propio TEDH se ha encargado de decir que actúa como instrumento de «orden público europeo», encaminado a la creación de una comunidad de valores y derechos básicos que propicie la aproximación de los países europeos sobre unas bases jurídicas compartidas.

La actividad del TEDH es por lo general muy valorada y muy esporádicamente recriminada o descalificada, sin perjuicio de que a veces se le achaque lentitud en la marcha de

---

130 Vid. J. GARCÍA ROCA, *La transformación constitucional del Convenio Europeo de Derechos Humanos,* Civitas, Madrid, 2019, pp.60 y ss.

sus procedimientos[131]. Lógicamente, su producción está muy marcada por los grandes objetivos del CEDH[132], de los que el TEDH ha extraído además una serie de principios básicos para el desarrollo de su labor jurisdiccional: la protección efectiva de derechos concretos mediante una interpretación realista y no formalista que proporcione al derecho un contenido práctico y razonable, más allá de su enunciado literal; la salvaguarda de las libertades, los valores y los ideales propios del Estado democrático de derecho (tolerancia, participación, respeto a la vida, dignidad, acceso a la justicia, secreto de comunicaciones, etc.), y la adaptación del acervo jurídico al sentir de la sociedad en cada momento, propiciando así una jurisprudencia viva, dinámica y «evolutiva»[133].

Un principio también muy característico en la actividad jurisdiccional del TEDH es el denominado «margen de apreciación nacional», que conecta con su posición subsidiaria respecto de los Estados en la protección de los derechos humanos y las libertades fundamentales. Parte el TEDH, por decirlo de

---

131 Vid. J.A. PASTOR RIDRUEJO, "El Tribunal Europeo de Derechos Humanos: la reforma de la reforma", *Persona y Derecho,* núm.44 (2001), pág.64.

132 Vid. J. GARCÍA ROCA, "El preámbulo y el contexto hermenéutico del Convenio: un instrumento constitucional del orden público europeo", en J. GARCÍA ROCA y P. SANTOLAYA MACHETTI (Dir.), *La Europa de los derechos. El Convenio Europeo de Derechos Humanos,* CEC, Madrid, 2005, pp.21 y ss.

133 De manera muy gráfica, en alguna ocasión se han puesto como ejemplo de esa reflexión evolutiva los "umbrales del dolor" (*threshold of pain and suffering*) que en cada momento histórico es capaz de tolerar una sociedad determinada, un factor que puede influir desde luego a la hora de hacer tangible el concepto de "tratos inhumanos y degradantes"; vid. M. FARRELL, "Just How Ill-Treated Were You? An Investigation of Cross-Fertilisation in the Interpretative Approaches to Torture at the European Court of Human Rights and in International Criminal Law", *Nordic Journal of International Law,* Vol. 84, nº. 3 (2015).

manera más explícita, de que las autoridades internas del Estado conocen de modo más cabal los problemas y los intereses en conflicto, y, en consecuencia, pueden calibrar mejor la respuesta más adecuada para cada caso, en función de las características de su sistema legal, de sus tradiciones y de su particular escala de valores. Como es fácil de comprender, la doctrina del "margen de apreciación nacional" responde a fin de cuentas a una posición realista y pragmática sobre el papel del CEDH, muy propia por otra parte de todo el Derecho internacional. Trata de combinar la exigencia exterior con el respeto a la manera de ser de cada Estado y a sus concretas pautas jurídicas, y, desde el punto de vista de la protección de los derechos, se sitúa entre la consideración hacia la solución local y la identificación de un núcleo fundamental que indefectiblemente debe ser observado y compartido por todos los Estados. Puede entenderse como una fórmula de prudencia y autocontención respecto de la soberanía de los Estados, y suele ayudarse de los principios de proporcionalidad o razonabilidad para aquilatar en cada caso, y según la índole de cada problema, su extensión o intensidad[134]. De cualquier modo, la intervención del TEDH

---

134 Como es de sobra conocido, el criterio relativo al «margen de apreciación nacional» también es utilizado por el Tribunal de Justicia de la Unión Europea, que recurre al principio de proporcionalidad para llevar a cabo las valoraciones pertinentes, aunque en este otro contexto tales criterios y principios se refieren más bien a las opciones normativas que suelen tener los Estados miembros para alcanzar los objetivos propios del Derecho de la Unión, especialmente cuando las instituciones europeas intervienen por medio de directivas, del mismo modo que, en ese ámbito de la Unión Europea, el principio de subsidiariedad se refiere preferentemente a la acción normativa y no tanto al terreno de las garantías jurisdiccionales; vid. R. ALONSO GARCÍA, *Sistema jurídico de la Unión Europea*, Civitas, Madrid, 2012, pp.110 y ss. Una aplicación de esos principios en la regulación de materias laborales puede verse en las sentencias TJUE *Union locale des syndicats CGT* (de 15-1-2014, asunto C-176/12) y *Napoli* (de 6-3-2014, asunto C-595/12).

ha propiciado la progresiva configuración de una especie de derecho constitucional europeo en el que se van acoplando los correspondientes puntales nacionales y con el que en alguna medida se va disolviendo el monopolio que en ese terreno han ejercido tradicionalmente los tribunales constitucionales[135].

2. Organización y actividad jurisdiccional

El TEDH se compone de un número de jueces igual al número de Estados que son Parte Contratante en el CEDH. Son designados por la Asamblea Parlamentaria del Consejo de Europa, a propuesta del Estado correspondiente[136], entre personas que en todo caso deben reunir condiciones apropiadas para ejercer altas funciones judiciales o poder actuar como jurisconsultos de reconocida competencia. Los jueces forman parte del Tribunal «a título individual» (art. 21 CEDH), pueden intervenir aun cuando el proceso se refiera a su Estado de procedencia, y tienen un mandato de nueve años, que no es renovable y que concluye en todo caso con el cumplimiento de la edad de 70 años (art. 23 CEDH). El TEDH cuenta también con jueces *ad hoc*, previstos para los casos en que esté ausente o no pueda intervenir por causa justificada el juez perteneciente al Estado afectado por el litigio (art. 26.4 CEDH).

El TEDH actúa en distintas «formaciones» (art. 26 CEDH). Sus normas reguladoras prevén, por lo pronto, la intervención de un «juez único» en trámites de admisión, y de un comité

---

135 Vid.J. GARCÍA ROCA, "Prólogo" a la obra de I. ÁLVAREZ RODRÍGUEZ, *Brechas Convencionales en España. Un Reto Constitucional del Siglo XXI*, Aranzadi, 2020, pp.11 ss.

136 A estos efectos resulta de particular interés el RD 972/2020, de 10 de noviembre, por el que se regula el procedimiento de selección para la propuesta de candidaturas por el Reino de España en la designación de miembros del Tribunal de Justicia de la Unión Europea y del Tribunal Europeo de Derechos Humanos.

de tres jueces para esas mismas tareas de admisión o, en su caso, de resolución en el fondo de asuntos que cuenten con jurisprudencia consolidada (arts.27 y 28 CEDH). No obstante, las tareas de mayor trascendencia recaen en las Salas, ubicadas en cada una de las cinco secciones administrativas en las que se estructura el TEDH y compuestas en principio por 7 jueces cada una, que pueden reducirse a 5 por decisión del Comité de Ministros del Consejo de Europa. Las salas son competentes sobre todo para la resolución en el fondo de los asuntos ya admitidos a trámite, respecto de los que, llegado el caso, pueden decidir asimismo la inadmisión (art.29 CEDH). Una Gran Sala de 17 jueces tiene competencia especial para entender de los asuntos que llegan ante el TEDH en dos grandes supuestos: o bien cuando la Sala se inhiba al considerar que el litigio constituye una «cuestión grave relativa a la interpretación del Convenio o de sus Protocolos» o que la decisión prevista pudiera ser contradictoria con una sentencia anterior del propio Tribunal (art.30 CEDH), o bien cuando una parte del litigio en cuestión recurra la sentencia de Sala en el plazo de tres meses desde su pronunciamiento (art.31 en relación con art.43 CEDH). La Gran Sala es la instancia competente, por otra parte, para atender las cuestiones planteadas por el Comité de Ministros y para emitir opiniones consultivas en nombre del Tribunal (arts.26 y ss. del CEDH). El Pleno del TEDH tiene sólo funciones de carácter esencialmente gubernativo (art. 25 CEDH)[137].

Las demandas ante el TEDH pueden ser presentadas por cualquiera de las Altas Partes Contratantes, si estiman incumplimiento del Convenio o de sus Protocolos por alguna otra Alta Parte Contratante (art.33 CEDH), pero también pueden ser promovidas por cualquier persona física, organización no

---

137 Vid. J. RUILOBA ALVARIÑO, "El Tribunal Europeo de Derechos Humanos: aspectos organizativos y funcionales", en A.V. SEMPERE NAVARRO (Dir.), *Prontuario de jurisprudencia social del Tribunal Europeo de Derechos Humanos,* Aranzadi, Pamplona, 2009, pp.103 y ss.

gubernamental o «grupo de particulares» que se considere víctima de violación por una Parte Contratante de los derechos reconocidos en el CEDH o en sus Protocolos (art.34 CEDH)[138]. Desde el inicio de su actividad en el año 1954, y hasta la entrada en vigor del Protocolo número 11 (con fecha de 1 de noviembre de 1998), las personas físicas no podían tener acceso directo al TEDH, sino que debían acudir a la Comisión Europea de Derechos Humanos (*European Commission of Human Rights*) para que analizara el asunto y, en su caso, decidiera su elevación a la Corte. Ese trámite desapareció como sabemos con ese Protocolo, al reformarse los procedimientos y suprimirse la Comisión (que no obstante siguió funcionando hasta el 31 de octubre de 1999 para instruir los casos que ya había declarado admisibles).

En cualquier caso, la supresión de la Comisión no implica la ausencia de filtros previos, pues los recurrentes deben superar un trámite de admisión de su demanda ante el propio Tribunal de Estrasburgo. En este sentido, debe tenerse también en cuenta que no se admiten las demandas «anónimas», las demandas con objeto esencialmente igual al de otras ya resueltas o examinadas por otra instancia internacional (para las que lo ya resuelto tiene esa especie de efecto "piloto"), las demandas incompatibles con el CEDH o con sus Protocolos, las demandas manifiestamente mal fundadas o abusivas y las demandas que no muestren «perjuicio importante» para el demandante, que naturalmente pueden ser objeto de «inadmisión» en cualquier momento del procedimiento (art.35 CEDH).

Como ya se adelantó, la intervención del TEDH tiene carácter subsidiario respecto de la correspondiente jurisdicción nacional, por lo que la admisibilidad de la demanda requiere

---

[138] Vid. F. PÉREZ DE LOS COBOS ORIHUEL, *El recurso individual ante el Tribunal Europeo de Derechos Humanos*, Tirant lo Blanch, Valencia, 2018, pp.25 y ss.

el agotamiento de las vías jurisdiccionales internas, con todos los recursos en ellas disponibles. La demanda debe presentarse en el plazo de seis meses desde la fecha de la decisión definitiva en el ámbito interno, y en el proceso, además de las partes en litigio, pueden intervenir «terceros», a instancia de los mismos o por «invitación» del propio TEDH: la Alta Parte Contratante de la que el demandante sea nacional aunque no sea demandada, cualquier otra Alta Parte Contratante, organizaciones no gubernamentales, organizaciones sociales, culturales o de intereses conectadas al litigio[139] o, simplemente, «personas interesadas»; el Comisario de Derechos Humanos del Consejo de Europa puede presentar alegaciones y participar en la vista (art.36 CEDH). El Tribunal puede adoptar medidas cautelares o de carácter provisional (al amparo del art.39 del Reglamento) para evitar daños irreversibles o irreparables (en relación con la vida, con la salud, con la residencia, con la libertad personal, etc.)[140], y puede llevar a cabo indagaciones suplementarias, con la consiguiente obligación de prestar auxilio por parte de los Estados implicados (art.38 CEDH). La vista es pública salvo circunstancias excepcionales (art.40 CEDH).

El proceso puede concluir por "decisión" o por "sentencia", que en todo caso deben ser motivadas (art.45.1 CEDH). Las decisiones se utilizan o bien para la inadmisión de la deman-

---

139 Si nos atenemos a los asuntos relacionados con España, cabe recordar, por ejemplo, que la "Unión Romaní" intervino en el recurso que dio lugar a la sentencia *Muñoz Díaz vs. España* (de 8-12-2009, recurso 49151/07), sobre el acceso a pensión de viudedad a partir de matrimonio gitano), y que el Centro Europeo para la Ley y la Justicia y la Conferencia Episcopal Española intervinieron en el proceso que concluyó con la sentencia *Fernández Martínez vs. España* (de 12-6-2014, recurso 56030/07), sobre no renovación del puesto de profesor de religión católica por falta de idoneidad.

140 Vid. L. LÓPEZ GUERRA, "La evolución del sistema europeo de protección de derechos humanos", *Teoría y realidad constitucional*, núm.42 (2018), pág.122.

da, o bien para el archivo o cierre anticipado del proceso, que puede estar justificado por desistimiento de parte, por tratarse de un litigio que ya estuviera resuelto, o por otros motivos (art.37 CEDH). Entre ellos conviene citar, sobre todo, la posibilidad de que las partes obtengan un «acuerdo amistoso», que puede firmarse en cualquier momento del proceso, ya sea por iniciativa de parte, ya sea por intervención activa de la Sala (aunque siempre habrá de asegurarse el respeto a los derechos proclamados en el CEDH), y cuya ejecución será supervisada por el Comité de Ministros (art.39 CEDH); el archivo también puede decidirse si existe una declaración unilateral del Estado que a juicio de la Sala se ajusta a los derechos supuestamente lesionados y entraña una adecuada reparación de la lesión. La sentencia puede dictarse por «opinión unánime» o por mayoría, con la posibilidad, en este caso, de que «todo juez» exprese junto a ella «su opinión separada» (art.45.2 CEDH). Debe ser objeto de publicación (art.44.3 CEDH)[141], y como regla general es "definitiva", esto es, no recurrible ante instancia alguna de ámbito internacional o nacional, aunque debe recordarse que las sentencias de Sala pueden ser remitidas a Gran Sala en el plazo de tres meses, y que en tal caso, salvo que el reenvío sea rechazado, la solución del contencioso no alcanza carácter definitivo hasta que decida esa otra instancia (art.44 CEDH).

141 El Reglamento de funcionamiento del TEDH contiene reglas más precisas sobre el alcance y los efectos de la sentencia, y prevé la posibilidad, concretamente, de que las partes soliciten «aclaración» de la misma (art.79), de que se proceda a la rectificación de errores materiales (art. 81), y de que una parte pida su revisión si en el plazo de seis meses a partir de su conocimiento se alega «hecho nuevo» que hubiera podido influir decisivamente en la resolución (art.80).

3. Naturaleza, eficacia y modos de ejecución de las sentencias

Como ocurre muchas veces con los tribunales de carácter internacional, las sentencias del TEDH son esencialmente «declarativas», por cuanto su principal objeto no es otro que declarar si se ha producido o no la violación del derecho aducida en la demanda, violación que se atribuye al Estado, y no al concreto causante del daño, aun cuando el conflicto se originase entre un empresario y un trabajador[142]. Más allá de esa declaración, la respuesta del TEDH apenas tiene posibilidades de adentrarse en los pormenores del caso o en los factores causantes del litigio, pues no puede ni proceder a la anulación de las normas implicadas (en el supuesto de que fueran el origen último de la violación del derecho), ni dejar sin efecto los procedimientos que se hubieran desarrollado con anterioridad en el ámbito interno del país de referencia; tampoco puede anular resoluciones administrativas o judiciales, ni decidir la retroacción de actuaciones para corregir eventuales defectos, ni ordenar la apertura de un nuevo proceso[143]. De ahí que suela decirse que las sentencias del TEDH no son ejecutivas, o, por decirlo con mayor propiedad, que no gozan por sí mismas de la condición de título ejecutivo, pues para su aplicación efectiva son necesarios algunos pasos o instrumentos complementarios.

En cualquier caso, con el transcurso del tiempo se ha podido notar cierta evolución tanto en la manera de abordar la resolución de los asuntos por parte del TEDH como en las medidas encaminadas a facilitar o garantizar la ejecución de sus

---

142 Vid. T. USHAKOVA, "La responsabilidad de las empresas en el sistema del Consejo de Europa", *Lex Social*, Vol.10, núm.2 (2020), pp.174 y ss.

143 Vid. P.A. FERNÁNDEZ SÁNCHEZ, "Naturaleza jurídica de las sentencias del TEDH y del TJCE", en J. GARCÍA ROCA y P.A. FERNÁNDEZ SÁNCHEZ (Dir.), *Integración europea a través de derechos fundamentales: de un sistema binario a otro integrado*, CEP y C, Madrid, 2009, pp.171 y ss.

sentencias. Con el fin de hacerlas más operativas, el TEDH ha ido añadiendo, en efecto, sustancia y precisión a sus sentencias, y ha adoptado una posición más activa con vistas a la preservación efectiva de los derechos conculcados y la satisfacción adecuada de las quejas del demandante. Al principio parecía bastar con la declaración de violación y la consiguiente reafirmación del derecho lesionado, pero paulatinamente el TEDH ha ido buscando fórmulas más precisas y apropiadas para procurar la reparación íntegra y efectiva de la correspondiente lesión de derechos. En esa tendencia ha tenido un importante papel el Comité de Ministros del Consejo de Europa, que en el ejercicio de sus funciones de supervisión ha tratado de promover la adopción por parte del TEDH de medidas más concretas en caso de advertir una violación de los derechos invocados en el recurso.

Como resultado de toda esa labor institucional y de su propia experiencia jurisdiccional, el TEDH ha procedido paulatinamente a la inclusión en sus sentencias de previsiones o indicaciones más definidas o concretas sobre las actuaciones que los Estados debieran seguir para reparar en cada caso la violación del derecho (reapertura del juicio, consolidación o reversión de las medidas cautelares, determinación de la autoridad estatal responsable, etc.), particularmente cuando está en juego la libertad de una persona (por ejemplo, para evitar dilaciones en la liberación de detenidos)[144]. A veces, también ha incorporado a sus resoluciones medidas destinadas a prevenir otras lesiones en el futuro, especialmente cuando ha podido apreciar la existencia de "problemas estructurales" subyacentes en el sistema nacional de referencia, en cuyo caso ha procurado dar pistas para ponerles remedio de manera más sistemática o definitiva, por ejemplo mediante recomendacio-

---

[144] Vid. D.J. HARRIS, M. O'BOYLE y E.P. WARBRICK, *Law of the European Convention on Human Rights*, Oxford University Press, New York, 2009, pp.25 y ss.

nes para la modificación de las normas afectadas, a sabiendas de que no siempre es imprescindible una reforma legal para evitar la repetición del daño en el futuro[145]. Particularmente activo se ha mostrado el TEDH en los casos de recepción de una segunda demanda sobre el mismo asunto, por cuanto tal circunstancia puede ser reveladora de negligencia por parte del Estado implicado, al no haber adoptado medidas efectivas para evitar esas situaciones[146].

En ese proceso de búsqueda de respuestas más expeditivas, las normas reguladoras del TEDH han dado carta de naturaleza a la idea de «satisfacción equitativa», como fórmula alternativa de reparación o técnica de reparación «por sustitución», ante las dificultades que con mucha frecuencia plantea la ejecución *in natura* de sus resoluciones y, en consecuencia, la reparación real y completa de las consecuencias dimanantes de una efectiva violación del derecho. Tras un cambio significativo en su formulación, las normas actualmente vigentes disponen a este respecto que cuando se declare la violación del derecho y se estime que el sistema nacional afectado «sólo permite de manera imperfecta reparar las consecuencias de dicha violación», el TEDH «concederá a la parte perjudicada, si así procede, una satisfacción equitativa» (art.41 CEDH). Tal satisfacción (muy ocasional al principio y muy frecuente hoy en día) se concibe, pues, como solución subsidiaria respecto de la *restitutio in integrum*, al menos en un plano formal, puesto que muchas veces no es posible una sustitución perfecta o completa.

Como es fácil de imaginar, la satisfacción equitativa normalmente se habrá de traducir en la típica indemnización por da-

---

145 Vid. STEDH *Sidabras y otros vs. Lituania* (de 23-6-2015, recursos 50421/08 y 56213/08).

146 Vid. D. FORST, "The execution of judgments of the European Court of Human Rights", *Vienna Journal of International and Constitutional Law*, Vol.7, núm.3 (2013), pp.17 y 21.

ños y perjuicios, con el añadido, en su caso, de los intereses de demora[147]. A tenor de la experiencia jurisprudencial, la satisfacción equitativa también puede adoptar la forma de indemnización por daños morales[148], que en el contexto laboral o de prestaciones sociales parecen concebirse, por cierto, como una consecuencia natural de la lesión padecida o como un efecto automático de la incorrecta trayectoria del caso en el sistema interno, sin que de las sentencias del TEDH se desprendan mayores precisiones sobre las causas concretas de esa clase de daños ni sobre el alcance real de los mismos, aunque sí suele constar una apelación explícita al criterio de equidad a la hora de su cuantificación[149]. En todo caso, la satisfacción equitativa también puede reconocerse en fase de ejecución, a la vista de

---

147 Para empujar a su abono efectivo, desde muy temprano (STEDH *Helmers vs. Suecia,* de 29-10-1991, recurso 11826/85) el TEDH suele imponer también el pago de intereses de demora; vid. A. SALADO OSUNA, "La ejecución de las sentencias indemnizatorias del TEDH y del TJCE", en J. GARCÍA ROCA y P.A. FERNÁNDEZ SÁNCHEZ (Dir.), *Integración europea a través de derechos fundamentales: de un sistema binario a otro integrado,* CEP y C, Madrid, 2009, pp.257 y ss.

148 Sobre algunos de estos aspectos, vid. C. IZQUIERDO SANS, "El carácter no ejecutivo de las sentencias del Tribunal Europeo de Derechos Humanos", *Derecho Privado y Constitución,* núm.11 (1997), pp.357 y ss.

149 En la STEDH *Manzanas Martín vs. España* (de 3 de abril de 2012, recurso 17966/2010) se declara por ejemplo que «el Tribunal no se considera suficientemente ilustrado sobre los criterios que deben aplicarse para evaluar el perjuicio material sufrido por el demandante», de modo que «por lo que respecta al daño material no se encuentra en situación de resolver» (barajando también la posibilidad de un acuerdo entre el Estado demandado y el demandante), pero sí considera «que el demandante sufrió, debido a la violación constatada, un daño moral que no puede ser reparado por el mero reconocimiento de la violación». La STEDH *García Mateos vs. España* (de 19 de febrero de 2013, recurso 38285/09), tras declarar la violación del art.6.1 combinado con el art.14 CEDH, otorga a la demandante una indemnización por daño moral.

las circunstancias concurrentes y como resultado de la apreciación de aquellas mismas dificultades de ejecución *in natura.*

En buena lógica, la utilización de la fórmula de la «satisfacción equitativa» debería ir precedida de una labor previa de comprobación de las medidas adoptadas por el Estado afectado tras la sentencia en cuestión[150], pero ya hemos visto que esa solución formalmente subsidiaria suele aplicarse sistemáticamente en las sentencias que declaran la violación de un derecho, sobre la base de una especie de diagnóstico anticipado acerca de las dificultades de una ejecución real o "perfecta". Por otra parte, el artículo 41 CEDH se refiere a la hipótesis de que «el derecho interno» del Estado afectado sólo permita reparar de manera indirecta las consecuencias de la lesión, pero no contempla expresamente otra clase de obstáculos o dificultades distintos de ese factor jurídico. Conviene precisar, en fin, que los pasajes dedicados por el CEDH a la satisfacción equitativa (tanto en su versión inicial como en la versión vigente) no hablan expresamente de daños morales, noción que, no obstante, está presente con mucha frecuencia en la jurisprudencia moderna del TEDH, tal vez por la generalización de este tipo de pretensiones en todos los ámbitos jurisdiccionales y, al mismo tiempo, por la creciente e insistente búsqueda por parte del TEDH de vías más directas o perceptibles de reparación de la lesión.

Del contenido concreto y del grado de precisión de esta «satisfacción equitativa» puede depender desde luego la efectividad de las sentencias del TEDH. No hay duda de que la fórmula de la satisfacción equitativa facilita su cumplimiento, habida cuenta que, por lo general, resultan más sencillas de cumplimentar las obligaciones de dar que las obligaciones de hacer.

---

150 Como se deducía de la redacción del CEDH antes de su reforma por el Protocolo número 11, que preveía a tal efecto lo que la doctrina denominaba una «sentencia de aplicación».

Pero conviene no perder de vista, en todo caso, que el TEDH sólo tiene *potestas* para juzgar, no para ejecutar lo juzgado, plano este en el que rige más bien su *auctoritas*, en el sentido de capacidad de influencia o grado de convicción que susciten sus juicios, que desde luego están reforzados por las exigencias que conlleva la firma del CEDH y que siempre estarán apoyados, también es cierto, por la fuerza política que emana de sus instituciones de origen. Desde un punto de vista estrictamente procesal, las sentencias del TEDH tienen el efecto directo de «cosa juzgada», pero se vuelcan sobre un escenario en el que pocos mimbres existen, realmente, como para poder construir un procedimiento de ejecución propiamente dicho. La Europa de los "derechos humanos", por decirlo de otro modo, se ha dotado de instituciones políticas y jurisdiccionales, pero no de instrumentos procesales completos, puesto que no cuenta con un proceso de ejecución de carácter supranacional capaz de imponerse sobre los Estados Parte.

Alguna previsión contiene el CEDH a tales fines, no obstante. La regulación actual del TEDH dice de forma expresa que sus sentencias tienen «fuerza obligatoria», y que deben ser «acatadas» por los Estados «en los litigios en que sean partes» (art.46 CEDH). Las sentencias generan, como se dice habitualmente, una «obligación de resultado» para el sujeto estatal que se ve envuelto en cada caso. Eso quiere decir que los Estados objeto de condena deben adoptar las medidas necesarias para cumplir de forma real y efectiva las resoluciones del TEDH, utilizando para ello los instrumentos o cauces que resulten más apropiados y operativos dentro de su sistema. Tales medidas podrán y deberán ser de distinto tipo, en función de la naturaleza del «acto público» objeto de impugnación ante el Tribunal: medidas normativas cuando se cuestione una disposición legal o reglamentaria (por ser el origen de la violación), medidas administrativas cuando la violación se impute a un acto administrativo (sin perjuicio de los problemas que pudiera causar su revisión en aquellos casos en que para ello se exija una intervención judicial), y medidas judiciales cuando la impugnación se hubiera referido de manera más directa a una resolución judicial o, dicho en términos más generales, a la posición adoptada en el asunto por los órganos jurisdiccionales internos. En palabras del propio TEDH, el Estado condenado no cumple su obligación con el pago de la indemnización a la víctima, sino que debe «adoptar medidas individuales o, en su caso, generales en el ordenamiento interno para poner fin a la vulneración del derecho apreciada por el Tribunal y para revertir sus efectos, con el propósito de situar al recurrente, en la medida de lo posible, en la posición en la que se había encontrado si el Convenio no hubiera sido vulnerado»[151].

Que la ejecución quede en manos del Estado puede dar la sensación, a primera vista, de una especie de abandono del asunto por parte del TEDH una vez emitida la correspondiente sentencia. Desde luego, ni el TEDH ni las instituciones de las que forma parte se hacen cargo de la ejecución en sentido estricto, pero eso no significa que el "sistema europeo de derechos humanos" se desentienda por completo del caso, ni siquiera que el TEDH quede absolutamente desligado de esta decisiva fase del proceso. La actual redacción del CEDH atribuye al Consejo de Europa importantes competencias a tales efectos, a través de su Comité de Ministros, que es el encargado específicamente, en ese nivel europeo, de «velar» por la ejecución de las sentencias del TEDH, cuyo texto se le debe transmitir (art.46.2 CEDH)[152]. Tal labor tiene ciertamente un alto contenido "político", como por otra parte es usual en el contexto de las jurisdicciones de carácter internacional, pero

---

151 Cfr. STEDH *Vrountou vs. Chipre* (de 13-10-2015, recurso 33631/06).

152 Sobre esta singular función del Comité de Ministros, y sobre los cambios introducidos por el Protocolo núm.14 del Convenio, vid. D.J. HARRIS, M. O'BOYLE y E.P. WARBRICK, *Law of the European Convention on Human Rights,* Oxford University Press, New York, 2009, pp.871 y ss.

también puede adquirir tintes procesales más definidos, puesto que el citado Comité está dotado de facultades que, sin ser propiamente ejecutivas, sí pueden tener mucha influencia en ese plano de la ejecución.

Las tareas que en este ámbito competen al Comité de Ministros del Consejo de Europa se traducen preferentemente en la adopción de recomendaciones o sugerencias (por ejemplo, de reapertura del juicio), o, si fuere preciso, en la adopción de medidas de carácter político o diplomático con mayor capacidad de presión, en función del grado de resistencia advertido en cada caso[153]. Pero también se prevén en el CEDH medidas encaminadas de modo más directo a la aplicación de la sentencia, puesto que por mayoría de dos tercios el Comité puede pedir «aclaraciones» al Tribunal si advierte en la sentencia algún «problema interpretativo» que dificulte su ejecución, y puede plantear ante el Tribunal una «cuestión» acerca de si el Estado afectado ha incumplido sus obligaciones de ejecución en los términos exigidos por el Convenio (recurso por incumplimiento), a resultas de la cual, si se confirmaran los hechos, el Tribunal podría pedir al Comité de Ministros que «examine» las medidas que a tal efecto «sea preciso adoptar» (art.46.3, 4 y 5 CEDH). Como puede verse, Tribunal y Comité se convierten en una suerte de "aliados" en busca de las vías más apropiadas para la resolución plena y cabal del asunto. Recuérdese, a estos efectos, que el TEDH puede acordar una «satisfacción equitativa» también en fase de ejecución de sus sentencias.

Todas esas actuaciones se desenvuelven, de todas formas, en el plano de la supervisión o del control externo. En puridad,

---

[153] El Comité ha ido precisando progresivamente sus instrumentos de supervisión, y con carácter periódico elabora y publica un informe sobre los resultados de su labor; vid. D. FORST, "The execution of judgments of the European Court of Human Rights", *Vienna Journal of International and Constitutional Law*, Vol.7, núm.3 (2013), pp.13 y ss.

es el Estado el que de forma directa tiene que poner en marcha la actividad necesaria para la ejecución de las sentencias del TEDH, lo cual puede y suele ofrecer alguna complicación práctica e incluso institucional. Dejemos a un lado las hipótesis, más patológicas, de resistencia o falta de voluntad en la ejecución de sentencias del TEDH. Pues bien, aun cuando las instituciones del Estado acaten esas resoluciones, no hay que perder de vista que no siempre resulta sencillo dar cumplida respuesta a sus exigencias, más allá del pago de indemnizaciones o formas similares de "satisfacción equitativa". No siempre será fácil, por ejemplo, poner en marcha los cambios normativos que se estimen necesarios para resolver el problema de manera apropiada, máxime cuando la índole del asunto requiera una modificación de textos de rango legal y, en consecuencia, la activación no sólo del Ejecutivo, sino también del Parlamento. Tampoco podrá garantizarse en todos los casos la eliminación completa de los efectos de una decisión administrativa lesiva de derechos, ni, en su caso, un cambio rápido y pertinente en las circulares o los protocolos por los que se rija la actividad de la correspondiente Administración pública. Menos sencillo parece, en fin, revertir las situaciones jurídicas creadas por una resolución judicial firme.

Puede que este haya sido, precisamente, el supuesto de mayor dificultad en este complejo escenario de la ejecución de las sentencias del TEDH. En efecto, ¿cómo puede dejarse sin valor una resolución judicial que ha puesto fin al recorrido procesal interno y que en tal ámbito tiene la condición de sentencia firme? A diferencia de las resoluciones del Tribunal Constitucional, por poner un ejemplo doméstico, las sentencias del TEDH no pueden declarar la nulidad de los actos jurisdiccionales internos, aun cuando se les considere causantes (o cuando menos "participantes") de la violación del correspondiente derecho. Para revisar tales actos es preciso que el propio Estado haya previsto procedimientos *ad hoc*, ya sea en las leyes que con carácter general se ocupan de la actividad procesal, ya sea en normas aprobadas específicamente con ese fin. Cabría pensar, como el TEDH ha recordado en alguna ocasión, que la firma del CEDH lleva aparejada la necesidad de crear tales procedimientos en el orden interno, o, cuando menos, de proporcionar los cauces y medios necesarios para la efectividad de sus sentencias, pero esa clase de previsiones no existe aún en todos los países del Consejo de Europa[154]. Hablaremos un poco más delante de la experiencia de nuestro propio sistema, muy reveladora precisamente de esas particulares e incluso procelosas vicisitudes.

4. Valor y fuerza vinculante de su doctrina

Al margen de estos problemas de ejecución, formalmente las sentencias del TEDH tienen efecto directo en el caso concreto, respecto del que puede decirse, como expusimos más arriba, que gozan de la condición de cosa juzgada. Pero también producen otros efectos "indirectos", que se expanden más allá del asunto enjuiciado. Suele decirse, en este sentido, que las sentencias del TEDH alcanzan la condición de "cosa interpretada", con un valor que se acerca a la eficacia general o *erga omnes*[155] y con un doble plano de aplicación, más allá de su natural impacto en el caso concreto. En primer término, parece remitir al juego procesal de los precedentes, en el sentido de que la solución dada a un caso debe servir en el futuro para la resolución de otros casos de las mismas características, sin

---

154 Vid. C. ARANGÜENA FANEGO, "El cumplimiento de las sentencias del Tribunal Europeo de Derechos Humanos y la revisión de sentencias firmes", en J. GARCÍA ROCA y P.A. FERNÁNDEZ SÁNCHEZ (Dir.), *Integración europea a través de derechos fundamentales: de un sistema binario a otro integrado,* CEP y C, Madrid, 2009, pp.294 y ss.

155 Vid. A. QUERALT JIMÉNEZ, *El Tribunal de Estrasburgo: una jurisdicción para la protección de los derechos fundamentales,* Tirant lo Blanch, Valencia, 2003, pp.243 y ss.

perjuicio de que el TEDH pueda ir variando o ajustando su doctrina a las circunstancias que concurran en cada ocasión, y a los cambios de la realidad social. Como ya dijimos, la doctrina emanada del TEDH acerca de los derechos humanos es por definición dinámica y "evolutiva" y, en consecuencia, no está cerrada de ningún modo a las precisiones o modulaciones que el propio Tribunal estime procedentes en su alcance o configuración[156].

La "cosa interpretada", en segundo lugar, da a entender que las sentencias del TEDH crean una doctrina que se adhiere al CEDH y adquiere su fuerza vinculante en el ámbito espacial y funcional de referencia, con el fin de que los Estados firmantes del Convenio ajusten su sistema legal, administrativo y judicial a los criterios del TEDH: al poder legislativo corresponde ajustar el ordenamiento legal, a la Administración compete acomodar su actuación a tales criterios, y a los órganos judiciales incumbe el uso de esa doctrina a la hora de interpretar y aplicar aquellos derechos que cuenten con recepción o reflejo en el CEDH. La doctrina del TEDH tiene, pues, el valor de la jurisprudencia dentro del ámbito de aplicación del Convenio, como respuesta uniforme, ofrecida por su máximo intérprete, a las cuestiones de interpretación y aplicación suscitadas por dicho cuerpo normativo[157]. Es una jurisprudencia esencialmente complementa-

---

156 Vid. R. CANOSA USERA, "La interpretación evolutiva del Convenio Europeo de Derechos Humanos", en J. GARCÍA ROCA y P.A. FERNÁNDEZ SÁNCHEZ (dir.), *Integración europea a través de derechos fundamentales: de un sistema binario a otro integrado,* CEP y C, Madrid, 2009, pp.79 y ss.; A.H. CATALÀ i BAS, *Libertad de expresión e información. La jurisprudencia del TEDH y su recepción por el Tribunal Constitucional,* Ediciones Revista General de Derecho, Valencia, 2001, pp.25 y ss.

157 Sobre el concepto de jurisprudencia, y sobre otros muchos aspectos de este elemento básico del sistema jurídico, vid. A. MARTÍN VALVERDE, *Jurisprudencia y casación para unificación de doctrina,* Universidad de Oviedo, 2009, pp.17 y ss.

ria y carente en principio de efectos depuradores, pues, como ya sabemos, puede descubrir y alumbrar soluciones jurídicas a propósito de los enunciados del CEDH, pero no puede llegar, a diferencia de lo que sí pueden hacer otros órganos jurisdiccionales máximos, a la declaración de nulidad de aquellas normas o disposiciones legales que supuestamente contradigan al mismo. Es, también, una jurisprudencia "preventiva", que en buena lógica debe servir para que los Estados se ilustren sobre el Convenio y su cuadro de derechos y libertades, y para que tomen nota de la necesidad de evitar otras violaciones en el futuro.

Es verdad que ese carácter vinculante de la doctrina del TEDH no cuenta con una afirmación normativa directa y de carácter general, y que no existe en este terreno una proclamación del principio de primacía en términos tan explícitos e intensos como ocurre en el Derecho de la Unión Europea respecto de los sistemas nacionales[158]. Pero el deber de vinculación a esa doctrina puede sustentarse o deducirse sin mayor dificultad en varios pasajes de su principal norma reguladora. Por lo pronto, se deriva de la fuerza obligatoria que se atribuye a las sentencias del TEDH, que va acompañada de un deber expreso de acatamiento para las Partes Contratantes (art.46 CEDH). En segundo término, emana de los compromisos asumidos por los Estados miembros mediante la firma del CEDH, que impone el reconocimiento de su tabla de derechos y liber-

---

158 Sobre el ámbito comunitario, vid. R. ALONSO GARCÍA, *Sistema jurídico de la Unión Europea*, Civitas, Madrid, 2012, pp. 304 y ss. Según la STS de 17-12-1997 (recurso 4130/1996), «teniendo en cuenta el principio de primacía del Derecho comunitario, continuamente afirmado por el TJCE y reconocido con claridad en nuestro ordenamiento (artículo 93 de la Constitución y jurisprudencia del Tribunal Supremo también reiterada), no ofrece dudas la prevalencia de la jurisprudencia comunitaria sobre la doctrina o jurisprudencia de los tribunales de los países miembros en la interpretación o aplicación de los preceptos y disposiciones del Derecho comunitario».

tades (art.1 CEDH). En tercer lugar, es algo que se deduce de los propios fines del Convenio y del Consejo de Europa, que residen en esencia en la creación de un "orden público europeo" en materia de derechos humanos (como cabe deducir del preámbulo del CEDH). Finalmente, es una cualidad congruente con el poder jurisdiccional atribuido al TEDH, que le permite conocer de demandas interpuestas contra los actos estatales que se aparten de los derechos y libertades reconocidos en el CEDH (arts.33 y 34 CEDH), no sólo tal y como se encuentran formalmente enunciados, sino también tal y como los aclara y concreta el TEDH[159].

De todas formas, para calibrar bien esa influencia deben tenerse en cuenta algunos datos ligados a la naturaleza y la manera de actuar de esta jurisdicción especializada sobre derechos humanos. Un primer dato de interés, al que después volveremos, deriva del contexto institucional y normativo en el que opera el TEDH. Su misión, como ya sabemos, es garantizar el respeto de una serie de derechos y libertades (los reconocidos en el CEDH) que habitualmente aparecen reflejados también en declaraciones o cartas de orden interno, y particularmente en los correspondientes textos constitucionales. De ahí que suela decirse que el TEDH opera en un contexto de

---

159 Para nuestro ámbito interno, así lo ha venido a reconocer la jurisprudencia constitucional en reiteradas ocasiones. Por ejemplo, en la STC 91/2000, de 30 de marzo, en la que, acogiendo doctrina anterior, se resalta «la importante función hermenéutica que, para determinar el contenido de los derechos fundamentales, tienen los tratados internacionales sobre derechos humanos ratificados por España...y muy singularmente el Convenio Europeo para la Protección de los Derechos Humanos y las Libertades Públicas, firmado en Roma en 1950, dado que su cumplimiento está sometido al control del Tribunal Europeo de Derechos Humanos, a quien corresponde concretar el contenido de los derechos declarados en el Convenio que, en principio, han de reconocer como contenido mínimo de sus derechos fundamentales, los Estados signatarios del mismo».

"pluralismo constitucional", para poner de relieve, no sólo la existencia de esa situación de concurrencia de textos jurídicos, sino también, y sobre todo, la posibilidad de que un mismo derecho cuente con enunciados, formulaciones o ingredientes diferentes en cada uno de esos cuerpos normativos, y la posibilidad, en consecuencia, de que la doctrina acerca del derecho no siempre pueda ofrecer absoluta coincidencia. Por ello, en muchos casos podrá barajarse la doctrina del TEDH como instrumento de apoyo, pero no exactamente como *ratio decidendi*.

El segundo dato, que no deja de tener conexión con lo que se acaba de decir (y que nos obliga a recuperar alguna idea general mostrada con anterioridad), deriva de manera más directa de la propia configuración del sistema europeo de derechos humanos, tanto en su dimensión normativa (el CEDH y sus Protocolos), como en su dimensión jurisdiccional (el TEDH). Como ya dijimos al principio, este sistema actúa conforme al principio de subsidiariedad, no sólo en el sentido de que las demandas ante el TEDH sólo pueden interponerse una vez agotados los instrumentos nacionales, sino también en el sentido de que desde las instituciones que conforman el Consejo de Europa debe respetarse un «margen de apreciación nacional» tanto en la manera de entender y aplicar los derechos (por el juego de las tradiciones o de otros ingredientes nacionales), como en la adopción de medidas de tutela. Este margen, en todo caso, debe medirse con arreglo a principios de proporcionalidad y razonabilidad, lo cual implica que mediante un análisis pormenorizado de la trayectoria del asunto en cuestión dentro del sistema nacional, el TEDH debe comprobar si el demandante tuvo realmente oportunidades de tutela de sus derechos, y si la respuesta judicial en el ámbito interno fue fundada y equilibrada a la vista de los intereses concurrentes. La doctrina del margen de apreciación nacional tampoco podrá entenderse como un obstáculo para que el TEDH pueda desarrollar su función institucional de fijación de unos criterios o estándares mínimos y de aceptación general en lo que se refiere al reconocimiento, al respeto y a las garantías de los derechos humanos y libertades fundamentales.

El tercer dato, en fin, también tiene que ver con esas características de las normas europeas sobre derechos humanos y, en particular, con los objetivos atribuidos a las competencias jurisdiccionales que el TEDH asume en este contexto. Tanto el CEDH como el TEDH, en su condición de máximo garante de esa tabla de derechos y libertades, no tienen otro propósito que el establecimiento de estándares mínimos sobre los derechos humanos en el ámbito europeo, para imponer y difundir, como se dice habitualmente, una especie de «orden público europeo» en esta materia[160]. La doctrina del TEDH, por consiguiente, no tiene fines de unificación o uniformidad, sino tan sólo fines de armonización de los diferentes sistemas nacionales, siempre en esos términos de mínimos. Estos estándares deben ser por supuesto comunes y compartidos por todos los Estados miembros del Consejo de Europa, pero a partir de esa exigencia básica cabe algún grado de modulación y, naturalmente, restan márgenes para la mejora[161]. Como suele decir-

---

160 Vid. J. CRUZ VILLALÓN, "La jurisprudencia del Tribunal Europeo de derechos humanos en materia laboral", *Temas laborales*, núm.145 (2018), pp.21 y ss.; J. GARCÍA ROCA, "Soberanía estatal *versus* integración europea mediante unos derechos fundamentales comunes: ¿cuál es el margen de apreciación nacional?", en J. GARCÍA ROCA y P.A. FERNÁNDEZ SÁNCHEZ (Dir.), *Integración europea a través de derechos fundamentales: de un sistema binario a otro integrado*, CEP y C, Madrid, 2009, pp.15 ss.; D.J. HARRIS, M. O'BOYLE y E.P. WARBRICK, *Law of the European Convention on Human Rights*, Oxford University Press, New York, 2009, pp. 11 y ss., y A. QUERALT JIMÉNEZ, *La interpretación de los derechos: del Tribunal de Estrasburgo al Tribunal Constitucional*, Centro de Estudios Políticos y Constitucionales, Madrid, 2008, pp.97 y ss.

161 Recuérdese que el propio CEDH determina que ninguna de sus disposiciones «se interpretará en el sentido de limitar o perjudicar aquellos derechos humanos y libertades fundamentales que podrían ser reconocidos conforme a las leyes de cualquier Alta Parte

se, el sistema europeo de derechos humanos exige compatibilidad, adecuación o no contradicción en la interpretación y aplicación de la correspondiente tabla de derechos y libertades, pero no identidad ni coincidencia absoluta. La doctrina del TEDH, en definitiva, proporciona criterios hermenéuticos que quieren actuar como mínimo común denominador para la creación de un espacio europeo en el que se comparta no sólo el reconocimiento sino también el "entendimiento" de los derechos humanos y las libertades públicas.

Una manifestación muy peculiar de los efectos generales que puede alcanzar la jurisprudencia del TEDH se advierte en las denominadas sentencias "piloto"[162]. Este singular tipo de resoluciones tiene su origen en la propia doctrina del TEDH, y desde una reforma del año 2011 está presente de manera expresa en sus normas de funcionamiento interno (art.61 del Reglamento del TEDH). Según esas nuevas previsiones normativas, la sentencia piloto pone fin a un procedimiento especial que puede aplicar el TEDH cuando advierte, por el número de recursos planteados sobre un determinado asunto, la existencia de un «problema estructural» en el sistema nacional de referencia, esto es, de un problema ligado de manera muy directa e inmediata al orden legal o institucional de dicho país. En tales condiciones, de oficio o a instancia de parte, el TEDH

Contratante o en cualquier otro Convenio en el que ésta sea parte» (art.53 CEDH).

162 Vid. F. PÉREZ DE LOS COBOS ORIHUEL, *El recurso individual ante el Tribunal Europeo de Derechos Humanos,* Tirant lo Blanch, Valencia, 2018, pp.92 y ss., y A. QUERALT JIMÉNEZ, "Las sentencias piloto como ejemplo paradigmático de la transformación del Tribunal Europeo de Derechos Humanos", *Teoría y Realidad Constitucional,* núm.42 (2018), pp.395 y ss.; M.J. ROCA FERNÁNDEZ, "Tribunal constitucional y sentencias de los tribunales internacionales de derechos humanos", en M.C. MALDONADO SÁNCHEZ, *Memorias de las Jornadas Académicas "Derecho Constitucional para operadores de Justicia",* UNIR, La Rioja, 2020, pp. 128 y ss.

puede dar prioridad a una de las demandas concurrentes para resolver con mayor prontitud la cuestión planteada y para dar al Estado la oportunidad, a la vista de esa resolución, no sólo de reparar ese caso concreto, sino también de adoptar por su propia iniciativa las medidas necesarias para satisfacer la pretensión de los restantes recursos, cuya tramitación procesal ante el TEDH queda "congelada" mientras tanto[163].

III. LA JURISPRUDENCIA DEL TEDH EN MATERIA LABORAL Y DE SEGURIDAD SOCIAL

A la altura de nuestro tiempo, puede decirse sin reparos que el TEDH ha desarrollado una ingente y constante labor de interpretación y aplicación del clausulado del CEDH y, dentro de toda esa tarea, ha tenido ocasión de abordar con frecuencia asuntos laborales y de protección social y, a la postre, de elaborar una abundante doctrina referida a esos dominios de las relaciones sociales. Ya sabemos que el CEDH únicamente recoge un derecho de contenido propiamente laboral, precisamente el de libertad sindical, que por lo demás se proclama dentro una cláusula, mucho más general, dedicada a la "libertad de reunión y asociación". Ahora bien, su intérprete supremo ha sabido proyectar parte de su articulado a las relaciones de trabajo o a las reclamaciones de seguridad social, dentro de una concepción amplia de los derechos humanos y las libertades públicas que ha expandido sus efectos mucho más lejos de lo

---

163 Vid. C. MORTE GÓMEZ, "El procedimiento ante el Tribunal Europeo de Derechos Humanos", en M. NOGUEIRA GUASTAVINO y G. GARCÍA BECEDAS (Dir.), *Lecciones sobre jurisdicción social*, Tirant lo Blanch, Valencia, 2013, pp.905 y ss.; L.A. CUCARELLA GALIANA, "Derechos humanos, proceso jurisdiccional y sus modos normales de terminación, *Anuario Iberoamericano de Justicia Constitucional*, núm.1 (2019), pp.156 y ss.

que seguramente cabía imaginar a partir de su mera formulación literal. Como resultado de esas tesis interpretativas, ni la persona que trabaja se ve desposeída de sus derechos como ciudadano por el mero hecho de comprometer su prestación de servicios mediante un contrato de trabajo, ni quienes tienen la condición de solicitante o beneficiario de prestaciones de seguridad social quedan extramuros de esos medios de garantía.

1. Una aproximación general y preliminar

Ni el CEDH es una carta de derechos laborales ni el TEDH es un tribunal que pudiera equipararse a lo que nosotros conocemos como "jurisdicción social". Su cometido funcional es mucho más general. Pero ejerce una jurisdicción especializada en materia de derechos humanos y libertades fundamentales que, al igual que el CEDH, ha logrado proyectarse sobre el conjunto de la ciudadanía y sobre la totalidad de las relaciones sociales, incluidas las relaciones de trabajo y las relaciones de seguridad social. Ciertamente, tanto el CEDH como sus mecanismos de garantía (con el pertinente protagonismo del TEDH) fueron diseñados por el Consejo de Europa para dar soporte a los derechos "civiles y políticos", bajo la premisa de que los derechos "sociales" –con los derechos laborales en su seno— podían merecer un tratamiento diferenciado desde el punto de vista de su proclamación (asumida principalmente por la Carta Social Europea) y desde la perspectiva de su tutela y garantía, como veremos más adelante. Pero la experiencia real y la propia dinámica institucional han puesto de relieve que no es fácil trazar una línea divisoria radical y contundente entre unos derechos y otros, entre otras razones porque la temática "social" no puede quedar al margen por completo de los soportes "civiles".

Que el sistema del CEDH, con su texto básico y sus Protocolos adicionales, tiene el tono más clásico de las declaraciones de derechos civiles y políticos es fácil de advertir. Repasemos sucintamente su contenido, del que forman parte el derecho a la vida, el derecho a la libertad y seguridad, el derecho a un proceso equitativo, el derecho a la vida privada y familiar, la libertad de pensamiento, de conciencia y de religión, la libertad de expresión, los derechos de reunión y manifestación o la prohibición de discriminación, una tabla inicial a la que desde luego han de agregarse algunos otros derechos de proclamación más tardía, como el derecho de propiedad, los derechos electorales o la libertad de circulación[164]. Como puede verse, se trata de derechos no laborales, en los que la prestación de trabajo tan sólo aparece de forma explícita cuando está ineludiblemente implicada en las libertades más básicas de la persona (como sucede, sobre todo, con la prohibición de la esclavitud y el trabajo forzoso).

No obstante, la jurisprudencia del TEDH no ha olvidado la eficacia *erga omnes* de los derechos humanos y las libertades públicas, que producen efectos no sólo en la relación "vertical" entre el ciudadano y el poder público, sino también en el ámbito de las relaciones privadas, entre ellas, y seguramente de modo especial, las relaciones de trabajo. No es casualidad, en ese sentido, que las declaraciones jurisdiccionales sobre los efectos de los derechos fundamentales de la persona en las relaciones entre particulares se hayan gestado principalmente a propósito de pleitos o reclamaciones entre trabajador y empre-

---

164 Sobre el ámbito material y territorial de aplicación del CEDH, que a la postre determina el ámbito jurisdiccional del TEDH, vid. C. GRABENWARTER, *European Convention on Human Rights. Commentary*, C.H. Beck, Munich, 2014, pp.1-11, y J.A. CARRILLO SALCEDO, "El Convenio Europeo de Derechos Humanos y sus protocolos adicionales", J.A. CARRILLO SALCEDO (Dir.), *Jurisprudencia del Tribunal Europeo de Derechos Humanos II*, CGPJ, Madrid, 1995, pp.13 y ss.

sario[165]. Sea como fuere, lo cierto es que hoy en día, y desde hace ya bastante tiempo, resulta indiscutible que la tabla de derechos y libertades del CEDH alcanza a los asuntos privados y que, dentro de ese amplio territorio, llega también a las relaciones de trabajo, aunque tenga que ser con los inevitables elementos de ponderación. Por otra parte, y con las modulaciones pertinentes, tampoco es cuestionable la aplicación de los derechos fundamentales en el ámbito de la protección social, entre otros motivos porque son territorios en los que suelen estar directamente implicados los poderes públicos.

Por lo tanto, aun cuando el contenido del Convenio haya sido tachado en ocasiones de «insuficiente» desde la perspectiva social[166], a la altura de nuestros días resulta ya palmario que en realidad reviste una extraordinaria relevancia en esos

---

165 Dice la STEDH *Aguilera Jiménez y otros vs. España* (de 8-12-2009, recursos 28389/06, 28955/06, 28957/06, 28959/06, 28961/06 y 28964/06), literalmente, que la libertad de expresión reconocida en el art. 10 CEDH «se impone no sólo en las relaciones entre empresario y trabajador cuando éstas obedecen al derecho público sino que pueden aplicarse también cuando estas relaciones dependen del derecho privado», aunque para calibrar bien esta declaración seguramente conviene añadirle la precisión que con posterioridad introduce la sentencia TEDH de 12 de septiembre de 2011 (procedente del asunto anterior y que el Tribunal resuelve en Gran Sala, en una sentencia que lleva por nombre Palomo Sánchez y otros vs. España), en la que se recuerda que en virtud del art. 1 CEDH los Estados no sólo asumen obligaciones negativas (de abstención o no injerencia) en relación con los derechos garantizados en dicho tratado internacional, sino también obligaciones positivas de protección de los mismos a través de su sistema jurisdiccional, lo cual tiene mucho que ver con la naturaleza pública que deben revestir los actos que formalmente sean objeto de impugnación ante el TEDH, de una forma que se aproxima bastante a lo que sucede en nuestra jurisdicción constitucional.

166 Cfr. M.R. PÉREZ ALBERDI, "La jurisprudencia social del Tribunal Europeo de Derechos Humanos", *Lex Social*, núm.1 (2011), pág.103.

terrenos del trabajo y la protección social. Ocurre así por varias razones. En buena medida, por el conocido fenómeno de irradiación progresiva de los derechos de carácter general en el ámbito específico de las relaciones de trabajo, de forma que hoy en día nadie duda de que gran número de esos derechos (como las libertades de religión y expresión, o como el respeto de la vida privada y familiar), sin dejar de ser derechos civiles o políticos, son también derechos laborales, por cuanto sus efectos se dejan notar de modo inevitable en el ámbito particular de las relaciones de trabajo. No en vano, hace más de cuatro décadas que el TEDH reconoció explícitamente la interdependencia entre el tronco más clásico de los derechos civiles y políticos y el más moderno cupo de los derechos sociales. No sólo porque todos ellos son a la postre derechos humanos, sino también por el impacto que inevitablemente pueden producir en la esfera social determinadas facetas o determinados ingredientes de buen número de derechos civiles y políticos[167]. Esa interdependencia de los dos grandes componentes de los derechos humanos resulta ya indiscutible. Como en alguna ocasión oficial se puso de manifiesto, «todos los derechos humanos son universales, indivisibles e interdependientes y están relacionados entre sí»[168].

---

167 «*Whilst the Convention sets forth what are essentially civil and political rights, many of them have implications of a social or economic nature. The Court therefore considers, like the Commission, that the mere fact that an interpretation of the Convention may extend into the sphere of social and economic rights should not be a decisive factor against such an interpretation*»; cfr. STEDH *Airey vs. Irlanda* (de 9-10-1979, recurso 6289/73), aunque conviene advertir que el supuesto de hecho consistía en las dificultades de acceso a los tribunales para resolver un conflicto familiar, y no en problemas surgidos en el ámbito laboral y de la Seguridad Social.

168 Declaración y Programa de Acción de Viena de 1993, en el marco de la Conferencia Mundial de Derechos Humanos celebrada por la ONU.

Recordemos una vez más que el único derecho de contenido laboral explícitamente mencionado en el CEDH es el derecho a la libertad sindical, como subespecie de la libertad de asociación consagrada en su artículo 11, con independencia de que dentro de la prohibición de trabajos forzados contemplada en el artículo 4 CEDH pudiéramos alojar alguna vertiente del derecho al trabajo (como, dicho sea de paso, dan a entender los correspondientes pasajes de la Carta Social Europea, a la que nos referiremos específicamente más adelante). Sin embargo, la jurisprudencia del TEDH ha puesto de relieve que la distinción entre derechos humanos de primera y de segunda generación no es completamente nítida, y que sus respectivos ámbitos de juego no pueden contemplarse como zonas estancas o impermeables, sencillamente porque muchas veces esa instancia jurisdiccional ha tenido que pronunciarse acerca del alcance de derechos "civiles" a partir de asuntos de contenido laboral y social, más allá de los que tienen que ver directamente con el derecho a fundar sindicatos y a desarrollar la correspondiente acción colectiva. En ese contexto, y en la misma línea que los tribunales constitucionales europeos, el Tribunal de Estrasburgo no ha tenido demasiadas dudas sobre la extensión de los derechos reconocidos en el CEDH a los trabajadores en su condición de tales, que no se ven privados de ese arsenal propio de toda persona cuando asumen las obligaciones dimanantes del contrato de trabajo, sin perjuicio de que la titularidad y el ejercicio de los derechos fundamentales haya de combinarse en sus justos términos con el cumplimiento de los deberes laborales de referencia.

Por supuesto, no todos los derechos "civiles" consagrados en el CEDH son aptos ni particularmente adecuados para desplegar efectos en el ámbito de la relación laboral, pues muchos de ellos están concebidos genéticamente para dotar al individuo de la correspondiente protección frente al Estado o para proporcionarle la pertinente esfera de libertad ante al poder público. Pongamos algún ejemplo. Es claro que el derecho a la vida puede tener alguna clase de proyección en el terreno de la prestación de servicios por cuenta de una empresa (fundamentalmente si lo conectamos con el marco legal de prevención de riesgos laborales[169]), pero también lo es que su consagración en el artículo 2 CEDH es expresión sobre todo de un duro y sostenido combate contra la pena de muerte y de una razonable búsqueda de todas aquellas circunstancias que puedan conducir justificadamente a la exención de responsabilidad penal.

Con esas advertencias preliminares, podríamos decir que son tres, en definitiva, los derechos de carácter general con irradiación contrastada en el campo laboral y social, al menos desde la experiencia jurisprudencial del TEDH: el artículo 8, que reconoce el «derecho al respeto a la vida privada y familiar»; el artículo 9, que lleva por título «libertad de pensamiento, de conciencia y de religión», y el artículo 10, sobre «libertad de expresión». A tal afirmación, no obstante, habría que añadir dos importantes constataciones. De un lado, no debe olvidarse el apoyo que siempre puede prestar el artículo 14 CEDH al consagrar la prohibición de discriminación, pues, aunque no se trate de un derecho autónomo, muchas veces añade ingredientes de refuerzo o extensión a los derechos por así decir sustantivos, con cuya invocación puede combinarse con bastante frecuencia. De otro lado, algunos derechos del CEDH que en apariencia se alejan de ese terreno pueden generar en un momento determinado una relevante dimensión social, bajo la premisa general de que, por su inusitada potencia, son capaces de llegar a los más diversos aspectos de la vida. Es lo que ocurre con el derecho a la propiedad, que con relativa frecuencia ha servido para amparar derechos de seguridad social o reclamaciones salariales.

---

169 Vid. SSTEDH *Vilnes y otros vs. Noruega* (de 5-12-2013, recurso 52806/09 y 22703/10), en relación con submarinistas, y *Brincat y otros vs. Malta* (de 24-7-2014, recurso 60908/11, 62110/11, 62129/11, 62312/11 y 62338/11), sobre exposición al amianto.

La incidencia real en el ámbito laboral y social de los derechos generales de toda persona ha resultado desigual, con un resultado que, en todo caso, tal vez hubiera que calificar de sorprendente. Probablemente muchos habrían diagnosticado que el artículo 9 CEDH reunía todas las condiciones para fundar reclamaciones en el ámbito de las relaciones de trabajo y para convertirse en una copiosa fuente de jurisprudencia en la materia, habida cuenta que la actividad laboral, a poco que se reflexione, puede generar choques o tenciones con la libertad de creencias. Sin embargo, no ha sido ese derecho el más presente en la jurisprudencia "laboral" del TEDH, protagonismo que ha correspondido en cambio al derecho que, dentro de ese mismo instrumento internacional, exige respeto a la vida privada y familiar, esto es, al artículo 8 CEDH. Aun cuando se reconozca en términos muy amplios, este otro derecho ha permitido en efecto dar amparo a los trabajadores en litigios de índole muy variada, mientras que la libertad de expresión ha contado con un protagonismo más relativo en todo ese flujo jurisprudencial, en el que, por lo demás, su presencia ha estado vinculada en más de una ocasión al ejercicio de la libertad sindical.

De cualquier manera, lo cierto es que a la altura de nuestros días la acumulación de jurisprudencia del TEDH en materia laboral y social es sencillamente extraordinaria, tanto por su abundancia como por su amplitud y riqueza temática[170]. Diver-

---

[170] Un amplio balance de jurisprudencia, con comentarios sistemáticos en función de los derechos invocados, puede encontrarse en muchas de las obras de carácter general que se han ido citando en notas anteriores: J. GARCÍA ROCA y P. SANTOLAYA MACHETTI (Dir.), *La Europa de los derechos. El Convenio Europeo de Derechos Humanos*, CEC, Madrid, 2005 (con reedición en 2009); D. EHLERS (Dir.), *European Fundamental Rights and Freedoms*, De Gruyter, Berlin, 2007; D.J. HARRIS, M. O'BOYLE y E.P. WARBRICK, *Law of the European Convention on Human Rights*, Oxford University Press, New York, 2009, y C. GRABENWARTER, *European Convention on Human*

sos factores han contribuido, seguramente, al realce progresivo de esa fuente jurisprudencial, unos de carácter general y otros más específicos de nuestro ámbito social de referencia. Las reformas de carácter procedimental introducidas en el año 1998, que abrieron la posibilidad de recurso individual, han impulsado sin duda la actividad jurisdiccional en el seno del Consejo de Europa. Probablemente haya actuado también como motor de esa aceleración la creciente difusión de los derechos humanos y libertades fundamentales, especialmente en ámbitos geográficos más alejados cultural y políticamente de los esquemas de organización propios del mundo occidental. Ha podido influir, asimismo, la emergencia de nuevos valores sociales y la pretensión de conectarlos a derechos de viejo cuño, a falta de definiciones más modernas, con el fin de aplicarles la oportuna protección, todo ello gracias a la apuesta del Tribunal de Estrasburgo por una interpretación evolutiva del CEDH, que permite precisamente esa adaptación de un derecho clásico a nuevas realidades y sensibilidades. No debe perderse de vista tampoco el incremento de las corrientes migratorias y la coexistencia de culturas, tradiciones y diferentes modos de vida dentro de una misma sociedad, con las reivindicaciones de un espacio propio que todo ello suele conllevar. En fin, una causa nada desdeñable en todo este proceso ha sido sin duda alguna la ya aludida "laboralización" de gran parte de los derechos fundamentales de carácter general, que ha llevado en muchos casos a la invocación de los mismos (la libertad de expresión, la libertad religiosa, etc.) frente a decisiones o actos de la empresa.

Este último factor, unido a la existencia en el CEDH de algún derecho específicamente laboral (como el derecho de

---

Rights. Commentary, C.H. Beck, Munich, 2014. Centrado en estos otros derechos, vid. F. VALDÉS DAL-RÉ, "La libertad de expresión e información en la Carta de Niza", *Relaciones Laborales*, núm.1 (2014), pp.8-17.

sindicación, antes mencionado), ha provocado que una parte importante de todo este acervo jurisprudencial esté dedicado a temas de contenido laboral, al tiempo que un mayor grado de sensibilidad hacia los derechos adquiridos o en trance de adquisición parece haber conducido a un aumento notable de los recursos ligados a la adquisición o el mantenimiento de prestaciones de seguridad social. La conclusión que saca el laboralista de ese estado de cosas es que hoy en día, a diferencia probablemente de lo que pudo suceder hace algunas décadas, resulta verdaderamente complicado hacer un recorrido completo y detallado por un material jurídico que ya alcanza proporciones cuasi inmanejables. Con todo, trataremos de aproximarnos a ese acervo de jurisprudencia mediante una sencilla clasificación de los asuntos de índole laboral y social en tres grandes bloques: el ejercicio de derechos directamente laborales, la eficacia de los "derechos humanos" en el ámbito de la relación de trabajo y la preservación de derechos de protección social

Desde luego, no debe perderse de vista la importancia que para nuestro terreno pueden tener ciertos derechos de implicación generalizada o desarrollo transversal a lo largo del ordenamiento jurídico. Es el caso del derecho a un proceso equitativo, que no es por supuesto un derecho propiamente laboral, y cuya configuración responde a claves generales del sistema. Hay que tener en cuenta, además, que no todos los Estados cuentan con un orden jurisdiccional específicamente "social", a diferencia de lo que ocurre en nuestro país y en algunos otros. De ahí que la doctrina del Tribunal de Estrasburgo sobre tal derecho tenga contornos muy generales y se haya construido sobre la base de una distinción estructural entre el proceso penal y el proceso «civil», categoría en la que, en buena lógica, deberían encajar por lo tanto todos los procedimientos no penales, incluidos los de contenido laboral[171]. Por ello, la doctrina general sobre el artículo 6 CEDH es válida también para los asuntos de índole laboral y social[172].

De ello se hablará en un epígrafe posterior de esta Parte Segunda (V.4), aunque cabe adelantar ya que, al amparo de esa doctrina el TEDH ha abogado expresamente por la celeridad del proceso laboral[173], por la conveniencia de que se desarrolle con una «particular diligencia»[174], y por la exigencia de que se provean siempre vías apropiadas de reclamación, incluso respecto de colectivos particulares, como los trabajadores de las embajadas, pues la inmunidad del Estado no puede alcanzar

---

171 Vid. L.E. DELGADO DEL RINCÓN, "El TEDH y las condenas a España por la vulneración del derecho a ser juzgado en un plazo razonable: las dificultades para alcanzar una duración óptima de los procesos judiciales", *Teoría y Realidad Constitucional*, núm.42 (2018), pp.569 y ss.; S. RIPOL CARULLA, "El Tribunal Europeo de Derechos Humanos: jurisprudencia del TEDH relativa a España", en C. FERNÁNDEZ DE CASADEVANTE ROMANÍ, *España y los órganos internacionales de control en materia de derechos humanos*, Dilex, Madrid, 2010, pp. 355 y ss.; C. MILIONE FUGALI, *El Derecho a la tutela judicial efectiva en la jurisprudencia del Tribunal Europeo de Derechos Humanos*, Tirant lo Blanch, Valencia, 2015, pp.44 y ss.

172 A modo de ejemplo, vid. SSTEDH *Massa vs. Italia* (de 24-8-1993, recurso 14399/88), en un asunto sobre pensiones, o *Buchholz vs. Alemania* (de 6-5-1981, recurso 7759/77), en relación con un despido.

173 Vid. C. CHACARTEGUI JÁVEGA, *Dignidad de los trabajadores y derechos humanos del trabajo según la jurisprudencia del Tribunal Europeo de Derechos Humanos*, Bomarzo, Albacete, 2013; F.J. MATÍA PORTILLA, "Examen de las sentencias del Tribunal de Estrasburgo que afectan al Reino de España", *Teoría y Realidad Constitucional*, núm.42 (2018), pp.280 y ss.

174 Vid. STEDH *Ferreira Araújo do Vale vs. Portugal* (de 27-10-2009, recurso 6655/07). En relación con España, vid. STEDH *Quiles González vs. España* (de 27-4-2004, recurso 71752/01), sobre la posibilidad de lucrar dos pensiones en supuestos de pluriempleo. El procedimiento, que alcanzó al TC, se prolongó durante un total de siete años, duración irrazonable en opinión del TEDH.

a las controversias laborales[175]. El TEDH ha insistido, además, en la necesidad de contar con un recurso judicial frente a decisiones que afectan a derechos profesionales[176] -un «control judicial independiente»[177]-, así como en la «igualdad de armas» entre las partes[178] y en que la estimación de la pretensión del trabajador no puede derivar en una tutela meramente formal, sino que es necesario hacer efectivo el derecho, pues de lo contrario el artículo 6 del Convenio resultaría vulnerado[179]; asimismo, ha defendido que los plazos de prescripción deben adecuarse a las características de cada derecho o de cada materia en cuestión, por lo que han de ser suficientemente amplios, por ejemplo, en las reclamaciones derivadas de enfermedades profesionales, que pueden tardar mucho tiempo en manifes-

---

175 Vid. SSTEDH *Cudak vs. Lituania* (de 23-3-2010, recurso 15869/02), *Sabeh El Leil vs. Francia* (de 29-6-2011, recurso 34869/05), *Wallishauser vs. Austria* (de 17-7-2012, recurso 156/04) y *Radunović y otros vs. Montenegro* (de 25-10-2016, recursos 45197/13, 53000/13 y 73404/13).

176 Vid. STEDH *Pająk y otros vs. Polonia* (de 23-10-2023, recursos 25226/18, 25805/18, 8378/19 y 43949/19)

177 Vid. STEDH *Pengezov vs. Bulgaria* (de 10-10-2023, recurso 66292/14). En el mismo sentido, vid. STEDH *Catană vs. Moldavia* (de 21-2-2023, recurso 43237/13).

178 Vid. SSTEDH *Kramareva vs. Rusia* (de 1-2-2022, recurso 4418/18) y *Paslavičius vs. Lituania* (de 18-7-2023, recurso 15152/18).

179 Lo puso de manifiesto la sentencia TEDH de 19 de febrero de 2013 *García Mateos vs. España* (recurso 38285/09), con el argumento de que la concesión del amparo por parte del TC ante la negativa empresarial a la reducción de jornada en ejercicio de sus derechos de conciliación no había producido efectos prácticos, pues la jornada de trabajo no había llegado a minorarse debido a que durante el procedimiento judicial el hijo había superado la edad legal que justifica esa medida y el TC rechazó conceder una indemnización; vid. S. OLARTE ENCABO, "Tutela indemnizatoria y recurso de amparo en la doctrina del TEDH en relación con la no discriminación laboral por razón de sexo", *AL*, núm.12, 2013, pp.1521 y ss.

tarse[180]. Ha recordado el Tribunal, en fin, que el trabajador sancionado disciplinariamente debe contar con vías de impugnación adecuadas[181], que no pueden exigirse requisitos no previsibles para la admisión de los recursos[182], que los remedios deben ser efectivos[183] y que las garantías procesales dependen en ocasiones de las garantías sustantivas, lo que implica, por ejemplo, que no es conforme al artículo 6 del Convenio una legislación que no exija al empleador informar al trabajador sobre las razones del despido, porque sin esa información no se puede articular eficazmente una demanda[184]. También ha querido preservar el TEDH la denominada "garantía de indemnidad", que en su criterio no deriva propiamente de lo dispuesto en el mencionado artículo 6 sino, más exactamente, de aquellos preceptos sustantivos que puedan verse afectados en cada caso por el acto empresarial objeto de enjuiciamiento, sin perjuicio de que también haya precisado que cuando la amenaza del empleador, incluida la de despido, se lance con el objetivo de evitar que el trabajador acuda ante el TEDH, la demanda ante dicho órgano debería ampararse en el artículo 34 del CEDH, en cuanto reconoce el derecho de los interesados a presentar recurso ante una instancia jurisdiccional que en este contexto institucional y normativo no podía ser otra, lógicamente, que la sede del Tribunal de Estrasburgo[185].

---

180 Vid. STEDH *Howald Moor y otros vs. Suiza* (de 11-3-2014, recursos 52067/10 y 41072/11).

181 Vid. STEDH *Bogdan vs. Rumanía* (de 20/10/2010, recurso 36889/18).

182 Vid. STEDH *Olivares Zúñiga vs. España* (de 15/12/2022, recurso 11/18), en relación con la desestimación de un recurso de amparo por no haber interpuesto previamente el incidente de nulidad de actuaciones.

183 Vid. STEDH *Kural vs. Turquía* (de 19-3-2024, recurso 84388/17), en relación con el cambio de puesto irregular de un empleado público.

184 Vid. *K.M.C. vs. Hungría* (de 10-7-2012, recurso 19554/11).

185 Vid. STEDH *Boškoćević vs. Serbia* (de 5-3-2024, recurso 37364/10).

Por otra parte, el artículo 6 del Convenio ha permitido la extensión de ciertas garantías propias del procedimiento penal al proceso social, e incluso a ámbitos no jurisdiccionales, como es el caso del ejercicio del poder disciplinario empresarial. En concreto, el Tribunal ha señalado que si un proceso penal finaliza sin condena al trabajador, la presunción de inocencia «debe ser respetada en cualquier otro procedimiento sea cual sea su naturaleza, inclusive los procedimientos disciplinarios»[186], de forma que acogerse a una amnistía no es equivalente a una declaración de culpa[187]. La extensión de la presunción de inocencia no requiere, por cierto, la absolución en el proceso penal, sino meramente la ausencia de condena, de modo que, por ejemplo, la eventual prescripción de la infracción penal no puede servir de base a interpretaciones incompatibles con la presunción de inocencia en el ámbito laboral, ya sea en procedimientos internos de la empresa, ya sea en el proceso jurisdiccional social (resultando inaceptable que los términos en los que se redacta la resolución o sentencia sancionadora demuestren un prejuicio)[188]. Ahora bien, ello no implica que la falta de condena en el proceso penal impida una sanción laboral, sino únicamente que durante el proceso disciplinario o judicial se respete la presunción de inocencia[189] -lo que no es incompatible *per se* con una suspensión de funciones durante la tramitación del juicio penal[190]-, de modo que es necesaria una actividad probatoria específica que demuestre

186 Vid. SSTEDH *Vanjak vs. Croacia* (de 27-4-2010, recurso 29889/04) y *Šikić vs. Croacia* (de 15-7-2010, recurso 9143/08).

187 Vid. STEDH *Felix Guţu vs. Moldavia* (de 20-10-2020, recurso 13112/07).

188 Vid. SSTEDH *Erkol vs. Turquía* (de 19-4-2011, recurso 50172/06), *Fazli Diri vs. Turquía* (de 28-8-2012, recurso 4062/07) y *Teodor vs. Rumanía* (de 4-6-2013, recurso 46878/06).

189 Vid. STEDH *U.Y. vs. Turquía* (de 10-10-2023, recurso 58073/17).

190 Vid. STEDH *Ispiryan. vs. Lituania* (de 27-6-2023, recurso 11643/20).

la infracción cometida[191], y desde luego no cabe fundar la sanción laboral en pruebas declaradas no admisibles en el procedimiento penal[192]. En esa línea, la declaración de inocencia en el ámbito penal obliga a reforzar notablemente los fundamentos de una posterior sanción laboral[193].

Obviamente, el paraguas de protección proporcionado por el TEDH en el terreno laboral y social habría podido ser mucho mayor y mucho más intenso si se hubiera apostado por incrementar sus competencias mediante la inclusión en su círculo jurisdiccional del catálogo de derechos reconocidos por la Carta Social Europea, pues no cabe duda de que el Tribunal de Estrasburgo desarrolla su actividad con unos mimbres mucho más potentes que los que se han utilizado para configurar los mecanismos de garantía de ese otro texto dedicado más propiamente a los derechos sociales (entre los que suele destacarse, como es sabido, el Comité Europeo de Derechos Sociales)[194]. Los derechos reconocidos específicamente a los penados (*v.gr.*, obligación de proporcionar atención médica adecuada o dispensación de tratamiento en contra de la voluntad del interesado), las negligencias médicas o la relevancia de las opciones personales en el contexto de la asistencia sanitaria (*v.gr.*, tratamientos contrarios a las creencias religiosas, aborto, eutanasia, etc.)[195], o la atención a la salud en términos más

---

191 Vid. STEDH *Kemal Coşkun vs. Turquía* (de 28-3-2017, recurso 45028/07).

192 Vid. STEDH *Alkaşi vs. Turquía* (de 18-19-2016, recurso 21107/07).

193 Vid. STEDH *Seven vs. Turquía* (de 23-1-2018, recurso 60392/08).

194 Vid. I. ALZAGA RUIZ, "Análisis y reflexiones críticas sobre la jurisprudencia del Tribunal Europeo de Derechos Humanos en materia social", *RGDTSS (iustel)*, núm. 58 (2021); L. LÓPEZ GUERRA, "La protección de derechos económicos y sociales en el Convenio Europeo de Derechos Humanos", *Parlamento y Constitución*, núm.14 (2011), pp.10 y ss.

195 Vid. E. LUCAS MORILLO DE LA CUEVA, "Derechos humanos y atención sanitaria ante el Tribunal Europeo de Derechos Huma-

generales (y con una clara dimensión de salud pública, como se desprende por ejemplo de los casos en los que se han abordado los efectos de la contaminación para la salud de la población), son en cualquier caso otros tantos temas presentes en la jurisprudencia del TEDH que podrían tener algún interés para nuestro recorrido, pero que van a quedar al margen del mismo por su mayor distancia respecto del núcleo de los típicos asuntos laborales o de seguridad social y su mayor cercanía a otras parcelas del conocimiento jurídico.

Podría decirse, para concluir esta aproximación preliminar, que la doctrina elaborada por el TEDH a través de sus sentencias de contenido laboral y social representa una importante aportación para el conocimiento cabal del sistema laboral y de seguridad social desde esa particular óptica de los derechos humanos y las libertades públicas. Desde una perspectiva más general, permite tomar conciencia, además, del sentido, el espacio de juego y el modo de operar de muchos de los criterios utilizados por esa jurisdicción especializada para afrontar los problemas de interpretación y aplicación del CEDH, así como las dificultades que muchas veces ofrece la búsqueda de una reparación adecuada y efectiva para las lesiones del derecho.

2. Prohibición de la esclavitud y de los trabajos forzados

Parece natural que la «prohibición de la esclavitud y del trabajo forzado» figure en los textos dedicados a consagrar y garantizar los derechos humanos más básicos, y así sucede en el CEDH, cuyo artículo 4.1 deja claro que «nadie podrá ser sometido a esclavitud o servidumbre», fórmula equivalente a la utili-

---

nos", *Derecho y Salud*, número extraordinario 1 (2019), pp.12 y ss.; TEDH, *Health-related issues in the case-law of the European Court of Human Rights*, Consejo de Europa, 2015.

zada en la Declaración Universal de Derechos Humanos[196]. En principio, no parece ser el Derecho del Trabajo la plataforma jurídica más apropiada para analizar estas oprobiosas formas o modalidades de trabajo, por cuanto uno de los rasgos definitorios de la relación laboral es la voluntariedad, de modo que las manifestaciones de trabajo obligatorio quedan al margen de esa rama del ordenamiento jurídico, con independencia de que merezcan algún tipo de tratamiento jurídico. Si bien se mira, es una previsión convencional que conecta más bien con la norma penal, como instrumento destinado por antonomasia a la represión de conductas contrarias al orden público o gravemente lesivas de la dignidad de la persona. Pero la regla del artículo 4.2 del CEDH no deja de tener resonancia o trasfondo laboral, en tanto que se refiere a la aplicación del esfuerzo humano, aunque sea en condiciones de ilegalidad. De ahí que valga la pena traerla a colación en este recorrido por la materia laboral o social del CEDH desde el prisma de la jurisprudencia del TEDH. Máxime cuando se trata de un precepto que ha estado muy presente en la labor jurisdiccional de esta instancia europea, que desde este canon jurídico ha debido resolver asuntos de variada índole, muchos de ellos relacionados con la prostitución y la trata de seres humanos[197].

Conviene reparar, por lo pronto, en que la regla general de prohibición del trabajo "forzado u obligatorio" cuenta con algunas excepciones en el propio artículo 4 CEDH, cuyo apar-

---

196 Vid. E. ROJO TORRECILLA, "Nueva esclavitud y trabajo forzoso. Un intento de delimitación conceptual desde la perspectiva laboral", en E. PÉREZ ALONSO, *El Derecho ante las formas contemporáneas de esclavitud*, Tirant lo Blanch, Valencia, 2017, pp.721 y ss.; M.M. MARTÍNEZ MIRANDA, "Jurisprudencia social del Tribunal europeo de derechos humanos", *Lex Social*, núm.1 (2016), pp.353 y ss.

197 A modo de ejemplo, vid. SSTEDH *Rantsev vs. Chipre y Rusia* (de 7-1-2010, recurso 25965/04) y *S.M. vs Croacia* (de 25-6-2020, recurso 60561/14).

tado 3 admite una amplia tipología de prestaciones personales obligatorias de larga tradición y frecuente recepción en la experiencia europea. Concretamente, el artículo 4.3 CEDH precisa que no constituyen formas de esclavitud ni el «trabajo exigido normalmente a una persona privada de libertad»[198] o «durante su libertad condicional», ni el servicio militar o la prestación social sustitutoria, ni los servicios exigidos a las personas "cuando alguna emergencia o calamidad amenacen la vida o el bienestar de la comunidad», ni el «trabajo o servicio que forme parte de las obligaciones cívicas normales», como puede ocurrir, por ejemplo, con la participación en mesas electorales o en el jurado popular. Además, y conforme a la jurisprudencia del TEDH, tampoco constituyen trabajos forzados algunas tareas que se consideran normales o habituales en ciertas profesiones, como el turno de oficio en caso de abogados[199], la colaboración de profesionales sanitarios en situaciones de emergencia[200] o algunas prestaciones adicionales exigidas a funcionarios públicos previstas en la ley, aunque no conlleven retribución adicional[201]. En algún caso, el TEDH ha llegado a precisar, asimismo, que la ausencia de retribución no implica tampoco una vulneración del derecho a la propiedad[202].

Son, por lo demás, excepciones que ya se contemplaban en el Convenio número 29 de la OIT sobre el trabajo forzoso, aprobado en 1930 y actualizado gracias a un relevante Proto-

---

198 Vid. SSTEDH *Zhelyazkov vs. Bulgaria* (de 9-1-2013, recurso 11332/04) y *Meier vs. Suiza* (de 9-2-2016, recurso 10109/14).

199 Vid. SSTEDH *Van der Mussele vs. Bélgica* (de 23-11-1983, recurso 8919/80) y *Graziani-Weiss vs. Austria* (de 18-10-2011, recurso 31950/06).

200 Vid. Decisión de admisibilidad TEDH *Steindel vs. Alemania* (de 14-9-2010, recurso 29878/07).

201 Vid. Decisión de inadmisibilidad TEDH *Adıgüzel vs. Turquía* (de 6-2-2018, recurso 7442/08).

202 Vid. STEDH *Van der Mussele vs. Bélgica* (de 23-11-1983, recurso 8919/80).

colo de 2014, que, por cierto, hace mención expresa de la legislación laboral y de la Inspección de Trabajo al establecer las pertinentes prescripciones[203]. Téngase en cuenta, de todos modos, que, siendo admisibles tales actividades por su diferencia con las situaciones de esclavitud o servidumbre, no constituyen trabajo voluntario en sentido jurídico estricto. No estamos ante una actividad, en suma, donde concurran el objeto y la causa típicos de la relación laboral. Por la misma razón, quienes deban realizar tal clase de actividad no pueden merecer la calificación de trabajadores asalariados. De ahí que las consecuencias negativas que naturalmente se derivan del incumplimiento de un contrato de trabajo no encajen en la idea de coerción física o mental propia del trabajo forzoso, ni puedan suponer contravención de las exigencias jurídicas inherentes al trabajo obligatorio, tal y como ha recordado el TEDH, que da la calificación genérica de trabajos forzados, para diferenciarlos del trabajo libremente aceptado, a todos aquellos para los que el trabajador no se «haya ofrecido voluntariamente»[204].

En el actual contexto europeo la regla del artículo 4 CEDH puede parecer prescindible, en tanto que las fórmulas de esclavitud o servidumbre, entendidas en su sentido más estricto, suelen estar tipificadas como delito en las correspondientes leyes penales. Los valores democráticos que propugna el Consejo de Europa serían evidentemente contrarios a la esclavitud, y un Estado que la consintiera no habría sido admitido como parte de esa organización internacional. Sin embargo, la interpretación evolutiva del CEDH en atención a las circunstancias económicas y sociales defendida por el TEDH le ha llevado a veces a echar mano de ese precepto, bien es verdad que modulando los conceptos de trabajos forzados, esclavitud y servi-

---

203 https://www.ilo.org/dyn/normlex/es/f?p=NORMLEXPUB:12100:0::NO::P12100_ILO_CODE:P029.

204 Vid. STEDH *Chowdury y otros vs. Grecia* (de 30-3-2017 (recurso 21884/15).

dumbre, con el fin de enfrentarse mejor a determinadas situaciones que en último término constituyen manifestaciones de «esclavitud moderna», como ha puesto de manifiesto la OIT[205]. Lógicamente, en el ámbito de las relaciones entre privados las sociedades europeas no legitiman una sumisión forzosa de quien presta un servicio a quien lo recibe, de modo que, indiscutiblemente, toda persona podrá invocar nuestro sistema de libertades para negarse a realizar una determinada actividad. Sin embargo, la dependencia económica extrema y los riesgos de vulnerabilidad pueden dar lugar a la aceptación de condiciones degradantes e incompatibles con los estándares mínimos de calidad que se presuponen al trabajo aceptado libre y voluntariamente. La compulsión económica, en combinación con algún otro factor personal, puede alcanzar tal magnitud que prácticamente anule las posibilidades de elección de la persona respecto de su dedicación profesional y conduzca a la realización de trabajos no conformes con la dignidad humana.

Así lo puso de manifiesto el TEDH en su sentencia *Siliadin vs. Francia*[206], en un caso especialmente ilustrativo. Se trataba de una mujer africana que, habiendo entrado en Francia con 15 años de edad en condición de turista, permaneció en ese país en situación irregular prestando servicios como empleada de hogar para diversos «empleadores» que se la prestaban entre sí y a cambio exclusivamente de alojamiento y comida, sin descanso semanal ni vacaciones, con jornadas superiores a 14 horas, sin libertad de desplazamiento, durmiendo en un colchón en el suelo, sin escolarizar y sin que los receptores de sus servicios hicieran trámite burocrático alguno para regularizar su situación. La sentencia del TEDH advirtió en este caso que

---

205 Vid. OIT, *Estimaciones mundiales sobre la esclavitud moderna: Trabajo forzoso y matrimonio forzoso,* Ginebra, 2017 (https://www.ilo.org/wcmsp5/groups/public/@dgreports/@dcomm/documents/publication/wcms_651915.pdf).

206 De 26-7-2005 (recurso 73316/01).

aunque la «esclavitud se abolió oficialmente hace más de 150 años, la "esclavitud doméstica" aún persistía en Europa involucrando a miles de personas, en su mayoría mujeres» (apartado 114), pero finalmente no calificó la situación enjuiciada como esclavitud, sino como servidumbre, por la minoría de edad, la carencia de recursos, el miedo a ser detenida por la policía y, en general, por la situación de extrema vulnerabilidad. Como reflexión general, el Tribunal consideró que el «estándar cada vez más alto que se requiere en el área de la protección de los derechos humanos y las libertades fundamentales, supone inevitablemente mayor firmeza a la hora de evaluar los incumplimientos de los valores fundamentales de las sociedades democráticas» (apartado 121)[207].

No obstante, el TEDH también sostiene que estas pautas de interpretación del artículo 4 CEDH deben usarse con mesura, probablemente porque no hay equivalencia absoluta entre las instituciones históricas de esclavitud o servidumbre y las situaciones de trabajo forzado que eventualmente puedan advertirse, como se desprende de su sentencia *Tremblay v. Francia*[208],

---

207 La argumentación se reitera en la STEDH *C.N. y V. vs. Francia* (de 11-10-2012, recurso 67724/09), en un supuesto de hecho con notables similitudes, pues afectaba a dos menores africanas que prestaban servicios domésticos para una familia francesa en condiciones parecidas al caso *Siliadin.* El TEDH, no obstante, considera que la menor de las hermanas, de diez años de edad, no estaba sometida a trabajos forzados pues, a diferencia de la mayor, le era permitido acudir al colegio, realizando las tareas pertinentes, y además sus obligaciones de servicio doméstico no eran intensas. Este tipo de situaciones se reproducen en otros países, como por ejemplo el Reino Unido, como demuestra la STEDH *C.N. vs. Reino Unido* (de 13-11-2012, recurso 4239/08). El propio Reino Unido reconoció la falta de atención suficiente a esta problemática y aceptó indemnizar a la víctima en el asunto de la Decisión *Kawogo vs. Reino Unido* (de 3-9-2012, recurso 56921/09), mediante la que el TEDH archivaba el caso precisamente por el reconocimiento de culpa del Estado.

208 De 11-9-2007 (recurso 37194/02).

en relación con una mujer que pretendía abandonar la prostitución, pero la Seguridad Social francesa le requería más de 33.000 euros en cotizaciones no satisfechas por esa actividad. La afectada aducía que el abono de esa deuda, por su elevado importe, obligaba *de facto* a continuar ejerciendo la prostitución, pero el Tribunal no encuentra una relación de causa-efecto directa entre la exigencia de la deuda por parte de las autoridades públicas y las decisiones personales sobre hacia dónde encaminar la actividad profesional y la situación vital, por lo que desestimó el recurso[209].

Más específicamente, el incumplimiento de la legislación laboral, por ejemplo en materia de jornada o de salario, no puede incardinarse en el espacio de juego del artículo 4 del Convenio, siempre que el contrato se haya aceptado voluntariamente, porque en tal caso el trabajador no cuestiona la voluntariedad del trabajo, sino el excesivo número de horas o la falta de pago del salario debido, lo que supone una transgresión de la normativa laboral, pero no convierte el trabajo en obligatorio[210]. Y tampoco puede considerarse como forzado el trabajo que se continúa prestando por el temor al despido

---

209 Vid. S. OLARTE ENCABO, "La doctrina del Tribunal Europeo de derechos humanos sobre esclavitud, servidumbre y trabajo forzado", *Temas Laborales*, núm.145 (2018), pp.56 y ss.; T. GARCÍA SEDANO, "El concepto de trabajo forzoso en la jurisprudencia del Tribunal Europeo de Derechos Humanos", *Revista Internacional y Comparada de Relaciones Laborales y Derecho del Empleo*, núm.4 (2018), pp.173 y ss.; B. FERNÁNDEZ BURGUEÑO, "El trabajo forzado, la servidumbre y la esclavitud en Europa atendiendo a los sectores productivos: análisis crítico del alcance de la jurisprudencia del artículo 4 del Convenio Europeo de Derechos Humanos", *Universitas*, núm.25 (2017), pp.90 y ss.

210 Vid. Decisiones de admisibilidad TEDH *Sokur vs. Ucrania* (de 26-11-2002, recurso 29439/02), *Antonov vs. Rusia* (de 3-11-2005, recurso 38020/03) y *Radi y Gherghina vs. Rumanía* (de 5-1-2016, recurso 34655/14).

si no se aceptan determinadas condiciones, porque la consecuencia negativa propia de los trabajos forzados es la violencia física o psicológica, o las amenazas vinculadas a denuncias ante las autoridades públicas, pero no una sanción o perjuicio circunscrito al contexto más estricto de la relación laboral[211].

Del mismo modo, no es contraria al artículo 4 del Convenio la reducción o suspensión de una prestación por desempleo ante la negativa a aceptar una ocupación adecuada, porque en la dinámica de las prestaciones de Seguridad Social, y más en el caso de la protección por desempleo, la solidaridad colectiva que está en la esencia de esa cobertura puede justificar que el beneficiario deba cumplir determinados requisitos intrínsecos a la propia prestación, como participar en acciones formativas o buscar empleo. La aceptación de la prestación, que el beneficiario solicita voluntariamente, supone por esencia la aceptación de esas condiciones[212], por lo que de ningún modo se está en presencia de trabajos forzados[213].

Por lo demás, de la jurisprudencia del TEDH no se deduce que los trabajos de carácter obligatorio admisibles en nuestros sistemas, por tratarse del cumplimiento de deberes públicos impuestos por ley como regla general, den lugar necesariamente a la incorporación a mecanismos de protección social y a la pertinente cotización, para facilitar la obtención de prestaciones futuras, pese a que algunas normas internacionales caminan en esa dirección, especialmente en relación con el trabajo

211 Vid. STEDH *Tibet Menteş y otros vs. Turquía* (de 24-10-2017, recursos 57818/10, 57822/10, 57825/10, 57827/10 y 57829/10).

212 Vid. Decisión de la Comisión Europea de Derechos Humanos *Talmon vs. Países Bajos* (de 27-2-1996, recurso 30300/96) y Decisión de admisibilidad TEDH *Schuitemaker vs. Países Bajos* (de 4-5-2010, recurso 15906/08).

213 Vid. TEDH, *Guía del Artículo 4 del Convenio Europeo de Derechos Humanos*, 2019, pp.5 y ss. (https://www.echr.coe.int/Documents/Guide_Art_4_ENG.pdf).

de penados[214]. Pero sí ha advertido el TEDH de que también en estos contextos debe respetarse el principio de igualdad por razón de sexo, a propósito normalmente de prestaciones obligatorias que se imponen a varones y no a mujeres[215].

Digamos, por último, y prácticamente a modo de anécdota, que el artículo 4 del CEDH ha sido invocado en alguna ocasión por los empleadores, bajo el argumento de que la relación laboral no sólo genera derechos y obligaciones entre el trabajador y el empresario, sino que también puede suponer para este último el deber de realizar ciertas tareas de cooperación con las autoridades, cuyo incumplimiento es sancionable. Así sucede, por ejemplo, respecto de la obligación de colaboración con las autoridades fiscales y de Seguridad Social consistente en la práctica de retención e ingreso en el erario público correspondiente de impuestos y cotizaciones de quien trabaja, o en el pago por adelantado de determinadas prestaciones, como la de incapacidad temporal. El TEDH, con buen criterio, ha afirmado que estos deberes no pueden equipararse al concepto de trabajo obligatorio, pues no constituyen más que una vía razonable y adecuada de cooperación con instancias públicas para el correcto desenvolvimiento de la relación laboral en todos sus planos[216].

3. Los derechos laborales de dimensión colectiva

Ya hemos reiterado que el único derecho típica y nítidamente laboral recogido en el CEDH es el de libertad sindical, cuyo reconocimiento se produce directa y expresamente, pero

---

214 Vid. STEDH *Stummer vs. Austria* (de 7-7-2011, recurso 37452/02).

215 Vid. SSTEDH *Karlheinz Schmidt vs. Alemania* (de 18-7-1994, recurso 13580/88) y *Zarb Adami vs. Malta* (de 20-6-2006, recurso 17209/02).

216 Vid. Decisión de admisibilidad de la Comisión Europea de Derechos Humanos *Sociedades W., X., Y. y Z. vs. Austria* (de 27-9-1976, recurso 7427/1976).

no en un artículo dedicado por completo a ese derecho, o con una rúbrica específica, sino en conexión con otros dos derechos, y en concreto el de reunión[217] y el de asociación[218]. En efecto, el artículo 11 del CEDH, que lleva por título «libertad de reunión y de asociación», dispone en su apartado 1 que «toda persona tiene derecho a la libertad de reunión pacífica y a la libertad de asociación, incluido el derecho a fundar, con otras, sindicatos y de afiliarse a los mismos para la defensa de sus intereses». El derecho de libertad sindical, así pues, es concebido como una subespecie del derecho de asociación, aunque su desarrollo jurídico, a todos los niveles, demuestra que es un derecho de contenido específico y con entidad propia, que en cierta forma dispone de «autonomía funcional»[219], respecto del que el Tribunal se ha cuidado de señalar que, en principio, el CEDH reconoce a los afiliados el derecho a ser escuchados con el fin de proteger y promover sus intereses, si bien no les «garantiza ningún trato particular por parte del Estado»[220].

En términos generales, y a partir de un balance global, puede decirse que se trata de una materia con bastante presencia en la jurisprudencia del TEDH, desde los ya añejos pleitos sobre

---

217 Vid. E. GARRIDO PÉREZ, "El derecho de reunión: contemplación jurídica y elementos de restricción desde el Tribunal Europeo de derechos humanos y el sistema español de relaciones laborales", *Temas Laborales*, núm.145 (2018), pp.282 y ss.

218 Vid. J.M. BILBAO UBILLOS, "Las libertades de reunión y asociación: algunas vacilaciones en una trayectoria de firme protección", en J. GARCÍA ROCA y P. SANTOLAYA MACHETTI (Dir.), *La Europa de los derechos. El Convenio Europeo de Derechos Humanos*, CEC, Madrid, 2005, pp. 565 y ss.

219 Cfr. F. VALDÉS DAL-RÉ, "La jurisprudencia del TEDH sobre libertad sindical", *Derecho de las Relaciones Laborales*, núm.6 (2016), pág.529.

220 Vid. STEDH *Humpert y otros vs. Alemania* (de 14-12-2023, recursos 59433/18, 59477/18, 59481/18 y 59494/18).

la libertad sindical negativa y la posición jurídica del afiliado en el seno del sindicato[221], originados predominantemente en algunos países del norte de Europa a propósito de cláusulas de "cierre sindical"[222], hasta los más recientes problemas ligados a

---

221 Vid. J.M. GALIANA MORENO, "El *closed shop* ante el Tribunal Europeo de Derechos Humanos", *Revista de Trabajo*, núm.67-68 (1982), pp.39 y ss.

222 Entre los casos "históricos" de contenido sindical pueden citarse las SSTEDH *Sindicato Nacional de la Policia Belga vs. Bélgica* (de 27-10-1975, recurso 4464/70), en relación con la exclusión de un sindicato del derecho a consulta; *Sindicato de maquinistas vs. Suecia* (de 6-2-1976, recurso 5614/72), advirtiendo que el CEDH no garantiza a todo sindicato el derecho a que un empresario celebre con él un convenio colectivo; *Young, James y Webster vs. Reino Unido* (de 13-8-1981, recurso 7601/76), acerca de la obligación de afiliarse a un sindicato impuesta a los trabajadores en virtud de un acuerdo *closed shop*, exigencia que el Tribunal suele considerar contraria a la vertiente negativa de la libertad sindical, como reitera la STEDH *Sørensen y Rasmussen vs. Dinamarca* (de 11-1-2006, recursos 52562/99 y 52620/99), aunque se requiere un análisis casuístico, como demuestra la STEDH *Sibson vs. Reino Unido* (de 20-4-1993, recurso 4/1992/349/422), que no consideró una transgresión del Convenio el traslado de un trabajador ante la negativa a la petición empresarial de afiliarse a un sindicato; o *Sigurdur A. Sigurjónsson vs. Islandia* (de 30-6-1993, recurso 16130/90), declarando contrario al art. 11 del Convenio la obligación de permanecer afiliado a una asociación profesional como requisito para mantener la licencia como conductor de taxi. Más allá de la afiliación, se considera contrario al Convenio, y no sólo al derecho de asociación, sino también al derecho de propiedad, la exigencia de una cuota a los trabajadores no sindicados para financiar las inspecciones realizadas por los sindicatos destinadas a comprobar el cumplimiento de la legislación laboral, vid. STEDH *Evaldsson y otros vs. Suecia* (de 13-2-2007, recurso 75252/01). Como se dijo, algunos asuntos ni siquiera llegaban al TEDH y eran resueltos directamente por la Comisión Europea de Derechos Humanos, como sucedió, por ejemplo, en la Decisión *Johansson vs. Suecia* (de 7-5-1990, recurso 13537/88), que legitimó a

la libertad de constitución de sindicatos[223] o al desarrollo de las actividades típicas de la organización sindical[224], que parecen aflorar en mayor medida en países del este o el sur de Europa[225]. Es una doctrina que, por supuesto, ha ido evolucionando y ha dotado al artículo 11 del Convenio de un contenido y unas facultades que seguramente no se contemplaban cuando ese texto fue aprobado, pero que la experiencia y el desarrollo de las sociedades democráticas han demostrado imprescindibles, pues este es un derecho que el Tribunal ha construido, en buena medida, a partir de las experiencias internas de los Estados parte, de modo que en último término su doctrina supone la consagración de un contenido mínimo aceptable, admisible o

---

un sindicato para imponer a sus miembros la obligación de suscribir una póliza colectiva de seguro de hogar.

223 Vid. STEDH *Egitim Ve Bilim Emekçileri Sendikasi vs. Turquia* (de 25-9-2012, recurso 20641/2005) que declara contrario al art. 11 del CEDH la exigencia de modificación de un artículo de los estatutos de un sindicato, bajo amenaza de disolución, que propugnaba la educación en la «lengua materna» de las personas pertenecientes a determinadas minorías.

224 Vid. SSTEDH *Wilson y otros vs. Reino Unido* (de 2-7-2002, recursos 30668/96, 30671/96 y 30678/96), que califica como vulneración de la libertad sindical el ofrecimiento de condiciones individuales a los trabajadores, mediante la firma de un nuevo contrato, a cambio renunciar a la aplicación del convenio colectivo y, en general, a la representación por parte del sindicato; o *Şişman y otros vs. Turquía* (de 27-9-2011, recurso 1305/05), que considera desproporcionada una sanción a un trabajador por haber colocado en una pared, y no en el tablón de anuncios sindical, un cartel promocionando el 1 de mayo, al no quedar demostrado perjuicio alguno para la empresa.

225 Vid. A. MARTÍN VALVERDE, "Tendencias recientes de la jurisprudencia del TEDH sobre libertad sindical", *Derecho de los Negocios*, núm.248 (2011), pp.45-50; J. CABEZA PEREIRO, "La protección jurisdiccional de los derechos humanos y libertades fundamentales de los trabajadores ante el TEDH", *Revista de Derecho Social*, núm.69 (2015), pp.84 y ss.

deseable para todos los Estados, pero desde luego susceptible de evolución y matización en función de las circunstancias[226].

La casuística es amplia y variada, y el Tribunal se ha pronunciado no sólo sobre el contenido y alcance del derecho a la libertad sindical, sino también sobre otros aspectos más o menos centrales, inclusive acerca de la titularidad misma del derecho. Sobre esta problemática particular el Tribunal no considera razonable que los empleados públicos puedan ser privados del derecho de libertad sindical completamente[227], inclusive el personal militar, sin perjuicio de que puedan establecerse restricciones[228], que no deberían cercenar el derecho a la participación política fuera del contexto estrictamente sindical[229]. En cambio, el TEDH acepta que no puedan crear sindicatos los trabajadores autónomos[230] ni los ministros de culto[231], aunque

---

226 Vid. C. MOLINA NAVARRETE, "Método abierto de interpretación y Tribunal Europeo de Derechos Humanos: Otro nivel prevalente de justicia socio-laboral a medio descubrir", *RTSS (CEF)*, nº 399 (2006), pp. 158 y ss.; E. CARRIZOSA PRIETO, "Los modelos de tutela del derecho de libertad sindical en el ámbito internacional", *Revista Internacional y Comparada de Relaciones Laborales y Derecho del Empleo*, núm.3 (2015), pp.4 y ss.; A. BURGOS ADURIZ, "La protección del contenido esencial de la libertad sindical en la Unión Europea ¿cómo afectaría esta situación a la futura adhesión de la Unión Europea al convenio europeo de derechos humanos?: Contradicciones con la jurisprudencia del tribunal europeo de derechos humanos", *Revista de Estudios Europeos*, núm.71 (2018), pp.259 y ss.

227 Vid. SSTEDH *Tüm Haber Sen y Çinar vs. Turquía* (de 21-2-2006, recurso 28602/95) y *Dilek y otros vs. Turquía* (de 17-7-2007, recursos 74611/01, 26876/02 et 27628/02).

228 Vid. SSTEDH *Matelly vs. Francia* (de 2-10-2014, recurso 10609/2010) y *ADEFDROMIL vs. Francia* (de 2-10-2014, recurso 32191/09).

229 Vid. STEDH *İsmail Sezer vs. Turquía* (de 24-3-2015, recurso 36807/07).

230 Vid. STEDH *Manole y Romanian Farmers Direct vs. Rumanía* (de 16-6-2015, recurso 46551/06).

231 Vid. J. GONZÁLEZ AYESTA, "Libertad sindical en el seno de las confesiones religiosas", en A. MOTILLA (Coord.), *La jurisprudencia*

en este último caso con serias dudas y a partir de aspectos más bien formales o de organización interna de la confesión religiosa[232], y advierte que el trabajo en prisión no es equivalente a un trabajo ordinario, y que por tanto el art. 11 del CEDH no garantiza la libertad sindical de los penados[233].

Por supuesto, pese a la literalidad del artículo 11 del Convenio, que se limita a reconocer el derecho a fundar sindicatos y a afiliarse a ellos, el Tribunal defiende en la actualidad una configuración amplia, sobre la base de que el derecho de actividad sindical ha de reconocerse con el contenido más apropiado en cada momento, lo que justificaba menos generosidad hace unas décadas y una posición más amplia en la actualidad, fundamentalmente porque el TEDH ha adoptado una «metodología basada en estándares internacionales» para la interpretación del Convenio[234]. De ahí que no sea compatible con el CEDH una política empresarial de debilitamiento sindical, por ejemplo a través despidos masivos de trabajadores afiliados a un sindicato con el propósito de reducir la influencia sindical; la consecuencia es que los trabajadores deben ser readmitidos, y no meramente indemnizados[235].

Es evidente que no caben las represalias o perjuicios por la mera afiliación a un sindicato, o a una asociación o partido po-

---

del Tribunal Europeo de Derechos Humanos en torno al derecho de libertad religiosa en el ámbito laboral, Comares, Granada, 2016, pp.83 y ss.

232 Vid. STEDH *Păstorul cel Bun vs. Rumanía* (de 9-7-2013, recurso 2330/09).

233 Vid. STEDH *Yakut Republican Trade-Union Federation vs. Rusia* (de 7-12-2021, recurso 29582/09).

234 Cfr. M. RODRÍGUEZ-PIÑERO Y BRAVO-FERRER y M. RODRÍGUEZ-PIÑERO ROYO, "Libertad sindical, derecho a la negociación colectiva y derecho de huelga en la jurisprudencia reciente del Tribunal Europeo de Derechos Humanos", *Relaciones Laborales*, núm.23-24 (2009), pág.19.

235 Vid. STEDH *Tek Gıda İş Sendikası vs. Turquía* (de 4-4-2017, recurso 35009/05).

lítico[236], y especialmente cuando la sanción traspasa el contexto laboral y se incardina en el Derecho Penal[237]. Ello no obsta que el Tribunal haya admitido ciertas restricciones a las libertades de expresión y asociación en el empleo público cuando la participación política pueda resultar incompatible con las exigencias del interés general[238], pero en general se decanta por el análisis casuístico, y ampara al trabajador recurrente cuando consta probado que ha prestado servicios satisfactoriamente y el único motivo de reproche es una ideología política o sindical que incomoda al empleador[239].

Por otro lado, el Tribunal defiende que ha de proporcionarse una adecuada protección a quien denuncia las irregularidades -*whistleblowers*[240]-, especialmente si tal denuncia tiene lugar en condición de representante sindical, de modo que, incluso si se

---

236 Vid. STEDH *Vogt vs. Alemania* (de 26-9-1995, recurso 17851/91) y *Zakharova y otros vs. Rusia* (de 8-3-2022, recurso 12736/10).

237 Vid. M. SALAS PORRAS, "El tratamiento jurisprudencial de la libertad sindical conforme al Tribunal Europeo de Derechos Humanos", en R. QUESADA SEGURA (Coord.), *Treinta años de la Ley Orgánica de Libertad Sindical: perspectivas y retos*, CARL, Sevilla, 2016, pp.251 y ss.

238 Vid. STEDH *Ahmed y otros vs. Reino Unido* (de 2-9-1998, recurso 22954/93).

239 Vid. STEDH *Redfearn vs. Reino Unido* (de 6-11-2012, recurso 47335/06), en relación con un conductor –que había recibido reconocimientos se sus superiores por su buena labor- que se dedicaba al transporte de personas mayoritariamente asiáticas, y que fue despedido cuando se hizo pública su militancia en un partido político contrario a la integración en Reino Unido de personas de otras razas.

240 Vid. C. HOBBY, *Article 10: the Right to Freedom of Expression & Whistleblowing* (https://www.ier.org.uk/comments/article-10-right-freedom-expression-whistleblowing/); S. DEL REY GUANTER, "Revelación pública de infracciones cometidas por la empresa y ejercicio de la libertad de información por la persona trabajadora en cuanto informante (whistleblower). Criterios a la luz de la doctrina del Tri-

produce una extralimitación en la crítica –*v.gr.*, vulnerando el honor del acusado que finalmente es absuelto-, la sanción debe ser modulada y deben evitarse penas privativas de libertad[241]. Esa protección supone, además, que debe garantizarse el anonimato de quien, en su caso, proporciona datos de interés general a la prensa cuando se está en presencia de un interés público, que prevalece sobre el interés privado de la empresa en conocer qué empleado ha filtrado la información[242]. Y esa protección, por cierto, debe extenderse al ámbito propiamente laboral, pues debe garantizarse que el trabajador que ha denunciado la irregularidad no sufra el acoso de sus compañeros[243].

Por supuesto, la libertad sindical puede verse reforzada gracias a otros derechos, como la prohibición de discriminación o la libertad de expresión[244]. El Tribunal ha llegado a afirmar que la libertad de expresión «constituye uno de los principales medios que permiten asegurar el disfrute efectivo del derecho a la libertad de reunión y asociación consagrado por el artículo 11», y con ello se da amparo a las críticas a la gestión de determinados servicios públicos por parte de sindicatos en el

---

bunal Europeo de Derechos Humanos y del Tribunal Constitucional", *Labos,* Vol. 4, núm. 3 (2023), pp. 15 y ss.

241 Vid. STEDH *Marchenko vs. Ucrania* (de 19-2-2009, recurso 4063/04), que resuelve un supuesto en el que un representante sindical acusaba al director de una escuela de apropiación indebida de bienes y fondos, pese a lo cual el Tribunal se apoya en el art.10 del CEDH (libertad de expresión) y no en el art.11.

242 Vid. STEDH *Goodwin vs. Reino Unido* (de 27-3-1996, recurso 17488/90), que considera contraria al convenio la multa impuesta a un periodista por negarse a revelar la fuente que le había proporcionado información confidencial de las actividades de una empresa.

243 Vid STEDH *Špadijer vs. Montenegro* (de 9-11-2021, recurso 31549/18).

244 Vid. M.A. MARTÍN HUERTAS, "Las sentencias del TEDH relativas a partidos políticos y a sindicatos", *Revista Mexicana de Derecho Constitucional,* núm.23 (2010), pp.90 y ss.

empleo público[245], incluso aunque no toda la información sea veraz, pues se considera que el rigor en la información exigible a los dirigentes o representantes sindicales no puede ser el mismo que en el caso de periodistas[246], ya que la libertad de prensa tiene connotaciones especiales y ocupa un espacio propio en la doctrina del TEDH sobre la libertad de expresión[247].

Con el fin de perfilar su contenido, el propio Tribunal ha indicado que el derecho de libertad sindical incluye como elementos esenciales –con la consiguiente relevancia en la valoración de eventuales restricciones- el derecho a formar o unirse a un sindicato –aunque la organización tiene derecho a elegir a sus miembros, y por tanto a rechazar solicitudes de afiliación o a expulsar afiliados, incluso por razones ideológicas[248]-, la prohibición de los acuerdos *closed-shops* –lo que, en sentido más

---

245 Vid STEDH *Straume vs. Letonia* (de 2-6-2022, recurso 59402/14), en relación con las quejas de un sindicato de controladores aéreos por deficiencias que ponían en riesgo el tráfico aéreo.

246 Cfr. STEDH *Vellutini et Michel vs. Francia* (de 6-10-2011, recurso 32820/09).

247 Vid. J.P. COSTA, "La libertad de expresión según la jurisprudencia del Tribunal Europeo de Derechos Humanos de Estrasburgo", *Persona y Derecho,* núm.44 (2001), pp.246 y ss.

248 El TEDH ha reconocido al sindicato la capacidad de autoorganización, que podría incluso aprobar reglas para denegar la afiliación de determinadas personas, o en su caso para expulsarlas una vez afiliadas, como ya se desprendía de las Decisiones de la Comisión Europea de Derechos Humanos *Cheall vs. Reino Unido* (de 13-5-1985, recurso 10550/83) y *National and Local Government Officers Association (NALGO) vs. Reino Unido* (de 1-9-1993, recurso 21386/93). Especialmente significativa a estos efectos es la STEDH *Associated Society of Locomotive Engineers and Firemen vs. Reino Unido* (de 27-2-2007, recurso 11002/05), en la que el Tribunal acepta que un sindicato, en legítimo uso de su derecho a elegir a sus afiliados, expulse a un trabajador al conocer que era miembro de un partido de extrema derecha, decisión que se considera compatible con el art.11 pues no se había probado un perjuicio para el afectado más allá de la expul-

amplio, supone la afiliación al sindicato de elección del trabajador, sin espacio para las presiones o sanciones por afiliación a un sindicato distinto del sugerido por el empleador o por los poderes públicos[249]-, el derecho del sindicato a comunicarse con el empleador y el derecho a la negociación colectiva. Se trata, en todo caso, de una lista no exhaustiva, sino evolutiva, que toma en consideración el desarrollo de ese derecho en el contexto internacional, pues el TEDH aclara que no sería coherente que su doctrina apostara por un concepto más reducido de libertad sindical que aquel que ya está consolidado en los Estados parte[250].

La negociación colectiva, por consiguiente, forma parte del contenido esencial del artículo 11 del Convenio, conclusión que no siempre fue tan clara pero que el Tribunal ha acabado por ratificar, otorgando a la negociación colectiva la condición de «medio esencial para promover y garantizar los intereses de los afiliados»[251], por lo que las restricciones al ejercicio de ese derecho deben ser proporcionadas, en general, también cuando afectan a los funcionarios públicos[252]. Ahora bien, el Estado no está obligado a introducir medidas o mecanismos que impongan una obligación de alcanzar acuerdos, y ni siquiera de facilitar la negociación, y por ello no se considera contraria al CEDH la supresión de organismos de representación y participación institucional, aunque desempeñen una

---

sión, ya que no había sido excluido del convenio colectivo ni había sido objeto de una medida perjudicial por parte del empresario.

249 Vid. STEDH *Zakharova y otros vs. Rusia* (de 8-3-2022, recurso 12736/10).

250 Vid. TEDH, *Guía del Artículo 11 del Convenio Europeo de Derechos Humanos*, Primera Edición, 2019, pág. 37 (https://www.echr.coe.int/Documents/Guide_Art_11_ENG.pdf).

251 Vid. STEDH *Demir Baykara vs. Turquía* (de 12-11-2008, recurso 34503/97).

252 Vid. STEDH *Tüm Bel-Sen vs. Turquía* (de 18-2-2014, recursos 38927/10, 47475/10 y 47476/10).

función de integración de lagunas respecto de la negociación colectiva, mediante la fijación de condiciones mínimas, en ámbitos carentes de convenio colectivo, porque su desaparición no impide en realidad ejercer la actividad sindical, sino que obliga a reorientarla, o quizá a realizar un mayor esfuerzo de implantación y persuasión de los sujetos negociadores en esos ámbitos[253].

Además, el Tribunal ha advertido que un sindicato no puede forzar a un empresario para que acceda a negociar, ni puede exigir la vigencia indefinida de un convenio colectivo, ni tampoco puede aspirar a que un convenio colectivo prevalezca sobre otras normas del ordenamiento jerárquicamente superiores, como ha sucedido en algún caso con las relativas al derecho de la competencia[254]. A la postre, la eventual exclusión de algún sindicato del derecho a la negociación colectiva, priorizando por ejemplo a los mayoritarios y relegando a los minoritarios, resulta una opción legítima para ordenar adecuadamente el sistema, por más que algunas organizaciones sindicales puedan resultar notablemente perjudicadas[255].

A diferencia de la negociación colectiva, la adopción de medidas de conflicto colectivo no se ha incluido expresamente como uno de esos elementos esenciales del derecho a la libertad sindical. Sin embargo, el TEDH deja claro que el artículo 11 del Convenio permite dar cobertura a las medidas de conflicto colectivo, tanto a la huelga como a otras formas de

---

253 Vid. STEDH *Unite the Union vs. Reino Unido* (de 26-5-2016, recurso 65397/13).

254 Vid. STEDH *Swedish Transport Workers' Union vs. Suecia* (de 30-11-2004, recurso 53507/99).

255 Vid. STEDH *Association of Civil Servants and Union for Collective Bargaining and others vs. Alemania* (de 5-7-2022, recursos 815/18, 3278/18, 12380/18, 12693/18 y 14883/18), acerca de la modificación de las reglas legales sobre el convenio colectivo aplicable en Alemania.

protesta o acción colectiva[256], que se califican en esa sede jurisdiccional como medidas no esenciales desde la perspectiva de la conformación del derecho a la libertad sindical, pero sí –acaso con cierta contradicción– como el instrumento «más importante»[257] o «más poderoso»[258] del que disponen los sindicatos para proteger los intereses de los trabajadores. La adopción de medidas de conflicto colectivo, por otra parte, es un derecho no sólo del sindicato, sino también de sus miembros individualmente considerados. No es extraño, así pues, que el TEDH se haya decantado por la nulidad del despido de una trabajadora que se había ausentado durante dos horas del trabajo debido a su participación en un piquete en protesta por el impago de salarios[259].

Sin embargo, y como reflejo de esa menor protección que en términos comparativos reciben las medidas de acción colectiva, por carecer del carácter de elemento esencial de la libertad sindical, el Tribunal admite las prohibiciones absolutas de ejercicio del derecho de huelga a colectivos concretos de la población trabajadora, en particular a los funcionarios públicos. En tal sentido, no sería aceptable una prohibición general del derecho de huelga para todos los funcionarios públicos, pues la continuidad de los servicios públicos no exige que todos ellos realicen su actividad al mismo tiempo[260]. En cambio, sí es admisible la prohibición de ese instrumento de lucha para colectivos específicos de servidores públicos, no sólo para los

---

256 Vid. Decisión de Admisibilidad *Association of Academics vs. Islandia* (de 15-5-2018, recurso 2451/16).

257 Cfr. STEDH *Humpert y otros vs. Alemania* (de 14-12-2023, recursos 59433/18, 59477/18, 59481/18 y 59494/18) y Decisión de Admisibilidad *UNISON vs. Reino Unido* (de 10-1-2002, recurso 53574/99).

258 Cfr. STEDH *Hrvatski Liječnički Sindikat vs. Croacia* (de 27-11-2014, recurso 36701/09).

259 Vid. STEDH *Trofimchuk vs. Ucrania* (de 28-10-2010, recurso 4241/03).

260 Vid. STEDH *Enerji Yapi-Yol Sen vs. Turquía* (de 21-4-2009, recurso 68959/01).

miembros de fuerzas y cuerpos de seguridad del Estado[261], sino también para otros grupos menos relevantes desde la perspectiva de la seguridad nacional, como es el caso de los docentes[262].

De cualquier modo, las restricciones al derecho de huelga deben estar previstas en la ley -debiendo ser las normas accesibles, claras y previsibles-, perseguir un propósito legítimo y ser «necesarias en una sociedad democrática» para la consecución de dichos objetivos, lo que conduce a la aplicación de un test de proporcionalidad[263]. Por tanto, pese a licitud general de las cláusulas de paz, o de la preferencia por instrumentos de solución extrajudicial de conflictos con carácter previo a la huelga[264], incluido el arbitraje obligatorio en circunstancias excepcionales donde la huelga pueda provocar un perjuicio de entidad a la economía del país[265], deben contemplarse con cautela las prohibiciones o suspensiones del ejercicio del derecho de huelga durante largos períodos, lo que explica, por ejemplo, que una prohibición general del derecho de reunión o de acción sindical durante la pandemia covid-19 no haya sido considerada proporcionada[266].

---

261 Vid. STEDH *Junta Rectora del Ertzainen Nazional Elkartasuna (ER.N.E.) vs. España* (de 21-4-2015, recurso 45892/09).

262 Vid. STEDH *Humpert y otros vs. Alemania* (de 14-12-2023, recursos 59433/18, 59477/18, 59481/18 y 59494/18).

263 Vid. STEDH *Veniamin Tymoshenko y otros vs. Ucrania* (de 2-10-2014, recurso 48408/12).

264 Vid. STEDH *Trade Union in the factory "4th November" vs. Macedonia* (de 8-9-2015, recurso 15557/10).

265 Vid. Decisión de admisibilidad TEDH *Federation of Offshore Workers' Trade Unions y otros vs. Noruega* (de 27-6-2002, recurso 38190/97).

266 Vid. STEDH *Communauté Genevoise D'action Syndicale* (CGAS) *vs. Suiza* (de 15-3-2022, recurso 21881/20). El asunto llegó a Gran Sala el 27-11-2023, decidiendo el Tribunal desestimar el recurso por cuestiones de prescripción y considerando que no se habían agotado las vías internas. En relación con España, se encuentra pendiente un asunto similar por las restricciones impuestas a la acción sindical el

Para el TEDH es claro, como cabía esperar a la vista de toda esa doctrina, que las represalias por el ejercicio de una medida de conflicto colectivo, o en general por la actividad sindical, están prohibidas, ya se traduzcan en condenas penales[267], ya en el despido[268], ya en el traslado[269], o ya en sanciones más leves, pero dirigidas a disuadir de protestas futuras[270], pero obviamente debe probarse que la medida adoptada por la empresa constituye auténticamente una reacción ante un lícito ejercicio de la actividad sindical[271].

Por supuesto, el ejercicio del derecho de huelga puede incurrir en extralimitaciones, puesto que el artículo 11 del CEDH no ampara cualquier modo de protesta ni garantiza la inmunidad total, frente a cualquier clase de restricción o perjuicio, para quienes se involucren en medidas de conflicto, particularmente si incurren en irregularidades[272]. Es necesario ponderar

---

1 de mayo de 2020 (*Central Unitaria de Traballadores/as vs. España*, recurso 49363/20).

267 Vid. SSTEDH *Urcan y otros vs. Turquía* (de 17-7-2008, recursos 23018/04, 23034/04, 23042/04, 23071/04, 23073/04, 23081/04, 23086/04, 23091/04, 23094/04, 23444/04 y 23676/04).

268 Vid. SSTEDH *Ognevenko vs. Rusia* (de 20-11-2018, recurso 44873/09) y *Danilenkov y otros vs. Rusia* (de 30-7-2009, recurso 67336/01).

269 Vid. SSTEDH *Metin Turan vs. Turquía* (de 14-11-2006, recurso 20868/02), *Müslüm Çiftçi vs. Turquía* (de 2-2-2010, recurso 30307/03) y *Dedecan y Ok vs. Turquía* (de 22-9-2015, recursos 22685/09 et 39472/09).

270 Vid. SSTEDH *Karaçay vs. Turquía* (de 27-3-2007, recurso 6615/03), *Saime Özcan vs. Turquía y Kaya y Seyhan vs. Turquía* (de 15-9-2009, recursos 22943/04 y 30946/04), *Doğan Altun vs. Turquía* (de 26-5-2015, recurso 7152/08) y *Kaymak y otros vs. Turquía* (de 20-6-2023, recurso 62239/12).

271 Vid. STEDH *Ertas Aydin y otros vs. Turquía* (de 20-9-2005, recurso 43672/1998).

272 Vid. STEDH *Bariş y otros vs. Turquía* (de 13-12-2021, recurso 66828/16), en relación con la negativa a trabajar en protesta por las condiciones de un nuevo convenio colectivo, medida que no estaba

todos los intereses en juego, y también las tradiciones nacionales respecto del funcionamiento del correspondiente sistema de relaciones laborales, que cuentan con mucho peso en las decisiones del Tribunal. Por ello, el TEDH no consideró discriminatorio que los huelguistas se vieran excluidos de la retroactividad de mejoras salariales tras la firma del convenio colectivo que les era de aplicación, cuando sí se reconocía tal retroactividad al resto de trabajadores, porque esa era precisamente la tradición en Suecia[273], pero a su vez no puso excesivos reparos a una medida de boicot frente a un empresario que se negaba a negociar un convenio colectivo, aun cuando el sindicato convocante no representaba directamente a los trabajadores de ese empleador y esa medida de presión derivó en la venta de la empresa[274], argumentos, por cierto, que seguramente pueden generar fricciones en supuestos transnacionales cuando entra en juego el derecho de la UE, por el impacto de las libertades económicas de establecimiento y prestación de servicios.

En este sentido, una misma medida de conflicto colectivo puede resultar o no admisible en función de las circunstancias de cada Estado, y por ello se ha declarado compatible con la libertad sindical la prohibición de las huelgas de solidaridad o simpatía, de modo que no es contrario al artículo 11 CEDH que la legislación interna prohíba las huelgas frente a un empleador distinto de aquel con el que se mantiene el conflicto[275]. El TEDH también se ha pronunciado sobre posibles medidas de boicot para conseguir objetivos sindicales,

---

formalmente amparada en una huelga legalmente convocada, sino que era la decisión de un determinado grupo de trabajadores que adoptaron una forma de protesta diferente a la de otros afectados.

273 Vid. STEDH *Schmidt y Dahlström vs. Suecia* (de 6-2-1976, recurso 5589/72).

274 Vid. STEDH *Gustafsson vs. Suecia* (de 25-4-1996, recurso 15573/89).

275 Vid. STEDH *National Union of Rail, Maritime and Transport Workers vs. Reino Unido* (de 8-4-2014, recurso 31045/10).

muy habituales en los países nórdicos y que dieron lugar a los importantes pronunciamientos del TJUE (casos *Laval*[276] y *Viking*[277]). El Tribunal de Estrasburgo recuerda que, sin perjuicio de la necesidad de cumplir las obligaciones correspondientes que deriven del Derecho de la UE, el CEDH, y en particular su artículo 11, no exigen que las libertades de establecimiento y prestación de servicios se sitúen en una posición de equilibrio con el derecho de libertad sindical, que en ese marco del Consejo de Europa debe contar con mayor fuerza que las libertades empresariales[278].

4. Libertad de expresión

La libertad de expresión es un derecho que debe ser reconocido al más alto nivel, y que ha de ocupar un lugar prioritario en la actividad promocional y tuitiva de una organización internacional que tiene como misión defender y contribuir a implantar determinados valores y principios, como es el caso del Consejo de Europa. La libertad de expresión, a la postre, constituye uno de los pilares fundamentales de la democracia, pues sin libertad de expresión, y por tanto sin la posibilidad de que los individuos o los grupos sociales manifiesten sus ideas o convicciones, no puede desarrollarse una democracia digna de ese nombre. De ahí que el artículo 10.1 del CEDH reconozca que «toda persona tiene derecho a la libertad de expresión», y precise que «este derecho comprende la libertad de opinión y la libertad de recibir o de comunicar informaciones o ideas sin que pueda haber injerencia de autoridades públicas y sin consideración de fronteras».

---

276 De 18-12-2007, asunto C 341/05.

277 De 11-12-2007, asunto C 438/05.

278 Vid. STEDH *Norwegian Confederation of Trade Unions (LO) and Norwegian Transport Workers' Union (NTF) vs. Noruega* (de 10-6-2021, recurso 45487/17).

Cuestión distinta, lógicamente, es que la libertad de expresión, como todo derecho fundamental –excepción hecha de los que por su particular naturaleza no los admiten, como el derecho a no ser torturado-, deba respetar ciertos límites, pues no puede amparar cualesquiera manifestaciones u opiniones susceptibles de vulnerar derechos ajenos. El apartado 2 del artículo 10 así lo advierte, al disponer que «el ejercicio de estas libertades, que entrañan deberes y responsabilidades, podrá ser sometido a ciertas formalidades, condiciones, restricciones o sanciones, previstas por la ley, que constituyan medidas necesarias, en una sociedad democrática, para la seguridad nacional, la integridad territorial o la seguridad pública, la defensa del orden y la prevención del delito, la protección de la salud o de la moral, la protección de la reputación o de los derechos ajenos, para impedir la divulgación de informaciones confidenciales o para garantizar la autoridad y la imparcialidad del poder judicial»[279].

En todo caso, y como era de esperar, la regulación de la libertad de expresión no ha logrado evitar que los tribunales –incluido el TEDH– hayan debido enfrentarse frecuentemente a conflictos derivados del ejercicio de la libertad de expresión, y a tal fin se ha generalizado como pauta interpretativa el recurso a la ponderación o al test de proporcionalidad, que conduce a un análisis casuístico en el que las distintas circunstancias del supuesto de hecho permiten dilucidar si prevalece el derecho a expresarse o si ha de ampararse a quien sufre las consecuencias negativas de lo expresado por otros. Como ha

---

[279] Extensamente, S. DEL REY GUANTER, *Whistleblowing en el entorno laboral, de la función pública y del trabajo autónomo*, La Ley, Madrid, 2024, y C. SÁEZ LARA, *La protección de denunciantes: propuesta de regulación para España tras la Directiva Whistleblowing*, Tirant lo Blanch, Valencia, 2020.

dicho el TEDH en ese contexto, ha de valorarse si la restricción al derecho es «necesaria en una sociedad democrática»[280].

Como todo juicio o proceso interpretativo de estas características, la sensibilidad de cada uno juega un papel relevante en la calificación del ejercicio de un derecho como la libertad de expresión, y esa clase de juicios depende en buena medida del contexto social y político, y de la formación y educación del intérprete, lo que puede derivar en discrepancias en la interpretación efectuada por unos u otros tribunales, y más cuando entran en juego órganos internacionales o supranacionales. De ahí que la crítica o el rechazo de los criterios utilizados por una determinada sentencia sea algo muy habitual en esta clase de litigios, pues el concepto y alcance de la libertad de expresión no sólo se dilucida a partir de elementos netamente jurídicos, sino también desde las inclinaciones ideológicas y políticas de cada sujeto, que suelen tener un peso muy relevante.

La doctrina del TEDH sobre la libertad de expresión participa de esos rasgos, y no son infrecuentes las sentencias que contienen votos particulares (opiniones o juicios separados o disidentes en la terminología más propia de ese contexto), precisamente por la inevitabilidad del componente subjetivo en la valoración. En cualquier caso, la perspectiva de aproximación al supuesto de hecho a partir del artículo 10 del CEDH no es sustancialmente muy distinta de la que el Tribunal utiliza en otros preceptos, y de hecho un mismo conflicto puede ser valorado a partir de otros pasajes del Convenio, sin que ello realmente haya provocado una diferencia significativa ni en la argumentación ni en el fallo, especialmente en supuestos donde pueden ser invocados o bien directamente el artículo 9

---

280 Vid. M.I. SERRANO MAÍLLO, "El derecho a la libertad de expresión en la jurisprudencia del Tribunal Europeo de Derecho Humanos: dos casos españoles", *Teoría y Realidad Constitucional*, núm.28 (2011), pp.579 y ss.

CEDH (libertad de pensamiento, de conciencia y de religión), o bien el derecho reconocido en el artículo 11 CEDH (derecho de reunión y asociación, incluida la libertad sindical), por llevar implícito entre sus ingredientes el relativo a la libertad de expresión. Así sucedió, por ejemplo, con la STEDH *Palomo Sánchez y otros vs. España*[281], en relación con la libertad de expresión ejercida por representantes de los trabajadores, como veremos.

Con todo, en numerosas ocasiones el TEDH se ha pronunciado directamente sobre el contenido y alcance del artículo 10 del CEDH, y no es infrecuente que el supuesto de hecho tenga su origen en una disputa laboral. Como premisa, y en línea con la doctrina más pacífica en este terreno, el TEDH ha declarado que los trabajadores no se ven privados de la libertad de expresión por la celebración de un contrato, de modo que, en principio, no caben represalias o perjuicios ni en el contexto estricto de la relación laboral, ni en ámbitos más amplios, como el empleo público o, incluso, la designación para cargos con significación política dentro de un contexto profesional, como puede suceder con determinados puestos de la judicatura[282].

Razonablemente, el método de análisis o acercamiento al asunto es el mismo con independencia de que se trate o no de

---

[281] De 12 de septiembre de 2011, recursos 28955/06, 28957/06, 28959/06 y 28964/06. Esta sentencia se dicta en Gran Sala para ratificar el criterio defendido, en el mismo caso, por la Sala Tercera del propio Tribunal en la sentencia *Aguilera Jiménez y otros vs. España* (de 8-12-2009, recursos 28389/06, 28955/06, 28957/06, 28959/06, 28961/06 y 28964/06).

[282] Vid. STEDH *Wille vs. Liechtenstein* (de 28-10-1999, recurso 28396/95). También en relación con la libertad de expresión de los jueces y su protección frente a medidas disciplinarias, vid. SSTEDH *Tuleya vs. Polonia* (de 6-7-2023, recursos 21181/19 y 51751/20) y *Sarisu Pehlivan vs. Turquía* (de 6-6-2023, recurso 63029/19).

un litigio en materia social, pues el Tribunal de Estrasburgo valora en esencia, en todos los casos, si la «interferencia» en el derecho a la libertad de expresión viene motivada por «razones suficientes y relevantes y fue proporcional al fin legítimo perseguido», y para ello atiende a aspectos o circunstancias de distinta índole, como los destinatarios de esas expresiones, su forma y contenido, la diferencia entre opinión e información, el medio de difusión –entre los que se incorporan recientemente las redes sociales[283]–, la presencia de un interés público o las consecuencias de la publicidad[284].

En orden a la aplicación del imprescindible test de proporcionalidad, el Tribunal toma en consideración elementos como la naturaleza de los comentarios, los motivos del autor (merece menos protección desde la perspectiva del art. 10 del CEDH la acción dirigida a perjudicar a otro o a obtener una ganancia o ventaja personal)[285], la buena fe (o ausencia de intención de perjudicar o producir daño), la existencia de otros medios igualmente efectivos pero más discretos para corregir las eventuales irregularidades, la veracidad de la información,

---

283 Vid. SSTEDH *Danileț vs. Rumanía* (de 20-2-2024, recurso 16915/21) y *Kozan vs. Turquía* (de 1-3-2022, recurso 16695/19), sobre sanciones a jueces por expresar opiniones críticas en redes sociales sobre el funcionamiento de la justicia; y *Melike vs. Turquía* (de 15-6-2021, recurso 35786/19), acerca de sanciones a una empleada pública por utilizar la opción "me gusta" a publicaciones en Facebook críticas con el gobierno y algunos líderes religiosos.

284 Cfr. STEDH *Medžlis Islamske Zajednice Brčko y otros vs. Bosnia Herzegovina* (de 27-6-2017, recurso 17224/11).

285 Vid. STEDH *Langner vs. Alemania* (de 17-9-2015, recurso 14464/11), acerca de un trabajador que en el contexto de una reunión acusó a un superior de irregularidades en términos ofensivos. Las acusaciones no se demostraron y no constaba un clima de conflicto, sino un desencuentro personal entre los afectados, por lo que la sentencia consideró que el comportamiento no encajaba en el art. 10 del Convenio.

el daño producido (que ha de ser probado), la naturaleza pública o privada del empleador[286] y la gravedad de la sanción, pues el despido puede tener un efecto disuasorio para el legítimo ejercicio de la libertad de expresión[287]. Desde luego, el TEDH llega a la conclusión de que la libertad de expresión no exige que las opiniones o informaciones vertidas sean de interés público, pues entiende que el artículo 10 del CEDH ampara reflexiones o comentarios de carácter netamente profesional dirigidos a una audiencia limitada, como especialistas en esa materia[288], pero también se insiste que en presencia de un interés público la libertad de expresión debe ser reforzada, y sus excepciones interpretadas más restrictivamente, pues ese interés público reduce el margen de apreciación nacional[289].

El Tribunal también tiene en cuenta si el trabajador ha acudido primero al empleador para poner de manifiesto irregularidades o vulneraciones de derechos, en el entendimiento de que la difusión pública del eventual problema debería ser el último recurso por el daño que ello puede comportar a la

---

286 Vid. STEDH *Dede vs. Turquía* (de 20-2-2024, 48340/20), en relación con el despido de un trabajador motivado por un correo electrónico en el que criticaba de forma sarcástica al presidente del consejo de administración del principal accionista de su empleador.

287 Vid. STEDH *Rubins vs. Letonia* (de 13-1-2015, recurso 79040/12), acerca de un profesor de universidad despedido tras las críticas al procedimiento de toma de decisiones, y su opacidad, en la institución universitaria, a resultas de un proceso de reorganización interna que suponía su cese como director de departamento.

288 Vid. STEDH *Herbai vs. Hungría* (de 5-11-2019, recurso 11608/15), relativa a un trabajador de una entidad bancaria que fue despedido por publicar en un blog reflexiones o comentarios sobre aspectos relativos a la gestión de recursos humanos, que era su profesión, pero sin divulgar explícitamente información confidencial del banco, ni realizar críticas a su empleador.

289 Vid. STEDH *Kharlamov vs. Rusia* (de 8-10-2015, recurso 27447/07), en relación con un profesor universitario que había criticado el procedimiento de elección del claustro.

empresa[290]. Por otra parte, en alguna ocasión ha reconocido el derecho de réplica, es decir, el derecho del trabajador, obviamente cualificado y con un cargo de gestión, a contestar en el mismo medio donde previamente otra persona vinculada con la empresa ha puesto en duda su eficiencia, competencia u honorabilidad, pues el «derecho de réplica es el derecho a defenderse uno mismo contra la crítica pública en el mismo medio donde la crítica fue publicada», y ante un reproche profesional en un medio público el trabajador tiene derecho a no permanecer en silencio y defender su reputación[291].

En ocasiones, el conflicto nace no por comentarios ofensivos o que afecten necesariamente a la reputación de un tercero, sino porque el trabajador, al difundir determinada información, puede vulnerar compromisos de confidencialidad. De ahí que el Tribunal no haya optado por enjuiciar críticas o comentarios ofensivos hacia el empleador, directivos o compañeros, sino por ponderar en qué medida el interés comercial o empresarial puede imponerse a la libertad de expresión del trabajador, en relación, por ejemplo, con reflexiones o comentarios sobre la forma concreta en la que desempeña su actividad. El Tribunal parte de la premisa de que los trabajadores tienen el derecho a la libertad de expresión en el contexto del trabajo, pero que también deben respetar un «deber de lealtad, reserva y discreción respecto de su empleador», porque las relaciones de trabajo están basadas en la confianza mutua. El deber de buena fe que deriva del contrato de trabajo puede conllevar limitaciones a la libertad de expresión, aunque

---

290 Vid. STEDH *Heinisch vs. Alemania* (de 21-7-2011, recurso 28274/08), sobre una trabajadora que había puesto de manifiesto deficiencias en el cuidado de pacientes de una residencia geriátrica.

291 Vid. STEDH *Marunić vs. Croacia* (de 28-3-2017, recurso 51706/11), acerca de la contestación del director de una empresa municipal a las críticas del alcalde a su gestión. Tanto la crítica como la contestación fueron publicadas en un periódico.

el Tribunal valora asimismo las concretas características de la profesión, y, por ejemplo, entiende que el interés público de determinadas informaciones puede prevalecer sobre las cláusulas de confidencialidad pactadas en caso de periodistas, sobre todo cuando se hacen públicos detalles sobre asuntos que no son completamente desconocidos para la opinión pública, sino que ya habían sido objeto de cierto debate[292]. No obstante, el Tribunal recuerda que el trabajador debe extremar la diligencia ante acusaciones muy serias, comprobando la veracidad de la información en la medida de lo posible, pues en caso contrario el daño producido podría justificar una sanción disciplinaria[293].

Estas obligaciones afectan especialmente a los empleados públicos, pues la «propia naturaleza de la función pública exige que el funcionario esté obligado por un deber de lealtad y discreción», ya que «su función en una sociedad democrática es colaborar con el gobierno en el desarrollo de sus funciones» y los ciudadanos «tienen derecho a esperar que los funcionarios ayuden y no perjudiquen al gobierno democráticamente elegido», por lo que están sometidos a un deber de lealtad re-

---

[292] Vid. STEDH *Matúz vs. Hungría* (de 21-10-2014, recurso 73571/10), sobre un periodista con cláusula de confidencialidad que fue despedido por denunciar en un libro la censura en la televisión pública. La sentencia valora asimismo la condición de representante sindical que ostentaba el trabajador. Un supuesto similar, aunque sin cláusula de confidencialidad, resuelve la STEDH *Wojtas-Kaleta vs.* Polonia (de 16-7-2009, recurso 20436/02), en el que un periodista, también representante de los trabajadores, había sido sancionado por cuestionar la cancelación de dos programas de música clásica en la televisión pública, pues el empleador consideraba que tales criticas perjudicaban la reputación de la empresa.

[293] Vid. STEDH *Gawlik vs. Liechtenstein* (de 16-2-2021, recurso 23922/19), en relación con el despido de un médico por acusar infundadamente a otro de practicar la eutanasia activa.

forzado[294] y no se justifica la publicidad de información confidencial que conocen en el ejercicio de sus funciones. Sin embargo, la libertad de expresión puede prevalecer sobre ese deber de lealtad en presencia de un interés público de gran intensidad cuando el funcionario sea una de las pocas personas que conocen la información, cuya difusión puede resultar del más alto interés para la sociedad[295].

No son esas, por cierto, las únicas peculiaridades de la función pública en este delicado terreno, precisamente por los deberes de apoyo y colaboración que los servidores públicos deben observar para la consecución de los fines de interés general, lo que lleva a integrar en la libertad de expresión contenidos que quizá serían más propios de la libertad ideológica (art. 9). En principio, parece claro al TEDH que no puede condicionarse la celebración de un contrato de trabajo a que

---

294 «*Special bond of trust and loyalty*», en palabras de la STEDH *Melike vs. Turquía* (de 15-6-2021, recurso 35786/19).

295 Cfr. STEDH *Guja vs. Moldavia* (de 12-2-2008, recurso 14277/04), en relación con la publicación en un periódico de una información, cuya fuente era un funcionario, que ponía de manifiesto presiones del Gobierno a la policía y a miembros de la administración de justicia para eludir acusaciones de corrupción. En un sentido análogo, en relación con las críticas públicas de un juez sobre la imparcialidad judicial en un caso concreto, vid. STEDH *Kudeshkina vs. Rusia* (de 26-2-2009, recurso 29492/05), y también la STEDH *Bucur y Toma vs. Rumanía* (de 8-1-2013, recurso 40238/02), respecto de un militar que había sido objeto de sanción penal al difundir ante la opinión pública irregularidades en los procedimientos de intervención de las comunicaciones y escuchas telefónicas. Esa doctrina sobre protección de los confidentes (*whistleblowers*) es en lo esencial aplicable a trabajadores del sector privado que hayan de respetar un deber de confidencialidad, como valora la STEDH *Halet vs. Luxemburgo* (de 14-2-2023, recurso 21884/18), en relación con el empleado de una consultora que había sido condenado penalmente por filtrar a la prensa informes con información fiscal comprometedora para empresas multinacionales.

el candidato rechace expresamente una determinada ideología política o a que se comprometa explícitamente a respetar determinados valores políticos. En cambio, el propio Tribunal ha considerado que las especiales características del ámbito público justifican la introducción de requisitos de esa índole en el acceso a la función pública, en concreto la acreditación de lealtad a la Constitución[296]. En tal sentido, el Tribunal también ha sabido advertir de que no todos los funcionarios desempeñan tareas de la misma significación y trascendencia, y en algunos casos incluso son designados para ciertos puestos con un claro contenido o sustrato de carácter político, lo que puede conllevar limitaciones a la libertad de expresión[297].

5. Libertad de pensamiento, conciencia y religión

El artículo 9.1 del CEDH reconoce que «toda persona tiene derecho a la libertad de pensamiento, de conciencia y de religión», y matiza que «este derecho implica la libertad de cambiar de religión o de convicciones, así como la libertad de manifestar su religión o sus convicciones individual o colec-

---

296 Vid. STEDH *Glasenapp vs. Alemania* y *Kosiek vs. Alemania* (ambas de 28-8-1986, recursos 9228/80 y 9704/82), en relación con la negativa de la administración al nombramiento como funcionarios de carrera de personas con convicciones políticas consideradas extremistas en tanto no renunciasen expresamente a ellas y declarasen su lealtad a la Constitución. El Tribunal pareció cambiar de criterio en la STEDH *Vogt vs. Alemania* (de 26-9-1995, recurso 17851/91), considerando esa negativa una vulneración tanto del art. 10 como del art. 11 CEDH, pero la STEDH *Godenau vs. Alemania* (de 29-11-2022, recurso 80450/17) clarifica que ese requisito de lealtad constitucional puede ser lícitamente exigido en el acceso a la condición de docente en el ámbito público.

297 Un repaso a esa doctrina, con especial referencia a los jueces, puede encontrarse en la STEDH *Baka vs. Hungría* (de 23-6-2016, recurso 20261/12).

tivamente, en público o en privado, por medio del culto, la enseñanza, las prácticas y la observancia de los ritos». Por supuesto, como todo derecho fundamental la libertad ideológica puede (o incluso debe) estar sujeta a limitaciones, y por ello apartado 2 del artículo 9 dispone que la «libertad de manifestar su religión o sus convicciones no puede ser objeto de más restricciones que las que, previstas por la ley, constituyan medidas necesarias, en una sociedad democrática, para la seguridad pública, la protección del orden, de la salud o de la moral públicas, o la protección de los derechos o las libertades de los demás». Es una formulación de la libertad ideológica y religiosa que se inspira de manera muy clara en los textos de referencia aprobados por la ONU, y este es un contexto en el que también juega un papel el artículo 14 del propio Convenio, que reconoce con carácter general el derecho a la igualdad y a la no discriminación.

La redacción del precepto demuestra que, aun cuando pudiera merecer una interpretación extensiva en la que encajara la libertad ideológica, el artículo 9 CEDH está concebido más bien para la libertad religiosa, y de hecho el grueso de asuntos sobre los que ha debido pronunciarse el Tribunal se relacionan con la religión[298], mientras que las quejas que afectan a la libertad ideológica en un sentido más estricto suelen canalizarse por la vía del derecho al respeto a la vida personal y familiar (art. 8 del CEDH)[299]. La casuística, desde luego, es amplia, y el

---

298 Vid. S. GONZÁLEZ ORTEGA, “Libertad religiosa y contrato de trabajo en la jurisprudencia del Tribunal Europeo de derechos humanos”, *Temas Laborales,* núm.145 (2018), pp.195 y ss.; J.E. LÓPEZ AHUMADA, “La libertad religiosa en las relaciones laborales conforme a la reciente jurisprudencia del Tribunal Europeo de Derechos Humanos”, *Anuario de Derecho Eclesiástico,* núm.30 (2014), pp.499 y ss.

299 Vid. STEDH *Leander vs. Suecia* (de 26-3-1987, recurso 9248/81), en relación con un carpintero al que no se permitió prestar servicios en

TEDH acumula ya una copiosa y creciente doctrina en materia de libertad religiosa, debido probablemente al incremento de los flujos migración y a sus consecuencias en el terreno de la cultura y de las manifestaciones religiosas[300]. Lo cierto es que el TEDH ha examinado ese derecho desde la doble perspectiva sustantiva y antidiscriminatoria, tanto en el ámbito de las relaciones públicas y de la vida social en general (es decir, en sus perfiles más amplios), como en el terreno más estricto del empleo y la relación de trabajo. Y sus efectos se han dejado sentir asimismo en materia de prestaciones de Seguridad Social, como podremos ver en epígrafes posteriores.

En un primer momento, el TEDH hubo de enfrentarse a litigios en los que sencillamente se planteaban las posibilidades que podía brindar a las personas, dentro del concierto social, el ejercicio de su libertad religiosa. El derecho de los padres a elegir la educación de sus hijos a partir de sus creencias religiosas[301], la presencia de símbolos religiosos (y en particular crucifijos) en las aulas[302] o los límites que han de marcarse entre el mero ejercicio de la libertad religiosa y la actividad de proselitismo[303], figuran, por ejemplo, entre los asuntos que ocuparon inicialmente al TEDH[304]. Pero muy pronto debió ocuparse tam-

---

una base militar. La razón, en apariencia, consistía en su afiliación al Partido Comunista sueco en el pasado.

300 Vid. J.E. LÓPEZ AHUMADA, *Libertad religiosa y relaciones laborales*, Diké, Medellín, 2022, pp. 61 y ss.; M.J. ROCA FERNÁNDEZ, "Impacto de la jurisprudencia del TEDH y la Corte IDH sobre libertad religiosa", *Revista Española de Derecho Constitucional*, nº 110 (2017), pp. 253 y ss.

301 Vid. STEDH *Kjeldsen, Madsen* y *Pedersen vs. Dinamarca* (de 7-12-1976, recursos 5095/71, 5920/72 y 5926/72).

302 Vid. STEDH *Lautsi y otros vs. Italia* (de 18-3-2011, recurso 30814/06).

303 Vid. SSTEDH *Kokkinakis vs. Grecia* (de 25-5-1993, recurso 14307/88) y *Larissis y otros vs. Grecia* (de 24-2-1998, recurso 23372/94).

304 Vid. A. MOTILLA, "Derecho a conmemorar las festividades y descanso semanal", en A. MOTILLA (Coord.), *La jurisprudencia del*

bién de asuntos de tipo laboral o profesional, desde distintos frentes[305]. Así, el TEDH tuvo ocasión de declarar que los actos solemnes aparejados al ejercicio de determinadas profesiones deben prescindir de fórmulas que revelen las creencias religiosas del interesado[306], que la celebración de fiestas religiosas no concede al trabajador un derecho a ausentarse del trabajo sin autorización del empresario[307], o, desde la perspectiva inversa, que el despido basado exclusivamente en las convicciones religiosas del trabajador constituye discriminación[308]. El TEDH, por lo tanto, parecía entender que, fuera de esa hipótesis de

---

Tribunal Europeo de Derechos Humanos en torno al derecho de libertad religiosa en el ámbito laboral, Comares, Granada, 2016, pp. 6 y ss.; J.F. RENUCCI, «*Article 9 of the European Convention on Human Rights*», *Human Rights Files,* Consejo de Europa, 2005, pp. 5 y ss.; G. GARCÍA GONZÁLEZ, "Libertad religiosa y contrato de trabajo en la jurisprudencia del Tribunal Europeo de Derechos Humanos: una propuesta armonizadora", *Lex Social,* Vol. 6, núm.1 (2016), pp.326 y ss.

305 Un caso interesante de afectación de la libertad religiosa al ejercicio profesional fue el planteado por la solicitud de cambio de fecha de la vista presentada por un abogado por coincidencia con una festividad religiosa, resuelto por STEDH *Sessa vs. Italia* (de 3-4-2012, asunto 28790/08), comentada por S. MESEGUER VELASCO, "La cuestión de las prácticas religiosas en el ámbito laboral: la jurisprudencia de Estrasburgo", *Boletín Mexicano de Derecho Comparado,* núm.144 (2015), pp.1035 y ss.

306 Vid. STEDH *Alexandridis vs. Grecia* (de 21-2-2008, asunto 19516/06), en relación con la abogacía.

307 Vid. Decisiones de admisibilidad TEDH *X. vs. Reino Unido* (de 12-3-1981, recurso 8160/78), *Konttinen vs. Finlandia* (de 3-12-1996, recurso 24949/94) y *Stedman vs. Reino Unido* (de 9-4-1997, recurso 29107/95). En la misma dirección se mueve la STEDH *Kosteski vs. Macedonia* (de 13-4-2006, recurso 55170/2000), aunque en este supuesto fue determinante la duda que el Tribunal manifestó sobre las verdaderas creencias del trabajador, que se había negado reiteradamente a acreditar formalmente que profesaba la religión islámica.

308 Vid. STEDH *Ivanova vs. Bulgaria* (de 12-4-2007, recurso 52435/1999).

clara lesión de la libertad religiosa, las obligaciones derivadas del contrato de trabajo tenían que cumplirse al margen de las opciones del trabajador pertenecientes a su conciencia[309], lo que explica que haya afirmado que las convicciones no permiten a un trabajador negarse a realizar algunas de las tareas propias de la actividad a la que se ha comprometido en el marco de su contrato de trabajo. En particular, se ha considerado lícita la decisión de no contratar a personal sanitario por su negativa a prestar la pertinente asistencia en procesos de interrupción del embarazo[310].

Estas tesis iniciales fueron el punto de partida para la sentencia TEDH *Eweida y otros vs. Reino Unido*[311], que tal vez sea hasta el momento la más rica y representativa en el análisis de la libertad religiosa en el medio de trabajo y que introduce el criterio del «acomodo razonable» para la búsqueda del mejor equilibrio de intereses. La sentencia aborda cuatro supuestos distintos, aunque muy conectados por su objeto, puesto que en todos ellos los trabajadores solicitan, no ya respeto a sus creencias, sino más bien una acomodación de las condiciones de trabajo que les permita compatibilizar la prestación de servicios con sus convicciones religiosas. Todos los trabajadores afectados impugnaron judicialmente el rechazo empresarial a esa pretensión, aduciendo discriminación por motivos religiosos, y en todos los casos los tribunales de origen (británicos) entendieron que el empleador contaba con justificación suficiente, de modo que rechazaron el trato discriminatorio y concluyeron que las creencias religiosas del trabajador no podían imponerse a las necesidades empresariales. Con bastante lógi-

309 Vid. TEDH, *Guía del Artículo 9 del Convenio Europeo de Derechos Humanos*, 2019, pp. 6 y ss. (https://www.echr.coe.int/Documents/Guide_Art_9_ENG.pdf).

310 Vid. Decisión de admisibilidad TEDH *Grimmark vs. Suecia* (de 11-02-2020, recurso 43726/17).

311 De 15-1-2013, recursos 48420/10, 59842/10, 51671/10 y 36516/10.

ca, el TEDH parte en todos sus razonamientos de la premisa de que, aunque el contrato de trabajo y la relación laboral no pueden dar lugar a una supresión o vaciamiento de los derechos fundamentales de la persona, el empleador tiene derecho a organizar sus recursos productivos, con la consiguiente modulación de tales derechos. Pero también recuerda que la libertad ideológica o de pensamiento, y desde luego la religiosa, es uno de los «fundamentos de la sociedad democrática», y que esa libertad de pensamiento es el sustento del pluralismo social y político, por lo que debe ser debidamente tutelada. La sentencia advierte además que la libertad religiosa no sólo cuenta con una faceta interna o íntima, sino también con un ingrediente externo o de manifestación hacia el exterior, pues de lo contrario quedaría desvirtuada.

El primero de los supuestos de hecho se refiere a una trabajadora de una compañía aérea que prestaba servicios de cara al público (en el mostrador de facturación), y que, frente a la política de la empresa en materia de uniforme de prohibir la manifestación de símbolos religiosos (salvo en casos tasados, como el velo islámico o el turbante hindú), pretendía exhibir un crucifijo. Ante la insistencia de la empleada, la compañía le ofreció un cambio de puesto para no actuar de cara al público, pero tras el rechazo de esta opción decidió suspender a la trabajadora de empleo y sueldo (hasta que modificó su política ante la repercusión del asunto en los medios de comunicación). En este caso, el TEDH partió de que los empleadores pueden imponer normas relativas a la indumentaria de sus trabajadores, con el fin de crear una imagen de empresa, pero con la precisión de que si las reglas sobre indumentaria colisionan con un derecho fundamental es imprescindible efectuar el necesario juicio de proporcionalidad. La sentencia llega a la conclusión de que en ese supuesto de hecho los tribunales británicos habían hecho prevalecer inadecuadamente los intereses empresariales. En primer término, porque el crucifijo era muy pequeño y «discreto», y no afectaba a la imagen de profesionalidad de la trabajadora. Además, y de modo más determinante, porque la empresa toleraba otros signos religiosos (turbante hindú y velo islámico), lo cual probaba que la prohibición de mostrar símbolos religiosos «no era de crucial importancia». En consecuencia, la actuación empresarial vulneró la libertad religiosa de la trabajadora, a la que se reconoce el derecho a una indemnización de 2.000 euros por la «ansiedad y la frustración», así como 30.000 euros en concepto de costas.

El segundo caso cuenta con ciertas similitudes, pues también se refiere a una trabajadora que, en contra de la voluntad de la empresa, deseaba mostrar el crucifijo mientras prestaba servicios. La diferencia estriba en el sector de actividad, por cuanto la trabajadora había sido contratada como enfermera en un hospital público, y la prohibición de mostrar el crucifijo estaba basada en motivos de seguridad para los pacientes, ya que la dirección del hospital aducía que un objeto metálico de ese tipo que los pacientes podían agarrar o que podía desprenderse era un potencial peligro. La empresa admitía la posibilidad de que el crucifijo fuera portado como broche, unido a la tarjeta de identificación o de forma que no pudiera desprenderse del uniforme, lo que la trabajadora rechazó. El TEDH consideró admisible la posición de la empresa, puesto que el interés alegado no es la imagen, sino la seguridad de los pacientes, y constaba la negativa empresarial a otros símbolos potencialmente peligrosos, inclusive el turbante o los velos, que podían suponer un riesgo similar al crucifijo. La sentencia advierte que en ese terreno de la seguridad de los pacientes el margen de apreciación debe ser muy amplio, y ha de confiarse en los gestores del hospital, pues un tribunal –y más uno internacional– carece de evidencias para pronunciarse sobre los riesgos específicos para los pacientes de un determinado centro sanitario (apartado 99).

Los supuestos tercero y cuarto cuentan con evidentes semejanzas entre sí, pero difieren de los anteriores, pues no está en juego el derecho del trabajador a manifestar sus creencias religiosas, sino a evitar que la prestación de servicios colisione contra los postulados de su religión. En concreto, la tercera demandante era una mujer que desarrollaba su actividad en un registro civil de nacimientos, matrimonios y decesos, pero que también debía celebrar ceremonias para la constitución de uniones de hecho, tanto heterosexuales como homosexuales, trámite necesario para conseguir la equiparación de derechos entre la «unión civil» y el matrimonio. La trabajadora, en su condición de cristiana practicante que defendía el carácter heterosexual del matrimonio, rechazó participar en ceremonias de parejas homosexuales, y aunque en un primer momento sus compañeros se hicieron cargo de esa parte de su trabajo, el clima laboral se deterioró, por cuanto ese aumento de carga para los compañeros no era compensado, y alguno de ellos, homosexual, elevó una queja al sentir que la actitud de la trabajadora era vejatoria contra él. A la postre, la trabajadora fue sancionada por su negativa a celebrar ceremonias para la constitución de uniones civiles equivalentes al matrimonio. El TEDH tampoco aceptó en este caso la queja de discriminación, con el argumento de que la actitud de la trabajadora tenía un impacto más negativo en las parejas homosexuales, lo que justificaba que su empleador, que era administración pública, interviniera con más intensidad y decisión, en la medida en que le correspondía garantizar la igualdad de oportunidades. En cuanto al principio de proporcionalidad, se valora especialmente la actitud de la trabajadora, y no ya porque su comportamiento derivase en un mal clima empresarial, sino porque no informó al empleador en el momento de la contratación de su negativa a celebrar esa clase de ceremonias, y demoró esa comunicación hasta mucho tiempo después.

El último supuesto se refería a un varón, también cristiano practicante, que prestaba servicios para una organización dedicada a la terapia de pareja. El interesado estaba convencido de que la homosexualidad es un pecado y su fe le exigía no colaborar de modo alguno en el fomento de la homosexualidad.

El trabajador comenzó sus servicios como terapeuta, inicialmente de forma satisfactoria, pero mostró reticencias a tratar a parejas homosexuales, ya que le resultaba difícil conciliar las exigencias laborales y las derivadas de su fe. Ante los requerimientos empresariales, debidos a las quejas por la actitud del trabajador en la terapia –y a la imposibilidad de establecer un filtro que permitiera asignar al trabajador únicamente parejas heterosexuales–, el interesado contestaba con evasivas, y parecía afirmar que trataría a las parejas homosexuales, pero en la práctica su comportamiento era distinto. En ese contexto, el empleador procedió a un despido disciplinario, por considerar que el trabajador había mentido y no tenía intención de ofrecer una terapia adecuada a las parejas del mismo sexo. El Tribunal de Estrasburgo entendió que el despido no vulneraba el Convenio, pues se fundaba en un rechazo injustificado a proporcionar terapia sexual a parejas homosexuales. Al efectuar el necesario juicio de ponderación, afirma el TEDH que el «factor más importante a tener en cuenta es que las decisiones del empleador tratan de garantizar la ejecución de su política de proporcionar un servicio sin discriminación». Esa política de igualdad de trato resulta incompatible, a juicio de la sentencia, con la actitud del trabajador, y por ello se considera justificado el despido decidido por la empresa. La libertad religiosa, por consiguiente, no puede prevalecer en todo caso sobre los intereses empresariales[312].

[312] Vid. I. CANO RUIZ, "Vestimenta y símbolos religiosos en el ámbito laboral", en A. MOTILLA (Coord.), *La jurisprudencia del Tribunal Europeo de Derechos Humanos en torno al derecho de libertad religiosa en el ámbito laboral*, Comares, Granada, 2016, pp.41 y ss.; L. MARTÍN-RETORTILLO BAQUER, "Libertad religiosa y exigencias laborales", *Revista de Administración Pública*, núm.195 (2014), pp.171 y ss.; L. VANBELLINGEN, *La neutralité de l'entreprise face aux expressions religieuses du travailleur*, Bruylant, Bruselas, 2022, pp.12 y ss.

A la vista de estas consideraciones, cabe concluir que para el TEDH la facultad empresarial de uniformar a los trabajadores no puede derivar en la prohibición de portar símbolos religiosos visibles cuando estos resultan discretos y la empresa haya tolerado que otros trabajadores utilicen prendas con significado religioso. El derecho del trabajador a portar signos o prendas de carácter religioso cede cuando la empresa pueda probar un interés prevalente, como pudiera ser la seguridad y salud (de los trabajadores, de los clientes o de los usuarios). Además, la negativa de un trabajador a efectuar ciertas funciones o tareas contrarias a los postulados de su religión constituye un incumplimiento laboral cuando el empleador es una administración pública o una organización que entre sus fines establezca la promoción y defensa de los principios de igualdad y no discriminación, máxime cuando el trabajador no comunica esa incompatibilidad en el momento de la contratación, sino una vez celebrado el contrato.

Más allá de esa significativa sentencia, conviene recordar que de manera recurrente el TEDH ha hecho prevalecer las razones de interés general y de orden público sobre el interés particular en la exhibición de símbolos religiosos, particularmente el velo islámico. Este criterio ha sido defendido por el TEDH en asuntos de índole variada, unas veces con la finalidad concreta de facilitar la adecuada identificación de las personas (bien en el acceso a edificios diplomáticos[313] o a los aeropuertos[314], bien en la concesión o control de los permisos de conducción de vehículos[315]), y otras veces con el objetivo más general de preservar el principio de laicidad y el pluralismo religioso en los espacios y lugares públicos[316]. Es una línea

---

313 Vid. STEDH *El Morsli vs. France* (de 4-3-2008, recurso 15585/06).

314 Vid. STEDH *Phull vs. France* (de 11-1-2005, recurso 35753/03).

315 Vid. STEDH *Mann Singh v. France* (de 13-11-2008, recurso 4479/07).

316 Vid. SSTEDH *Leyla Çahin vs. Turquía* (de 29-6-2004, recurso 44774/1998), *Kose y otros vs. Turquía* (de 24-1-2006, recurso

interpretativa que se ha defendido primeramente en el ámbito general de las relaciones sociales, pero que también ha tenido proyección en las relaciones de trabajo, particularmente en las del sector público. Buena prueba de ello es la Decisión de admisibilidad TEDH *Dahlab vs. Suiza*[317], que convalidó la prohibición que en ese sentido impuso un cantón suizo a una profesora de enseñanza primaria convertida al Islam. La STEDH *Kurtulmuş vs. Turquía*[318] reproduce esos argumentos en relación con un profesor universitario[319], y la sentencia TEDH *Ebrahimian vs. Francia*[320] los aplica a un caso de no renovación del contrato de una trabajadora de un hospital público por su resistencia a la orden empresarial que, para salvaguardar los derechos de los pacientes en relación con el principio de laicidad, le instaba a acudir al puesto sin portar el velo islámico.

Como era de esperar, el TEDH ha estado atento, en cualquier caso, a que las decisiones del empresario no entrañen trato discriminatorio por motivos ligados a las creencias o la religión. No es admisible, por ejemplo, el traslado de un empleado público a un puesto de menor responsabilidad basado exclusivamente en sus creencias religiosas, pues no constaba que su fe hubiera repercutido negativamente en el desempeño de sus tareas, ni podía ser relevante a estos efectos que su cónyuge utilizase el velo islámico[321], si bien parece que las restricciones pueden ser más intensas en algunos sectores de la administra-

---

26625/02) y *S.A.S. vs. Francia* (de 1-7-2014, recurso 43835/2011).

317 De 15-2-2001, recurso 42393/98.

318 De 24-1-2006, recurso 65500/01.

319 Vid. J. MARTÍNEZ TORRÓN, “La cuestión del velo islámico en la jurisprudencia de Estrasburgo”, *Derecho y Religión*, nº 4 (2009), pp. 87 y ss.; M. OLMEDO PALACIOS, “La sentencia del TEDH en el asunto S.A.S. c. Francia [GC], núm. 43835/2011, ECHR 2014, sobre la prohibición del velo integral en lugares públicos”, *Diario La Ley*, núm.8363 (2014).

320 De 26-11-2015, recurso 64846/11.

321 Vid. STEDH *Sodan vs. Turquía* (de 2-2-2016, recurso 8650/05).

ción, como las fuerzas armadas, por razones de disciplina militar[322]. Ahora bien, no cabe tomar ese tipo de medidas cuando no es el trabajador quien incurre en esa incompatibilidad, sino su cónyuge o un familiar, pues ello supondría vulneración del art. 9, en relación con el art. 14, por «asociación»[323]. Lógicamente, un funcionario público no puede servirse de su cargo ni para difundir sus propias creencias, ni para promocionar o beneficiar a su confesión[324].

En un esfuerzo de síntesis podría decirse que el TEDH no admite ni discriminaciones ni injerencias del empleador en las convicciones religiosas de sus trabajadores, pero sí considera justificadas las restricciones a la exhibición de posiciones o símbolos religiosos cuando ello supone una perturbación para el servicio, cuando puede ocasionar daños en los derechos o intereses legítimos de otros o, en un plano más general, cuando puede suponer una amenaza para el orden o el interés público. Se admiten restricciones, más concretamente, cuando la manifestación religiosa supone una ruptura del principio de laicidad que legítimamente pueden defender los Estados, ya sea en el ámbito general de las relaciones sociales, ya sea en el ámbito más particular de los servicios públicos[325]. Todo este acervo doctrinal ha influenciado decisivamente al TJUE en las conocidas sentencias *Achbita* y *Bougnaoui*[326].

---

322 Vid. STEDH *Kalaç vs. Turquía* (de 1-7-1997, recurso 20704/92) y Decisión de admisibilidad *Sert vs. Turquía* (de 8-7-2004, recurso 47491/99).

323 Vid. STEDH *Yilmaz vs. Turkey* (de 4-6-2019, recurso 36607/06).

324 Vid. Decisión de admisibilidad TEDH *Pitkevich vs. Rusia* (de 8-2-2001, recurso 47936/99).

325 Vid. J. GARCÍA MURCIA e I.A. RODRÍGUEZ CARDO, "Discriminación por motivos de religión y convicciones", en J. GARCÍA MURCIA (Dir.), *Condiciones de empleo y relaciones de trabajo en el Derecho de la Unión Europea*, Aranzadi, Pamplona, 2017, pp.587 y ss.

326 Ambas de 14-3-2017 (asuntos C-157/15 y C-188/15).

En buena medida esta doctrina parece extrapolable a las empresas de tendencia, y en particular al empleo bajo la dependencia de instituciones religiosas, pero debe tratarse de empleo asalariado, pues el cese de sacerdotes sigue otros cauces, al consistir en una cuestión interna de la confesión religiosa[327]. Respecto de la relación laboral, no se han planteado problemas de preferencia en la contratación por motivos de religión, a diferencia de lo que ha sucedido con el TJUE[328], sino exclusivamente acerca de la extinción contractual, que parece legitimarse con menos trabas cuando se ha producido un ataque público al ideario[329] en caso de empresas de tendencia[330], y no tanto cuando la decisión viene motivada por razones vinculadas estrictamente a la vida privada del trabajador, como la existencia de cambios en las relaciones de pareja. En ese contexto, el TEDH ha llegado a advertir que «la celebración de un contrato de trabajo no puede ser interpretada como un compromiso inequívoco de vivir una vida de abstinencia en el supuesto de separación o divorcio», de modo que la restricción de sus opciones personales por causa de la relación laboral «afectaría al verdadero corazón del derecho al respeto a la vida privada», máxime cuando la situación familiar del trabajador no sea objeto de cobertura por los medios de comunicación, y

---

[327] Vid. Decisión de admisibilidad TEDH *Dudová y Duda vs. República Checa* (de 30-1-2001, recurso 40224/98).

[328] Vid. STJUE *Egenberger* (de 17-4-2018, asunto C-414/16).

[329] Vid. Decisión de admisibilidad de la Comisión Europea de Derechos Humanos *Rommelfanger vs. Alemania* (de 6-9-1989, recurso 12242/86).

[330] Vid. A.C. ÁLVAREZ CORTINA, "Derecho de las confesiones religiosas a la selección del personal por creencias religiosas", en A. MOTILLA (Coord.), *La jurisprudencia del Tribunal Europeo de Derechos Humanos en torno al derecho de libertad religiosa en el ámbito laboral*, Comares, Granada, 2016, pp.188 y ss.

por tanto no haya perjuicio para la entidad religiosa derivado de la publicidad de un comportamiento contrario al ideario[331].

Ahora bien, esos argumentos parecen limitarse a los trabajadores que no están bajo la exigencia de un deber de lealtad "intensificado". En efecto, quienes desarrollan funciones que implican la transmisión de los valores de la confesión religiosa ven limitada su capacidad de decisión en la esfera privada. El Tribunal únicamente prohíbe las «obligaciones de lealtad inaceptables», pero no considera inaceptable, por ejemplo, la exigencia de respetar la fidelidad matrimonial impuesta por la Iglesia mormona[332], ni tampoco estima contrario al Convenio el despido de un docente en un centro religioso cuando se descubre que es miembro de otra confesión o comunidad que defiende postulados incompatibles con los de su empleador[333]. En algunas de estas situaciones, por cierto, el Tribunal valora como argumento de cierre las posibilidades reales del afectado para encontrar un nuevo empleo tras la extinción de su contrato previo, teniendo en cuenta el tamaño del sector y su cualificación. No obstante, el TEDH ha debido precisar que no cabe la adopción de decisiones perjudiciales para un docente en un centro religioso sin especificar de qué modo su comportamiento es contrario al ideario. De ahí que no cabe justificar la medida en acusaciones vagas o genéricas, sino que es menester dotar al procedimiento de las garantías pertinentes para que el perjudicado pueda defenderse efectivamente[334].

En fin, también en relación con las empresas de tendencia, el Tribunal ha advertido que el CEDH no proporciona a la religión una protección cualificada en el marco de las situaciones

---

331 Cfr. STEDH *Schüth vs. Alemania* (de 23-9-2010, recurso 1620/03).

332 Vid. STEDH *Obst vs. Alemania* (de 23-9-2010, recurso 425/03).

333 Vid. STEDH *Siebenhaar vs. Alemania* (de 3-2-2011, recurso 18136/02).

334 Vid. STEDH *Lombardi Vallauri vs. Italia* (de 20-10-2009, recurso 39128/05).

de extranjería, esto es, que la concesión o renovación de autorizaciones de residencia y trabajo no ha de ser más flexible por el hecho de que el empleador y el trabajador compartan las mismas convicciones religiosas[335]. Por tanto, en el marco de la legislación de inmigración y extranjería la situación nacional de empleo prevalece sobre la eventual pretensión del empresario de contratar a una persona ideológicamente afín.

6. Respeto a la vida privada y familiar

El artículo 8 del CEDH lleva por título «derecho al respeto a la vida privada y familiar», lo que supone la consagración como derecho fundamental/humano del derecho a la intimidad, si bien en este ámbito el contenido del derecho a la vida privada excede de los contornos del derecho a la intimidad tal y como se configura en el ordenamiento español, y se acerca en buena medida a un derecho de perfiles más extensos, una especie de derecho a la privacidad en el que encajan otros derechos, como por ejemplo el derecho a la protección de datos personales o el derecho al secreto de las comunicaciones[336].

---

335 Vid. STEDH *El Majjaoui & Stichting Touba Moskee vs. Países Bajos* (de 20-12-2007, recurso 25525/03) y Decisión de admisibilidad de la Comisión Europea de Derechos Humanos *ÖZ vs. Alemania* (de 3-12-1996, recurso 32168/96).

336 Vid. S. DE SALAS MURILLO, "Sobre el alcance del ámbito de la protección de la vida privada y familiar en la jurisprudencia de Estrasburgo", *Revista Boliviana de Derecho,* nº 23 (2017), 197 y ss.; A. MORENO BOBADILLA, "La influencia europea en el ámbito de los derechos fundamentales en España, en concreto, en el derecho a la intimidad", *Estudios constitucionales,* núm.2 (2017), pp.313 y ss.; C. RUIZ MIGUEL, *El derecho a la protección de la vida privada en la jurisprudencia del Tribunal Europeo de Derechos Humanos,* Civitas, Madrid, 1994, pp. 45 y ss.; M. SALES i JARDÍ, *La vida familiar en la jurisprudencia del Tribunal Europeo de Derechos Humanos,* Bosch, Barcelona, 2015, pp.20 y ss.; L. LÓPEZ GUERRA, *El Convenio Europeo de Derechos*

Ciertamente, en su origen el artículo 8 CEDH no parecía haber sido diseñado para su aplicación en el contexto de la relación laboral, como se desprende de su literalidad, pues el apartado 1 de ese precepto dispone que «toda persona tiene derecho al respeto de su vida privada y familiar, de su domicilio y de su correspondencia», mientras que el apartado 2 sólo admite injerencias «de la autoridad pública en el ejercicio de este derecho» cuando así lo prevea la ley y «constituya una medida que, en una sociedad democrática, sea necesaria para la seguridad nacional, la seguridad pública, el bienestar económico del país, la defensa del orden y la prevención de las infracciones penales, la protección de la salud o de la moral, o la protección de los derechos y las libertades de los demás», listado de restricciones que se formula con carácter exhaustivo[337].

Es claro, por tanto, que el derecho al respeto a la vida privada al que se refiere ese precepto cumplía en su origen una función de limitar al Estado en la vigilancia de los individuos, de modo que no se admitiera la intercepción indiscriminada de las comunicaciones de los ciudadanos salvo en presencia de un fin legítimo, como la persecución de delitos. Sin embargo, el TEDH elevó este derecho a una nueva dimensión, en consonancia con lo que también ha sucedido en los ordenamientos internos, al constatar, por un lado, que las condiciones de trabajo pueden afectar sustancialmente las decisiones de organización vital y familiar de los trabajadores y, por otro, que las medidas de control y vigilancia del empleador pueden resultar extraordinariamente intrusivas al permitir conocer aspectos de la vida privada del trabajador, información que debería quedar fuera del radio de acción del empresario.

Humanos según la jurisprudencia del Tribunal de Estrasburgo, Tirant lo Blanch, Valencia, 2021, pp.189 y ss.

337 Por todas, vid. STEDH *Erményi vs. Hungría* (de 22-11-2016, recurso 22254/14).

El artículo 8 probablemente sea el precepto del CEDH que haya generado un mayor impacto en los ordenamientos internos, precisamente por el contenido y el alcance del que ha sido dotado por el TEDH, tan amplio que, por ejemplo, ha sido aplicado para estimar el recurso de policías despedidos por haber sido acusados de un delito, aunque finalmente, y tras su despido, fueron absueltos por la jurisdicción penal[338]. No obstante, es claro que las sentencias en materia de control empresarial, en particular sobre videovigilancia y control del ordenador, son las que han exigido una adaptación de las reglas y normas internas en muchos de los Estados parte, porque la doctrina de la «expectativa de privacidad» requiere una perspectiva de aproximación distinta a la tradicional. Esa es una línea jurisprudencial con identidad propia en el marco del art. 8 del CEDH, y a ella se dedicará el epígrafe siguiente.

En verdad, el artículo 8 del CEDH recoge un derecho de contenido muy extenso, complejo y abierto a nuevos desarrollos, máxime cuando el Tribunal ha afirmado que la «vida privada es un concepto amplio no susceptible de definición exhaustiva»[339]. Es un derecho que no ampara únicamente la intimidad en sentido estricto, una parcela reservada libre de injerencias externas, sino también una faceta activa, de desarrollo de la personalidad. Por tanto, en ese precepto encajan pretensiones relativas a asuntos muy diversos, desde los obstáculos a discapacitados para el acceso a lugares públicos[340] a litigios de carácter medioambiental, pues el Tribunal ha declarado que

---

[338] Vid. STEDH *Milojević y otros vs. Serbia* (de 12-1-2016, recursos 43519/07, 43524/07 y 45247/07).

[339] Por todas, cfr. STEDH *Couderc y Hachette Filipacchi Associés vs. Francia* (de 10-11-2015, recurso 40454/07).

[340] Vid. STEDH *Botta vs. Italia* (de 24-2-1998, recurso 153/1996/772/973), en relación con un complejo hotelero turístico que no disponía de las adaptaciones necesarias para facilitar a los discapacitados el acceso a la playa.

el excesivo nivel de polución vulnera el derecho al respeto a la vida privada y familiar, y ello ha supuesto condenas a España, como se constata en las SSTEDH *López Ostra vs. España*[341] y *Moreno Gómez vs. España*[342]. Es, pues, un precepto con un perímetro cada vez más amplio, y a partir del que también pueden articularse reclamaciones con base en aspectos ideológicos o de creencias, e incluso relativos a la libertad de expresión, pues el Tribunal ha dejado claro que el radio de acción de los arts. 8, 9 y 10 cuenta con áreas parcialmente coincidentes, como se advirtió en el epígrafe anterior[343], y por ello la invocación de uno u otro derecho no constituye *per se* un error de estrategia procesal, ya que además el método de análisis, y en concreto la aplicación del test de proporcionalidad, resulta muy similar[344].

En el terreno del empleo, y a resultas de este precepto, el Tribunal ha concluido que el CEDH no incluye en su radio de acción un eventual derecho a gozar de un trabajo, público o privado, ni a disfrutar de la libre elección de profesión u oficio. No obstante, también ha dicho que los conflictos originados en el seno de la relación de trabajo pueden repercutir en el derecho a la vida privada y familiar, máxime ante prohibiciones de desempeñar determinadas actividades profesio-

---

341 De 9-12-1994, recurso 16798/90, sobre la contaminación producida por una fábrica –sin licencia- en Lorca, y los perjuicios que ello causaba a los vecinos.

342 De 16-11-2004, recurso 4143/02, acerca de los ruidos derivados de la actividad de ocio nocturno en una zona residencial.

343 Por ejemplo, vid STEDH *Schüth vs. Alemania* (de 23-9-2010, recurso 1620/03), sobre despido de un organista por parte de su empleador eclesiástico debido a la separación de su esposa y al comienzo de una relación de hecho con otra mujer.

344 Vid. TEDH, *Guía del Artículo 8 del Convenio Europeo de Derechos Humanos*, 2019, pp.13 y ss. (https://www.echr.coe.int/Documents/Guide_Art_8_ENG.pdf).

nales durante largo tiempo, incluso de por vida[345], pues una prohibición de ese tipo afecta a la «capacidad de desarrollar relaciones con el mundo exterior en un grado significativo» y crea «serias dificultades a los afectados» para «ganarse la vida, con obvias repercusiones en el disfrute de su vida privada»[346]. En esa misma línea, la STEDH *Fernández Martínez vs. España*[347], relativa al profesorado de religión en centros públicos, afirmó que el Convenio no reconoce el derecho a la renovación de un contrato de trabajo, pero un encadenamiento contractual prolongado puede dar lugar a una «presunción de renovación» en tanto que se mantengan las mismas condiciones de aptitud y no surjan hechos o circunstancias novedosas. Cuando dichos

---

345 Vid. *Nikëhasani vs. Albania* (de 13-12-2022, recurso 58997/18), acerca de un fiscal sancionado con una exclusión vitalicia del sistema judicial por no poder justificar cómo había adquirido sus propiedades, cuyo valor excedía con mucho de los ingresos obtenidos por esa actividad como fiscal. No obstante, si el despido y la prohibición vitalicia de reingreso viene motivada por un error excusable o de escasa entidad (falta de pago de impuestos en cantidades muy bajas por parte del cónyuge a raíz de una actividad en Arabia Saudí) esa consecuencia se entiende desproporcionada (STEDH *Sevdari vs. Albania*, de 13-12-2022, recurso 40662/19). En líneas generales, el TEDH admite la licitud de esa comprobación de la integridad de los jueces y fiscales en Albania, pero exige el análisis individualizado de cada supuesto para evitar extralimitaciones; vid. SSTEDH *Thanza vs. Albania* (de 4-7-2023, recurso 41047/19) y *Gashi y Gina vs. Albania* (de 4-4-2023, recurso 29943/18).

346 Vid. SSTEDH *Sidabras y Džiautas vs. Lituania* (de 27-7-2004, recursos 55480/00 y 59330/00), en relación con prohibiciones legales de trabajo a antiguos miembros de la KGB, y *D.M.T. y D.K.I. vs. Bulgaria* (de 24-7-2012, recurso 29476/06), relativa a la suspensión durante más de seis años de un funcionario público mientras se sustanciaba un procedimiento penal contra él, período en el que además se prohibió la realización de cualquier otra actividad lucrativa pública o privada, excepto la investigación y la enseñanza.

347 Ambas de 12-6-2014 (recurso 56030/07).

hechos o circunstancias tienen carácter personal, el supuesto debe ser analizado desde la perspectiva del art. 8 del CEDH.

Lógicamente, es necesario atender a las circunstancias concurrentes en cada caso, y el Tribunal ha matizado que una decisión empresarial negativa puede repercutir en un triple ámbito: en el círculo de allegados del afectado, en primer lugar, en las oportunidades para establecer y desarrollar relaciones con otros, en segundo lugar, y en la reputación social y profesional del trabajador, en tercer lugar. Por ello, y en un enfoque que dista del habitual en el ordenamiento español, el Tribunal no siempre se centra en la razonabilidad de la medida, sino que suele recurrir a un análisis de las consecuencias que provoca la medida laboral, muy frecuentemente el despido (*consequence-based approach* frente a *reason-based approach*). En cualquier caso, el TEDH puntualiza que sólo apreciará una vulneración del artículo 8 del CEDH por esa vía cuando el demandante pruebe convincentemente que las consecuencias para su vida privada son muy sustanciales[348].

El Tribunal tiene en cuenta asimismo el eventual impacto que para la reputación del trabajador pueda suponer una acusación o sanción debida a un incumplimiento laboral, con o sin trascendencia penal. La STEDH *Vicent del Campo vs. España*[349]

---

348 Vid. STEDH *Denisov vs. Ucrania* (de 25-9-2018, recurso 76639/11), en relación con el presidente de un tribunal jurisdiccional, nombrado por el Parlamento, que fue cesado de ese puesto por un órgano de gobierno de la judicatura debido a falta de diligencia profesional en la gestión de asuntos ordinarios, como el reparto de asuntos y, en general, la organización del trabajo. El Tribunal desestima el recurso porque la decisión de cese no imputaba al interesado ningún delito ni se basaba en motivos personales, además de que no había sido probado que dicho cese implicara limitaciones futuras en sus posibilidades de promoción profesional, ni tampoco un serio daño en su entorno profesional o profesional debido al cese.

349 De 6-11-2018, recurso 25527/13.

es suficientemente ilustrativa, como se verá con posterioridad. El impacto en la reputación de determinadas acusaciones, por consiguiente, obliga a los tribunales a valorar adecuadamente las circunstancias de cada supuesto, y no limitarse a análisis meramente formales[350].

Conviene asimismo llamar la atención sobre la eventual aplicación del art. 8 del CEDH para valorar condiciones de trabajo excesivas (*v.gr.*, jornada de trabajo), por el impacto que ello podría tener en la organización vital del trabajador. Es una vía poco explorada, y que en ocasiones se solapa con vulneraciones del artículo 4 del convenio (trabajos forzados), pero que el Tribunal, desde luego, no descarta, sino más bien al contrario[351]. Asimismo, el artículo 14 del CEDH, que reconoce el principio de no discriminación, puede jugar un papel relevante en los potenciales efectos que puede desplegar el artículo 8 del Convenio, por ejemplo en relación con supuestos de conciliación de la vida laboral y familiar, como se podrá ver en un epígrafe posterior.

Más allá de situaciones particulares, como la de los profesores de religión en centros públicos o las empresas de tendencia, las actividades extralaborales están protegidas por el derecho a la vida privada y familiar, lo que en principio supone que el empleador no puede adoptar medidas en perjuicio del trabajador con motivo de conductas netamente privadas. Sin embargo, en alguna ocasión el Tribunal ha admitido el despido –incluso en el ámbito público- precisamente atendiendo a

---

350 Vid. STEDH *Pişkin vs. Turquía* (de 15-12-2020, recurso 33399/18), en relación con el despido de un empleado público por la sospecha de vínculos con organizaciones que habían participado en un golpe de estado.

351 Vid. STEDH *C.N. y V. vs. Francia* (de 11-10-2012, recurso 67724/09), respecto de dos menores africanas que prestaban servicios domésticos para una familia francesa, una de ellas en condiciones de servidumbre a juicio del Tribunal.

la actividad extralaboral del despedido, a la vista de la concreta conducta del trabajador, la mayor o menor publicidad del comportamiento, la incidencia de los hechos en la reputación del afectado, y la repercusión de las circunstancias del caso en la efectividad misma del trabajo o servicio prestado[352]. El Tribunal recuerda que, en todo caso, este tipo de sanciones debe estar contemplado en la ley y, además, gozar de previsibilidad, de modo que resultaría contrario a este derecho basar la sanción en el incumplimiento de un código ético empresarial que no se ha formulado con la suficiente precisión[353].

Por otro lado, también vulnera el artículo 8 del Convenio un procedimiento disciplinario que no contemple garantías suficientes frente a la arbitrariedad, o que no configure adecuadamente el principio de proporcionalidad[354], lo que sucede cuando el catálogo de sanciones es muy limitado y por tanto no se acomoda bien a la diversa gravedad de las infracciones[355]. Esa es una doctrina general, pero que ha sido aplicada a supuestos concretos muy significativos desde la perspectiva laboral, y de los que se puede desprender que la libertad para elegir el aspecto estético de un trabajador, incluso en activida-

---

352 Vid. Decisión de admisibilidad TEDH *Pay vs. Reino Unido* (de 16-9-2008, recurso 32792/05), sobre un funcionario del servicio de libertad condicional que asesoraba a condenados por delitos sexuales, pero que al mismo tiempo dirigía una empresa dedicada a la venta de productos orientados al sadomasoquismo y participaba en actividades de esa índole en clubes privados (aunque se habían difundido varias fotografías por internet).

353 Vid. STEDH *Guliyev vs. Azerbaiyán* (de 6-7-2023, recurso 54588/13).

354 Vid. STEDH *A.K. v. Rusia* (de 7-5-2024, recurso 49014/16), que considera desproporcionado, y contrario a los arts. 8 y 14 del Convenio, el despido de una profesora sobre la base de fotografías publicadas en sus redes sociales que, por un lado, mostraban gestos obscenos y, por otro, actitudes de afecto con personas de su mismo sexo.

355 Vid. STEDH *Oleksandr Volkov vs. Ucrania* (de 9-1-2013, recurso 21722/11).

des de cara al público, está protegida por el artículo 8 del Convenio, de modo que las limitaciones no pueden ser arbitrarias, sino que el empleador ha de probar el interés empresarial o comercial que justificaría la restricción[356].

El derecho al respeto a la vida privada y familiar ha sido invocado, asimismo, en relación con el incumplimiento de medidas de prevención de riesgos laborales. El Tribunal ha recordado que estas reclamaciones podrían encajar también en el derecho a la vida, ubicación que parece más natural, pero, a su juicio, el artículo 2 del CEDH limita su aplicación a las situaciones de fallecimiento del trabajador o, al menos, de enfermedad grave que ponga en riesgo seriamente su salud, de modo que, si ese no fuera el caso, las controversias en materia de prevención de riesgos laborales deberían canalizarse a través del artículo 8 CEDH[357]. En cualquier caso, la invocación de esta cláusula convencional es particularmente adecuada en todos aquellos asuntos donde la confidencialidad de los datos médicos pueda haber sido vulnerada, por ejemplo en el marco de la actuación de las entidades gestoras y colaboradoras de la Seguridad Social[358], o de la petición de información por parte del empleador a un centro sanitario que haya atendido al trabajador[359].

En esta línea, es claro que el artículo 8 del Convenio incluye una faceta vinculada al derecho a la integridad física y moral, y

---

356 Vid. STEDH *Özpınar vs. Turquía* (de 19-10-2010, recurso 20999/04), en relación con una juez sancionada, entre otras razones, por la forma de vestir y de maquillarse.

357 Vid. STEDH *Vilnes y otros vs. Noruega* (de 5-12-2013, recurso 52806/09 y 22703/10), en relación con discapacidades sufridas por submarinistas que prestaban sus servicios en el Mar del Norte, y *Brincat y otros vs. Malta* (de 24-7-2014, recurso 60908/11, 62110/11, 62129/11, 62312/11 y 62338/11), sobre exposición al amianto.

358 Vid. STEDH *M.S. vs. Suecia* (de 27-8-1997, recurso 74/1996/693/885).

359 Vid. STEDH *Radu vs. Moldavia* (de 15-4-2014, recurso 50073/07).

por ello el Tribunal llega a la conclusión de que un Estado parte cumple las obligaciones positivas que surgen del derecho a la vida privada y familiar cuando organiza y trata de desarrollar y mejorar un sistema de protección de la salud, pero sin que ello suponga una garantía de gratuidad de los tratamientos médicos, en general o para una determinada enfermedad, porque el Estado debe contar con un amplio margen de apreciación en la distribución de recursos públicos limitados[360].

7. Control empresarial de la actividad del trabajador

El derecho a la vida privada y familiar, tal y como ha sido interpretado por el TEDH, ha repercutido notablemente en la relación laboral, y lo ha hecho en un ámbito quizás no previsible, en un contexto donde ese derecho no estaba llamado en origen a jugar un papel protagonista, como es el de la licitud de las medidas de control empresarial, especialmente cuando el empleador utiliza nuevas tecnologías, por su particular potencial invasivo. Lo cierto es que el Tribunal de Estrasburgo ha recurrido al derecho al respeto a la vida privada y familiar para limitar los medios que el empleador puede utilizar con la finalidad de controlar la actividad del trabajador.

Lógicamente, el artículo 8 del CEDH es un precepto particularmente apto para valorar las medidas de control que presentan un riesgo cierto de proporcionar información privada o íntima del trabajador, información de su vida personal, en definitiva, y que el empleador no está legitimado de ordinario a conocer. El seguimiento a través de detectives privados, por lo tanto, tendría como límite lo dispuesto por ese precepto

---

360 Vid. Decisión de admisibilidad TEDH *Pentiacova y otros vs. Moldavia* (de 4-1-2005, recurso 14462/03), en la que los recurrentes solicitaban que sus tratamientos renales continuaran siendo gratuitos, pues no podían afrontar su coste.

convencional, y así se planteó en la STEDH *De la Flor Cabrera vs. España*[361], en un caso no laboral, pero de relevancia también para nosotros, en el que un ciudadano español solicitaba la nulidad de las pruebas obtenidas a través de detectives privados y que habían sido utilizadas en un pleito civil sobre responsabilidades de entidades aseguradoras. En esa ocasión, el TEDH consideró admisible la prueba, como veremos, pero en la STEDH *Vukota-Bojić vs. Suiza*[362], también en relación con la actividad de detectives privados, estimó que era contraria al artículo 8 del Convenio la vigilancia sistemática de una trabajadora que solicitaba una pensión de incapacidad permanente a resultas de un accidente (aunque la ausencia de cautelas en la legislación suiza cuenta con un peso relevante en la decisión).

En el contexto específicamente laboral, el TEDH parece partir de dos premisas básicas: que los empresarios y los trabajadores disponen en las sociedades modernas de capacidad de autorregulación a través de la negociación colectiva, y que el empleador, individualmente considerado, puede ejercer facultades de organización de la actividad, poderes que no sólo le permiten dar órdenes e instrucciones, sino también comprobar el cumplimiento de los deberes laborales. A partir de esas premisas, y por lo que ahora importa, el Tribunal acepta la legitimidad de las medidas de control empresarial que superen el test de proporcionalidad que deriva, con carácter general, del artículo 8 del Convenio.

Una posible aplicación de ese precepto tiene que ver, por ejemplo, con los controles de consumo de alcohol o de drogas por parte del trabajador, sobre todo cuando la actividad se desarrolla en contextos de especial peligrosidad, precisamente porque esos hábitos de consumo, aunque en origen privado, pueden repercutir decisivamente en el escenario laboral, po-

---

361 De 27-5-2014, recurso 10764/09.
362 De 18-10-2016, recurso 61838/10.

niendo en peligro no sólo al interesado, sino también a los compañeros, la propiedad empresarial e incluso a la sociedad en general. El Tribunal, por supuesto, exige que el proceso de detección o comprobación del consumo se desarrolle con el imprescindible respeto a la intimidad y a la dignidad, pero en esencia lo considera razonable en presencia de una actividad peligrosa[363].

Como se ha podido ver, no es difícil llegar a la conclusión de que lo sucedido en esos casos (tanto el seguimiento a través de detectives como los controles de consumo de drogas) presenta relación con el ámbito propio del artículo 8 del CEDH, toda vez que en uno y otro se investigaban conductas privadas del trabajador, bien es verdad que debido a su eventual repercusión en el trabajo. Un poco más controvertida puede ser la proyección de ese precepto sobre los controles empresariales referidos a la ejecución del trabajo en sentido estricto, puesto que se trata, al menos en principio, de una esfera ajena a la «vida privada y familiar», que tampoco parece que tenga que ver con la afectación al «domicilio» del trabajador (excepción hecha del teletrabajo) o a «su correspondencia», que son otros tantos aspectos del objeto de protección explícito del artículo 8 CEDH.

Sin embargo, la conocida STEDH *Halford vs. Reino Unido*[364] constituye la primera muestra de la *vis expansiva* del derecho a la vida privada y familiar hacia el ámbito netamente laboral, pues en ella se contiene por primera vez la doctrina de

---

363 Vid. Decisión de admisibilidad TEDH *Wretlund vs. Suecia* (de 9-3-2004, recurso 46210/99), en la que el Tribunal estima proporcionados los controles de alcohol y drogas a todos los trabajadores de una central nuclear, incluso el personal de limpieza. Igualmente proporcionales se consideran esos controles realizados a la tripulación de barcos en la Decisión de admisibilidad TEDH *Madsen vs. Dinamarca* (de 7-11-2002, recurso 58341/00).

364 De 25-6-1997, recurso 20605/92.

la expectativa de privacidad en el lugar y tiempo de trabajo. En concreto, el Tribunal rechaza que el poder de dirección y vigilancia empresarial faculte al empleador para controlar todas las llamadas telefónicas realizadas por los trabajadores en dependencias empresariales y mediante el uso de los teléfonos proporcionados por la empresa. En ese caso, se trataba de una trabajadora (policía que había interpuesto una reclamación por discriminación basada en el sexo ante las constantes negativas a su ascenso) que disponía de un teléfono específicamente para uso privado, y que expresamente había sido autorizada a utilizar dicho teléfono para comunicarse con su abogado en la tramitación del procedimiento por discriminación[365], y, en tal contexto, el TEDH barajó la "expectativa de privacidad" como soporte para proteger a la empleada, ante la falta de una advertencia previa sobre la puesta en marcha de medidas de control en relación con la utilización de ese medio de comunicación.

Ese concepto se reiteraría en la STEDH *Copland vs. Reino Unido*[366], a propósito de la aplicación de diversas medidas de

---

365 Vid. J. CABEZA PEREIRO, "El necesario cambio en la jurisprudencia constitucional sobre videovigilancia y control de mensajería electrónica de los trabajadores a la vista de la doctrina del TEDH", *Temas Laborales*, núm.41 (2018), pp.13 y ss.; E.E. TALÉNS VISCONTI, "La expectativa razonable de confidencialidad como presupuesto de vulneración de derechos fundamentales en la fiscalización informática llevada a cabo por el empresario", *Aranzadi Social*, núm.8 (2013) (BIB 2013\2377); R. POQUET CATALÁ, "La protección del derecho a la intimidad del teletrabajador", *Lex Social*, núm.1 (2018), pp.113 y ss.; G. LÓPEZ DE LA FUENTE, "La doctrina jurisprudencial del Tribunal Europeo de Derechos Humanos sobre el control de las comunicaciones electrónicas en el trabajo: ¿el fin de una eterna cuestión?", *Revista de Estudios Europeos*, núm.69 (2017), pp.5 y ss.; C.M. RUIZ GONZÁLEZ, "Las nuevas propuestas interpretativas del Tribunal Europeo de Derechos Humanos sobre el control del uso laboral de la tecnología de la empresa: Barbulescu y López Ribalda", *Cuadernos de Derecho Transnacional*, núm.2 (2018), pp.915 y ss.

366 De 3-4-2007, recurso 62617/00.

control (monitorización continuada de las llamadas de teléfono, del uso de internet y de los mensajes de email) por parte del subdirector de la institución educativa en relación con una determinada trabajadora (y sólo con dicha trabajadora). La argumentación de la sentencia es menos prolija que en la anterior, toda vez que el Tribunal entiende de manera muy preliminar que se trataba de una restricción del derecho del artículo 8 del CEDH que no estaba prevista en la ley ni en norma alguna de carácter general aplicable a ese ámbito, y que tampoco el empleador había aprobado reglas sobre el particular, por lo que se estaba enjuiciando, sencillamente, una decisión individual de una persona con facultades directivas que carecía de fundamento específico, dado que ni siquiera se acreditaba una sospecha fundada de incumplimiento por parte de la trabajadora.

Sobre esa doctrina el TEDH elaboraría posteriormente los criterios relativos al uso, por parte del trabajador, del ordenador propiedad del empleador proporcionado para el trabajo y de las cámaras de videovigilancia. En relación con el control del ordenador, la referencia jurisprudencial reside sin duda en el caso *Bărbulescu vs. Rumanía*, relativo a un trabajador que a instancias de su empleador había abierto una cuenta de mensajería instantánea para facilitar la comunicación con sus clientes. Sin previo aviso la empresa decidió controlar esa vía de comunicación, y procedió al despido al detectar un uso de internet con fines privados en contra de la política empresarial. El asunto fue resuelto inicialmente en Sala (STEDH *Bărbulescu I*[367]), pero esa sentencia sería después rectificada en Gran Sala (STEDH *Bărbulescu II*[368]). En la primera de esas sentencias, la Sala Cuarta del TEDH llegaría a la conclusión de que el despido no vulneraba el artículo 8 del Convenio, porque la polí-

367 De 12-1-2016 (recurso 61496/08).
368 De 5-9-2017 (recurso 61496/08).

tica empresarial previa eliminaba la expectativa de privacidad y permitía al empleador realizar los pertinentes controles. Sin embargo, la Gran Sala rectificaría esa doctrina, al estimar que la política empresarial previa no puede suprimir por completo la expectativa de privacidad y, en particular, que una prohibición de uso de medios empresariales con finalidad personal no legitima cualquier medida de control. A tal fin, el principio de proporcionalidad vuelve a adquirir protagonismo, pues la sentencia exige que en la valoración de estos supuestos de hecho se tomen en cuenta los siguientes aspectos para alcanzar una conclusión sobre la vulneración del derecho al respeto a la vida privada y familiar: 1) Si el trabajador ha sido informado de la adopción de esas medidas de vigilancia; 2) Cuál ha sido el alcance de la vigilancia realizada por el empresario y el grado de intrusión en la vida privada del trabajador; 3) Las razones alegadas por el empleador; 4) La existencia de medidas menos invasivas; 5) Las consecuencias para el trabajador, y 6) Las garantías para minimizar el impacto sobre los derechos fundamentales[369].

En aplicación de estas pautas, conocidas desde entonces como "test Barbulescu", el Tribunal llega a la conclusión de que se había producido una vulneración del derecho reconocido en el artículo 8 del Convenio, por los siguientes motivos: el empleador no había acreditado cuál era el propósito del control, no se había analizado si podría haberse llegado al mismo resultado por métodos menos invasivos, no parecía justificado acceder al contenido completo de las conversaciones –personales- para acreditar el incumplimiento, y la sanción impuesta al trabajador era el despido, la más grave posible. La STEDH

---

369 Vid. A. DESDENTADO BONETE y E. DESDENTADO DAROCA, "La segunda sentencia del Tribunal Europeo de Derechos Humanos en el caso *Bărbulescu* y sus consecuencias sobre el control del uso laboral del ordenador", *Revista de información laboral*, núm.1 (2018), pp.35 y ss.

Bărbulescu II constituye, en este momento, el referente principal en este ámbito de las medidas de control empresarial, como se comprueba en la evolución de la doctrina relativa a la videovigilancia. La posición del TEDH sobre el control a través de cámaras de videovigilancia no resultaba demasiado firme hasta esos tiempos, pues el Tribunal mostraba cierta ambivalencia y no conseguía consolidar los pertinentes criterios interpretativos, seguramente porque las circunstancias de cada caso resultaban muy peculiares y porque no era esta una materia que en el conjunto de los Estados parte hubiera contado con una respuesta clara y uniforme. A partir de entonces la doctrina se reafirma, y el Tribunal apuesta por un análisis casuístico en el que se valoren todos los elementos concurrentes (por ejemplo, las circunstancias que motivan el acceso empresarial al ordenador utilizado por el trabajador), y no solamente aspectos meramente formales, como demuestra la STEDH *Libert vs. Francia*[370]. Un caso muy significativo en esa evolución es la conocida sentencia *López Ribalda*, de la que hablaremos tras exponer antes algunos casos previamente decididos por el TEDH también sobre estos temas.

El primero de ellos, que vale la pena citar no tanto por su cronología cuanto por haber sido decidido por sentencia, es el que lleva por nombre *Antović y Mirković v. Montenegro*[371]. En tal ocasión, el Tribunal consideró contrario al artículo 8 del Convenio la grabación en vídeo (sin audio) de determinadas dependencias universitarias donde se impartían clases. Pese a que el empleador había advertido previamente a los profesores de la instalación de las cámaras de que tendrían finalidad de control, de que el acceso a las grabaciones se limitaría a la persona responsable de la dirección, de que se eliminarían

---

370 De 22-2-2018, recurso 588/13. La sentencia considera que denominar una carpeta como "personal" no impide en todo caso el acceso del empleador a los ficheros que en ella se contienen.

371 De 28-11-2017 (recurso 70838/13).

en treinta días y de que nunca llegaron a ser utilizadas como prueba de incumplimiento, la sentencia entiende que ese mecanismo de control constituye una injerencia prohibida en la vida privada del trabajador. Conviene precisar que no existía sospecha previa de incumplimiento, sino que las cámaras se instalaban de forma permanente por motivos de seguridad y también de control de la docencia, finalidad esta última que la legislación montenegrina (de donde procedía el asunto) no contemplaba como causa legitimadora de la instalación de cámaras.

El segundo de esos casos viene reflejado en la "decisión de admisibilidad" adoptada por el TEDH en el asunto *Köpke v. Alemania*[372], que a la postre constituye un adecuado contraste respecto del anterior, porque en tal supuesto la actuación del empleador tenía como fin la constatación o acreditación de una sospecha previa. La empresa empleadora, un supermercado, había detectado una discrepancia entre los productos vendidos y el dinero recaudado, con la consiguiente presuposición de que era causa de la actuación de dos trabajadores. Con el fin de obtener pruebas contrató a una agencia de detectives, que instaló aparatos de vigilancia de los trabajadores sospechosos, así como del funcionamiento de la caja registradora y de un espacio muy limitado de las dependencias empresariales, a resultas de lo cual se pudo grabar a los implicados manipulando las cuentas y apropiándose de dinero, por lo que se procedió a su despido. Los trabajadores basaron su defensa en el incumplimiento de la legislación de protección de datos, aduciendo que en el momento de la comisión de los hechos la Directiva 95/46 de la Unión Europea no había sido objeto de transposición en Alemania, y que la normativa interna sobre videovigilancia no establecía las suficientes garantías para el afectado.

---

372 De 5-10-2010 (recurso 420/07).

El TEDH, sin embargo, estimó que los tribunales alemanes habían tomado en consideración todos los intereses en juego, pues si bien la videovigilancia en el lugar de trabajo «debe ser considerada, en sí misma, como una considerable injerencia en la vida privada del trabajador», la medida de control cuestionada «sólo tuvo lugar cuando se detectaron pérdidas durante el inventario e irregularidades en las cuentas del departamento de bebidas en el que trabajaba, levantando una razonable sospecha de robo cometido por el recurrente y otro trabajador, quienes fueron los únicos objetivos de la medida de vigilancia», que se prolongó únicamente dos semanas en un espacio físico muy reducido, y con la única finalidad de obtener evidencias para adoptar la decisión empresarial y eventualmente poder utilizarlas en un procedimiento judicial. Sobre esas premisas, el TEDH afirmó, refiriéndose al empleador, que «debe ser considerado esencial para su relación de trabajo con el recurrente, una persona a quien había confiado el manejo de la caja registradora, que pudiera confiar en que no robase el dinero contenido en esa caja». En esta línea, el Tribunal concluye que «el interés del empleador en la protección de sus derechos de propiedad sólo puede ser efectivamente salvaguardado si puede recoger evidencias en orden a probar la conducta criminal del recurrente en los procedimientos judiciales ante los tribunales internos y si puede conservar los datos recogidos hasta la decisión final» de los procesos correspondientes. Asimismo, la actuación empresarial «sirve también al interés público en la recta administración de justicia por los tribunales nacionales, que deben ser capaces de averiguar la verdad en la medida de lo posible», siempre garantizando el adecuado respeto a los derechos de todos los afectados. De hecho, la grabación de los trabajadores en ese caso «sirvió para eliminar las sospechas que pesaban sobre otros trabajadores que no fueron culpables de ninguna infracción». En último término, el TEDH acepta en esta resolución que «no había ningún otro medio igualmente efectivo para proteger el derecho de propiedad del empleador que hubiera interferido con menor intensidad con el derecho del recurrente al respeto a su vida privada», y llega a la conclusión en consecuencia de que las quejas de los recurrentes eran «manifiestamente infundadas». A la postre, es una resolución que legitima la contratación de detectives privados y el uso de esos medios de control sin informar previamente a los afectados, siempre a condición, claro está, de que exista una «fundada sospecha previa de que el trabajador ha cometido una infracción" y de que la vigilancia sea "proporcional al objetivo de investigar esa infracción» (*prior substantiated suspicion that the employee had committed an offence and if such surveillance was altogether proportionate to the aim of investigating the offence at issue*).

Sin embargo, la línea de razonamiento experimentó después alguna circunstancial alteración con el caso *López Ribalda y otros vs. España*, que dio lugar también a dos pronunciamientos consecutivos del TEDH[373]. El primero de ellos fue dictado por la Sala Tercera en enero de 2018, y supuso una modificación de aquella perspectiva de aproximación al problema y la adopción de una posición sustancialmente distinta pese a que el asunto era similar. En esa ocasión, la empresa había actuado a partir de una sospecha razonable de que los trabajadores de un supermercado cometían irregularidades (el desfase entre los productos inventariados y el dinero obtenido por las ventas se cifraba entre 8.000 y 25.000 euros mensuales durante cinco meses consecutivos, con tendencia al alza), y sobre esa base había decidido instalar un sistema de videovigilancia visible, del cual se informó a los trabajadores, y otro no visible, sin información alguna. Las cámaras captaron a varios trabajadores sustrayendo mercancías y permitiendo a clientes abandonar el establecimiento con diversos productos sin efectuar el pago correspondiente. El empleador procedió entonces al despido disciplinario de todos los trabajadores involucrados, que

---

373 De 9-1-2018 (recursos 1874/13 y 8567/13).

admitieron los hechos ante el empleador y un representante de los trabajadores. La Sala Tercera TEDH concluyó entonces que la instalación de cámaras de vigilancia en esas concretas condiciones era contraria al artículo 8 del Convenio, y que los tribunales españoles, al no verlo así, no habían garantizado un justo equilibrio entre el derecho de los trabajadores a su vida privada y el derecho del empleador a la protección de sus bienes. Para llegar a esa conclusión la sentencia se basa, fundamentalmente, en la legislación española de protección de datos, pues entiende que, conforme al artículo 5 LOPD/1999, entonces vigente, los trabajadores debían haber sido advertidos previamente de la instalación de cámaras, de modo que las imágenes obtenidas por las cámaras ocultas, dirigidas a las cajas registradoras, no cumplían dicha exigencia. Conviene advertir que el Gobierno español, en sus alegaciones, afirmó que la instalación de cámaras sin información previa al trabajador contrariaba el artículo 18.4 de nuestra Constitución, lo que fue relevante para la decisión final.

Como era de rigor, la sentencia centró sus esfuerzos argumentativos en separarse de la ya mencionada decisión de admisibilidad del asunto *Köpke v. Alemania*, y estimó a tal efecto muy relevante que Alemania, cuando aconteció el supuesto de hecho, no había aprobado una legislación sobre instalación de cámaras, a diferencia de lo que ya sucedía en España gracias a la LOPD/1999 y, sobre todo, a la Instrucción 1/2006 de la AEPD, que fueron objeto de mención explícita en este caso. Así las cosas, la STEDH *López Ribalda I* afirmó que la legislación vigente «en el momento de los hechos del caso claramente establecía que cada captador de datos tenía que informar a los interesados de la existencia de un medio para captar y procesar sus datos personales», y consideró, complementariamente, que «en una situación donde el derecho de cada interesado a ser informado de la existencia, finalidad y modo de la videovigilancia encubierta estaba claramente regulado y protegido por ley, los demandantes tenían una razonable expectativa de privacidad» (apartado 67). Como argumentos *ex abundancia*, el Tribunal añadió que, a diferencia del caso *Köpke*, no existía en este supuesto una sospecha sobre concretos trabajadores, sino sobre todos ellos (en *Köpke* la vigilancia se limitaba a dos trabajadores), y que no se había acotado temporalmente la medida, porque la videovigilancia efectuada no estaba sujeta a término final prefijado y se desarrollaba durante todas las horas de trabajo. Por todo ello, el TEDH estimó que la instalación de cámaras no fue entonces una medida proporcionada, y que no cabía utilizar en juicio las pruebas obtenidas sin informar previamente de ello a los trabajadores afectados, pese a que, en el estado del ordenamiento español por aquellas fechas, no se aclaraba el alcance que debía tener dicha información, pues en el apartado 69 de la mencionada Instrucción parecía exigirse en un primer momento que la información fuese previa, explícita, precisa y sin ambigüedades, pero a continuación se añadía que la información previa podía satisfacerse advirtiendo a los trabajadores «aunque sea de manera general» («*even in a general manner*») de la instalación de las cámaras y con el contenido exigido por la legislación de protección de datos[374]. No obstante, el Tribunal entendió en último término de que la falta de

[374] Vid. J.L. GOÑI SEIN, "Video vigilancia empresarial mediante cámaras ocultas: su excepcional validez como control defensivo «ex post»", *Trabajo y Derecho*, núm.47 (2018); E.E. TALÉNS VISCONTI, "Video-vigilancia y protección de datos en el ámbito laboral: una sucesión de desencuentros", *Revista Internacional y Comparada de Relaciones Laborales y Derecho del Empleo*, Volumen 6, núm.3 (2018), pp.61 y ss.; C. MOLINA NAVARRETE, "De "Barbulescu II" a "López Ribalda", ¿qué hay de nuevo en la protección de datos de los trabajadores? Comentario a la Sentencia del Tribunal Europeo de Derechos Humanos de 9 de enero de 2018, caso López Ribalda "et alii" vs. España", *RTSS* (CEF), núm.419 (2018), pp.125 y ss.; L.A. FERNÁNDEZ VILLAZÓN, "Protección de datos y derechos digitales de los trabajadores", en L.A. FERNÁNDEZ VILLAZÓN (Coord.), *Derecho y nuevas tecnologías*, Civitas, Madrid, 2020, pp.219 y ss.; J.A. ALTÉS TÁRREGA, "La videovigilancia encubierta en la nueva regulación

proporcionalidad en la instalación de cámaras no era obstáculo para que el despido fuera considerado procedente por los tribunales españoles, por cuanto las grabaciones de las cámaras ocultas no habían sido el único medio de prueba objeto de valoración judicial. Las cámaras visibles, de cuya presencia sí habían sido informados los trabajadores, y la propia confesión de los afectados, que no venía precedida de coacción, permitían llegar legítimamente a esa conclusión, por lo que el TEDH se limitó a condenar al Estado español a abonar 4.000 euros a los recurrentes en concepto de indemnización por daño moral vinculado a la violación de un derecho fundamental[375].

---

sobre derechos digitales laborales y la incidencia de la STEDH López Ribalda (II), *RGDTSS* (iustel), núm. 55 (2020).

375 La sentencia venía acompañada de una Opinión Disidente del Juez Dedov, que parte de la premisa, no compartida por la sentencia, de que la comisión de infracciones (penales o laborales) es incompatible con el derecho a la vida privada, o, dicho de otra forma, que el derecho a la privacidad no puede ser invocado para eludir responsabilidades por la comisión de infracciones, porque «el interés público de la sociedad debe prevalecer» y «las salvaguardias contra la ilegalidad y la arbitrariedad deben limitarse a la protección contra una interferencia abusiva». El Juez Dedov puntualiza, en primer lugar, que las cámaras ocultas captaban imágenes de las cajas registradoras, y por tanto no trataban de invadir espacios donde el derecho a la intimidad pudiera verse previsiblemente más afectado. En segundo lugar, que sí había información sobre la instalación de cámaras (el distintivo al que alude la Instrucción 1/2006), con lo que, aunque algunas de las cámaras estuvieran ocultas, podría cumplirse la exigencia de información tal y como ha sido entendida por el TC español. En tercer lugar, que las pérdidas de hasta 25.000 euros mensuales sugerían una actuación de varios trabajadores, lo que debe ser valorado desde la perspectiva del principio de proporcionalidad. En suma, la Opinión Disidente considera que en la aproximación a este caso el TEDH se había separado de *Bărbulescu II*, pues a partir de las premisas sentadas en esa última sentencia la actuación empresarial difícilmente podría ser calificada como «abusiva, arbitraria o desproporcionada», y que el Tribunal, en su afán

Al igual que sucedió en *Bărbulescu*, el Estado concernido, en este caso España, invocó el artículo 43 del CEDH para que el asunto fuera reexaminado por la Gran Sala, lo que dio lugar a una nueva sentencia con fecha de 17 de octubre de 2019 (*López Ribalda II*), en la que el Tribunal se alinea con los argumentos esgrimidos en la "Opinión Disidente" que acompañaba a la sentencia de 2018, para afirmar que los «principios establecidos en *Bărbulescu*, muchos de los cuales provienen de la Decisión en *Köpke*, cuyos hechos eran similares a los de este caso, son extrapolables, *mutatis mutandis*, a las circunstancias en las que un empleador puede implementar medidas de videovigilancia en el centro de trabajo». Por consiguiente, el Tribunal remitía ahora explícitamente al test de proporcionalidad en los términos antes referidos, unificando el método de validación de los distintos instrumentos de control empresarial. De lo que cabe deducir, por ejemplo, que la política empresarial de información previa, siendo importante, no permite eliminar por completo la expectativa de privacidad o, en mejor expresión, no concede al empleador una patente de corso para ejercer sus facultades de control de modo ilimitado, sino que sólo es aceptable si se actúa en todo caso con criterios de proporcionalidad de la medida implementada o que pretende implementarse en relación con los objetivos perseguidos y las circunstancias del caso.

Con todo, a la vista de estos pronunciamientos también podría decirse que la sospecha previa de incumplimiento laboral puede proporcionar un cierto margen al empleador, como ya había indicado en su momento la OIT[376], de modo que la li-

---

de proteger garantías formales, estaba contradiciendo un principio general del Derecho, cual es que «no debe permitirse legalmente a los demandantes beneficiarse de sus propios incumplimientos».

376 Vid. OIT, *Repertorio de recomendaciones prácticas de la OIT. Protección de los datos personales de los trabajadores*, OIT, 1997, pág.8. http://www.ilo.org/public/libdoc/ilo/1997/97B09_118_span.pdf.

citud del control no queda necesariamente condicionada a la información previa al investigado, en tanto que ello privaría a la medida de toda eficacia. En aquel caso concreto, el Tribunal llegó a la conclusión de que la vigilancia efectuada, aun realizada sin conocimiento de los trabajadores, era proporcionada, pues la empresa contaba con escasos medios para verificar una sospecha razonable de incumplimiento que le estaba produciendo un daño económico grave. Además, la sentencia *López Ribalda II* distingue explícitamente entre los remedios o consecuencias que el ordenamiento puede contemplar frente a una vulneración de la privacidad, y considera que no es incompatible calificar como proporcionada una medida de control (en ese caso, de videovigilancia) y al mismo tiempo iniciar los procedimientos civiles o administrativos de reparación o sanción frente a la empresa por el incumplimiento del deber de información previa en materia de protección de datos, lo que supone, en esencia, que la nulidad de la medida por vulneración de un derecho fundamental y la exigencia de responsabilidades económicas por los hechos, son consecuencias y garantías que actúan en planos distintos, y que pueden jugar por separado, de modo que la ausencia de información no ha de conducir *per se* a una declaración de nulidad por transgresión de un derecho fundamental[377].

Se aprecia, así pues, una evolución de la doctrina del TEDH en este ámbito, pues la «expectativa de privacidad», que en principio protegía de forma intensa al trabajador, fue perdiendo fuerza en atención a una serie de circunstancias concurrentes, como por ejemplo que el trabajador envíe un correo

---

377 Vid. C. MOLINA NAVARRETE, "El derecho a la vida privada del trabajador en el Tribunal Europeo de derechos humanos: ¿Diálogo o conflicto con la jurisprudencia nacional?", *Temas Laborales*, nº 145 (2018), pp. 132 y ss; F. NAVARRO NIETO, "La videovigilancia laboral. Un comentario a la STEDH 17-10-2019, Asunto López Ribalda", *Diario La Ley*, núm.9519, de 15 de noviembre de 2019.

electrónico desde la dirección corporativa proporcionada por el empleador, o que en el mensaje se combinen circunstancias privadas con otras profesionales. Quizá es más importante, incluso, que el trabajador conozca que se ha elevado alguna queja contra él y que el empleador advierta de que tal conducta no es aceptable, pues ese es un punto de inflexión para el Tribunal de Estrasburgo. Desde ese momento, el trabajador no puede razonablemente esperar que sus acciones en el lugar de trabajo deban calificarse en todo caso como privadas, de modo que el empleador, dentro de los límites razonables, estaría legitimado para comprobar la veracidad de las acusaciones que pretenda imputar al trabajador a partir de unos determinados hechos (algo que constituye, a la postre, una de las «obligaciones positivas del Estado» respecto de la víctima)[378]. Con esta evolución, no debe sorprender que el TEDH haya aceptado como válido medio de control la geolocalización, y que haya dado por bueno, concretamente, que la empresa haga seguimiento de la distancia recorrida por el trabajador en un vehículo de propiedad empresarial e incluso fuera de las horas de trabajo, siempre que el trabajador esté informado y que el propósito de esa medida resulte legítimo, como puede serlo el de controlar el gasto realizado por el trabajador y no exactamente sus concretos movimientos[379].

En fin, conviene advertir que, a juicio del TEDH, el empleador puede utilizar como prueba en un procedimiento disciplinario no sólo las evidencias que se desprendan de los medios de control de los que dispone ordinariamente, sino también aquellas que deriven de la investigación de otros sujetos, y en particular de las autoridades públicas encargadas de la persecución de delitos. Aun cuando esas pruebas, como escuchas te-

---

[378] Vid. Decisión de admisibilidad *Garamukanwa vs. Reino Unido* (de 14-5-2019, recurso 70573/17).

[379] Vid. STEDH *Florindo de Almeida Vasconcelos Gramaxo vs. Portugal* (de 13-12-2022, recurso 26968/16).

lefónicas o grabaciones de video, no hubieran sido implementadas por el empleador ni tuvieran en su origen en cuestiones laborales, el Tribunal ha considerado que su utilización como medio de prueba de incumplimientos laborales no vulnera ni el derecho a un proceso equitativo ni el derecho al respeto a la vida privada y familiar[380].

8. Prestaciones de seguridad social y remuneración del trabajo

El derecho a la Seguridad Social no figura como tal en el CEDH, ni tampoco es fácilmente deducible de ninguno de los otros derechos reconocidos en ese texto. No existe, pues, una vía directa, o evidente, para plantear litigios sobre prestaciones sociales ante el TEDH. No obstante, la experiencia demuestra que el Tribunal ha encontrado fórmulas indirectas para conocer de conflictos sobre la preservación de derechos de protección social o de seguridad social, que unas veces tienen por objeto la impugnación de decisiones que deniegan prestaciones económicas, y otras veces la reacción frente a resoluciones administrativas de supresión o reducción de esos beneficios sociales. Esos recursos se han formalizado en ocasiones con amparo en dos derechos de alcance muy general, como son el derecho a un proceso equitativo (por la dilación de los trámites, administrativos y procesales)[381] y la prohibición de discriminación, como se desarrollará en el epígrafe siguiente. Sin embargo, preceptos de carácter más sustantivo y concreto también han servido de sustento jurídico para pronunciarse sobre algún asunto, como por ejemplo las formas de convivencia que permiten el disfrute de la pensión de viudedad, aspecto

---

380 Vid. STEDH *Adomaitis vs. Lituania* (de 18-1-2022, recurso 14833/18).

381 A modo de ejemplo, vid. STEDH *Sopp vs. Alemania* (de 8-10-2009, recurso 47757/06), en relación con la desmedida duración de un proceso de calificación de una contingencia como profesional o común.

que puede ser analizado desde la perspectiva del derecho al respeto a la vida privada y familiar reconocido en el artículo 8 del CEDH[382].

En apariencia, las prestaciones de Seguridad Social no tendrían cabida en otros preceptos del Convenio, pero el TEDH ha insinuado vías adicionales, más forzadas sin duda, pero cuyo protagonismo futuro no puede descartarse. En particular, el derecho a la vida y la prohibición de la tortura y de los tratos inhumanos y degradantes podrían jugar un papel en relación con la Seguridad Social, pese a que el artículo 2 del Convenio parece concebido para acabar con la pena de muerte y que el artículo 3 no está diseñado, obviamente, para su aplicación a las prestaciones de Seguridad Social, respecto de las que muy difícilmente podría decirse que pueden causar el sometimiento de los beneficiarios a tortura o a tratos inhumanos o degradantes[383]. Sin embargo, el Tribunal ha apuntado que el derecho a la vida reconocido en el artículo 2 CEDH podría ser de aplicación en situaciones donde injustamente el sistema sanitario no reembolse parcial o totalmente el coste de ciertos medicamentos, principalmente cuando resulten imprescindibles para la vida[384], a sabiendas, en todo caso, de que la inten-

---

382 Vid. STEDH *Şerife Yiğit vs. Turquía* (de 20-1-2009, recurso 3976/05), sobre denegación de la pensión de viudedad a una pareja que había contraído matrimonio religioso, pero no civil, el único con efectos en Turquía en esos momentos.

383 Vid. E. CARMONA CUENCA, "Derechos sociales de prestación y obligaciones positivas del Estado en la jurisprudencia del Tribunal Europeo de Derechos Humanos", *Revista de Derecho Político*, nº 100 (2017), pp. 1226 y ss.; R. CANOSA USERA, "La prohibición de la tortura y de penas y tratos inhumanos o degradantes en el CEDH", *Teoría y Realidad Constitucional*, nº 42 (2018), pp. 247 y ss.

384 Vid. Decisión de admisibilidad TEDH *Nitecki vs. Polonia* (de 21-3-2002, recurso 65653/01), que inadmite el recurso presentado por un enfermo de esclerosis lateral amiotrófica porque solicitaba la gratuidad total del medicamento. La sentencia considera que el

sidad de la cobertura sanitaria también ha sido analizada por el TEDH desde la perspectiva del derecho a la vida privada y familiar del artículo 8 CEDH[385].

Además, en alguna ocasión el Tribunal ha valorado el importe de la prestación como un elemento determinante en el cumplimiento de las obligaciones positivas de asistencia a los ciudadanos por parte del Estado que impone el CEDH[386], e incluso ha advertido, *obiter dicta,* de que las reclamaciones basadas en una cuantía insuficiente de las prestaciones sociales pueden tener cabida en el artículo 3 del Convenio, siempre que se demuestre un daño a la salud física o mental de tal gravedad que permita considerar la situación como inhumana o degradante[387]. Por lo tanto, no es descabellado pensar que en un futuro el Tribunal pueda extender el radio de acción de esos preceptos vinculados al respeto a la vida y a la integridad física y amparar de alguna manera reivindicaciones relativas a un importe mínimo de las prestaciones, o quizás a un ingreso vital de subsistencia[388], aunque hay que tener en cuenta que sigue siendo muy cauto en relación con los derechos sociales, toda vez que considera que «las autoridades nacionales están

---

Estado cumplió su obligación derivada del art. 2 del Convenio al financiar el 70% del coste.

385 Vid. Decisión de admisibilidad TEDH *Pentiacova y otros vs. Moldavia* (de 4-1-2005, recurso 14462/03).

386 Vid. Decisión de admisibilidad TEDH *La Parola y otros vs. Italia* (de 30-11-2000, recurso 39712/98).

387 Vid. Decisión de admisibilidad TEDH *Larioshina vs. Rusia* (de 23-4-2002, recurso 56869/00), sobre denegación de la pensión de viudedad a una pareja que había contraído matrimonio religioso, pero no civil, el único con efectos en Turquía en esos momentos. En el mismo sentido, Decisión de admisibilidad TEDH *Budina vs. Rusia* (de 18-6-2009, recurso 45603/05).

388 Vid. L. LÓPEZ GUERRA, "Crisis económica y derechos humanos. Una nota de jurisprudencia", *Teoría y Realidad Constitucional,* núm.36 (2015), pp.402 y ss.

en principio en mejor posición que el juez internacional para apreciar el interés público en materias económicas y sociales, de modo que el TEDH respetará generalmente la opción legislativa salvo que sea manifiestamente infundada»[389].

En verdad, la vía de acceso más frecuente al TEDH de los litigios en materia de protección social no ha sido ninguno de los derechos consagrados en el Convenio, sino el Protocolo número 1 de 1952, cuyo artículo 1 reconoce el derecho a la «protección de la propiedad». Ese es un precepto que el Tribunal ha considerado aplicable a las prestaciones de Seguridad Social, que, a su entender, constituyen un «bien» susceptible de protección desde esa plataforma. Aunque se pueden encontrar precedentes en la doctrina de la Comisión Europea de Derechos Humanos ya en la década de los 70 del pasado siglo[390], por lo que respecta al TEDH el *leading case* es la sentencia *Gaygusuz vs. Austria*[391], dictada en relación con la denegación de una prestación no contributiva por la única razón de la nacionalidad, pues el recurrente era extranjero. Se trataba, por tanto, de un supuesto de discriminación por razón de nacionalidad, pero téngase en cuenta que ese no es un derecho autónomo en el contexto del CEDH, como se dirá en el epígrafe siguiente, sino un derecho que debe invocarse junto con otro derecho de carácter sustantivo, que tal vez pudiera haber sido en ese caso el reconocido en el artículo 8 del CEDH[392], pero que finalmente fue el consagrado (y añadido) por el artículo 1 del Protocolo número 1.

A partir de ese momento, el derecho de propiedad adquirió un notable protagonismo en relación con las prestaciones de

---

389 Vid. STEDH *Andrejeva vs. Letonia* (de 18-2-2009, recurso 55707/00).

390 Vid. Decisiones de la CEDH *X. vs. Austria* (de 6-7-1977, recurso 7624/76) y *Mrs. X. vs. Países Bajos* (de 18-12-1973, recurso 5763/72).

391 De 16-9-1996, recurso 17371/90.

392 Vid. STEDH *Dhahbi vs. Italia* (de 8-4-2014, recurso 17120/09).

Seguridad Social, tanto contributivas como no contributivas, pues en ambos casos el reconocimiento del derecho y la efectiva percepción generan esa clase de cobertura patrimonial. Además, y como se deduce de la sentencia *Gaygusuz,* estamos una doctrina que se aplica no sólo a las prestaciones efectivamente reconocidas, sino también a las expectativas de derecho, toda vez que las cotizaciones de Seguridad Social, en opinión del TEDH, pueden llegar a engendrar un derecho de prestación y por consiguiente de propiedad[393], si bien no garantizan un determinado importe de pensión[394]. Es una perspectiva de aproximación poco convencional, y por ello es explicable que haya suscitado algún recelo o resistencia para su plena implementación desde la perspectiva del ordenamiento interno español[395], aunque la STC 45/2018, de 26 de abril, parece apuntar en esa dirección[396].

Desde luego, debe decirse que el Tribunal no ha deducido del Protocolo número 1 un derecho oponible frente al Estado

---

393 Vid. STEDH *Andrejeva vs. Letonia* (de 18-2-2009, recurso 55707/00).

394 Vid. Decisión de admisibilidad TEDH *Skórkiewicz vs. Polonia* (de 1-6-1999, recurso 39860/98).

395 Vid. C. SÁNCHEZ-RODAS NAVARRO, "La aplicación del primer protocolo adicional del Convenio Europeo de Derechos Humanos a las prestaciones sociales: ¿freno para las reformas de seguridad social?", *Cuadernos de Derecho Transnacional,* núm.2 (2018), pp.692 y ss.

396 Esta sentencia considera inconstitucional la exigencia de reintegro de las cantidades abonadas en concepto de prestación por muerte y supervivencia tras declararse penalmente la falsedad de algunos documentos destinados a probar la existencia de una unión de hecho. La pensión se había concedido de forma excepcional por ley, y fue anulada expresamente en la DA 44ª de la Ley 39/2010. El TC considera que no se está en presencia de la anulación de una pensión, sino de una «ley singular de contenido expropiatorio» que no está sustentada por una finalidad de utilidad pública o interés social, y por ello se declara inconstitucional y nulo el precepto legal antes citado.

para que implante o mantenga un sistema de protección social con unos rasgos concretos, por ejemplo, con una extensión mínima de su campo de aplicación o con una determinada intensidad de la acción protectora, tanto en lo relativo al catálogo de prestaciones como en relación con el importe de las mismas. El Estado, así pues, dispone de libertad para articular sus mecanismos de protección social, pero el Tribunal de Estrasburgo ha advertido que una vez que tales prestaciones existen, su configuración y concesión puede ser examinada a la luz del CEDH, lo que le ha permitido pronunciarse sobre asuntos muy diversos[397], como las diferencias de edad por razón de sexo en el acceso o mantenimiento de las prestaciones[398], el trato distinto por nacionalidad[399], el cálculo de prestaciones en supuestos de sucesión de Estados[400], el retraso en el pago de las pensiones[401], la licitud del establecimiento de períodos de carencia aunque ello implique que las cotizaciones de quienes no cumplan ese requisito no den lugar a ningún derecho ni sean devueltas[402], las distintas reglas de revalorización de pensiones en función

---

397 Vid. C. MORTE GÓMEZ, "Los derechos económicos y sociales en la jurisprudencia reciente del Tribunal Europeo de Derechos Humanos: una selección", *Teoría y Realidad Constitucional*, núm.42 (2018), pp.556 y ss.

398 Vid. SSTEDH *Stec y otros vs. Reino Unido* (de 12-4-2006, recurso 65731/01 y 65900/01) y *Moraru and Marin vs. Rumanía* (de 20-12-2022, recursos 53282/18 y 31428/20) y Decisiones de admisibilidad TEDH *Bellet, Huertas y Vialatte vs. Francia* (de 20-4-1998, recursos 40832/98, 40833/98 y 40906/98) y *Richardson vs. Reino Unido* (de 10-4-2012, recurso 26252/08).

399 Vid. STEDH *Koua Poirrez vs. Francia* (de 30-9-2003, recurso 40892/98).

400 Vid. STEDH *Andrejeva vs. Letonia* (de 18-2-2009, recurso 55707/00) y Decisión de admisibilidad *Kuna vs. Alemania* (de 10-4-2001, recurso 52449/99).

401 Vid. STEDH *Solodyuk vs. Rusia* (de 12-7-2005, recurso 67099/01).

402 Vid. Decisión de admisibilidad TEDH *Mauriello vs. Italia* (de 13-9-2016, recurso 14862/07).

del país de residencia[403], las consecuencias sobre las pensiones de incapacidad permanente de la revisión del grado de discapacidad por mejoría[404], la razonabilidad del establecimiento a tal efecto de alguna fórmula temporal de transición para la incorporación al mercado laboral o la obtención de medios de subsistencia[405], la repercusión sobre las prestaciones de circunstancias sobrevenidas[406], la reducción del importe de las pensiones debido a la crisis económica o a cambios legales para garantizar la sostenibilidad del sistema[407], la admisibilidad de pérdidas en tal contexto si son proporcionadas[408], la legitimidad de que la minoración afecte a las pensiones más elevadas o con privilegios siempre que no se reduzca la protección respecto de los pensionistas del régimen general u ordinario[409], la

---

403 Vid. STEDH *Carson y otros vs. Reino Unido* (de 16-3-2010, recurso 42184/05).

404 Vid. STEDH *Wieczorek vs. Polonia* (de 8-12-2009, recurso 18176/05), en la que se sostiene que es razonable que las prestaciones se extingan por tal circunstancia.

405 Vid. SSTEDH *Béláné Nagy vs. Hungría* (de 13-12-2016, recurso 53080/13) y *Baczúr vs. Hungría* (de 7-3-2017, recurso 8263/15).

406 Vid. Decisiones de admisibilidad TEDH *Domalewsk vs. Polonia* (de 15-6-1999, recurso 34610/97), respecto de la extinción de prestaciones aparejadas a la condición de veterano de guerra, debido que tal distinción fue revocada; y *Goudswaard-Van der Lans vs. Países Bajos* (de 22-9-2005, recurso 75255/01), sobre reducción del importe de una pensión de viudedad tras iniciar el beneficiario una convivencia con otra persona.

407 Vid. Decisiones de admisibilidad TEDH *Hoogendijk vs. Países Bajos* (de 6-1-2005, recurso 58641/00), *Buchheit y Meinberg vs. Alemania* (de 2-2-2006, recursos 51466/99 et 70130/01), *Hasani vs. Croacia* (de 30-9-2010, recurso 20844/09), *Frimu vs. Rumanía* (de 13-11-2012, recurso 45312/11) y *E.B. vs. Hungría* (de 15-1-2013, recurso 34929/11).

408 Vid. STEDH *Kjartan Ásmundsson vs. Islandia* (de 12-10-2004, recurso 60669/00).

409 Vid. SSTEDH *Janković vs. Croacia* (de 12-10-2000, recurso 43440/98), en relación con militares, y *Rasmussen vs. Polonia* (de 28-4-2009,

exclusión de ciertos colectivos, como los penados, de algunas prestaciones de seguridad social[410], la suspensión de las prestaciones durante el cumplimiento de una condena privativa de libertad[411], las reglas de compatibilidad de las pensiones con el trabajo[412], las posibles diferencias en función de si la actividad se desarrolla en el sector público o en el ámbito privado[413], las consecuencias en materia de prestaciones de cambios de profesión por exigencia legal[414] o del desempeño del trabajo en países distintos[415], los perjuicios derivados de leyes retroac-

---

recurso 38886/05), sobre jueces, y Decisiones de admisibilidad TEDH *Schwengel vs. Alemania* (de 2-3-2000, recurso 52442/99), acerca de cargos políticos, *Cichopek vs. Polonia* (de 14-5-2013, recurso 15189/10), sobre funcionarios del servicio de seguridad, y *Markovics y otros vs. Hungría* (de 24-6-2014, recursos 77575/11, 19828/13 y 19829/13), respecto de las pensiones del personal militar.

410 Vid. STEDH *Stummer vs. Austria* (de 7-7-2011, recurso 37452/02), en la que el Tribunal acepta la legislación austriaca que no permitía a los penados la afiliación al seguro de vejez.

411 Vid. STEDH *P.C. vs. Irlanda* (de 1-9-2022, recurso 26922/19).

412 Vid. STEDH *Lakićević y otros* vs. *Serbia y Montenegro* (de 13-12-2011, recursos 27458/06, 37205/06, 37207/06 y 33604/07), que considera desproporcionada la suspensión de una pensión de jubilación por el desempeño de una actividad a tiempo parcial.

413 Vid. SSTEDH *Fábián vs. Hungría* (de 5-9-2017, recurso 78117/13) y Decisión de admisibilidad *Panfile vs. Rumanía* (de 20-3-2012, recurso 3902/11), que admiten mayores limitaciones a la compatibilidad de las pensiones con el empleo público por el propósito de racionalizar el gasto.

414 Vid. STEDH *Bucheň vs. República Checa* (de 26-11-2002, recurso 36541/97), en relación con la pensión de jubilación de jueces militares tras la desaparición de los tribunales castrenses.

415 Vid. STEDH *Maggio y otros vs. Italia* (de 31-5-2011, recurso 46286/09, 52851/08, 53727/08, 54486/08 y 56001/08), que no considera contrario al derecho de propiedad que la pensión de jubilación de los trabajadores migrantes no se calcule conforme a los últimos salarios percibidos, sino aplicando las reglas de totalización, aunque ello pueda derivar en un importe menor.

tivas[416], el impacto de los errores de la Administración en el reconocimiento de la prestación y el cálculo de su cuantía[417], la no proporcionalidad de la extinción inmediata de una prestación que se viene percibiendo durante cierto tiempo[418] o de la solicitud de reintegro total de lo abonado por error[419], la posibilidad de hacer valer periodos trabajados o cotizados en otros países[420], la licitud de minorar la cuantía aunque no de privar completamente de protección[421], especialmente empleados públicos que hayan cometido delitos graves[422], la admisibili-

---

416 Vid. STEDH *OGIS-INSTITUT STANISLAS, OGEC ST. PIE X ET BLANCHE DE CASTILLE y otros vs. Francia* (de 27-5-2004, recursos 42219/98 y 54563/00).

417 Vid. STEDH *Kutepov y Anikeyenko vs. Rusia* (de 25-10-2005, recurso 68029/01), en la que se exige una aplicación del principio de proporcionalidad a favor del beneficiario de buena fe, porque en materia de prestaciones sociales se valora el «buen gobierno» (*good governance*), por lo que el Tribunal presta atención a la fecha que se elige para efectuar un nuevo cálculo y evitar una reducción desmedida.

418 Vid. STEDH *Moskal vs. Polonia* (de 15-9-2009, recurso 10373/05).

419 Vid. STEDH *Čakarević vs. Croacia* (de 26-4-2018, recurso 48921/13).

420 Vid. Decisión de Admisibilidad TEDH *L.B. vs. Austria* (de 18-4-2002, recurso 39802/98). Se admiten más restricciones en las exrepúblicas soviéticas, pues por razones históricas no puede considerarse que el nuevo país deba asumir las obligaciones de la URSS. Por consiguiente, esas nuevas naciones no han de reconocer necesariamente los períodos cotizados antes de su independencia en otras exrepúblicas soviéticas, y, en caso de optar por ese cómputo, podrían establecer un régimen más favorable para sus propios nacionales que para los extranjeros; vid. STEDH *Savickis y otros vs. Letonia* (de 9-6-2022, recurso 49270/11).

421 Vid. STEDH *Apostolakis vs. Grecia* (de 22-10-2009, recurso 39574/07).

422 Vid. STEDH *Banfield vs. Reino Unido* (de 18-10-2005, recurso 6223/04). También se pronunciaba en ese sentido la STEDH *Azinas vs. Chipre* (de 20-6-2002, recurso 56679/00) que dictó la Sección Tercera, pero el asunto fue llevado a Gran Sala, que en una sentencia de 28-4-2004 desestimó el recurso al entender que no se habían agotado las vías de reclamación internas. Con anterioridad, la Comisión

dad de consecuencias más gravosas para conductas delictivas de mayor gravedad[423], las diferencias de pensión entre civiles y militares[424], o, en general, derivadas de la diferente legislación existente para hombres y para mujeres[425], la exclusión o trato peyorativo de los varones en las prestaciones por viudedad[426] e incluso problemáticas de carácter mucho más técnico[427], si bien el alcance de la retroactividad de las normas de Seguridad Social suele canalizarse en este contexto jurisdiccional a través del derecho a un proceso equitativo del artículo 6 del Convenio[428].

En todo caso, el Tribunal recuerda que el derecho de propiedad únicamente protege situaciones actuales, y no derechos o ingresos futuros o hipotéticos, lo que supone, por ejemplo, que rechace pronunciarse sobre una legislación que adelanta la edad de jubilación forzosa de funcionarios, puesto que el potencial perjuicio que ello supondrá para la cuantía de la pensión de jubilación no es valorable desde la perspectiva del artículo 1 del Protocolo número 1, en tanto que el interesa-

---

Europea de Derechos Humanos aceptaba la pérdida del derecho a pensión como consecuencia de ilícitos penales; vid. Decisión CEDH *C. vs. Francia* (de 15-7-1988, recurso 10443/83).

423 Vid. STEDH *Philippou vs. Chipre* (de 14-6-2016, recurso 71148/10).

424 Vid. STEDH *Popović y otros vs. Serbia* (de 30-6-2020, recurso 26944/13).

425 Vid. SSTEDH *Wessels-Bergervoet vs. Países Bajos* (de 4-6-2002, recurso 34462/97), *Barrow vs. Reino Unido* (de 22-8-2006, recurso 42735/02) y *Pearson vs. Reino Unido* (de 22-8-2006, recurso 8374/03).

426 Vid. SSTEDH *Willis vs. Reino Unido* (de 11-6-2002, recurso 36042/97), *Runkee vs. Reino Unido y White vs. Reino Unido* (de 10-5-2007, recursos 42949/98 y 53134/99) y *Beeler vs. Suiza* (de 11-10-2022, recurso 78630/12).

427 Vid. STEDH *Kokkinis vs. Grecia* (de 6-11-2008, recurso 45769/06), que trata de la aplicación de reglas de prescripción en reclamaciones de cálculo del montante de una pensión con efectos retroactivos.

428 Vid. STEDH *D'Amico vs. Italia* (de 17-2-2022, recurso 46586/14).

do puede mantener su empleo y su remuneración hasta la fecha de jubilación, un acontecimiento futuro e incierto[429]. En resumen, pese a que en una primera aproximación el CEDH no ofrezca protección a los derechos de Seguridad Social, lo cierto es que la labor del Tribunal de Estrasburgo no sólo ha permitido incluir esa materia entre las que merecen su atención, sino que además le ha permitido elaborar un interesante y prolijo cuerpo de doctrina[430]. Señalemos también en este momento la particular doctrina del TEDH relativa a la pensión de viudedad, especialmente en relación con la identificación de sus beneficiarios a partir de las formas de convivencia admisibles a estos efectos, que se ha construido en buena medida a partir de asuntos que provienen de España y que veremos en un epígrafe posterior.

En fin, el Protocolo número 1, y más concretamente el derecho a la propiedad que en su texto se proclama, también ha servido de base para reclamaciones salariales[431], e incluso para limitar el alcance del embargo del salario, que a juicio del TEDH debiera ser proporcional y nunca completo[432], si bien el propio Tribunal ha advertido de que el derecho de propiedad no garantiza el derecho a percibir un salario de un determinado importe durante toda la vida del contrato, de modo que,

---

429 Vid. Decisión de admisibilidad TEDH *J.B. y otros vs. Hungría* (de 27-11-2018, recurso 45434/12).

430 Vid. C. SÁNCHEZ-RODAS NAVARRO, "El primer protocolo adicional del convenio europeo de derechos humanos y el derecho a la seguridad social", *Temas Laborales*, núm.145 (2018), pp.373 y ss.; J. BONET PÉREZ, "Reforma de los regímenes de seguridad social en Europa: el Comité Europeo de derechos sociales y el Tribunal Europeo de Derechos Humanos frente a la potencial regresividad en el goce y disfrute del derecho a la seguridad social", *Revista General de Derecho Europeo*, núm.34 (2014).

431 Vid. STEDH *Khachatryan vs. Armenia* (de 1-12-2009, recurso 31761/04).

432 Vid. STEDH *Paulet vs. Reino Unido* (de 13-5-2014, recurso 6219/08).

por ejemplo, los complementos salariales pueden dejar de recibirse si desaparece la causa que los justificaba[433]. En cambio, el TEDH considera que el Protocolo mencionado no puede amparar las reclamaciones relativas a propinas abonadas junto a los pedidos a través de cheques o tarjetas de crédito, pues en tal caso los trabajadores no podrían invocar la «propiedad» de las mismas[434].

9. Principios de igualdad y no discriminación

El artículo 14 del CEDH recoge la «prohibición de discriminación», de modo que «el goce de los derechos y libertades reconocidos en el presente Convenio ha de ser asegurado sin distinción alguna, especialmente por razones de sexo, raza, color, lengua, religión, opiniones políticas u otras, origen nacional o social, pertenencia a una minoría nacional, fortuna, nacimiento o cualquier otra situación». Como se aprecia, este precepto menciona explícitamente las causas de discriminación más clásicas, pero no contiene un catálogo cerrado gracias a esa última precisión que permite calificar como discriminatoria la diferencia por «cualquier otra situación».

En palabras del TEDH, es un precepto no susceptible de aplicación autónoma -«no tiene existencia independiente»[435], pues debe ponerse en relación con alguno de los derechos sustantivos recogidos en el propio Convenio. Por lo tanto, para su examen en esa sede jurisdiccional el supuesto de hecho debe encajar en alguno de los derechos sustantivos, al margen de que se haya producido o no vulneración, y en tal caso la si-

---

433 Vid. STEDH *Vilho Eskelinen y otros vs. Finlandia* (de 19-4-2007, recurso 63235/00).

434 Vid. STEDH *Nerva y otros vs. Reino Unido* (de 24-9-2002, recurso 42295/98).

435 Cfr. STEDH *Andrejeva vs. Letonia* (de 18-2-2009, recurso 55707/00).

tuación puede analizarse bajo el prisma de la prohibición de discriminación. Es una limitación que el Consejo de Europa ha tratado de superar a través del Protocolo número 12 de 4 de noviembre de 2000, en el que se contempla una prohibición general de discriminación, sin necesidad de relacionar el supuesto con ningún derecho sustantivo, pero recuérdese que tal instrumento adicional no ha sido ratificado aún por todos los Estados parte, lo que desde luego atenúa su capacidad de modificación del estado normativo precedente[436]. En verdad, el Tribunal se ha pronunciado en muy escasas ocasiones sobre el alcance de ese Protocolo, y siempre en asuntos de carácter no laboral o social, como la libertad religiosa –a propósito de las diferencias de trato por parte del Estado entre unas confesiones y otras en la enseñanza de la religión en centros educativos o del reconocimiento de efectos civiles a matrimonios con forma religiosa[437]- o como los derechos de participación política[438]. En alguna ocasión ha declarado, además, que cabe alcanzar las mismas conclusiones a partir del artículo 14 del Convenio o del susodicho Protocolo número 12[439], lo que resta eficacia o potencial a este último[440]. Sea como fuere, lo cierto

---

436 El Protocolo número 12 ha entrado en vigor para Albania, Andorra, Armenia, Bosnia Herzegovina, Croacia, Chipre, Finlandia, Georgia, Luxemburgo, Malta, Montenegro, Holanda, República de Macedonia, Portugal, Rumanía, San Marino, Serbia, Eslovenia, España (en junio de 2008) y Ucrania. Por tanto, todavía no ha sido ratificado por Estados muy significados en el seno del Consejo de Europa, como Francia, Reino Unido o Alemania.

437 Vid. STEDH *Savez crkava "Riječ života" y otros vs. Croacia* (de 9-10-2010, recurso 7798/08).

438 Vid. STEDH *Sejdić y Finci vs. Bosnia Herzegovina* (de 22-12-2009, recursos 27996/06 y 34836/06).

439 Vid. STEDH *Guberina vs. Croacia* (de 22-3-2016, recurso 23682/13), sobre exenciones tributarias.

440 Vid. R.M. MESTRE I MESTRE, "La protección de los derechos sociales por el Tribunal Europeo de Derechos Humanos", *Cuadernos Electrónicos de Filosofía del Derecho,* núm.33 (2016), pp.128-129.

es que dicho Protocolo no ha desplegado efectos en materia laboral y de Seguridad Social, a lo que hay que añadir que, en general, la tutela antidiscriminatoria proporcionada por el TEDH no es tan sofisticada como la que deriva de otros órganos jurisdiccionales internacionales e internos[441].

No obstante sus limitaciones (derivadas en parte del margen de apreciación que se concede a los Estados[442]), o sus particulares inclinaciones (como la preferencia por la no discriminación en detrimento del principio de igualdad), lo cierto es que el artículo 14 del Convenio sí ha jugado un papel, y no precisamente menor, en la actuación del TEDH, entre otras cosas porque, como se puso de manifiesto en el epígrafe anterior, la práctica totalidad de la doctrina en materia de Seguridad Social se ha elaborado a partir del juego conjunto de la prohibición de discriminación y el derecho de propiedad. Es poco probable, en verdad, que el derecho de propiedad, en sí mismo considerado, hubiera permitido al Tribunal un desarrollo de su doctrina de tal envergadura y relevancia sin ese apoyo del artículo 14 CEDH.

Conviene insistir en que el Tribunal ha matizado que el artículo 14 del CEDH consagra el principio de no discriminación, y no el principio de igualdad, de modo que no está prohibido el trato distinto, hasta el punto de que en ocasiones se ha insistido en que ese trato diferente es obligado, especialmente cuando el propósito consista en corregir desigualdades («*factual inequalities*») que tienen su origen en un trato igual a gru-

---

441 Vid. B. FERNÁNDEZ DOCAMPO, "La eficacia de la protección antidiscriminatoria por origen racial ante el Tribunal Europeo de Derechos Humanos", *Revista de Derecho Social*, núm.69 (2015), pp.207-208.

442 Vid. J.L. MONEREO PÉREZ y P.G. ORTEGA LOZANO, "Prohibición de discriminación", *Temas Laborales*, núm.145 (2018), pp.328-330.

pos distintos[443]. Esta discriminación por indiferenciación, no muy presente en nuestro sistema nacional como es sabido, supone en la jurisprudencia del TEDH, por ejemplo, que en el caso de que el acceso a determinadas profesiones esté condicionado por la ausencia de antecedentes penales es necesario introducir las pertinentes excepciones para evitar la discriminación[444]. En un sentido análogo, el TEDH admite restricciones en el empleo público por determinadas conductas pasadas –*v.gr.*, pertenencia a la policía política[445]-, aunque poniendo de relieve al mismo tiempo que esa «falta de lealtad con el Estado» no se puede traducir en limitaciones para ocupar puestos de trabajo en el sector privado[446].

En general, el TEDH considera discriminatoria una diferencia de trato si «carece de justificación objetiva y razonable», esto es, «si no persigue un propósito legítimo y no hay una razona-

---

443 Vid. B. SALANOVA SÁNCHEZ, *El ejercicio del derecho a la libertad de conciencia del trabajador en la empresa privada: el acomodo razonable*, Tesis Doctoral, 2016 (https://e-archivo.uc3m.es/handle/10016/23979#preview).

444 Vid. STEDH *Thlimmenos vs. Grecia* (de 6-4-2000, recurso 34369/97), respecto de la desestimación de la solicitud de un ex militar para ocupar un empleo público como contable, pues entre los requisitos figuraba no haber sido condenado penalmente en el pasado. El solicitante no cumplía esa exigencia, pues años atrás había sido condenado por insubordinación en el ejército, al desobedecer las órdenes sobre indumentaria por motivos religiosos. La sentencia concluye que vulnera la prohibición de discriminación, en relación con la libertad religiosa, que el Estado griego no hubiera tenido en cuenta el motivo de la condena a efectos de acceder a un empleo público en el futuro.

445 Vid. SSTEDH *Naidin vs. Rumanía* (de 21-10-2014, recurso 38162/07) y *Sidabras y Džiautas vs. Lituania* (de 27-7-2004, recursos 55480/00 y 59330/00).

446 Vid. *Rainys y Gasparavičius vs. Lituania* (de 7-4-2005, recursos 70665/01 y 74345/01), que califica esas limitaciones como discriminación vinculada al derecho al respeto de la vida privada y familiar.

ble relación de proporcionalidad entre los medios empleados y el objetivo que se busca realizar». Por supuesto, el Estado cuenta con un «margen de apreciación» para afrontar todas estas situaciones, aunque dicho margen puede ser más amplio o reducido en atención a las circunstancias concurrentes[447]. Quizá este margen de apreciación explica que el TEDH haya abordado algún asunto con mayores cautelas que el TJUE, como ocurrió, por ejemplo, en un recurso (originario de España) referido al despido de una trabajadora que sufría migrañas crónicas[448] y que fue inadmitido sin consideraciones sobre el fondo del asunto, respecto del que cuesta pensar que la jurisdicción comunitaria hubiera optado por una vía tan expeditiva. Sobre todo, por su ya consolidada doctrina acerca de la equiparación a la discapacidad de la enfermedad, curable o incurable que «acarrea una limitación, derivada en particular de dolencias físicas, mentales o psíquicas, a largo plazo, que, al interactuar con diversas barreras, puede impedir la participación plena y efectiva de la persona de que se trate en la vida profesional en igualdad de condiciones con los demás trabajadores»[449].

Por otro lado, el Tribunal advierte de que la diferencia de trato ha de estar basada en una razón de mucho peso cuando el criterio de distinción es el sexo, pero es más flexible cuando se trata de «medidas generales de estrategia económica o social», puesto que el «conocimiento directo de la sociedad y sus necesidades» sitúa a las autoridades nacionales en una «mejor posición que el juez nacional para apreciar las razones económicas y sociales de interés público, de modo que el Tribunal

---

[447] Vid. L. LÓPEZ GUERRA, "La protección de derechos económicos y sociales en el Convenio Europeo de Derechos Humanos", *Parlamento y Constitución*, núm.14 (2011), pp.10 y ss.

[448] Vid. Decisión de admisibilidad TEDH *Raventós Martínez vs. España* (de 16-3-2021, recurso 25284/16).

[449] Cfr. SSTJUE HK Danmark (de 11-4-2013, asuntos acumulados C-335/11 y C-337/11) y Milkova (de 9-3-2017, asunto C-406/15).

respetará generalmente las opciones de política legislativa salvo que sean manifiestamente infundadas»[450].

Además de las citadas, el Tribunal se ha pronunciado desde la atalaya del artículo 14 CEDH sobre materias muy diversas, como las restricciones a la entrada y permanencia de extranjeros[451], las limitaciones en el acceso y disfrute de prestaciones de seguridad social que afectan a extranjeros en situación irregular[452], la expulsión –discriminatoria- de las fuerzas armadas por razón de orientación sexual[453], la resistencia estatal a reconocer las consecuencias del cambio de sexo –con efectos más perjudiciales en Estados que contemplan distintas edades de acceso a pensiones para hombres y mujeres[454]-, el despido –también discriminatorio- de un trabajador paciente de VIH (despido solicitado insistentemente por sus compañeros y que la empresa finalmente ejecutó con el fin de calmar la agitación

---

450 Cfr. STEDH *Stec y otros vs. Reino Unido* (de 12-4-2006, recursos 65731/01 y 65900/01).

451 Vid. STEDH *Abdulaziz, Cabales y Balkandali vs. Reino Unido* (de 28-5-1985, recursos 9214/80, 9473/81 y 9474/81) y *Pajić vs. Croacia* (de 23-2-2016, recurso 68453/13), esta última en relación con los límites a la reagrupación familiar basados en la orientación sexual.

452 Vid. STEDH *X. y otros vs. Irlanda* (de 22-6-2023, recursos 23851/20 y 24360/20).

453 Vid. SSTEDH *Lustig-Prean y Beckett vs. Reino Unido* (de 27-9-1999, recursos 31417/96 y 32377/96), *Smith y Grady vs. Reino Unido* (de 27-9-1999, recursos 33985/96 y 33986/96), *Beck, Copp y Bazeley vs. Reino Unido* (de 22-10-2002, recursos 48535/99, 48536/99 y 48537/99) y *Perkins y R. vs. Reino Unido* (de 22-10-2002, recursos 43208/98 y 44875/98).

454 Vid. SSTEDH *Christine Goodwin vs. Reino Unido* (de 11-7-2002, recurso 8957/95), *I. vs. Reino Unido* (de 11-7-2002, recurso 25680/94) y *Grant vs. Reino Unido* (de 23-5-2006, recurso 32570/03). Acerca de la discriminación por razón de sexo derivada de la previsión legal de distintas edades de jubilación para hombres y mujeres, vid. STEDH *Pająk y otros vs. Polonia* (de 23-10-2023, recursos 25226/18, 25805/18, 8378/19 y 43949/19).

interna)[455], las diferencias de cuantía entre pensiones de incapacidad para militares y civiles[456] o las restricciones por razón de nacionalidad en el acceso a determinadas profesiones, contexto en el que, dicho sea de paso, el TEDH no defiende un derecho a la igualdad de trato equivalente al que deriva de la libertad de circulación en el ámbito de la UE, sino que prefiere una aproximación casuística que tome en cuenta las particularidades de cada profesión, y por ello no considera irrazonable, por ejemplo, introducir limitaciones para los extranjeros que pretendan ejercer la abogacía[457]. En un futuro cercano parece que abordará asimismo el impacto dentro de la relación de trabajo de las decisiones de vacunación obligatoria y de la exigencia del denominado "pasaporte COVID", sobre todo en lo que puedan suponer de limitaciones a la contratación o al mantenimiento del empleo[458].

En cuanto a la discriminación por razón de sexo[459], el Tribunal ha sido contundente al rechazar las prohibiciones al trabajo de mujeres en ciertas actividades tradicionalmente masculinas,

---

455 Vid. STEDH *I.B. vs. Grecia* (de 3-10-2013, recurso 552/10).

456 Vid. STEDH *Popović y otros vs. Serbia* (de 30-6-2020, recurso 26944/13).

457 Vid. STEDH *Bigaeva vs. Grecia* (de 28-5-2009, recurso 26713/05).

458 El TEDH no se pronunció sobre el fondo en las decisiones de admisibilidad *Zambrano vs. Francia* (de 7-10-2021, recurso 41994/21) y *Thevenon vs. Francia* (recurso 46061/21), principalmente porque el afectado no había agotado las vías internas. La STEDH P*asquinelli and Others vs. San Marino* (de 29-8-2024, recurso 24622/22) considera compatibles con el art. 8 del Convenio ciertas medidas de adaptación que afectaron al personal sanitario durante la pandemia (v.gr., cambio de funciones), al entender que ese tipo de ajustes proporciona un equilibrio entre los derechos del trabajador y las exigencias de protección de la salud pública.

459 Vid. E. CARMONA CUENCA, "Los principales hitos jurisprudenciales del Tribunal Europeo de Derechos Humanos en materia de igualdad de género", *Teoría y realidad constitucional*, núm.42 (2018), pp.317 y ss.

como las vinculadas a seguridad[460], pero es menester destacar que no es infrecuente que los demandantes sean varones que solicitan el mismo trato que las mujeres en relación, por ejemplo, con la reducción de la edad de acceso a prestaciones de la que se benefician en algunos países las mujeres que acreditan el cuidado de hijos[461], con las menores cotizaciones en algunos casos[462], o con el disfrute del permiso parental, reservado a las mujeres en ciertos Estados, situación que en un primer momento el Tribunal no consideró reprochable en ausencia de un consenso internacional sobre el asunto[463], pero que posteriormente, y fruto del análisis evolutivo que predica, ha estimado discriminatorio[464], tanto en general[465] como en contextos particulares, especialmente en las fuerzas armadas[466]. Es doctrina del TEDH, asimismo, que no cabe restringir derechos

---

460 Vid. STEDH *Emel Boyraz vs. Turquía* (de 2-12-2014, recurso 61960/08), en la que el Tribunal considera contraria al art. 8 del CEDH, en combinación con el art. 14, la exigencia de ser varón con el servicio militar finalizado para acceder a un empleo público como agente de seguridad.

461 Vid. STEDH *Andrle vs. República Checa* (de 17-2-2011, recurso 6268/08).

462 Vid. STEDH *Van Raalte vs. Países Bajos* (de 21-2-1997, recurso 20060/92).

463 Vid. STEDH *Petrovic vs. Austria* (de 27-3-1998, recurso 20458/92).

464 Vid. J.F. LOUSADA AROCHENA, "Encuentros y desencuentros entre el TEDH y el TJUE en materia de igualdad de género", *Femeris*, vol. 4, núm.2 (2019), pp.43 y ss.; C.H. PRECIADO DOMÈNECH, "La protección de los derechos sociales a través del CEDH. La STEDH 22 marzo 2012, Caso Konstantin Markin c. Rusia", *Jurisdicción Social*, núm.203 (2019), pp.3 y ss.; R.M. ABRIL STOFFELS, "La conciliación entre la vida personal, familiar y laboral, la corresponsabilidad en el hogar y la lucha contra los estereotipos: una nueva punta de lanza del Tribunal Europeo de Derechos Humanos", *Revista General de Derecho Europeo*, núm.28 (2012).

465 Vid. STEDH *Weller vs. Hungría* (de 31-3-2009, recurso 44399/05).

466 Vid. SSTEDH *Hulea vs. Rumanía* (de 2-10-2012, recurso 33411/05); *Konstantin Markin vs. Rusia* (de 22-3-2012, recurso 30078/06) y *Gru-*

o establecer limitaciones a partir del prejuicio de que las mujeres embarazadas no se encuentran en condiciones físicas de trabajar y que, por tanto, el eventual acceso al empleo tiene un propósito fraudulento, ya que ello supone una discriminación directa por razón de embarazo[467], ni tampoco presumir que carecerán de la necesaria fortaleza física las mujeres que no alcancen determinada altura y/o peso[468]. Sin embargo, sí se ha admitido el cambio de funciones –en contra de la voluntad de la trabajadora- cuando la gestación haga inviable el correcto desempeño de la actividad, siempre que no se trate de una medida disciplinaria ni derive en un trato peyorativo[469]. En una visión de conjunto, podría decirse que son sentencias que abordan diferencias de trato que dan lugar a una discriminación directa, pero en los últimos años el Tribunal ha incorporado progresivamente una valoración de la discriminación indirecta, y a tal fin se sirve de la prueba estadística para calificar una determinada situación como discriminatoria por razón de sexo, por ejemplo en relación con el cálculo de las prestaciones sociales para los trabajadores a tiempo parcial, en un sentido análogo a la jurisprudencia del TC y del TJUE[470].

---

ba y otros vs. Rusia (de 6-7-2021, recurso 66180/09) y *B.T. vs. Rusia* (de 19-3-2024, recurso 15284/19).

467 Vid. STEDH *Jurčić vs. Croacia* (de 4-2-2021, recurso 54711/15).

468 Vid. STEDH *Moraru vs. Rumanía* (de 8-11-2022, recurso 64480/19).

469 Vid. STEDH *Napotnik vs. Rumanía* (de 20-10-2020, recurso 33139/13), en relación con una diplomática rumana en Eslovenia a la que, durante su segundo embarazo (el primero había revestido complicaciones), se pidió que retornase a Rumanía para desempeñar otras funciones. La sentencia entiende que la naturaleza del trabajo (proporcionar asistencia urgente a rumanos detenidos u hospitalizados en Eslovenia) era incompatible con una situación médica que pudiera derivar en frecuentes ausencias al trabajo y considera que la trabajadora no sufrió un trato peyorativo, porque fue promocionada en dos ocasiones.

470 Vid. STEDH *Di Trizio vs Suiza* (de 2-2-2016, recurso 7186/09), comentada por J. CABEZA PEREIRO, "Cuidado de hijos y cálculo de

En fin, conviene asimismo poner de manifiesto que el artículo 14 del Convenio, en relación con el derecho de propiedad, ha sido también invocado en relación con las medidas de contención del gasto público que se generalizaron en todos los países europeos con motivo de la crisis económica y que derivaron en medidas que repercutían directamente en derechos laborales y sociales[471]. En general, el Tribunal ha admitido que en presencia de un interés público de cierta envergadura el Estado está legitimado para tomar medidas de esa índole y tiene un gran margen de apreciación para decidir cómo actuar. Por ello ha declarado compatible con el CEDH, por ejemplo, el endurecimiento de las condiciones de acceso a las prestaciones de Seguridad Social, y en particular las pensiones, el incremento de las cotizaciones (queja elevada por los empleadores)[472] o una congelación o reducción de las pensiones[473] y de los salarios en el ámbito público[474], entre otras muchas consecuencias, incluso aunque alguna de esas actuaciones despliegue efectos retroactivos. Ahora bien, el TEDH valora asimismo la proporcionalidad de las medidas, y en particular que los sa-

---

las prestaciones por incapacidad", *RTSS (CEF)*, núm.399 (2016), pp.181 y ss.

471 Vid. S. MARTÍNEZ ROMPELTIEN, "La protección de los derechos sociales y el control de las medidas anticrisis a través del derecho de propiedad. Una visión desde el TEDH", *Revista General de Derecho Europeo*, núm. 57 (2022).

472 Vid. Decisión de admisibilidad TEDH *P. Plaisier B.V. vs. Países Bajos* (de 14-11-2017, recurso 46184/16).

473 Vid. Decisiones de admisibilidad TEDH *Da Conceição Mateus* y *Santos Januário vs. Portugal* (de 8-10-2013, recursos 62235/12 y 57725/12), sobre reducción del importe de las pagas extraordinarias de los pensionistas, y *Da Silva Carvalho Rico vs. Portugal* (de 1-9-2015, recurso 13341/14), sobre la minoración de las pensiones de los empleados públicos.

474 Vid. Decisiones de admisibilidad TEDH *Mihăieş y Senteş vs. Rumanía* (de 6-12-2011, recursos 44232/11 y 44605/11) y *Koufaki y ADEDY vs. Grecia* (de 7-5-2013, recursos 57665/12 y 57657/12).

crificios exigidos no sean soportados exclusivamente por un determinado grupo social, sino que se sustenten en un reparto equitativo de las cargas[475]. Conviene recordar que es doctrina consolidada del TEDH que la extinción de una prestación social –e incluso del salario- que conlleve una privación total de medios de subsistencia se presume como una vulneración del derecho de propiedad, y por ello el propio Tribunal aconseja una reducción «razonable y proporcionada», toda vez que si la minoración del importe conduce a que el beneficiario perciba una «suma puramente simbólica» el derecho de propiedad se considera vulnerado[476].

IV. LA PRESENCIA DE ESPAÑA EN LA JURISPRUDENCIA SOCIAL DEL TEDH

En una valoración global, seguramente puede afirmarse que el ordenamiento jurídico español se acomoda bien a las exigencias del CEDH, pero esa primera impresión no significa que no hayan llegado ante el TEDH quejas procedentes de nuestro país, como ya hemos tenido oportunidad de comprobar en el Capítulo III. En realidad, son innumerables los recursos presentados desde España ante el TEDH durante los últimos lustros (743 en 2022, por ejemplo), pero la gran mayoría se declaran inadmisibles, lo que supone que el número de sentencias relativas a España se reduzca de manera extraordinaria en comparación con la cifra de demandas. Podemos

---

475 Vid. SSTEDH *N.K.M.vs. Hungría* (de 14-5-2013, recurso 66529/11) y *Gáll vs. Hungría* (de 25-6-2013, recurso 49570/11), respecto de la creación con carácter retroactivo de un impuesto para gravar la indemnización por fin de servicio de los empleados públicos.

476 Cfr. Decisión de admisibilidad TEDH *Da Silva Carvalho Rico vs. Portugal* (de 1-9-2015, recurso 13341/14), sobre la minoración de las pensiones de los empleados públicos.

cifrarlo, en términos aproximados, en una docena de casos en cada uno de los últimos años[477]. En cómputo global, a finales de 2023 la producción jurisdiccional del TEDH registraba un bagaje de más de 200 sentencias relativas a España (213 en total), de las cuales 7 provienen de la Gran Sala. Por supuesto, la mayor parte de ellas no conectan directamente con la rama social del Derecho[478]. En total, y con inclusión de algunas decisiones sobre admisibilidad, cabría cifrar en unas 20 el número de resoluciones del TEDH sobre España verdaderamente relevantes en materia laboral y de Seguridad Social.

1. El sistema de libertad sindical y los derechos laborales de acción colectiva

En líneas generales, puede afirmarse con rotundidad que en relación con la libertad sindical y los derechos laborales de acción colectiva las disonancias entre el ordenamiento español y las exigencias del sistema instaurado y respaldado por el Consejo de Europa no son especialmente apreciables a los ojos del TEDH, tal vez porque la ratificación por parte española del CEDH coincidió prácticamente con la recuperación plena entre nosotros de la libertad sindical. Obviamente, la situación previa a la aprobación de la Constitución podría haber merecido muchos más reproches desde la óptica del CEDH, pero España se incorporó al Consejo de Europa en 1977, momento en el que ya había entrado en vigor la Ley 19/1977, de 1 de abril, sobre regulación del derecho de asociación sindical, que se vería sustancialmente reforzada por el reconocimiento de la li-

477 Así se informa expresamente en el perfil del país (*country profile)* que elabora el propio TEDH, vid. https://www.echr.coe.int/documents/d/echr/CP_Spain_ENG.

478 Vid., para el periodo allí acotado, J. GARCÍA MURCIA, "Algunos datos de jurisprudencia europea sobre derechos humanos", *FORO*, núm.2 (2021), pp.11 y ss.

bertad sindical como derecho fundamental en la Constitución de 1978 y por la intensa labor del Tribunal Constitucional, que ha jugado un importante papel a partir de una jurisprudencia generosa en la delimitación de los contornos de ese derecho.

La LOLS de 1985 consolidaría definitivamente la libertad sindical a través de sólidas estructuras que cumplen sobradamente los estándares internacionales, lo que supone, en esencia, que las garantías internas establecidas en el ordenamiento español para asegurar el correcto desenvolvimiento de la libertad sindical son adecuadas y suficientes, y no requieren de la tutela o corrección externa a través de instancias internacionales o supranacionales. Seguramente por ello, la doctrina del TEDH en materia sindical no ha tenido presencia muy directa o muy visible en la interpretación y aplicación de las cláusulas constitucionales que dentro del sistema español se refieren al sindicato y a la actividad sindical, pese a que en esta clase de asuntos ha sido muy frecuente en nuestra jurisprudencia constitucional la invocación formal de las normas y tratados internacionales en la materia[479].

En cualquier caso, estas conclusiones se refieren principalmente a aspectos estructurales, de configuración del sistema en su conjunto, y no son obstáculo para que en alguna ocasión pueda suscitarse alguna discrepancia interpretativa en supuestos donde no se cuestionan los aspectos fundacionales del sistema español, los pilares sobre los que se erige el sistema de relaciones laborales, sino más bien la solución a un supuesto de hecho específico. A la postre, se trata de asuntos donde entra en juego el criterio de ponderación, y con ello la bús-

479 Como ejemplo del recurso a esas normas internacionales (entre las que suele incluirse la Carta Social Europea), vid. STC 210/1994, de 11 de julio, a propósito del contenido complejo de la libertad sindical y, concretamente, de las facultades de intervención procesal del sindicato.

queda de un equilibrio entre derechos, lo que conduce a un terreno resbaladizo, donde se entremezclan aspectos jurídicos con sensibilidades diversas a la hora de determinar a qué elementos del supuesto de hecho se otorga más peso para ofrecer una respuesta. El análisis de zonas grises o supuestos límite o fronterizos es, desde luego, un terreno muy frecuente de controversias jurídicas que conducen a soluciones dispares entre los tribunales, sin que ello implique *per se* una defectuosa configuración del ordenamiento, sino únicamente una disparidad de criterios interpretativos respecto de un asunto concreto, ni tampoco que el TEDH se mostrará siempre favorable a las pretensiones de los trabajadores[480].

Probablemente, son cuatro los pronunciamientos principales referidos a España en esta materia, pues alguna otra resolución ni siquiera se adentra en el fondo y se limita a inadmitir el recurso ante la ausencia de una actividad probatoria suficiente que apoye la presunta violación del derecho[481]. El primero de esos casos de referencia pertenece a la STEDH *Palomo Sánchez y otros vs. España*[482], que se sustenta más en el artículo 10 del Convenio (libertad de expresión) que en el artículo 11, algo no infrecuente en esta clase de litigios[483], aunque la conexión

---

480 Vid. STEDH *Akat vs. Turquía* (de 20-9-2005, recurso 45050/98), que no considera contrario al derecho de libertad sindical el traslado de un funcionario que había sido sancionado en varias ocasiones por extralimitación en el ejercicio de la actividad sindical.

481 Vid. Decisión de admisibilidad TEDH *Sánchez Férriz y Montañana Sánchez vs. España* (de 14-11-2000, recurso 44084/98).

482 De 12-9-2011, recursos 28955/06, 28957/06, 28959/06 y 28964/06. Esta sentencia se dicta en Gran Sala para ratificar el criterio defendido, en el mismo caso, por la Sala Tercera del propio Tribunal en la sentencia *Aguilera Jiménez y otros vs. España* (de 8-12-2009, recursos 28389/06, 28955/06, 28957/06, 28959/06, 28961/06 y 28964/06).

483 Vid. SSTEDH *Matúz vs. Hungría* (de 21-10-2014, recurso 73571/10) y *Wojtas-Kaleta vs. Polonia* (de 16-7-2009, recurso 20436/02), que acuden al art. 10 para resolver determinadas críticas a la actuación

entre ambos preceptos sea intensa, como reconoce el propio Tribunal, que incluso ha dado relevancia a la condición de representante sindical con el fin de reducir el grado de relevancia penal de ejercicios de la libertad de expresión fuera del ámbito laboral[484].

La sentencia se pronuncia a propósito del despido de trabajadores afiliados a un sindicato con base en las opiniones vertidas acerca de otros empleados de la empresa, y sostiene en esencia que la libertad de expresión constituye uno de los fundamentos esenciales de una sociedad democrática. También defiende que los miembros de una organización sindical pueden y deben hacer valer ante el patrón sus reivindicaciones, pues de otra forma el sindicato «se vería vaciado de su contenido y su objetivo», pero recuerda al mismo tiempo que la libertad de expresión no reviste carácter absoluto, implica «deberes y responsabilidades» y debe conjugarse con los restantes intereses en juego para mantener el debido «equilibrio», de modo que su amparo no llega a los ataques personales, ofensivos, excesivos y gratuitos no necesarios para la legítima defensa de intereses, tal y como había sucedido en el supuesto de hecho, pues «una ofensa a la honorabilidad de las personas realizada a través de expresiones groseramente insultantes o injuriosas en el seno del medio profesional, reviste, debido a sus efectos perturbadores, una gravedad particular, susceptible de justificar sanciones severas» (apartado 76)[485], criterio que el Tribunal ha

---

de su empleador por periodistas que también ostentaban la condición de representantes sindicales.

484 Vid. SSTEDH *Ceylan vs. Turquía* (de 8-7-1999, recurso 23556/94) y *Karakoç vs. Turquía* (de 15-10-2002, recursos 27692/95, 28138/95 y 28498/95), entre otras.

485 Los trabajadores despedidos eran miembros de un sindicato que publicaba un boletín mensual con información sindical. En uno de los números del boletín fue publicada un dibujo del director de recursos humanos sentado detrás de un pupitre «bajo el cual se encontraba una persona a cuatro patas, de espaldas y, al lado, otras

mantenido en otros casos donde el representante de los trabajadores realiza un uso abusivo de la libertad de expresión[486].

Por su parte, la Decisión del TEDH *Sánchez Navajas vs. España*[487] se pronuncia sobre las facilidades y garantías de los representantes de los trabajadores, y en concreto sobre la licitud del descuento salarial a un representante –personal laboral de un ayuntamiento- que se había ausentado del trabajo con el fin de estudiar una nueva legislación en materia de elecciones sindicales y su impacto en la negociación colectiva. El alcalde entendía que esa no era una actividad propia de representación de los trabajadores, y que no justificaba un permiso retribuido, por lo que procedió a descontar el salario proporcional al tiempo de ausencia. El TEDH inadmite el recurso del trabajador por considerarlo no fundamentado, y argumenta que si bien el artículo 11 del Convenio, en combinación con el artículo 28 de la Carta Social Europea, exige la implementación de facilidades para que los representantes desempeñen adecuadamente sus funciones, el Convenio no garantiza el derecho a unas determinadas ventajas o beneficios, por ejemplo permisos retribuidos, pues ese tipo de permisos no son indispensables para la efectividad de la libertad sindical ni son un elemento inherente a ese derecho. Por consiguiente, el Tribunal concluye que el descuento salarial en ese caso concreto no es una medida con el suficiente grado de gravedad como para afectar al derecho de libertad sindical reconocido en el artículo 11 del CEDH. Es, a la postre, una posición coherente con la doctrina

---

dos personas, A. y B., también empleados de la empresa P. y representantes de un comité de repartidores no asalariados en el seno de esta última, que contemplaban la escena y esperaban turno para ocupar el sitio bajo el pupitre y satisfacer al director».

486 Como por ejemplo acusaciones de incurrir en actos delictivos, vid. STEDH *Constantinescu vs. Rumanía* (de 27-6-2000, recurso 28871/1995).

487 De 21-6-2001, recurso 57442/00.

general del Tribunal de Estrasburgo en esta materia, pues, por utilizar expresiones más clásicas y acuñadas en la experiencia española, el TEDH se ha decantado por proteger el contenido esencial de la libertad sindical, y no extender ese derecho a otros aspectos adicionales, instrumentales o accesorios[488].

La tercera de las sentencias con afectación directa para España se refiere al derecho de huelga. Es claro, como ya se dijo, que las restricciones al derecho de huelga han de contar con una justificación adecuada, y no sólo en relación con las modalidades de ejercicio, sino también respecto de la titularidad misma. El Tribunal ha recordado que no es admisible una prohibición general del derecho de huelga para los funcionarios públicos, pues la continuidad de los servicios públicos no exige que todos ellos presten servicios al mismo tiempo[489]. Ahora bien, sí son posibles las restricciones para colectivos concretos, en función de las circunstancias, como puso de manifiesto la STEDH Junta Rectora del *Ertzainen Nazional Elkartasuna (ER.N.E.) vs. España*[490], puesto que los miembros de las fuerzas y cuerpos de seguridad del Estado son funcionarios que portan armas y deben proporcionar un servicio ininterrumpido para garantizar la seguridad y prevenir desórdenes públicos[491]. Esta es una doctrina ya consolidada, pues el Tribunal de Estrasburgo considera que las fuerzas y cuerpos de seguridad del Estado

---

488 Vid. M.A. MARTÍN HUERTAS, "Las sentencias del TEDH relativas a partidos políticos y a sindicatos", *Revista Mexicana de Derecho Constitucional*, nº 23 (2010), pp. 90-91.

489 Vid. STEDH *Enerji Yapi-Yol Sen vs. Turquía* (de 21-4-2009, recurso 68959/01).

490 De 21-4-2015, recurso 45892/09.

491 Vid. F. DURÁN LÓPEZ, "El derecho de huelga en la doctrina del Tribunal Europeo de Derechos Humanos", *Temas Laborales*, nº 145 (2018), pp. 318 y ss.; M. SALAS PORRAS, "La libertad de asociación sindical y el derecho de huelga", *RTSS (CEF)*, nº 399 (2016), pp. 205 y ss.

deben respetar un especial deber de lealtad[492], y por ello se atribuye a los Estados un notable «margen de apreciación»[493], lo que desde luego es coherente con la finalidad misma del Convenio, que no pretende una armonización, ni una tutela de máximo nivel e intensidad, sino que proporciona una garantía de protección mínima común, susceptible en su caso de ser mejorada por cada Estado, como se desprende del artículo 53 del propio CEDH[494].

En fin, la última de las resoluciones que cabe consignar, y la más reciente, es la STEDH *Fragoso Dacosta vs. España*[495], en la que el Tribunal condena a España por considerar desproporcionada una sanción penal a un representante sindical en el contexto de unas protestas por las condiciones laborales del personal de limpieza en una base militar. En concreto, el representante sindical fue condenado por ultraje a España (multa de 1.260 euros) tras alentar la quema de la bandera. Los hechos tuvieron lugar precisamente en el momento de su izado solemne en la base militar, con posterioridad a una reunión con los responsables de la base militar que habían solicitado rebajar el tono de la protesta durante ese acto protocolario. El TC desestimó en su momento el recurso de amparo (STC 190/2020, de 15 de diciembre), advirtiendo que los insultos a la bandera no se relacionaban directamente con las reivindicaciones laborales. El TEDH, en cambio, adopta una posi-

492 Vid. SSTEDH *Trade Union of the Police in the Slovak Republic y otros vs. Eslovaquia* (de 25-9-2012, recurso 11828/08) y *Szima vs. Hungría* (de 9-10-2012, recurso 29723/11).

493 Vid. J. GARCÍA ROCA, *La transformación constitucional del Convenio Europeo de Derechos Humanos*, Civitas, Madrid, 2019, pp. 104 y ss.

494 «Ninguna de las disposiciones del presente Convenio se interpretará en el sentido de limitar o perjudicar aquellos derechos humanos y libertades fundamentales que podrían ser reconocidos conforme a las leyes de cualquier Alta Parte Contratante o en cualquier otro Convenio en el que ésta sea parte».

495 De 8-6-2023, recurso 27926/21.

ción más generosa con el derecho de libertad sindical, pese a admitir que el demandante utilizó un lenguaje provocativo, e incluso profirió improperios gratuitos. Sin embargo, recuerda no se produjeron desórdenes ni disturbios, ni se probó que tuviera lugar una incitación al odio o una llamada a la violencia. La sentencia considera que no son equiparables los ataques a un símbolo nacional con los ataques a la reputación de una persona concreta, máxime que cuando el ataque a un símbolo no genera daños personales o materiales concretos. El Tribunal, además, considera inescindible esa protesta de las medidas de reivindicación laboral, y presta particular atención a la condición de representante sindical del sancionado, que, por ello, tiene derecho a dirigirse al empleador, incluso con cierto tono de exageración y/o provocación. En último término, la sentencia estima que la pena impuesta (multa de 1.260 euros sustituible por privación de libertad en caso de impago) resultaba excesiva en atención a los hechos, y condena a España al abono de 1.260 euros en concepto de daños materiales y 6.000 euros en concepto de daños morales.

2. Las libertades de expresión e información

Como vimos, algunas de las sentencias de referencia del Tribunal de Estrasburgo en materia de libertad de expresión han tenido su origen en España, e ilustran con precisión las pautas utilizadas en el proceso interpretativo. Especialmente relevante, pues en cierto modo se ha convertido en un *leading case,* fue la STEDH *Fuentes Bobo vs. España*[496], en relación con un trabajador de TVE que, tras varios conflictos laborales, criticó a directivos en un programa de radio, lo que motivó su despido. El Tribunal de Estrasburgo comienza recordando que «la libertad de expresión constituye uno de los fundamentos esen-

---

[496] De 29-2-2000, recurso 39293/1998.

ciales de una sociedad democrática y una de las condiciones primordiales para su progreso y el desarrollo completo de cada persona», y que es un derecho que no sólo ampara «las "informaciones" o "ideas" aceptadas favorablemente o consideradas como inofensivas o indiferentes», sino también aquellas que «molestan, chocan o inquietan», pues así lo exigen el «pluralismo, la tolerancia y el espíritu de apertura sin los cuales no hay 'sociedad democrática'»[497].

Por consiguiente, los límites a la libertad de expresión deben interpretarse de forma restrictiva y debe «probarse de manera convincente» que la limitación es necesaria, esto es, que se justifica por «una necesidad social imperiosa» -*pressing social need*-, necesidad que en un primer momento deciden los Estados miembros con «cierto margen de apreciación», pero que en última instancia controla el propio TEDH. En este proceso de valoración se analizan todas las circunstancias del caso, pues el contexto en el que se ejerce la libertad de expresión se convierte en decisivo para concluir si la limitación era proporcionada al fin legítimo perseguido y si los motivos eran «pertinentes y suficientes». Desde luego, el Tribunal distingue entre información –veraz- y mera opinión, pero analiza el carácter ofensivo de las expresiones proferidas, de modo que en presencia simplemente de desacuerdos o críticas a la forma de realizar el trabajo de un compañero a otro, por ejemplo, la libertad de expresión prevalece, incluso en contextos, como el médico, donde un código ético pudiera exigir cierta solida-

---

497 Vid. J.F. DURÁN ALBA, "Fuentes Bobo c. España (STEDH de 29 de febrero de 2000): alcance de la libertad de expresión en el ámbito laboral", en R. ALCÁCER GUIRAO (Coord.), *Conflicto y diálogo con Europa: las condenas a España del Tribunal Europeo de Derechos Humanos*, Civitas, Madrid, 2013, pp.587 y ss.

ridad o respeto al modo de desempeñar la actividad de otros profesionales[498].

El Tribunal analizó los hechos del caso *Fuentes Bobo* a partir de esas pautas generales, y si bien consideró que los comentarios resultaban ofensivos en abstracto, tuvo en cuenta que «las declaraciones litigiosas se inscribían en el contexto particular de un conflicto de trabajo que enfrentaba al demandante y a su empresario», y que precisamente esa situación conflictiva permite reducir o justificar en cierto modo la gravedad de lo expresado. En concreto, los comentarios ofensivos tuvieron lugar en un «intercambio rápido y espontáneo de comentarios entre el demandante y los periodistas», pues «se trataba de afirmaciones verbales formuladas en el transcurso de programas de radio en directo, lo que privó al demandante de la posibilidad de reformularlas, completarlas o retirarlas antes de que fueran hechas públicas». De ahí que el Tribunal concluya que quizá se hubiera justificado una sanción para el trabajador, pero no la sanción laboral más grave de todas, como es el despido disciplinario.

Por su parte, la STEDH de *Diego Nafría vs. España*[499] ofrece un oportuno contraste, por cuanto el trabajador fue despedido por los comentarios ofensivos contenidos en una carta dirigida a un superior. Evidentemente, conviene partir de la premisa que la libertad de expresión no ampara el insulto, como ya había advertido la Comisión Europea de Derechos Humanos en la Decisión de admisibilidad en el caso *García Praena*[500], también referida a España. El Tribunal de Estrasburgo, en la sentencia *Diego Nafría*, constata que las acusaciones constituían

498 Vid. STEDH *Sosinowska vs. Polonia* (de 18-10-2011, recurso 10247/09), en la que no se considera que el conflicto previo entre las partes involucradas permita atribuir automáticamente mala fe en las acusaciones.

499 De 14-3-2002, recurso 46833/99.

500 De 1-7-1998, recurso 38694/97.

un «ataque personal gratuito» al destinatario, el Subdirector General del Banco de España, cargo, por cierto, que según la sentencia obliga a actuar con mayor mesura, pues las comunicaciones o interacciones con un «alto funcionario de la más alta institución financiera del país» requieren que se muestre «una mayor moderación en los términos empleados», expresión quizá equívoca, o con cierta dosis de contradicción si se compara con los argumentos ofrecidos en otros casos en los que se advierte que determinado tipo de cargos deben «tolerar un mayor grado de escrutinio individual que una persona privada, aunque ello pueda tener un impacto negativo en su honor y reputación»[501].

En cualquier caso, parece que el elemento central para la toma de decisión es el modo o la forma de manifestar la opinión, y el propio TEDH hace una comparativa expresa con la STEDH *Fuentes Bobo vs. España*, pues en este caso los «términos enjuiciados no se profirieron en el marco de un intercambio verbal rápido y espontáneo, sino que se trató de aseveraciones escritas, reflexionadas de manera cuidadosa, de cuyo contenido el demandante admitió tener plena conciencia». Es, por lo tanto, una doctrina plenamente coherente con la construida por el TEDH en otros casos, y que supone, a la postre, que las consecuencias negativas de la extralimitación del ejercicio de la libertad de expresión pueden atemperarse cuando la opinión ofensiva o injuriosa se emite con cierta precipitación o carácter irreflexivo, pero no cuando la publicación o difusión es más meditada y consciente.

---

[501] Cfr. STEDH *Aurelian Oprea vs. Rumanía* (de 19-1-2016, recurso 12138/08), en un supuesto de hecho donde las críticas se dirigían a las autoridades universitarias.

3. Libertad de pensamiento, conciencia y religión

En aplicación del artículo 9 del CEDH, aunque no únicamente, el Tribunal se ha pronunciado sobre un clásico conflicto en el ordenamiento español, como es el conocido problema de la no renovación del contrato de trabajo de los docentes que imparten clases de religión en los centros públicos. La STEDH *Fernández Martínez vs. España*[502] analiza la cuestión desde la perspectiva de los derechos a la vida privada, a las libertades ideológica y de expresión y a la no discriminación, y concluye descartando que se haya producido una vulneración de ninguno de esos derechos. Por supuesto, el derecho al respeto a la vida privada comprende el derecho al matrimonio, y a hacer pública la celebración del enlace, pero el Tribunal recuerda que el derecho a la libertad religiosa exige de los Estados neutralidad frente a las opciones de organización interna de las comunidades religiosas y al modo en que estas actúan, conforme a sus propios procedimientos, frente a las posibles disidencias. Además, la sentencia advierte que la pertenencia a una comunidad religiosa conlleva un deber de lealtad a sus postulados -«*certain degree of loyalty*» (apartado 131)-, y que ello puede tener como efecto la «limitación del ámbito de su derecho al respeto a la vida privada y familiar en cierto grado» (apartado 135).

El análisis casuístico de nuevo es determinante y la sentencia insiste en que la actividad desempeñada por el interesado es un elemento clave en la valoración, puesto que «enseñar religión católica a los adolescentes puede ser considerada como una función crucial que requiere una especial lealtad» (apartado 135), ya que de algún modo se actúa como representante de

---

502 De 12-6-2014 (recurso 56030/07), comentada por M.J. VALERO ESTARELLAS, "Autonomía institucional de las confesiones religiosas y derecho al respeto de la vida privada y familiar en Estrasburgo", *Revista General de Derecho Canónico y Derecho Eclesiástico del Estado*, núm.36 (2014).

la confesión religiosa. La sentencia admite que una confesión puede aspirar legítimamente a que la enseñanza de la religión sea «realizada por una persona cuyo modo de vida y declaraciones públicas no entren en contradicción flagrante» con los postulados que defiende (apartado 138). El Tribunal toma especialmente en cuenta las declaraciones públicas del afectado en un periódico, y su militancia en una asociación contraria a los valores defendidos por la Iglesia Católica (acerca de cuestiones como el celibato, el aborto, el divorcio, la sexualidad o el control de la natalidad), circunstancias que podrían tener efectos negativos sobre la credibilidad del mensaje eclesiástico, y por ello consideran legítima y proporcional la no renovación del contrato de trabajo, sobre todo porque el demandante, previamente sacerdote, debería haber sido consciente de las consecuencias que derivan del «deber de lealtad» más intenso exigible en estas situaciones (*heightened duty of loyalty*, apartado 151)[503]. Conviene tener en cuenta que esta cuestión de la *venia docendi* se plantea también en otros países y en relación con religiones distintas de la católica, y el TEDH también concede un amplio margen de decisión a la autoridad eclesiástica[504].

4. Respeto a la vida privada y familiar

Como ya se constató con anterioridad, este es un derecho de contornos muy amplios, y en el que encajan pretensiones

---

503 Vid. M.M. MARTÍNEZ MIRANDA, "Jurisprudencia social del Tribunal europeo de derechos humanos", *Lex Social*, núm.1 (2016), pp.353 y ss.; J.A. DÍEZ FERNÁNDEZ, "La libertad religiosa de personas jurídicas en el ámbito laboral. Análisis comparativo entre la jurisprudencia europea y la norteamericana", en I. CANO RUIZ (Ed.), *Identidad religiosa y relaciones de trabajo. Un estudio de la jurisprudencia el Tribunal Europeo de Derechos Humanos*, Comares, Granada, 2015, pp.153 y ss.

504 Vid. STEDH *Ţîmpău vs. Rumanía* (de 5-12-2023, recurso 70267/17).

de muy diversa índole. Desde luego, y a los efectos que aquí interesan, la doctrina más relevante es la relativa a los medios de control y vigilancia empresarial, y en ese contexto la STEDH *López Ribalda y otros vs. España*[505] debe merecer una particular atención, y no sólo porque el asunto provenga de España, sino porque concreta la posición del Tribunal de Estrasburgo en relación con las decisiones empresariales de videovigilancia. No obstante, esa es una sentencia en cierto modo inescindible de otras precedentes, y en particular *Barbulescu*, por lo que procede ahora remitir al análisis ya efectuado en un epígrafe precedente (**III.7**).

Con todo, las medidas de control empresarial no se agotan en la videovigilancia, y otras resoluciones relativas a España merecen también cita, como la STEDH *De la Flor Cabrera vs. España*[506], relativa a un ciudadano español que solicitaba la nulidad de las pruebas obtenidas a través de detectives privados y que habían sido utilizadas en un pleito civil. En concreto, el demandante reclamaba una indemnización por daños y perjuicios a raíz de un accidente provocado por la colisión de un vehículo contra la bicicleta en la que circulaba, y aducía que tras ese momento sufría un miedo insuperable que le impedía conducir. La compañía aseguradora contrató a una agencia de detectives, que obtuvo una grabación del interesado en motocicleta por la vía pública. El TEDH afirma que en este caso la captación de la imagen no tenía como finalidad su difusión posterior, a diferencia, por ejemplo, de las fotografías tomadas a personajes públicos, sino que el propósito era su utilización en un procedimiento civil con la intención de desvirtuar determinadas acusaciones. El Tribunal tiene en cuenta que las imágenes se captaron en la vía pública, que la agencia de detectives cumplía los requisitos administrativos para desarrollar

505 De 9-1-2018 (recursos 1874/13 y 8567/13).

506 De 27-5-2014, recurso 10764/09.

esa actividad y que las imágenes contribuían a aportar los elementos necesarios para el debate judicial. Por todo ello considera admisible la prueba. Aunque el pleito no es estrictamente laboral, las conexiones procesales pueden resultar interesante.

Más allá de las medidas empresariales de control, ya se indicó que el Tribunal de Estrasburgo tiene en cuenta en la valoración de la concreta situación el eventual impacto que para la reputación del trabajador pueda suponer una acusación o sanción debida a un incumplimiento laboral, con o sin trascendencia penal. La STEDH *Vicent del Campo vs. España*[507] es suficientemente ilustrativa, pues se pronuncia en relación con el perjuicio a la reputación de un trabajador tras una sentencia –del orden contencioso- que estimaba la reclamación de una trabajadora por funcionamiento anormal de la Administración, pero en la que no sólo se declaraba probado que había sufrido acoso, sino que se identificaba con nombres y apellidos al acosador. La sentencia considera que el Tribunal Superior de Justicia que dictó esa resolución se extralimitó, pues la identificación nominal del otro trabajador no se justificaba en un contexto en el que no había formado parte del procedimiento, ni había tenido ocasión de solicitar que sus datos personales no figurasen en la sentencia, amén de que la información había aparecido en la prensa, de modo que no se habían articulado medidas para proteger la privacidad de un trabajador. El TEDH insiste en que el presunto acosador no había sido objeto de ningún procedimiento disciplinario, y que ni siquiera la trabajadora afectada había presentado una demanda contra él, de modo que no tuvo ocasión de defenderse de las acusaciones, pero fue calificado de acosador tanto por una sentencia como por una noticia de prensa.

---

507 De 6-11-2018, recurso 25527/13.

5. Derechos de Seguridad Social

Como se dijo en su momento, la determinación de los beneficiarios de la pensión de viudedad ha sido objeto de análisis frecuente por parte de la doctrina del Tribunal de Estrasburgo, a buen seguro porque la configuración de esa prestación es deudora de un concepto de familia tradicional, y ello excluye otras formas de convivencia que pudieran resultar análogas al matrimonio. Esta es una opción de política legislativa que no vulnera el CEDH, como quedó constatado en Decisión de la Comisión Europea de Derechos Humanos *Quintana Zapata vs. España*[508], que desestimó el recurso de una mujer que había convivido 65 años con el causante, relación de la que habían nacido cinco hijos, puesto que, pese a la alegación de que habían contraído matrimonio civil, el enlace no pudo acreditarse, lo que llevó a la Comisión a considerar que la promoción de la familia tradicional es un objetivo compatible con el Convenio, de modo que la pensión de viudedad puede condicionarse al matrimonio.

A partir de esas premisas, la Decisión de admisibilidad TEDH *Mata Estévez vs. España*[509] consideró compatible con el derecho al respeto a la vida privada, y no discriminatoria, la exclusión como beneficiarios de la pensión de viudedad de los convivientes de hecho del mismo sexo, por considerar que la protección de la familia basada en el matrimonio constituía un propósito legítimo para una legislación nacional, que, por otra parte, cuenta con un amplio margen de apreciación para decidir si las parejas del mismo sexo pueden contraer matrimonio en tanto no exista un consenso general sobre esa cuestión[510].

---

508 De 4-3-1998, recurso 34615/97.

509 De 10-5-2001, recurso 56501/00.

510 Vid. STEDH *Schalk y Kopf vs. Austria* (de 24-6-2010, recurso 30141/04) y Decisión de admisibilidad TEDH *Saucedo Gómez vs. España* (de 26-1-1999, recurso 37784/97).

Y tampoco es discriminatorio que tras el reconocimiento del matrimonio a parejas del mismo sexo la norma no contemplase efectos retroactivos, a diferencia de lo que había sucedido con anterioridad para las parejas heterosexuales tras la legalización del divorcio, como señaló la STEDH *Aldeguer Tomás vs. España*[511]. Cuestión distinta es que el derecho interno reconociera un beneficio a parejas no casadas, situación en la que la exclusión de las parejas del mismo sexo sí ha sido considerada discriminatoria[512].

En cualquier caso, el pronunciamiento más conocido, o con más impacto en los medios de comunicación, es la STEDH *Muñoz Díaz vs. España*[513], que consideró vulnerado el artículo 1 del Protocolo número 1, en combinación con la prohibición de discriminación, en un supuesto de matrimonio por el rito gitano, forma sin efectos civiles en el ordenamiento español[514]. No obstante, conviene destacar que no se trata de una sentencia que suponga un hito o un punto de inflexión, sino un pronunciamiento basado en las circunstancias concretas del caso. El TEDH advierte, explícitamente, que determinadas actuaciones

---

511 De 14-6-2016, recurso 35214/09.

512 Vid. STEDH *P.B. y J.S. vs. Austria* (de 22-7-2010, recurso 18984/02).

513 De 8-12-2009, recurso 49151/07.

514 Vid. I.A. RODRÍGUEZ CARDO, “Forma matrimonial y pensión de viudedad: en particular, el matrimonio por el rito gitano”, *Aranzadi Constitucional*, núm.16 (2008), pp.13 y ss.; M. REQUENA CASANOVA, “TEDH - Sentencia de 08.12.2009, Muñoz Díaz c. España, 49151/07 - Artículos 12 y 14 CEDH - Derecho a contraer matrimonio - Discriminación por motivos étnicos - Matrimonio gitano - Artículo 1 del Protocolo n.º 1 - Pensión de viudedad”, *Revista de Derecho Comunitario Europeo*, núm.36 (2010), pp.563 y ss.; I. GÓMEZ FERNÁNDEZ, “*Muñoz Díaz c. España* (STEDH de 8 de diciembre de 2009) y *Manzanas Martín c. España* (STEDH de 3 de abril de 2012): abrir la puerta al reconocimiento de derechos sociales a través de la cláusula de igualdad”, en R. ALCÁCER GUIRAO (Coord.), *Conflicto y diálogo con Europa: las condenas a España del Tribunal Europeo de Derechos Humanos*, Civitas, Madrid, 2013, pp.641 y ss.

administrativas –como la expedición del libro de familia, la cartilla sanitaria o el reconocimiento de la condición de familia numerosa- habían llevado a la demandante a creer de buena fe que su enlace desplegaba efectos civiles. Por tanto, el Tribunal no abogaba por la concesión de efectos civiles al rito gitano -«el TEDH considera que el hecho de que las uniones gitanas no produzcan efectos civiles en el sentido deseado por la demandante no constituye una discriminación prohibida por el artículo 14», reza el apartado 81 de la sentencia-, y se ha encargado de recordarlo en algún otro pronunciamiento donde el recurrente invocaba la sentencia *Muñoz Díaz* para ver reconocida una pensión de viudedad pese a que su convivencia con el causante no se había formalizado en los términos exigidos por el Estado[515].

Más recientemente, la STEDH *Domenech Aradilla y Rodríguez González vs. España*[516] reprocha a España el escaso cuidado con las expectativas de los interesados. Como se sabe, la STC 40/2014, de 11 de marzo de 2014, declaró nulo el art. 174.3 de la LGSS, que remitía a la regulación autonómica las condiciones para la consideración y acreditación de parejas de hecho a efectos de disfrutar de una pensión de viudedad. Aun cuando dicha sentencia modulaba expresamente sus efectos, que no sólo alcanzaba la cosa juzgada, sino que, «igualmente, en virtud del principio constitucional de seguridad jurídica (art. 9.3 CE)», se extendían también «a las posibles situaciones administrativas firmes, de suerte que esta declaración de inconstitucionalidad solo será eficaz pro futuro, esto es, en relación con nuevos supuestos o con los procedimientos administrativos y procesos judiciales donde aún no haya recaído una resolución

---

515 Vid. STEDH *Şerife Yiğit vs. Turquía* (de 20-1-2009, recurso 3976/05), sobre denegación de la pensión de viudedad a una pareja que había contraído matrimonio religioso, pero no civil, el único con efectos en Turquía en esos momentos.

516 De 19-1-2023 (recursos 32667/19 y 30807/20).

firme», lo cierto es que podía generar disfunciones normativas, toda vez que personas que hasta ese momento cumplían las condiciones para acceder a la pensión dejaban de cumplirlas –por falta de la formalización de la unión de hecho en los términos exigidos por la legislación de Seguridad Social, y en concreto con dos años de antelación al fallecimiento - si el hecho causante acaecía después de la sentencia del TC, amén de que personas en la misma situación habían podido acceder a la pensión con anterioridad. El TEDH considera que los recurrentes contaban con una «expectativa legítima», más bien cierta confianza, de que cumplían los requisitos exigidos legalmente y achaca al Estado poca diligencia en la introducción de cautelas para minimizar el impacto, como períodos transitorios, máxime cuando en el supuesto de hecho el supuesto causante –en el caso de los dos reclamantes- se había producido antes de la sentencia del TC. La STEDH *Valverde Digon vs. España*[517] reitera esa doctrina, con la peculiaridad de que el fallecimiento del causante se había producido meses después de la sentencia del TC, lo que permite suponer, en cierto modo, que esta modulación de efectos debería extenderse a todas aquellas situaciones cuyo hecho causante se produjera en los dos años siguientes a la anulación del art. 174.3 LGSS, pues aun con la máxima diligencia en el cumplimiento de la obligación de registro de la unión de hecho, el requisito de antigüedad mínima de dos años en esa inscripción fuerza a que el período transitorio dure al menos ese tiempo. Evidentemente, esa «expectativa legítima» de acceso a la pensión no nace si los interesados, pudiendo hacerlo, nunca pretendieron ni intentaron cumplir con los requisitos formales pertinentes para constituir una pareja de hecho[518].

517 De 26-1-2023, recurso 22386/19.
518 Vid. STS de 25-4-2024 (recurso 1295/2022).

Al margen de la pensión de viudedad, pero también en el marco de los derechos de seguridad social, el Tribunal se ha pronunciado sobre el límite máximo de pensión, que puede implicar la minoración de una o varias pensiones para no superar ese umbral, lo que indiscutiblemente debe contemplarse desde la perspectiva del derecho de propiedad. La Decisión de admisibilidad *Blanco Callejas* vs. *España*[519] insistió en el amplio margen de apreciación que debe concederse al Estado en la «determinación de las políticas sociales y económicas», admitiendo por tanto la compatibilidad con el Protocolo nº 1 de estos límites máximos al importe de las pensiones, en un criterio que después reiteraría en supuestos similares originados en otros Estados[520].

La previsión social complementaria ha alcanzado asimismo al Tribunal de Estrasburgo, igualmente por la vía del derecho de propiedad, en relación con la posibilidad de que un convenio colectivo posterior reduzca o suprima mejoras voluntarias ya reconocidas y que los beneficiarios están disfrutando. La STEDH *Aizpurua Ortiz y otros vs. España*[521] afirma que, en el caso concreto, el Estado español no incumplió sus obligaciones, pues la mejora voluntaria no había sido completamente suprimida, sino que la pensión periódica fue sustituida por una indemnización a tanto alzado, y la medida se tomó en un contexto de crisis empresarial con el objetivo de mantener el empleo, por lo que en un análisis de conjunto la sentencia llega a la conclusión de que el sacrificio que habían debido soportar los trabajadores que ya habían abandonado la empresa no es

---

519 De 18-6-2002, recurso 64100/00.

520 Vid. *Valkov y otros vs. Bulgaria* (de 25-10-2011, recursos 2033/04, 19125/04, 19475/04, 19490/04.

19495/04, 19497/04, 24729/04, 171/05 y 2041/05).

521 De 2-2-2010, recurso 42430/05.

irrazonable ni desproporcionadamente mayor que el sufrido por quienes continuaban en activo[522].

En fin, los derechos de Seguridad Social también pueden valorarse a partir del derecho a la libertad de conciencia y religión, como demostró la STEDH *Manzanas Martín vs. España*[523], en la que se enjuicia una queja por discriminación y violación de la libertad de conciencia y de religión en relación con la denegación de pensión de jubilación a una persona que había ejercicio como pastor de la Iglesia Evangélica, por comparación con las condiciones que los ministros de culto católicos, a los que se había permitido acreditar como cotizados períodos de prestación de servicios anteriores a la incorporación al sistema de Seguridad Social. Los pastores evangélicos no gozaron de esta ventaja, lo que causaba un evidente perjuicio en sus derechos de Seguridad Social, diferencia que el TEDH no considera razonable y califica de discriminatoria[524].

V. LA RECEPCIÓN DE LA JURISPRUDENCIA SOCIAL DEL TEDH EN EL SISTEMA JURISDICCIONAL ESPAÑOL

Las sentencias del TEDH dan respuesta a un caso concreto, de modo que cabría pensar que, en principio, poco impacto pueden tener en la composición o configuración del ordenamiento jurídico autóctono, máxime si el asunto proviene de un sistema nacional que no sea el nuestro. Pero ésa es una conclusión algo precipitada, puesto que de ningún modo puede

---

522 Un supuesto similar en la Decisión de admisibilidad TEDH *Aunola vs. Finlandia* (de 15-3-2001, recurso 30517/96).

523 De 3-4-2012, recurso 17966/2010.

524 Vid. M. RODRÍGUEZ BLANCO, "La protección social de los ministros de culto", en A. MOTILLA (Coord.), *La jurisprudencia del Tribunal Europeo de Derechos Humanos en torno al derecho de libertad religiosa en el ámbito laboral*, Comares, Granada, 2016, pp.247 y ss.

despreciarse el carácter vinculante de los pronunciamientos del TEDH para las Altas Partes Contratantes y el valor de su doctrina. Ante todo, ha de tenerse en cuenta que los tribunales internos deben acoger para su labor cotidiana los criterios que se vayan acuñando por dicha jurisdicción europea en la interpretación y aplicación del TEDH, tarea ésta que en el sistema español quizá alcance su mayor relieve en relación con el TC y el TS, por su condición de supremos intérpretes, respectivamente, de la norma constitucional y de la legislación ordinaria, y, a la postre, por su aptitud para elaborar una doctrina común al conjunto de nuestro ordenamiento jurídico en sus correspondientes ámbitos de actuación. Pero no se debe olvidar que la jurisprudencia europea vincula al conjunto de los órganos judiciales, y que también produce efectos para la totalidad de los poderes públicos, que habrán de ejercer o activar sus competencias para dar cumplimiento efectivo a las resoluciones del TEDH.

1. La aplicación por vías jurisdiccionales internas de las decisiones del TEDH referidas a nuestro sistema

La incorporación de los pronunciamientos del TEDH a nuestro sistema nacional, que no siempre ha podido discurrir con la facilidad que hubiera sido deseable, puede manifestarse por lo pronto en dos diferentes vertientes, indudablemente complementarias en su objetivo común de recepción de estas vetas de derecho internacional, pero de naturaleza bien distinta: la estrictamente procesal y la jurisprudencial. En el primero de esos escenarios, la cuestión crucial que surge de inmediato es la relativa a la traslación a la maquinaria jurisdiccional interna de las resoluciones adoptadas por el TEDH que cuestionan y revocan las decisiones adoptadas anteriormente por los órganos judiciales de carácter nacional. No es una cuestión sencilla en términos generales, ni lo fue particularmente para el sistema español, hasta que se llevaron a efectos los pertinentes cambios legales. Desde luego, nuestro ordenamiento ha contado tradicionalmente con instrumentos procesales de carácter extraordinario aptos para dejar sin efectos sentencias que hubieran adquirido firmeza, como es el caso de las que se recurren ante el TEDH. Pero carecía de canales o medios específicos para trasladar los fallos del TEDH al sistema jurisdiccional interno.

En efecto, ni nuestras reglas procesales sobre revisión de sentencias[525], ni las que se han venido ocupando en particular de la nulidad de actuaciones[526], contemplaban formalmente una hipótesis tan singular como es la aparición sobrevenida de una sentencia del TEDH que corrigiera el sentido de la decisión definitivamente adoptada en nuestro sistema judicial

---

525 Según la clásica redacción del art. 510 LEC, había lugar a la revisión de una sentencia firme (entre otros motivos más alejados de nuestra temática) si, después de pronunciada, «se recobraren u obtuvieren documentos decisivos, de los que no se hubiere podido disponer por fuerza mayor o por obra de la parte en cuyo favor se hubiere dictado», sin alusión alguna al caso que ahora interesa. Por su parte, el art. 954 LECrim admitía sencillamente la revisión contra las sentencias firmes, entre otros casos, cuando después de la sentencia «sobrevenga el conocimiento de hechos o elementos de prueba, que, de haber sido aportados, hubieran determinado la absolución o una condena menos grave». El art. 102 LJCA ofrecía un contenido muy similar al del art. 510 LEC, y el art. 236.1 LRJS remitía directamente a ese precepto de la legislación procesal común.

526 En principio, la nulidad de actuaciones ha de solicitarse «por medio de los recursos legalmente establecidos», salvo cuando no hubiera recaído aún resolución que ponga fin al proceso (art. 240 LOPJ), sin perjuicio de que de manera excepcional se admita el "incidente" de nulidad de actuaciones para hacer frente a «cualquier vulneración de un derecho fundamental de los referidos en el artículo 53.2 de la Constitución, siempre que no haya podido denunciarse antes de recaer resolución que ponga fin al proceso y siempre que dicha resolución no sea susceptible de recurso ordinario ni extraordinario» (art. 241 LOPJ).

interno. Así lo declararon diversas resoluciones de nuestro Tribunal Supremo, procedentes por cierto de sus distintos órdenes jurisdiccionales, ante la petición de revisión o nulidad de actuaciones que en tales casos le trasladaba el beneficiario de una sentencia del TEDH. Los argumentos utilizados para llegar a tal conclusión fueron variados, aunque con bastantes elementos de coincidencia. A la postre, esgrimía el TS que las sentencias del TEDH no implicaban la derogación de una norma, ni la anulación de un acto administrativo, ni tampoco suponían casar la sentencia cuestionada, sino que constituían más exactamente "la culminación de un trayecto procesal" mediante una resolución de naturaleza compleja, "no directamente ejecutiva, pero en cualquier caso no meramente declarativa». Parecía entenderse, dicho de otro modo, que la sentencia del TEDH, que en caso de estimación conlleva de ordinario una reparación económica, constituía *per se* la satisfacción del recurrente y no requería en consecuencia, según esta doctrina clásica, la reapertura de procesos ya concluidos en el ámbito nacional[527].

El tenor formal de los compromisos asumidos por nuestro país en relación con el Consejo de Europa y el Convenio Europeo de Derechos Humanos, la peculiar naturaleza del TEDH, la ausencia de fuerza directa y ejecutiva en sus sentencias y, en fin, la inexistencia de vías expresas para proceder a su ejecución en nuestro ordenamiento interno, eran los motivos que, en esencia, abonaron dicha posición interpretativa[528]. De todas

---

527 Vid. STS de 20-11-2001 (recurso 3325/2000).

528 En tal sentido pueden consultarse, por ejemplo, la STS (Civil) de 20-11-1996 (recurso 1748/1988), que rechaza una pretensión de nulidad de la sentencia original con base en la sentencia del TEDH; STS (Penal) de 4-4-1990 (Roj: STS 14876/1990), que hace lo propio en el ámbito penal; STS (Social) de 20-11-2001 (recurso 3325/2000), que rechaza el recurso de revisión con los argumentos de que la sentencia del TEDH no tiene la naturaleza de «documento recobrado»

formas, este estado de cosas generaba un comprensible grado de insatisfacción una vez que la jurisdicción europea llegaba a la conclusión de que se había producido una violación de derechos fundamentales de la persona que nuestro sistema jurisdiccional interno no había sido capaz de evitar o reparar, por lo que no era de extrañar que se multiplicaran los esfuerzos interpretativos tendentes a la subsanación de esas deficiencias y se hicieran propuestas con vistas a la corrección de las tesis más tradicionales, especialmente cuando se solicitaba la revisión o la nulidad de resoluciones internas que entrañaban efectos penales o afectaban a la libertad personal.

Como era de esperar, una de las vías exploradas a tales fines fue el recurso de amparo, bajo la consideración de que la falta de revisión de las decisiones judiciales internas puede generar, o bien una lesión del derecho a la tutela judicial efectiva, o bien una nueva lesión, más persistente, del derecho que en su momento hubiera sido objeto de invocación ante el TEDH. El recurso de amparo ha sido visto, de esa manera, como un posible y último remedio para aquellas situaciones tan particulares. Como es natural, el TC difícilmente podía solventar una cuestión que tiene mucho que ver con la estructura de nuestro sistema jurisdiccional y que, por lo tanto, tan sólo puede quedar resuelta mediante la intervención del legislador. Pero eso no significa que no tengan interés sus aportaciones, tanto en el plano puramente doctrinal como en el de la atención a los casos concretos. Podría decirse que para abordar esta clase de problemas el TC ha utilizado tres premisas básicas: 1) que el TEDH no es una instancia superior de revisión o control

---

y de que el efecto negativo de la cosa juzgada impedía promover nuevas pretensiones sobre el mismo asunto (particularmente una vez que el interesado había visto reconocida su solicitud de indemnización de daños y perjuicios); ATS (Militar) de 9-12-2002 (recurso 75/1997), que rechaza igualmente una pretensión de nulidad de actuaciones.

directo de las resoluciones internas de carácter judicial o administrativo, ni puede imponer a los Estados miembros medidas concretas de carácter anulatorio o rescisorio; 2) que las sentencias del TEDH son declarativas y no anulan ni modifican por sí mismas los actos internos declarados contrarios al CEDH, y 3) que, pese a todo ello, son sentencias que no carecen completamente de efectos en ese ámbito, ya que el CEDH forma parte de nuestro Derecho interno, siendo así que las normas relativas a derechos fundamentales deben interpretarse conforme a los tratados internacionales en la materia[529].

En conclusión, vino a decir el TC que, aun revistiendo características muy singulares, estamos ante sentencias que vinculan a los Estados contratantes, y que, por ello mismo, requieren alguna medida interna encaminada a su ejecución efectiva. Al menos, habría de procurarse que las lesiones sufridas por el interesado desaparecieran por completo. El problema, no obstante, residía en la ausencia de procedimientos específicos para dar cauce a dicha ejecución, particularmente para proceder a la anulación de las sentencias firmes de orden interno implicadas en el asunto. Desde este punto de vista, el TC consideró, en principio, que la posición interpretativa defendida por el TS acerca de la falta de idoneidad del recurso de revisión o del procedimiento de nulidad de actuaciones no era contraria al derecho a la tutela judicial efectiva, por contar con

---

[529] Es paradigmática en este sentido la STC 245/1991, de 16 de diciembre (que proviene de la STEDH *Barberà, Messegué y Jabardo*, de 6-12-1988, recurso 10590/83), en la que se declara que el hecho de que el CEDH no obligue a España a reconocer en su ordenamiento jurídico interno la fuerza ejecutoria directa de las sentencias del TEDH «no implica la carencia de todo efecto interno de la declaración realizada por dicho Tribunal sobre la existencia de un derecho reconocido en el Convenio». La doctrina se recoge también en las sentencias TC 313/2005, de 12 de diciembre, y 197/2006, de 3 de julio.

suficiente fundamentación jurídica a la vista de la redacción de los textos procesales vigentes[530].

Pero esta posición de partida fue objeto de matices y precisiones por el propio TC en más de una ocasión, bien es cierto que a la vista de las circunstancias concurrentes en cada caso. Estas matizaciones, por razones fáciles de comprender, se manejaron sobre todo en asuntos de carácter penal, con el fin de evitar en lo posible los efectos negativos de ese orden sancionador sobre el beneficiario de una sentencia del TEDH. En ese terreno concreto, el TC dio dos pasos de notable significado. Por un lado, abrió los márgenes interpretativos de las normas reguladoras de la revisión de sentencias para dar entrada, como "hecho nuevo", a las sentencias del TEDH[531], algo

---

530 Vid. STC 197/2006, de 3 de julio, referida al caso *Fuentes Bobo vs. España* (de 29-2-2000, recurso 39293/1998, sobre libertad de expresión), que tras la desestimación de la demanda inicial por sentencia TSJ de Madrid de 5 de octubre de 1995 y STC 204/1997, de 25 de noviembre, fue resuelto en sentido estimatorio por el TEDH. A raíz de dicho pronunciamiento, el interesado pidió ejecución de sentencia con el fin de obtener una reparación íntegra de la lesión de sus derechos (no sólo mediante indemnización sino también mediante la reincorporación al puesto de trabajo); tras su denegación, solicitó revisión de sentencia, y tras la denegación de este otro cauce por sentencia TS de 20 de noviembre de 2001 interpuso recurso de amparo, desestimado asimismo por la STC 197/2006, en la que, en definitiva, se da por bueno (no contrario al derecho a la tutela judicial efectiva) el argumento de que para que una sentencia del TEDH fuese causa de revisión de sentencias firmes tendría que modificarse nuestra legislación interna. En general, vid. C. ARANGÜENA FANEGO, "El cumplimiento de las sentencias del Tribunal Europeo de Derechos Humanos y la revisión de sentencias firmes", en J. GARCÍA ROCA y P.A. FERNÁNDEZ SÁNCHEZ (dir.), *Integración europea a través de derechos fundamentales: de un sistema binario a otro integrado*, CEP y C, Madrid, 2009, pp.289 y ss.

531 El principal exponente de esta postura probablemente sea la STC 240/2005, de 10 de octubre, que fue dictada tras la interposición

que, por cierto, ya había intentado en alguna ocasión la Sala Segunda del TS[532]. Por otro, clarificó que el particular puede interponer recurso de amparo para pedir la eliminación de lesiones "actuales y efectivas" desde el momento en que obtenga a su favor una sentencia TEDH, y que tal recurso deberá ser estimado si se aprecia una imperiosa necesidad de poner fin a la violación del derecho[533].

---

de un recurso de amparo contra la denegación de revisión en vía penal y que apuntó que podría ser contraria al derecho a la tutela judicial efectiva, por excesivamente formalista, el rechazo de una pretensión de revisión de sentencia con base, únicamente, en que la sentencia del TEDH no constituye un "hecho nuevo" de los que contempla el art. 954.4 de la Ley de Enjuiciamiento Criminal a tales efectos. Una tesis similar se defiende en la STC 70/2007, de 16 de abril, en la que se sugiere que, una vez anulada una prueba por sentencia del TEDH, el posterior recurso de revisión podría ser utilizado por el TS para velar con la máxima intensidad por el derecho a la presunción de inocencia, conforme a los criterios ofrecidos por el TEDH.

532 Esos intentos se aprecian, por ejemplo, en el auto de la Sala Segunda del Tribunal Supremo de 29-4-2004 (recurso de revisión 1265/1993), en el que se declara que la sentencia del TEDH que estima una violación de derechos por utilización de pruebas no válidas podría considerarse como "hecho nuevo" a efectos de revisión de la sentencia interna, aunque en aquel supuesto concreto se confirmó la resolución judicial de origen por haber fundado su fallo en otras pruebas no afectadas por ese vicio de nulidad.

533 La referencia para esta tesis se encuentra en la ya citada STC 249/1991, de 16 de diciembre, cuya doctrina ha sido invocada después en algunos otros asuntos, aunque con respuesta distinta por parte del TC, precisamente por la falta de concurrencia de las singulares circunstancias que motivaron aquella decisión, o por la concurrencia de otras particularidades en los casos en cuestión. Pueden verse a tal efecto las sentencias TC 313/2005, de 12 de diciembre, y 197/2006, de 3 de julio. También puede consultarse el auto TC 96/2001, de 24 de abril.

Aunque sus resultados visibles fueron escasos, en el trasfondo de todo este juego argumental se advertía un reconocimiento más comprometido y efectivo del papel que el TEDH estaba llamado a jugar en la protección jurisdiccional de los derechos fundamentales, y un intento de dar a sus sentencias un efecto más tangible u operativo de lo que cabría deducir de su mera naturaleza declarativa. El TC reconocía la falta de cauces apropiados para proceder a una revisión rápida y eficaz de los actos internos directamente afectados por las decisiones del TEDH, pero da la sensación de que no se resigna a la pervivencia de situaciones de desamparo o de insuficiente protección de los derechos. Por eso, las pocas pero importantes sentencias en las que abordó este tipo de cuestiones representaban una especie de lucha contra la adversidad, con una esforzada labor de búsqueda de salidas para una situación que no se tiene por satisfactoria[534]. De este modo, el Tribunal ponía de manifiesto la necesidad de dar una aplicación efectiva a las sentencias del TEDH, especialmente en aquellos asuntos en los que se encuentran afectados los derechos más básicos, como la libertad personal[535].

---

534 Dicho sea de paso, no existen cauces en nuestro sistema para la revisión de sentencias del TC a resultas de un pronunciamiento del TEDH sobre el mismo caso (y, obviamente, con distinto criterio interpretativo), aunque en este otro escenario la problemática es bien distinta; en realidad, la situación jurídica afectada por una eventual sentencia del TEDH no procede de la intervención del TC, sino de las resoluciones administrativas o judiciales que, tras el agotamiento de la vía judicial previa, dieron lugar al correspondiente recurso de amparo. Es, por lo tanto, esa situación de base la que requerirá, llegado el caso, la pertinente revisión.

535 Un buen síntoma de ello puede apreciarse en el denominado "caso Parot", en el que los órganos judiciales afectados procedieron a una aplicación directa e inmediata no sólo de la resolución adoptada por el TEDH en el caso concreto, sino también de su criterio interpretativo; vid. C. IZQUIERDO SANS, "Comentario a las sentencias TEDH de 10 de julio de 2012 (Sala) y 21 de octubre de 2013 (Gran

Esta labor del TC en defensa del valioso papel jurisdiccional del TEDH suponía en el fondo una insistente llamada de atención al legislador, que finalmente introdujo las reglas pertinentes para evitar esta anomalía institucional y legal. Lo hizo mediante la Ley Orgánica 7/2015, de 21 de julio, que procedió a la incorporación del artículo 5 bis en la LOPJ y a la reforma de los artículos 510 LEC, 954 LECrim. y 102 LJCA. Desde ese momento, los interesados pueden «interponer recurso de revisión contra una resolución judicial firme, con arreglo a las normas procesales de cada orden jurisdiccional, cuando el Tribunal Europeo de Derechos Humanos haya declarado que dicha resolución ha sido dictada en violación de alguno de los derechos reconocidos en el Convenio Europeo para la Protección de los Derechos Humanos y Libertades Fundamentales y sus Protocolos, siempre que la violación, por su naturaleza y gravedad, entrañe efectos que persistan y no puedan cesar de ningún otro modo que no sea mediante esta revisión" (art.5 bis LOPJ), "sin que la misma pueda perjudicar los derechos adquiridos de buena fe por terceras personas» (según apostilla el art.510.2 LEC)[536]. De este modo, quedaba expresamente abierto un cauce procesal que se estimaba necesario para garantizar en nuestro sistema interno la efectividad de las sentencias del Tribunal de Estrasburgo[537]. Esta revisión tras condena

---

Sala) en el Asunto Del Río Prada sobre la doctrina Parot", *Revista Española de Derecho Internacional*, núm.1 (2014).

536 De su lado, el art.236.1 LRJS, junto a su tradicional remisión al art.510 LEC, ha incorporado un significativo deber de comunicación a la Abogacía General del Estado de las demandas de revisión presentadas bajo esta causa y de sus vicisitudes y resultados. Para una mayor precisión de los requisitos de este recurso, vid. SSTS de 16-1-2024 (recurso 7/2022), 2 y 3-4-2024 (recursos 5/2023, 24/2023 y 14/2023) y de 7-5-2024 (recurso 37/2022).

537 Vid. E. GUILLÉN LÓPEZ, "Ejecutar en España las sentencias del Tribunal Europeo de Derechos Humanos. Una perspectiva de Derecho constitucional europeo", *Teoría y Realidad Constitucional*, núm.42

del TEDH conlleva la devolución del caso al órgano judicial de instancia[538]. Advirtamos, en todo caso, que se trata de un cauce «absolutamente excepcional» que por ello mismo ha sido objeto de interpretación literal y restrictiva por nuestra jurisprudencia interna, con la apostilla, quizá innecesaria por obvia, de que no es practicable esa vía de revisión cuando en lugar del TEDH sea invocada una sentencia del TJUE[539].

Tampoco hay razones definitivas, por otro lado, para entender completamente cerrada la posibilidad de que una decisión del TEDH en el asunto en cuestión sirva de soporte jurídico, en determinadas condiciones, al planteamiento de un incidente de nulidad de actuaciones, toda vez que los actos procesales son nulos de pleno derecho «cuando se prescinda de normas esenciales del procedimiento, siempre que, por esa causa, haya podido producirse indefensión» (art.238.3 LOPJ y art.225.3.LEC). Habría causa para ello, concretamente, si se estimara lesionado el derecho a un proceso equitativo (el derecho a la tutela judicial efectiva, en definitiva), como podría ocurrir cuando se oponen obstáculos injustificados para el acceso al recurso de casación, por ejemplo. De todas formas, hay que reconocer que los intentos de transitar por esa singular y excepcional vía procesal han resultado hasta el momento infructuosos, no sabemos bien si por su supuesta inadecuación

---

(2018), pp.335 y ss.; L. MORENO GARCÍA, "La revisión civil de sentencias firmes como cauce procesal para la ejecución de las sentencias del TEDH", en AA.VV., *La influencia de la jurisprudencia del Tribunal Europeo de Derechos Humanos en el derecho interno*, Tirant lo Blanch, Valencia, 2019, pp. 423 y ss.; R. NIÑO ESTÉBANEZ, *Fuerza obligatoria y ejecución de las sentencias del Tribunal Europeo de Derechos Humanos en España: el procedimiento de revisión*, Tesis Doctoral, 2018, pp.169 y ss. (http://e-spacio.uned.es/fez/eserv/tesisuned:ED-Pg-DeryCSoc-Rnino/NINO ESTEBANEZ Roberto Tesis.pdf).

538 Vid. STS de 3-4-2024 (rec. 14/2023).

539 Vid. SSTS de 12-3-2020 (recurso 30/2018) y 27-1-2021 (recurso 4/2020).

o porque en las ocasiones en que se ha promovido los interesados se han limitado a una invocación muy genérica y poco técnica del CEDH y a una remisión imprecisa a la doctrina del TEDH, sin la debida concreción[540].

Es evidente, por lo demás, que la doctrina del TEDH puede ser alegada frente a las resoluciones de nuestra jurisdicción ordinaria para dar fundamento a los recursos de amparo ante el Tribunal Constitucional, siempre, naturalmente, que guarde la preceptiva conexión con los derechos reconocidos en los artículos 14 a 29 de la Constitución. Podríamos estar, bien mirado, ante una manifestación más de los puentes de contacto que traza el artículo 10.2 de nuestro texto constitucional "con la Declaración Universal de Derechos Humanos y los tratados y acuerdos internacionales sobre las mismas materias ratificados por España" respecto de las normas "relativas a los derechos fundamentales y a las libertades que la Constitución reconoce".

2. La posible invocación de sentencias del TEDH en el contexto del recurso de casación para la unificación de doctrina

Más allá de esos cauces directa o potencialmente aptos para la corrección de nuestras respuestas judiciales a la vista de las resoluciones del TEDH, cabría plantearse si nuestro sistema procesal ofrece posibilidades de incorporar la doctrina del máximo intérprete del CEDH entre los fundamentos jurídicos que han de observar nuestros tribunales a la hora de efectuar sus operaciones de enjuiciamiento y resolución de los correspondientes contenciosos. Adelantemos ya que la pregunta tiene todo su sentido en nuestro terreno social, donde precisamente contamos con un ejemplo paradigmático de esa hipótesis procesal, en tanto que la doctrina del TEDH puede

---

540 Vid. AATS de 17-3-2015 (incidentes de nulidad de actuaciones 2882/2013 y 10/2014).

ser invocada como solución de contraste a efectos de fundar un recurso de casación por unificación de doctrina[541]. En la actual regulación de ese recurso, y desde su reforma en el año 2011, la jurisprudencia del TEDH forma parte de la «doctrina de contradicción» que a tal efecto puede ser utilizada ante los órganos jurisdiccionales competentes. Pero veámoslo con un poco más de detalle.

Al ocuparse de dicho recurso, el artículo 217 de la versión de 1995 de la ya derogada Ley de Procedimiento Laboral[542] disponía que el recurso de casación para la unificación de doctrina «tendrá por objeto la unificación de doctrina con ocasión de sentencias dictadas en suplicación por las Salas de lo Social de los Tribunales Superiores de Justicia, que fueran contradictorias entre sí, con la de otra u otras Salas de los referidos Tribunales Superiores o con sentencias del Tribunal Supremo, respecto de los mismos litigantes u otros diferentes en idéntica situación donde, en mérito a hechos, fundamentos y pretensiones sustancialmente iguales, se hubiere llegado a pronunciamientos distintos». Por consiguiente, la admisión del recurso quedaba supeditada a que la sentencia recurrida hubiera resuelto el supuesto de hecho controvertido de forma diferente a otros TSJ o al propio TS, lo que llevaba a rechazar taxativamente la concurrencia de ese requisito de contradicción cuando la sentencia de contraste invocada provenía del TEDH[543].

Desde una perspectiva tradicional, parece lógico que el legislador se decantase inicialmente por constreñir las sentencias de contraste a las emanadas de un TSJ o del propio TS, por el propósito de conseguir una interpretación uniforme en

541 Por cierto, la sentencia del TEDH podría valer como «documento nuevo» a efectos de su eventual aportación en la fase de recurso, conforme al art.233 LRJS.

542 Aprobada por Real Decreto Legislativo 2/1995, de 7 de abril.

543 Vid. ATS de 3-3-2011 (recurso 946/2010).

todo el territorio y con la intención de que este recurso quedara circunscrito a la jurisdicción ordinaria y, en particular, a la doctrina de los órganos jurisdiccionales directamente concernidos por las leyes de procedimiento laboral. Sin embargo, es claro que en los últimos años la jurisprudencia del TC y la doctrina de algunos tribunales internacionales y supranacionales, y en particular el TEDH y el TJUE, han cobrado un notable protagonismo en algunas parcelas de lo social, hasta el punto de rectificar criterios interpretativos de la jurisdicción social ordinaria, obligando a modificar doctrinas en muchos casos consolidadas. Los tribunales del orden social no han sido especialmente reacios o reticentes a incorporar esa doctrina, sino que en ocasiones incluso adoptan una posición o enfoque más activo –o activista-, solicitando explícitamente aclaraciones a través de la cuestión prejudicial ante el TJUE.

No es por tanto extraño que el legislador, en la actualización de las reglas del proceso laboral, diera entrada, a efectos de apreciar la imprescindible contradicción en esta modalidad de recurso de casación, a sentencias de esos otros tribunales que en la práctica ya venían influenciando de manera decisiva al orden social, pues de lo contrario se corre el riesgo de perpetuar artificialmente criterios basados en legalidad ordinaria que son contrarios a normas, valores o principios con una posición preeminente en el ordenamiento. En ese contexto, el artículo 219 LRJS permite alegar como doctrina de contradicción «la establecida en las sentencias dictadas por el Tribunal Constitucional y los órganos jurisdiccionales instituidos en los Tratados y Acuerdos internacionales en materia de derechos humanos y libertades fundamentales ratificados por España, siempre que se cumplan los presupuestos del número anterior referidos a la pretensión de tutela de tales derechos y libertades», si bien no cabe olvidar que la «sentencia que resuelva el recurso se limitará, en dicho punto de contradicción, a conceder o denegar la tutela del derecho o libertad invocados, en función de la aplicabilidad de dicha doctrina al supuesto planteado». Se añade asimismo que, «con iguales requisitos y alcance sobre su aplicabilidad, podrá invocarse la doctrina establecida en las sentencias del Tribunal de Justicia de la Unión Europea en interpretación del derecho comunitario».

Va de suyo que la admisión de recursos de casación para unificación de doctrina cuando la sentencia de contraste invocada no provenga de un órgano de la jurisdicción ordinaria exige cierta flexibilización de los criterios previos, al menos si se pretende que las sentencias del TC y de tribunales internacionales puedan jugar un papel en esta peculiar, y desde luego muy relevante, vía de impugnación. Esta flexibilización no tuvo lugar de forma espontánea, pero tampoco en un contexto de conflicto o resistencia, sino de forma ordenada, como demuestra el "Acuerdo no jurisdiccional" de 11 de febrero de 2015[544], adoptado por la Sala de lo Social del TS con la intención de clarificar ante los operadores jurídicos que el acceso a la casación para unificación de doctrina a través de este conducto era realmente posible.

La extensión del espectro de resoluciones impugnables se enfrenta con algunas dificultades técnicas adicionales, especialmente en el supuesto de tribunales inter o supranacionales, toda vez que el recurso de casación para unificación de doctrina requiere que ante «hechos, fundamentos y pretensiones sustancialmente iguales, se hubiere llegado a pronunciamientos distintos» (art.219.1 LRJS). Muchas de esas sentencias de tribunales externos traen causa de la aplicación de un derecho extranjero, por lo que la mayor o menor relevancia de esta ampliación del catálogo de decisiones que han de tomarse en consideración depende, a la postre, de cómo se interprete esa

544 http://www.poderjudicial.es/cgpj/es/Poder-Judicial/Tribunal-Supremo/Jurisprudencia-/Acuerdos-de-Sala/Acuerdo-no-jurisdiccional-de-11-de-febrero-de-2015–del-Pleno-de-la-Sala-de-lo-Social-del-Tribunal-Supremo.

«sustancial igualdad». A tal efecto, el propio Tribunal Supremo ha advertido de que caben dos opciones exegéticas.

La primera de ellas, seguramente la que se presenta *prima facie* como la más natural, consiste en considerar que esa referencia remite de manera «simple y pura a la prescripción del artículo 219.1 LRJS sobre la exigencia de "hechos, fundamentos y pretensiones sustancialmente iguales", igualdad sustancial en el substrato previo a los respectivos fallos (de la sentencia recurrida y de la de contraste)». Sin embargo, el TS rechaza esa interpretación porque entiende que una extensión de la doctrina tradicional sobre los requisitos de acceso a la contradicción, formulada en términos muy rigurosos, «conduciría a vaciar de contenido la apertura realizada por el artículo 219.2 LRJS cuya evidente finalidad es la de facilitar y potenciar una adecuación de la doctrina jurisdiccional ordinaria a la doctrina constitucional, finalidad que difícilmente se alcanzaría si se exigiera esa igualdad sustancial en hechos, fundamentos y pretensiones entre las sentencias comparadas, la sentencia ordinaria y la sentencia constitucional; y más difícil aún sería si la sentencia que se aporta como contradictoria es una procedente de un órgano jurisdiccional internacional o comunitario»[545].

Por consiguiente, se propugna la aplicación de «criterios más flexibles ante las mayores dificultades de cotejo, especialmente en el aspecto fáctico, teniendo presente la finalidad que ha inspirado la introducción de estas sentencias como posibles contradictorias por parte de la LRJS, sin olvidar que la protección que puede otorgar a los derechos fundamentales es únicamente la que está comprendida dentro de su jurisdicción»[546]. En este sentido, se advierte que el legislador ha «relajado la contradicción», pero ello «no significa que la misma haya desaparecido, pues el contraste de doctrinas se permite "siempre

545 Cfr. STS de 14-11-2014 (recurso 1839/2013).
546 Cfr. STS de 12-9-2017 (recurso 2805/2015).

que se cumplan los presupuestos del número anterior"», de modo que «no es necesario que las pretensiones sean idénticas, aunque sí los debates sobre vulneración del derecho; desde la perspectiva del derecho constitucional invocado, las situaciones sí han de ser homogéneas pues de lo contrario no podía hablarse de contradicción entre doctrinas. En suma, no se exige la identidad integral habitual ("hechos, fundamentos y prensiones") pero sí la homogeneidad en los debates (problema suscitado)»[547].

El TS defiende, por tanto, que la «igualdad sustancial debe venir referida a la pretensión de tutela del derecho constitucional de que se trate (o, en su caso, de alguno de los derechos humanos o libertades fundamentales)». Es decir, ha de «prescindirse de la búsqueda de coincidencias sustanciales en las relaciones sustantivas que dieron origen a los respectivos litigios, así como de las pretensiones que los motivaron y los fundamentos en los que las partes apoyaron sus exigencias frente al adversario», de modo que la «comparación quedará limitada al supuesto que origina la pretensión de tutela, pues de no existir coincidencia, la doctrina invocada de contraste no sería de aplicación»[548].

Estas diferencias en la perspectiva de aproximación exige poner el foco, por tanto, en el derecho fundamental que entra en juego y, dentro de él, en la parcela concreta de ese derecho fundamental afectada en el caso litigioso, lo que es particularmente relevante en derechos complejos, como la intimidad[549] o, principalmente, la tutela judicial efectiva[550], donde lo deter-

---

547 Cfr. STS de 6-7-2015 (recurso 1758/2013).

548 Cfr. STS de 11-3-2015 (recurso 1569/2014).

549 Vid. AATS de 9-9 y 17-12-2015 (recursos 2602/2014 y 1472/2015).

550 Vid. AATS de 9-4 y 6-6-2013 (recursos 2221/2012 y 2930/2012), de 28-10-2015 (recurso 87/2015), de 18-2-2016 (recurso 752/2015), de 7 y 9-2-2017 (recursos 639/2016 y 2799/2015) y de 11-9-2018 (recurso 3907/2017).

minante es la «controversia procesal planteada, debiendo existir para apreciar la contradicción la suficiente homogeneidad entre las infracciones procesales comparadas, sin que sea necesaria la identidad en las situaciones sustantivas de las sentencias contrastadas»[551]. A modo de ejemplo, no puede apreciarse contradicción cuando se imputa incongruencia a la sentencia de instancia pero la sentencia de contraste se refiere a incongruencia en el recurso de suplicación[552], o cuando el tribunal ordinario se ha pronunciado sobre la incongruencia y la sentencia de contraste o bien simplemente hubiera optado por una interpretación distinta[553], o bien viniera referida «al derecho de acceso a los recursos o a la garantía de indemnidad, supuestos en los que brillaría por su ausencia la necesaria homogeneidad -igualdad sustancial- indispensable para dar paso al recurso, mediante la constatación de la contradicción doctrinal y, consiguientemente, a la necesaria aplicación de la doctrina constitucional establecida por la sentencia de contraste»[554]. Es criterio reiterado que «en los supuestos de incongruencia y de falta de competencia objetiva o defecto de jurisdicción del orden social se exige que, al menos, la sentencia de contraste contenga doctrina o pronunciamiento implícito, sobre la materia en cuestión»[555]. Y consideraciones similares podrían hacerse en relación con la alegación de indefensión[556].

En este ámbito de las cuestiones procesales, y en particular en relación con el derecho a la tutela judicial efectiva, o el de-

---

551 Cfr. AATS de 2-11-2016 (recurso 583/2016) y de 2-7-2019 (recurso 1887/2017), entre muchos otros.

552 Vid. ATS de 25-10-2017 (recurso 828/2017).

553 Vid. AATS de 9-10-2018 (recurso 502/2018) y de 15-1-2009 (recursos 1327/2018 y 2149/2018).

554 Cfr. STS de 14-11-2014 (recurso 1839/2013). También, STS de 18-5-2018 (recurso 381/2017) y ATS de 12-12-2017 (recurso 980/2017).

555 Vid ATS de 18-6-2019 (recurso 3735/2017).

556 Vid AATS de 25-4-2017 (recurso 3814/2016) y de 20-3 y 18-9-2018 (recursos 3011/2017 y 4014/2017).

recho a un proceso equitativo en la terminología del CEDH (art.6), el TS condiciona la admisibilidad del recurso de casación para unificación de doctrina a la «suficiente homogeneidad entre las infracciones procesales comparadas, sin que sea necesaria la identidad en las situaciones sustantivas de las sentencias contrastadas»[557]. Conviene tener presente, no obstante, que las sentencias del TEDH aptas para admitir la contradicción han de cumplir el requisito de firmeza, lo que no sucede con aquellas que están pendientes de un ulterior pronunciamiento del Tribunal de Estrasburgo en Gran Sala[558].

En suma, no sólo debe invocarse el mismo derecho fundamental, sino que, por una parte, se «hace precisa una más minuciosa coincidencia en el sustrato fáctico del que parte para lograr su protección»[559], y, por otra, «resulta absolutamente imprescindible que en las dos sentencias comparadas se produzca una identidad sustancial en su fundamentación jurídica, entendida por tal no los razonamientos concretos que en ellas se contengan sino en el debate jurídico planteado y resuelto por las dos sentencias comparadas», teniendo presente que «no cabe hablar de contradicción, tampoco, cuando la legalidad -en sentido lato- no es la misma, por haber cambiado sustancialmente la jurisprudencia interpretativa»[560], ni cuando la sentencia de contraste no se pronuncia sobre la cuestión controvertida en la sentencia recurrida[561], ni cuando una de las

---

557 Vid. AATS de 10 y 19-4-2018 (recursos 1978/2017 y 1935/2017), de 31-5-2018 (recurso 2257/2017) y de 29-1-2019 (recurso 2259/2017).

558 Vid. ATS de 18-6-2019 (recurso 3463/2018).

559 Cfr. AATS de 20-4 y 20-6-2017 (recursos 1769/2016 y 1631/2016) y de 6-11 y 13-12-2018 (recursos 487/2018 y 1437/2018).

560 Cfr. STS de 12-9-2017 (recurso 2805/2015). También, SSTS de 16-9-2014 (recurso 2431/2013), de 20-1-2015 (recurso 740/2014), de 14-7-2016 (recurso 3761/2014), de 14-7-2017 (recurso 2320/2015), de 9-5-2018 (recurso 2635/2016) y de 5-7-2018 (recurso 2274/2016).

561 Vid. AATS de 10 y 24-4-2018 (recursos 2314/2017 y 1829/2017).

sentencias ofrece una argumentación detallada y la otra ignora esa cuestión[562].

Es coherente, por tanto, que no se aprecie contradicción ante pretensiones diferentes[563], debates jurídicos no coincidentes[564], aun referidos a la misma institución (*v.gr.*, cosa juzgada)[565], ni en presencia de «derechos fundamentales con proyección diferente precisamente porque inciden sobre situaciones de hecho, determinantes del derecho aplicado en esos casos, completamente diferentes», lo que conduce a que «las acciones y pretensiones suscitadas, los debates y la razón de decidir» sean también distintos y con ello que no «exista doctrina que necesite ser unificada»[566].

Esta flexibilidad se acerca en buena medida a la comparación abstracta de doctrinas, si bien no se apreciará contradicción cuando la disparidad en el supuesto de hecho (que puede derivar de una situación fáctica de base muy distinta o de una aparentemente similar pero con discrepancia en lo que efectivamente se haya podido probar) sea determinante de la diferencia en la argumentación jurídica y, por consiguiente, en el fallo[567], puesto que no cabe considerar una sentencia contradictoria cuando existe «concurrencia de fallos»[568].

Esta doctrina es sustancialmente idéntica con independencia de que se invoque como sentencia de contraste una del TC,

---

562 Cfr. AATS de 19-6 y 2-7-2019 (recursos 2856/2017 y 1887/2017).

563 Vid. AATS de 7-2 y 8-3-2018 (recursos 360/2017 y 2293/2017).

564 Vid. AATS de 9-2, 9-3, 6-4 y 19-12-2017 (recursos 2269/2016, 809/2016, 3274/2016 y 1585/2017).

565 Vid. ATS de 18-10-2017 (recurso 1451/2017).

566 Cfr. ATS de 2-2-2016 (recurso 980/2015).

567 Vid. AATS de 27-10-2016 (recurso 606/2016) y de 11-5, 27-6 y 31-10-2017 (recursos 3124/2016, 26/2017 y 943/2017) y de 10 y 16-1, 22-2 y 10-4-2018 (recursos 977/2017, 1311/2017, 2695/2017 y 3160/2017).

568 Cfr. ATS de 12-7-2017 (recurso 3766/2016).

del TJUE o del TEDH[569]. No obstante, en el caso de tribunales externos se aprecia alguna peculiaridad, debido a que el ordenamiento implicado en los asuntos litigiosos puede no ser el español. De ahí que el criterio final pueda resultar más o menos riguroso en atención al origen del litigio, y más particularmente cuando el supuesto de hecho resuelto por ese tribunal externo provenga de España, toda vez que la comparación abstracta de doctrinas parece difícilmente admisible ante supuestos de hecho de origen español. Cabe aventurar, en esos casos, que la comparación de los hechos será más rigurosa si el asunto es español y más flexible si es extranjero[570].

En cualquier caso, el Tribunal Supremo parte de las mismas premisas respecto de las sentencias del TC, del TJUE y del TEDH, de modo que comprueba no solamente el concreto derecho invocado, sino también que el debate jurídico sea equiparable, lo que implica, por ejemplo, que no se pueda apreciar contradicción entre dos casos de despido cuando en uno de ellos el conflicto versa sobre el fondo y en otro sobre jurisdicción[571], ni tampoco cuando una de las sentencias no se pronuncia sobre la cuestión controvertida en el otro asunto[572], o cuando la distinta solución de las sentencias comparadas depende de un elemento fáctico que no coincide[573] o de las di-

---

569 Vid. P. MENÉNDEZ SEBASTIÁN, "Artículo 219", en G.L. BARRIOS BAUDOR, *Comentarios a la Ley Reguladora de la Jurisdicción Social*, Aranzadi, Pamplona, 2020, pp.1288 y ss.; A. MARTÍN VALVERDE y O. FERNÁNDEZ MÁRQUEZ, "Artículo 219", en J.L. MONEREO PÉREZ (Dir.), *Ley de la Jurisdicción Social. Estudio Técnico-Jurídico y sistemático de la Ley 36/2011, de 10 de octubre*, Comares, Granada, 2013, pp.1225 y ss.

570 Vid. ATS 28-6-2017 (recurso 3223/2016).

571 Vid. AATS de 16-5-2013 (recurso 1925/2012), de 3-5-2017 (recurso 3049/2016) y de 31-5-2018 (recurso 3603/2016).

572 Vid. ATS de 27-5-2014 (recurso 813/2013).

573 Vid. STS de 19-6-2018 (recurso 3726/2016) y AATS de 27-11-2014 (recurso de queja 41/2014), de 18-3-2015 (recurso 76/2014) y de

ferencias de legislación entre los países involucrados[574], o una de ellas resuelve un supuesto con características muy singulares[575], todo lo cual justifica un fallo diferente.

En fin, la flexibilidad se refiere a la coincidencia de los elementos fácticos del supuesto de hecho, pero no alcanza al tipo de órgano que emite la resolución de contraste. Es decir, las decisiones que se invoquen a efectos de contradicción han de provenir del TC, del TJUE o del TEDH, y no de cualquier ente internacional o supranacional, aun cuando cuente con prestigio o relevancia, porque el art. 219.2 LRJS alude a «órganos jurisdiccionales», con las limitaciones que de ello derivan. Por consiguiente, no puede admitirse como contradictoria una decisión o conclusión del Comité Europeo de Derecho Sociales, pues dicho Comité no es un órgano jurisdiccional[576].

3. La progresiva inserción de la doctrina del TEDH en las tareas de enjuiciamiento de juzgados y tribunales

El recurso de casación para unificación de doctrina, siendo muy probablemente la más conspicua, no es en cualquier caso la única vía de entrada de la doctrina del TEDH en nuestro sistema judicial. En verdad, la jurisprudencia europea ha conseguido labrarse paulatinamente un considerable espacio de influencia dentro de la labor de nuestros juzgados y tribunales, debido sin duda alguna a su acreditado prestigio. En otras

---

11-5-2017 (recurso 1810/2016).

574 Vid. ATS de 4-11-2015 (recurso 2941/2014).

575 Vid. AATS de 12-3 y 7-5-2015 (recursos 2722/2014 y 198/2015), de 12-7, 20-9 y 8-11-2017 (recursos 3503/2016, 1189/2017 y 1934/2017) y de 17-1-2018 (recurso 3322/2017), en relación con la pensión de viudedad que podría derivar de una unión formalizada por el «rito gitano».

576 Vid. AATS de 7-2 y 11-10-2017 (recursos 1983/2016 y 1559/2017) y de 19-1-2019 (recurso 765/2018).

etapas, la consideración hacia los derechos que llamamos fundamentales ("derechos humanos" y "libertades públicas" en la más difundida terminología internacional) parecía depender esencialmente de la labor de nuestro Tribunal Constitucional, con la pertinente colaboración de los tribunales ordinarios, y en particular del Tribunal Supremo. Aun cuando la jurisdicción ordinaria no pudiera ser ajena a una tarea que en buena lógica debe ser compartida por la totalidad del sistema, era el TC el que a la postre quedaba específicamente encargado de elaborar y consolidar una doctrina que clarificase las facultades y el alcance que podía atribuirse a un derecho concreto. Sin embargo, es evidente que en esa tarea los tribunales internacionales han ido cobrando progresivamente un mayor protagonismo en nuestros espacios de referencia, al decidir sobre el contenido y alcance de esos derechos, y al velar en último término por su virtualidad y aplicación efectiva, desde su particular ámbito de competencias. Por ello, parece natural a nuestras alturas que se hable de «protección multinivel de los derechos fundamentales»[577], en el sentido de que ya no se puede contar con una sola instancia jurisdiccional con autoridad en esas materias, y bajo la convicción, asimismo, de que hoy en día no es viable abordar el contenido de un determinado derecho fundamental sin tener muy presente esos distintos focos de jurisprudencia al máximo nivel.

La coherencia del ordenamiento exige, lógicamente, que todas esas instancias jurisdiccionales caminen en la misma dirección, pues de lo contrario la inseguridad jurídica resultaría insoportable. El diálogo entre tribunales ha dejado de ser

577 Expresión ya clásica, también entre los laboralistas, como se constata en F. VALDÉS DAL-RÉ, *El constitucionalismo laboral europeo y la protección multinivel de los derechos laborales fundamentales: luces y sombras*, Bomarzo, Albacete, 2016, pp.13 y ss.; J.L. MONEREO PÉREZ, "Los principios del sistema jurídico internacional multinivel de garantía de los derechos fundamentales", *RGDTSS* (Iustel), núm.45 (2017).

una hipótesis de conveniencia para convertirse más bien en una necesidad técnica[578]. El problema, al menos visto desde la perspectiva española, es que no existe en nuestro sistema normativo una declaración expresa y general sobre el carácter vinculante de la jurisprudencia del TEDH para nuestros juzgados y tribunales, a diferencia de lo que, para las sentencias del TC, disponen tanto el artículo 164 CE como el artículo 5 de la LOPJ[579]. Sin perjuicio, desde luego, de que las sentencias del TEDH puedan dar lugar en el caso concreto a una reacción procesal por vía de revisión o de nulidad de actuaciones, y sin perjuicio también de que por determinados cauces procesales (como el recurso de casación para unificación de doctrina en el orden social) pueda corregirse la doctrina judicial opuesta a la doctrina de esa instancia jurisdiccional del Consejo de Europa.

Esta ausencia de una cláusula de carácter general y formulación taxativa acerca de la vinculación de nuestros órganos jurisdiccionales a la jurisprudencia del TEDH podría suponer

---

578 Vid. A. SAIZ ARNAIZ, "Tribunal Constitucional y Tribunal Europeo de Derechos Humanos: las razones para el diálogo", en ASOCIACIÓN DE LETRADOS DEL TRIBUNAL CONSTITUCIONAL, *Tribunal Constitucional y diálogo entre tribunales,* Centro de Estudios Políticos y Constitucionales, Madrid, 2013, pp.131 y ss.; L. LÓPEZ GUERRA, "El diálogo entre el Tribunal Europeo de Derechos Humanos y los tribunales españoles. coincidencias y divergencias", *Teoría y Realidad Constitucional,* núm.32 (2013), pp.139 y ss.; A. OLLERO TASSARA, "Diálogo de tribunales en el marco europeo", en J. DE LUCAS MARTÍN y otros (Coord.), *Pensar el tiempo presente,* Tomo I, Tirant lo Blanch, Valencia, 2018, pp.911 y ss.; P. TENORIO SÁNCHEZ, "Diálogo entre tribunales y protección de los derechos fundamentales en el ámbito europeo", *Revista General de Derecho Europeo,* núm.31 (2013).

579 Según el art.164 CE, las sentencias del TC «tienen el valor de cosa juzgada», y despliegan «plenos efectos frente a todos» cuando declaren la inconstitucionalidad de una norma con rango de ley y cuando no se limiten a la estimación subjetiva de un derecho.

una primera complicación para la deseable articulación de los criterios manejados por las diferentes instancias que desde la perspectiva del sistema español son aptas para la producción de doctrina jurisprudencial en materia de derechos fundamentales. En todo caso, los efectos de esa situación normativa no son tan radicales, ni pueden ser tan pesimistas, porque la fuerza vinculante de la jurisprudencia del TEDH puede extraerse de varios pasajes del texto constitucional español, como, por cierto, ha puesto de manifiesto nuestra jurisprudencia constitucional en reiteradas ocasiones. El primero de ellos, el más general, se encuentra en el artículo 96 CE, que actúa como vía de incorporación al ordenamiento interno de aquellos tratados internacionales que cumplan las pertinentes exigencias de validez en su celebración y que sean objeto de publicación oficial. El segundo, de mayor precisión para la materia que ahora nos ocupa, se recoge en el artículo 10.2 CE, que manda interpretar las normas relativas a los derechos fundamentales y libertades públicas que la Constitución reconoce «de conformidad» con los tratados y acuerdos internacionales ratificados por España que traten de «las mismas materias»[580]. Es evidente que el CEDH y sus instrumentos de tutela jurisdiccional de los derechos humanos y libertades fundamentales se encuentran entre los tratados y acuerdos internacionales que revisten esas características.

---

580 Según la STC 245/1991, de 16 de diciembre, el hecho de que sus sentencias carezcan de fuerza ejecutoria directa no significa que carezca de todo efecto la declaración que realice el TEDH acerca de la violación de alguno de los derechos reconocidos en el CEDH, no sólo porque tal Convenio forma parte de nuestro Derecho interno a tenor del art.96.1 CE, sino también porque el art.10.2 CE obliga a interpretar los derechos constitucionales conforme a los tratados internacionales ratificados por España. Tales afirmaciones se reiteran en otras sentencias posteriores (por ejemplo, en la STC 197/2006, de 3 de julio), y esa sujeción a los tratados internacionales se contiene en diversos preceptos de la LOPJ, como los arts.21 y 23.

Cabe afirmar, por consiguiente, que los jueces y tribunales que forman parte de nuestra jurisdicción ordinaria deben acomodar a la doctrina del TEDH su tarea de interpretación y aplicación de esa clase de derechos y libertades. Ya hemos dicho que no existe por el momento ninguna previsión específica en tal sentido, y que nuestro sistema tan sólo contiene cláusulas generales sobre el papel y el valor de la norma internacional.

La vinculación de la jurisdicción ordinaria a esta fuente jurisprudencial merece, de todas formas, algunas precisiones, no sólo por aquellos rasgos que con carácter general cabe atribuir a la doctrina del TEDH, sino también porque nuestro sistema nacional cuenta con una tabla de derechos fundamentales en la que, de un modo u otro, pueden quedar prácticamente subsumidos los derechos y libertades reconocidos en el CEDH. Siendo así, la operatividad de esa doctrina en nuestro fuero interno no puede dejar de ser relativa o mediata, pues normalmente habrá de entrar en escena a través del tamiz que representa nuestro texto constitucional. No hay que olvidar que los jueces y tribunales también están sujetos, de un modo incluso más explícito, a la Constitución y a la jurisprudencia constitucional, ni tampoco que el acceso al TEDH requiere el agotamiento de las vías jurisdiccionales internas. La propia doctrina del TEDH sobre el «margen de apreciación nacional»[581] y el carácter mínimo y adaptable que suele predicarse de sus criterios interpretativos apuntan en esa misma dirección. En todo caso, y cuando menos en el ámbito social de la jurisdicción, alcanzan ya un número bastante notable las sentencias del TS que acuden a la doctrina del TEDH a la hora de definir el alcance de los derechos y libertades públicas, o que buscan en esa jurisprudencia criterios apropiados para la «ponderación» de los mismos en el contexto de las relaciones de trabajo.

---

581 Vid. J. GARCÍA ROCA, *El margen de apreciación nacional en la interpretación del Convenio Europeo de Derechos Humanos: soberanía e integración*, Civitas, Madrid, 2010, pp. 34 y ss.

Si constituye jurisprudencia vinculante para el Estado español, parece claro asimismo que la doctrina del TEDH debe ser seguida también por el TC al juzgar sobre los derechos fundamentales y las libertades públicas que, teniendo acomodo expreso en nuestro texto constitucional, figuren al mismo tiempo en el CEDH o en sus protocolos anejos. No es que la norma europea se convierta en canon de interpretación directa para el TC (función que pertenece en exclusiva a la Constitución), pero sí es verdad que, por mandato expreso del artículo 10.2 CE (y por aquella regla más general del art. 96 CE), las cláusulas constitucionales sobre derechos humanos habrán de interpretarse y aplicarse conforme al CEDH y, en consecuencia, conforme a la jurisprudencia que con mayor autoridad expresa su alcance y su sentido[582], lo que supone que el TC puede justificar una matización o una rectificación de su jurisprudencia a partir de un previo cambio de doctrina del Tribunal de Estrasburgo[583]. La sujeción del TC a la jurisprudencia del TEDH nos introduce, no obstante, en un escenario aún más complejo, en el que no sólo se suscitan los problemas propios de la concurrencia de declaraciones de derechos al máximo nivel (lo que denominábamos "pluralismo constitucional"), sino también los que plantea la concurrencia de jurisdicciones encargadas en teoría de dar la última palabra sobre el alcance de tales derechos. Aunque la envergadura del problema nos impi-

582 Al TC no corresponde, «al conocer en recurso de amparo, examinar la observancia o inobservancia, *per se*, de textos internacionales que obliguen a España, sino comprobar el respeto o la infracción de los preceptos constitucionales que reconocen derechos fundamentales y libertades públicas...sin perjuicio de que por mandato del art. 10.2 CE, deban tales preceptos ser interpretados de conformidad con la Declaración Universal de Derechos Humanos y los tratados y acuerdos internacionales sobre las mismas materias ratificados por España» (STC 120/1990, de 27 de junio, aunque la doctrina se reitera en muchas otras, como la STC 249/2000, de 30 de octubre).

583 Vid. STC 70/2023, de 19 de junio.

de ahora entrar en mayores detalles, vale la pena recordar que en estos casos se suele decir, con buena lógica, que no puede hablarse de pura supremacía de una doctrina sobre otra, sino más bien de sana y leal convivencia de dos (o más) instancias jurisdiccionales que actúan, en sus ámbitos respectivos, como máximos intérpretes de los derechos humanos y las libertades públicas. Como también se dijo, estamos ante un terreno en el que la mejor opción probablemente sea el "diálogo entre jurisdicciones"[584].

La vinculación que el TC haya de guardar respecto de la jurisprudencia del TEDH no puede entenderse, pues, como seguimiento ciego de su doctrina, sino como recepción de unos estándares mínimos que tratan de crear un acervo común para el espacio europeo en materia de derechos humanos y que, por lo demás, pueden ser de extraordinaria utilidad para dar sentido al sistema interno de derechos fundamentales[585]. En

---

584 Vid. A. SAIZ ARNAIZ, "Tribunal Constitucional y Tribunal Europeo de Derechos Humanos: las razones para el diálogo", en ASOCIACIÓN DE LETRADOS DEL TRIBUNAL CONSTITUCIONAL, *Tribunal Constitucional y diálogo entre tribunales*, Centro de Estudios Políticos y Constitucionales, Madrid, 2013, especialmente pp.140 y ss.

585 Como dice la STC 91/2000, de 30 de marzo (acogiendo, desde luego, doctrina anterior), la cláusula del art. 10.2 CE «expresa el reconocimiento de nuestra coincidencia con el ámbito de valores e intereses que dichos instrumentos protegen, así como nuestra voluntad como Nación de incorporarnos a un orden jurídico internacional que propugna la defensa y protección de los derechos humanos como base fundamental de la organización del Estado", lo cual explica a su vez "la importante función hermenéutica que, para determinar el contenido de los derechos fundamentales, tienen los tratados internacionales sobre derechos humanos ratificados por España...y muy singularmente el Convenio Europeo para la Protección de los Derechos Humanos y las Libertades Públicas, firmado en Roma en 1950, dado que su cumplimiento está sometido al control del Tribunal Europeo de Derechos Humanos, a quien corresponde

realidad, la jurisprudencia del TEDH se ha convertido en una guía prácticamente imprescindible para la labor interpretativa del TC, muchas veces como simple recurso de autoridad, pero en otras muchas ocasiones como *corpus* doctrinal al que conscientemente se le atribuye un especial valor en la determinación del alcance y del espacio de juego de nuestros derechos fundamentales y libertades públicas[586]; una doctrina que en muchos casos ha servido también para la reinterpretación o actualización de esos derechos, para el descubrimiento dentro de los mismos de nuevas facetas o ingredientes suplementarios, para desgranar su contenido complejo o, en fin, para dar contenido a la cláusula general de dignidad de la persona. No ha sido infrecuente, por otra parte, que el propio TC haya tratado de matizar o modular el grado de influencia que puede tener en nuestro sistema la jurisprudencia del TEDH (aludiendo a tal efecto a ese papel institucional de fijación de "mínimos" de validez compartida en el espacio europeo[587]), o que haya alertado sobre la inconveniencia de una aplicación mecánica de su doctrina, sin atender a las circunstancias de cada caso[588].

Por su especial posición en el sistema trazado por la Constitución de 1978, el TC se erige en el protagonista primario de este proceso de recepción y acomodación de la doctrina del

---

concretar el contenido de los derechos declarados en el Convenio que, en principio, han de reconocer como contenido mínimo de sus derechos fundamentales, los Estados signatarios del mismo».

586 Vid. A. QUERALT JIMÉNEZ, "Los usos del canon europeo en la jurisprudencia del Tribunal Constitucional: una muestra del proceso de armonización europea en materia de derechos fundamentales", *Teoría y Realidad Constitucional*, núm.20 (2007), pp.447 y ss.

587 Vid. STC 91/2000, de 30 de marzo, a propósito de los derechos a la no indefensión, a la prueba, a no recibir tratos inhumanos o degradantes y a la igualdad en la aplicación de la ley.

588 Así puede apreciarse en la STC 170/2013, de 7 de octubre, a propósito del derecho a la intimidad y al secreto de las comunicaciones en el ámbito de la relación de trabajo.

TEDH, pero ello no implica que los tribunales ordinarios se vean necesariamente relegados a una posición simbólica. Es más, el TS, en el ejercicio de su función de elaboración de doctrina unificada, también podría asumir asimismo un rol principal y convertirse en un actor decisivo en la difusión y consolidación de la doctrina que emana de los tribunales internacionales. Obviamente, en el contexto de los derechos fundamentales/humanos el proceso penal es el más afectado, pero ya es muy evidente que tales derechos no son en absoluto desconocidos ni irrelevantes en el orden social, y su presencia ha cobrado una fuerza significativa en los últimos años.

Así pues, resulta muy pertinente analizar en qué medida el TC y el TS han recogido los criterios sentados por el TEDH, tanto desde un punto de vista cuantitativo, con indicación de las materias donde se aprecia la influencia, como cualitativo, para comprobar el grado de aceptación o, en su caso, resistencia a la aplicación de la doctrina del TEDH. Como apreciación general, es fácil constatar que las referencias a la doctrina del TEDH en las sentencias tanto del TC como del TS son muy frecuentes. Sin embargo, este aspecto cuantitativo no se ve acompañado por una influencia cualitativa de la misma entidad y significación, pues la doctrina del TEDH rara vez se utiliza como punto de inflexión o, en mejor expresión, como pilar para construir criterios novedosos o rectificar jurisprudencia anterior. En buena medida, los tribunales internos se apoyan en el Tribunal de Estrasburgo para consolidar una determinada línea de razonamiento, como argumento de autoridad no decisivo, sino *ex abundancia*. A tal fin, el TC y el TS se limitan a mencionar alguna sentencia del TEDH –o simplemente a remitir a la doctrina sin cita concreta[589]- que refuerza su postura a modo de corolario o colofón, como sucede, por ejemplo, al analizar la constitucionalidad de las medidas de racionalización

[589] Por ejemplo, vid. STC 12/1993, de 18 enero.

de la Seguridad Social[590], en materia de libertad de expresión en el ámbito profesional[591], inclusive en el caso de personal militar[592], o en relación con las condiciones para la renuncia a derechos, sobre todo en cuestiones procesales, como la presentación de demandas o recursos[593]. Es, y conviene advertirlo, una tendencia cada vez más frecuente en los últimos tiempos, como recordatorio de que la doctrina del TEDH cuenta con trascendencia y que el TC y el TS se mueven en la misma dirección. Quizá por ello, precisamente, esa cita expresa no era tan habitual hace unos años, donde el TC se apoyaba exclusivamente en su propia doctrina pese a que las partes invocasen sentencias del Tribunal de Estrasburgo, probablemente por entender que el resultado final sería el mismo[594].

Un análisis cualitativo, no obstante, permite detectar ciertos ámbitos donde la jurisprudencia del TEDH ha sido más influyente y donde, por ello mismo, se justifica una presentación de jurisprudencia con algo más de profundidad. La vertiente procesal, y en concreto el derecho a la tutela judicial efectiva, es uno de esos campos, como también lo es, desde luego, el alcance del poder de vigilancia empresarial, donde la doctrina del TEDH ha jugado un papel esencial en la reconfiguración de nuestro ordenamiento. Esa influencia se deja también sentir en aspectos de la libertad sindical, así como en las consecuencias jurídico-laborales de ciertas elecciones personales

---

590 Vid. STC 61/2018, de 7 junio.

591 Vid. SSTC 6/1988, de 21 enero, y 143/1991, de 1 julio.

592 Vid. SSTC 371/1993, de 13 diciembre, 270/1994, de 17 octubre, y de 38/2017, de 24 abril.

593 Vid. STC 183/2000, de 10 julio, 51/2003, de 17 marzo, y 65/2009, de 9 marzo.

594 A modo de ejemplo, vid. SSTC 237/1994, de 20 julio, relativa a la igualdad de retribución entre funcionarios, 57/1999, de 12 abril, en materia de libertad de expresión, y 125/2007, de 21 mayo, sobre libertad de expresión.

vinculadas a la vida familiar, especialmente en el ámbito de la Seguridad Social.

De todo ello se dará cumplida cuenta en los epígrafes posteriores, aunque debe advertirse de que hay determinadas parcelas de la jurisprudencia europea inexploradas en el ámbito interno, algunas porque en cierto modo resultan desconocidas o muy infrecuentes en el orden social, y otras porque no encajan en el análisis de estricta legalidad que en principio corresponde al juez. Entre las primeras cabe mencionar la doctrina sobre el trabajo forzoso y la servidumbre, que, como se vio, el Tribunal de Estrasburgo ha extendido al contexto laboral, con especial incidencia en sectores donde la precariedad es más acusada, como el trabajo doméstico desempeñado por extranjeros; y también la consideración de las prestaciones de seguridad social como una «propiedad» del beneficiario, lo que probablemente obligaría a evaluar los conflictos sobre cálculo de la cuantía, suspensión y extinción de prestaciones bajo un nuevo prisma.

Entre las segundas, es sabido que los tribunales españoles no valoran expresamente en qué situación queda el afectado tras una medida contraria a sus intereses, como pueda ser un despido o la privación de una prestación social. El TEDH, como se dijo, suele considerar no proporcional la medida adoptada cuando el interesado queda en una situación de extrema necesidad, bien por las dificultades para encontrar otro empleo, bien, en general, por no disponer de medios de subsistencia. Ese no es un elemento que manejen los órganos jurisdiccionales internos, que se centran en el análisis de la legalidad/constitucionalidad de la medida adoptada y no en las consecuencias posteriores que, por otra parte, y así se vislumbra también en la doctrina del TEDH, dependen de otra serie de factores que escapan al control tanto del sujeto que toma la decisión como del órgano jurisdiccional que conoce del litigio (*v.gr.*, acceso a otras prestaciones, obtención de un empleo en breve plazo, etc.). Es el Estado, en suma, y no el órgano jurisdiccional el que debe poner remedio a esa situación ulterior.

4. El derecho a un proceso equitativo (tutela judicial efectiva)

Veamos algunas aplicaciones más concretas, o manifestaciones temáticas, de ese interesante proceso de recepción de la jurisprudencia del TEDH dentro de la labor de nuestros órganos judiciales. Empecemos por el derecho a un proceso equitativo, íntimamente relacionado con nuestro derecho a la tutela judicial efectiva. Como tuvimos ya ocasión de ver, el artículo 6 del Convenio Europeo de Derechos Humanos reconoce el «derecho a un proceso equitativo», que, entre otros aspectos, se traduce en que «toda persona tiene derecho a que su causa sea oída equitativa, públicamente y dentro de un plazo razonable, por un Tribunal independiente e imparcial, establecido por ley, que decidirá los litigios sobre sus derechos y obligaciones de carácter civil o sobre el fundamento de cualquier acusación en materia penal dirigida contra ella». Este derecho, equivalente a la tutela judicial efectiva del artículo 24 CE, tiene un contenido complejo y ha sido objeto de interpretación en múltiples ocasiones por el TEDH[595].

Lógicamente, este es un derecho plenamente operativo en el proceso social, pero con un contenido esencialmente procesal y no sustantivo, de modo que no presenta una especificidad significativa en la rama de lo social. Dicho de otro modo, la doctrina que de él se deriva no distingue entre órdenes jurisdiccionales, con excepción del ámbito penal, donde las garantías se extreman y sí existen reglas particulares, como la pre-

---

595 Vid. TEDH, *Guía del artículo 6 del Convenio Europeo de Derechos Humanos. Derecho a un proceso equitativo (parte civil)*, TEDH, 2013 (https://www.echr.coe.int/Documents/Guide_Art_6_SPA.pdf).

sunción de inocencia (art. 10.2 del Convenio)[596]. De ahí que la doctrina del TEDH relativa a procesos civiles o administrativos pueda ser extrapolable asimismo al proceso social.

En ese escenario, tanto el TC como la Sala de lo Social del TS han recurrido a los argumentos elaborados por el TEDH a propósito del artículo 6 del Convenio para justificar la corrección de su forma de proceder, que debe ajustarse a los principios de «certeza y buena administración de justicia»[597], lo que implica evitar dilaciones indebidas[598], pero no exime de cumplir y exigir los pertinentes requisitos formales[599]. En concreto, la cita de sentencias del TEDH tiene lugar, por ejemplo, para defender que la modificación de criterios jurisprudenciales no vulnera *per se* los derechos de las partes[600] -a diferencia de la aprobación de normas retroactivas dirigidas a alterar la previsible solución de un asunto que ya ha sido planteado ante los tribunales[601]-, para delimitar el concepto y alcance de la con-

---

596 Vid. M.N. MORENO VIDA, "El derecho a un proceso equitativo en el convenio europeo de derechos humanos", *Temas Laborales*, núm.145 (2018), pp.88 y ss.

597 Cfr. STS de 27-6-2018 (recurso 161/2017).

598 Vid. SSTC 73/1992, de 13 mayo, 53/1997, de 17 marzo, 99/2014, de 23 junio, 88/2015, de 11 mayo, 76/2016, de 25 abril, 89/2016, de 9 mayo, y 125/2022 de 10 octubre.

599 Vid. STS de 23-1-2019 (recurso 3193/2016).

600 «El Tribunal Europeo de Derechos Humanos ha señalado que las exigencias de seguridad jurídica y de protección de la confianza legítima de los litigantes no generan un derecho adquirido a una determinada jurisprudencia, por más que hubiera sido constante (STEDH de 18 de diciembre de 2008, caso *Unédic contra Francia*). La evolución de la doctrina jurisprudencial no es en sí opuesta a la correcta administración de justicia, ya que lo contrario impediría cualquier cambio o mejora en la interpretación de las leyes (STEDH de 14 de enero de 2010, caso *Atanasovski contra la ex República Yugoslava de Macedonia*)»; cfr. SSTS de 6-7-2016 (recurso 155/2015) y 15-11-2017 (recurso 440/2015), entre muchas otras.

601 Vid. STS de 6-4-2017 (recurso 3566/2015).

gruencia[602] o de la imparcialidad judicial[603], para precisar el contenido y el alcance del derecho a la asistencia letrada[604], o las consecuencias de la ausencia del abogado o graduado social al acto del juicio[605] o de la presentación de escritos extemporáneamente o en lugar distinto del debido[606], para valorar las causas de abstención y recusación de jueces y magistrados[607], para detectar indefensión de los sindicatos cuando no han sido emplazados pese a contar con interés legítimo en la causa[608] o para considerar conforme a derecho la implantación de las tasas judiciales[609]. Además, y de forma novedosa, también se

---

602 «La congruencia exige dar respuesta, no sólo a las pretensiones propiamente dichas, sino también a las alegaciones sustanciales. El derecho fundamental a obtener la tutela judicial efectiva no sólo se vulnera cuando la pretensión no recibe respuesta, sino también cuando el órgano judicial omite toda consideración sobre una alegación fundamental planteada oportunamente por las partes. Así lo ha declarado el Tribunal Europeo de Derechos Humanos en los casos *Hiro Balani vs. España* y *Ruiz Torija vs. España* de 9 de diciembre de 1994»; cfr. SSTS de 18-12-2015 (recurso 25/2015) y de 25-4-2019 (recurso 40/2018).

603 Vid. AATS de 10-3-2015 (recurso 13/2013) y de 9-5-2019 (recurso 4012/2018).

604 Vid. STC 195/1991, de 17 octubre.

605 Vid. STS de 10-11-1998 (recurso 1690/1998).

606 Vid. AATS de 17-7-2001 (recurso de súplica 385/2001), de 11-2 y 30-5-2003 (recursos de súplica 3841/2002 y 4716/2002) y de 24-5-1010 (recurso de queja 20/2010).

607 Vid. AATS de 10-11-1999 (recurso 645/1998) y 15-2-2018 (recurso 1511/2015) y STS de 7-7-2000 (recurso 148/1999), entre otras.

608 Vid. STC 53/2003, de 24 marzo.

609 «En esta misma línea se ha pronunciado el Tribunal Europeo de Derechos Humanos que, a partir de la Sentencia *Kreuz contra Polonia*, de 19 de junio de 2001 (asunto nº 28249/95), mantiene que el requisito de abonar tasas judiciales en procesos civiles no infringe por sí solo el derecho de acceso a un tribunal protegido por el art. 6.1 del Convenio de Roma. Sin embargo, la cuantía de las tasas no debe ser excesiva, a la luz de las circunstancias propias de cada caso, de

invoca la doctrina del TEDH en relación con el derecho de propiedad para valorar determinadas medidas cautelares que afectan al patrimonio del trabajador o del beneficiario de prestaciones, como las decisiones de embargo de bienes como consecuencia de un procedimiento de ejecución[610].

5. Límites al poder de dirección y control empresarial

Las facultades de control y vigilancia que se insertan en el contenido del poder de dirección han de ejercerse con observancia de los derechos fundamentales del trabajador, especialmente en lo que toca a la preservación de la intimidad y la vida

---

tal modo que impida satisfacer el contenido esencial del derecho de acceso efectivo a la justicia (§§ 60 y 66; en el mismo sentido las SSTEDH de 26 de julio de 2005, *Kniat contra Polonia*, asunto 71731/01; 28 de noviembre de 2006, *Apostol contra Georgia*, asunto 40765/02; y 9 de diciembre de 2010, *Urbanek c. Austria*, asunto 35123/05»; cfr. Acuerdo del pleno no jurisdiccional de la Sala Cuarta del Tribunal Supremo sobre las tasas en el orden social de 5-6-2013. En el mismo sentido, vid. SSTC 140/2016, de 21 julio, y 92/2017, de 6 julio, entre muchas otras.

610 «Como muchas veces ha expuesto el TEDH, cuando un Estado contratante tenga en vigor una normativa que prevea el pago por derecho a una prestación de bienestar o de una pensión -siendo condicional o no el pago previo de las contribuciones-, dicha legislación debe ser considerada como generadora de un interés de propiedad que se encuentra incluido en el ámbito de aplicación del artículo 1 del Protocolo núm.1, para aquellas personas que cumplan sus requisitos. Por lo tanto, cuando se reduce o se elimina el importe de la prestación o pensión, esto puede constituir una injerencia en la posesión que requiere ser justificado por razones de interés público (véase, *Stec y otros vs. Reino Unido*, nº 65731/01 y 65900/01, ap.54; *Kjartan Asmundsson vs. Islandia*, nº. 60669/00, ap. 39; y *Valkov vs. otros* contra Bulgaria, núm.2033/04, 19125/04, 19475/04, 19490/04, 19495/04, 19497/04, 24729/04, 171/05 y 2041/05, ap.84, de 25 de octubre de 2011)»; cfr. ATS de 8-4-2019 (recurso 2828/2018).

privada, a la protección de datos y al secreto de las comunicaciones. En los últimos años son cada vez más frecuentes los litigios en este ámbito, y tanto la jurisdicción ordinaria como la jurisdicción constitucional han tenido que afrontar la tarea de perfilar y precisar las condiciones de lícito ejercicio de dichos poderes empresariales, máxime en un contexto donde las nuevas tecnologías cuentan con un potencial invasivo sobresaliente.

La jurisprudencia creada por nuestros tribunales a ese respecto pareció responder en sus primeros pasos a pautas interpretativas de raíz autóctona, pero desde hace tiempo se encuentra muy influida por la doctrina del TEDH, particularmente en relación con el uso de medios o dispositivos de propiedad empresarial con fines personales. En efecto, y respecto del control del ordenador puesto a disposición el trabajador, el TEDH advirtió que, en ausencia de una política empresarial previa suficientemente conocida por los empleados, el trabajador tiene una «expectativa razonable de privacidad» cuando utiliza los medios empresariales, y, por tanto, la obtención y el almacenamiento de información personal relativa al uso del teléfono o de internet sin conocimiento del trabajador son contrarios al derecho al respeto de la vida privada, salvo que se demuestre una justificación objetiva y razonable[611]. Como ya se dijo, la STEDH *Bărbulescu* I[612] insistió en ese concepto de «expectativa de privacidad», pues dicha expectativa podía invocarse cuando el empleador no había establecido reglas expresas sobre la utilización de las herramientas empresariales con fines personales. Sin embargo, las SSTEDH *Bărbulescu II*[613] y

611 Vid. SSTEDH *Copland vs. Reino Unido* (de 3-4-2007, recurso 62617/00), apartado 42, y *Halford vs. Reino Unido* (de 25-6-1997, recurso 20605/92), apartado 45.

612 De 12-1-2016 (recurso 61496/2008).

613 De 5-9-2017 (recurso 61496/08).

Libert vs. Francia[614] matizaron que la política empresarial previa no permite eliminar la expectativa de privacidad o, en mejor expresión, no concede al empleador facultades de vigilancia ilimitadas, sino que es exigible en todo caso una valoración de la proporcionalidad de la medida implementada o que pretende implementarse[615].

Aunque inicialmente, hasta el cambio de centuria aproximadamente, tuvo que actuar con criterios de elaboración propia, con posterioridad nuestro TC ha contribuido significativamente a la recepción y consolidación de estos criterios de jurisprudencia europea. En efecto, las SSTC 241/2012, de 17 diciembre, y 170/2013, de 7 octubre, insistieron en que la eventual prohibición de uso personal de los medios empresariales se convierte en un elemento de valoración determinante. En presencia de una política empresarial clara, la STC 241/2012, analizando el acceso a unos ficheros informáticos en los que habían quedado registradas las conversaciones electrónicas mantenidas por dos empleadas a través de un programa de mensajería que habían instalado en un ordenador de uso común a todos los trabajadores y sin contraseña, advierte que no existe una «situación de tolerancia a la instalación de programas y, por ende, al uso personal del ordenador», y por consiguiente, «no podía existir una expectativa razonable de confidencialidad derivada de la utilización del programa insta-

---

614 De 22-2-2018 (recurso 588/13).

615 Vid. I. GARCÍA-PERROTE ESCARTÍN, "La gobernanza de las relaciones de trabajo", *Derecho de las Relaciones Laborales*, núm.5 (2019), pp.469 y ss.; F. NAVARRO NIETO, El alcance del derecho al respeto de la correspondencia del trabajador en la jurisprudencia del Tribunal Europeo de derechos humanos, *Temas Laborales*, núm.145 (2018), pp.165 y ss.; V. RODRÍGUEZ-RICO ROLDÁN, "Las facultades empresariales de vigilancia y los derechos fundamentales de los trabajadores: su difícil equilibrio en la era tecnológica", *Revista de Derecho Constitucional Europeo*, núm.29 (2018).

lado, que era de acceso totalmente abierto y además incurría en contravención de la orden empresarial».

El hecho de que el medio utilizado para la comunicación entre trabajadores no estuviera protegido por contraseña o encriptado parece adquirir una relevancia fundamental, pues ese canal «abierto», accesible por todos, admite el control empresarial sin vulnerar el secreto de las comunicaciones, a la vez que implica, en cierto modo, una renuncia al derecho a la intimidad de los trabajadores que utilizan ese medio. En este sentido, la sentencia advierte que «la atribución de espacios individualizados o exclusivos puede tener relevancia desde el punto de vista de la actuación empresarial de control»[616].

Esa doctrina se completa con la contenida en la STC 170/2013, en un supuesto de hecho particular, donde la empresa, ante la sospecha de que el trabajador proporcionaba información confidencial a la competencia, había accedido al ordenador portátil puesto a disposición del trabajador con el fin de comprobar los correos electrónicos enviados y recibidos, constatándose efectivamente el incumplimiento. La sentencia concluye que la tipificación en el convenio colectivo, como infracción leve, del uso de los medios informáticos propiedad de la empresa con fines personales suponía una prohibición explícita en orden a su utilización, y como consecuencia «el poder de control de la empresa sobre las herramientas informáticas de titularidad empresarial puestas a disposición de los trabajadores podía legítimamente ejercerse, *ex* artículo 20.3 LET, tanto a efectos de vigilar el cumplimiento de la prestación laboral realizada a través del uso profesional de estos instrumentos, como para fiscalizar que su utilización no se destinaba

---

616 Vid. E.E. TALÉNS VISCONTI, "La expectativa razonable de confidencialidad como presupuesto de vulneración de derechos fundamentales en la fiscalización informática llevada a cabo por el empresario", *AS*, núm.8 (2013) (BIB 2013\2377).

a fines personales o ajenos al contenido propio de su prestación de trabajo» (FJ 4º).

Con gran contundencia, la sentencia insiste en que «no podía existir una expectativa fundada y razonable de confidencialidad respecto al conocimiento de las comunicaciones mantenidas por el trabajador a través de la cuenta de correo proporcionada por la empresa y que habían quedado registradas en el ordenador de propiedad empresarial», ya que «la expresa prohibición convencional del uso extralaboral del correo electrónico y su consiguiente limitación a fines profesionales llevaba implícita la facultad de la empresa de controlar su utilización, al objeto de verificar el cumplimiento por el trabajador de sus obligaciones y deberes laborales, incluida la adecuación de su prestación a las exigencias de la buena fe». El secreto de las comunicaciones no resulta vulnerado porque «la remisión de mensajes enjuiciada se llevó pues a cabo a través de un canal de comunicación que, conforme a las previsiones legales y convencionales indicadas, se hallaba abierto al ejercicio del poder de inspección reconocido al empresario» y «sometido en consecuencia a su posible fiscalización».

Nuestra jurisprudencia ordinaria, como es natural, también se ha visto influida por la doctrina del TEDH, directamente o, en muchos casos, en conjunción con la jurisprudencia constitucional. Es verdad que, de nuevo, los primeros pasos tuvo que darlos nuestro TS en un escenario de escasez de doctrina constitucional o europea, pero paulatinamente nuestro máximo intérprete de la ley se incorporó a la actividad "multinivel" de interpretación y aplicación de los derechos fundamentales de la persona, con la consiguiente absorción e interiorización de criterios provenientes de aquellos otros ámbitos jurisdiccionales. Resultado cualificado de sus exploraciones propias fue la TS de 26-9-2007[617], en la que se consideró contraria a

---

617 Recurso 966/2006.

derecho la indagación efectuada por el empleador en el contenido del ordenador utilizado por el trabajador con fines de trabajo, bajo el argumento de que el motivo de tal intromisión era aparentemente proceder a la reparación técnica de dicho dispositivo, sin que se hubieran aducido y justificado necesidades de control de la actividad del trabajado. Esa misma línea interpretativa se mantuvo poco tiempo después en la STS de 8-3-2011[618], pues ante la ausencia de reglas sobre la utilización personal del ordenador no se validó la comprobación del uso de internet por los trabajadores a resultas de una «auditoría interna en las redes de información con el objetivo de revisar la seguridad del sistema y detectar posibles anomalías en la utilización de los medios informáticos puestos a disposición de los empleados». Claro está, la expectativa de privacidad desparecía en presencia de una política empresarial clara al respecto. En este sentido, la STS de 6-10-2011[619] afirmó que «si no hay derecho a utilizar el ordenador para usos personales, no habrá tampoco derecho para hacerlo en unas condiciones que impongan un respeto a la intimidad o al secreto de las comunicaciones, porque, al no existir una situación de tolerancia del uso personal, tampoco existe ya una expectativa razonable de intimidad y porque, si el uso personal es ilícito, no puede exigirse al empresario que lo soporte y que además se abstenga de controlarlo»[620].

Desde entonces nuestro TS ha mostrado de modo fehaciente su afán por ajustarse a los criterios interpretativos defendidos tanto por nuestra propia jurisprudencia constitucional como por la jurisprudencia europea, aunque muchas veces la aplicación de esas fuentes jurisprudenciales haya tenido que hacerse con cierto grado de flexibilidad y con algunos matices, e incluso con alguna aparente resistencia. Un buen ejemplo

---

618 Recurso 1826/2010.

619 Recurso 4053/2010.

620 En la misma línea, vid. STS de 13-9-2016 (recurso 206/2015).

de acogida de los criterios interpretativos de la jurisdicción europea de derechos humanos lo ofrece la STS de 8-2-2018[621], en la que explícitamente se cita la STEDH *Bărbulescu II* y se valora si el criterio mantenido por el TS encaja en la doctrina del Tribunal de Estrasburgo. La respuesta es afirmativa, pues se entiende que la ponderación de intereses a la que alude el TEDH equivale «básicamente a los tres sucesivos juicios de "idoneidad", "necesidad" y "proporcionalidad" requeridos por el TC y a los que nos hemos referido en el FD Quinto [5.b)]. Juicios que a nuestro entender han sido escrupulosamente respetados en el caso de autos»[622].

Sin embargo, el Tribunal Supremo ha mostrado más cautelas en relación con los asuntos sobre videovigilancia, respecto de los que parece dar más crédito a la doctrina del TC que a la del TEDH. En efecto, el TS aceptó en un primer momento el sustancial cambio de criterio operado por la STC 29/2013, de 11 de febrero, que desde la óptica de la protección de datos parecía invalidar la videovigilancia si previamente el trabajador no había sido informado, por una parte, de la instalación de las cámaras y, por otra, de su utilización con fines de control laboral[623]. Y, después, adaptó esa doctrina a la dulcificación operada por la STC 39/2016, de 3 de marzo, que admitió como información previa la presencia de distintivos anunciando la instalación de cámaras y captación de imágenes[624].

En apariencia, el TS se ha resistido a incorporar la doctrina del TEDH en esta materia, y las explicaciones pueden ser múltiples. En primer lugar, los argumentos elaborados en materia de videovigilancia son algo más modernos que los del

---

621 Recurso 1121/2015.

622 En sentido análogo, vid. STS de 17-3-2017 (recurso de revisión 1121/2015).

623 Vid. STS de 13-5-2014 (recurso 1685/2013).

624 Vid. SSTS de 7-7-2016 (recurso 3233/2014) y 1 y 2-2-2017 (recursos 3262/2015 y 554/2016).

control del ordenador, y eso siempre demora su recepción. En segundo lugar, la mayoría de litigios en ese campo provenían de otros países, lo que dificulta la traslación a nuestro ordenamiento de criterios que se han elaborado con las miras puestas en otros sistemas legales. En tercer lugar, muchos de los casos resueltos no se vinculaban directamente al orden laboral, y por eso no prosperaron las invitaciones de algún voto particular a reconsiderar los argumentos mayoritarios a la vista de ciertas resoluciones del TEDH[625], como por ejemplo la STEDH *De La Flor Cabrera*[626], relativa a un ciudadano español que solicitaba la nulidad de las pruebas obtenidas a través de detectives privados y que habían sido utilizadas en un pleito civil. En fin, en cuarto lugar, el TS no parecía encontrarse completamente cómodo con las consecuencias que derivaban de la STEDH *López Ribalda I*[627], como demuestra su rechazo a aceptar esa resolución como sentencia de contraste en el recurso de casación para la unificación de doctrina, aduciendo que ese asunto se encontraba pendiente de un nuevo pronunciamiento del TEDH en Gran Sala[628]. Conviene tener presente, asimismo, que esa doctrina del TEDH fue elaborada conforme al marco normativo anterior a la aprobación de la LO 3/2018, de 5 de diciembre, de Protección de Datos Personales y garantía de los derechos digitales, cuyo art. 89 introduce una regulación expresa de la videovigilancia en el lugar de trabajo. Este precepto, es cierto, constituye un ejemplo del impacto de la STEDH *López Ribalda I*, y minimiza la necesidad o virtualidad de una recepción jurisprudencial al introducir específicamente el deber de información previa, en sintonía con esa resolución del Tribunal de Estrasburgo. En todo caso, y como ya se dijo, la corrección de esa doctrina inicial en Gran Sala justifica la cautela de los tribu-

625 Vid. STS de 13-5-2014 (recurso 1685/2013).

626 De 27-5-2014, recurso 10764/09.

627 De 9-1-2018 (recursos 1874/13 y 8567/13).

628 Vid. ATS de 18-6-2019 (recurso 3463/2018).

nales nacionales en la recepción de un criterio que no estaba suficientemente consolidado.

De mucho mayor agrado para el TS fue la sentencia *López Ribalda II*, como demuestra su jurisprudencia más reciente[629], al admitir la prueba de videovigilancia a efectos de despido aun en ausencia de información explícita sobre el posible uso laboral de esas grabaciones, sin que una eventual infracción del derecho a la protección de datos pueda alterar esa conclusión. En términos generales, cabría afirmar que la expectativa de privacidad únicamente se interpreta en su sentido más estricto cuando se producen extralimitaciones empresariales que no responden a ningún comportamiento anómalo del trabajador y provocan vulneraciones muy gruesas contra la intimidad o el secreto de las comunicaciones. En cambio, si el empleador actúa ante una sospecha de incumplimiento por parte del trabajador, los tribunales prefieren conceder un mayor margen de maniobra para la comprobación de los hechos. Desde luego, podría aducirse que el TS, o incluso el TC[630], no procede a una aplicación estricta del test *Barbulescu/López Ribalda* siguiendo todos los pasos allí establecidos[631], o podría discre-

---

629 Vid. SSTS de 21-7 y 13-10-2021 (recursos 4877/2018 y 3715/2018) y de 25-1 y 22-7-2022 (recursos 4468/2018 y 701/2021).

630 Vid. STC 119/2022 de 20 septiembre. En relación con la grabación de las conversaciones de un asesor telefónico, vid. STC 160/2021 de 4 octubre.

631 A tenor de la sentencia *López Ribalda II*, debe valorarse: «i) Si se ha notificado al empleado la posibilidad de que el empleador adopte medidas de videovigilancia y la aplicación de esas medidas. Si bien en la práctica los empleados pueden ser notificados de diversas maneras, según las circunstancias fácticas particulares de cada caso, la notificación debe ser normalmente clara sobre la naturaleza de la vigilancia y debe darse antes de su aplicación. ii) El alcance de la vigilancia por el empleador y el grado de intrusión en la vida privada del empleado. A este respecto, debe tenerse en cuenta el nivel de privacidad en la zona objeto de la vigilancia, así como las limitacio-

parse de cómo se procede a la aplicación y valoración en cada uno de esos elementos o ítems del test, pero, a la postre, esa disparidad de criterios no supone apartarse de la doctrina del TEDH mientras el tribunal interno valore y argumente convenientemente su respuesta, porque el Tribunal de Estrasburgo «no debe actuar como un tribunal de cuarta instancia» y no cuestiona la «sentencia de los tribunales nacionales, a menos que sus conclusiones puedan considerarse arbitrarias o manifiestamente irrazonables»[632].

Por supuesto, el poder de dirección empresarial no se agota en los mecanismos de control del trabajador y puede ser objeto también de límites a través de los derechos reconocidos en el CEDH. Así lo ha puesto de manifiesto la jurisprudencia constitucional, considerando como contrarios al derecho a la intimidad, con apoyo en la doctrina del TEDH sobre el dere-

---

nes de tiempo y espacio y el número de personas que tienen acceso a los resultados. iii) Si el empleador ha dado razones legítimas para justificar la vigilancia y el alcance de la misma. Cuanto más intrusiva sea la vigilancia, más peso tendrá la justificación que se requiera. iv) Si habría sido posible establecer un sistema de vigilancia basado en métodos y medidas menos intrusivos. A este respecto, debería evaluarse, a la luz de las circunstancias particulares de cada caso, si el objetivo perseguido por el empleador podría haberse logrado mediante una menor injerencia en la vida privada del empleado. v) Las consecuencias de la vigilancia para el empleado sometido a ella. Se deberá tener en cuenta, en particular, la utilización por el empleador de los resultados de la vigilancia y si esos resultados se han utilizado para lograr el objetivo declarado de la medida. vi) Si se han proporcionado al empleado las medidas apropiadas, especialmente cuando las operaciones de vigilancia del empleador sean de carácter intrusivo. Esas medidas pueden consistir, entre otras cosas, en el suministro de información a los empleados interesados o a los representantes del personal en cuanto a la instalación y el alcance de la vigilancia, la declaración de esa medida a un órgano independiente o la posibilidad de presentar una denuncia».

632 Vid. apartado 149 de la STEDH *López Ribalda II*.

cho al respeto a la vida privada y familiar, los reconocimientos médicos laborales en los que se pretenda obtener una información distinta a la que es previsible en ese contexto[633], la decisión de jubilar forzosamente a un funcionario con base en información médica confidencial[634] y en general la utilización de datos médicos para fines distintos a los que justificaron su obtención[635]. Es claro, en este sentido, que una Administración Pública no podría servirse como empleador de datos recabados con la finalidad pública, pues ello vulnera el derecho a la protección de datos, protegido por el artículo 8 del CEDH[636].

6. Contenido y alcance de la libertad sindical

Las referencias a la doctrina del TEDH en la jurisprudencia del TC y del TS sobre libertad sindical no son demasiado frecuentes, seguramente porque los órganos internos disponen de un amplio bagaje adaptado al ordenamiento español, y también porque muchos supuestos de hecho que alcanzan al Tribunal de Estrasburgo cuentan con peculiaridades propias del sistema extranjero en el que el litigio se originó y que dificultan la extrapolación a nuestro ordenamiento. No es extraño, así pues, que el TC se limite en ocasiones a considerar que nuestro ordenamiento, y en particular su jurisprudencia, es compatible con la doctrina que emana del TEDH en materia de libertad sindical, afirmaciones que se han venido haciendo principalmente en pleitos relativos a la igualdad de facultades y derechos de las distintas organizaciones sindicales[637].

---

633 Vid. STC 196/2004, de 15 noviembre.

634 Vid. STC 70/2009, de 23 marzo.

635 Vid. STC 159/2009, de 29 junio.

636 Vid. STC 292/2000, de 30 noviembre.

637 Vid. SSTC 53/1982, de 22 julio, y 65/1982, de 10 noviembre, en relación con la participación institucional; 75/1992, de 14 mayo, acerca de la cesión de bienes del patrimonio sindical acumulado;

No obstante, en ocasiones la interacción es más intensa, pues el TEDH ha debido pronunciarse sobre asuntos procedentes de España. Como ya se dijo, el Convenio Europeo de Derechos Humanos reconoce expresamente el derecho de libertad sindical en el artículo 11, que lleva por título «libertad de reunión y de asociación» y se refiere al «derecho a fundar» sindicatos y a «afiliarse a los mismos para la defensa de sus intereses». Ese es un derecho que el propio artículo 11.2 del Convenio permitía restringir en algunos ámbitos, mencionando expresamente a las «fuerzas armadas», a la «policía» y a la «Administración del Estado». En ejercicio de la posibilidad prevista en el entonces artículo 64 del Convenio (art. 57 en la actualidad), el Estado español hizo una reserva en el momento de depositar el instrumento de ratificación, el 4 de octubre de 1979, advirtiendo que el artículo 11 del Convenio podría resultar incompatible con los arts. 28 y 127 de la Constitución, pues el artículo 28 permite al legislador «limitar o exceptuar el ejercicio de este derecho a las Fuerzas o Institutos armados o a los demás Cuerpos sometidos a disciplina militar», así como también regular «las peculiaridades de su ejercicio para los funcionarios públicos». Por su parte, el artículo 127 de la Constitución advierte que los jueces, magistrados y fiscales no pueden pertenecer a sindicatos mientras se hallen en activo.

Esta reserva supone, a juicio del TS, que el artículo 11 del Convenio no sea de aplicación a esos colectivos, y que por tanto las sentencias del TEDH que lo interpretan no puedan utilizarse como pauta exegética si los Estados concernidos en esas resoluciones no han efectuado una reserva equivalente. De ahí se infiere que la doctrina del TEDH que impide a una

---

228/1992, de 14 diciembre, relativa a la igualdad entre sindicatos en materia electoral; 188/1995 de 18 diciembre, respecto del número de delegados sindicales; y 7/1990, de 18 enero, y 147/2001, de 27 junio, sobre diferencias entre sindicatos por razón de su representatividad.

legislación nacional prohibir completamente la conformación de sindicatos en las fuerzas armadas[638] no resulta extrapolable a España, ni siquiera en el caso de la Guardia Civil, debido a la reserva efectuada en su momento, lo que supone que «el Convenio Europeo resulta excluido en el extremo en que es incompatible» con los preceptos constitucionales en los que se apoyaba la reserva[639], y que por tanto el artículo 11 del Convenio «nunca ingresó en el acervo del Derecho español y tampoco la Constitución puede ser interpretada a su tenor»[640].

Por otro lado, algunos de los elementos que en el sistema español se han asignado tradicionalmente al derecho de libertad sindical, han llegado en ocasiones ante el TEDH a través de otros derechos reconocidos en el CEDH, como sucede con la libertad de expresión (art. 10). Obviamente, ese es un contexto donde ambos derechos pueden confluir, pero de alguna manera, y en el contexto español, la libertad de expresión se subsume en la libertad sindical cuando se ejerce en el marco de funciones representativas. Sea como fuere, no es sorprendente que el TC y el TS remitan a la doctrina del TEDH cuando se enfrentan a supuestos donde el representante de los trabajadores critica o ataca al empleador. La línea entre el legítimo uso

---

638 Vid. STEDH *Matelly vs. France* (de 2-10-2014, recurso 10609/2010) y *ADEFDROMIL vs. Francia* (de 2-10-2014, recurso 32191/09).

639 Vid. J.A. CLIMENT GALLART, "El derecho de libertad sindical en la Guardia Civil a la luz de la jurisprudencia del TEDH (casos Matelly y ADEFDROMIL) y de la STS (Sala de lo social) de 22 de junio de 2016", *Lex Social*, núm.1 (2017), pp.174 y ss.; I. BELTRÁN DE HEREDIA RUIZ, "¿Un sindicato de la Guardia Civil? La incompatibilidad de principio entre jerarquía y disciplina militar y libertad sindical persiste", en R. QUESADA SEGURA (Coord.), *Treinta años de la Ley Orgánica de Libertad Sindical: perspectivas y retos*, CARL, Sevilla, 2016, pp.127 y ss.; M.A. ALMENDROS GONZÁLEZ, "Derecho de asociación y derecho de sindicación de los miembros de las fuerzas armadas y de la Guardia Civil", *RTSS* (CEF), núm.382 (2015), pp.240 y ss.

640 Cfr. STS de 22-6-2016 (recurso 158/2015).

de los derechos a la información y a la libertad de expresión sindical -que incluye la denuncia de hechos relevantes- y las meras descalificaciones no siempre es tan clara como en teoría aparenta, y por ello los criterios del TEDH pueden resultar especialmente valiosos.

En esencia, el TC y el TS recogen la doctrina del TEDH para defender que los artículos 10 y 11 del Convenio no amparan los «ataques personales gratuitos»[641], pero sí las críticas de carácter profesional, incluso cuando pudieran venir acompañadas de juicios de valor con cierto tono ofensivo, siempre que en un análisis del contexto puedan justificarse[642], y desde luego se distingue entre información y meras opiniones[643]. Añaden también, siempre con apoyo en la doctrina del TEDH, que la valoración debe ser más generosa con el representante cuando el destinatario recibe esa crítica en razón de actos que realiza en el desempeño de un cargo político[644], pero que en

---

641 Cfr. STC 203/2015, de 5 de octubre, y STS de 20-4-2005 (recurso 6701/2003), que remiten a la STEDH *De Diego Nafría vs. España*, de 14-3-2002 (recurso 46833/1999).

642 Aunque no es un caso resuelto desde la óptica de la libertad sindical es frecuente la mención jurisprudencial de la STEDH *Fuentes Bobo* de 29-2-2000 (recurso 39293/1998), que, como se dijo, exige analizar «los términos utilizados en las declaraciones, el contexto en el que estas se hicieron públicas y el caso en su conjunto, incluyendo el hecho de que se trataba de declaraciones hechas en el transcurso de un programa de radio en directo, lo que no dio al demandante la posibilidad de reformularlas, perfeccionarlas o retirarlas antes de que fueran hechas públicas». Por consiguiente, las expresiones vertidas en un contexto de conflicto merecen una valoración menos rigurosa que las declaraciones en un escenario más normal o cotidiano. Esta es una sentencia de cita reiterada por la jurisprudencia del TS, como se puede apreciar, por ejemplo, en las SSTS de 20-4-2005 (recurso 6701/2003) y de 26-4 y 22-12-2016 (recursos 113/2015 y 201/2015).

643 Vid. STC 213/2002, de 11 noviembre.

644 Vid. STC 89/2018 de 6 septiembre.

algunos ámbitos esa libertad de expresión se ve reducida, principalmente, y en la misma línea antes apuntada, en el contexto de las fuerzas armadas[645].

También conviene destacar que, en este escenario de la libertad sindical, el TS en ocasiones remite a líneas de tendencia o principios presentes en la doctrina del TEDH, pero no se detiene en la cita de sentencias concretas sobre el mismo asunto que está enjuiciando. En este sentido, las orientaciones que inspiran la doctrina del TEDH permiten a la jurisprudencia española reforzar sus argumentos en defensa de la configuración de la legitimación para negociar convenios colectivos en el Estatuto de los Trabajadores. Dicho de otro modo, las limitaciones a la capacidad negociadora de algunos sindicatos, en atención su representatividad, y las reglas de concurrencia y prevalencia entre convenios, no suponen de por sí una vulneración del derecho de libertad sindical[646].

7. Familia y modelos de convivencia familiar

La concepción social de la familia ha variado sustancialmente en las últimas décadas, y los sistemas jurídicos no siempre han sido capaces de reaccionar cumplidamente ante tales vicisitudes. De ahí que las evolucionadas formas de familia o de convivencia a modo de familia vengan planteando cuestiones novedosas desde una perspectiva jurídica, sobre todo a propósito del acceso a los beneficios y derechos de la institución familiar, o, en su caso, en relación con el cumplimiento de las obligaciones propias de ese microcosmos. Por supuesto, no es una problemática exclusivamente vinculada a la convivencia de hecho *more uxorio*, aunque tradicionalmente haya podido ser la situación más visible y problemática, sino que tiene otras

---

645 Vid. STC 272/2006, de 25 de septiembre.

646 Vid. STS de 13-3-2018 (recurso 54/2017).

muchas manifestaciones, algunas con gran trascendencia en los medios de comunicación y con una carga ideológica de mucho más peso que la decisión de contraer o no matrimonio.

Más allá de la problemática de la pérdida de la *venia docendi* por los profesores de religión en centros públicos, que tiene otras connotaciones y donde las referencias a la doctrina del TEDH son esencialmente de refuerzo[647], conviene poner la atención en este momento en la gestación subrogada o por sustitución, que ha suscitado un notable debate en los últimos años. Desde el plano de la legislación laboral y de Seguridad Social, la dificultad principal se vincula al disfrute de los descansos por nacimiento y cuidado de hijo y a las prestaciones económicas de la Seguridad Social que compensan la pérdida del salario por esas circunstancias, sin perjuicio eventualmente de la incidencia en todas las prestaciones vinculadas a la protección de la familia[648]. Como se sabe, la Sala de lo Social

647 Vid. SSTC 51/2011, de 14 abril, y 140/2014, de 11 septiembre.

648 Vid. I. ALZAGA RUIZ, "Maternidad subrogada y prestaciones de Seguridad Social", *RMESS*, nº 134 (2018), pp. 15 y ss.; F.J. HIERRO HIERRO, "Maternidad subrogada y prestaciones de Seguridad Social", *REDT*, núm.190 (2016), pp.184 y ss.; J. GORELLI HERNÁNDEZ, "La prestación por maternidad en los casos de gestación por sustitución o maternidad subrogada (vientres de alquiler)", *Revista Aranzadi Doctrinal*, núm.1 (2017); P. MENÉNDEZ SEBASTIÁN y S.J. DE CASTRO MEJUTO, "*¿Mater semper certa est?* La maternidad subrogada como situación generadora de los derechos laborales. Pautas de urgencia para la solución de un intrincado litigio", *RGDTSS*, núm.40 (2015); S. RODRÍGUEZ ESCANCIANO y M.R. MARTÍNEZ BARROSO, "El Tribunal Supremo ante la «gestación por sustitución»: reconocimiento de prestaciones por maternidad derivadas de un negocio jurídico nulo y la necesaria tutela del interés del menor", *Derecho de las Relaciones Laborales*, nº 2 (2017), pp. 154 y ss.; C. MOLINA NAVARRETE, "Libertad de procrear, vida en familia y prestaciones de maternidad subrogada: impacto nacional de la jurisprudencia del Tribunal Europeo de Derechos Humanos", *RTSS (CEF)*, núm.399 (2016), pp.195 y ss.

del TS ha sido favorable al reconocimiento de esos derechos, pese a la aparente claridad de la legislación española en sentido contrario. En efecto, el artículo 10 de la Ley 14/2006, de 26 de mayo, sobre técnicas de reproducción humana asistida, que lleva por título «gestación por sustitución», declara «nulo de pleno derecho el contrato por el que se convenga la gestación, con o sin precio, a cargo de una mujer que renuncia a la filiación materna a favor del contratante o de un tercero», y precisa que «la filiación de los hijos nacidos por gestación de sustitución será determinada por el parto». Todo ello sin perjuicio, claro está, de la «posible acción de reclamación de la paternidad respecto del padre biológico, conforme a las reglas generales».

En ese escenario normativo el TS acude a la doctrina del TEDH para desvirtuar esa aparente contundencia legal, citando las SSTEDH *Mennesson vs. Francia*[649] y *Paradiso y Campanelli vs. Italia*[650]. En ambas, los Estados involucrados habían rechazado la inscripción en el registro de la filiación, pero el Tribunal de Estrasburgo, sin posicionarse radicalmente en contra de esa decisión, alerta sobre determinadas consecuencias que podría sufrir el hijo, por cuanto no considera razonables los obstáculos que se erigen para la adquisición de la nacionalidad y de la legitimación para heredar en un contexto en el que uno de los progenitores subrogados era también progenitor biológico. Concluye el Tribunal que un Estado no puede impedir de forma absoluta que el vínculo de filiación quede establecido entre un progenitor biológico y un hijo nacido por gestación subrogada. Además, y respecto del caso que provenía de Italia, también declara contrario al artículo 8 del Convenio («derecho al respeto a la vida privada y familiar») que tras seis meses de convivencia con los padres subrogados las autoridades italianas

649 De 26-6-2014, asunto 65192/11.
650 De 27-1-2015, asunto 25358/12.

entregaran el hijo a una familia de acogida, pues a su juicio esa convivencia les había convertido en una familia *de facto*.

Como punto de partida, el TS reconoce que esas sentencias no son extrapolables directamente al caso concreto, pues ni los litigios se habían originado en España, ni la legislación española resultaba de aplicación, ni tampoco se discutía el acceso a derechos laborales o de Seguridad Social, sino que el asunto se circunscribía al reconocimiento de la filiación. Sin embargo, el TS califica la doctrina del TEDH en esas resoluciones como un «elemento hermenéutico significativo», que constituirá a la postre un apoyo argumental decisivo en el fallo a partir de las conclusiones que el propio TS deduce de esas sentencias. La primera de esas conclusiones es la «necesidad de proteger la situación realmente generada», en el sentido de que «si existe convivencia familiar entre los padres subrogados y los menores, ha de protegerse en beneficio de los segundos; y ello especialmente si uno de los padres subrogados es también padre biológico». El TS se mueve en el terreno de las deducciones, como demuestra la construcción de argumentos del siguiente tenor: «aunque no se explicite de tal modo, lo que se hace es optar por un "mal menor": mantener las consecuencias de una situación contraria al Derecho nacional (convivencia derivada de la maternidad subrogada) porque así conviene al interés del menor (mantenerlo en su núcleo familiar "*de facto*"). Y esto, al margen de lo que disponga el Derecho Internacional Privado, obviamente también integrado en el ordenamiento español»[651]. Sobre estas premisas, el TS entiende que los límites a la inscripción registral que puedan derivarse de la normativa nacional, y también de la internacional, inclusive el Convenio Europeo de Derechos Humanos, «no condicionan

---

651 Cfr. STS de 25-10-2016 (recurso 3818/2015). En el mismo sentido, SSTS de 22-11 y 14-12-2017 (recursos 1504/2016 y 2066/2016), entre muchas otras.

el derecho a la protección social», porque el interés del menor debe prevalecer[652].

Uno de los votos particulares advierte, con buen criterio, que se está produciendo una utilización interesada de la doctrina del TEDH en este caso, pues el Tribunal de Estrasburgo en modo alguno ha exigido que los Estados acepten la gestación subrogada, ni que admitan la inscripción registral de la filiación. La principal crítica del TEDH se circunscribía a aspectos muy concretos, y en particular a la imposibilidad jurídica de que el progenitor biológico pudiera hacer valer esa condición, ni mediante el reconocimiento de la paternidad ni mediante una eventual adopción. Dicho de otro modo, el TEDH considera contrario al Convenio, y así lo repite en una Opinión Consultiva de 10-4-2019 solicitada por la Corte de Casación francesa[653], que un Estado cierre cualquier vía para que el progenitor biológico pueda convertirse en progenitor jurídico del hijo nacido a través de la gestación por sustitución. El ordenamiento español no cercena esas posibilidades, sino que admite que el progenitor biológico pueda figurar jurídicamente como tal, y tampoco impide la adopción en caso de ausencia de vínculo biológico, por lo que la doctrina del TEDH en los

---

652 Vid. J. FLORES RODRÍGUEZ, "Gestación por sustitución: más cerca de un estatuto jurídico común europeo", *Revista de Derecho Privado (Universidad Externado de Colombia)*, núm.27 (2014), pp.71 y ss.; D. GARCÍA SAN JOSÉ, "La gestación por sustitución y las obligaciones emanadas para los Estados parte en el Convenio Europeo de Derechos Humanos: repercusiones en el ordenamiento jurídico español del activismo y de la autolimitación judicial del Tribunal Europeo de Derechos Humanos en relación con la gestación por sustitución", *Revista Española de Derecho Constitucional*, núm.113 (2018), pp.103 y ss.; F. RÍO SANTOS, "La jurisprudencia del TEDH en materia de gestación por sustitución y su influencia en la jurisprudencia española", *Actualidad civil*, núm.6 (2017), pp.84 y ss.

653 Petición P16-2018-001 (http://hudoc.echr.coe.int/eng?i=003-6380464-8364383).

casos citados no debería conducir automáticamente a una respuesta tan generosa como la del TS, aunque, desde luego, ese no era el único argumento que sustentaba el fallo. Sea como fuere, el TEDH sigue insistiendo, por ejemplo en su sentencia *A.M. vs. Noruega*[654], en que, a falta de un consenso entre los Estados parte del Consejo de Europa, los dilemas éticos que suscita la maternidad subrogada deben conducir a reconocer a la legislación interna un amplio margen de apreciación.

Por otro lado, en este contexto de los modelos de familia conviene también detenerse en la STEDH *Muñoz Díaz vs. España*[655], que reconoció la pensión de viudedad a una mujer que había contraído matrimonio por el rito gitano. El TC y el TS se han encargado de recordar que aquella sentencia no exigía una equiparación entre el rito gitano y otras formas de celebración del matrimonio y, en particular, que no obligaba al Estado español a conceder efectos civiles a esas uniones. El Tribunal de Estrasburgo resolvió el asunto mediante un «pronunciamiento estrictamente pegado al caso, ceñido, por ello, a las particulares y específicas circunstancias del supuesto que resolvía», ya que se había producido un «reconocimiento de la situación matrimonial por parte de las autoridades públicas españolas, extraída de determinados elementos fácticos», y además en un contexto normativo en el que no se admitía que el conviviente de hecho pudiera disfrutar de la pensión de viudedad. Todo ello conduce tanto al TC como al TS a rechazar el rito gitano como vínculo apto para causar la pensión de viudedad en todo supuesto en el que no concurran esas particulares circunstancias[656].

---

654 De 24-3-2022, recurso 30254/18.

655 De 8-12-2009 (recurso 49151/2007).

656 Vid. STC 194/2014, de 1 diciembre, y 1/2021 de 25 enero, y SSTS de 25-1-2018 (recurso 2401/2016) y 24-6-2020 (recurso 716/2018).

En fin, y también en el contexto de la pensión de viudedad, la doctrina del TEDH ha servido para reforzar la argumentación que condujo al TC y al TS a considerar no discriminatoria la imposibilidad jurídica de contraer matrimonio por personas del mismo sexo con anterioridad a la Ley 13/2005[657], así como la constitucionalidad de la propia Ley[658]. Una vez que el ordenamiento concedió efectos civiles a estos enlaces se planteó si resultaba conforme al principio de igualdad la omisión de una fórmula análoga a la que en su momento contemplaba la DA Décima, en su apartado 2, de la Ley 30/1981 de 1 de julio, que permitía acceder a la pensión de viudedad a la pareja de hecho del causante cuando «no hubieran podido contraer matrimonio, por impedírselo la legislación vigente hasta la fecha, pero hubieran vivido como tal, acaecido el fallecimiento de uno de ellos con anterioridad a la vigencia de esta Ley».

La Ley 13/2015 no contenía una previsión similar, por lo que el fallecimiento previo a la entrada en vigor de ese texto legal no convertía al fallecido en sujeto causante, ni al conviviente de hecho en beneficiario. El TC y el TS consideran que esa es una opción legislativa no discriminatoria y, entre los argumentos utilizados, mencionan explícitamente la doctrina del TEDH, comenzando por las sentencias *Rees*[659] y *Cossey*[660], ambas contra Reino Unido en reclamación de los derechos registrales y matrimoniales de personas transexuales[661], y ya más

657 Vid. STS de 29-4-2009 (recurso 577/2008).

658 Vid. STC 198/2012, de 6 noviembre.

659 De 17-10-1986, recurso 9532/1981.

660 De 27-9-1990, recurso 10843/1984.

661 Vid. I. MANZANO BARRAGÁN, "La jurisprudencia del Tribunal Europeo de Derechos Humanos sobre orientación sexual e identidad de género", *Revista Española de Derecho Internacional*, vol. LXIV/2 (2012), pp.69 y ss.; M.J. RODRÍGUEZ CRESPO, "La protección del trabajador ante nuevas formas de discriminación: la orientación y/o condición sexual. Análisis de la cuestión a la luz de los pronunciamientos del Tribunal Europeo de Derechos Humanos y del

recientemente sentencias específicas sobre discriminación por orientación sexual y exclusión de las parejas de hecho de la pensión de viudedad, ya citadas, donde se recuerda que el margen de apreciación nacional no exigía extender esa prestación a parejas no casadas, ni tampoco reconocer efectos civiles al matrimonio entre personas del mismo sexo[662]. La compatibilidad de esta jurisprudencia con la doctrina del TEDH no admite dudas, como puso de manifiesto la STEDH *Aldeguer Tomás vs. España*[663].

8. Los principios de igualdad y no discriminación

El artículo 14 del CEDH consagra la prohibición de discriminación, al disponer que «el goce de los derechos y libertades reconocidos en el presente Convenio ha de ser asegurado sin distinción alguna, especialmente por razones de sexo, raza, color, lengua, religión, opiniones políticas u otras, origen nacional o social, pertenencia a una minoría nacional, fortuna, nacimiento o cualquier otra situación». Es, desde luego, una cláusula sustancialmente equiparable al art. 14 CE, pero la interpretación que de dicho texto ha venido haciendo el TEDH debe ser tomada muy en consideración dentro de nuestro sistema, no sólo por el valor que con carácter general ha de atribuirse a ese flanco de jurisprudencia, sino también por la virtualidad que en este contexto indudablemente tiene la pre-

---

Tribunal de Justicia de la Unión Europea", *RGDTSS (iustel)*, núm.53 (2019).

662 Vid. SSTC 19/1982, de 5 mayo, sobre compatibilidad entre pensiones, 92/2014, de 10 junio, 98/2014, de 23 junio, 115/2014, de 8 julio, y 124/2014, de 21 julio. Por el contrario, un voto particular a la STC 184/1990, de 15 noviembre, invocaba la doctrina del TEDH para defender el disfrute de la pensión de viudedad en caso de «uniones conyugales de hecho».

663 De 14-6-2016, recurso 35214/09.

visión del artículo 10.2 CE, con su singular remisión al sistema internacional de derechos humanos.

Obviamente, la doctrina del TEDH en materia de discriminación es abundante, pero su impacto en el ordenamiento interno, en la rama laboral y de Seguridad Social, no es demasiado intenso, porque los tribunales españoles cuentan con amplia trayectoria y una jurisprudencia muy aquilatada, reforzada por la labor de un órgano de garantía específico con un rol de «intérprete supremo» del texto constitucional, en palabras del artículo 1 LOTC. En cualquier caso, ni el TC ni el TS reniegan de la doctrina del TEDH, en la que se apoyan cuando resulta de utilidad, en unas ocasiones con cita expresa de sentencias, como ha sucedido recientemente en el marco de la discriminación por razón de sexo (permisos parentales)[664] o por identidad de género[665], y en otras a través de un recordatorio general de líneas de tendencia de la jurisprudencia del TEDH con el fin de reforzar la construcción general sobre el contenido y alcance de los principios de igualdad y no discriminación, método que se inició con la STC 22/1981, de 2 julio, sobre jubilación forzosa prevista en el ET de 1980, y que se ha reproducido posteriormente en otros asuntos de calado social y laboral[666].

En esta materia de derechos fundamentales suele ser el TC la instancia que más a menudo acude a la doctrina del TEDH, de modo que el TS suele limitarse a declarar su adhesión a

---

664 Vid. STC 153/2021 de 13 septiembre.

665 Vid. STC 67/2022 de 2 junio.

666 Entre muchas otras, vid. SSTC 46/1999 de 22 marzo, relativa a los requisitos a los hijos adoptivos para percibir pensión de orfandad, 27/2004 de 4 marzo, sobre diferencias salariales por fecha de ingreso en la empresa, 75/2011, de 19 mayo, sobre posibilidad de ceder al padre el descanso por maternidad cuando la madre no es trabajadora, y 41/2013, de 14 febrero, sobre discriminación por orientación sexual en la pensión de viudedad.

esos argumentos al acomodar su respuesta a la jurisprudencia constitucional y, mediatamente, a los criterios del Tribunal de Estrasburgo[667]. Así se aprecia, a modo de ejemplo, en una añeja jurisprudencia sobre despido, aunque en este ámbito el TS no se refería a la doctrina del TEDH únicamente en supuestos de discriminación[668], sino también para valorar la proporcionalidad entre la falta y la decisión empresarial[669].

No obstante, en algunas ocasiones las sentencias del TEDH contienen argumentos contundentes, lo que conduce al TS a adecuar fielmente su jurisprudencia a esas decisiones del Tribunal de Estrasburgo, máxime cuando el supuesto de hecho enjuiciado por el TEDH proviene de España, y todo ello sin intervención previa del TC, que en cualquier caso no resulta imprescindible. Así sucedió en relación con los ministros de culto evangélicos, cuya incorporación al sistema de Seguridad Social no tuvo lugar en las mismas condiciones que los ministros de culto católicos, principalmente porque, a diferencia de estos, no se contemplaban para los pastores evangélicos fórmulas que permitieran acreditar como cotizados períodos de prestación de servicios previos a la incorporación al sistema de Seguridad Social. El TEDH calificó esa diferencia como con-

---

667 A modo de ejemplo, vid. SSTS de 11-7-1983 (Ponente: Tuero Bertrand) y 1-7-2021 (recurso 2695/2019), sobre cláusulas de extinción del contrato por razón de edad pactadas en convenio colectivo, de 13-10-2004 (recurso 132/2003) y 16-9-2014 (recurso 189/2013), en relación a igualdad y no discriminación salarial, de 29-5-2007 (recurso 1291/2006), relativa a jubilación anticipada, de 24-1-2013 (recurso 22/2012), acerca de la diferencia entre la protección a la familia y el derecho a contraer matrimonio, o de 29-12-2014 (recurso 83/2014), sobre las diferentes indemnizaciones pactadas durante un despido colectivo.

668 Vid. SSTS de 11-11-1986 y de 18-9 y 10-10-1989 (Ponente: Lorca García).

669 Vid. STS de 6-3-1986 (Ponente: Ruiz Vadillo).

traria a la libertad religiosa[670], y por extensión discriminatoria en relación con el acceso a la pensión de jubilación, y el TS extrajo de esa sentencia las consecuencias pertinentes respecto de otras prestaciones, como la viudedad, abogando por una equiparación plena sin diferencias por razón de religión[671]. Lógicamente, ante problemas similares la respuesta deberá ser la misma cuando el conflicto afecte a ministros de culto de otras religiones que también han accedido al sistema de Seguridad Social, como los rabinos[672], los imames[673], los clérigos de la Iglesia Ortodoxa del Patriarcado de Moscú en España[674] o los miembros de la Orden religiosa de los Testigos de Jehová en España[675].

Por lo demás, el TC recurre frecuentemente a la doctrina del TEDH, aunque con una intensidad desigual, pues mayoritariamente las sentencias de ese órgano se utilizan a modo de refuerzo o consolidación de unos argumentos ya construidos, como sucede en el caso de despido discriminatorio (v.gr., por orientación sexual[676] o por razón de sexo[677]), y muy particularmente en los últimos tiempos en el caso de despidos pluricausales[678]. En cambio, en otras ocasiones el Tribunal de Estras-

---

670 Vid. STEDH *Manzanas Martín vs. España* (de 3-4-2012, recurso 17966/2010).

671 Vid. STS de 24-4-2018 (recurso 538/2016).

672 Art. 5 Ley 25/1992, de 10 de noviembre, por la que se aprueba el Acuerdo de Cooperación del Estado con la Federación de Comunidades Israelitas de España.

673 RD 176/2006, de 10 de febrero.

674 RD 822/2005, de 8 de julio.

675 RD 1614/2007, de 7 de diciembre.

676 Vid. STC 41/2006, de 13 febrero.

677 Vid. STC 31/2014, de 24 febrero, exigiendo una actividad probatoria más intensa al CNI para extinguir el contrato de una embarazada que la simple alegación a razones de seguridad que no pueden explicitarse por razones de seguridad.

678 Vid. STC 3/2018 de 22 enero.

burgo parece un punto de apoyo esencial sobre el que elaborar una respuesta, de modo que las referencias son constantes y de cierta profundidad. Así sucede, por ejemplo, en materia de extranjería, toda vez que la legislación sobre derechos y libertades de los extranjeros afecta a derechos de índole muy diferente, no sólo laborales y de protección social, sino más generales –*v.gr.,* asistencia jurídica gratuita[679], educación, etc.- y desde luego los principios de igualdad y no discriminación se encuentran muy presentes. En este complejo escenario el análisis a partir de la doctrina del TEDH cuenta con una utilidad sobresaliente[680], aunque en ocasiones el TC ha rehuido esa vertiente pese a la insistencia de las partes en la invocación de sentencias del Tribunal de Estrasburgo[681].

9. A modo de balance final: la cada vez más notable influencia del TEDH en la jurisprudencia interna

Pese a todos los ejemplos que hemos podido contemplar a lo largo de los epígrafes anteriores, tal vez debiera decirse que el grado de impacto de la doctrina del TEDH sobre nuestra jurisprudencia laboral y de Seguridad Social ha venido siendo, en líneas generales, bastante modesto y relativo. Esta apreciación vale sobre todo en lo que respecta al TS, que más bien parece nutrirse, al menos en primera instancia, o de manera más directa, de nuestra propia producción jurisprudencial, que en razón de la materia habría que residenciar primordialmente en nuestra corte constitucional. Hay que admitir, en todo caso, que en los últimos años es posible encontrar un mayor núme-

679 Vid. STC 95/2003, de 22 mayo.

680 Vid. STC 236/2007, de 7 noviembre.

681 Vid. STC 123/2016, de 23 junio, entre muchas otras que resuelven la constitucionalidad de ciertos requisitos adicionales para que los condenados por terrorismo pudieran disfrutar de la protección por desempleo tras ser liberados de prisión.

ro de sentencias del TS en las que, o bien se remite directamente a la doctrina del TEDH, o bien se manejan de manera patente sus criterios interpretativos, algo que seguramente es fruto, no sólo de una mayor toma de conciencia por parte de nuestro máximo intérprete de la ley, sino también de la mayor presencia del Tribunal de Estrasburgo en la documentación y fundamentación de los correspondientes recursos de casación. Apurando las cosas, podría decirse que estamos asistiendo a una especie de «sobreexplotación» jurídica de los derechos fundamentales en sede judicial, con el propósito, más allá de eventuales intereses particulares, de acondicionar su contenido a una realidad social abierta y en constante movimiento.

En ese contexto, y ante esa persistente y previsiblemente creciente influencia del exterior, la posición otrora hegemónica o incluso monopolista del TC en la relevante tarea de interpretación y aplicación de los derechos fundamentales tal vez vaya experimentando cierta atenuación, no sólo por el impacto de la doctrina del TEDH, sino también, dicho sea de paso, por la sigilosa penetración en este terreno del Tribunal de Justicia de la Unión Europea. Podrían ponerse, en efecto, diversos ejemplos del pujante papel de este otro canal de jurisprudencia supranacional en el terreno de los derechos fundamentales y, particularmente, en los espacios propios del principio de igualdad y no discriminación. Valga como muestra, en tal sentido, la insistente doctrina del TJUE acerca de los derechos de seguridad social de los trabajadores a tiempo parcial, materia en la que la jurisdicción comunitaria ha terminado por marcar el paso nuestra jurisprudencia constitucional[682], sin perjuicio

---

682 Vid. SSTJUE *Elbal Moreno* (de 22-11-2012, asunto C385/11) y *Villar Láiz* (de 8-5-2019, asunto C161/18) y SSTC 61/2013, de 14 de marzo, y 91/2019, de 3 de julio.

de que también vayan creciendo en este ámbito las huellas de influencia del TEDH[683].

En cualquier caso, es lo cierto que nuestros tribunales tienen cada vez más en cuenta los criterios sentados por el Tribunal de Estrasburgo, como se desprende de la diversidad temática que se ha tratado de poner de relieve a lo largo de los epígrafes anteriores, que, por otra parte, difícilmente puede reflejar con exactitud y exhaustividad la envergadura del fenómeno. En realidad, el influjo del TEDH en la labor de nuestros tribunales alcanza en ocasiones a las materias más insospechadas, aunque sea de forma más tangencial o como complemento a otros elementos de convicción. Es lo que sucede, por ejemplo, cuando se aplica el principio de proporcionalidad a las sanciones de naturaleza administrativa que pueden afectar a los beneficiarios de prestaciones de Seguridad Social, con independencia de que, en ese específico contexto, pueda parecer excesivo el recurso a un flanco de jurisprudencia del TEDH que se dedica sustancialmente al análisis de la proporción en las sanciones de carácter penal[684].

También conviene advertir que en otras ocasiones la doctrina del TEDH se incorpora como un argumento *ex abundancia*, sin verdadero peso específico en la respuesta final, que se confecciona más bien sobre otras premisas. En este sentido,

---

683 Vid. M.E. CASAS BAAMONDE, "¿Hacia un orden jurídico constitucional europeo e internacional a través de los tribunales constitucionales? La jurisprudencia constitucional sobre el derecho comparado del trabajo y de la seguridad social", *Anuario Coruñés de Derecho Comparado del Trabajo*, Vol. XIII (2021), pp. 61 y ss.

684 Vid. STS de 19 y 22-2-2016 (recursos 3035/2014 y 994/2014), en la que se citan las SSTEDH *Ismayilov vs. Rusia* (de 6-11-2008, recurso 30352/2003), *Grifhorst vs. Francia* (de 26-2-2009, recurso 28336/2002) y *Moon vs. Francia* (de 9-7-2009, recurso 39973/2003), las tres relativas a la no declaración de efectivo en la aduana superior al límite permitido.

cabe referirse a las sentencias que enjuiciaban la pérdida de derechos retributivos de los empleados públicos, bien fuera la reducción salarial del 5% operada por el Real Decreto-Ley 8/2010[685], mencionando explícitamente la Decisión de admisibilidad TEDH *Koufaki y ADEDI vs. Grecia*[686], bien fuera la supresión de la paga extraordinaria de diciembre de 2012 efectuada por el Real Decreto-Ley 20/2012, aunque en tal caso no había cita de sentencias concretas del TEDH[687].

Y todo ello, por supuesto, sin perjuicio del impacto indirecto que sobre la configuración del proceso pudieran tener las condenas que en ocasiones sufre el Estado español cuando el Tribunal de Estrasburgo considera que la duración de un pleito ha sido excepcionalmente larga[688]. Esa clase de asuntos no conlleva una integración de la doctrina de ese Tribunal en la jurisprudencia interna y ni siquiera presupone una intervención del TC o del TS en ese concreto pleito, pero merece una mención para poner de relieve que la posición e influencia del TEDH dista de ser anecdótica o marginal.

En cualquier caso, el impacto de las sentencias del Tribunal de Estrasburgo sobre la jurisprudencia española depende, por un lado, de la materia concreta y, por otro, y no es una indicación superflua o irrelevante, de la propia voluntad del órgano interno. En algunos casos, probablemente los más numerosos, la doctrina del TEDH se utiliza a modo de consolidación o refrendo de la línea argumental, sin un peso verdaderamente decisivo en la decisión final. Así sucede, en general, en relación con el derecho a la tutela judicial efectiva, la libertad sindical o los principios de igualdad y no discriminación. No obstante,

---

685 Vid. SSTS de 6-2 y 26-3-2014 (recursos 261/2011 y 134/2013).

686 De 7-5-2013, recursos 57665/12 y 57667/12.

687 Vid. SSTS de 17-11-2014 (recurso 287/2013) y de 1 y 12-12-2014 (recursos 285/2013 y 40/2014), entre otras.

688 Vid. STEDH *García Mateos vs. España* (de 19-2-2013, recurso 38285/09).

en otras ocasiones el impacto de la doctrina del TEDH es de mayor calado, en particular cuando procede rectificar criterios previos o elaborar otros novedosos. No son situaciones que hayan sido muy frecuentes, pero en apariencia es una tendencia que se intensificará hacia el futuro, y que ya ha ofrecido resultados muy significativos, como la doctrina relativa al control del trabajador, bien sea en la utilización de dispositivos digitales, bien sea a través de cámaras de videovigilancia, o al reintegro de prestaciones indebidas por error imputable exclusivamente a la administración[689].

Para concluir esa clasificación cabe también aludir a los supuestos en los que el TS remite a la doctrina del TEDH de forma un tanto interesada, para apoyar determinadas ideas o argumentos que conforme al derecho interno no cuentan con un asidero demasiado firme. Es el caso, muy significativamente, de la gestación subrogada, donde se extraen conclusiones de las sentencias del TEDH que seguramente van mucho más allá de lo que el Tribunal de Estrasburgo pretendía decir, y que desde luego tampoco encajan completamente con las particularidades de los supuestos a los que se había enfrentado ese Tribunal.

En resumen, el impacto de la doctrina del TEDH en la jurisprudencia española gana relevancia progresivamente, sea de forma directa o indirecta, y es previsible que se acreciente todavía más en un futuro a corto o medio plazo, porque los recursos ante el Tribunal de Estrasburgo son cada vez más numerosos, porque la globalización y los avances técnicos no sólo facilitan el acceso a la información, sino que animan a unificar criterios y derechos a nivel global, y porque, en cierto modo, los cambios sociales en las últimas décadas han derivado en una suerte de «sobreinvocación» de los derechos fundamen-

---

689 Por todas, vid. SSTS de 4 y 29-4 y 30-5-2024 (recursos 1156/2023, 1158/2023 y 1093/2023).

tales que se están reconfigurando, aunque con un resultado no demasiado definido todavía. Todo ello puede provocar fricciones si las sensibilidades de los distintos intérpretes no están suficientemente armonizadas, pues no es descartable que el TEDH, el TJUE y el TC discrepen en algún momento sobre el alcance concreto de determinados derechos o principios, como podría suceder, por ejemplo, a propósito del derecho a la intimidad del trabajador en el contexto de la adopción de medidas empresariales de control de su prestación de servicios, o, en un plano un poco más general, con el contenido y alcance de los principios de igualdad y no discriminación, respecto de los que pueden aparecer divergencias a la hora de valorar las diferencias de trato que pudieran considerarse no discriminatorias. Como es bien sabido, para evitar o neutralizar esas eventuales discrepancias en este moderno escenario de pluralidad de cúspides jurisdiccionales (comúnmente calificado como sistema "multinivel") no existen aún mecanismos de plena y definitiva virtualidad, sin perjuicio de que en materia de derechos constitucionales la jurisprudencia del TC tenga prevalencia sobre la jurisprudencia ordinaria, y de que en lo que se refiere a los derechos proclamados en el CEDH la jurisprudencia de Estrasburgo pueda sobreponerse a la jurisprudencia nacional. En realidad, el escenario "multinivel" consiste más bien en la conjunción y articulación de instancias jurisdiccionales de nivel diferenciado, incluso en cánones de jerarquía, con independencia de que resulte especialmente recomendable una buena disposición de las instancias jurisdiccionales implicadas en pos de una doctrina común y compartida en materia de derechos fundamentales.

PARTE TERCERA:

La Carta Social Europea

Con el propósito de no entorpecer el proceso de aprobación del Convenio Europeo de Derechos Humanos, y de no generar dificultades metodológicas a la hora de su aplicación, los responsables del Consejo de Europa excluyeron de ese tratado los derechos llamados “sociales”, a diferencia, por cierto, de lo que en su momento decidieron los mentores de la Declaración de la ONU de 1948 y de lo que sucedería años más tarde con algunas otras cartas de derechos en ámbitos no europeos. Ahora bien, la decisión tomada en el año 1950 por el Consejo de Europa no implicaba, ni mucho menos, una renuncia estricta al reconocimiento y la promoción de esa clase de derechos, a los que acabaría dedicando al cabo de algunos lustros una extensa e intensa labor de difusión y tutela, bien es verdad que a través de una senda paralela a la que ya había sido roturada para dar viabilidad al CEDH y al Tribunal de Estrasburgo. El puntal de ese nuevo trayecto sería la Carta Social Europea, que fue dotada de un entramado institucional igualmente singular y que nació con el propósito de implantar y consolidar un mínimo denominador común en el tratamiento de los derechos sociales para el conjunto de las Altas Partes Contratantes.

I. GESTACIÓN Y PRIMERA VERSIÓN DE LA CARTA SOCIAL EUROPEA

Hubo que esperar, en todo caso, al año 1961 para la proclamación formal de los derechos sociales en el seno del Consejo de Europa. De esa fecha es, en efecto, la primera versión de la Carta Social Europea, a la que con posterioridad se añadirían diversos Protocolos de contenido más específico y respecto de la que se abriría al cabo de sus tres primeras décadas de vigencia un proceso de renovación que cristalizaría en la nueva versión de la Carta puesta en circulación en el año 1996. A la manera de muchas de las catedrales de la vieja Europa, el texto de 1996 quedaría yuxtapuesto o acoplado a su precedente, con el afán de sustituirlo de manera paulatina pero sin proceder a su demolición. A la altura de nuestros días, todavía conviven los textos de 1961 y 1996 en la tarea de proclamación y protección de los derechos sociales en el espacio de influencia del Consejo de Europa.

1. Origen y líneas de regulación

La opción de limitar el CEDH de 1950 a los derechos "de primera generación" pudo estar motivada, desde luego, por la dimensión predominantemente política con la que fue promovido el Consejo de Europa. No obstante, también pudo deberse, y quizá con más fundamento, a la inevitable constatación de que la plena satisfacción de los derechos sociales no puede conseguirse con un mero reconocimiento formal. Muchos de esos derechos de nueva generación son efectivamente derechos de prestación, cuya virtualidad, por decirlo de manera más clara, depende a fin de cuentas de la capacidad económica y presupuestaria de las instancias públicas dispuestas a su tutela. De lo contrario, pasan a ser irremediablemente derechos de formulación retórica o de fatua presentación. Como ya dejara ver la propia Declaración de la ONU de 1948, el disfrute efectivo de los derechos económicos, sociales y culturales sólo puede garantizarse «mediante el esfuerzo nacional y la cooperación internacional, habida cuenta de la organización y los recursos de cada Estado» (art.22), con independencia de que a la postre resulten indispensables para la debida salvaguarda de la dignidad de las personas y el libre desarrollo de su personalidad. Bajo esa irrebatible premisa, los Estados parte del Consejo de

Europa prefirieron adoptar una actitud pragmática y cautelosa en este capítulo, al menos en una primera fase.

Sólo tras el afianzamiento del sistema de protección de los derechos humanos más clásicos implantado con el CEDH, las Altas Partes Contratantes se vieron en condiciones de proceder a la elaboración de un instrumento específicamente dedicado a esa otra parcela de los derechos de las personas, que por lo demás estaba cobrando cada vez mayor protagonismo tanto en las declaraciones internacionales de derechos como en los textos constitucionales de impronta nacional. El resultado más patente de esa nueva postura fue indudablemente la aprobación de la Carta Social Europea, que desde su puesta en escena ha sido uno de los principales puntos de referencia para la construcción del Derecho social en el ámbito europeo. Lo ha sido, por supuesto, para la ordenación de las relaciones de trabajo y la construcción de los sistemas de protección social a escala nacional, pero la CSE también ha dejado sentir su influencia en otros niveles de la organización social y política, incluso en la Unión Europea. Una buena señal de ese discreto pero persistente influjo de la CSE en la política social comunitaria puede encontrarse, por ejemplo, en el denominado "pilar europeo de derechos sociales"[690].

Tras diversos avatares en su proceso de gestación[691], la primera versión de la CSE fue firmada con fecha de 18 de octubre de 1961 en la ciudad de Turín. En principio, los presupuestos

---

690 Vid. P. STANGOS, "Sinergias entre la Unión Europea y la Carta Social Europea, en la hora del Pilar Europeo de Derechos Sociales", *RMESS*, núm.137 (2018), pp.139 y ss.

691 Vid. M. RODRÍGUEZ-PIÑERO y BRAVO-FERRER, "La Carta Social Europea y su puesta en práctica", *Revista de Instituciones Europeas*, núm.1 (1978), pp.53 y ss.; L. SELA QUINTANA, *La Carta Social Europea*, Publicaciones de la Escuela Social, Oviedo, 1962, pp.11 y ss.; A. MARTÍN LÓPEZ, *La Carta Social Europea*, Publicaciones de la Escuela Social de Granada, Granada, 1963, pp.14 y ss., y A. PARDELL

que la sustentaban eran los mismos que en su momento habían justificado la aprobación del CEDH, a juzgar por la declaración preliminar de la propia Carta. Según esas palabras, «los Gobiernos signatarios, Miembros del Consejo de Europa», se aliaban para conseguir una unión más estrecha con objeto de salvaguardar y promover los ideales y principios que son su patrimonio común y de favorecer su progreso económico y social, en particular mediante la defensa y el desarrollo de los derechos humanos y de las libertades fundamentales. La diferencia se situaba más bien en el terreno de las estrategias, que es sensiblemente diferente para el CEDH y para la CSE. Mientras que en el Convenio latía sobre todo el afán de proclamar y garantizar los derechos civiles y políticos básicos para la ciudadanía, en esta segunda oleada de declaraciones prevalecía sobre todo la resolución de los Estados participantes de «desplegar en común todos los esfuerzos posibles para mejorar el nivel de vida y promover el bienestar de todas las categorías de sus poblaciones, tanto rurales como urbanas, por medio de instituciones y actividades apropiadas».

No era, evidentemente, la primera muestra de esa inclinación de signo social en la producción normativa internacional. Como se dijo más arriba, la ONU ya había dado algunos pasos en pos del reconocimiento de derechos sociales en su Declaración Universal, muchos de los cuales –como los de libertad sindical y protección social– contaban también con el apoyo firme de la Organización Internacional del Trabajo, una entidad a la que, por cierto, se asignarían significativas posibilidades de intervención en los procedimientos de control de la CSE, y que, dicho sea de paso, alcanzaría notable protagonismo en la doctrina del Comité Europeo de Derechos Sociales, como más

---

VEÁ, *Los derechos sindicales en la Carta Social Europea*, Bosch, Barcelona, 1989, pp. 15 ss.

adelante veremos[692]. Pero no cabe duda de que la CSE representó en su momento una especie de estandarte de las nuevas tendencias del derecho internacional hacia la preservación de los derechos sociales. Es muy significativo en ese sentido que se adelantara al Pacto Internacional de Derechos Económicos, Sociales y Culturales de la ONU, que sería aprobado más tarde (con fecha de 16 de diciembre de 1966) y que no llegaría a entrar en vigor hasta la década siguiente (a partir del 3 de enero de 1976).

Cabía esperar, por otra parte, que a esas alturas del duro proceso de reconstrucción europea, y ya en plena efervescencia económica y social del periodo conocido como "los treinta dorados" o "treinta gloriosos"[693], la CSE fuese bien recibida por las "Altas Partes Contratantes" del Consejo de Europa, como sucedió efectivamente. Lo demuestra el gran número de ratificaciones que se efectuaron durante la década de los sesenta del pasado siglo, que permitió su pronta entrada en vigor y su ampliación de manera muy notable en las décadas inmediatamente siguientes. De todos modos, la CSE no parecía ser una estación de término, sino más bien una especie de base de operaciones para intervenciones futuras, a la vista de la experiencia que definitivamente reportara su vigencia y aplicación efectivas. Con el paso del tiempo, la CSE sería complementada por tres protocolos adicionales, uno de carácter sustantivo y otros dos con un propósito más instrumental, y al cabo de tres décadas largas de vida sería elevada de nivel mediante un texto revisado de mayor ambición, como tendremos ocasión de exponer.

---

692 Vid. F. VANDAMME, "La revisión de la Carta Social Europea", *Revista Internacional del Trabajo*, núms.5-6 (1994), pp.724 y ss.

693 Vid. A. BRONSTEIN, *Derecho internacional y comparado del trabajo. Desafíos actuales*, Organización Internacional del Trabajo y PyV Editores, 2011, pp.10-12.

Basta una primera lectura de su texto para apreciar que la CSE es una declaración de derechos de considerable envergadura y de cierta complejidad, especialmente si se compara con otros instrumentos internaciones dedicados a esos mismos fines. En particular, la Carta es mucho más extensa que el CEDH, y fue redactada con un nivel de detalle notablemente superior al de esa otra convención del Consejo de Europa. Fue así, al menos en parte, porque la Carta no se limitaba a la declaración y formulación de derechos básicos (como el derecho al trabajo, el derecho a la seguridad social, o la propia libertad sindical), sino que apostaba por un concepto más amplio de «lo social» y un diseño más ambicioso de esa parcela de la acción política y gubernamental, tratando de dar una mínima cobertura para el establecimiento de condiciones básicas en la ejecución del trabajo y la configuración adecuada de los sistemas de protección social, asumiendo el reto que, en ese sentido, no dejaba de plantear a los poderes públicos la DUDH de 1948. También fue así, indudablemente, porque la CSE no se contentó con enunciar una lista de derechos, sino que asumió asimismo la tarea de dar directrices más o menos detenidas sobre sus ingredientes y sobre las condiciones mínimas que los Estados debían procurar para su efectiva prestación, con vistas, entre otras cosas, a la conformación de los ordenamientos nacionales de trabajo y de seguridad social. En todo caso, no dejaba de ser una solución de compromiso que sólo pudo alcanzarse tras un complejo proceso de ajuste y tramitación[694].

2. Estructura y primera aproximación a su contenido

La CSE de 1961 se divide en cinco partes, identificadas con los cinco primeros dígitos del sistema romano de numeración:

---

694 Vid. M. RODRÍGUEZ-PIÑERO y BRAVO-FERRER, "Antecedentes, génesis y significado de la Carta Social Europea", *RPS*, núm.53 (1962), pp.145 y ss.

I, II, III, IV y V. La primera Parte contiene una lista de "derechos y principios" a cuya observancia se comprometen los Estados, la segunda establece las exigencias y "compromisos" que se imponen a las Altas Partes Contratantes para el adecuado cumplimiento de cada uno de esos objetivos, la tercera especifica el montante de "obligaciones" que pueden asumir los Estados en relación con ese cuadro de exigencias, la cuarta regula los medios y procedimientos de control y seguimiento de la actividad de los Estados, y la quinta contiene reglas sobre ratificación y entrada en vigor, además de diversas precisiones sobre el impacto de la Carta en el sistema interno de los distintos países y sobre su ámbito territorial de aplicación. Atendiendo a su presentación formal, también vale la pena poner de relieve el claro contraste entre su parte primera, que ofrece un mero listado de derechos y principios, y las cuatro partes restantes, que reúnen el articulado propiamente dicho, hasta el número de treinta y siete preceptos. Un último artículo –el treinta y ocho—proporciona un Anexo que forma "parte integrante" de la Carta –según precisa ese mismo precepto– y que cumple diversas funciones auxiliares o instrumentales: acota su ámbito de aplicación en lo que se refiere a «las personas protegidas», introduce salvedades y modulaciones respecto de algunos derechos, y, en términos más generales, sirve de ayuda para la interpretación de su significado y alcance material.

Como puede comprobarse, el contenido sustantivo de la CSE de 1961 se ubica en las dos partes iniciales, que asumen un mismo papel desde dos vertientes complementarias (derechos de las personas y compromisos de los Estados). La Parte I es meramente enunciativa, y tiene por objeto condensar y dar a conocer la pertinente tabla de «derechos y principios», más que nada con el propósito de fijar los "objetivos" que a tal efecto deberían marcarse los Estados a la hora de desarrollar su acción política y su actividad legislativa en el campo laboral y de la protección social. En esa lista, como ya sabemos, se incluyen hasta 19 cláusulas, con contenido laboral y social muy variado y heterogéneo. Entre las de carácter laboral (o profesional) no sólo se menciona el derecho al trabajo («toda persona tendrá la oportunidad de ganarse la vida mediante un trabajo libremente elegido»), sino también el derecho «a unas condiciones de trabajo equitativas», «a la seguridad y a la higiene en el trabajo», a la «remuneración suficiente» que proporcione al trabajador y a su familia «un nivel de vida decoroso», a la libertad sindical y a la libertad de asociación empresarial, a la negociación colectiva, a la protección «especial» de las mujeres trabajadoras, principalmente en caso de maternidad, a la protección de los menores de edad, a la igualdad y no discriminación en el trabajo por razón de nacionalidad, y a recibir orientación y formación profesional. En el apartado de más neto perfil social aparecen, por su parte, el derecho a la seguridad social, el derecho a la asistencia social y médica y el derecho «a beneficiarse de servicios de bienestar social», junto a un específico derecho a la protección adecuada para la familia y «la madre y el niño». La lista concluye con sendas referencias a una especie de derecho de circulación de los nacionales de los Estados parte y a la protección y asistencia de los migrantes y sus familias.

La Parte II de la Carta, que en su estructura guarda un estricto paralelismo con la lista anterior, se compone asimismo de 19 artículos, pero dedicados en este caso, más allá de su mera formulación, a la especificación del alcance de los compromisos que a tal efecto asumen los Estados y las tareas que deben desarrollar para dar sentido y realidad a todos y cada uno de los «derechos y principios» enumerados en la Parte I. Como se dijo, la redacción de todos estos pasajes dice mucho acerca de las pretensiones reales de la Carta, ya que, aun cuando formalmente se presenten como derechos (tanto en el rótulo como en el interior de cada uno de esos preceptos), no se trata en verdad de títulos susceptibles de invocación directa en sede administrativa o jurisdiccional por parte de sus destinatarios o beneficiarios, sino más bien de soportes o elementos de la política laboral y social de los poderes públicos nacionales. Son, dicho de otro modo, mandatos a las «Partes Contratantes», que como literalmente van diciendo los sucesivos preceptos, «se comprometen» a la adopción de las medidas prescitas por la CSE en cada uno de esos casos. Como se ve, la Carta no está diseñada para su aplicación directa o inmediata en las relaciones sociales de referencia, sino como un instrumento destinado al establecimiento de unos estándares mínimos de protección en todos los Estados parte. Los poderes públicos nacionales deben proporcionar a su población una protección social que al menos alcance esos estándares, y, si fuera el caso, los ciudadanos podrán canalizar las oportunas reclamaciones y demandas a partir de lo previsto en la correspondiente legislación nacional.

El contenido de esa Parte II de la CSE, de gran variedad temática, puede sistematizarse en cuatro grandes apartados: previsiones relativas al empleo, directrices sobre las condiciones de ejecución del trabajo, derechos de acción colectiva y derechos de protección social. Esa sencilla distribución nos permite apreciar con cierta facilidad que la CSE abarca realmente toda la materia que desde el punto de vista académico se suele reunir en el área jurídica de Derecho del Trabajo y Seguridad Social. Es verdad que en su extensión y su estructura, la Carta no sigue, como es lógico, los parámetros habitualmente utilizados para la configuración de esos sectores del ordenamiento nacional, por lo que no debe extrañar que queden al margen de su articulado muchas de las típicas instituciones laborales y de protección social (empezando por el propio contrato de trabajo), o que no aborde muchos aspectos clásicos del Derecho social (como el cuadro de contingencias del sistema de seguridad social). También es cierto que no hace referencia alguna a las parcelas más instrumentales del ordenamiento laboral y de seguridad social, como la aplicación jurisdiccional o la de supervisión administrativa. Pero todas esas ausencias son perfectamente explicables en una norma internacional que quiere concentrarse en la fijación de unos niveles mínimos desde el punto de vista de la protección de las personas, cuando trabajan o cuando se ven afectadas por contingencias sociales. Debe tenerse en cuenta, de cualquier modo, que en lo que respecta a la intervención administrativa la CSE contiene, dentro de las «obligaciones de las Partes», una exigencia específica para que dispongan en todo caso «de un sistema de inspección del trabajo adecuado a las condiciones nacionales empleo» (art.20.5), y que en lo que se refiere a la defensa procesal de los derechos todo ciudadano europeo puede echar mano, en los términos pertinentes, de las garantías reconocidas con carácter general por el CEDH.

No se preocupa la CSE de delimitar su ámbito subjetivo de aplicación, aunque no es demasiado complicado proceder a su delimitación, ya sea a través de operaciones deductivas sustentadas en la finalidad de la Carta o en la concreta formulación de sus preceptos, ya sea mediante las indicaciones relativamente explícitas que a tal efecto van proporcionando sus sucesivos preceptos, completadas en todo caso con las precisiones consignadas en su anexo final. En principio, sus cláusulas se refieren al trabajador asalariado, pero no se cierra en esa parte de la población el alcance de la Carta. Por definición, las medidas de protección social se refieren a la sociedad en su conjunto, pues tratan de hacer frente a situaciones que pueden originarse en el trabajo, pero también en otros aspectos de la vida y que, en el primer caso, pueden afectar tanto a quienes trabajan para otro como a quienes lo hacen en su negocio propio. Más hipotética es por lo general la aplicación más allá del trabajo asalariado de ciertas medidas relativas al empleo o la seguridad social, pero en algún precepto de la CSE se hace mención expresa al trabajador por cuenta propia entre los beneficiarios de las correspondientes medidas, «en cuanto las mismas les sean aplicables»[695]. Por lo demás, la CSE parece dirigirse en principio a los nacionales del Estado de referencia, pero también prevé la eventual extensión de los derechos asistenciales y de seguridad social en ella consignados a la población extranjera, mediante acuerdos bilaterales o multilaterales entre los países implicados. De entrada, esta posible irradiación de derechos se limita a los nacionales de otras Partes Contratantes que «residan legalmente o trabajen regularmente dentro del territorio de la Parte Contratante interesada», pero se abre la posibilidad de que tales beneficios se amplíen a otras personas «por una Parte Contratante cualquiera», con la salvaguarda, en todo caso, de que tal ampliación habrá de interpretarse de acuerdo con las previsiones generales que a las personas migrantes dedican sus artículos 18 y 19, a los que más adelante haremos referencia[696].

3. Empleo, formación profesional y circulación de trabajadores

Buena parte de las cláusulas de la CSE se dedican a lo que convencionalmente se viene conociendo como ordenación jurídica del mercado de trabajo. En principio, y como era de esperar, se refieren estas previsiones al mercado de trabajo de carácter interno (el típico mercado de trabajo de contornos nacionales), pero también incluye la CSE algunas reglas de espe-

---

695 Como dice su artículo 19.10 para trabajadores migrantes.

696 Añade el anexo de la CSE que «cada Parte Contratante concederá a los refugiados que respondan a la definición de la Convención de Ginebra de 28 de julio de1951, relativa al Estatuto de los refugiados, y que residan regularmente en su territorio, el trato más favorable posible y, en cualquier caso, no menos favorable que el que dicha Parte se haya obligado a aplicar en virtud de la Convención de 1951 y de cualesquiera otros acuerdos internacionales vigentes aplicables a esos refugiados».

cial interés, y tal vez no tan previsibles, sobre lo que ya en aquellos momentos parecía atisbarse, con las debidas precauciones, como un mercado de trabajo a escala europea, no sabemos con certidumbre si por la acción directa del propio Consejo de Europa o, más bien, por los efectos que ya tenía el derecho de libre circulación característico de las Comunidades Europeas. No estamos, por supuesto, ante una ordenación propiamente dicha del mercado de trabajo, pues ni el Consejo de Europa nació precisamente con fines económicos o comerciales, ni la Carta Social Europea fue concebida como una suerte de planificación de la política de empleo. No puede extrañar, por ello, que este particular instrumento internacional no aborde todos y cada uno de los aspectos relativos al empleo que, en perspectiva meramente nacional, podrían merecer o justificar una intervención del correspondiente poder público, aunque no es discutible su pretensión de incidir en esos terrenos de índole económica y productiva, en el entendimiento, seguramente, de que la principal fuente de recursos para la población es la prestación de su trabajo a cambio de remuneración.

La primera pieza en este apartado de la CSE es obviamente el «derecho al trabajo» reconocido en su artículo 1, trasunto probablemente de la cláusula de contenido similar inserta en el artículo 23 de la Declaración Universal de la ONU, de la que absorbe incluso el derecho a la «libre elección de su trabajo», según tendremos oportunidad de ver. Como no podía ser de otro modo, también en la CSE se concibe el derecho al trabajo como directriz para el poder público y como elemento imprescindible de la acción política y la estrategia económica de los Estados, difícilmente susceptible de invocación directa ante los tribunales, pues es evidente que, por más que se revista de grandiosas declaraciones, la búsqueda de un empleo nunca podrá satisfacerse mediante una simple reclamación ante los tribunales. La CSE parte más bien de que el disfrute efectivo de este derecho sólo es posible a través de las oportunidades que brinde el correspondiente contexto económico y productivo, y por ello impone a las Partes Contratantes el compromiso de «reconocer como uno de sus principales objetivos y responsabilidades la obtención y el mantenimiento de un nivel lo más elevado y estable posible del empleo, con el fin de lograr el pleno empleo». Adicionalmente, la Carta consigna para los Estados tres mandatos más concretos con ese mismo sentido. El primero, el más directo, busca la protección eficaz del derecho del trabajador a ganarse la vida mediante un trabajo libremente elegido, que no puede ser otra cosa que la libertad de profesión y oficio, y que, según el anexo de la Carta, no debe interpretarse «en el sentido de que prohíba o autorice cualesquiera cláusulas o prácticas de seguridad sindical». Los dos restantes se traducen en sendas obligaciones de los Estados de «establecer o mantener servicios gratuitos de empleo para todos los trabajadores» y de «proporcionar o promover una orientación, formación y readaptación profesionales adecuadas».

De esta última prescripción se ocupan más detalladamente otros dos preceptos de la Carta. Por un lado, su artículo 9, que se dedica de una forma bastante didáctica a consagrar un «derecho a la orientación profesional» del que emana para las Partes Contratantes el compromiso de «establecer o facilitar", según se requiera, un servicio que ayude a todas las personas, incluidos los discapacitados, "a resolver los problemas que plantea la elección de una profesión o la promoción profesional, teniendo en cuenta las características del interesado y su relación con las posibilidades del mercado de empleo, esta ayuda deberá ser prestada gratuitamente tanto a los jóvenes, incluidos los niños en edad escolar, como a los adultos».

Por otro lado, su artículo 10, que consigna un «derecho de formación profesional» encaminado a «asegurar o favorecer, según se requiera, la formación técnica y profesional de todas las personas, incluidos los minusválidos, previa consulta con las organizaciones profesionales de empleadores y trabajadores, y a arbitrar medios que permitan el acceso a la enseñanza técnica superior y a la enseñanza universitaria, con base únicamente en el criterio de la aptitud individual». No es una mera declaración general, puesto que inmediatamente el propio precepto asigna a los Estados una serie de compromisos muy concretos: «asegurar o favorecer un sistema de aprendizaje y otros sistemas de formación de los jóvenes de ambos sexos en sus diversos empleos», asegurar o favorecer, según se requiera, «servicios apropiados y fácilmente accesibles para la formación de trabajadores adultos» y «servicios especiales para la reconversión profesional de trabajadores adultos requerida por el desarrollo técnico o por un cambio de tendencias en el mercado de trabajo», y alentar la plena utilización de los servicios previstos mediante «medidas adecuadas».

Respecto del alcance de estas medidas, la propia Carta también se encargó de ofrecer diversas posibilidades de articulación o cumplimentación, mediante una labor normativa distante de la prescripción y claramente inclinada hacia la transmisión de orientaciones a los Estados: reducción o la supresión del pago de cualesquiera derechos y gravámenes, concesión de una asistencia financiera en los casos en que proceda, inclusión, dentro de las horas normales de trabajo, del tiempo dedicado a los recursos suplementarios de formación seguidos por el trabajador, durante su empleo, a petición de su empleador, o garantizar por medio de un control adecuado la eficacia del sistema de aprendizaje, de cualquier otro sistema de formación para trabajadores jóvenes y, en general, de la adecuada protección a los trabajadores jóvenes, previa consulta con las organizaciones profesionales de empleadores y trabajadores.

Finalmente, no deja de llamar la atención, como ya dijimos, que la CSE amplíe sus horizontes más allá de esas actuaciones de política interna para abordar, desde esa misma perspectiva del mercado de trabajo, la realidad supranacional que el Consejo de Europa inevitablemente iba fraguando. A tenor de su artículo 18, los Estados quedaban obligados concretamente a respetar el «derecho a ejercer una actividad lucrativa en el territorio de otras Partes Contratantes», para lo cual, de nuevo, se les imponían importantes compromisos: «aplicar la normativa existente con espíritu liberal», «simplificar las formalidades vigentes y a reducir o suprimir los derechos de cancillería y otras tasas que deban ser pagadas por los trabajadores extranjeros o por sus empleadores», y «liberalizar, individual o colectivamente, las normas que regulan el empleo de trabajadores extranjeros». Como contrapartida, también deben observar el «derecho de sus ciudadanos a salir del país para ejercer una actividad lucrativa en el territorio de las demás Partes Contratantes»[697].

Pero junto a la implantación de ese primer elemento de lo que cabría calificar como derecho de "libre circulación" por el espacio territorial de las Partes Contratantes (distinto en todo caso del derecho de las personas «a circular libremente y a elegir su residencia en el territorio de un Estado» reconocido en el artículo 13 de la Declaración de la ONU), la CSE también se encargó de prestar atención a la situación y las necesidades "humanas" de las personas que lo ejercitaran. Por ello, el artículo 19 de la CSE reconoció el «derecho de los trabajadores migrantes y sus familias a protección y a asistencia», lo cual iba a suponer para los Estados deberes múltiples: «mantener o a cerciorarse de que existen servicios gratuitos adecuados para ayudar a estos trabajadores, y particularmente para suministrarles informaciones exactas, y adoptar las medidas oportunas en tanto que lo permitan las Leyes y Reglamento nacionales, contra toda propaganda engañosa sobre emigración e inmigración», «adoptar, dentro de los límites de su jurisdicción, medidas apropiadas para facilitar la salida, el viaje y la acogida de estos trabajadores y sus familias, y a proporcionarles durante el

---

697 El anexo de la Carta precisa en todo caso que lo dispuesto en su artículo 18.1 no se refiere «a la entrada en los territorios de las Partes Contratantes», y que no afecta «a las disposiciones de la Convención europea de Establecimiento firmada en París el 13 de diciembre de 1955».

viaje, dentro de los límites de su jurisdicción, los servicios sanitarios y médicos necesarios, así como unas buenas condiciones de higiene», «promover la colaboración, requerida en cada caso entre los servicios sociales, públicos o privados, de los países de emigración e inmigración», «facilitar en lo posible el reagrupamiento de la familia del trabajador extranjero a quien se le haya autorizado para establecerse dentro del territorio», garantizar a dichos trabajadores, cuando residan legalmente dentro de su territorio, «que no podrán ser expulsados, excepto si amenazaren la seguridad del Estado o atentaren contra el orden público o las buenas costumbres» y que no reciban «un trato no menos favorable que el que reciben sus propios nacionales en lo concerniente a impuestos, tasas y contribuciones relativos al trabajo, a cargo del trabajador», y «permitir, dentro de los límites fijados por las Leyes, la transferencia de cualquier parte de las ganancias o ahorros de tales trabajadores migrantes que éstos desearen transferir».

4. Condiciones de ejecución del trabajo

Dijimos con anterioridad que la CSE no se ocupa de manera frontal del contrato de trabajo ni del desarrollo de la relación de trabajo, pero sí se hizo cargo de dos importantes aspectos del vínculo que une al trabajador con su empresa: la terminación del contrato, de la que hablaremos más adelante, y las condiciones de ejecución del trabajo, de las que ahora nos ocuparemos. Varios preceptos de la Carta se dedican a este aspecto del trabajo, algunos con proyección general a todas las personas que prestan servicios bajo esa fórmula contractual, y otros especialmente dedicados a determinados grupos de la población trabajadora. En este apartado, la CSE vuelve a utilizar como primeros puntos de referencia determinados derechos ya reconocidos con carácter universal en la Declaración de Derechos Humanos de la ONU. Recordemos a tal efecto el ya mencionado artículo 23, en el que se incluye el derecho «a condiciones equitativas y satisfactorias de trabajo, a igual salario por trabajo igual sin discriminación alguna, y a una remuneración equitativa y satisfactoria que le asegure junto a su familia una existencia conforme a la dignidad humana», y añadamos en este momento el artículo 24 de ese mismo texto internacional, en el que se consigna específicamente el derecho al descanso, al disfrute del tiempo libre, a una limitación razonable de la duración del trabajo y a vacaciones periódicas pagadas.

Dentro ya de la CSE, el primero de los preceptos que se ocupan de las condiciones de ejecución del trabajo es su artículo 2, que consagra el «derecho a unas condiciones de trabajo equitativas», que de nuevo se traduce en la imposición de ciertas obligaciones a los Estados firmantes. En concreto, las Partes Contratantes quedan comprometidas a estos efectos a «fijar una razonable duración diaria y semanal de las horas de trabajo, reduciendo progresivamente la semana laboral en la medida en que lo permitan el aumento de la productividad y otros factores pertinentes», a «establecer días festivos pagados», a «conceder vacaciones anuales pagadas de dos semanas como mínimo», a «conceder a los trabajadores empleados en determinadas ocupaciones peligrosas o insalubres una reducción de la duración de las horas de trabajo o días de descanso suplementarios pagados», y a «garantizar un reposo semanal que coincida en la posible con el día de la semana reconocido como día de descanso por la tradición y los usos del país o la región».

Mucho que ver con esas variadas alusiones a los tiempos de descanso tiene el «derecho a la seguridad e higiene en el trabajo», del que no por casualidad se ocupa inmediatamente a continuación el artículo 3 de la Carta. En este otro precepto, como era de esperar, se imponen a los Estados nuevas tareas con el acostumbrado formato de compromisos con vistas a la configuración y el desarrollo de su política social, incluida la correspondiente actividad normativa: «promulgar reglamentos de seguridad e higiene», «tomar las medidas precisas para controlar la aplicación de tales reglamentos», y «consultar, cuando proceda, a las organizaciones de empleadores y trabajadores sobre las medidas encaminadas a mejorar la seguridad e higiene del trabajo».

Un elemento crucial dentro de la ordenación de las condiciones de ejecución del contrato de trabajo es innegablemente el relativo a la contraprestación económica de la prestación de servicios, que en consecuencia no podía quedar al margen de este panel de cláusulas sociales. En este terreno, el artículo 4 de la CSE reconoce el «derecho a una remuneración equitativa», con la precisión de que los Estados deben reconocer el derecho de los trabajadores «a una remuneración suficiente que les proporcione a ellos y a sus familias un nivel de vida decoroso» y «a un incremento de remuneración para las horas extraordinarias, salvo en determinados casos particulares», bajo el presupuesto de que la remuneración debe ser «igual por un trabajo de igual valor» para «trabajadores de ambos sexos». A todo ello, la CSE añade el compromiso de «no permitir retenciones sobre los salarios sino en las condiciones y límites establecidos por las Leyes o Reglamentos nacionales, o fijados por Convenios Colectivos o Laudos arbitrales», que, según el anexo, se puede entender correctamente asumida aun cuando la prohibición de retención rija «para la gran mayoría de los trabajadores» y «sin más excepciones que las referentes a personas no objeto de los mismos».

Como hemos anunciado, algunos preceptos de la CSE se dedican en particular a ciertos grupos de personas, también en su eventual condición de trabajadores. Es el caso de su artículo 7, que declara el «derecho de los niños y adolescentes a protección» y consecuentemente impone diversas obligaciones a las Partes Contratantes. Entre ellas se sitúa la fijación de edades mínimas para el trabajo, ya sea de modo directo, ya sea mediante la técnica de prohibición de determinadas situaciones. Dentro de la primera fórmula destaca la referencia a los quince años como edad mínima de admisión al trabajo, sin perjuicio de excepciones para los niños empleados en determinados trabajos ligeros que no pongan en peligro su salud, moralidad o educación, y de la determinación de edades más elevadas «para la admisión al trabajo en ciertas ocupaciones consideradas peligrosas e insalubres». A la segunda responde, por su parte, la regla de exclusión del empleo de los niños en edad escolar obligatoria en trabajos que les priven del pleno beneficio de su educación, y la que cierra a los trabajadores menores de dieciocho años el trabajo nocturno excepto en los casos que se determinen por las leyes o reglamentos nacionales.

Otro grupo de obligaciones dirigidas a la protección de ese grupo de la población trabajadora se refiere a sus condiciones de trabajo, como es el caso de la limitación de la jornada laboral de los trabajadores menores de dieciséis años para adecuarla a las exigencias de su desarrollo y, en particular, a las necesidades de su formación profesional; del reconocimiento del derecho de los menores y los aprendices a un salario equitativo o, en su caso, a otra retribución adecuada; de la inclusión en el cómputo de la jornada de las horas que los menores dediquen a su formación profesional durante el tiempo normal de trabajo con el consentimiento del empleador, y de la fijación de una duración mínima de tres semanas para las vacaciones pagadas de los menores de dieciocho años.

En un tercer grupo pueden ubicarse, finalmente, aquellas reglas, también dedicadas a los trabajadores menores, que esencialmente tienen fines de seguridad y salud en el trabajo, como la relativa al establecimiento de un sistema de control médico regular para quienes, siendo menores de dieciocho años, prestan servicios en régimen asalariado en ciertas clases de empleo (que habrían de ser determinados por las leyes o reglamentos nacionales), o aquella otra regla que exige una «protección especial contra los peligros físicos y morales a los que estén expuestos los niños y los adolescentes, especialmente contra aquellos que, directa o indirectamente, deriven de su trabajo»[698].

En una dirección similar, el artículo 8 de la CSE declara el «derecho de las trabajadoras a protección», y en consecuencia impone a los Estados otra serie de compromisos: «garantizar a las mujeres, antes y después del parto, un descanso de una duración total de doce semanas, como mínimo, sea mediante vacaciones pagadas, sea por prestaciones adecuadas de la Seguridad Social o por subsidios sufragados con fondos públicos», «considerar como ilegal que un empleador despida a una mujer durante su ausencia por permiso de maternidad o en una fecha tal que el periodo de preaviso expire durante esa ausencia», «garantizar a las madres que críen a sus hijos el tiempo libre suficiente para hacerlo», «regular el trabajo nocturno de la mujer en empleos industriales» y «prohibir el empleo femenino en trabajos subterráneos de minería y, en su caso, en cualesquiera otros trabajos que no sean adecuados para la mujer por su carácter peligroso, penoso e insalubre».

Ya vimos que la CSE también reconocía derechos de libre circulación o "migración" por el territorio de las Estados contratantes. Con esta premisa, su artículo 19 se ocupa de las condiciones de trabajo de las personas que en ese contexto migran de unos países a otros, con la exigencia de que los Estados les garanticen, cuando se encuentren legalmente dentro de su territorio, un trato no menos favorable que a sus propios nacionales en lo referente a «remuneración y otras condiciones de empleo y trabajo», «afiliación a las organizaciones sindicales y disfrute de las ventajas que ofrezcan los Convenios Colectivos»

---

698 Según el anexo de la Carta, se entiende que una Parte Contratante habrá cumplido la obligación de prohibición del trabajo nocturno «si se atiene a su espíritu disponiendo en su legislación que la gran mayoría de los menores de dieciocho años no serán empleados en trabajos nocturnos».

y «alojamiento», en los términos en que estuvieran tales materias reguladas por leyes o reglamentos y en la medida en que se hallen «sometidas al control de las autoridades administrativas». También exige la CSE, por cierto, que esos trabajadores migrantes reciban «un trato no menos favorable que a sus propios nacionales en lo relativo a las acciones procesales sobre las cuestiones mencionadas en el presente artículo»[699].

5. Derechos laborales de organización y acción colectiva

Como es habitual en las declaraciones de derechos sociales, la CSE también hace referencia a los derechos laborales de organización y acción colectiva, puntales de un sistema de relaciones laborales verdaderamente asentado en el principio de autonomía colectiva[700]. Para la formulación de este grupo de derechos los redactores de la CSE contaban con algunas referencias previas de indudable envergadura, pero limitadas a la postre a lo que siempre se ha considerado el pilar del sistema de relaciones laborales. Las referencias, probablemente unidas en sus raíces, provenían no obstante de fuentes diversas: de los convenios de la OIT sobre libertad sindical, del derecho de toda persona a fundar sindicatos y a sindicarse para la defensa de sus intereses reconocido en el artículo 23.4 de la DUDH, y del derecho a fundar sindicatos y a afiliarse a los mismos consagrado en el artículo 11.1 CEDH. Apenas existían menciones a otros derechos de acción colectiva en la normativa internacio-

---

699 El anexo de la CSE especifica que a efectos de aplicación de estas previsiones la expresión «familia del trabajador extranjero» se interpretará «en el sentido de que se refiere a la esposa del trabajador y a sus hijos menores de veintiún años que vivan a su cargo».

700 Vid. C.H. PRECIADO DOMÈNECH, *La Carta Social Europea y su aplicación. Los derechos sociales en serio*, Bomarzo, Albacete, 2021, pp. 27 y ss.; A. PARDELL VEÁ, *Los derechos sindicales en la Carta Social Europea*, Bosch, Barcelona, 1989, pp.101 y ss.

nal precedente, con independencia de las facultades de acción que por su propia fuerza emanan de la libertad sindical.

Era lógico, en consecuencia, que la CSE reconociera en primer término el "derecho sindical" (artículo 5), que podría traducirse en las expresiones, más habituales, de derecho de sindicación o simplemente libertad sindical. No desgrana la CSE las manifestaciones o facetas de este derecho, salvo sendas alusiones indirectas a su vertiente organizativa (al dejar ver que es un derecho destinado a la constitución de organizaciones locales, nacionales o internacionales para la protección de sus intereses económicos y sociales) y a la libertad de afiliación (derechos de los interesados a adherirse a esas organizaciones). Como le es habitual, la CSE se encarga sobre todo de imponer a las Partes Contratantes el deber de "garantizar y promover" el ejercicio de ese derecho y el compromiso de que no sea menoscabado ni por la legislación nacional ni por los actos de aplicación de la misma. Acaba el precepto con una referencia al ámbito subjetivo de la libertad sindical, al decir que «la aplicación de estas garantías a los miembros de las Fuerzas Armadas y la medida de su aplicación a esta categoría de personas deberán ser determinados por las Leyes y Reglamentos nacionales».

Tras la libertad sindical, la CSE reconoce asimismo el "derecho de negociación colectiva" (artículo 6), con fines de garantía de su ejercicio efectivo. Para ello exige a las Partes Contratantes que se comprometan a favorecer "la concertación paritaria entre trabajadores y empleadores", a promover "el establecimiento de procedimientos de negociación voluntaria entre empleadores u Organizaciones de empleadores, de una parte, y Organizaciones de trabajadores de otra", cuando ello sea necesario y conveniente y con objeto de regular las condiciones de empleo por medio de convenios colectivos, y a fomentar "el establecimiento y la utilización de procedimientos adecuados de conciliación y arbitraje voluntarios para la solución de conflictos laborales". Como puede apreciarse, el derecho de negociación colectiva se formula en la CSE de 1961 en términos muy generales, probablemente por la diversidad de tradiciones y de sistemas normativos apreciable en el espacio europeo de referencia. Los procedimientos de negociación o la naturaleza y eficacia del convenio, por poner algunos ejemplos, son aspectos cruciales del derecho a la negociación colectiva que, sin embargo, se dejan enteramente al criterio de cada Parta Contratante.

El lector avezado habrá podido ver que, al calor del derecho a la negociación colectiva, el artículo 6 de la CSE también hace referencia a las situaciones de conflicto en el ámbito de las relaciones de trabajo. Insta a los Estados, por lo pronto, a que establezcan "procedimientos adecuados de conciliación y arbitraje voluntarios para la solución de conflictos laborales", pero en el párrafo 4 de ese mismo precepto también consagra "el derecho de los trabajadores y empleadores, en caso de conflicto de intereses, a emprender acciones colectivas, incluido el derecho de huelga, sin perjuicio de las obligaciones que puedan dimanar de los Convenios Colectivos en vigor". Estamos probablemente ante una redacción de compromiso en la que la huelga tiene sin duda alguna un papel protagonista, pero en la que también se comprende la acción colectiva de los empleadores, con una alusión implícita al cierre patronal[701]. Aclara el anexo de la CSE, por lo demás, que "cada Parte Contratante podrá regular en lo que a ella le concierne, el ejercicio del derecho de huelga por Ley", siempre que no prevea restricciones más allá de lo dispuesto con carácter general para la vigencia de la Carta en su artículo 31, al que más adelante haremos referencia.

---

701 Vid. M.M. RUÍZ CASTILLO, *El cierre patronal*, MTSS, Madrid, 1990, pp.82 y ss.

6. Derechos de protección social

También los derechos de protección social contaban con precedentes en el panorama del derecho internacional. Cuando se preparó la CSE ya estaba en funcionamiento el Convenio número 102 de la OIT (de 1952), pero además la DUDH de la ONU dedicaba varios pasajes, con diversas perspectivas, a esta importante vertiente de las condiciones de vida de los trabajadores y de los ciudadanos en general. Su artículo 22 reconocía el derecho de toda persona, como miembro de la sociedad, a la seguridad social, su artículo 23 hablaba de la protección por desempleo y reclamaba una remuneración suficiente mediante el complemento, en su caso, de "cualesquiera otros medios de protección social" y su artículo 25 reconocía el derecho a los servicios sociales necesarios y a "los seguros en caso de desempleo, enfermedad, invalidez, viudez, vejez u otros casos de pérdida de sus medios de subsistencia por circunstancias independientes de su voluntad", con una referencia especial a la protección de la maternidad y de la infancia, y todo ello dentro de un derecho más general de la persona a "un nivel de vida adecuado que le asegure, así como a su familia, la salud y el bienestar, y en especial la alimentación, el vestido, la vivienda, la asistencia médica tienen derecho a cuidados y asistencia especiales".

Ingrediente básico y típico de los derechos sociales ya era, pues, la protección de las contingencias a las que pueden verse expuestas las personas con afectación a su salud o a sus fuentes habituales de ingresos, que suelen provenir del trabajo. La CSE se hace cargo de ello de una manera relativamente extensa, mediante diversos preceptos y desde perspectivas variadas. En primer término, reconoce el "derecho a la protección de la salud" (artículo 11), respecto del que las Partes Contratantes deben garantizar su ejercicio efectivo mediante medidas de diverso tipo, tomadas directamente por los poderes públicos o adoptadas "en cooperación con organizaciones públicas o privadas". En todo caso, tales medidas deben encaminarse a la eliminación "en lo posible" de las causas de una salud deficiente, el establecimiento de "servicios educacionales y de consulta dirigidos a la mejora de la salud y a estimular el sentido de responsabilidad individual en lo concerniente a la misma", y prevenir las enfermedades epidémicas, endémicas y otras", también "en lo posible".

El segundo precepto perteneciente a este apartado se refiere ya al "derecho a la seguridad social" (artículo 12), que antes que nada impone a las Partes Contratantes el compromiso de "establecer o mantener un régimen de seguridad social". Adicionalmente, los Estados quedan obligados a mantener dicho sistema "en un nivel satisfactorio" (que al menos sea equivalente al que se exige para la ratificación del Convenio de la OIT número 102 sobre normas mínimas de seguridad social) y a "esforzarse por elevar progresivamente el nivel del régimen de seguridad social". También en este contexto se hace cargo la CSE de la movilidad de personas y trabajadores entre unos países y otros dentro del territorio europeo, y para afrontar esa realidad desde este concreto prisma de la seguridad social impone a los Estados determinadas exigencias, de las que hablaremos al final de este apartado.

Los restantes preceptos de la CSE dedicados a la protección social se refieren a medidas básicamente asistenciales. Por lo pronto, su artículo 13 reconoce el "derecho a la asistencia social y médica", que implica el compromiso de las Partes Contratantes de "velar por que toda persona que no disponga de recursos suficientes y no esté en condiciones de conseguirlo por su propio esfuerzo o de recibirlos de otras fuentes, especialmente por vía de prestaciones de un régimen de seguridad social, pueda obtener una asistencia adecuada y, en caso de enfermedad, los cuidados que exija su estado", "velar por que las personas que se beneficien de tal asistencia no sufran por ese motivo disminución alguna en sus derechos politices y sociales", y "disponer lo preciso para que todas las personas puedan obtener por medio de servicios adecuados, públicos o privados, el asesoramiento y ayuda personal necesarios para prevenir, eliminar o aliviar su estado de necesidad personal o familiar"[702].

Innegable proximidad con los pasajes anteriores, cuando menos desde el punto de vista material y funcional, mantiene el artículo 14 de la Carta cuando reconoce el "derecho a los beneficios de los servicios sociales", que de nuevo se traduce en la imposición de determinados compromisos a las Partes Contratantes. En este caso, se les exigen dos tipos de tareas: la de fomento u organización de "servicios que, utilizando los métodos de un servicio social, contribuyan al bienestar y al desarrollo de los individuos y de los grupos en la comunidad, así como a su adaptación al medio o entorno social", y la de estímulo de "la participación de los individuos y de las organizaciones benéficas o de otra clase en la creación y mantenimiento de tales servicios".

Compromisos adicionales en este terreno de la protección social imponen a los Estados los artículos 15, 16 y 17 de la CSE. El primero reconoce el "derecho de las personas física o mentalmente disminuidas a la formación profesional y a la readaptación profesional y social" (con el deber público de "tomar las medidas adecuadas" para procurar a los interesados medios para su formación profesional, crear las oportunas instituciones especializadas si fuera necesario y procurarles puestos de trabajo, "particularmente por medio de servicios especiales de colocación, posibilidades de empleo protegido y medidas destinadas a estimular a los empleadores a su contratación"), el

---

702 Especifica el Anexo de la CSE que "los Gobiernas que no sean Parte en el Convenio Europeo de Asistencia Social y Médica podrán ratificar la Carta Social en lo referente a este párrafo, siempre que concedan a los nacionales de las otras Partes Contratantes un trato conforme a las disposiciones del citado Convenio".

segundo declara el "derecho de la familia a una protección social, jurídica y económica" (con miras a lograr las condiciones de vida indispensables para un pleno desarrollo de la familia y "especialmente mediante prestaciones sociales y familiares, disposiciones fiscales, apoyo a la construcción de viviendas adaptadas a las necesidades de las familias, ayuda a los recién casados o por medio de cualesquiera otras medidas adecuadas"), y el tercero reconoce "derechos de las madres y los niños a una protección social y económica" (con el deber de las Partes Contratantes de adoptar "cuantas medidas fueren necesarias y adecuadas a ese fin, incluyendo la creación o mantenimiento de instituciones o servicios apropiados").

Ya dijimos que la CSE se hizo cargo de los movimientos de personas entre unos países y otros también desde la perspectiva de la protección social. La regla probablemente más relevante desde este punto de vista es la que se comprende en el artículo 12 CSE, en el que, a propósito de la seguridad social, se exige a los Estados la adopción de medidas encaminadas a garantizar "la igualdad de trato entre los nacionales de cada una de las Partes Contratantes y los de las demás Partes en lo relativo a los derechos de seguridad social, incluida la conservación de las ventajas concedidas por las leyes de seguridad social, sean cuales fueren los desplazamientos que las personas protegidas pudieren efectuar entre los territorios de las Partes Contratantes", con el propósito también de asegurar "la concesión, mantenimiento y restablecimiento de los derechos de seguridad social, por medios tales como la acumulación de los períodos de seguro o de empleo completados de conformidad con la legislación de cada una de las Partes Contratantes", particularmente mediante la conclusión "de los oportunos acuerdos bilaterales o multilaterales", previsión que al cabo de pocos años dio frutos efectivos, como veremos en su momento[703]. Una previsión complementaria se recoge en el artículo 13.4 de la CSE a propósito de las medidas de asistencia social y médica, que según ese precepto también se deben aplicar en condiciones de igualdad a los nacionales de otros países miembros de Consejo de Europa que se encuentren legalmente en el territorio del Estado de referencia (conforme a las obligaciones derivadas del Convenio Europeo de Asistencia Social y Médica firmado de 1953).

7. Modo de obligar, condiciones de adhesión y reglas de aplicación

De la exposición precedente puede deducirse con rotundidad que, a la hora de formular sus derechos y principios, la CSE, sin dejar de mirar a las personas, piensa sobre todo en la acción de los Estados, para los que fijan una serie de objetivos sociales comunes[704]. Dicho de forma más clara: desde el punto de vista de su operatividad, le importa más la imposición de compromisos a las Altas Partes Contratantes que el puro reconocimiento del derecho. Obviamente, su finalidad última es que los ciudadanos gocen en todos los Estados Contratantes de una serie de derechos laborales y sociales que se consideran básicos, y, particularmente, que los ciudadanos trabajadores

---

703 El anexo de la CSE especifica que en los acuerdos bilaterales o multilaterales de los que habla su artículo 12.4 "la Parte Contratante podrá exigir que se cumpla un período obligatorio de residencia antes de conceder esas prestaciones a los nacionales de otras Partes Contratantes". Vid. J. GARCÍA BLASCO y M. GONZÁLEZ LABRADA, "Instrumentos del Consejo de Europa. Carta Social Europea revisada y Código Europeo de Seguridad Social", en J.L. MONEREO PÉREZ y G. RODRÍGUEZ INIESTA (Dir.), *Tratado de Derecho de la Seguridad Social*, Tomo I, Laborum, Murcia, 2017, pp. 133 y ss.

704 A. PARDELL VEÁ, *Los derechos sindicales en la Carta Social Europea*, Bosch, Barcelona, 1989, pp.6 ss.

desarrollen su actividad profesional en unas condiciones mínimas adecuadas, con la debida protección de sus eventuales contingencias. Tratándose eminentemente de derechos sociales de prestación, era difícil que se formulara de otra manera. Como hemos reiterado ya, son derechos que por lo general no se satisfacen con su mera formulación, puesto que para su disfrute efectivo se suelen requerir dos grandes condiciones, normalmente acumulativas. De un lado, un grado de precisión acerca de su alcance y contenido que sólo cabe lograr mediante una acción normativa complementaria a cargo de los Estados. De otro lado, una infraestructura estatal dotada de medios apropiados y suficientes para atender las demandas de los ciudadanos. Piénsese en el derecho al trabajo (que depende de forma ineludible de las oportunidades que brinde el mercado de trabajo)[705] o en el derecho a una remuneración suficiente (que no se hace tangible o practicable si no se traduce en una determinada cuantía). A diferencia de los derechos "civiles" (como la libertad de expresión, por poner un ejemplo), son derechos que muy difícilmente pueden satisfacerse mediante una mera demanda judicial[706]. Para que puedan ser ejercidos por sus titulares o beneficiarios ante los tribunales u otras instancias públicas necesitan más soportes que una simple declaración, por muy contundente que ésta sea.

Desde luego, ni todos los derechos sociales tienen la misma morfología ni todos ellos requieren el mismo grado de inter-

---

705 Sin perjuicio de las legítimas aspiraciones y las encomiables propuestas que a veces proporciona la hermenéutica jurídica, como deja ver, por ejemplo, F. VIGO SERRALVO, *El derecho al trabajo: un primigenio y alternativo proyecto de Estado social*, Aranzadi, Pamplona, 2019.

706 Como muestra de ello, véase el duro e interesante proceso de lucha en pos del acceso a la administración de justicia de los derechos sociales en E.R. CAJALEÓN CASTILLA, *La convencionalización del derecho al trabajo y a la estabilidad en el empleo*, Palestra, Lima, 2022, con conclusiones en pp.127 a 132.

vención de los poderes públicos para su satisfacción efectiva. No puede equipararse, en ese sentido, la libertad sindical con los derechos de protección social, por poner algún ejemplo. De ahí que los compromisos que la Parte II de la CSE va imponiendo a los Estados tengan desigual intensidad o distinto nivel de exigencia. En una perspectiva global, tal vez pueda decirse, por otra parte, que ese elenco de derechos resulta relativamente modesto para nuestros días, pero no conviene perder de vista que la Carta fue redactada hace más de seis décadas, en un contexto que no era equiparable al actual[707]. En cualquier caso, tampoco esa eventual valoración puede ser igual para todos los derechos y todos los compromisos resultantes de la CSE. En términos generales la CSE no hace más que dar acogida a las reivindicaciones socio-laborales clásicas, muchas de ellas ya traducidas en reglas legales de plena vigencia. Pero algún punto puede seguir siendo válido en los tiempos presentes, especialmente en determinadas coyunturas o determinados ámbitos territoriales. Pese a que en líneas generales las exigencias de la Carta no parecen desorbitadas, no hay que descartar aún la posibilidad de que la proyección de esa pléyade de derechos y compromisos sobre los sistemas nacionales ponga de manifiesto algún desajuste o alguna deficiencia.

Es la Parte III de la CSE, en cualquier caso, la que fija los términos de las obligaciones que con la ratificación de ese texto asumen los Estados. En su único precepto (el artículo 20), ese apartado de la CSE aclara que ese acto de adhesión no requiere necesariamente la aceptación global o en bloque de sus previsiones, pues también se abre la posibilidad de ratificación parcial o limitada a determinados preceptos. Los Estados

---

707 Téngase en cuenta que no ratificaron la Carta Social Europea de 1961 Albania, Andorra, Armenia, Azerbaiyán, Bosnia-Herzegovina, Bulgaria, Eslovenia, Estonia, Georgia, Liechtenstein, Lituania, Mónaco, Montenegro, Moldavia, Rumanía, Rusia (país expulsado del Consejo de Europa en 2022), San Marino, Serbia, Suiza y Ucrania.

pueden ejercer a esos efectos un cierto *opting out*, en el sentido de que pueden eludir buen número de aquellos compromisos, contando con que también se imponen unas exigencias mínimas, de doble carácter. En primer lugar, partiendo de que la Parte I de la Carta está formada por 19 artículos, cada uno de los cuales está subdividido en párrafos o apartados, el artículo 20 de la Carta impone que cada Estado se obligue por un número de artículos no inferior a 10 o, alternativamente, por un número no inferior a 45 de los párrafos «numerados» (considerando como tales los «artículos que no contengan más que un solo párrafo», como especifica el Anexo). En segundo lugar, esa obligación debe cohonestarse con la que exige que el Estado se obligue al menos por lo dispuesto en cinco preceptos dentro de una singular lista en la que se comprenden los que parecen recibir mayor consideración desde el punto de vista de su irradiación hacia los Estados: el artículo 1 (derecho al trabajo), el artículo 5 (derecho sindical), el artículo 6 (derecho de negociación colectiva), el artículo 12 (derecho a la seguridad social), el artículo 13 (derecho a la asistencia social y médica), el artículo 16 (derecho de la familia a una protección social, jurídica y económica) y el artículo 19 (derecho de los trabajadores migrantes y sus familias a protección y asistencia).

En esta misma línea, preferentemente instrumental, se sitúan la Parte IV y V de la CSE (artículos 21 a 29 y 30 a 38 respectivamente). En la primera de ellas se regulan los mecanismos de control y supervisión, a los que, con el debido detalle, haremos referencia en un capítulo posterior. Quedémonos ahora en su Parte V, en la que se contienen disposiciones variadas sobre la aplicación territorial y temporal de la Carta. Hablan estos preceptos, por lo pronto, de los procedimientos de "ratificación" o "aprobación" y de su entrada en vigor, que tuvo lugar con fecha de 26 de febrero de 1965 tras las cinco ratificaciones de rigor[708]. Pero también tratan de su aplicación desde el punto de vista territorial, de la facultad del Consejo de Europa de proponer enmiendas, de las condiciones de denuncia por las Partes Contratantes, de la hipótesis de suspensión de su vigencia por decisión de los Estados en caso de guerra o peligro público (siempre mediante "medidas proporcionadas a la gravedad de la situación)[709], de la posibilidad de introducción de las "restricciones o limitaciones" que sean necesarias en una sociedad democrática "para garantizar el respeto de los derechos y libertades de terceros o para proteger el orden público, la seguridad nacional, la salud pública o las buenas costumbres", de la ya mencionada preservación de las reglas nacionales o de derecho internacional más favorables vigentes en el Estado de referencia, y, finalmente, de los vehículos aptos para la "puesta en aplicación" de la Carta en el ámbito de los Estados.

Nos ocuparemos de todo ello con un poco más de profundidad a propósito de la Carta de 1996, que en este terreno mantiene prácticamente las líneas originales de este instrumento del Consejo de Europa. Sólo haremos ahora una consideración especial respecto del artículo 33 de la CSE de 1961, que en el fondo supone una remisión a la negociación colectiva, como canal autorizado y apropiado para implementar las obligaciones contempladas en su articulado, algo que ya habían adelantado algunos de sus preceptos "sustantivos" (como el artículo 4.5 a propósito de la remuneración) y que, respondiendo sin duda a la tradición de *laissez faire* colectivo de muchos países

---

708 La CSE de 1961 fue ratificada por Alemania, Austria, Chipre, Dinamarca, Irlanda, Italia, Noruega, Reino Unido y Suecia en la década de los sesenta del siglo pasado, por Francia en 1973 y por otros muchos Estados a partir de la década de los 80.

709 Según el artículo 30 CSE, "la expresión en caso de guerra o de peligro públicos se entenderá que abarca también la amenaza de guerra".

europeos, es ya bastante habitual en la normativa laboral de ámbito supranacional (como podría comprobarse, por ejemplo, en los convenios de la OIT, o como también sucede en el contexto del derecho social comunitario). Naturalmente, el artículo 33 de la CSE parte de que la norma estatal es un instrumento idóneo y capaz para la incorporación de esos mandatos al ordenamiento interno, pero su misión concreta y explícita es dar paso, en esa misma función reguladora, a los acuerdos y convenios colectivos. En primer término, dice que aquellos casos en los que determinadas materias tratadas por la CSE (y plenamente identificadas a estos efectos) "estén normalmente confiadas a convenios entre empleadores u organizaciones de empleadores y organizaciones de trabajadores, o que normalmente se establezcan por vías distintas de la legislativa, las Partes Contratantes podrán aceptar los compromisos correspondientes, considerándose que los mismos han sido cumplidos desde el momento en que esas disposiciones sean aplicadas en virtud de dichos convenios, o por cualquier otro medio, a la gran mayoría de los trabajadores interesados". En segundo término, y con el fin de ampliar esos márgenes iniciales, advierte el precepto que cuando se trate de "materia que compete normalmente a la actividad legislativa, las Partes Contratantes podrán igualmente aceptar los compromisos correspondientes, considerándose que los mismos han sido cumplidos desde el momento en que esas disposiciones sean aplicadas por Ley a la gran mayoría de los trabajadores interesados".

II. PROTOCOLOS ADICIONALES Y REVISIÓN DE LA CARTA SOCIAL EUROPEA

Es muy probable que desde sus primeros momentos la CSE fuera concebida como un catálogo de derechos de carácter dinámico y abierto, precisamente por su apego a las necesidades y vicisitudes sociales. Como es fácil de comprender, las aspiraciones y expectativas de la sociedad pueden y suelen cambiar con el paso del tiempo, del mismo modo que se modula y agranda el afán de bienestar de las personas conforme progresa su entorno económico y cultural. Eso explica que la CSE fuera enmendada y completada en tres ocasiones a través de protocolos adicionales y que al cabo de algo más de tres décadas fuese preparada una nueva versión más completa y ambiciosa, para completar el cuadro inicial de derechos y profundizar en el posible alcance de los mismos a la vista de la evolución del sistema económico y social en el entorno europeo. Entra dentro de lo imaginable que en ese nuevo paso influyera la entrada en escena de nuevos instrumentos internacionales, como los Pactos de la ONU de 1996 –especialmente el de derechos económicos, sociales y culturales– o los nuevos convenios de la OIT sobre temas de indudable calado social[710]. Es posible que también tuvieran alguna incidencia los nuevos rumbos de la política social de las Comunidades Europeas, que por aquellas fechas había dado lugar a una importante declaración de derechos ("Carta Comunitaria de Derechos Sociales Fundamentales de los Trabajadores", de 1989) y a la aprobación de nuevas directivas sobre la relación de trabajo y las condiciones de empleo. En fin, con la puesta en escena de esa nueva versión de la CSE el Consejo de Europa parecía también decidido a dar carta de naturaleza a la experiencia interpretativa y aplicativa acumulada por el Comité Europeo de Derechos Sociales en su labor de supervisión del texto precedente.

---

710 Piénsese, por ejemplo, en los convenios dedicados a salario mínimo, a la protección de salarios frente a la insolvencia del empresario, a la protección del trabajador con ocasión de la terminación del contrato de trabajo, a la tutela de los trabajadores con responsabilidades familiares, a las garantías de los representantes de los trabajadores o a la mejora de la acción protectora de la seguridad social.

1. La progresiva expansión material de la Carta

El proceso de actualización y mejora de la CSE de 1961 se tradujo en un primer momento en la aprobación de tres Protocolos adicionales. El primero de ellos, de contenido sustantivo, fue aprobado con fecha de 5 de mayo de 1988, entró en vigor el 4 de septiembre de 1992 y pudo alardear de ser ratificado por un buen número de países[711]. El motivo de su aprobación radicaba en la decisión institucional de profundizar en el objetivo inicial de crear las “condiciones idóneas” para el ejercicio efectivo de los derechos y principios de la Carta y de ampliar su catálogo inicial. Supuso, en concreto, tres importantes líneas de extensión del texto inicial: el refuerzo de las reglas sobre no discriminación por razón de sexo, la inclusión expresa de derechos de información, consulta y participación de los trabajadores, y el añadido de un derecho específico de protección social de las personas “ancianas”. Siguiendo el método habitual, para cada uno de esos nuevos derechos se adjuntaba una nutrida lista de obligaciones para los Estados, con las correspondientes especificaciones o salvedades en su caso. También precisaba el nivel mínimo de compromisos que debían asumir los Estados en el acto de adhesión, remitía para su control a los instrumentos de supervisión de la Carta, compendiaba los cauces de incorporación de los compromisos asumidos al ordenamiento interno, aclaraba sus relaciones con el texto de 1961, delimitaba su ámbito de aplicación territorial, establecía las condiciones de firma, ratificación, aceptación, aprobación, entrada en vigor y denuncia y se cerraba con un anexo con indicaciones sobre “las personas protegidas” y explicaciones sobre el sentido de algunos de sus preceptos y párrafos. En realidad, presentaba una estructura similar al texto original de la

---

711 Fue ratificado, concretamente, por Bélgica, Croacia, Dinamarca, Eslovaquia, España, Finlandia, Grecia, Hungría, Italia, Países Bajos, Noruega, República Checa y Suecia.

Carta, pero, obviamente, mucho más reducida. Su contenido sustantivo sería incorporado más tarde a la Carta de 1996, de la que fue una especie de avance.

Los dos restantes Protocolos tenían en cambio un carácter esencialmente procedimental. Un primer paso en este terreno se llevó a efecto con fecha de 21 de octubre de 1991, en la que fue aprobado el Protocolo dedicado a mejorar la eficacia de la Carta y en particular el funcionamiento de sus mecanismos de control, con el objetivo primordial de clarificar la función y las competencias de los distintos órganos involucrados en el procedimiento de supervisión a través de la emisión de informes, desde el Comité de Ministros y la Asamblea Parlamentaria al Comité Europeo de Derechos Sociales y el Comité Gubernamental[712]. Unos años más tarde, con fecha de 9 de noviembre de 1995, se dio un nuevo paso en esa misma dirección mediante la aprobación del tercer Protocolo de la CSE de 1961, que entró en vigor el 1 de julio de 1998 y que sirvió para articular un sistema de reclamaciones colectivas mediante el que determinados agentes sociales, principalmente los sindicatos y las organizaciones no gubernamentales, podían elevar quejas directas ante el Comité Europeo de Derechos Sociales, basadas en el supuesto incumplimiento de sus obligaciones por parte de los Estados.

Al cabo de todo este proceso de evolución y ajuste se sitúa la aprobación el 3 de mayo de 1996 de la Carta Social Europea "revisada", que de alguna forma representa un nuevo estadio de los derechos sociales en el seno del Consejo de Europa y un nuevo nivel de exigencia para su satisfacción efectiva. Su

---

712 Formalmente no ha entrado en vigor aún, al exigir unanimidad en su ratificación, pero ya se viene aplicando de hecho, según L. JIMENA QUESADA, "Retrospectiva del proceso de Turín: origen y trabajos preparatorios de la Carta Social Europea", *RMESS*, núm.137 (2018), pág.22.

preámbulo es bastante significativo en ese sentido, al mostrar la resolución de los Estados miembros del Consejo de Europa de dotar a la Carta Social Europea de un "nuevo impulso" y de proceder, manteniendo y ratificando sus objetivos iniciales, a la actualización y adaptación de su contenido ante "los cambios sociales fundamentales que se han producido con posterioridad a su adopción", lo cual recomendaba la elaboración de un nuevo texto para consolidar los avances previos y reemplazar progresivamente la Carta original[713]. En todo caso, el método de intervención del Consejo de Europa, y de los Estados que formaban parte del mismo, coincidía en una y otra versión de la Carta, pues no se seguía insistiendo tanto en la titularidad del derecho como en el papel del poder público. En una y otra se perseguía, en definitiva, el establecimiento de las condiciones precisas, por todos los medios adecuados, tanto de política nacional como de carácter internacional, para la satisfacción efectiva de los correspondientes "derechos y principios", como solemnemente se proclamaba en los primeros párrafos de ambas versiones (con la singularidad de que la mención a "las Partes Contratantes" de la Carta de 1961 quedaba reducida a una simple alusión a "las Partes" en la de 1996).

Pese a sus inevitables coincidencias, la CSE de 1996 es un texto de nueva factura, con una composición que en principio sigue el esquema de su precedente pero que añade nuevas piezas de diversa índole (aunque muchas de ellas procedentes de los protocolos anteriores), a la vez que modula o matiza algunas de las que ya formaban parte de la Carta de 1961. La de 1996 es de todos modos una versión bastante más extensa y

---

713 Se trae a colación a esos efectos tanto la Conferencia Ministerial sobre los derechos del hombre celebrada en Roma el 5 de noviembre de 1990, que había subrayado la necesidad de preservar el carácter indivisible de todos los derechos humanos, sean civiles, políticos, económicos, sociales o culturales, y la Conferencia Ministerial celebrada en Turín los días 21 y 22 de octubre de 1991.

sofisticada, pues pasan de cinco a seis las Partes que la conforman, con un anexo sensiblemente más nutrido que el original. Todos los apartados de la CSE de 1996 reflejan incrementos notables en su contenido en comparación con el texto que le había precedido, aunque el mayor crecimiento se puede apreciar en su Parte IV, tras incorporar al apartado de "supervisión" la integridad del Protocolo de 1995 sobre reclamaciones colectivas. También el anexo de la Carta de 1996, como hemos dicho, experimentó una ampliación considerable de su lista de matizaciones y salvedades, tanto en cantidad, por ser mayor el número de preceptos y compromisos de la nueva Carta, como en el grado de precisión o detalle dentro de cada pasaje. Al igual que la versión de 1961, y como era de esperar, la Carta de 1996 declara expresamente que su anexo "forma parte integrante de la misma" (artículo N de la Parte VI).

Las diferencias entre uno y otro texto, en consecuencia, iban a ser bastante considerables. Aunque en un buen número de casos el atributo de novedad habría que aplicarlo más bien a los protocolos precedentes, lo cierto es que la nueva versión de la Carta presentaba una alta cifra de innovaciones respecto del texto de 1961, tanto en la parcela sustantiva como en el plano instrumental o procedimental. Por lo que se refiere al primero de esos ámbitos, ya impulsado por el Protocolo de 1988, el sello de la Carta de 1996 empieza a notarse, por de pronto, en el catálogo de "derechos y principios" enunciado por su Parte I, que en la versión de 1996 aumenta en doce números sobre los diecinueve del texto original, mediante la adición de derechos y principios de diverso orden. El conjunto de preceptos añadidos en 1996 podría agruparse en tres apartados, en un esfuerzo de síntesis y a efectos exclusivamente expositivos. El primero puede construirse con aquellos derechos que tienen la característica común de ampliar y reforzar la protección de los trabajadores, especialmente de quienes prestan servicios por cuenta ajena. El segundo puede configurarse con los nuevos derechos de representación y acción colectiva, que van acompañados por garantías y facilidades para los representantes de los trabajadores. Y en el tercero habría que incluir, finalmente, todos aquellos derechos que implican mejoras de protección y acción social para las personas en general. A todo ello habría que añadir, para tener un semblante completo de la nueva Carta, los nuevos compromisos impuestos a los Estados en relación con derechos ya reconocidos, las precisiones añadidas en el texto de 1996 sobre el alcance de determinados derechos (a veces de los nuevos, otras veces de los antiguos), y las nuevas reglas de procedimiento y supervisión a las que ya hicimos referencia.

2. Las novedades de la Carta revisada de 1996

Aunque también tendremos que hablar de ello en los epígrafes siguientes, vale la pena hacer ahora una breve presentación de las novedades de la Carta de 1996 en el terreno sustantivo. Naturalmente, nuestras primeras indicaciones deben estar referidas a los derechos de nueva planta, que, conforme a las indicaciones del párrafo anterior, habríamos de sistematizar en tres grandes grupos: derechos del trabajador, derechos de acción colectiva y derechos de protección y acción social. Pues bien, al primero de ellos pertenecen, por orden de proclamación, el derecho a la igualdad de oportunidades y de trato en materia de empleo y de profesión sin discriminación por razón del sexo (art.20), el derecho protección en caso de despido (art.24), el derecho de tutela de los créditos laborales en caso de insolvencia de su empleador (art.25), el derecho a la dignidad en el trabajo (art.26), y el derecho de acceso al empleo sin discriminación y sin conflicto, en la medida de sus posibilidades, con sus responsabilidades familiares (art.27). Al segundo de los grupos pertenecen, por su parte, las facultades de información y consulta (art.21), de participación en la determinación y en la mejora de las condiciones de trabajo y del entorno de trabajo (art.22) y de información y consulta en los procedimientos de despido colectivo (art.29) reconocidas a los trabajadores y sus representantes con la nueva versión de la Carta, además de las garantías y facilidades que se conceden ahora para el buen desarrollo de las funciones representativas (art.28). En el último grupo, en fin, habría que incluir el derecho de toda persona de edad avanzada a protección social (art.23), el derecho a la protección contra la pobreza y la exclusión social (art.30)[714] y el derecho a la vivienda (art.31). De todos ellos hablaremos enseguida.

Además de la ampliación numérica a la que acabamos de referirnos, la revisión de la Carta en 1996 fue aprovechada asimismo para añadir nuevos ingredientes a una parte relativamente cuantiosa de los derechos ya registrados por la Carta de 1961 y, en consecuencia, para extender o potenciar los compromisos y deberes de los Estados en relación con algunos puntos de la lista original, en una suerte de intensificación de los derechos más clásicos. Las novedades afectaron sobre todo al derecho a disfrutar de condiciones de trabajo equitativas, un molde general al que en el año 1996 fueron incorporados nuevos elementos, como la exigencia de protección especial para el trabajo nocturno, el deber de información al trabajador sobre los aspectos esenciales del trabajo (que habría que cumplimentar en el plazo de los primeros dos meses desde el inicio de la relación laboral) y la acotación temporal mínima de las vacaciones anuales (cuantificada en cuatro semanas). También abogaba la nueva Carta por una «política nacional coherente» en materia de prevención de riesgos laborales y por nuevas medidas de protección y prohibición de actividades para trabajadores menores, al mismo tiempo que se amplió la duración del descanso por maternidad y se precisó el periodo

---

714 Vid. D. TERRÁDEZ SALOM, "Lucha contra la exclusión social y la pobreza. La necesaria ratificación de la Carta Social Europea revisada y su protocolo sobre reclamaciones colectivas en España", *Lex Social*, núm.1 (2019), pp.379 y ss.

de protección frente al despido de la mujer trabajadora (desde la comunicación al empleador de su estado de embarazo y no desde el inicio del descanso por maternidad). Algún derecho adicional fue destinado, en fin, a la situación de los trabajadores migrantes[715].

Como hemos dicho, la tercera muestra de la tarea extensiva llevada a cabo mediante la Carta de 1996 se corresponde con su anexo, en el que, tras tomar de nuevo una particular precaución respecto del papel de los Estados ante las corrientes migratorias en el contexto europeo[716], se incrementan las precisiones y pautas interpretativas en relación con la lista de derechos y, más concretamente, con el alcance de los correspondientes compromisos estatales. Algunas de esas aclaraciones, como veremos en sucesivos epígrafes, van referidas a los derechos de nueva planta, pero otras se destinan a los derechos ya reconocidos en la Carta de 1961, como vamos a ver enseguida, aun de forma telegráfica. Lo primero que hay que advertir a tal efecto es que el anexo de la Carta de 1996 aporta precisiones no sólo respecto de párrafos o pasajes de nueva factura, sino también respecto de alguno de los párrafos o pasajes ya consignados en la versión de 1961. Conviene distinguir, así pues, entre dos planos de proyección del anexo de la Carta de 1996.

---

715 Se resumían estas novedades en la obligación impuesta a los Estados de promover y facilitar tanto la enseñanza de la lengua nacional del Estado de acogida (o, de existir varias, de una de ellas) a los trabajadores migrantes y a los miembros de su familia, como la enseñanza de la lengua materna del trabajador migrante a los hijos de éste, "en tanto que sea posible" (art.19).

716 Recordémoslo: el compromiso de aplicar la normativa migratoria "con espíritu liberal" consignado en el artículo 18.1 de la Carta "se entiende que estas disposiciones no se refieren a la entrada en los territorios de las Partes y no afectan a las disposiciones del Convenio Europeo sobre Establecimiento, firmada en París el 13 de diciembre de 1955".

En el primero de esos planos –esto es, el relativo a nuevos pasajes en derechos ya reconocidos desde la versión original de la Carta— la ampliación de 1996 se constriñe al compromiso impuesto a los Estados de incorporar a su sistema algún procedimiento para asegurar el derecho del trabajador a obtener información acerca de los elementos esenciales de su contrato de trabajo (art.2.6), del que, como es de suponer, nace el subsiguiente deber del empresario. Respecto de esta concreta previsión, el anexo de la Carta de 1996 permite a los ordenamientos nacionales la exclusión de dos supuestos: el de los trabajadores que tengan "un contrato o una relación laboral cuya duración total no exceda de un mes y/o con un número de horas de trabajo semanal que no exceda de ocho horas", y el de los contratos o relaciones de trabajo que tengan "un carácter ocasional y/o específico, siempre que, en tales casos, existan razones objetivas que justifiquen la no aplicación".

El resto de las novedades del anexo de la Carta de 1996 referidas a derechos ya consignados en la lista de 1961 se proyectan sobre compromisos estatales también previstos con anterioridad, a los que ahora se adjuntan las correspondientes observaciones. En un par de casos son meras aclaraciones, que desde luego no dejan de ser relevantes. Ocurre así con ocasión del derecho a la protección social, jurídica y económica de la familia (artículo 16), que según el anexo de 1996 debe abarcar a las "monoparentales". Algo similar se hace en ese mismo texto para el derecho que con igual alcance se reconoce a niños y adolescentes con alcance equivalente (artículo 17), que se destina en principio a los menores de 18 años pero que ve reducido su alcance subjetivo "en el caso de que la mayoría se alcance antes según la legislación aplicable a esas personas" (sin perjuicio de que se mantenga la aplicación de otras disposiciones específicamente dedicadas por la Carta a quienes se encuentren por debajo del umbral de 18 años), y que, en todo caso, "no implica una obligación de garantizar la enseñanza obligatoria hasta la edad mencionada más arriba".

En otros dos casos las precisiones del anexo son en realidad salvedades o excepciones. Este es el caso, en primer término, de la posibilidad que se abre en 1996 para que la legislación nacional permita que los jóvenes de edad inferior a los 18 años "puedan realizar trabajos que sean estrictamente necesarios para su formación profesional, cuando dichos trabajos se realicen con arreglo a las condiciones establecidas por la autoridad competente y se adopten medidas para garantizar la salud y la seguridad de los jóvenes interesados" aunque aquella sea la edad requerida para el acceso a las correspondientes ocupaciones por su carácter peligroso o insalubre (art.7.2). También es el caso, en segundo lugar, de la posibilidad de introducir excepciones a la regla general de calificación de ilegales de los despidos de trabajadoras efectuados desde la comunicación de su embarazo hasta la finalización del pertinente descanso por maternidad (art.8.2), por ejemplo "cuando una trabajadora haya cometido una falta que justifique la ruptura de la relación laboral", "cuando la empresa interesada cese su actividad" o "cuando haya transcurrido el tiempo previsto en el contrato de trabajo".

3. Dignidad en el trabajo, igualdad de trato y otras mejoras laborales

La Carta de 1996 mejora sin duda alguna el nivel de consideración hacia el trabajador en comparación con su precedente de 1961, al que añade, no siempre con un orden muy claro, un grupo de derechos de proyección o contenido laboral de relevancia incuestionable. Aunque no figura en primer lugar en la lista de la Carta revisada, no parece que haya dudas sobre el papel preferente que ha de merecer en este contexto el derecho "a la dignidad en el trabajo" consignado en el nuevo artículo 26, procedente con toda seguridad de las correspondientes referencias de los artículos 1 y 23 de la DUDH ("todos los seres humanos nacen libres e iguales en dignidad y derechos" y todos los trabajadores tienen derecho a "la dignidad humana", respectivamente). Pese a que sus efectos pudieran ser mucho más generales, debe repararse, no obstante, en que el derecho a la dignidad consagrado por la CSE-1996, que se declara extensible a "todos los trabajadores", aparece aquí estrechamente vinculado a los actos de acoso en el trabajo. No en vano, el propio artículo 26 de la CSI limita los compromisos de "las Partes" a una labor de sensibilización, información, prevención y adopción de "medidas apropiadas" para proteger a los trabajadores frente al acoso sexual y a los "actos censurables o explícitamente hostiles y ofensivos dirigidos de manera reiterada contra cualquier trabajador en el lugar de trabajo o en relación con el trabajo". Todo ello lo deben hacer, por cierto, "previa consulta con las organizaciones de empleadores y de trabajadores". El anexo de la Carta aclara, en todo caso, que la referencia al acoso no abarca el de carácter sexual, y que el deber estatal de adoptar medidas de protección y de sensibilización, información y prevención de actos censurables y actos hostiles u ofensivos contra el trabajador, no significa que los Estados queden obligados a promulgar leyes al respecto.

Una posición también preferente debe otorgarse al artículo 20 de la Carta revisada, que reconoce el derecho "a la igualdad de oportunidades y de trato en materia de empleo y de profesión, sin discriminación por razón del sexo". De nuevo es posible trazar vínculos claros con la DUDH, que hace afirmaciones semejantes en su artículo 2 (disfrute de derechos "sin distinción alguna"), su artículo 7 ("todos son iguales ante la ley" y tienen derecho sin distinción "a igual protección contra toda discriminación") y su artículo 23 (no discriminación en materia salarial). Para garantizar el ejercicio efectivo de este derecho, la Carta de 1996 obliga a las Partes no sólo a reconocerlo formalmente, sino también "a adoptar las medidas apropiadas para asegurar o promover su aplicación" en el ámbito del acceso al empleo, la reinserción, orientación y formación profesionales, el reciclaje y la readaptación profesional, las condiciones de empleo y de trabajo incluida la remuneración, el desarrollo y promoción profesional, así como la protección contra el despido. No cabe duda de que se trata de un instrumento complementario de muchos de los derechos reconocidos a lo largo de la Carta, y, en cierto sentido, de una pieza más de la ordenación del mercado de trabajo a la que aludimos en su momento.

También aquí el anexo de la Carta de 1996 añade algunas precisiones, todas ellas de bastante interés. Tras decir que pueden excluirse del ámbito de aplicación de este artículo "las cuestiones relativas a la seguridad social, así como otras disposiciones en materia de prestaciones de desempleo, de vejez y a favor de los supérstites", el anexo aclara, sensatamente, que no se consideran discriminatorias a estos efectos "las disposiciones relativas a la protección de la mujer, en particular en lo que respecta al embarazo, el parto y el período posnatal", que la regla de igualdad aquí proclamada "no será obstáculo para la adopción de medidas específicas encaminadas a eliminar las desigualdades de hecho", y que –en clara alineación con las directrices de la Unión Europea– "podrán excluirse del ámbito de aplicación del presente artículo, o de algunas de sus disposiciones, las actividades profesionales que, por su naturaleza o por las condiciones de su ejercicio, sólo pueden confiarse a personas de determinado sexo"[717].

Bastante relación con ese terreno guarda asimismo el artículo 27 de la nueva Carta, en el que se reconoce el derecho de los trabajadores con responsabilidades familiares "a la igualdad de oportunidades y de trato", que, según explica el propio precepto, ha de regir entre "trabajadores de ambos sexos que tengan

---

717 Aunque las Partes no quedan obligadas por ello "a elaborar mediante ley o reglamento la lista de actividades profesionales que, por su naturaleza o por las condiciones de su ejercicio, podrán reservarse a trabajadores de un sexo determinado".

responsabilidades familiares", pero también "entre éstos y los demás trabajadores". Ese derecho, conectado evidentemente a la política de empleo, implica antes que nada que las Partes Contratantes se comprometen a la adopción de medidas apropiadas para permitir a los trabajadores con responsabilidades familiares acceder y permanecer en la vida activa, o regresar a la misma tras una ausencia debida a dichas responsabilidades, incluidas las de orientación y formación profesional. También conlleva compromisos de ese tipo en el ámbito de las condiciones de trabajo (posibilidad de acceder a permiso parental tras el de maternidad para cualquiera de los progenitores), en el contexto de la terminación del contrato de trabajo (en tanto que las responsabilidades familiares no pueden constituir por sí mismas una razón válida para el despido) y en el de la seguridad social y la asistencia social (puesta en marcha o promoción de servicios públicos o privados y en particular servicios de guardería en beneficio de dichos trabajadores). El anexo precisa que "este artículo es aplicable a los trabajadores de ambos sexos que tengan responsabilidades familiares respecto de hijos a su cargo, así como respecto de otros miembros de su familia directa que tengan necesidad manifiesta de su asistencia o apoyo, cuando dichas responsabilidades limiten sus posibilidades de prepararse para la actividad económica o de acceder, participar o progresar en la misma"[718].

Más volcado en los intercambios propios del contrato de trabajo se encuentra el artículo 25 de la Carta, que reconoce el derecho de los trabajadores "a la tutela de sus créditos en caso de insolvencia de su empleador", en la línea de lo que ya se había establecido por parte de las Comunidades Europeas (en 1980) e incluso por la OIT (en 1992). Para garantizar la efec-

718 También aclara que las expresiones "hijos a su cargo" y "otros miembros de su familia directa que tengan necesidad manifiesta de su asistencia y apoyo" se entenderán en el sentido que establezca la legislación nacional de las Partes.

tividad de esta específica cláusula las Partes "se comprometen a que los créditos de los trabajadores derivados de contratos de trabajo o de relaciones laborales sean garantizados por una institución de garantía o por cualquier otro medio efectivo de protección", para lo cual, por cierto, podían contar ya con diversos modelos a la vista de la propia experiencia de muchos países europeos. El anexo aclara que "la autoridad competente podrá, a título excepcional y previa consulta con las organizaciones de empleadores y de trabajadores, excluir a determinadas categorías de trabajadores de la protección prevista en esta disposición, por razón de la especial naturaleza de su relación laboral", que "la definición del término "insolvencia" deberá ser fijada por la ley y la práctica nacionales", y que las leyes y reglamentos nacionales "podrán limitar la protección de los créditos de los trabajadores a un importe determinado que deberá ser de un nivel socialmente aceptable[719].

El último precepto de nueva generación que cabe citar aquí es el artículo 24 de la Carta, sobre el derecho "a protección en caso de despido". Para garantizar el ejercicio efectivo de este particular derecho las Partes quedan obligadas a reconocer el

---

719 Precisa asimismo que "los créditos de los trabajadores a que se refiere la presente disposición deberán incluir, como mínimo: a los créditos de los trabajadores por los salarios correspondientes a un período determinado, que no podrá ser inferior a tres meses en un sistema de créditos privilegiados y a ocho semanas en un sistema de garantía, anterior a la insolvencia o a la cesación de la relación laboral; b los créditos de los trabajadores en concepto de las vacaciones pagadas devengadas como resultado del trabajo efectuado en el curso del año en que se produzca la insolvencia o la cesación de la relación laboral; c los créditos de los trabajadores por los importes debidos por otros permisos remunerados 93 correspondientes a un período determinado, que no podrá ser inferior a tres meses en un sistema de créditos privilegiados y a ocho semanas en un sistema de garantía, anteriores a la insolvencia o a la cesación de la relación laboral".

derecho de todos los trabajadores "a no ser despedidos sin que existan razones válidas para ello relacionadas con sus aptitudes o su conducta, o basadas en las necesidades de funcionamiento de la empresa, del establecimiento o del servicio", y el derecho "de los trabajadores despedidos sin razón válida a una indemnización adecuada o a otra reparación apropiada"[720], con la precisión de que todo trabajador que estime que se le ha despedido sin una razón válida debe tener derecho "a recurrir ante un organismo imparcial". El anexo de la Carta cumple aquí, una vez más, una relevante función. Por lo pronto, aclara que la palabra "despido" remite en este contexto a "la terminación de la relación laboral a iniciativa del empleador", pero además proporciona una especie de catálogo de despidos injustos o ilegales.

En ese sentido, el anexo de la Carta de 1996 viene a ser como un pequeño compendio de lo que en nuestra experiencia nacional conocemos como despido nulo, incluido el despido discriminatorio y la llamada garantía de indemnidad. En efecto, según esas precisiones del anexo "no se considerarán motivos válidos para el despido" ni los actos de "afiliación" a un sindicato o de "participación en actividades sindicales" (ya sea fuera de las horas de trabajo, ya sea, con consentimiento del empleador, durante las horas de trabajo"), ni "el hecho de presentarse como candidato a representante de los trabajadores, o de actuar o haber actuado en esa calidad", ni "la presentación de una demanda o la participación en un procedimiento contra un empleador por supuesta infracción de las leyes o regla-

---

720 Acerca del significado de estas expresiones, vid. N. SERRANO ARGÜELLO, "La protección de los trabajadores frente a los despidos y su tutela ante situaciones de insolvencia empresarial. A propósito de los artículos 24, 25 y 29 de la Carta", en R. CANOSA USERA y E. CARMONA CUENCA, *La Europa de los Derechos Sociales: la Carta Social Europea y otros sistemas internacionales de protección,* Tirant lo Blanch, Valencia, 2024, pp. 218 y ss.

mentos, o la presentación de un recurso ante las autoridades administrativas competentes", ni "la raza, el color, el sexo, el estado civil, las responsabilidades familiares, el embarazo, la religión, la opinión política, la ascendencia nacional o el origen social", ni el disfrute del "permiso de maternidad o de paternidad", ni, en fin, "la ausencia temporal del trabajo debido a enfermedad o lesión"[721].

4. Representación en la empresa y derechos de información y consulta

Ya vimos que algunas de las medidas previstas en los preceptos anteriores –como las relativas a la dignidad del trabajador—deben ser adoptadas por los poderes públicos previa audiencia de las organizaciones de trabajadores y empleadores, con las posibilidades de participación que ello implica. Pero la Carta revisada de 1996 también presta atención a las necesidades de representación colectiva de los trabajadores en el ámbito más concreto de la empresa o de los centros de trabajo, siguiendo así una corriente de regulación auspiciada desde la OIT y muy potenciada desde temprano por las Co-

---

721 El anexo añade otras dos precisiones: por un lado, que, aunque este artículo abarca a todos los trabajadores, los Estados pueden excluir total o parcialmente de su protección a determinadas categorías de trabajadores por cuenta ajena, como los trabajadores "vinculados por un contrato de trabajo de duración determinada o para una tarea determinada", los trabajadores "que estén en período de prueba o que no hayan cumplido un período de antigüedad exigido, siempre que dicho período se fije por anticipado y tenga una duración razonable", o los trabajadores contratados "de manera eventual por un período breve"; por otro lado, que la indemnización o cualquier otra reparación apropiada en caso de despido sin que medien razones válidas "deberá ser fijada por las leyes o reglamentos nacionales, por los convenios colectivos o por cualquier otro procedimiento adecuado a las condiciones nacionales".

munidades Europeas. Por lo pronto, su artículo 21 de la Carta reconoce el derecho "a la información y a la consulta" de los trabajadores o de sus representantes en el ámbito de la empresa, para lo cual los Estados deben adoptar medidas para que "sean informados regularmente o en el momento oportuno y de una manera comprensible de la situación económica y financiera de la empresa que les emplea", y para que "sean consultados oportunamente sobre las decisiones previstas que puedan afectar sustancialmente a los intereses de los trabajadores, y en particular sobre las decisiones que podrían tener consecuencias importantes sobre la situación del empleo en la empresa", medidas que, lógicamente, se habrán de traducir en los correspondientes deberes empresariales, normalmente respecto de los representantes de los trabajadores y, en su defecto, respecto de los trabajadores directamente. Precisa el artículo 21 que los Estados pueden prever que la información se deniegue cuando se entienda perjudicial para la empresa o cuando ésta exija carácter confidencial. También es relevante la advertencia de que tales medidas habrán de cumplimentarse en cada país "de conformidad con la legislación y la práctica nacionales" (lo cual abre, por ejemplo, la opción de que se haga a través de normas legales o de la negociación colectiva, o de que sea en favor de representantes unitarios o de representantes sindicales).

En el artículo 22 de la Carta se reconoce otro derecho de indudable proximidad. Se trata del derecho "a participar en la determinación y en la mejora de las condiciones de trabajo y del entorno de trabajo", asignado de nuevo a los trabajadores o a sus representantes y, una vez más, susceptible de cumplimentación por los Estados "de conformidad con la legislación y la práctica nacionales". Las Partes deben procurar, en todo caso, que ese derecho contribuya, dentro de ese marco general de la determinación y mejora de las condiciones de trabajo, a facilitar la participación en materias como la organización del trabajo, el cuidado del entorno de trabajo, la protección de la seguridad y la higiene en el seno de la empresa y la organización de servicios y facilidades socioculturales en la empresa, según describe aquel mismo precepto. También se exige, por cierto, que la participación permita "la supervisión del cumplimiento de la reglamentación en estas materias"[722].

Una mención separada mereció para los redactores de la Carta de 1996 el derecho a información y consulta "en los procedimientos de despido colectivo" (art.29), una aplicación singular de los derechos de participación que goza de mucha solera, como es sabido, en las normas comunitarias, y que también está prevista por los convenios de la OIT. Para garantizar lo que se dispone en esa regla del Consejo de Europa, los Estados "se comprometen a garantizar que los empleadores informen y consulten oportunamente a los representantes de los trabajadores, antes de dichos despidos colectivos, sobre las posibilidades de evitar dichos despidos colectivos o de limitar su número y mitigar sus consecuencias, por ejemplo recurriendo a medidas sociales simultáneas dirigidas, en particular, a promover la recolocación o la reconversión de los trabajadores afectados".

Por último, el artículo 28 de la CSE de 1996 reconoce el derecho "de los representantes de los trabajadores a protección en la empresa y facilidades que se les deberán conceder". Habla, pues, de garantías y facilidades de los representantes, siguiendo de nuevo la estela de los convenios de la OIT y las

---

722 Según el anexo de la Carta de 1996, esta disposición "no afecta ni a las atribuciones y obligaciones de los Estados en materia de adopción de reglamentos sobre seguridad e higiene en el trabajo, ni a las competencias y responsabilidades de los órganos encargados de supervisar su aplicación". También se aclara en ese texto que la expresión "servicios y facilidades sociales y socioculturales" se refiere a "los servicios y facilidades de carácter social y/o cultural que determinadas empresas ofrecen a los trabajadores, tales como asistencia social, campos de deporte, salas de lactancia, bibliotecas, campamentos de verano para niños, etc.".

previsiones habituales en las directrices del derecho comunitario sobre participación en la empresa. Las Partes quedan comprometidas en estos casos a garantizar que los representantes “gocen de una protección efectiva contra los actos que les puedan perjudicar, incluido el despido, motivados por su condición o sus actividades”, y a que dispongan de las “facilidades apropiadas para que puedan desempeñar sus funciones de forma rápida y eficaz”, punto en el que una vez más se debe tener en cuenta “el sistema de relaciones laborales del país, así como las necesidades, el tamaño y las posibilidades de la empresa de que se trate”.

El anexo a la Carta de 1996 aporta algunas pautas interpretativas para la aplicación de estos preceptos. En primer término, confirma que a todos estos efectos son "representantes de los trabajadores" las personas “que sean reconocidas como tales “por la legislación o la práctica nacionales”. En segundo lugar, y ya en relación con las facultades generales de información y consulta y con los derechos de participación en la determinación de condiciones de trabajo, aclara que la alusión a “la legislación y la práctica nacionales” abarca, según el caso, leyes y reglamentos, convenios colectivos, otros posibles acuerdos entre los empleadores y los representantes de los trabajadores, usos y “las resoluciones judiciales pertinentes”, y que el término “empresa” se refiere “a un conjunto de elementos materiales e inmateriales, con o sin personalidad jurídica, destinado a la producción de bienes o a la prestación de servicios, con fines lucrativos, y que posee poder de decisión sobre su propia política de mercado”. En tercer lugar, y para ese mismo contexto, permite que los Estados excluyan de su ámbito de aplicación tres supuestos: el de “las comunidades religiosas y sus instituciones” incluso cuando sean “empresas” en el sentido anteriormente expuesto; el de “los establecimientos que realicen actividades inspiradas en determinados ideales o guiadas por determinados conceptos morales, ideales y conceptos que estén protegidos por la legislación nacional” (en la medida necesaria para proteger su orientación, y el de "las empresas que no alcancen el número mínimo de empleados que determine la legislación o la práctica nacionales"[723].

5. Derechos adicionales de protección y acción social

Según dijimos, también amplía la CSE de 1996 los derechos de protección social reconocidos por su precedente. La ampliación se refiere en algún caso a las personas que trabajan o viven de su trabajo, pero las nuevas cláusulas tienden a dirigirse más bien a todas personas, en términos mucho más generales. También puede decirse que se reconocen aquí derechos de protección, pero entendidos en un sentido muy amplio, concomitante de manera más exacta con lo que habitualmente se conoce como acción o asistencia social. Por todo ello, en el trasfondo de esta tercera línea de profundización de la Carta revisada parece encontrarse el derecho de toda persona "a un nivel de vida adecuado que le asegure, así como a su familia, la salud y el bienestar, y en especial la alimentación, el vestido, la vivienda, la asistencia médica y los servicios sociales necesarios", consagrado en el artículo 25 de la Declaración Universal de 1948. Máxime cuando estamos ya ante un grupo de derechos sociales que, según hemos apuntado, desborda el ámbito estricto de la protección social para adentrarse en otros espacios propios del Estado de bienestar, como la vivienda y la lucha contra la pobreza.

La referida ampliación comienza con el artículo 23 de la CSE de 1996, que reconoce el derecho de las personas de edad avanzada a protección social, aspiración que puede te-

723 También precisa el anexo que debe considerarse que la Parte interesada cumple con sus obligaciones dimanantes de estas disposiciones cuando "los derechos expresados en los presentes artículos se ejercitan en los distintos establecimientos de la empresa".

ner distinto significado pero que en este caso se traduce en el compromiso de las Partes de adoptar o promover medidas apropiadas, directamente o en cooperación con organizaciones públicas o privadas, para hacer factible "que las personas de edad avanzada sigan siendo miembros plenos de la sociedad durante el mayor tiempo posible"[724]. No es la única ocasión que la Carta se dirige a este grupo de población especialmente necesitado de tutela, pero en cualquier caso se trata de un buen complemento para su particular bienestar. Con ese objeto, la CSE impone a los Estados el deber de procurar recursos y servicios suficientes para esas personas, en condiciones adecuadas para que no sólo puedan llevar una vida digna, sino también para que les sea posible participar activamente en la vida pública, social y cultural. Habla la CSE incluso de que los Estados aporten medios que permitan a ese sector de la población "elegir libremente su estilo de vida y llevar una existencia independiente en su entorno habitual mientras lo deseen y les sea posible hacerlo", con la pertinente asistencia en materia de vivienda, alojamiento y asistencia sanitaria[725].

En el artículo 30 de la Carta revisada se da un paso más al reconocer el derecho de las personas a "protección contra la pobreza y la exclusión social", lo cual, como es habitual en esta clase de textos, se materializa a la postre en el establecimiento de una serie de exigencias de prestación para las Partes contratantes. El precepto les impone, concretamente, la adopción de

---

724 Según el anexo de la Carta, a los efectos de aplicación de este párrafo la expresión "durante el mayor tiempo posible" hace referencia "a la capacidad física, psicológica e intelectual de la persona de edad avanzada".

725 Se prevé, por ejemplo, la posibilidad de que, en lugar de la vivienda propia, se apoye su incorporación a instituciones o residencia donde puedan gozar de asistencia apropiada, del respeto a su vida privada y de vías de participación en las decisiones que afecten a sus condiciones de vida.

medidas para promover el acceso efectivo, en particular al empleo, a la vivienda, a la formación, a la enseñanza, a la cultura, y a la asistencia social y médica, de las personas que se encuentren o que corran el riesgo de encontrarse en una situación de exclusión social o de pobreza, así como de sus familias", así como la revisión de tales medidas "con vistas a su adaptación, si resulta necesario"[726]. El hecho de que el propio precepto inscriba esas medidas en "el marco de un planteamiento global y coordinado" abunda en favor del singular carácter de estos derechos, en los que la implicación del Estado, y no la reivindicación individualizada, es el ingrediente más característico.

Por último, habla la CSE renovada del "derecho a la vivienda", del que se ocupa específicamente su artículo 31. Ni que decir tiene que se trata de nuevo de un derecho prestacional, en el que la satisfacción efectiva depende de los medios que los poderes públicos sean capaces de poner a disposición de las personas. Por ello vuelve a ser decisivo en este caso el nivel de compromiso que se imponga a las Partes, que en esta ocasión se traduce una vez más en la necesidad de adoptar medidas apropiadas a ese fin. El artículo 31 de la CSE de 1996 exige, concretamente, que las medidas permitan ante todo "favorecer el acceso a la vivienda de un nivel suficiente", además de "prevenir y paliar la situación de carencia de hogar con vistas a eliminar progresivamente dicha situación" y de "hacer asequible el precio de las viviendas a las personas que no dispongan de recursos suficientes".

---

726 Vid. J.L. MONEREO PÉREZ, *La garantía de los derechos de Seguridad Social en la Carta Social Europea en tiempos de crisis,* Laborum, Murcia, 2021, pp. 56 y ss.; D. TERRÁDEZ SALOM, "Lucha contra la exclusión social y la pobreza. La necesaria ratificación de la Carta Social Europea revisada y su protocolo sobre reclamaciones colectivas en España", *Lex Social,* núm.1 (2019), pp.379 y ss.

6. Reglas de adhesión y condiciones de aplicación de la Carta de 1996

Al igual que su precedente de 1961, el texto de la CSE de 1996 incluye tras su contenido sustantivo un buen número de cláusulas que, con diverso tenor y cometido, van destinadas, por decirlo así, a perfilar su valor jurídico. Este apartado de la CSE crece sensiblemente en la versión de 1996 respecto de la de 1961, lo cual pone de relieve un mayor grado de cuidado y de cautela acerca de los efectos y las condiciones de aplicación de esa nueva declaración de derechos. Se alberga toda esta regulación a lo largo de las cuatro últimas Partes de la CSE-1996 (III, IV, V y VI) y de su Anexo, con un criterio sistemático que no siempre resulta inteligible y con un extraño método de ordenación de su articulado, con las consiguientes dificultades para su comprensión (entre otras cosas, por la utilización combinada de números y letras). En cualquier caso, atendiendo a su sentido y su objeto, cabe hablar de dos grandes tipos de cláusulas dentro de esos distintos recintos formales: las destinadas a fijar el alcance global de los compromisos estatales, las que se ocupan específicamente de su vigencia y sus condiciones de aplicación y las que afrontan su impacto sobre la situación existente y sus posibles adaptaciones. De estas últimas nos ocuparemos en el siguiente epígrafe, y sobre el resto haremos de inmediato alguna consideración.

Como toda norma internacional, y pese a tener su génesis en una organización común, la virtualidad de la Carta Social de 1996 depende obviamente de la adhesión de los Estados miembros del Consejo de Europa. Sin perjuicio de algún otro condicionante al que luego aludiremos, el texto de 1996, como su precedente de 1961, impone por lo pronto ciertas exigencias de fondo para que sea viable dicha adhesión estatal. Al igual que en aquella otra ocasión, la Carta de 1996 exige a los Estados un cupo mínimo de compromisos. Ello presupone que cuentan con diferentes opciones, de intensidad variable, a la hora de sumarse a este nuevo catálogo de derechos sociales, pero siempre dentro de unos umbrales mínimos en cuanto a la cantidad y calidad de las obligaciones asumidas. Según el artículo A de la Parte III, los Estados deben elegir en primer lugar "seis" de los nueve artículos de la Parte II de la Carta que, como ya se hizo en el texto de 1961, se identifican a tales efectos: los artículos 1 (trabajo libremente elegido), 5 (derecho de asociación), 6 (negociación colectiva), 7 (protección de niños y adolescentes), 12 (seguridad social), 13 (asistencia social y médica), 16 (protección de la familia), 19 (trabajadores migrantes) y 20 (igualdad de oportunidades). Además, deben obligarse por "un número adicional de artículos o párrafos numerados" de esa misma Parte II, a su elección en principio, pero de nuevo en una cifra no inferior a un determinado suelo: dieciséis artículos o sesenta y tres párrafos numerados. En todo caso, las Partes pueden con posterioridad comprometerse con "cualquier otro artículo o párrafo numerado" de dicho texto que no hubiera aceptado anteriormente[727], nuevas obligaciones que, como es natural, "se reputarán parte integrante de la ratificación, la aceptación o la aprobación y surtirán los mismos efectos".

El compromiso se formaliza lógicamente a través de los pertinentes actos estatales de adhesión, que según la terminología oficial de la Carta (y atendiendo a los distintos usos nacionales), pueden ser de "ratificación", "aceptación" o "aprobación". De la cumplimentación del acto correspondiente dependerá por supuesto la vigencia de la Carta para el Estado en cuestión, pero también se hizo depender de ello la entrada en vigor de dicho texto con carácter general, para lo que se requería el transcurso de un mes desde que se hubiera producido la adhesión de al menos tres Estados miembros, algo que tuvo lugar

---

727 Aclara de nuevo el Anexo de la CSE de 1996 que "se entiende que los párrafos numerados pueden comprender artículos que no contengan más que un solo párrafo".

el día 1 de julio de 1999[728]. Para la cumplimentación de los actos de ratificación, aceptación o aprobación por parte de los Estados se exige el trámite formal de depósito del instrumento correspondiente ante la Secretario General del Consejo de Europa, de modo que la Carta entra en vigor para el Estado de referencia "el primer día del mes siguiente a la expiración de un período de un mes después de la fecha del depósito del instrumento de ratificación, aceptación o aprobación" (artículo K de la Parte VI). Tanto las obligaciones asumidas en el momento de adhesión, como las que posteriormente se pudieran asumir, deben ser notificadas a esa misma Secretaría. Los compromisos de cumplimiento de nuevas obligaciones entran en vigor en un plazo similar al que se aplica a la entrada en vigor de la Carta para los Estados, aunque en este caso su vigencia se cuenta desde "la fecha de la notificación" (artículo A del Anexo)[729]. Cada acto de adhesión, con la especificación de obligaciones y la fecha de entrada en vigor, debe notificarse al Secretario General del Consejo de Europa notificará a los Estados miembros del Consejo y al Director General de la Oficina Internacional del Trabajo (artículo O).

Cumplidos los trámites pertinentes la Carta comienza su vigencia en el ámbito territorial de referencia. Desde ese mo-

---

728 La Carta entraba en vigor, concretamente, "el primer día del mes siguiente a la expiración de un período de un mes después de la fecha en que tres Estados miembros del Consejo de Europa hayan expresado su consentimiento a quedar obligados por la presente Carta".

729 Los Estados también deben notificar las obligaciones asumidas en el momento inicial o en un momento posterior al Secretario General del Consejo de Europa, que, según el artículo O del Anexo, deberá a su vez notificar a los Estados miembros del Consejo y al Director General de la Oficina Internacional del Trabajo los actos de firma y depósito de todo instrumento de ratificación, aceptación o aprobación, así como la fecha de entrada en vigor de la Carta para cada Estado y las posibles precisiones, enmiendas o denuncias.

mento, los Estados deben garantizar el disfrute de la correspondiente tabla de derechos "sin discriminación alguna basada, en particular, en la raza, el color, el sexo, la lengua, la religión, las opiniones políticas o de otra naturaleza, la extracción u origen social, la salud, la pertenencia a una minoría nacional, el nacimiento o cualquier otra situación" (artículo E de la Parte V), aunque esta regla general de igualdad cuenta con algunos matices, según dispone la propia Carta. Por lo pronto, su anexo aclara a estos efectos que no se considera discriminatoria "la diferencia de trato basada en un motivo objetivo y razonable". Por otro lado, los Estados tienen cierto margen para acotar su "territorio metropolitano" con vistas a la aplicación territorial de la Carta, y, si fuera el caso, de ellos depende a la postre la decisión de que ese texto sea o no aplicable "a uno o más territorios no metropolitanos...cuyas relaciones internacionales tenga a su cargo o respecto de los cuales asuma las responsabilidades internacionales", algo que puede determinarse en el momento de la adhesión o con posterioridad (artículo L de la Parte VI).

También la Carta de 1996, como ya hiciera la de 1961, contiene algunas especificaciones respecto a "las personas protegidas", tarea que afronta, en el pórtico de su anexo, a propósito de la delimitación de su ámbito subjetivo de aplicación. La primera de esas precisiones se refiere a "las personas a que se refieren los artículos 1 a 17 y 20 a 31", en cuyo supuesto de hecho deben quedar incluidos por supuesto los nacionales del país pero también "los extranjeros que, siendo nacionales de otras Partes, residan legalmente o trabajen habitualmente dentro del territorio de la Parte interesada", con la posibilidad, además, de que los Estados puedan decidir "la extensión de derechos análogos a otras personas"[730]. La segunda y la tercera

---

730 Y con la precisión de que esa regla general es compatible con lo dispuesto de manera más específica a propósito de la seguridad social y la asistencia social y médica, y de que los derechos de la Carta

se refieren, respectivamente, a los "refugiados" y los apátridas" que residan legalmente en el territorio nacional de referencia, para los que la Carta pide "el trato más favorable posible y, en cualquier caso, no menos favorable que el que dicha Parte se haya obligado a aplicar" en virtud de los acuerdos internacionales específicamente dedicados a esas personas y de cualesquiera otros que, estando vigentes, les fueran aplicables[731].

La aplicación de la Carta en el territorio de los Estados miembros del Consejo de Europa puede verse sometida, por otra parte, a diversas vicisitudes, entre las que cabe mencionar ahora la posibilidad de introducir restricciones en los derechos, de proceder a la suspensión de los mismos o de decidir y de comunicar actos de denuncia del texto para el consiguiente cese en su operatividad. Como regla general, ni los derechos y principios enunciados en la Parte I de la Carta "una vez llevados a la práctica", ni su ejercicio efectivo con arreglo a lo dispuesto en la Parte II de dicho texto, pueden ser objeto de restricciones o limitaciones distintas de lo que se hubiera especificado en los correspondientes actos de adhesión. Pero, pese a ello, la propia Carta admite el establecimiento de restricciones sobrevenidas, por instrumento de rango legal, siempre que sean "necesarias en una sociedad democrática para garantizar el respeto de los derechos y libertades de terceros o para proteger el orden público, la seguridad nacional, la salud pública o las buenas costumbres", sin que en ningún momento puedan ser aplicadas "con una finalidad distinta de aquélla para la que han sido previstas" (artículo G Parte V).

---

deben interpretarse para tales extranjeros "a la luz de las disposiciones contenidas en los artículos 18 y 19", esto es, a la luz de las reglas específicas sobre trabajadores migrantes.

731 Se utilizan, a estos efectos, las definiciones de la Convención de Ginebra, de 28 de julio de 1951, relativa al Estatuto de los Refugiados, y de la Convención de Nueva York, de 28 de septiembre de 1954, relativa al Estatuto de los Apátridas.

Como en la Carta de 1961, en la versión de 1996 también se prevén causas de "suspensión" de la vigencia de todo o parte de su articulado. Conforme a su artículo F de la Parte V, cabe esa vicisitud excepcional, concretamente, en caso "de guerra o de peligro público" que amenace la vida de la nación. Estas posibles medidas, de todas formas, "deben ser estrictamente proporcionales a la gravedad de la situación" y no pueden entrar en contradicción "con el resto de las obligaciones dimanantes del derecho internacional". De nuevo deberá informarse de ello "dentro de un plazo razonable" al Secretario General del Consejo de Europa, al igual que de "la fecha en la que tales medidas hayan dejado de surtir efectos y en la que las disposiciones de la Carta aceptadas por dicha Parte reciban de nuevo plena aplicación"[732].

Se admite, finalmente, la denuncia de la Carta por parte de los Estados adheridos a ella, pero en condiciones bastante estrictas. Según el artículo M de la Parte VI, ninguna Parte puede proceder a la denuncia "hasta que haya transcurrido un período de cinco años desde la fecha en que la Carta entró en vigor para dicha Parte ni antes de que haya concluido cualquier otro período ulterior de 2 años". La denuncia puede referirse a "cualquier artículo o párrafo de la Parte II de la Carta que hubiere aceptado", siempre, claro está, que se respete el número mínimo de artículos o párrafos numerados. También cabe la denuncia "en lo referente a cualquier territorio" del Estado al cual se aplique la Carta (con arreglo al párrafo 2 del artículo L). El acto de denuncia debe notificarse con una antelación de seis meses al Secretario General del Consejo de Europa, que a su vez debe informar a las restantes Partes (artículo O).

---

[732] Según el anexo, la expresión "en caso de guerra o de otro peligro público" abarca también la amenaza de guerra.

7. Impacto sobre la situación precedente y procedimientos de incorporación y reforma

Ya sabemos que la CSE de 1996 no nació exactamente para reformar el texto de 1961, sino para reemplazarlo de forma progresiva, con la pertinente absorción de lo dispuesto por sus protocolos adicionales. No debe extrañar por ello que entre las primeras tareas de la nueva Carta figure la de aclarar sus "vínculos" con la Carta de 1961 y el Protocolo Adicional de 1988. Según el artículo B de su Parte III, la aceptación de las obligaciones de cualquier disposición de la Carta de 1996 por parte de Estados que hubieran estado obligados por la de 1961 tiene la consecuencia de que, a partir de la fecha de entrada en vigor de esas nuevas obligaciones, dejan de ser aplicables las anteriores, efecto que también se produce, en los términos correspondientes, en lo que se refiere al Protocolo Adicional de 1988. Siendo así, es completamente razonable que, según aquel mismo precepto, se impongan determinadas condiciones para las Partes que se hubieran comprometido con la CSE de 1961 o con el Protocolo de 1988, de modo que, en tales casos, sólo resulta aceptable la adhesión a la Carta de 1996 si se extiende al menos a "las disposiciones correspondientes" a los textos a los que previamente se hubieran obligado[733]. Por consiguiente, puede haber sustitución (si la Parte contratante se suma a la nueva Carta en las condiciones establecidas), pero

[733] En el Anexo de la CSE de 1996 se aclara en ese mismo sentido que "las disposiciones de la Carta revisada se corresponden con las disposiciones de la Carta que tienen el mismo número de artículo o de párrafo, con las siguientes excepciones: a el artículo 3, párrafo 2, de la Carta revisada que se corresponde con el artículo 3, párrafos 1 y 3, de la Carta; b el artículo 3, párrafo 3, de la Carta revisada que se corresponde con el artículo 3, párrafos 2 y 3, de la Carta; c el artículo 10, párrafo 5, de la Carta revisada que se corresponde con el artículo 10, párrafo 4, de la Carta; d el artículo 17, párrafo 1, de la Carta revisada que se corresponde con el artículo 17 de la Carta".

no retroceso en el nivel de obligaciones anteriormente asumido.

También se hace cargo la Carta de 1996 de sus relaciones con el "derecho interno", con esa misma finalidad de evitar reducciones o retrocesos en el nivel de protección anteriormente alcanzado (como, por cierto, viene siendo bastante habitual en las directrices comunitarias de política social). Según su artículo H (Parte V), las disposiciones de la Carta de 1996 "no afectarán a las disposiciones de derecho interno ni a las de los tratados, convenios o acuerdos bilaterales o multilaterales que estén vigentes o puedan entrar en vigor y conforme a los cuales se conceda un trato más favorable a las personas protegidas". La referencia al "derecho interno" tiene en estos casos un sentido amplio, probablemente el más correcto: no sólo abarca el derecho de producción interna, sino también el derecho supranacional creado mediante la participación del Estado o asumido formalmente por el Estado.

Operación muy ligada a las cautelas y advertencias anteriores es la de introducción efectiva del articulado de la Carta en el ordenamiento nacional. Recuérdese que la Carta opta por dar cauce a su catálogo de derechos mediante la imposición de los correspondientes compromisos a las Partes contratantes. Tales compromisos pueden ser de contenido y alcance muy variados, pero en buena medida entrañan la acomodación del sistema normativo interno a esos postulados. Siendo así, la Carta permite que "las disposiciones pertinentes de los artículos 1 a 31 de la Parte II" sean aplicadas en el interior de los Estados mediante leyes o reglamentos, acuerdos concertados entre los empleadores o las organizaciones de empleadores y las organizaciones de trabajadores, una combinación de los dos métodos anteriores, u "otros medios apropiados" (artículo I de la Parte

V)[734]. Ello entraña un evidente esfuerzo de activación normativa por parte de los Estados, a través de su maquinaria legislativa, de los procesos de negociación colectiva o de esas otras posibles prácticas, todo lo cual dependerá muy estrechamente de las características del correspondiente sistema nacional y, a la postre, de su carácter intervencionista (como en buena medida es el caso de España) o de su grado de inclinación hacia la autonomía colectiva (bastante alto en muchos países del norte europeo, por ejemplo). La posibilidad de que entre en escena la negociación colectiva es, por cierto, la razón más probable de que la propia Carta aclare que para el cumplimiento de algunos de los compromisos impuestos por su texto a las Altas Partes Contratantes[735] basta con que las correspondientes disposiciones se apliquen "a la gran mayoría de los trabajadores interesados", precisión que seguramente quiere atenuar los obstáculos con los que podría tropezar la opción por los instrumentos reguladores de origen convencional o pactado cuando no alcanzan eficacia general[736]. En todo caso, y aunque no se advierta de modo explícito (a diferencia de lo que ya es

---

734 La posibilidad de que la negociación colectiva actúe como vehículo de incorporación al ordenamiento interno de los Estados de los compromisos adquiridos en la Carta se prevé además en algunos de sus preceptos sustantivos, como los dedicados a la implantación de servicios de higiene en el trabajo (art.3.4), aplicación de retenciones en el salario (art.4.5). estos preceptos ponen de relieve, por otra parte, que la expresión "otros medios apropiados" puede referirse, por ejemplo, a los laudos arbitrales.

735 Concretamente, los derivados de los párrafos 1, 2, 3, 4, 5 y 7 del artículo 2, de los párrafos 4, 6 y 7 del artículo 7, de los párrafos 1, 2, 3 y 5 del artículo 10 y de los artículos 21 y 22 de la Parte II de la Carta.

736 El anexo de la Carta precisa que para determinar el número de "trabajadores interesados a tales efectos "no se tendrá en cuenta a los trabajadores excluidos de los artículos 21 y 22 de conformidad con el Anexo", esto es, los trabajadores de empresas respecto de las que, por su dimensión, su objeto o su ideario, no rige la obligación de establecer cauces de participación y representación colectiva.

común en las directrices comunitarias), se presupone que es el Estado el responsable del buen cumplimiento de los compromisos adquiridos.

La Carta siempre se ha concebido, por lo demás, como un instrumento dinámico, expuesto o abierto a posibles modificaciones o "enmiendas". Según su artículo J (de la Parte VI), las enmiendas pueden tener por objeto o bien la ampliación de las obligaciones asumidas en relación con el catálogo de derechos recogido en sus Partes I y II, o bien la reconsideración de lo dispuesto en las Partes III a VI, aunque –según aclara el anexo—también pueden suponer "la inclusión de nuevos artículos en la Carta". Pueden ser propuestas por una Parte o por el Comité Gubernamental, se han de comunicar al Secretario General del Consejo de Europa y han de ser transmitidas por el Secretario General a las Partes. Son examinadas por el Comité Gubernamental, que, previa consulta con la Asamblea Parlamentaria, deberá someterlas en su caso al Comité de Ministros para su aprobación. Una vez aprobadas, deberán ser comunicadas a las Partes para su aceptación, y, referidas a las Partes I y II de la Carta[737], entrarán en vigor, respecto de las Partes que las hubieran aceptado, "el primer día del mes siguiente a la expiración de un período de un mes después de la fecha en que tres Partes hayan informado al Secretario General de su aceptación"[738].

---

[737] Para la entrada en vigor de las enmiendas a las Partes III a VI de la Carta se precisa, junto al transcurso de los plazos comunes, "que todas las Partes hayan informado al Secretario General de su aceptación".

[738] Respecto de la Parte que la acepte posteriormente, la enmienda entrará en vigor "el primer día del mes siguiente a la expiración de un período de un mes después de la fecha en la que dicha Parte haya informado al Secretario General de su aceptación".

III. NATURALEZA JURÍDICA Y MEDIOS DE SUPERVISIÓN DE LA CARTA SOCIAL EUROPEA

La Carta Social Europea, como cualquier otro instrumento jurídico, aspira a ser aplicada en sus propios términos y a disfrutar, una vez ratificada, de la fuerza vinculante propia de los tratados internacionales. De ahí que contemple, como es habitual en ese tipo de normas, un sistema particular de control o "supervisión» que garantice su cumplimiento y que, si fuera preciso, interprete el sentido y alcance de sus cláusulas, tareas en las que el papel protagonista corresponde en este caso al denominado Comité Europeo de Derechos Sociales (CEDS). De todas formas, el hecho de que obligue a las partes contratantes, y de que sus previsiones deban ser cabal y estrictamente cumplidas por los sujetos afectados (como viene a decir el artículo 26 del Convenio de Viena)[739], no prejuzga por sí mismo la manera en que puedan o deban hacerlo, ni determina definitivamente su espacio de juego. Como todo compromiso internacional, la CSE "deberá interpretarse de buena fe conforme al sentido corriente que haya de atribuirse a los términos del tratado en el contexto de éstos y teniendo en cuenta su objeto y fin" (por servirnos de nuevo del esclarecedor texto del Convenio de Viena, en este caso de su artículo 31), lo cual quiere decir, a fin de cuentas, que hay que estar, cuando menos, al tenor de su lenguaje, a la formulación de sus preceptos, a la clase de obligaciones que en ellos se prescriben y a la índole de los destinatarios o sujetos obligados. De todo ello dependerá el alcance funcional de sus exigencias, el modo en el que sus prescripciones han de tener aplicación y, a fin de cuentas, su

---

739 Para la Corte Internacional, la exigencia de aplicación de "buena fe" del tratado internacional significa interpretación de acuerdo con los fines del tratado, con la intención de las partes y aplicación razonable para alcanzar los fines que le son propios; vid. P. SÁENZ DE SANTA MARÍA, *Sistema de Derecho Internacional Público*, Civitas, Madrid, 2018, pp. 250-251.

capacidad de obligar y su radio de vinculación. Por derivación, de todo ello dependerá, asimismo, la virtualidad que haya de atribuirse a los informes emitidos por el CEDS en el ejercicio de sus funciones de supervisión y el control de la CSE.

1. Compromisos estatales de extensión e intensidad variable

Adelantemos ya que, desde el punto de vista jurídico, la operación emprendida por el Consejo de Europa con la aprobación de la Carta Social Europea y con sus actualizaciones posteriores, incluida la revisión de 1996, revestía caracteres muy diferentes de los que esa misma Organización había barajado una década antes al poner en circulación el Convenio de Derechos Humanos y Libertades Públicas. Ni es equiparable la fuerza vinculante de uno y otro instrumento internacional, ni es equivalente su respectiva manera de obligar. Vista su trayectoria con cierta perspectiva, nadie puede dudar de la influencia de la CSE en la configuración de los sistemas laborales y de protección social de los países miembros del Consejo de Europa, aun cuando haya sido en concurrencia con otras muchas directrices de orden internacional, entre ellas, y de modo primordial, las provenientes de los convenios y recomendaciones de la OIT. También es muy considerable su incidencia en la política social de las Comunidades Europeas, y no es nada despreciable su influjo en diversos textos de proyección universal, como los Pactos de la ONU de 1966. Es verdad que convendría diferenciar entre la Carta de 1961, que tuvo gran acogida, y la versión de 1996, que no ha logrado aún unas cuotas tan altas de adhesión, aunque haya servido, ciertamente, para incorporar al sistema a una serie de Estados que se abstuvieron en aquella primera fase[740]. Y es cierto asimismo que la ratificación de los

740 La Carta revisada no ha sido ratificada por Croacia, Dinamarca, Islandia, Liechtenstein, Luxemburgo, Mónaco, Polonia, República

Protocolos adicionales no ha obtenido un respaldo unánime de las Altas Partes Contratantes. Pero en un balance de conjunto podría afirmarse sin temor que los Estados miembros han mostrado mayoritariamente su conformidad con esas líneas de actuación del Consejo de Europa. De hecho, sólo cuatro países de dicha Organización se han mantenido al margen por completo de estos instrumentos de política social, al no firmar ninguna de las versiones de la Carta[741].

Esta capacidad de influencia de la CSE tiene que ver naturalmente con su fuerza vinculante, pero los vínculos que genera ese instrumento internacional tienen caracteres un tanto singulares. De la CSE se derivan muchas prescripciones para los poderes públicos de orden nacional, pero difícilmente pueden extraerse de su texto mandatos de eficacia directa e inmediata para las relaciones sociales de referencia. Por ejemplo, para los sujetos vinculados por un contrato de trabajo, o para la relación de Seguridad Social. Veamos, para sopesarlo mejor, las distintas reglas que nos proporciona a tal efecto la Parte IV de la CSE (tanto en la versión original de 1961 como en la posterior de 1996), bien es cierto que ordenadas por nosotros mismos: 1) con el pertinente acto de adhesión, el Estado que la ratifique se compromete a considerar la CSE "como una declaración de los objetivos que tratará de alcanzar por todos los medios adecuados" (conforme a lo dispuesto en la introducción de la Parte I) y, a partir de esa base, a cumplir las obligaciones que sucesivamente se le van imponiendo a lo largo de su Parte II[742]; 2) "las Partes Contratantes reconocen como objetivo de su política, que habrá de seguirse por todos los medios adecuados, tanto de carácter nacional como internacional, el

---

Checa, San Marino, Suiza y Reino Unido. Alemania y España la ratificaron en 2021.

741 Liechtenstein, Mónaco, San Marino y Suiza.

742 Artículo 20.1.a) de la Parte III de la Carta de 1961 y artículo A.1.a) de la Parte III de la Carta de 1996.

establecimiento de aquellas condiciones en que puedan hacerse efectivos los derechos y principios" consignados en la Parte I de la Carta[743]; 3) del mismo modo, "las Partes Contratantes se comprometen a considerarse vinculadas, en la forma dispuesta en la Parte III, por las obligaciones establecidas en los artículos y párrafos siguientes", y 4) la Carta contiene "obligaciones jurídicas de carácter internacional" cuya aplicación está sometida únicamente a sus propios instrumentos de control o supervisión[744].

Como puede apreciarse, en todos esos pasajes se está consagrando una manera de obligar muy particular, consistente en esencia en un mandato a los poderes públicos de las Altas Partes Contratantes para que dirijan su actividad legislativa y ejecutiva por un determinado sendero, de un modo que a veces puede recordar lo que es propio de las directivas de la UE, siempre que dejemos a salvo las profundas diferencias entre los instrumentos del Consejo de Europa y los del sistema comunitario, particularmente en lo que se refiere al efecto directo que en circunstancias especiales puede alcanzar una directriz comunitaria[745].

---

743 No tiene mayor trascendencia que en la traducción española la Carta de 1961 hable de "establecer" y la Carta de 1996 de "el establecimiento de".

744 Se trata, en ambos casos, de una aclaración del anexo de la Carta (de 1961 y de 1996) al capítulo de "obligaciones" de la respectiva Parte III. La regla, por cierto, se recoge también en el artículo 12 del Protocolo de 1995, en el que efectivamente se declara, una vez más, que "la Carta contiene obligaciones jurídicas de carácter internacional cuya aplicación está sometida únicamente al control establecido en la parte IV de la misma y en las disposiciones del presente Protocolo".

745 Vid. M. NOGUEIRA GUASTAVINO, "Contrato de apoyo a emprendedores: el empresario puede desistir libremente durante el período de prueba, pero debe preavisar con 15 días de antelación. Apli-

Salvadas esas notables diferencias, el contraste de la CSE con las directivas comunitarias también nos ayuda a comprender el sentido del artículo H de la Parte V de la Carta, en el que, bajo la rúbrica de «relaciones entre la Carta y el Derecho interno o los acuerdos internacionales», se hace saber a los firmantes que las «disposiciones de la presente Carta no afectarán a las disposiciones de Derecho interno ni a las de los tratados, convenios o acuerdos bilaterales o multilaterales que estén vigentes o puedan entrar en vigor y conforme a los cuales se conceda un trato más favorable a las personas protegidas». Visto desde la experiencia que nos aporta el Derecho comunitario, este precepto no debe entenderse propiamente como un aval en favor de la aplicabilidad directa de la Carta, a diferencia de lo que a veces se ha dicho, sino más bien como una cláusula de exclusión de eventuales reformas regresivas en aquellos sistemas nacionales que superen los niveles mínimos impuestos por el Consejo de Europa, en coherencia con lo que también dispone, para su específico radio de acción, el artículo 53 del CEDH.

Las reglas de la Parte IV de la Carta expuestas con anterioridad también nos advierten sobre la singular naturaleza jurídica de los derechos que en ella se declaran y promueven, todos ellos pertenecientes al capítulo de los llamados derechos sociales y muchos de ellos construidos dogmáticamente como derechos de prestación. Es verdad que algunos de estos derechos sociales –y, en especial, algunos de los de mayor dimensión laboral– podrían hacer valer su fuerza vinculante sin ayuda institucional y sin necesidad de precisiones adicionales (como ocurre con la libertad de trabajo, la libertad sindical o el derecho de huelga), pero la mayor parte de los mismos requiere algún entramado normativo complementario o algún tipo de

---

cación y límites del control difuso de convencionalidad", *Revista de Jurisprudencia Laboral*, núm.4 (2022).

infraestructura para su efectiva satisfacción. Piénsese en la seguridad social, que si quedara limitada a una mera declaración del derecho difícilmente podría tener virtualidad real o aplicación efectiva. Necesita, como es fácil de entender, una norma de aplicación o desarrollo en la que se precisen al menos las situaciones protegidas y los medios de protección, así como un fondo de recursos y unos determinados procedimientos para atender adecuadamente al interesado. En cualquier caso, para unos y para otros (obviamente para los derechos típicos de prestación, pero también para los que se aproximan más a los típicos derechos de libertad), la Carta Social Europea opta, como hemos visto, por la mediación del Estado. A través de ese instrumento, el Consejo de Europa asume su promoción y difusión, pero remite a los poderes públicos estatales la adopción de las medidas necesarias –de regulación o de instalación de medios– para que los derechos declarados tengan posibilidades reales de uso y disfrute, conforme a los compromisos que en cada caso hubieran sido asumidos.

Uno de los aciertos de la Carta es que no deja solos a los Estados en el desarrollo de esa tarea, sino que les proporciona indicaciones más o menos detalladas sobre la manera en que deben actuar para lograr los objetivos propuestos. Estas indicaciones son de obligado cumplimiento, pues en ellas se resume en definitiva el alcance de los correspondientes compromisos estatales. Pero también conviene tener en cuenta que presentan distinta entidad y fisonomía, lo cual influye de nuevo en la capacidad de exigencia y en la potencia real de esta declaración de derechos desde el punto de vista jurídico. Las fórmulas utilizadas para ello por la Carta se traducen a veces en medidas concretas a cargo del Estado, mientras que en otras ocasiones ofrecen márgenes o espacios de flexibilidad, diferentes opciones o incluso posibilidades de excepción o exclusión de determinados supuestos. Todo ello está condicionado, a la postre, por la cualidad de los derechos a cuya satisfacción se dirigen, por los objetivos que los inspiran o por los principios que los sustentan, que no siempre tienen la misma textura o composición. No puede equipararse el derecho de protección social, económica y jurídica de la familia, o incluso el derecho a la dignidad del trabajador –por poner algunos ejemplos–, al derecho a gozar de unas condiciones equitativas de trabajo en su faceta de salario mínimo o de vacaciones mínimas pagadas. En estos últimos casos, la acción del Estado puede ser taxativa y contundente, mientras que en los primeros deberá procurar ajustarse lo más fielmente posible a los objetivos propuestos, aunque nunca podrá alcanzar un grado perfecto de concreción y operatividad.

Puede que entre los planes iniciales del Consejo de Europa figurara, como ya dijimos, la elaboración de una declaración de derechos laborales y sociales con la misma naturaleza que la atribuida por el Convenio de 1950 al núcleo más tradicional de los "derechos humanos" y con un sistema similar de garantías[746]. Sin embargo, ese eventual propósito no se corresponde con el texto final de la Carta, debido seguramente a las diferencias que inevitablemente existen entre un tipo y otro de derechos. Es verdad que no hay una línea de frontera absolutamente nítida entre los derechos civiles (como germen clásico de las cartas de derechos de las personas) y los derechos sociales (como noción más ambiciosa de los derechos humanos, más estrechamente ligada al Estado del bienestar). Ya sabemos también que la Declaración Universal de Derechos Humanos incluye en su catálogo algunos derechos que, bien mirado, tienen connotaciones sociales. Hemos visto incluso que en ese mismo texto se acogen algunos derechos de puro contenido laboral (como la libertad sindical). Es fácil apreciar, en todo caso, un importante elemento diferencial entre la Carta y el CEDH. La totalidad de los derechos consagrados en el CEDH

[746] Vid. J.F. AKANDJI-KOMBE, "Carta Social Europea y Convenio Europeo de Derechos Humanos: perspectivas para la próxima década", *Revista de Derecho Político*, núm.67 (2006), pp.387 y ss.

son susceptibles de ejercicio e invocación inmediata tras su mera declaración o su simple reconocimiento formal, mientras que los derechos de la CSE, con independencia de su sustrato o contenido, no alcanzan esa virtualidad. Se podrá decir que esa diferencia se debe al fin y al cabo al sistema de control aplicado en uno y otro caso por el Consejo de Europa, lo cual no deja de ser cierto; pero si el Consejo optó por esa distinción no fue sólo por eso, ni por capricho o casualidad.

Fue, más exactamente, por la distinta "aptitud" de una y otra clase de derechos para su realización efectiva, diferencia que naturalmente se debe a su diversa conformación y fisiología. Si bien se mira, una de las diferencias más determinantes entre la tabla de derechos del CEDH y la lista de derechos de la CSE radica, en efecto, en lo que se ha dado en llamar "justiciabilidad"[747], no sólo entendida como acceso formal a determinadas instancias de control, sino también como posibilidad material de trenzar la correspondiente pretensión y de obtener efectivamente la satisfacción pretendida[748]. Los derechos

---

747 Vid. M.A. MARTÍNEZ BADENES, "Presente y futuro de los derechos sociales en el ámbito internacional", *Revista Internacional y Comparada de Relaciones Laborales y Derecho del Empleo,* Vol.3, núm.4 (2015), pp.2 y ss.

748 Otro punto interesante de contraste lo ofrece el sistema interamericano de derechos humanos, en el que no existe una diferencia tan determinante en la recepción normativa de los respectivos catálogos de derechos "civiles" y derechos "sociales" y en el que la Corte Interamericana actúa como instancia jurisdiccional competente en una y otra ladera. Sobre dicho sistema y sobre la jurisprudencia de la CIDH en materia laboral y social, F. BOLAÑOS CÉSPEDES, "Derechos laborales y de seguridad social en la jurisprudencia de la Corte Interamericana de Derechos Humanos", *Curso de Derecho Laboral,* Tomo IV, Editorial Jurídica Continental, San José (Costa Rica), 2023, pp.31 ss. Desde una perspectiva más general, C. AYALA CORAO, *Hacia una justicia constitucional internacional de los derechos humanos (La internacionalización de las constituciones y la constitucionalización de los tratados),* Tirant lo Blanch/Ciudad de México, 2024.

reconocidos en el primero de esos textos son susceptibles sin duda alguna de reclamación directa por parte de los ciudadanos ante las instancias administrativas o judiciales pertinentes, y por esa razón pueden calificarse propiamente de auténticos derechos individuales o subjetivos cuya vulneración puede ser apreciada por un órgano jurisdiccional y dar lugar a las reparaciones correspondientes. En cambio, los derechos declarados en la CSE despliegan su virtualidad por senderos muy distintos. Al margen ahora de que su ámbito subjetivo también tenga la particularidad de ceñirse a los "nacionales" de las altas Partes Contratantes[749], es verdad que en bastantes casos los derechos de la CSE podrían calificarse de derechos de las personas, y muchas veces de derechos específicos de quienes tienen la condición de trabajadores. Pero esa titularidad formal no habilita en sí misma para su ejercicio directo ante quienes administran la cosa pública, y mucho menos ante órganos jurisdiccionales. En la CSE, los titulares formales del derecho son más bien potenciales destinatarios o beneficiarios de sus ingredientes, por cuanto las ventajas que proporcionan o tratan de proporcionar tales derechos sólo pueden llegar a su destino a través de algún tipo de intervención del Estado. Ya dijimos que parte de esos derechos tiene textura suficiente como para que su ejercicio efectivo pudiera ser reclamado directamente (como puede ser el caso de la libertad sindical), pero, en cualquier caso, es evidente que desde una perspectiva global o estructural la eficacia que la CSE espera de ellos depende de una mediación estatal que normalmente se habrá de traducir en previsiones

---

[749] Como vimos en su momento, y como dispone su anexo, la Carta sólo reconoce derechos a los nacionales de los Estados parte, y no en todas las situaciones, pues cuando no se encuentren en su propio país sólo estarán protegidos si su situación administrativa está regularizada, mientras que el CEDH comprende a toda persona, con independencia de su procedencia.

normativas de carácter interno, aunque también pueda tener otras manifestaciones de naturaleza material o logística. Como a veces se ha dicho, la Carta ha cumplido más bien un papel de «orientación del progreso social»[750], o de pilotaje de la política social de las "Altas Partes Contratantes". De este modo, no es de extrañar que el CEDS haya advertido que respecto de algunos derechos, particularmente aquellos complejos o costosos, el Estado dispone de un margen razonable para tomar las pertinentes medidas, con el fin de ir consiguiendo progresos paulatinos hasta alcanzar plenamente los objetivos, en una perspectiva de aproximación que dista mucho, obviamente, de un procedimiento jurisdiccional y que evidencia que la Carta impone principalmente obligaciones a los Estados, en lugar de reconocer derechos subjetivos a los ciudadanos[751].

Cosa distinta es el provecho que pueda extraerse de la CSE desde el punto de vista de la construcción de los derechos de los ciudadanos, al margen de que por su idiosincrasia pudieran ser susceptibles de invocación directa o de que, por el contrario, tuvieran que quedar relegados a esa otra función orientadora de la política social. En uno y otro caso, es evidente que el catálogo de derechos sociales de la CSE, como el de tantos otros textos internacionales, puede servir para dar contenido y significado a los derechos existentes en el interior de los ordenamientos nacionales y, en última instancia, para conformar la composición y alcance de los distintos segmentos de los derechos humanos. La normativa de los países que han ratificado la CSE tiene que adaptarse por supuesto a la cantidad y calidad de las obligaciones que cada uno de ellos hubiera asumido al adherirse a dicho texto, pero nada impide que, además de esa

---

750 Cfr. M. RODRÍGUEZ-PIÑERO Y BRAVO-FERRER, "La Carta Social Europea y la problemática de su aplicación", *RPS*, núm.118 (1978), pág.43.

751 Vid. Decisión CEDS *International Association Autism-Europe vs. France* (de 4-11-2003, queja 12/2002).

función de impulso, la CSE actúe como canon interpretativo del derecho interno, de modo que la norma nacional deba ser interpretada conforme a la densidad o extensión que les atribuye esa declaración de derechos del Consejo de Europa y a los niveles que de la misma se desprenden. Como suele suceder, esa trascendencia interpretativa de la CSE se notará sobre todo en los derechos de contenido complejo o abierto, como es el caso de la dignidad, de la igualdad (junto a la no discriminación) o incluso de la libertad sindical, pero siempre tendrá algún espacio de juego para todos y cada uno de ellos. Es evidente, por otra parte, que esta posible función de paradigma o modelo para la comprensión abstracta de los derechos no tiene que estar vinculada necesariamente a la ratificación de la Carta, sin que tal afirmación signifique desconocer la relevancia de ese dato, también a esos efectos: el acto de ratificación formal puede convertir lo que en principio es una mera posibilidad en un mandato o prescripción, pero no es exigencia imprescindible para la virtualidad que como modelo de regulación –y sólo como modelo u opción normativa– pueda ofrecer un determinado instrumento internacional. Como cualquier otra norma (nacional e internacional), la CSE puede jugar una función "dogmática" o conceptual (de construcción o apreciación dogmática) junto a su más típica función reguladora o aplicativa (de uso efectivo para la ordenación de las correspondientes relaciones sociales).

Al margen de todo ello, no debe menospreciarse el valor jurídico (de observancia y cumplimiento) que con naturalidad corresponde a la CSE, que, como dijimos, se deriva de su condición de instrumento de carácter internacional que encomienda a los Estados, como sujetos obligados, la consecución de unos determinados objetivos conforme a los compromisos libremente asumidos. Eso significa, ni más ni menos, que la CSE condiciona el devenir y la esencia de los ordenamientos nacionales, en la medida, obviamente, del número, la calidad y el nivel de intensidad de dichos compromisos. Desde este punto de vista, la CSE opera sobre un escenario de geometría variable, en el que el grado de exigencia para los Estados está en función de la clase de las reglas autoimpuestas mediante el correspondiente acto de adhesión. Podríamos hablar, seguramente, de tres tipos de obligaciones estatales desde este punto de vista: las que por definición tienen que traducirse en deberes para algún otro sujeto con el fin de que lleguen hasta sus últimas consecuencias (como es el caso de muchos derechos laborales, que en el fondo se transmutan en la obligación del Estado de imponer determinadas conductas a los empresarios legislación mediante); las que requieren la instalación o puesta en marcha por parte del Estado de determinados medios o instrumentos al servicio de los ciudadanos (como los servicios de empleo o de formación profesional o los sistemas de seguridad social o de salud), y las que por su propia naturaleza deben ser desplegadas por las instituciones estatales competentes a través de una acción política programada y progresiva (como es el caso de la política de vivienda, de protección de la tercera edad o de lucha contra la pobreza). Que el Estado tenga mayor o menor número de obligaciones, y que éstas se inclinen en mayor o menor medida hacia una u otra de esas posibles opciones, depende a la postre de la clase de compromisos adquiridos al sumarse a la Carta.

2. El control de cumplimiento de la Carta: panorama general e instancias competentes

Naturalmente, a partir de algunas de esas obligaciones impuestas por la Carta a los Estados miembros del Consejo de Europa, podrán generarse derechos susceptibles de reclamación y tutela en sede administrativa y judicial en el contexto de las correspondientes relaciones sociales, entre ellas las relaciones de trabajo. Pero ese eventual efecto jurídico, al igual que la implantación efectiva de ese tipo de controles, no se deriva de la Carta en sí, sino de lo que disponga efectivamente el ordenamiento de cada país, y, dentro de ese ámbito, de lo que permitan en cada caso los correspondientes instrumentos nacionales de exigencia administrativa y garantía jurisdiccional. Es verdad que la Carta exige a los Estados –aunque sea de forma asistemática y un tanto incidental— que dispongan "de un sistema de inspección del trabajo adecuado a las condiciones nacionales"[752]. Pero tal sistema no implica exactamente la existencia de un cauce de reclamación de derechos, ni la CSE habla a tales efectos de una infraestructura de dimensión europea, sino, de nuevo, de medios de carácter nacional. A diferencia del CEDH, la CSE no proporciona mecanismos supranacionales que, correspondiéndose territorial y funcionalmente con su ámbito de aplicación, sean aptos para que los destinatarios o beneficiarios últimos de su catálogo de derechos (trabajadores y ciudadanos) obtengan por vía coactiva la correspondiente satisfacción o reparación. La razón es fácil de entender, y ya tuvimos ocasión de hablar de ella. Mientras que el CEDH consagra auténticos derechos fundamentales, susceptibles de invocación ante los tribunales por su vocación de regulación directa y por su propia potencia jurídica, la Carta, bajo fórmulas que ciertamente pudieran dar lugar a equívocos, contiene en realidad principios rectores de la política social y económica, por utilizar una terminología constitucional bien conocida entre nosotros.

Esa diferencia explica que el Consejo de Europa, preocupado desde el primer momento de dotar al CEDH de un instrumento jurisdiccional específico como última salvaguarda o remedio subsidiario respecto de la actuación de los sistemas nacionales, tan sólo contemplara, para cuidar de la aplicación de la CSE, la implantación de procedimientos de supervisión política o "gubernamental" de la actuación de los Estados. Ese es, en efecto, el único cauce admitido por el articulado de la

---

752 Artículo 20.5 CSE de 1961 y artículo A.4 CSE de 1996.

CSE para atender esa misión de control, según puede verse en la Parte IV de sus sucesivas versiones. Aunque no deba calificarse como instrumento "de segunda clase" en el sistema normativo del Consejo de Europa, puesto que no lo es, también resulta evidente que la CSE no puede ser equiparada al CEDH ni en la naturaleza de su elenco de derechos, ni en la configuración de los mismos, ni en su capacidad de respuesta ante eventuales demandas de los ciudadanos. Obviamente, sus respectivas trayectorias y experiencias de aplicación han respondido a la postre a la distinción esencial entre uno y otro catálogo de derechos, que también ha influido en su muy diferenciado grado de protagonismo en el ámbito jurisdiccional y forense. La CSE, dicho de un modo más crudo, no ha podido labrarse el prestigio que el CEDH ha logrado alcanzar en el terreno de la inculcación y difusión de derechos de las personas, precisamente por su menor mordiente jurídica.

Ahora bien, eso no quiere decir que la Carta no posea medios propios de exigencia para su cumplimiento efectivo, ni que carezca absolutamente de virtualidad o eficacia en el terreno normativo e institucional. Solamente significa que su valor jurídico debe medirse en sus justos y específicos términos, no desde prismas que no le corresponden. No puede desconocerse, en ese sentido, que los medios previstos para vigilar y exigir su observancia son peculiares, muy distintos de los que se prevén para el CEDH y muy alejados también de la maquinaria jurisdiccional que suele ir asociada a las normas de *ius cogens* y de eficacia directa. Según hemos dicho, de los medios de supervisión propios de la Carta habla la Parte IV de su texto en sus sucesivas versiones, como también lo hicieron, desde su particular radio de acción, los Protocolos Adicionales de 1991 y 1995, que, como ya vimos, nacieron precisamente para perfeccionar este tipo de reglas y ampliar los cauces de control. El Protocolo de 1991 introdujo algunos cambios en el procedimiento de informe, que constituye el medio de supervisión de mayor tradición y que sigue siendo el de uso más común y generalizado. Por su parte, el Protocolo de 1995 abrió un segundo cauce de supervisión y control, concurrente y en su caso paralelo respecto del anterior, al que desde luego no sustituye ni reemplaza. Conocido específicamente como procedimiento de "reclamaciones colectivas", este nuevo instrumento de control fue luego acogido, como vimos, por la Carta de 1996, aunque sin imponer su puesta a disposición en favor de los potenciales interesados.

Uno y otro procedimiento han de discurrir, como es natural, por lo dispuesto a tales fines en la correspondiente versión de la Carta y por lo que se derive de los instrumentos adicionales aceptados por cada Parte Contratante en el pertinente acto de ratificación. Para los Estados que hayan firmado tan sólo la Carta de 1961, es aplicable el tradicional procedimiento de informe[753], y, de haber ratificado el Protocolo de 1995, también lo será el procedimiento de reclamaciones colectivas. De su lado, para los países que hayan ratificado la Carta revisada de 1996 es de aplicación el procedimiento de supervisión ordinario en los términos que en su propio texto se establecen y, de haber ratificado el Protocolo de 1995 o de haberse sumado al mismo aprovechando el acto de ratificación de esta versión de la Carta, también lo será el tantas veces mencionado procedimiento de reclamaciones colectivas. Pese a que su objeto específico y sus pautas de desarrollo presentan diferencias notables, ambos procedimientos presentan numerosos puntos en común y, sobre todo, ambos se desenvuelven en el seno de un mismo sistema institucional y orgánico.

---

[753] El procedimiento ordinario de supervisión fue modificado por el Protocolo de Turín de 1991, que, no obstante, y por falta de suficientes ratificaciones en su momento, no llegó a tener virtualidad hasta que su regulación fue incorporada a la Parte IV de la CSE de 1996.

Dentro de dicho sistema cabe identificar hasta cuatro instancias para su tramitación y resolución, que se van sucediendo y en su caso auxiliando en los distintos pasos y escalones de la correspondiente tarea de supervisión y control. La primera posición está ocupada por el Secretario General del Consejo de Europa, que desempeña labores de recepción, gestión, trámite e impulso. Tras ese primer trámite, entra en escena un Comité de personas independientes que desarrolla la función esencial de investigación, valoración y preparación de conclusiones para la resolución posterior de los asuntos. En tercer lugar interviene un Comité Gubernamental conformado por representantes de los Estados miembros del Consejo de Europa con competencias que probablemente puedan calificarse de auxilio tanto en el proceso de investigación y valoración de la actuación de los Estados como de elaboración de decisiones y recomendaciones, junto a una importante capacidad de propuesta de nuevas líneas de acción para el propio Consejo[754]. Y en último término interviene el Comité de Ministros del Consejo de Europa, compuesto asimismo por representantes de los Estados pertenecientes a dicha institución. En el desarrollo de los procedimientos tienen asimismo diverso grado de participación otros sujetos, como la Organización Internacional del Trabajo (como muestra de la estrecha relación entre aquella institución europea y las entidades que en el seno de la ONU atienden intereses comunes), o como determinadas organizaciones privadas de defensa de intereses, especialmente las de representación de trabajadores y empresarios (como representantes colectivos, por así decir, de los grupos de población

754 Inicialmente llamado "Subcomité del Comité Social Gubernamental", o "Subcomité Social Gubernamental del Consejo de Europa", estaba compuesto "por un representante de cada una de las Partes Contratantes" (art.27 CSE de 1961). Adquirió el nombre de Comité Gubernamental con el Protocolo de 1991, incorporado a la Carta de 1996, aunque sin variar su composición.

mayormente implicados en la efectividad de la Carta). De la resolución del procedimiento ha de tomar conocimiento, finalmente, la Asamblea del Consejo de Europa, calificada de "consultiva" en la Carta de 1961 y de "parlamentaria" en la Carta de 1996.

3. Funciones y reglas de funcionamiento del Comité Europeo de Derechos Sociales

Dentro de todo este proceso de supervisión y control, la Carta atribuye una función crucial a un órgano colegiado compuesto de personas "independientes" especializadas en la materia, que inicialmente fue denominado "Comité de Expertos", posteriormente "Comité de Expertos Independientes" y finalmente –a partir de 1998– Comité Europeo de Derechos Sociales (CEDS). Conformado en una primera fase por siete personas y después por quince[755], cuenta desde hace tiempo con un reglamento interno que especifica las previsiones de la Carta y sus protocolos en lo que se refiere a composición, estatuto de sus miembros, organización interna y desarrollo de sus funciones. Su última versión, que reemplazó a la de 9 de septiembre de 1999, es de 29 de marzo de 2004[756], aunque desde su puesta en vigor ha experimentado a su vez cuantiosas

---

755 Con la Carta de 1996 el Comité de expertos fue ampliado hasta nueve miembros (dos de ellos elegidos por la Asamblea Parlamentaria) pero con la facultad del Comité de Ministros de fijar su "número exacto" (que fue elevado posteriormente a quince). También se estableció como límite temporal un segundo mandato en caso de renovación, con las precisiones de que los miembros del Comité ocupaban sus puestos "a título individual" y de que "durante todo su mandato no podrán desempeñar funciones incompatibles con las exigencias de independencia, imparcialidad y disponibilidad inherentes a dicho mandato".

756 Salvo en lo que se refiere a reclamaciones colectivas en curso de examen, para las que siguió rigiendo el anterior hasta su resolución

revisiones y reformas[757], lo que pone de relieve, por cierto, un particular propósito de adaptación y ajuste progresivo de dicho órgano a las cambiantes circunstancias o necesidades y a la propia experiencia acumulada. Como no podía ser de otro modo, estas reglas internas no hacen más que confirmar, por lo pronto, las previsiones de aquellas otras normas básicas o más generales acerca de la estructura y la función que el CEDS está llamado a cumplir, que a fin de cuentas no es otra que "*la conformité des situations nationales avec la Charte sociale européenne, le Protocole additionnel de 1988 et la Charte sociale européenne révisée*", con el fin de adoptar las pertinentes conclusiones "*dans le cadre de la procédure de rapports et des décisions dans le cadre de la procédure de réclamations collectives*", por decirlo todo ello en una de sus lenguas oficiales.

Según ese mismo Reglamento, los miembros del CEDS están sujetos como es de rigor a determinados deberes y requisitos. Han de ejercer sus funciones conforme a los criterios de independencia e imparcialidad, han de mostrar disponibilidad en los términos inherentes a su mandato, y han de observar secreto sobre las deliberaciones del órgano, bajo amenaza de adopción, en caso de incumplimiento, de las medidas pertinentes. Con ocasión de su primera asistencia a las reuniones

---

final. Su texto puede consultarse en la dirección https://rm.coe.int/rules-rev-328-en-06-07-22-final/1680a72b88.

757 El texto vigente da cuenta en su preámbulo de esas sucesivas revisiones y de la reunión interna en la que cada una de ellas fue efectuada (hasta la fecha de cierre de esta anotación):12 mayo 2005, 20 febrero 2009, 10 mayo 2011, 28 junio 2011, 12 septiembre 2013, 6 diciembre 2013, 9 septiembre 2014, 6 julio 2016, 26 enero 2018, 10 septiembre 2019, 19 de mayo de 2021 y 6 de julio de 2022. Según su artículo 41, el Reglamento puede ser modificado por mayoría de los miembros del Comité en reunión convocada a instancia de alguno de ellos, tras una propuesta por escrito que debe presentarse al menos un mes antes de la sesión y debe comunicarse a todos sus componentes.

del Comité tras su elección, y antes de dar inicio a sus funciones, todo miembro debe declarar solemnemente que las ejercerá "*conformément aux exigences d'indépendance, d'impartialité et de disponibilité inhérentes à ce mandat*" y que observará "*le secret des délibérations du Comité*". Durante su mandato no pueden asumir funciones incompatibles con esas exigencias, de modo que si se apreciara distorsión o incumplimiento habrán de adoptarse las pertinentes medidas tanto por la persona implicada como por el propio Comité a propuesta de su presidente. El mandato de los miembros del Comité es en principio de seis años, desde la fecha fijada por el Comité de Ministros, con posibilidad de reelección y dimisión. Ocupan rango dentro de dicho órgano por cargo y antigüedad en la función y, a igualdad de la misma, por edad. La representación y dirección del Comité corresponden al presidente y vicepresidente (o vicepresidentes), asistidos por un secretario ejecutivo, una especie de comité adjunto (*Bureau du Comité*) para la dirección de los trabajos y por un *Rapporteur général* al que le compete velar por "*la cohérence des conclusions et des décisions sur les différents articles et expose, en cas de besoin, la jurisprudence au Comité*".

El Reglamento del CEDS también contiene, como hemos señalado, pautas y reglas para el desarrollo de las funciones que le son propias en el curso de los procedimientos de supervisión y control de la Carta. Parte de esas reglas tiene proyección general sobre uno y otro procedimiento, mientras que otra buena porción se aplica exclusivamente al procedimiento de reclamaciones colectivas, como veremos más adelante. Con carácter general, el Comité fija el número de sus sesiones, con su correspondiente fecha, atendiendo a sus disponibilidades presupuestarias. Sus reuniones, cuya convocatoria debe ajustarse a los trámites reglamentariamente establecidos y al orden del día predeterminado, se celebran a puerta cerrada, con la condición añadida de que la documentación de referencia sólo puede ser usada a esos efectos. Se exige para su validez la asistencia de al menos una mayoría de sus miembros, y sus decisiones se adoptan por mayoría de los presentes. El Comité debe designar un ponente para cada disposición de la Carta de 1961, del Protocolo de 1988 y de la Carta de 1996, y puede crear subcomités, que pueden funcionar con un mínimo de tres miembros. El presidente tiene voto decisivo en lo que concierne a determinadas decisiones dentro del procedimiento de reclamaciones colectivas (admisibilidad, fundamentación, medidas cautelares y supresión de temas) y en ciertas condiciones puede decidir la revisión de una cuestión particular ya decidida.

En el desarrollo de sus funciones de deliberación y adopción de conclusiones el CEDS debe intercambiar información y pareceres con el representante designado cada año, y a tales efectos, por la Organización Internacional del Trabajo. Puede celebrar reuniones con representantes de los Estados, por iniciativa propia o a petición de éstos. Debe dar información de sus reuniones y transmitirles invitación para participar en el contraste de pareceres a las organizaciones internacionales de empresarios y trabajadores identificadas en la Carta, que su vez deben informar a las organizaciones nacionales que forman parte de las mismas. En general, las organizaciones de empresarios y trabajadores nacionales también pueden participar en las reuniones del CEDS siempre que cuenten con el visto bueno de su Estado de pertenencia. También pueden aportar información al procedimiento otras organizaciones conforme a lo previsto por la Carta (como las no gubernamentales), cuyos comentarios deben ser transmitidos tanto al Secretario del Consejo como al Estado afectado, para que responda a los mismos si lo estimara conveniente. Después de las correspondientes reuniones, el secretario ejecutivo del CEDS debe preparar unas conclusiones provisionales a partir de los trabajos de los subcomités, para presentarlas al pleno. Al Comité corresponde la elaboración de las conclusiones finales relativas a cada Estado para cada año, junto a las cuales cada miembro del Comité puede expresar voto particular, disidente o concordante. Tras ello, se comunican al Estado y se hacen públicas.

Es discutible, por otra parte, que las conclusiones del Comité deban considerarse como parte integrante de la Carta, pues son más bien declaraciones acerca de la conformidad de una determinada norma o práctica nacional con los correspondientes pasajes de dicho instrumento internacional[758]. Obviamente, los criterios interpretativos del CEDS sirven de ayuda para la comprensión de la CSE y, más concretamente, para medir o calcular el nivel de sus exigencias. Pero frente a esa opinión autorizada pueden alzarse otros pareceres doctrinales o académicos de incontestable fundamento (con efectos en el mentado espacio doctrinal y académico), lo mismo que pueden sostenerse argumentos diferentes a la hora de dar respuesta a un litigio concreto en sede judicial (con los pertinentes efectos en el ámbito jurisdiccional). Las posiciones interpretativas del CEDS gozan desde luego del prestigio y de la ascendencia que ha de reconocerse a un órgano de tal cualificación y con tal función institucional, y, sobre todo, tienen la ventaja comparativa de que sirven para activar la intervención de las instancias "ejecutivas" del Consejo de Europa con vistas a la corrección de las deficiencias advertidas en el correspondiente sistema nacional. De ese modo, el criterio del CEDS actúa como guía para la aplicación de la CSE por parte de dicha Organización supranacional; podría decirse, incluso, que en tal caso el Consejo de Europa aplica la CSE conjuntamente con el dictamen de su órgano especializado de supervisión y control. Pero, bien mirado, el CEDS no es más que el portador y defensor de una opción interpretativa de la CSE que hipotéticamente puede ser la mejor pero que no siempre será la única posible o aceptable; una opción que puede alcanzar plena virtualidad en el interior

---

758 Cfr. L. TEIXEIRA ALVES, "Los artículos 2 y 4 de la Carta Social Europea ante el Derecho español", *RMESS*, núm.137 (2018), pág.217.

del sistema del Consejo de Europa, pero que fuera del mismo no pasa de ser opinión autorizada acerca del sentido y alcance de la CSE.

4. El procedimiento de examen y emisión de informe sobre la actuación de las Partes Contratantes

El procedimiento de examen de las actuaciones estatales y consiguiente emisión de informe, tiene claras concomitancias en los mecanismos que desde tiempo atrás se habían dispuesto para el seguimiento de los convenios y recomendaciones de la OIT y con los medios de control de los Pactos de la ONU[759]. Como en esos casos, se traduce en definitiva en la elaboración de informes a partir de los datos recabados sobre la actuación del Estado para su posterior examen en las instancias pertinentes y, en su caso, la adopción de directrices o recomendaciones. En sus artículos 21 a 29 de su Parte IV, la Carta de 1961 preveía, concretamente, dos supuestos para esta intervención "informadora", según estuviera referida a "las disposiciones aceptadas" o a "las disposiciones no aceptadas". En el primer caso el informe debía emitirse con periodicidad bienal, y debía reflejar el grado de cumplimiento de dichas disposiciones en los términos en que los Estados las hubieran aceptado (bien en el momento de ratificación o aprobación de la CSE, bien en una notificación posterior). La segunda clase de informe, mucho más abierto o flexible, podía realizarse a "intervalos apropiados" y a petición del Comité de Ministros, del que dependía tanto su periodicidad como lo referente a su forma. En todo caso, los informes debían remitirse para su examen al entonces denominado «Comité de Expertos», inicialmente compuesto

---

759 Piénsese en el Comité de Libertad Sindical de la OIT o el Comité de Derechos Económicos, Sociales y Culturales de la ONU (que actúa conforme al Protocolo Facultativo aprobado por Resolución A/RES/63/117 adoptada el 10 de diciembre de 2008).

por siete personas "independientes" nombradas para un mandato de seis años renovable, y en cuyas deliberaciones ya se preveía la participación de un representante de la OIT a título consultivo[760]. Tanto los informes de las Partes Contratantes como las conclusiones del Comité de Expertos se sometían después a examen del Comité Social Gubernamental del Consejo de Europa, cuyas conclusiones posteriormente se elevaban al Comité de Ministros. Tras un trámite previo de consulta ante la Asamblea Consultiva, dicho Comité podía efectuar "las recomendaciones que estime pertinentes a cada una de las Partes Contratantes" (art.29), individualizadas o de forma conjunta.

Este mecanismo, en el que la palabra última queda como hemos podido apreciar en manos de un órgano compuesto por representantes de los Estados, fue perfeccionándose con el paso del tiempo, en parte por las reformas introducidas en la Carta con el Protocolo de 1991 y en parte por la propia labor de aquel Comité de Expertos, que fue cobrando cada vez mayor grado de protagonismo y que a través de sus reglamentos internos fue desmenuzando y enriqueciendo su procedimiento de actuación. Ya vimos que el Protocolo de Turín de 21 de octubre de 1991 se dedicó específicamente a esos medios de supervisión mediante el examen de las actuaciones estatales y la consiguiente emisión de informes, y supuso, en resumen, el añadido de nuevos trámites al procedimiento inicial (especialmente a propósito de los actos de recepción y remisión de informaciones y observaciones a través del Secretario General del Consejo), la especificación de las funciones, la composición y el estatuto jurídico del ahora denominado "Comité de Exper-

---

760 De los informes previstos en los artículos 21 y 22 de la CSE cada una de las Partes Contratantes había de dar copia a las organizaciones nacionales pertenecientes a las organizaciones internacionales de trabajadores y empleadores invitadas a formar parte del Subcomité del Comité Social Gubernamental, para que enviaran al Secretario General sus eventuales observaciones (art.23 CSE de 1961).

tos Independientes", la ampliación y aclaración del papel del también renombrado "Comité Gubernamental" y la precisión de las resoluciones y decisiones del Comité de Ministros en la fase final de los informes. En realidad, era un adelanto de las novedades que posteriormente ofrecería el texto revisado de 1996 respecto de la Carta de 1961, una operación que unos años más tarde se repetiría en relación con el Protocolo de 22 de junio de 1995, que había puesto en marcha un nuevo procedimiento de supervisión (el de "reclamaciones colectivas") y que también fue insertado en el cuerpo básico de la Carta con motivo de su nueva versión.

En la CSE de 1996, el cumplimiento de las obligaciones jurídicas asumidas por los Estados quedaba sometido "a la misma supervisión que la Carta Social Europea" (artículo C de la Parte IV), bien es verdad que con las modificaciones operadas "por el Protocolo de Turín de 1991" en lo que se refiere al procedimiento de informe y, aunque no se explicitara en esos pasajes, por el Protocolo de 1995 en lo que respecta al nuevo procedimiento de reclamaciones colectivas, del que después nos ocuparemos. Ello suponía el mantenimiento del sistema de informe, que en cualquier caso fue sometido a ciertas modificaciones y mejoras, bien es verdad que sin variar su esencia. Pero la Carta de 1996 también dio recepción al Protocolo de 1995, que había implantado una vía adicional de control, algo más directa y sofisticada, mediante el denominado procedimiento de reclamaciones colectivas. De ese modo, la labor de seguimiento de la Carta de 1996, a diferencia de la de 1961, se desplegaba ya a través de dos cauces diferentes, que presentaban ciertos puntos en común pero que descansaban en trámites diferenciados y que no tenían el mismo objeto, más allá de aquella finalidad común de supervisión de la actuación de los Estados. Seguía siendo ésta, y no otros posibles actos o comportamientos de otros sujetos, el objeto de control. Seguía siendo la actividad legislativa o administrativa del Estado el centro de atención, no el ejercicio del derecho por parte de sus destinatarios o beneficiarios.

Como hemos dicho, con la versión de 1996 se introdujeron ciertas novedades de relevancia en el procedimiento tradicional de control, esto es, en el procedimiento de informe. Los cambios, más bien formales e instrumentales, afectaron tanto a la fase de preparación y tramitación de los informes por parte de la Secretaría General del Consejo[761], como a los trámites de intervención del "Comité Gubernamental", al que se atribuyeron mayores tareas y facultades de dirección y desarrollo del proceso, pues en su trámite de examen de los informes había de dar audiencia de nuevo a determinadas organizaciones representativas de intereses[762] y, en su función básica de preparación de las decisiones del Comité de Ministros, podía

[761] El Secretario General había de remitir copia del informe como máximo a dos organizaciones internacionales de empleadores y a dos organizaciones internacionales de trabajadores para que enviaran "observadores a título consultivo a sus reuniones", y también podía remitirla "a las organizaciones internacionales no gubernamentales dotadas de estatuto consultivo ante el Consejo de Europa y especialmente calificadas en las materias reguladas por la presente Carta". Asimismo, podía decidir la puesta a disposición "de quien los solicite" de los informes y observaciones, así como la publicidad de las conclusiones del Comité de Expertos Independientes. También podía "ponerse en contacto directamente con las Partes Contratantes para solicitar información y aclaraciones complementarias", o, de considerarlo necesario, celebrar reuniones de oficio o a instancia de esos afectados.

[762] Según el artículo 27 de la CSE de 1996, el Comité Gubernamental, compuesto al igual que en su precedente de representantes de los Estados, "invitará, como máximo, a dos organizaciones internacionales de empleadores y a dos organizaciones internacionales de trabajadores, para que envíen observadores a título consultivo a sus reuniones", y "podrá, además, convocar para consulta a representantes de organizaciones internacionales no gubernamentales reconocidas como entidades consultivas por el Consejo de Europa y

seleccionar las situaciones merecedoras de recomendaciones de índole social o económica y proponer a dicho órgano la realización de estudios sobre cuestiones sociales o la reforma del articulado de la propia Carta[763]. Otros cambios estuvieron referidos a la composición y la actuación del "Comité de Expertos Independientes" y al estatuto jurídico de sus miembros, en los términos que luego especificaría su reglamento interno. El procedimiento, en cualquier caso, sigue iniciándose con las labores de gestión del secretario General y, más propiamente, con la entrada en escena de ese grupo de expertos independientes y, tras su paso por el Comité Gubernamental y los trámites pertinentes, concluye con la intervención del Comité de Ministros, que con base en el informe final ("que se hará público"), debe adoptar ("por dos tercios de los votantes") "una resolución relativa al conjunto del ciclo de control" (con recomendaciones individuales para las Partes Contratantes), y, a la vista de las propuestas del Comité Gubernamental, "las decisiones que estime oportunas" (art.28)[764]. La valoración de la actuación de los Estados seguía siendo objeto de "recomendación", mientras que la "decisión" se dejaba para esas eventua-

---

que tengan especial competencia en las materias reguladas por la presente Carta".

763 El Comité podía preparar las decisiones del Comité de Ministros y seleccionar de forma motivada "aquellas situaciones que, a su juicio, deberían ser objeto de recomendaciones dirigidas a las Partes Contratantes interesadas", sobre la base de consideraciones de política social, económica y de otra índole. También podía "presentar propuestas al Comité de Ministros, a fin de que se inicien estudios sobre cuestiones sociales y sobre artículos de la Carta que podrían ser actualizados".

764 Según el artículo 29 de la CSE de 1996, tanto los informes del Comité de Expertos Independientes y del Comité Gubernamental, como las resoluciones del Comité de Ministros, deben ser remitidos por el Secretario General del Consejo de Europa a la Asamblea Parlamentaria "con vistas a los debates periódicos en sesión plenaria".

les acciones internas de estudio o regulación concernientes al propio Consejo de Europa.

Con posterioridad, se han producido algunas otras modificaciones de interés en ese mismo procedimiento de informe, siempre en aquella senda de mayor precisión y previsión. Mediante sucesivas decisiones del Comité de Ministros del Consejo de Europa, y, sobre todo, a partir de un acuerdo de 2006, se introdujeron cambios de cierta profundidad tanto en ese sistema como en el reglamento de funcionamiento del mencionado órgano supervisor[765]. En su configuración actual, el informe que deben presentar los Estados tiene periodicidad anual (en lugar de bienal), y debe quedar ceñido, además, a cada uno de los cuatro bloques temáticos diseñados a estos efectos (empleo, formación e igualdad; salud, seguridad social y protección social; derechos relacionados con el trabajo; niños, familias y migrantes), que deben ser atendidos de forma rotatoria durante el periodo de cuatro años. No obstante, no ha variado la esencia de esta primera modalidad de supervisión consistente en la emisión de informes, que, tras su pertinente análisis, junto con el de las alegaciones que puedan presentar las entidades interesadas y legitimadas, dan lugar a unas "conclusiones" sobre la "conformidad" o "no conformidad" del ordenamiento interno con la Carta respecto de cada concreto precepto.

Ahora bien, esas conclusiones no implican el enjuiciamiento propiamente dicho de actos o decisiones concretas, ni conllevan en sí mismas la posibilidad de imponer sanciones en su sentido más estricto. Tampoco incluyen instrumentos de sufi-

---

765 El acuerdo de 2006 puede consultarse en la dirección https://search.coe.int/cm/Pages/result_details.aspx?ObjectID=09000016805d7f05). Para mayor información también puede consultarse la página web del Consejo de Europa (https://www.coe.int/en/web/european-social-charter/reporting-system).

ciente fortaleza como para exigir a los Estados, a raíz del correspondiente informe, una respuesta inmediata y taxativa en el campo de la legislación o de la acción política o administrativa, más allá de la recomendación de rigor. Todo ello, lógicamente, reduce el grado de efectividad de la Carta y del propio procedimiento de supervisión, pues en alguna medida el cumplimiento de la primera y los resultados del segundo vienen a quedar en manos de la diligencia o receptividad "política" del Estado en cuestión; en efecto, el procedimiento de control a través de informes no contempla sanciones económicas ni exigencias de modificación legal inmediata a resultas de los incumplimientos detectados, lo que desde luego perjudica la efectividad de la Carta, porque el cumplimiento depende, en buena medida, de la «libre decisión del Estado»[766]. Así lo ha puesto en evidencia la reforma del sistema de informes en el año 2022, mediante la incorporación de unos novedosos informes *ad hoc* para abordar problemáticas nuevas o de carácter transversal, tratando de reforzar la efectividad de este mecanismo de supervisión, pero haciendo patente el carácter de *soft-law* de sus dictados. En especial, la reforma trata de intensificar el diálogo entre los órganos encargados del control y los Estados implicados en el asunto, bien es verdad que con la particularidad de que tras una eventual declaración de no conformidad en el marco del procedimiento de reclamaciones colectivas, seguida de la pertinente recomendación del Comité de Ministros, el Estado afectado ha de presentar un informe de seguimiento en el plazo de dos años. De todos modos, aunque se contemple ese mecanismo de consultas para favorecer el cumplimiento efectivo de estas singulares resoluciones, no debe perderse de vista que la persistencia en el incumplimiento por parte del Estado no conduce, en último término, más que a una «renovación de

766 Cfr. RODRÍGUEZ-PIÑERO Y BRAVO-FERRER, M., "La Carta Social Europea y su puesta en práctica", *Revista de Instituciones Europeas*, nº 1, 1978, pág. 75.

la recomendación», pues ciertamente el Comité de Ministros carece de instrumentos coercitivos, habida cuenta que la Carta no se los proporciona[767].

Eso no quiere decir, en todo caso, que deba menospreciarse el valor de las recomendaciones y de las restantes decisiones del Comité de Ministros a resultas de los informes del CEDS, pues no cabe duda de que pueden influir en la imagen proyectada por los Estados tanto hacia el exterior como hacia su propia población, además de constituir una variable de relevancia en el ámbito de las relaciones políticas y gubernamentales entre los "socios" del Consejo y entre esta institución supranacional y el Estado en cuestión, a los efectos oportunos. Cabe pensar, por ello, que el sistema de informes, pese a su aparente fragilidad, puede ayudar considerablemente a la observancia progresiva y paulatina de los derechos y principios enunciados por la Carta. Ahora bien, conviene dejar constancia de que, por lo general, las recomendaciones del Comité de Ministros no se caracterizan por ser particularmente prolijas ni concretas, sino que suelen consistir en una fórmula de estilo que remite a las conclusiones del CEDS, por lo que no aportan especial valor añadido (*«The Committee of Ministers [...] recommends that governments take account, in an appropriate manner, of all the various observations made in Conclusions [...] of the European Committee of Social Rights and in the report of the Governmental Committee»*)[768].

---

767 Modificación adoptada con fecha de 27 de septiembre de 2022 [CM(2022)114-final (https://search.coe.int/cm?i=0900001680a8412f)].

768 Por ejemplo, y en relación con España, vid. *Resolution CM/ResChS (2013) 4 on the implementation of the European Social Charter (Conclusions XIX-4 (2011), provisions related to "Children, families, migrants") (Adopted by the Committee of Ministers on 27 March 2013 at the 1166th meeting of the Ministers' Deputies).*

5. El procedimiento especial de reclamaciones colectivas

Debemos recordar, por otra parte, que desde el Protocolo de 1995 ese sistema clásico de supervisión se ha visto acompañado por el procedimiento de reclamaciones colectivas, que añade algún grado de exigencia y que poco después fue asumido por la propia Carta, bien es cierto que sólo en su versión de 1996 (a través del artículo D de su Parte IV)[769]. Según se aclara en los primeros pasajes de dicho precepto, el entonces novedoso procedimiento de reclamaciones colectivas quedó afecto en primer término "a las obligaciones contraídas en aplicación de la presente Carta para los Estados que hayan ratificado el citado Protocolo", mientras que los restantes Estados podían aceptar su aplicación a las obligaciones asumidas en virtud de la Carta de 1996, "en el momento del depósito de su instrumento de ratificación, aceptación o aprobación de la presente Carta o en cualquier fecha posterior,...mediante notificación dirigida al Secretario General del Consejo de Europea". De esas previsiones se deducen tres posibles supuestos de aplicación del procedimiento de reclamaciones colectivas en los momentos actuales: el de aquellos países que hubieran ratificado el Protocolo de 1995 antes de la entrada en escena de la Carta de 1996 revisada; el de los países que se hayan adherido a la Carta de 1996 con declarada sujeción a dicho procedimiento, y el de los países que ratifiquen el mencionado Protocolo tras la entrada en vigor de la Carta sin adherirse a ésta[770]. El acervo de com-

---

769 Según su artículo 11, los preceptos del Protocolo referidos al procedimiento de reclamaciones colectivas "serán también de aplicación a los artículos de la Parte II del primer Protocolo Adicional a la Carta respecto de los Estados Partes en dicho Protocolo, en la medida en que se hayan aceptado dichos artículos".

770 Es el caso de Croacia, que ratificó el protocolo en 2003. La lista de países que han ratificado ese instrumento puede consultarse en https://www.coe.int/en/web/conventions/full-list/-/conventions/treaty/158/signatures?p_auth=EPvp9DPR, en contraste con

promisos susceptibles de supervisión mediante reclamaciones colectivas puede variar, por lo tanto, según comprenda o no lo dispuesto en la Carta de 1996. Por otro lado, y como acabamos de decir, también cabe la posibilidad de ratificar la Carta de 1996 sin hacer lo propio con el Protocolo de 1995 y sin sumarse por lo tanto al procedimiento de reclamaciones colectivas.

A pesar de que propicia mayores ocasiones para el contraste de posiciones y pareceres entre los organismos de supervisión y los sujetos implicados (mediante un trámite específico de "audiencia", por ejemplo), el procedimiento de reclamaciones colectivas no difiere sustancialmente del procedimiento de informe en su desarrollo, aunque sí se diferencia del mismo en su puesta en marcha, en su objeto y, como efecto de todo ello, en el contenido de su resolución. Por lo pronto, no es un procedimiento que dependa en su funcionamiento de la maquinaria interna del Consejo de Europa, pues se activa a instancia de parte interesada. Por ello, el primer paso no podía ser otro que la identificación de los sujetos legitimados para ejercer tal acción. Acorde con la denominación del procedimiento, el Protocolo de 1995 opta por una legitimación orgánica, residenciada en organizaciones representativas de intereses colectivos. Era previsible que entre ellos se tuvieran en cuenta antes que nada los intereses de carácter profesional, pero el contenido de la Carta ofrece suficiente base para atender también otros intereses de dimensión social. Según la regulación de referencia, se reconoce el derecho a poner en marcha este procedimiento a varios tipos de sujetos colectivos, todos ellos, por lo que cabe suponer, de base asociativa, con la exclusión por lo tanto de lo que podemos llamar representaciones pro-

---

la lista de ratificaciones de la Carta revisada (https://www.coe.int/en/web/conventions/full-list/-/conventions/treaty/163/signatures?p_auth=EPvp9DPR). A ese listado han de incorporarse los Estados, como España, que en la fase de ratificación de la Carta revisada han aceptado obligarse por el Protocolo.

fesionales de ámbito empresarial como los comités o consejos de trabajadores, con independencia de que se constituyan o no por procedimientos electorales o de que tengan carácter permanente o de que, en cambio, se conformen *ad hoc* para casos o momentos concretos. Entre los sujetos legitimados cabe distinguir a su vez dos grandes tipos: por un lado, organizaciones de carácter internacional de algún modo "reconocidas" por el Consejo de Europa, que pueden ejercer una legitimación por así decir general o de defensa "institucional" de la Carta; por otro lado, organizaciones de ámbito nacional, que se tienen que corresponder en su ámbito territorial de actuación con el Estado supuestamente incumplidor y que ejercen esta facultad para velar por la observancia de la Carta en su sistema nacional. Dentro de este segundo apartado cabe distinguir a su vez entre organizaciones legitimadas directamente por el Protocolo de 1995 y organizaciones que pueden obtener esa ventaja por reconocimiento del Estado de referencia. En términos más generales, debe distinguirse entre organizaciones sindicales, que tienen legitimación por su propia naturaleza, y organizaciones "no gubernamentales", que la tienen "únicamente respecto de las materias en las que se les haya reconocido especial competencia"[771].

---

771 El Protocolo de 1995 legitima, concretamente, a las organizaciones internacionales de empleadores y de trabajadores que también están legitimadas para participar en el procedimiento de informe; a las organizaciones nacionales representativas de empleadores y de trabajadores "sometidas a la jurisdicción de la Parte Contratante contra la que se dirige la reclamación", y a las organizaciones internacionales no gubernamentales reconocidas como entidades consultivas por el Consejo de Europa "que figuren en la lista elaborada a tal fin por el Comité Gubernamental". Junto a ellas, todo miembro del Consejo de Europa adherido a este procedimiento podrá reconocer esa misma facultad, en relación con sus actuaciones, "a cualquier otra organización nacional no gubernamental representativa dentro de su jurisdicción que tenga especial competencia en las materias reguladas por la Carta".

El objeto de este procedimiento también está más acotado que en el sistema tradicional de informe. Si en aquel otro caso se perseguía una valoración general y periódica de la actuación del Estado (aunque a partir de las últimas reformas tal revisión se haya fragmentado y distribuido por materias o sectores funcionales), en el procedimiento de reclamaciones colectivas se supervisa una denuncia acerca de "la aplicación insatisfactoria de la Carta". Aunque la fórmula no es del todo precisa, es evidente que no se trata ya de hacer un seguimiento sistemático o planificado de la actividad del Estado, sino de una intervención circunstancial suficientemente concreta que permita apreciar un incumplimiento estatal de los compromisos asumidos en virtud de la Carta, en el bien entendido de que los promotores de esta acción podrán denunciar un solo incumplimiento o varios, pues en una y otra hipótesis podemos estar ante el supuesto de "aplicación insatisfactoria". Probablemente la actividad estatal más expuesta a este tipo de denuncias sea la de carácter legislativo, puesto que es la producción normativa la que parece estar más ligada a la cumplimentación de los compromisos nacidos de la Carta. Pero, naturalmente, cabe hablar también de aplicación insatisfactoria en relación con la actividad administrativa o de organización y prestación de servicios. Aunque nada se puede descartar, no parece que haya mucho espacio, por el contrario, para imputar esa circunstancia deficitaria o negativa al estado de la negociación colectiva de un país, pese a que los acuerdos y convenios colectivos pueden actuar como cauce de cumplimiento de las directrices laborales de la Carta. Mucho podría hablarse, por lo demás, del posible alcance del concepto "aplicación insatisfactoria", en gran medida indeterminado. Cabe pensar, en todo caso, que la reclamación colectiva puede abarcar tanto incumplimientos en sentido estricto como deficiencias o negligencias en el cumplimiento que alcancen suficiente entidad.

Si en el procedimiento de informe los plazos se disuelven en realidad en la idea más general de propiciar una supervisión periódica o sistemática, en el de reclamaciones colectivas hay argumentos para pensar que la fijación de un plazo de denuncia actúa de modo mucho más determinante para la viabilidad de los pertinentes trámites de supervisión. Aunque el Protocolo de 1995 no se detenga en este punto, ello no es óbice para entender que la denuncia deberá hacerse en todo caso en un plazo razonable desde la emergencia de la cuestión suscitada, pues no tiene sentido tolerar de manera indefinida o prolongada una situación que se considera injusta o inaceptable y, en un momento dado, y de modo más o menos repentino, optar por promover una reclamación que en tales términos habría que tachar de oportunista. En todo caso, el Protocolo de 1995 sí se ocupa de algún otro aspecto procedimental. Precisa en este sentido que la reclamación se ha de presentar por escrito, que debe referirse a una disposición de la Carta que hubiera sido "aceptada" por la Parte Contratante "afectada", y que debe especificar "en qué medida dicha Parte no ha garantizado la aplicación satisfactoria de dicha disposición". Debe dirigirse al Secretario General del Consejo, que tiene en tal caso la obligación de remitirla inmediatamente al CEDS y notificar tal trámite a la Parte Contratante implicada. El Comité puede solicitar información y observaciones sobre la admisibilidad de la denuncia tanto a la Parte Contratante concernida por esa acción como a la organización promotora de la reclamación[772];

---

[772] Según el Reglamento del CEDS las reclamaciones colectivas deben redactarse en una de las lenguas oficiales del Consejo de Europa, aunque también puede hacerse en la lengua del país de referencia si proceden de organizaciones nacionales. Los Estados cuentan con legitimación para participar a través del representante nombrado al efecto, que puede ser asistido por consejeros. Las organizaciones profesionales o de intereses sociales legitimadas para participar pueden hacerlo a través del representante que designen a tales efectos, y pueden asistirse asimismo de consejeros. Las reclamaciones se registran y atienden por orden de llegada. De oficio o a instancia de parte puede decidir la acumulación de dos o más reclamaciones,

una vez admitida, la reclamación debe notificarse a las Partes Contratantes a través del Secretario General, y el Comité debe pedir al Estado afectado y a la organización actuante "todas las aclaraciones o informaciones escritas que procedan", en un plazo cuya fijación queda a su criterio y dentro del cual las demás Partes Contratantes también pueden presentar "las observaciones que deseen formular"[773]. Sobre la base de todos estos trámites de aclaración, información u observación, la Parte Contratante afectada y la organización promotora de la re-

---

sin que el examen de una prejuzgue necesariamente el de las restantes. Para cada reclamación se designa un ponente, que dirige el procedimiento y prepara un proyecto sobre su admisibilidad y en su caso sobre el fondo del asunto, que serán adjuntados al informe que finalmente se habrá de remitir al Comité de Ministros. Al Comité compete pronunciarse sobre la admisibilidad o no de la queja, pero con anterioridad el presidente del CEDS puede pedir al Estado afectado observaciones sobre la admisibilidad de la queja y, si lo estimara razonable, una memoria sobre el fondo del asunto, y de todo ello puede dar cuenta a la organización promotora de la queja para que se pronuncie sobre ello si lo considera pertinente. Las decisiones del Comité sobre admisibilidad o no admisibilidad, que pueden incluir votos particulares, deben ser motivadas y deben publicarse en la página web del Consejo de Europa, que vale como notificación a la organización promotora y al Estado afectado; de ser positivas, deben comunicarse a los países firmantes de la Carta Social revisada sometidas a ese procedimiento. Cualquier reclamación puede ser excluida en el curso de su examen si no cumple las condiciones para su examen.

773 Cuando la reclamación haya sido presentada por una organización nacional de empleadores o de trabajadores u otra organización nacional o internacional no gubernamental, el CEDS debe notificarla "a las organizaciones internacionales de empleadores y de trabajadores mencionadas en el apartado 2 del artículo 27 de la Carta, a través del Secretario General, invitándoles a presentar sus observaciones dentro del plazo que el Comité establezca".

clamación podrán presentar otras informaciones u observaciones, por escrito y en el plazo que a tal fin establezca el CEDS[774].

Durante el desarrollo de ese procedimiento escrito (y hasta dos semanas después de su cierre formal según su Reglamento), el propio CEDS "podrá organizar una audiencia con los representantes de las partes", de oficio o a petición de alguna de las partes, cuando proceda al examen de la reclamación. La audiencia será pública, salvo que el presidente decidiera otra cosa, y a ella habrán de ser invitados al mismo tanto el Estado afectado como la organización promotora de la queja, así como las organizaciones y Estados que con ocasión de observaciones hubieran mostrado su apoyo o rechazo a la queja. En cualquier fase del procedimiento el Comité de forma motivada y con notificación a las partes podrá tomar todas aquellas *mesures immédiates* que entienda necesarias para evitar perjuicios o daños irreparables a las personas afectadas, de oficio o a petición de parte[775]. En las deliberaciones sobre el fondo del asunto sólo

---

774 Admitida a trámite la reclamación, el Comité debe pedir al Estado afectado memoria por escrito sobre la fundamentación, y a la organización promotora réplica de la misma en iguales condiciones. Tras ello se invita al estado a nueva réplica. Dentro de las competencias generales de su cargo, el presidente del Comité también puede extender el plazo inicialmente previsto para el examen del asunto y puede adoptar *toute mesure nécessaire* a la vista del desarrollo del procedimiento, entre ellas la convocatoria de reuniones suplementarias. A la vista de ello, puede dar por cerrado el procedimiento escrito y notificarlo a las partes. Una vez cerrado, no se admite documentación adicional salvo excepcionalmente y por motivos justificados. Los Estados parte del Protocolo y los firmantes de la Carta revisada son invitados a formular observaciones dentro de plazo que se fije al efecto, y las organizaciones internacionales de empresarios y trabajadores lo son respecto de reclamaciones formuladas por organizaciones nacionales. Toda observación e información recibida se comunica a la promotora de la reclamación y al Estado afectado.

775 Cuando sea la organización promotora de la queja la solicitante de las "medidas inmediatas" debe precisar los motivos, las consecuen-

pueden participar los miembros presentes del Comité, con la precisión de que aquel que no tomare parte en fases esenciales de la deliberación no podrá participar en la votación. A resultas de todo ello el CEDS debe elaborar un informe acerca de las medidas adoptadas en su seno para efectuar el examen de la reclamación, acompañado de sus conclusiones "sobre si la Parte Contratante afectada ha garantizado o no la aplicación satisfactoria de la disposición de la Carta a que se refiere la reclamación". En dicho informe (formalmente denominado "decisión"), que debe ser firmado por presidente, ponente y secretario ejecutivo y puede llevar votos particulares, debe figurar un pronunciamiento sobre el fondo de la reclamación. Luego debe ser remitido al Comité de Ministros, a la organización firmante de la reclamación, a las Partes Contratantes en la Carta ("que no estarán facultadas para publicarlo") y a la Asamblea Parlamentaria. Se debe hacer público simultáneamente a la resolución que sobre la base del informe del CEDS adopte el Comité de Ministros "por mayoría de los votantes" o, en su caso, antes de que transcurran cuatro meses desde su remisión a ese órgano[776]. Si el CEDS concluyera que "la Carta no se ha aplicado de forma satisfactoria", el Comité de Minis-

---

cias probables si no se adoptan, y la clase de medidas que se requieren. Una copia de ello se manda al Estado afectado, al que se da plazo para que informe sobre el grado de implementación de esas medidas.

776 Según el Reglamento del CEDS, el informe debe trasladarse a las partes del procedimiento (que no pueden publicarlo hasta que finalice todo) y al Comité de Ministros, que la hace pública cuando adopta su resolución, o como muy tarde cuatro meses después de que se le enviara el informe. Todos los documentos registrados en relación con la queja, incluida la memoria, réplica o información adicional, son publicadas desde su transmisión al Comité, salvo que éste decida otra cosa. No son públicos en cambio los documentos de uso interno en las deliberaciones del Comité. Hecha pública la resolución, se publica en página web del Consejo de Europa, que vale como transmisión a la Asamblea Parlamentaria.

tros adoptará, por mayoría de dos tercios de los "votantes" (las partes Contratantes), "una recomendación dirigida a la Parte Contratante afectada".

Cuando el informe del CEDS plantee "nuevas cuestiones", el Comité de Ministros podrá decidir, a solicitud de la Parte Contratante afectada y por mayoría de dos tercios de esos mismos componentes, "consultar al Comité Gubernamental". La Parte Contratante afectada deberá informar sobre las medidas que hubiera adoptado para poner en práctica la recomendación del Comité de Ministros "en el siguiente informe que presente al Secretario General de conformidad con el artículo 21 de la Carta". En este punto, como puede apreciarse, vienen a coincidir los dos procedimientos de supervisión, pues en uno y otro caso (en el de informe y en el de reclamaciones colectivas) se deja en manos del Estado la respuesta a la recomendación del Consejo, que, obviamente, tendrá que ser acorde con los términos de la recomendación. Lo más probable es que el Estado afectado tenga que cumplimentar tales indicaciones mediante algún tipo de reforma normativa o mediante su actividad administrativa de impulso, fomento o gestión. En todo caso, y aunque no se hayan articulado vías específicas de ejecución[777], los Estados suelen cumplir las recomendaciones del Comité de Ministros relativas a estos procedimientos de reclamación colectiva[778].

---

777 Vid. C. SALCEDO BELTRÁN, "Reformas legislativas, incumplimientos de la Carta Social Europea y su invocación en los órganos judiciales", *Colección Actualidad (Centro de Estudios Andaluces)*, núm.73 (2015), pp.11 y ss.; G. GARCÍA GONZÁLEZ, "La recepción de la Carta Social Europea en el ordenamiento español: aspectos jurídicos, políticos e institucionales (1978-2018)", *RMESS*, núm.137 (2018), pp.48 y ss.

778 Vid. C. SALCEDO BELTRÁN, "El procedimiento de reclamaciones colectivas como paradigma del constitucionalismo y la justifica social (*nullum ius sine actione*)", *RGDTSS (iustel)*, núm. 57 (2020) y "La Carta Social Europea y el procedimiento de reclamaciones colectivas:

Da la impresión, en definitiva, de que el procedimiento de reclamaciones colectivas, particularmente en su modo de finalización, quiere aproximarse al procedimiento que se sustancia ante el TEDH, pero no cabe duda de que mantiene, pese a todo, notables e insuperables diferencias con los procesos que se sustancian ante esta instancia jurisdiccional. De la misma manera, el CEDS parece presentarse a sí mismo como una especie de órgano jurisdiccional encargado de dirimir una controversia planteada entre dos partes, aunque una de esas partes –la demandante, si se quiere- no sea la víctima de un perjuicio ni ostente representación, en sentido civil o procesal, de los potenciales perjudicados. Sea como fuere, lo cierto es que mientras que la valoración final en el procedimiento de informes se incorpora a unas "conclusiones", en el caso del procedimiento de reclamaciones colectivas la conclusión recibe expresamente el nombre de "decisión" y adopta un formato muy similar al de una sentencia del TEDH, aunque, desde luego, su virtualidad jurídica y los efectos que puede desplegar sobre las normas internas sean muy diferentes.

6. Naturaleza y virtualidad de la doctrina de supervisión de la Carta

Como hemos podido comprobar, los procedimientos de supervisión y control de la Carta no son equiparables a los procesos jurisdiccionales. Es cierto que el procedimiento especial de

---

un nuevo y excepcional escenario en el marco legislativo laboral", *Trabajo y Derecho*, núms.91-92 (2022); D.A. SÁNCHEZ PUERTA, "La tutela multinivel de los derechos laborales: el protocolo de reclamación colectiva ante el Comité Europeo de Derechos Sociales", *Documentación laboral*, núm.127 (2022), pp.163-180: J.M. BELORGEY, "La Carta Social Europea del Consejo de Europa y su órgano de control: el Comité Europeo de Derechos Sociales", *Revista de Derecho Político*, UNED, núm.70 (2007), pág.358.

reclamaciones colectivas supone un avance respecto de los trámites ordinarios de supervisión, en tanto que aporta al Consejo de Europa técnicas más especializadas y con mayor posibilidad de enjuiciamiento para verificar el grado de cumplimiento de la Carta por parte de los Estados miembros. Por decirlo así, añade un control externo y reforzado al que desde su versión original –la de 1961– venía proporcionando dicho instrumento internacional a través del mecanismo de informe, que ciertamente respondía más bien –y sigue siendo así– a una programación y a unos resortes de puro orden interno. También es verdad que la reclamación colectiva permite una reacción más directa e inmediata por parte de los sectores afectados ante actuaciones estatales concretas o más localizadas en el tiempo o el espacio, con una mayor capacidad por lo tanto para hacer frente a eventuales incumplimientos o ante la hipótesis de una aplicación deficiente de la Carta. Es un procedimiento que incorpora, en fin, algunos elementos de singular relevancia para la valoración de los hechos y la salvaguarda de los derechos presuntamente lesionados, como la apertura de un trámite de audiencia a las partes interesadas, la consiguiente oportunidad para la práctica de la "contradicción" propia de los procesos judiciales, y la posibilidad de adopción de medidas cautelares.

Pero, pese a todos esos avances respecto de los trámites más clásicos, no debe perderse de vista que en el procedimiento de reclamaciones colectivas el examen de la queja sigue correspondiendo a los mismos órganos que en el procedimiento de informe, que la labor de supervisión sigue sustanciándose en uno y otro caso a través de una operación de investigación interna basada en informaciones, aclaraciones u observaciones, y, finalmente, que, de constatarse el incumplimiento denunciado, el procedimiento concluye de nuevo con una recomendación del órgano de gobierno del Consejo de Europa (el Comité de Ministros) al Estado infractor, de cuya ejecución habrán de ocuparse una vez más las propias autoridades nacionales, que también deberán rendir cuentas ante las instancias supranacionales con ocasión de subsiguientes informes y procedimientos de control. Hay, pues, elementos estructurales que pertenecen a ambos procedimientos y de los que resulta un alto grado de similitud y equivalencia entre uno y otro, aunque evidentemente no sean procedimientos del todo equiparables.

Por otra parte, ni la denuncia que pone en marcha el procedimiento de reclamaciones colectivas puede equipararse a una demanda o reclamación formal de derechos por parte de sus titulares últimos (los trabajadores y los beneficiarios de la política social del Estado), ni en la promoción del procedimiento subyace una disputa entre quienes son parte de una relación jurídica (ni siquiera una controversia de las que en nuestra experiencia nacional conocemos como "conflictos colectivos"), ni su activación requiere agotamiento de las vías nacionales previas, porque no es un procedimiento con carácter jurisdiccional[779]. Tampoco puede hablarse de actos procesales propiamente dichos en su tramitación (pese a la referida fase de "audiencia" o la posible adopción de medidas cautelares), ni el órgano competente para el enjuiciamiento tiene la naturaleza de tribunal, ni la resolución final se puede equiparar a una sentencia. No se trata, en definitiva, de un instrumento de garantía jurisdiccional, ni tampoco de un proceso de tutela judicial, ni es, desde luego, un cauce de solución (o revisión) de litigios entre el titular del derecho y el sujeto obligado a satisfacerlo (entre trabajador y empresario, o entre el beneficiario y el sistema de seguridad social, por poner un par de ejemplos). Sigue siendo un medio de supervisión de la actuación del Estado por parte de la organización supranacional a la que pertenece, que, por lo demás, se focaliza en los compromisos

---

779 Vid. A. ÚBEDA DE TORRES, "La Carta Social Europea: una visión de los procedimientos de seguimiento", en R. CANOSA USERA y E. CARMONA CUENCA, *La Europa de los Derechos Sociales: la Carta Social Europea y otros sistemas internacionales de protección*, Tirant lo Blanch, Valencia, 2024, pp. 36 ss.

de política social previamente asumidos por las instituciones nacionales ante esas instancias externas y no en un litigio entre particulares. Es la política del Estado la que se supervisa, no la actuación de una empresa respecto de un trabajador, por decirlo de modo más gráfico. También el TEDH revisa la actuación del Estado, pero con la notable diferencia de que su intervención se produce a raíz de un proceso judicial previamente desarrollado en el país de referencia.

Si bien se mira, el procedimiento de reclamaciones colectivas se configura como un cauce de control que en su tramitación (compuesta por una fase de investigación seguida de una fase de resolución) se parece más a un expediente administrativo que a un proceso judicial, y que desde la perspectiva de su función objetiva presenta más similitudes con una intervención de tipo político que con la típica función dirimente de los órganos jurisdiccionales, de lo cual es buena prueba, por lo demás, el hecho de que en su desarrollo también se dé participación al Comité Gubernamental del Consejo de Europa. Salvando debidamente las distancias entre ellos, tanto en el procedimiento de informe como en el de reclamaciones colectivas parecen primar en mayor medida los ingredientes propios de una intervención o supervisión de carácter fiscalizador o contable que los elementos propios de la administración de justicia, aunque, como es natural, no se trate en nuestro caso de revisar decisiones de contenido económico o presupuestario sino acciones u omisiones de otro orden. A la postre, es una forma de autocontrol o control interno por parte del Consejo de Europa, una organización que transmite mandatos a los Estados que lo componen y que se encarga asimismo de verificar su cumplimiento. De todo ello puede sacarse la conclusión, por otra parte, de que son muchas y muy profundas las diferencias entre estos mecanismos de aplicación de la Carta y las competencias atribuidas al Tribunal Europeo de Derechos Humanos, que, como hemos dicho, también supervisa la actuación de los Estados, pero centrándose en la idoneidad y capacidad de respuesta de su sistema judicial y partiendo de una base litigiosa en su sentido más puro.

Es verdad que los mecanismos de supervisión de la CSE, y particularmente el procedimiento de reclamaciones colectivas, permiten –al igual que la labor propiamente jurisdiccional– la elaboración y emisión de pautas de interpretación y aplicación del texto de referencia. Pueden ser, además, pautas de valor indiscutible. Sirven por supuesto para reforzar la observancia de la Carta por parte de los Estados miembros del Consejo de Europa y son de provecho asimismo para su comprensión y su adecuado conocimiento desde cualquier ángulo profesional o institucional. Cabría decir, para más señas, que condensan la interpretación más autorizada acerca del sentido y alcance de la Carta y que fijan los estándares que deben respetarse para que su aplicación se entienda correcta, de modo que pueden utilizarse sin reservas para dar fundamento a exigencias de cumplimiento de ese instrumento internacional (por ejemplo, mediante una reclamación colectiva), y, en general, para ilustrar o nutrir la argumentación jurídica en lo que concierne a los derechos y principios que en él se proclaman y reconocen (ante la Administración, ante los tribunales o ante otras posibles instancias). Pero, como hemos advertido, el acervo de esa doctrina procede de senderos más cercanos a los medios de control de naturaleza política y administrativa que a los procesos judiciales. Por la naturaleza de las sucesivas instituciones que intervienen en su elaboración, se trata más bien de valoraciones de tipo político con una cierta veta académica acerca de actuaciones u omisiones gubernamentales, muy distintas por lo tanto de las que se derivan de la labor de enjuiciamiento de litigios y contenciosos a cargo de juzgados y tribunales[780].

---

[780] Vid. U. KHALIQ y R. CHURCHILL, "The European Comitee of Social Rights. Puttin flesh on the bare bones of the European Social Charter", en M. LANGFORD, *Social Rights Jurisprudence*, Cambridge University Press, Cambridge, 2008, pág.431.

No carecen naturalmente de la fundamentación propia de la interpretación y aplicación de los textos jurídicos, pero no están destinadas a la resolución de conflictos concretos sino al diagnóstico del sistema nacional en cuestión. No pueden equipararse, en suma, ni al precedente judicial ni a la jurisprudencia en su sentido más estricto, es decir, en el sentido que a esa expresión se atribuye en el artículo 1.6 del Código Civil y, a la postre, en el ámbito jurisdiccional.

En ese contexto, debe aquilatarse y ponderarse bien el uso de la palabra "jurisprudencia" para referirse a la doctrina del CEDS, sobre todo a la vista de lo que viene sucediendo con cierta frecuencia en los últimos tiempos[781]. Es una denominación que, en verdad, arranca del propio círculo de decisión y actuación del CEDS, no sólo porque en su Reglamento interno, a la hora de fijar las funciones del *General Rapporteur*, y con el fin de observar razonablemente su doctrina previa, se dice que «*ensures the consistency of the conclusions and decisions on the various articles and informs the Committee about the case law if necessary*»[782], sino también porque se ha optado por esa terminología para dar publicidad a sus criterios interpretativos

---

781 Vid. F. VALDÉS DAL-RÉ, *El constitucionalismo laboral europeo y la protección multinivel de los derechos laborales fundamentales: luces y sombras*, Bomarzo, Albacete, 2016 (pp.90-91), y L. SAMUEL, *Fundamental Social Rights–Case Law of the European Social Charter*, Consejo de Europa, 1997, pp.120 y ss. En realidad, su uso se ha vuelto bastante habitual entre los comentaristas españoles y extranjeros. Así puede comprobarse en las direcciones electrónicas http://web.icam.es/bucket/Carta%20Social%20Europea%20Carmen%20Salcedo.pdf y https://www.researchgate.net/publication/50820000_The_Case_Law_ot_the_European_Committee_of_Social_Rights_on_vulnerable_persons_and_groups), respectivamente.

782 Artículo 10 del Reglamento, que en su versión francesa expresa ese mismo cometido hablando de velar por "*la cohérence des conclusions et des décisions sur les différents articles et expose, en cas de besoin, la jurisprudence au Comité*".

a través de los correspondientes soportes electrónicos[783]. Pero conviene hacer algunas precisiones al respecto. Por lo pronto, ha de aclararse la posición que en rigor corresponde a los informes del CEDS en las tareas de supervisión de la Carta. No debe olvidarse que en esos procedimientos intervienen sucesiva y articuladamente diversas instancias. Entre ellas puede que destaque el CEDS, por sus funciones de investigación de los hechos y de elaboración de los correspondientes informes, con la consiguiente propuesta de resolución. Pero, sin necesidad de entrar ahora en el papel del Comité Gubernamental, de ningún modo puede desconocerse que la decisión final queda en manos del Comité de Ministros del Consejo de Europa. El CEDS no toma verdaderas decisiones, sino que emite pareceres sobre la compatibilidad de la Carta con el Derecho interno. No es un órgano de revisión de sentencias de tribunales internos, a diferencia del TEDH, sino de valoración del estado de

---

783 Puede consultarse en su Digesto de *Case Law*, en la dirección electrónica (https://www.coe.int/en/web/european-social-charter/-/new-version-of-the-digest-of-the-case-law-of-the-european-committee-of-social-rights), cuya última versión en la fecha de esta obra es de 2018. El apartado 6 de la Introducción (pág.11) define "*case-law*" como todas las fuentes en las que se fija la interpretación de los preceptos de la Carta, bien sean "decisiones", "conclusiones" o "declaraciones sobre la interpretación", según el procedimiento en cuestión. En concreto, se advierte lo siguiente: «*What is called the Committee's "case-law" are all the sources in which it sets out its interpretation of the Charter's provisions. These include:*
- Decisions on collective complaints: decisions on admissibility, decisions on the merits, striking out decisions and decisions on immediate measures.
- Conclusions, arising from the reporting procedure and published each year according to the following referencing system:

-for the 1961 Charter, the volumes are numbered I, II, III, IV..., XX-1, XX-2, XX-3, XX-4 etc;

-for the Revised Charter, they are numbered 2002 (...), 2014, 2015 etc.

- Statements of Interpretation, included in the volumes of conclusions».

los ordenamientos nacionales en un momento dado, y en particular de la labor de los poderes legislativo y ejecutivo. Siendo así, ¿a qué órgano deberá atribuirse entonces la formación de la susodicha jurisprudencia? El CEDS aporta el criterio científico imprescindible para el adecuado examen del asunto, pero es el Comité de Ministros el órgano competente para emitir, en su caso, una recomendación al Estado implicado en el asunto, a partir ciertamente de la propuesta del CEDS[784]. ¿Cabe hablar de jurisprudencia respecto de informes no resolutorios o de decisiones gubernamentales? Nótese que la pretendida jurisprudencia derivaría en su caso de las decisiones del Comité de Ministros, o, cuando menos, de la conjunción entre aquella labor interpretativa previa del CEDS y la decisión final de la instancia de gobierno supranacional.

Distinta dimensión puede tener en este contexto la palabra doctrina, que, en su acepción de conocimiento autorizado, podría predicarse sin mayores problemas de la función del CEDS. Pero, en cualquier caso, conviene quitar hierro a las palabras, y, sobre todo, desentrañar su verdadera razón de ser. Para decirlo de modo más claro: no debemos dejarnos llevar por las falsas impresiones que suelen crear los términos lingüísticos, y, menos aún, cuando son polisémicos o cuando resultan proclives a la metáfora. También conviene estar alerta frente a los mensajes confusos que pueden derivarse de vocablos que al fin y al cabo tienen sustratos semánticos diferentes. Recuérdese que la palabra "jurisprudencia" puede tener distintos significados en español, entre los que figuran los de "ciencia del derecho", "conjunto de las sentencias de los tribunales y doctrina que contienen" y "criterio sobre un problema jurídico establecido por una pluralidad de sentencias concordes". En el primero de esos sentidos puede entrar sin discusión tanto la doctrina

784 Véase de nuevo el artículo 9 del Protocolo de 1995 incorporado a la Carta de 1996.

académica como la de cualquier instancia que produzca material de índole o utilidad jurídica, de modo que también podría asignarse esa particular cualidad de jurisprudencia a los informes del CEDS[785]. Pero es obvio que la doctrina de este órgano no se corresponde con los restantes significados de esa "mágica" palabra, que son, precisamente, los que de forma más habitual tenemos en la cabeza cuando hablamos de jurisprudencia en referencia a nuestro sistema jurídico. Si trasladáramos esas reflexiones a los términos franceses e ingleses que usa el Reglamento del CEDS para referirse a su propia doctrina, las conclusiones serían parecidas, y también esclarecedoras. La expresión *case law*, que por cierto también se utiliza a veces para calificar las resoluciones del Comité de Libertad Sindical de la OIT, no equivale exactamente a jurisprudencia en el sentido que de forma estricta se atribuye a este término en el ordenamiento español, pues puede abarcar todo tipo de decisiones previas de un mismo órgano (o de una instancia superior) sobre casos similares. Tampoco el término francés *jurisprudence* coincide del todo con el uso habitual entre nosotros de la palabra jurisprudencia, pues, además de comprender el acervo de resoluciones judiciales, puede referirse a otros muchos tipos de decisión y a otras fuentes de formación de criterio interpretativo[786].

Por último, es necesario poner mucho cuidado a la hora de calibrar el verdadero valor de los informes del CEDS. Por el solo hecho de que se le dé el nombre de jurisprudencia o

---

785 Como también ocurre con otros vocablos (como los de huelga o sindicato), el uso de la palabra jurisprudencia desborda a veces su ámbito natural o técnico, indudablemente por sus resonancias o su capacidad de transmisión. No hace mucho el escritor Ignacio Echevarría (*El Cultural* de 24-30 de abril de 2020) decía que para que hubiera "justicia" literaria "tendría que cambiar antes la entera *jurisprudencia* que articula el canon".

786 Vid. J. PÉLISSIER, A. SUPIOT y A. JEAMMAUD, *Droit du travail*, 22ª Ed., Dalloz, París, 2004, pp. 35 y ss.

de que simplemente se le designe como doctrina no cambia la naturaleza de las cosas. Puede que en la revitalización actual de aquellos códigos lingüísticos subyazca cierto ánimo de equiparar esa producción jurídica a la que procede del TEDH, que constituye jurisprudencia en su sentido más pleno y que no deja de ser –junto al CEDH– el punto de comparación cuando el intérprete u operador jurídico se introduce en el campo específico de la Carta Social Europea. Pero lo que den de sí los informes del CEDS no puede cumplir las funciones propias de esa auténtica jurisprudencia, al menos en el sistema español. Al margen de que sea o no fuente del derecho, lo cierto es que la doctrina jurisdiccional que alcanza la condición de jurisprudencia goza en nuestro sistema de una potencia que de ningún modo puede trasladarse a ese otro material jurídico. La doctrina del CEDS podrá ser muy valiosa para la argumentación y el razonamiento jurídico, pero no puede fundar la interposición de recursos, a diferencia de la jurisprudencia nacional (ordinaria o constitucional) y de la jurisprudencia europea (tanto del TEDH como del TJUE). Por ejemplo, no puede servir de sustento para la interposición de un recurso de casación para unificación de doctrina[787]. Tampoco en nuestra legislación reguladora del poder judicial existen mandatos de sujeción de jueces y tribunales a la doctrina de supervisión de la Carta Social Europea, cosa que sí hace, con fórmulas diversas, en relación con la jurisprudencia entendida en sentido estricto. No es posible atribuir, ni a la doctrina del CEDH ni, en general, a las decisiones o recomendaciones del Consejo de Europa, la fuerza vinculante propia de la jurisprudencia. Pueden ser complementos valiosos de la Carta, pero no prescripciones interpretativas para jueces y tribunales. No es sólo un problema de vinculación, sino más exactamente de función y naturale-

787 Vid. los autos del TS de 7 de febrero y 11 de octubre de 2017 (recursos 1983/2016 y 1559/2017) y de 19 de enero de 2019 (recurso 765/2018).

za jurídica[788]. Los informes del CEDS pueden encerrar algún efecto vinculante, pero dirigido a los órganos de gobierno del Consejo de Europa para que actúe en consecuencia. Pueden gozar de autoridad institucional e incluso científica, pero su capacidad de exigencia depende de la decisión y actuación de esas instancias gubernamentales.

Por lo demás, no es posible encontrar en la CSE puntos de apoyo sólidos para que los tribunales ordinarios deban ajustar su labor de enjuiciamiento a las conclusiones del CEDS o a esas decisiones y recomendaciones del Comité de Ministros del Consejo de Europa. El apartamiento de la jurisprudencia del TEDH en relación con los derechos y libertades del CEDH puede abrir la senda para llegar hasta dicho tribunal tras el agotamiento de los procedimientos judiciales internos, mientras que esa misma circunstancia en relación con los criterios oficiales de supervisión de la Carta no cuenta con cobertura de esa clase en la arquitectura del Consejo de Europa. Como ya dijimos, los derechos consagrados en la Carta pueden sustentar el ejercicio de acciones judiciales en los términos en que sean reconocidos por la legislación interna, pero, una vez agotado ese recorrido doméstico, no tienen posibilidad de ser invocados en instancias supranacionales, más allá de las vías de supervisión que ya conocemos. Es la actuación del Estado la que puede valorarse desde el punto de vista de sus compromisos con la Carta, y no exactamente los derechos en ella contemplados, que son más bien mandatos o directrices para los correspondientes responsables políticos. Es obvio que para que se considere que el Estado cumple efectivamente los dictados de la CSE, ha de acreditar la observancia no sólo de los compromisos asumidos en sus términos formales, sino también

---

788 Sobre la cuestión, A. GUAMÁN HERNÁNDEZ, "Prólogo" a M.A.GARRIDO PALACIOS, *Control de convencionalidad y Derecho del Trabajo. El encaje del derecho internacional del trabajo en el iuslaboralismo español*, Tirant lo Blanch, Valencia, 2022, pp.13 y ss.

de los criterios de interpretación y aplicación recogidos en las recomendaciones del Comité de Ministros, provenientes a su vez del parecer del CEDS. Pero, como hemos reiterado hasta la saciedad, ese enjuiciamiento es esencialmente político, no jurisdiccional.

Quizá no resulte extraño, por todo ello, que desde hace algún tiempo y desde diversos ámbitos se haya propugnado la equiparación entre uno y otro sistema del Consejo de Europa (el del CEDH y el de la CSE), no sólo en lo que se refiere a la naturaleza de su sustrato normativo sino también en lo que tiene que ver con el plano de aplicación jurisdiccional o de administración de justicia[789]. Al margen de las dificultades que tal operación entrañaría, lo cierto es que con este fin, y bajo el presupuesto de que el factor determinante en tal hipotética operación es la voluntad política, en alguna ocasión se ha propuesto o bien la ampliación de la competencia del TEDH a los derechos reconocidos en la Carta, o bien la atribución de naturaleza jurisdiccional al CEDS, como principal órgano de supervisión de este otro texto[790]. Así se desprende, por ejemplo, del denominado «Proceso de Turín», impulsado desde el año 2014[791]. La situación, de todos modos, sigue siendo la que ya conocemos: ni se ha modificado sustancialmente o en su esencia misma el procedimiento de supervisión de la CSE, ni se ha

---

789 Vid. I. ALZAGA RUIZ, "La aplicabilidad de la Carta Social Europea por los órganos jurisdiccionales internos", *Trabajo y Derecho,* núm.64 (2020), pp.8 y ss.; A. NOGUERA FERNÁNDEZ, "Hacia una reforma de la Carta Social Europea: propuestas para seguir avanzando en la justiciabilidad de los derechos sociales", *Revista Española de la Función Consultiva,* núm.26 (2016), pp.112 y ss.

790 Vid. J.F. AKANDJI-KOMBE, "Carta Social Europea y Convenio Europeo de Derechos Humanos: perspectivas para la próxima década", *Revista de Derecho Político,* núm.67 (2006), pp.387 y ss.

791 Vid. L. JIMENA QUESADA, "Retrospectiva del proceso de Turín: origen y trabajos preparatorios de la Carta Social Europea", *RMESS,* núm.37 (2018), pp.20 y ss.

transformado la configuración del CEDS, ni se han asignado nuevas competencias al TEDH, que ciertamente ha utilizado la CSE como apoyo argumental para dar respuesta en algún caso concreto, pero que no se ha convertido, ni mucho menos, en garante de la misma. En el fondo de todo ello yace la insalvable dificultad de aplicación directa de la Carta en el ámbito de las relaciones jurídicas y, particularmente, en el de las relaciones de carácter horizontal, a diferencia de lo que sucede con la tabla de derechos del CEDH. Y no deja de ser significativo, en tal contexto, el hecho de que la revitalización de los derechos sociales en el ámbito europeo tenga que ver en mayor medida con la progresiva sensibilización del TEDH acerca de su virtualidad para comprender el alcance de determinados pasajes del CEDH que con méritos propios de la Carta o del Comité encargado de informar sobre su grado de aplicación[792].

IV. VIRTUALIDAD Y APLICACIÓN DE LA CARTA SOCIAL EUROPEA EN PERSPECTIVA ESPAÑOLA

La relación de España con la Carta Social Europea, aun siendo indiscutiblemente estrecha, no ha seguido una trayectoria lineal y de adhesión pronta e incondicional, por así decirlo[793]. Ya sabemos que, por razones básicamente políticas,

---

792 Vid. A. NOGUERA FERNÁNDEZ, "Hacia una reforma de la Carta Social Europea: propuestas para seguir avanzando en la justiciabilidad de los derechos sociales", *Revista Española de la Función Consultiva*, núm.26 (2016), pp.105 y ss., y F. VALDÉS DAL-RÉ, *El constitucionalismo laboral europeo y la protección multinivel de los derechos laborales fundamentales: luces y sombras*, Bomarzo, Albacete, 2016, pp.93 y ss.

793 Véase, en general, F. JIMÉNEZ GARCÍA, "La protección internacional de los derechos sociales y económicos. Avances recientes; técnicas de aplicación y propuestas de reforma constitucional", *Revista Europea de Derechos Fundamentales*, núm.25 (2015), pp.45 y ss.; C. MILIONE FUGALI, "¿Es razonable que España no haya ratificado

nuestro país no pudo sumarse formalmente a este pacto internacional hasta la transformación democrática del Estado, con el consiguiente retraso en la ratificación de sus instrumentos. Pero, curiosamente, la ratificación de la CSE tardó un poco más que la de otros textos de semejante estilo, pues si para la mayor parte de ellos tuvo lugar en los años de la transición política, especialmente en el año 1977, para la CSE habría que esperar hasta 1980, momento en el que España certificó su adhesión sin más reservas respecto de su articulado que las dirigidas a dejar a salvo el valor de determinados preceptos de nuestra Constitución[794]. Pocos años después ratificó España los Protocolos Adicionales de 1988 y de 1991[795], pero de nuevo hubo que dejar pasar un trecho temporal considerable, de casi tres décadas, para que se procediera a la ratificación de la

---

todavía la carta social europea revisada en 1996?", *Documentos de trabajo* (Centro de Estudios Andaluces), Serie 3, núm.1 (2012), pp.1 y ss.; vid. G. GARCÍA GONZÁLEZ, "La recepción de la Carta Social Europea en el ordenamiento español: aspectos jurídicos, políticos e institucionales (1978-2018)", *RMESS*, núm.137 (2018), pp.57 y ss.

794 Instrumento de 29 de abril de 1980 (BOE 26 junio), en el que se consignó la siguiente declaración: "España interpretará y aplicará los artículos 5.º y 6.º de la Carta Social Europea, en relación con el artículo 31 y el anexo a la Carta, de manera que sus disposiciones sean compatibles con las de los artículos 28, 37, 103.3 y 127 de la Constitución española".

795 El Protocolo de 1988 fue ratificado por Instrumento de 5 de mayo de 1988 (BOE 25 de abril de 2000). Sobre la ratificación del Protocolo de 1991 no se ha encontrado sin embargo publicación oficial, aunque el dato se puede consultar en la dirección https://www.coe.int/en/web/conventions/full-list/-/conventions/treaty/142/signatures?p_auth=qdVDbWNR , donde se da la fecha de 24 de enero de 2000. Todos los actos ratificados por España pueden comprobarse en la dirección (https://www.coe.int/en/web/conventions/full-list/conventions/treaty/country/SPA?p_auth=MAnyceBL); vid. J. MARTÍNEZ GIRÓN, "El cumplimiento por España de los artículos 2 y 3 del protocolo adicional de 1988 a la Carta Social Europea", RMESS, núm.137 (2018), pp.303 y ss.

versión revisada de la CSE aprobada en 1996. Tras la presentación de una proposición de ley en el año 2016 con ese fin[796] y la aprobación de una declaración parlamentaria en 2019 en ese mismo sentido[797], la CSE de 1996 fue ratificada finalmente en 2021[798]. También se aceptó en ese mismo año la aplicación provisional del Protocolo de 1995 sobre reclamaciones colectivas, mediante una declaración inserta en el instrumento de ratificación de la CSE revisada y mediante la oportuna decisión *ad hoc* de nuestros responsables institucionales[799].

1. Los poderes públicos como responsables principales del cumplimiento de la Carta Social Europea

Una vez ratificada, España no puede eludir el cumplimiento de los mandatos de la CSE, al haber contraído las correspondientes obligaciones con el Consejo de Europa y con el resto de sus Altas Partes Contratantes. Ahora bien, y como ya se ha dicho, la CSE no está concebida como instrumento susceptible de invocación o aplicación directa en sede judicial por parte

---

796 Vid. Proposición de ley 161/000165 presentada por el Grupo parlamentario Podemos-En Comú Podem-En Marea (BO de las Cortes Generales/Congreso de 15 de marzo de 2016, pág.32).

797 Acogida por Autoriza de la Mesa del Congreso de los Diputados de 12 de febrero de 2019 (Boletín Oficial de las Cortes Generales de 15 febrero 2019.

798 Instrumento de 29 de abril de 2021 (BOE 11 de junio de 2021), de nuevo, y con coherencia respecto de la ratificación precedente, sin especificación sobre las opciones ofrecidas por la Parte III, pero con una declaración relativa al territorio de Gibraltar y la aceptación de la supervisión de las obligaciones asumidas por España a través del sistema de reclamaciones colectivas.

799 Declaración de 24 de junio de 2021, publicada en el BOE 28 de junio, por la que se acepta la aplicación provisional de dicho texto desde el 1 de julio de 2021, fecha de entrada en vigor en España de la CSE revisada.

de sus posibles beneficiarios. Los destinatarios de su panel de "objetivos" y, al mismo tiempo, los titulares de los correspondientes compromisos son las Altas Partes Contratantes, por lo que sus previsiones requieren de la intermediación de los poderes públicos internos, legislativo o ejecutivo, para llegar en las debidas condiciones de aplicabilidad a las situaciones o relaciones jurídicas de base (como las relaciones de trabajo o las relaciones de seguridad social). Por esa misma razón, la hipótesis de incumplimiento de la CSE viene a coincidir no con el eventual desconocimiento de sus prescripciones en esas relaciones jurídicas de base, sino con la inactividad o la falta de respuesta adecuada por parte de las instancias nacionales competentes en la materia. Pongamos un ejemplo de incumplimiento de la CSE referido precisamente a nuestro país: en su momento[800], el CEDS sostuvo que el Estado español no actuaba de conformidad con la Carta en relación con las exigencias de no discriminación por razón de edad por el mero hecho de que tal causa no contaba ni con recepción expresa en el listado del artículo 14 CE ni con una norma legal específica, sin dar relevancia a tales efectos a la virtualidad real que la regla de no discriminación por razón de edad ya había alcanzado a través de nuestra jurisprudencia interna (o de la jurisprudencia supranacional que nos vincula), ni siquiera a las muchas referencias que sobre esa circunstancia «personal» existen a lo largo de las leyes reguladoras de las relaciones de trabajo (como la del artículo 17 ET).

Queda claro, de ese modo, que la valoración relativa al cumplimiento o incumplimiento de la CSE, en sus distintos grados, no se proyecta sobre la dinámica de las relaciones jurídicas de las que son o pueden ser parte los potenciales beneficiarios (como la relación de trabajo o la relación de seguridad social,

---

800 Antes, en todo caso, de la aprobación de la Ley 15/2022, de 12 de julio, integral para la igualdad de trato y la no discriminación.

si se nos permite la reiteración), sino sobre la actitud o la manera de actuar de las correspondientes instancias públicas. Los deberes o compromisos dimanantes de la CSE llaman en definitiva a una conducta activa o consecuente por parte del Estado, ya sea mediante la aprobación de las pertinentes normas, ya sea mediante la puesta en marcha de las medidas políticas, gubernamentales o administrativas adecuadas. No quiere decirse que no haya espacio en absoluto para la intervención de otros resortes institucionales con vistas a la materialización de los objetivos de la Carta, aunque no figuren entre los responsables formales de su cumplimiento. Ya tuvimos ocasión de ver que, por previsión expresa de la Carta, la negociación colectiva puede contribuir a la incorporación de esos postulados a los sistemas internos, y, de hecho, y por lo que se refiere a nuestra experiencia negociadora, no resulta demasiado difícil dar con convenios o acuerdos colectivos que remiten a ese instrumento internacional para dar sustento institucional a la parte correspondiente de su clausulado[801]. Tampoco está cerrada la posibilidad, ni mucho menos, de que los órganos judiciales utilicen los pasajes de la CSE como referencia interpretativa para la confección y fundamentación de sus resoluciones en el contexto de un proceso, como también apuntamos en su momento. Pero no olvidemos que son las Altas Partes Contratantes (y en particular los poderes legislativo y ejecutivo de cada Estado) las responsables institucionales del cumplimiento efectivo de la CSE y, a la postre, las encargadas de la pertinente tarea de acomodación de la normativa y las instituciones internas a sus exigencias y directrices.

---

801 A modo de ejemplo, puede consultarse el art.42 del VI Convenio colectivo de supermercados del Grupo Eroski, en relación con la prevención y protección frente al acoso moral y sexual, y el art. 56 del VI Convenio colectivo del Grupo de empresas Generali España, acerca de la conciliación de la vida laboral y familiar.

Situados en ese plano, ¿qué podríamos decir a propósito del Estado español? ¿Ha sido un Estado cumplidor o deberíamos imputarle, por el contrario, deficiencias o descuidos en su actuación? No parece, por lo pronto, que la CSE de 1961 generara muchos problemas de adecuación en lo que se refiere a nuestro sistema interno, al margen de las fricciones que, más bien en sentido inverso, transitoriamente pudieron suscitar algunas de las prohibiciones que ese instrumento internacional aplicaba al trabajo de las mujeres, que desde nuestra perspectiva se consideraron contradictorias con la regla de no discriminación por razón de sexo[802]. Por otra parte, está por ver aún el impacto entre nosotros de la CSE de 1996 (como elenco adicional de obligaciones del Estado) y del Protocolo sobre reclamaciones colectivas (como particular vía de control), que acaso no llegue a ser tan intenso o determinante como a veces se ha dejado traslucir desde los sectores políticos y los ámbitos sociales que reivindicaban con mayor ahínco su ratificación. Es verdad que poco tiempo después fue interpuesta la primera "queja" contra España por ese específico procedimiento[803], y que posteriormente se han presentado otras reclamaciones de contenido laboral. Quizá la más aireada de todas ellas sea la que ha cuestionado –con éxito- nuestro sistema tasado de indemnizaciones por despido[804], que en parte parece nutrirse de lo sucedido con anterioridad en otros países del entorno euro-

---

802 Vid. Denuncia presentada por España al artículo 8 (4) (b) de la Carta Social Europea (BOE de 10 de mayo de 1991). Vid. M.A.CASTRO ARGÜELLES, "Normas internacionales y norma constitucional: A propósito del trabajo de la mujer en la minas", *Revista española de derecho del trabajo*, núm.63 (1994), pp.157-178.

803 Queja nº 206/2022, relativa al corte de suministro de luz en la Cañada Real y accesible desde https://hudoc.esc.coe.int/?i=cc-206-2022-dadmissandimmed-en.

804 Decisión CEDS *Unión General de Trabajadores (UGT) v. Spain* (de 20-3-2024, queja 207/2022).

peo, como Italia[805], Finlandia[806] y Francia[807]. Otras quejas de este periodo han estado referidas al régimen de respuesta a la improcedencia del despido (con una renovada reivindicación de la readmisión obligatoria)[808], a la exclusión del personal militar del derecho a la libertad sindical[809], a la prohibición del derecho de huelga de los miembros de la policía nacional[810], a la cuantificación del SMI[811], a la compensación retributiva de las horas extraordinarias[812], o al valor de los acuerdos resultan-

---

805 Vid. Decisión *Confederazione Generale Italiana del Lavoro (CGIL) v. Italy, Complaint No.158/2017*, de 11-9-2019 (https://hudoc.esc.coe.int/eng?i=cc-158-2017-dmerits-en). Un comentario en G. ORLANDINI, "«Tomando los derechos en serio»: la decisión del Comité Europeo de Derechos Sociales sobre la regulación italiana del despido (CGIL contra Italia)", *Trabajo y Derecho*, núm.71 (2020).

806 Vid. Decisión *Finnish Society of Social Rights v. Finland, Complaint No. 106/2014*, de 8-9-2016 (https://hudoc.esc.coe.int/eng?i=cc-106-2014-dadmissandmerits-en).

807 Vid. Decisiones *Syndicat CFDT de la métallurgie de la Meuse v. France* de 5-7-2022, *Complaint nº* 175/2019 (https://hudoc.esc.coe.int/eng?i=cc-175-2019-dmerits-en) y *Syndicat CFDT général des transports et de l'environnement de l'Aube v. France, Complaint No. 181/2019 and Syndicat CFDT de la métallurgie de la Meuse v. France, Complaint No. 182/2019*, de 19-10-2022 (https://hudoc.esc.coe.int/eng?i=cc-182-2019-dmerits-en).

808 Queja nº 218/2022, accesible desde https://hudoc.esc.coe.int/?i=cc-218-2022-dadmiss-en.

809 Queja nº 219/2022, accesible desde https://hudoc.esc.coe.int/?i=cc-219-2022-dadmiss-fr.

810 Queja nº 225/2023, accesible desde https://hudoc.esc.coe.int/?i=cc-225-2023-dadmiss-en.

811 Queja nº 231/2023, accesible desde https://www.coe.int/en/web/european-social-charter/-/no.-231/2023-confederaci%C3%B3n-intersindical-galega-cig-v.-spain.

812 Queja nº 229/2023, accesible desde https://www.coe.int/en/web/european-social-charter/-/no.-229/2023-federaci%C3%B3n-de-servicios-a-la-ciudadan%C3%ADa-de-comisiones-obreras-regi%C3%B3n-de-murcia-fsc-ccoo-v.-spain.

tes del diálogo social[813]. Pero en estos momentos nos interesa, más que otra cosa, sopesar la incidencia global de la CSE, con sus correspondientes Protocolos y en sus distintas versiones en cuanto sea posible, desde el punto de vista de la conformación y de la dinámica de nuestro ordenamiento laboral y de protección social.

Para ello abriremos diversas vías de exploración y aproximación. Por lo pronto, prestaremos atención en especial a la labor de seguimiento efectuada por las instancias competentes del Consejo de Europa en relación con el "canon social" impuesto a nuestros poderes públicos por dichos instrumentos, con la advertencia inevitable acerca de la escasa experiencia que, hasta que no se acumule mayor tiempo de rodaje, nos puede brindar por el momento el texto revisado de 1996 y el Protocolo de reclamaciones colectivas de 1995. Junto a ese primer recorrido por el panorama "legislativo" y "gubernamental", también trataremos de calibrar el grado de recepción que el sistema del Consejo de Europa ha tenido en el seno de nuestra estructura jurisdiccional, tanto en lo que toca al propio instrumento normativo, como en lo que se refiere a su supervisión y control por parte del CEDS y de las instancias competentes de esa Organización supranacional.

2. El impacto de la CSE en la actividad legislativa y gubernamental española

En el mero plano de la legislación, es preciso constatar, de entrada, que el Estado español no ha utilizado la Carta Social Europea como instrumento de referencia muy a menudo, y

---

813 Queja nº 228/2023, accesible desde https://www.coe.int/en/web/european-social-charter/-/no.-228/2023-comisiones-obreras-de-castilla-y-le%C3%B3n-ccoo-cyl-and-uni%C3%B3n-general-de-trabajadores-de-castilla-y-le%C3%B3n-ugt-cyl-v.-spain.

que prácticamente en ningún caso la ha barajado como único punto de apoyo para justificar la aprobación de una norma o para proceder a su modificación. A lo cual conviene añadir que cuando se ha referido a ella, lo ha hecho habitualmente mediante una simple consignación de su nombre, y normalmente en un contexto poblado de citas a todos aquellos instrumentos internacionales que por su contenido o su finalidad social, pudieran servir para dar fundamento, en opinión de nuestro legislador, a la opción reguladora elegida en ese momento[814], sin mayores precisiones o alegaciones acerca del papel específico que a tales efectos podían jugar, particularmente, los compromisos asumidos por España mediante la ratificación de la Carta[815].

No obstante, cabe apreciar un cierto cambio de tendencia en los últimos años, no sólo en el ámbito estrictamente laboral, sino en general respecto de los «derechos sociales», en esa vertiente amplia que ha preferido darles la Carta al extender su catálogo de derechos y garantías mucho más allá del terreno propio de los trabajadores asalariados y del específico terreno de la protección social. Una buena muestra de ello puede encontrarse en el artículo 4.1.e) de la Ley Orgánica 3/2022, de 31 de marzo, de ordenación e integración de la Formación Profesional, en el que se reconocen los derechos a la «formación y acceso a la orientación profesional, así como una orientación, formación y readaptación profesionales respetuosa con la igualdad de oportunidades y el principio de igualdad

---

814 A modo de ejemplo, vid. Resolución de 20 de diciembre de 2021, de la Secretaría de Estado de Empleo y Economía Social, por la que se publica el Acuerdo del Consejo de Ministros de 10 de diciembre de 2021, por el que se aprueba el Plan de Acción Nacional contra el Trabajo Forzoso: relaciones laborales obligatorias y otras actividades humanas forzadas.

815 Puede consultarse a tal efecto, por ejemplo, la Exposición de Motivos de la Ley 10/2021, de 9 de julio, de trabajo a distancia.

de trato, que establece la Carta Social Europea». Algo similar, en un ámbito un poco más alejado de nuestra materia, puede detectarse en la Ley 12/2023, de 24 de mayo, que menciona explícitamente la Carta al proceder a la regulación del derecho a la vivienda.

En el contexto más ligado a los ordenamientos laboral y de seguridad social, el legislador está recurriendo a la CSE como un factor de impulso para adoptar determinadas medidas, en particular para fijar o revisar el importe mínimo tanto del salario como de las pensiones. En materia salarial, el progresivo incremento del SMI ha buscado explícitamente la equiparación con el estándar del 60% del salario medio fijado por la CSE conforme a las resoluciones del CEDS. Y en materia de pensiones, la DF 5ª de la Ley 21/2021, de 28 de diciembre, de garantía del poder adquisitivo de las pensiones y de otras medidas de refuerzo de la sostenibilidad financiera y social del sistema público de pensiones, encomienda al Gobierno la «revisión de los criterios para la determinación de las cuantías de las pensiones mínimas con el fin de garantizar su suficiencia en cumplimiento del artículo 50 de la Constitución y del artículo 4 del Protocolo Adicional a la Carta Social Europea». Ya veremos por qué cauces discurre la actividad legislativa en un futuro más o menos inmediato, a partir de las quejas que sobre la indemnización tasada por despido o sobre otras diversas cuestiones sociales han sido presentadas ante el CEDS, como dijimos un poco más arriba.

Va de suyo que en un Estado cuasifederal como cl nucstro es menester detenerse, además, en la cuestión relativa al espacio de juego que pudiera corresponder a las comunidades autónomas en la tarea nacional de dar cumplimiento a esta clase de exigencias del Consejo de Europa. Obviamente, es el Estado en sentido estricto el sujeto obligado y responsable respecto del cumplimiento efectivo de la CSE, pero eso no quiere decir que carezca de trascendencia por completo la posición política e institucional que en nuestro sistema tienen los entes autonómicos. Todo dependerá, al fin y al cabo, de nuestro reparto interno de competencias. Como es de sobra sabido, la Constitución atribuye al Estado competencia exclusiva en materia de "legislación laboral" y en lo que se refiere a la "legislación básica" y el "régimen económico" de la seguridad social (art.149.1.7ª y 17ª, respectivamente). A partir de esos límites se abre un campo de posible actuación para las Comunidades Autónomas.

En ese sentido, hay que tener en cuenta que el contenido de la Carta, como ya tuvimos ocasión de ver, es mucho más rico de lo que parecen comprender esas referencias constitucionales, en tanto que su elenco de objetivos, principios y derechos traspasa en buena medida el ámbito estrictamente laboral e incluso e incluso las fronteras típicas de los sistemas de seguridad social. Ello implica que, vista la composición de nuestro Estado, para la realización de los designios de la CSE puede ser necesaria la intervención, no sólo de los poderes "centrales", sino también de las instancias autonómicas. Así las cosas, cabría identificar tres grandes bloques de materias referidas en la CSE respecto de las que la intervención de las comunidades autónomas se antoja posible e incluso decisiva. El primero de ellos es el relativo a las políticas de empleo, formación y orientación (arts.1, 9, 10 y 15 de la Carta), pues, sin perjuicio de que el Estado tenga mucho que decir en la materia, las competencias autonómicas son verdaderamente relevantes y de gran intensidad. El segundo de esos bloques se vincula a la atención a la salud (art.11), dado que nuestro sistema sanitario, aun cuando está ordenado en sus contornos básicos por normas estatales, lo cierto es que se regula, organiza y gestiona en una proporción muy considerable a escala autonómica. El tercer bloque es el relativo a la asistencia social y los servicios sociales (arts.13 y 14), materias respecto de las que son de mayor intensidad aún las competencias autonómicas, pues ni siquiera se prevé constitucionalmente la labor de coordinación global a cargo del Estado que sí está establecida para los supuestos anteriores.

Los que acabamos de referir son probablemente los núcleos materiales con mayores probabilidades y expectativas de intervención de las comunidades autónomas, pero no son los únicos de relevancia desde la perspectiva de los compromisos asumidos por el Estado a través de la CSE. Buenos ejemplos de otros posibles espacios de intervención autonómica los ofrecen las materias relativas a prevención de riesgos laborales (art.3), educación (art.17) o vivienda (art.31). Conviene tener en cuenta además que también las entidades locales, por la índole de sus competencias, pueden gozar de algunos márgenes de intervención en asuntos de interés social y pueden colaborar por lo tanto en la satisfacción de determinados objetivos de la CSE, como los que se derivan del mandato de protección a la familia (art.16), de los derechos reconocidos a madres y niños (art.17) o incluso del derecho a ejercer una actividad lucrativa (art.18) y de los derechos de las personas migrantes (art.19). En un Estado descentralizado, por consiguiente, el cumplimiento de la Carta requiere de la acción –en buena lógica coordinada– de los distintos agentes o responsables de la cosa pública, sean centrales o sean regionales o locales. En todo caso, las instancias de supervisión del Consejo de Europa –entre ellas el CEDS— deben examinar y valorar si en el ámbito nacional de referencia se ha cumplido o no con el correspondiente mandato, y tal vez no puedan dar por cumplida una obligación que sólo ha recibido la oportuna observancia a escala regional o local y que no ha llegado a cubrir la totalidad del territorio del Estado. Es algo parecido a lo que suele recordar el Tribunal de Justicia de la Unión Europea, que, como se sabe, advierte a menudo que los problemas competenciales internos de un Estado no sirven como justificación del incumplimiento del Derecho comunitario.

Pero, en todo caso, es indudable que las comunidades autónomas deben asumir su cuota de responsabilidad en relación con determinados incumplimientos del Estado. Por ejemplo, la ineficiencia de los servicios públicos de empleo, que se suele poner de relieve al constatar las elevadas tasas de desempleo[816], no puede ser achacable en exclusiva al Estado central, que, por otra parte, tampoco puede escudarse en las competencias de las administraciones regionales para justificar los incumplimientos. Del mismo modo, la actuación de las comunidades autónomas ha podido paliar en alguna medida la falta de cumplimiento imputada en ocasiones al Estado por las instancias supervisoras de la CSE, como es el caso de la asistencia sanitaria a los extranjeros en situación irregular, aunque los reproches trasladados a España desde el CEDS a este respecto no parece que hayan tenido en cuenta esa posibilidad[817]. Bien mirado, no parece que el Comité tome conciencia plena de la trascendencia de un régimen de descentralización política para el cumplimiento de la Carta, máxime cuando da a entender que la libertad de las comunidades autónomas para regular una determinada materia puede originar una diferencia de protección entre regiones y entre la población. De alguna manera, el CEDS parece pedir que sea el Estado central el que asuma el establecimiento de las garantías mínimas precisas para que el respeto a la Carta en todo el territorio nacional quede asegurado[818].

La descentralización de competencias no es, de todos modos, una situación desconocida en el contexto comparado, y por ello se ha sugerido una mayor receptividad hacia la impli-

---

816 Vid. Conclusiones XX-1, art.1.3, período 2007-2010 (http://hudoc.esc.coe.int/eng/?i=XX-1/def/ESP/1/3/EN) y Conclusiones XXI-1, art.1.3, período 2011-2014 (http://hudoc.esc.coe.int/eng/?i=XXI-1/def/ESP/1/3/EN).

817 Vid. M.B. CARDONA RUBERT, "La situación del Estado Español en relación al cumplimiento de la Carta Social Europea", *Revista de Derecho Social*, núm.69 (2015), pp.109 y ss.

818 Vid. Conclusiones XX-2, art.13.1, período 2008-2011 (http://hudoc.esc.coe.int/eng/?i=XX-2/def/ESP/13/1/EN) y Conclusiones XXI-2, art.13.1, período 2012-2015 (http://hudoc.esc.coe.int/eng/?i=XXI-2/def/ESP/13/1/EN).

cación a nivel regional y local en la aplicación efectiva de los derechos reconocidos por la CSE[819], que, dicho sea de paso, para el Comité no se satisface con menciones genéricas a ese instrumento[820], fórmulas que, pese a ello, son bastante habituales en las normas autonómicas de más reciente cuño, tanto en las reformas operadas sobre la versión original de los Estatutos de Autonomía[821], como en las normas autonómicas de mayor tono social, como las relativas a rentas mínimas[822] y, en general, a la asistencia social y los servicios sociales[823], amén de

---

819 Vid. L. JIMENA QUESADA, "Le rôle des pouvoirs locaux et régionaux dans la mise en oeuvre de la Charte Sociale Européenne", *Lex Social*, núm.2 (2018), pp.3 y ss., y F. JIMÉNEZ GARCÍA, "La Carta Social Europea (Revisada): Entre el desconocimiento y su revitalización como instrumento de coordinación de las políticas sociales europeas", *Revista Electrónica de Estudios Internacionales* (REEI), núm.17 (2009).

820 En general sobre la influencia de la CSE en la regulación autonómica, D. TERRÁDEZ SALOM, *La Carta Social Europea en el orden constitucional español*, Tesis doctoral, Valencia, 2014, pp.103 y ss.

821 V.gr., art. 9 de la Ley Orgánica 2/2007, de 19 de marzo, de reforma del Estatuto de Autonomía para Andalucía; art. 13 de la Ley Orgánica 1/2007, de 28 de febrero, de reforma del Estatuto de Autonomía de las Illes Balears; art. 8 de la Ley Orgánica 5/1982, de 1 de julio, de Estatuto de Autonomía de la Comunidad Valenciana, tras su modificación por Ley Orgánica 1/2006, de 10 de abril.

822 Vid. Ley 14/2017, de 20 de julio, de la renta garantizada de ciudadanía.

823 V.gr., Preámbulos de la Ley 4/2019, de 15 de marzo, de modificación de la Ley 1/2003, de 24 de febrero, de Servicios Sociales del Principado de Asturias; de la Ley 14/2017, de 20 de julio, de la renta garantizada de ciudadanía de Cataluña; de la Ley 3/2019, de 18 de febrero, de servicios sociales inclusivos de la Comunitat Valenciana; de la Ley 4/2012, de 15 de octubre, por la que se aprueba la Carta de Derechos Sociales de la Comunitat Valenciana; de la Ley 5/2009, de 30 de junio, de Servicios Sociales de Aragón; de la Ley 14/2010, de 16 de diciembre, de servicios sociales de Castilla-La Mancha; de la Ley 14/2015, de 9 de abril, de Servicios Sociales de Extremadura; de la Ley 16/2019, de 2 de mayo, de Servicios Sociales de Canarias;

otras conexas, como las dedicadas al voluntariado y al Tercer Sector[824] o a la protección a la infancia[825], las familias[826] y a las víctimas de violencia de género[827]. Por supuesto, la CSE es tomada explícitamente como referente en caso de aprobación de instrumentos autonómicos de reconocimiento de derechos sociales de carácter general[828].

En cualquier caso, conviene tener presente que la CSE no proporciona mecanismos verdaderamente efectivos para imponer a las comunidades autónomas una determinada forma de proceder, ni tampoco el Estado cuenta con armas especialmente poderosas para hacer cumplir mandatos supranacionales cuando las competencias correspondientes pertenecen a otras instancias de poder dentro del sistema interno. Así las cosas, es de temer que el respeto efectivo de la Carta por nuestros poderes públicos no estatales dependa en buena medida de su buena disposición. Máxime cuando la coordinación a todos los niveles, sin duda deseable, parece lastrada por los numerosos intereses en juego, a veces de imposible composición. Por lo demás, no da la impresión de que el cumplimiento efectivo o

---

o de la Ley Foral 17/2010, de 8 de noviembre, de derechos y deberes de las personas en materia de salud en la Comunidad Foral de Navarra.

824 Vid. art. 5 de la Ley 8/2006, de 10 de octubre, del Voluntariado en Castilla y León, tras su modificación por Ley 5/2021; Ley 12/2019, de 11 de octubre, del Voluntariado de Extremadura; Ley 11/2019, de 8 de marzo, de voluntariado de las Illes Balears; Ley 10/2018, de 22 de noviembre, del Tercer Sector Social de Extremadura; Ley 4/2018, de 8 de mayo, Andaluza del Voluntariado.

825 Vid. Exposición de Motivos de la Ley 4/2021, de 27 de julio, de Infancia y Adolescencia de Andalucía.

826 Vid. Ley 8/2018, de 31 de julio, de apoyo a las familias en las Illes Balears.

827 Vid. Ley 4/2018, de 8 de octubre, para una Sociedad Libre de Violencia de Género en Castilla-La Mancha.

828 Como la Carta de Derechos Sociales de la Comunidad de Madrid, aprobada en 2017 (BOCM de 18 de agosto de 2017).

cabal de la Carta figure entre las habituales preocupaciones de nuestros responsables políticos, en sus distintas escalas, seguramente porque las deficiencias que pudieran detectarse en ese sentido no suelen provocar consecuencias de relieve para las instancias responsables. A la postre, el reproche de carácter político-moral que en esencia se deriva de los informes de "no conformidad" emitidos por el CEDS no parece haber operado en nuestro sistema con fuerza suficiente como para provocar cambios sustantivos en la acción legislativa o gubernamental. Otra cosa es que, ya en el interior de nuestro propio sistema, los afectados por el incumplimiento pudieran barajar, desde luego sin éxito asegurado, la posibilidad de acudir al cauce de responsabilidad patrimonial del Estado o las Administraciones Públicas.

3. Los criterios de aplicación de la Carta Social Europea por parte del CEDS: una aproximación desde España

La actividad del Comité Europeo de Derechos Sociales en relación con el sistema español puede ser un primer foco de atención para profundizar un poco más en nuestro propósito indagatorio. Vaya por delante que ese órgano cuenta ya con mucha experiencia de funcionamiento, por lo que ha tenido oportunidad de pronunciarse en multitud de ocasiones y sobre asuntos de muy variada temática, lo que dificulta obviamente los empeños de valoración completa y exhaustiva de su actividad. No puede olvidarse, además, que sus conclusiones atienden tanto a la legislación como a las prácticas del Estado en cuestión[829], y que en su labor de supervisión suele tomar en consideración el contexto particular de cada Estado y mos-

---

[829] Vid. J.M. BELORGEY, "La Carta Social Europea del Consejo de Europa y su órgano de control: el Comité Europeo de Derechos Sociales", *Revista de Derecho Político*, UNED, núm.70 (2007), pág.360.

trar cierto respeto a las tradiciones y usos nacionales. Todo ello hace que no siempre puedan generalizarse o extrapolarse sus propuestas o pareceres, sin perjuicio de que el paralelismo entre las situaciones de distintos países permita hacer a veces juicios compartidos, como se ha podido comprobar, por ejemplo, a propósito de las restricciones que en materia de asistencia sanitaria y en relación con los extranjeros en situación irregular se introdujeron en coyunturas de dificultad presupuestaria en diversos sistemas nacionales[830]. Pero en esa labor comparativa y en los juicios resultantes de la misma siempre conviene adoptar las pertinentes cautelas.

La reflexión sobre la virtualidad o la trascendencia de los criterios de interpretación y valoración de la Carta por parte del CEDS para la conformación actual de los ordenamientos jurídicos puede desplegarse, en todo caso, desde distintos frentes. La doctrina de ese órgano podría motivar por sí misma la correspondiente tarea de estudio, ponderación o crítica, pero también puede calibrarse su labor desde la perspectiva de contraste o comparación con los productos derivados de otras instituciones de control, incluso con las de naturaleza jurisdiccional. Aunque haya sido, lógicamente, con pretensiones y fundamentos muy diferentes, y por procedimientos de distinta naturaleza, algunos de los problemas examinados por el CEDS se han planteado también ante el Tribunal Europeo de Derechos Humanos[831], o incluso ante el Tribunal de Justicia de la Unión

---

830 Vid. L. JIMENA QUESADA, "El Comité Europeo de Derechos Sociales: sinergias e impacto en el sistema internacional de Derechos Humanos y en los ordenamientos nacionales", *Revista Europea de Derechos Fundamentales*, núm.25 (2015), pp.106 y ss.

831 Vid. A. NOGUERA FERNÁNDEZ, "Hacia una reforma de la Carta Social Europea: propuestas para seguir avanzando en la justiciabilidad de los derechos sociales", *Revista Española de la Función Consultiva*, núm.26 (2016), pp.108-109; C. SALCEDO BELTRÁN, "La protección de los derechos sociales a escala europea: de la con-

Europea[832], lo cual podría permitir, en efecto, un cierto cotejo entre unas respuestas y otras. Es difícil profundizar en esa línea de investigación, pero no está de más señalar, al menos, que esa concurrencia de intervenciones ha dado resultados de muy diverso tenor, puesto que junto a la tendencia a la aproximación apreciada en algunos temas[833], en otros casos se ha producido más bien disparidad de pareceres, como se ha podido comprobar, por ejemplo, en algunas de las reacciones y quejas que durante los últimos lustros se han suscitado con ocasión de las medidas adoptadas para hacer frente a las consecuencias de la crisis económica generada por los acontecimientos financieros de 2008, con el consiguiente efecto de incertidumbre o inseguridad para la toma de decisiones por parte de los poderes públicos implicados[834].

De cualquier modo, no hay más remedio que centrar nuestro análisis en los pronunciamientos del Comité que especí-

---

frontación 'presente' a la ineludible integración 'futura'", *RMESS*, núm.137 (2018), pp.137 y ss.

832 Vid. L. JIMENA QUESADA, "El último bastión en la defensa de los derechos sociales: la Carta Social Europea", *RJUAM*, núm.29 (2014), pp.177 y ss.

833 Vid. L. MOLA, "The margin of appreciation accorded to States in times of economic crisis: an analysis of the decision by the European Committee of Social Rights and by the European Court of Human Rights on national austerity measures", *Lex Social*, núm.1 (2015), pp.175 y ss.

834 Vid. L. JIMENA QUESADA, "El Comité Europeo de Derechos Sociales: sinergias e impacto en el sistema internacional de Derechos Humanos y en los ordenamientos nacionales", *Revista Europea de Derechos Fundamentales*, núm.25 (2015), pp.119 y ss.; C. SALCEDO BELTRÁN, "La protección de los derechos sociales a escala europea: de la confrontación "presente" a la ineludible integración 'futura'", *RMESS*, núm.137 (2018), pp.91 y ss., y F. VALDÉS DAL-RÉ, *El constitucionalismo laboral europeo y la protección multinivel de los derechos laborales fundamentales: luces y sombras*, Bomarzo, Albacete, 2016, pp.95 y ss.

ficamente se refieren a España, por razones de coherencia y operatividad, pues sólo con esa delimitación previa es realmente factible y provechosa la extracción de conclusiones de contrastada validez para nosotros. En verdad, los criterios elaborados para supuestos de hecho originados en otros Estados pueden revestir interés para nosotros, aparte de su interés general. Convenientemente ponderados[835], podrían ofrecer en efecto pautas valiosas para analizar el contexto español, como es el caso, por poner un ejemplo, de la validación por parte del CEDS de las reglas francesas sobre celebración de acuerdos equiparables a convenios colectivos directamente entre trabajadores y empresarios en empresas sin representantes de los trabajadores, con argumentos que podrían extrapolarse a la experiencia española en lo que se refiere, más concretamente, a las competencias negociadoras de comisiones *ad hoc* en ciertos supuestos de reestructuración de la plantilla empresarial[836]. Pero estas operaciones de extrapolación de resultados de un país a otro deben reservarse, obviamente, para casos muy específicos en los que se advierta suficiente afinidad o proximidad entre los correspondientes asuntos[837].

---

835 Vid. L. JIMENA QUESADA, "Retos pendientes del estado social españolen especial, la ratificación de la Carta Social Europea revisada de 1996", *Nuevas Políticas Públicas: Anuario multidisciplinar para la modernización de las Administraciones Públicas*, núm.2 (2006), pp.64 y ss.; F. JIMÉNEZ GARCÍA, "El Comité Europeo de Derechos Sociales en el sistema de la Carta Social Europea", en C. FERNÁNDEZ DE CASADEVANTE ROMANÍ, *España y los órganos internacionales de control en materia de derechos humanos*, Dilex, Madrid, 2010, pp.400 y ss.

836 Vid. procedimiento de reclamaciones colectivas *Confédération française démocratique du travail (CFDT) v. France* (queja nº 189/2020), disponible en https://hudoc.esc.coe.int/?i=cc-189-2020-dmerits-en.

837 Para un acercamiento de bastante profundidad a la doctrina del CEDS puede consultarse el «Digesto (https://rm.coe.int/digest-2018-parts-i-ii-iii-iv-en/1680939f80) y su «Apéndice» (https://rm.coe.int/digest-2018-appendix-en/1680939f7e), cuyas versiones

Sea como fuere, no cabe duda de que nuestro objetivo de presentación global del grado de cumplimiento de la Carta por parte del Estado español a la vista de los criterios del CEDS puede lograrse de manera más fiel y cabal, como es fácil de comprender, si concentramos nuestra consulta y nuestras reflexiones en los informes dedicados específicamente a nuestro ordenamiento. Y desde ese punto de vista resulta preferible, como es obvio, detenernos primordialmente en cuestiones sustantivas o de fondo, dejando en un lugar más secundario la posición del CEDS ante problemas de procedimiento o relativos a la observancia de sus diversos trámites por parte de las autoridades españolas, como es el caso del grado de cumplimiento por el Estado español de los plazos establecidos para la remisión de respuestas a las peticiones de información o aclaración emitidas por dicha instancia. En este otro terreno más instrumental, baste apuntar que usualmente el CEDS demora su valoración hasta el momento de obtener los datos solicitados[838], aunque advierta de que esa falta de diligencia constituye en sí misma un incumplimiento de la Carta[839]. Anotemos también, dentro de ese mismo capítulo procedimental, que a veces el CEDS da una especie de voto de confianza temporal o condicionado a la espera de la información requerida[840], sin perjuicio de que ello

---

más recientes, elaboradas por el propio Consejo de Europa, datan de 2018.

838 Vid. Conclusiones XV-1, art.1.3, período 1997-1998, en relación con agencias de empleo (http://hudoc.esc.coe.int/eng/?i=XV-1/def/ESP/1/3/EN).

839 A modo de ejemplo, vid. Conclusiones XX-1, art.1.1, período 2007-2010, sobre políticas de empleo (http://hudoc.esc.coe.int/eng/?i=XX-1/def/ESP/1/1/EN), o Conclusiones XX-1, art. 10.1, período 2007-2010, acerca de la formación profesional (http://hudoc.esc.coe.int/eng/?i=XX-1/def/ESP/10/1/EN).

840 Vid. Conclusiones XX-1, art.15.1, período 2007-2010, en relación con la formación dirigida a personas con discapacidad (http://hudoc.esc.coe.int/eng/?i=XX-1/def/ESP/15/1/EN), Conclusiones XX-2, art.3.1, período 2008-2011 (http://hudoc.esc.coe.int/

no sea obstáculo para una declaración posterior de no conformidad si no se cumplen los deberes procedimentales o no se confirman esos cálculos provisionales[841].

Conviene introducir aún alguna otra advertencia sobre el alcance que queremos dar a nuestras reflexiones, pues no todas las intervenciones del CEDS en relación con España tienen la misma significación o relevancia a los efectos que aquí interesan. Es recomendable, pues, optar por un análisis selectivo y más consecuente con el objeto de nuestro estudio, en detrimento de una exploración sistemática y pretendidamente cxhaustiva de la labor de esa instancia de control. Hay que tener en cuenta, en este sentido, que algunos de los derechos reconocidos en la Carta exceden de nuestro terreno típico del empleo y la seguridad social, como sucede por ejemplo con la educación, con muchas de las medidas de apoyo a la familia[842] (que puede llevar por cierto a la declaración de no conformidad por falta de guarderías suficientes[843]), o con determinados derechos reconocidos a los migrantes (como el de acceso a la justicia o el de reagrupamiento familiar). Por razones sistemáticas, podemos dejar al margen de nuestro recorrido ese tipo

---

eng/?i=XX-2/def/ESP/3/1/EN), sobre prevención de riesgos o Conclusiones XX-3, art. 2.3, período 2009-2012, acerca de las vacaciones (http://hudoc.esc.coe.int/eng/?i=XX-3/def/ESP/2/3/EN).

841 Por ejemplo, vid. Conclusiones XX-2, art.14.2, período 2008-2011 (http://hudoc.esc.coe.int/eng/?i=XX-2/def/ESP/14/2/EN), en relación con los servicios sociales, o Conclusiones XXII-3, art. 2.4, período 2017-2020, sobre prevención de riesgos (https://hudoc.esc.coe.int/?i=XXII-3/def/ESP/2/4/EN).

842 Vid. J.L. SALIDO BANÚS, "Tratamiento de personas, instituciones y colectivos especialmente sensibles en la Carta Social Europea (arts.7, 8, 16, 17 y 19) y su regulación en el ordenamiento jurídico español", *RMESS*, núm.137 (2018), pp.273 y ss.

843 Vid. Conclusiones XX-4, art.16, período 2010-2013 (http://hudoc.esc.coe.int/eng/?i=XX-4/def/ESP/16/EN).

de derechos, y, del mismo modo, podemos valorar con cierta distancia las cuestiones relativas a las prestaciones sociales que se dirigen eminentemente a combatir o erradicar la pobreza, como las rentas o los "salarios" mínimos de inserción u otras medidas de asistencia social de corte similar, sin perjuicio de que la inclusión de nuestro ingreso mínimo vital en el ámbito de las prestaciones no contributivas de seguridad social permita adentrarnos un poco más en esos territorios de frontera[844]. Limitémonos a señalar, a estos efectos, que el Comité, en relación con esas rentas mínimas autonómicas, pone ciertos reparos sobre los períodos previos de residencia como requisito de acceso, sobre los límites de edad e incluso sobre el importe de las prestaciones[845]. Es necesario, por lo demás, atender al aspecto cronológico y a la dimensión temporal de las conclusiones del CEDS, que en ocasiones se ha pronunciado sobre medidas muy episódicas o localizadas en el tiempo, como ha ocurrido con los esfuerzos para la creación de mayores oportunidades de empleo en una coyuntura determinada[846], o con la elaboración de planes de empleo con un calendario de aplica-

---

844 La implantación en España del ingreso mínimo vital a través del RDL 20/2020, sustituido después por la Ley 19/2021, puede entenderse como cumplimiento de las exigencias que pudieran derivarse del artículo 13 de la CSE y permite de ese modo atenuar las críticas que se venían haciendo con frecuencia sobre la deficiente atención de nuestro ordenamiento respecto de la protección de las situaciones de pobreza; vid. L. JIMENA QUESADA, "El derecho a la protección contra la pobreza y la exclusión social como paradigma del respeto de la dignidad humana. La inserción del ingreso mínimo vital en el marco de la evolución de los estándares internacionales", *Lex Social*, Vol. 10, núm. 2 (2020), pp. 361 y ss.

845 Conclusiones XXII-2 (2021), para el período 2016-2019, https://rm.coe.int/spain-and-the-european-social-charter/1680492969.

846 Vid. Conclusiones XV-1, art.1.1, período 1997-1998 (http://hudoc.esc.coe.int/eng/?i=XV-1/def/ESP/1/1/EN).

ción temporalmente cerrado[847]. Por esas y otras posibles razones, concentraremos nuestro análisis en todo aquello que pudiera mantener un mínimo tono de actualidad o que pudiera conservar su relevancia aun con el paso de los años, siempre dentro de nuestro terreno laboral o de protección social.

Con esas grandes coordenadas, y dado que el número de asuntos es en verdad inabarcable, podemos partir a esos efectos del escenario un tanto novedoso que se abre con la referida crisis económica del año 2008, en el que se han ido acumulando cerca de doscientas intervenciones del CEDS en relación con España, con sus correspondientes conclusiones. Como no puede ser de otro modo, por la tardía fecha de adhesión de nuestro país al procedimiento de reclamaciones colectivas, todas esas intervenciones derivan de procedimientos ordinarios de informe[848] y muchas de ellas tienen que ver con las medidas de reforma laboral y de ajuste del sistema de seguridad social adoptadas por nuestros poderes públicos para hacer frente a sus consecuencias[849]. En todos los casos, como es de rigor, el Comité no basa su respuesta exclusivamente en la información proporcionada por el Estado español, sino que utiliza también otras fuentes (*v.gr.*, estadísticas), solicita documentación adicional (*v.gr.*, legislación, jurisprudencia, resultados de la labor de la Inspección de Trabajo) y presta mucha atención a las observaciones de los sindicatos mayoritarios (UGT y CCOO), que muy frecuentemente ofrecen su visión poniendo de manifiesto posibles zonas de controversia, lo que con habitualidad lleva

---

847 En relación con un plan de igualdad de oportunidades entre mujeres y hombres, vid. Conclusiones XV-1, art.1.2, período 1997-1998 (http://hudoc.esc.coe.int/eng/?i=XV-1/def/ESP/1/2/EN).

848 A 17-12-2019.

849 En general sobre la doctrina del CEDS sobre las reformas derivadas de la situación de crisis, vid. C. SALCEDO BELTRÁN, "Crisis económica, medidas laborales y vulneración de la Carta Social Europea", *Revista Europea de Derechos Fundamentales*, núm.22 (2013), pp.81 y ss.

al Comité a solicitar aclaraciones al Gobierno para contar con una perspectiva más completa. La participación de otras organizaciones en esos procedimientos, aunque posible, no suele ser sin embargo muy corriente en el caso español, al igual, por cierto, que en algún otro país[850]. De cualquier manera, en los asuntos que han afectado a España también han presentado ocasionalmente alegaciones o "comentarios", por utilizar la jerga de ese procedimiento, organizaciones como la Confederación Intersindical Galega (CIG), el Movimiento ATD Cuarto Mundo España y Amnistía Internacional[851].

A partir del arco material seleccionado, puede decirse que en líneas generales el CEDS ha dado a entender que la regulación laboral y social española es conforme a la Carta Social Europea, de modo que, como cabe deducir de ese punto de partida, la mayor parte de sus conclusiones se limitan simplemente a poner de manifiesto un comportamiento de observancia y cumplimiento por parte de nuestras instituciones o nuestros responsables de la cosa pública, sin perjuicio de que se haya solicitado a veces información adicional sobre determinados asuntos o ciertos aspectos de nuestro sistema interno. Partiendo de esa apreciación general, es significativo, por ejemplo, que el Comité haya valorado positivamente los progresos del Estado español en muchos ámbitos de las relaciones sociales afectados por la Carta, y muy particularmente en relación con el principio de no discriminación retributiva por razón de sexo, contexto en el que, además de esa opinión de conformidad, se han aplaudido las iniciativas adoptadas con el

---

850 Vid. CEDS, *Activity Report 2018*, pág.29 (https://rm.coe.int/activity-report-2018-of-the-european-committee-of-social-rights/168097333a); C. SALCEDO BELTRÁN, "La intervención de las organizaciones nacionales en el sistema de informes de la Carta Social Europea: una cita insoslayable con las «observaciones»", *RGDTSS (iustel)*, núm.55 (2020).

851 https://www.coe.int/en/web/european-social-charter/spain.

propósito de erradicar las diferencias[852]. De todos modos, no siempre las instancias supervisoras del Consejo de Europa han dado el visto bueno a nuestra política social. El CEDS también ha apreciado incumplimientos de nuestro legislador o nuestras instituciones, a veces de escasa relevancia, otras de mayor envergadura. Por ejemplo, y como apuntábamos más arriba, en relación con lo que hasta hace poco tiempo sucedía en nuestro ordenamiento, el Comité consideró que la falta de una referencia específica a la edad como causa de discriminación o la carencia de una regulación específica sobre el tema, suponían un incumplimiento de la Carta, aunque, paradójicamente, no parece que a esa opinión se le haya otorgado mucha relevancia a la hora de confeccionar los correspondientes informes[853], a diferencia de lo sucedido a propósito de otras deficiencias también advertidas en el ordenamiento de nuestro país.

Hay casos, en efecto, en los que el CEDS ha señalado de manera más tajante la discordancia entre el sistema español y la CSE (por ahora, en su versión de 1961, por las razones que ya conocemos), aunque también cabe decir que, en términos generales, el pertinente informe de esa instancia de control apenas ha tenido impacto en la actuación o la programación de nuestras instituciones políticas, seguramente porque no ha motivado una actitud de alerta o atención reforzada por parte del Comité de Ministros del Consejo de Europa. Esta otra ins-

---

852 Vid. Conclusiones XXI-3, art.4.3, período 2013-2016 (http://hudoc.esc.coe.int/eng/?i=XXI-3/def/ESP/4/3/EN).

853 Tal vez porque el impacto de esa causa de discriminación en la legislación española ha quedado suficientemente patente y probado a través de la jurisprudencia del TC y del TJUE, que de algún modo cubren la laguna que formalmente ofrece el artículo 14 CE (atenuada desde luego por la referencia de este precepto a circunstancias o condiciones personales o sociales distintas de las que cita textualmente); vid. Conclusiones XX-2, art.4 del Protocolo Adicional, período 2008-2011 (http://hudoc.esc.coe.int/eng/?i=XX-2/def/ESP/23/EN).

tancia, para dejarlo más claro, se ha limitado normalmente a transmitir determinadas recomendaciones a España dentro de un comunicado mucho más general dirigido a todos los Estados miembros, con la encomienda esencial de que «tomen en cuenta, de manera apropiada, las observaciones» allí consignadas[854]. En cualquier caso, el Estado español tampoco parece que haya sido especialmente diligente a la hora de prestar atención a las observaciones del CEDS[855], hasta el punto de que en algunos casos las ha dejado a un lado de forma reiterada, como sucede, por poner un solo ejemplo, con la retribución de las horas extraordinarias. En ocasiones, esos desajustes entre la CSE y el ordenamiento español se han solventado mediante la remisión al CEDS de informes complementarios más detallados y precisos, pero cabe sostener que las conclusiones del CEDS no han sido hasta el momento un elemento determinante para la programación legislativa española. Algunas reformas legales han sido valoradas positivamente por el Comité[856] (como ha ocurrido en materia de prevención de riesgos laborales[857]), pero no parece que la posición interpretativa de

---

854 Por todas, vid. Resolución del Comité de Ministros de 15-2-2012 CM/ResChS(2012)1, *on the implementation of the European Social Charter (Conclusions XIX-3 (2010), provisions related to "Labour rights")*, disponible en http://hudoc.esc.coe.int/eng?i=reschs-2012-1-en.

855 Vid. X.M., CARRIL VÁZQUEZ, "La doctrina del Comité Europeo de Derechos Sociales acerca del incumplimiento por España de derechos laborales elementales regulados en la Carta Social Europea", *RTSS (CEF)*, nº 460, 2021, pp. 154 y ss.

856 Vid. *Conclusiones XXI-3 (2018)*, relativas a España (https://hudoc.esc.coe.int/app/conversion/pdf?library=ESC&id=CR_XXI-3_ESP_ENG&filename=CR_XXI-3_ESP_ENG.pdf).

857 Vid. Real Decreto 299/2016, de 22 de julio, sobre la protección de la salud y la seguridad de los trabajadores contra los riesgos relacionados con la exposición a campos electromagnéticos, y Real Decreto 1084/2014, de 19 de diciembre, por el que se modifica el Real Decreto 67/2010, de 29 de enero, de adaptación de la legislación

dicha instancia de control figure entre los impulsos principales de nuestra acción legislativa[858].

Ello puede tener diversas explicaciones. La primera de ellas seguramente resida en la naturaleza del CEDS y en su papel dentro del procedimiento de supervisión de la Carta, que le permite, y puede que incluso le suscite, una actitud sistemática y cuasi mecánicamente volcada en la intensificación de los derechos sociales a lo largo de todo el área territorial del Consejo de Europa, con una perceptible inclinación a otorgar a la Carta un nivel de exigencia que no siempre se corresponde con la concreta formulación y el sentido de su tabla de compromisos, algo que se puede comprender sin mayor dificultad pero que como método jurídico puede carecer de justificación[859]. Es poco verosímil, si bien se mira, imputar incumplimientos a sistemas nacionales que han alcanzado un nivel muy satisfactorio en sus normas laborales y en sus mecanismos de protección social, con independencia de que, en un repaso minucioso, y mucho más si se hace de manera puntillosa o tendencialmente escrupulosa, ofrezcan algún flanco más débil o deficiente. Es un problema que suele plantearse en general cuando se contrastan las normas nacionales con los estándares internacionales en materia laboral o social, pero los órganos encargados de supervisar la acomodación de los Estados a esos umbrales de

---

de Prevención de Riesgos Laborales a la Administración General del Estado.

858 El propio Consejo de Europa proporciona un resumen (*factsheet*) de la situación de cada país, identificando los puntos de disconformidad, pero también la evolución positiva en algunos campos. En el caso español, ese resumen, actualizado a marzo de 2022, se encuentra disponible en https://rm.coe.int/spain-and-the-european-social-charter/1680492969.

859 Vid. R. BRILLAT, "La actividad pre-convencional y para-convencional del Consejo de Europa en el ámbito de los derechos sociales", en AA.VV., *Escritos sobre derecho europeo de los derechos sociales*, Tirant lo Blanch, Valencia, 2004, pp.25 y ss.

orden internacional probablemente deban tomar conciencia de los avances globales del sistema nacional de referencia en mayor medida que los pequeños resquicios que inevitablemente siempre se puedan advertir en un determinado sistema y en un momento dado[860].

Sea de una u otra manera, lo cierto es que, según advertimos con anterioridad, el órgano de garantía de la CSE ha detectado incumplimientos por parte de España. Sin embargo, y aunque pueda parecer extraño, también es verdad que esa declaración no suele generar consecuencias jurídicas inmediatas, y desde luego no garantiza que el legislador, o en su caso el Gobierno, acometan las pertinentes reformas legales para corregir el defecto achacado, máxime cuando las referencias a la Carta Social Europea en las normas españolas suelen ser más bien retóricas y suelen aparecer dentro de un listado de citas en el que también se recogen otros instrumentos internacionales sobre derechos humanos, de tal manera que muy raramente actúan como elemento clave para la construcción

860 Pongamos el ejemplo de la retribución de las horas extraordinarias, ¿qué situación es mejor o preferible, la que se regía por la Ley de Relaciones Laborales de 1976, que exigía el pago de un incremento mínimo del 50% sobre el valor de la hora ordinaria, o la que se regula por el texto del Estatuto de los Trabajadores, que desde alguna de sus reformas tan sólo impone el valor de la hora ordinaria o una compensación por tiempo de descanso equivalente? No se olvide que para esa valoración también debe tenerse en cuenta el reparto de papeles entre la ley y la negociación colectiva, que necesita suficiente margen de actuación en materia de retribución del trabajo y que en nuestro actual sistema es mucho más potente que en aquellos tiempos de la transición política o de los primeros años de rodaje constitucional. Téngase en cuenta también que, según la propia CSE, la negociación colectiva es uno de los cauces aptos para el cumplimiento de sus prescripciones. En definitiva, el análisis localizado y casuístico puede tener sentido en un litigio particular pero no en una valoración estructural como la que se le supone a un órgano de supervisión como el CEDS.

de los correspondientes mandatos normativos. Como dijimos en su momento, las alusiones a la Carta Social Europea dentro de nuestro sistema normativo perecen revestir más valor simbólico que real, probablemente con el propósito de que ese instrumento actúe como faro de orientación e inspiración, pero sin que el contenido de la Carta influya realmente en la configuración final de la norma nacional[861]. La única excepción a esa tendencia general, al menos en los últimos tiempos, reside en las decisiones gubernamentales de revisión al alza del importe del SMI, que parecen dar a la CSE un valor mucho más determinante, aunque siempre con la advertencia de que el umbral mínimo que deriva de tal instrumento constituye una «recomendación» y no una imposición[862].

4. Principales conclusiones del CEDS acerca de la legislación y la práctica españolas

Pasemos, tras esa presentación global, a la exposición de las conclusiones del CEDS en relación con concretos asuntos españoles, con los criterios de delimitación material y temporal ya señalados. Empecemos por algunos reproches de ese órgano a determinadas previsiones de nuestro sistema. En ese primer cupo de las críticas se sitúa, por de pronto, la exigencia de la condición de nacionalidad que contiene nuestra legislación

---

861 Ejemplos de esa simple mención son el art. 5.b) de la Ley 45/2015, de 14 de octubre, de Voluntariado; las Exposiciones de Motivos de la Ley 40/2003, de 18 de noviembre, de Protección a las Familias Numerosas, y de la Ley 35/2007, de 15 de noviembre, por la que se establece la deducción por nacimiento o adopción en el Impuesto sobre la Renta de las Personas Físicas y la prestación económica de pago único de la Seguridad Social por nacimiento o adopción.

862 Vid. Preámbulo del Real Decreto-ley 3/2004, de 25 de junio, para la racionalización de la regulación del salario mínimo interprofesional y para el incremento de su cuantía.

sanitaria para el ejercicio de algunos puestos de trabajo (como los de inspección) y la reserva que de ella se deriva en favor de los españoles, que el CEDS ha considerado excesiva y discriminatoria para otros nacionales del espacio comprendido en el Consejo de Europa[863]. En ese mismo sector de la sanidad, también ha alertado dicho órgano sobre la posibilidad de que la configuración flexible del tiempo de trabajo pueda conducir a jornadas superiores a las 60 horas semanales, en contradicción con lo dispuesto en la CSE[864], sin estimar como atenuante que se trate de una situación resulte más hipotética que real, por cuanto lo decisivo es que la norma permite ese resultado[865]. Con ese campo de actuaciones podemos conectar asimismo los casos de restricción de la prestación de asistencia sanitaria a extranjeros en situación irregular[866]. En fin, en el terreno más o menos próximo de la política de empleo, el Comité ha criticado en ocasiones la falta de efectividad práctica de las reformas laborales, especialmente la de 2012, por la persistencia de elevadas tasas de desempleo, tanto en términos generales como en lo referido a los jóvenes. Lo cual, en un plano más estructural, ha motivado también la imputación al Estado espa-

---

863 Vid. Conclusiones XX-1, art.1.2, período 2007-2010 (http://hudoc.esc.coe.int/eng/?i=XX-1/def/ESP/1/2/EN) y Conclusiones XXI-1, art.1.2, período 2011-2014 (http://hudoc.esc.coe.int/eng/?i=XXI-1/def/ESP/1/2/EN).

864 En general, vid. L. TEIXEIRA ALVES, "Los artículos 2 y 4 de la Carta Social Europea ante el Derecho español", *RMESS*, núm.137 (2018), pp.221 y ss.

865 Vid. Conclusiones XX-3, art.2.1, período 2009-2012 (http://hudoc.esc.coe.int/eng/?i=XX-3/def/ESP/2/1/EN), Conclusiones XXI-3, art.2.1, período 2013-2016 http://hudoc.esc.coe.int/eng/?i=XXI-3/def/ESP/2/1/EN) y Conclusiones XXII-3, art. 2.1, período 2017-2020 (https://hudoc.esc.coe.int/?i=XXII-3/def/ESP/2/1/EN).

866 Vid. M.B. CARDONA RUBERT, "La situación del Estado Español en relación al cumplimiento de la Carta Social Europea", *Revista de Derecho Social*, núm.69 (2015), pp.109 y ss.

ñol del incumplimiento del derecho al empleo reconocido en el artículo 1 de la Carta[867].

Veamos ahora algunas intervenciones del CEDS en relación con el régimen establecido en nuestro sistema normativo para determinadas condiciones de trabajo. Respecto de las vacaciones, por ejemplo, el CEDS ha considerado aceptable en general la regulación española, pero ha apreciado incumplimiento cuando no se garantiza que en todo caso se disfrute a tal fin de dos semanas ininterrumpidas[868]. Por lo que se refiere al salario, el Comité ha venido advirtiendo que el importe del "mínimo interprofesional" en España, por no alcanzar el 60% del salario medio propugnado por la Carta, no garantiza un «estándar de vida decente»[869], ni en una panorámica general, ni en el caso particular de los trabajadores jóvenes y de los contratos formativos[870]. También en algunos otros aspectos conexos a la retribución ha apostado el CEDS por una interpretación literal y rigurosa del correspondiente precepto de la Carta, como ha podido comprobarse con la exigencia de una compensación

---

867 Vid. Conclusiones XXII-1, art.1.1, período 2020 (https://hudoc.esc.coe.int/eng?i=XXII-1/def/ESP/1/1/EN) o Conclusiones XXI-1, art.1.2, período 2011-2014 (http://hudoc.esc.coe.int/eng/?i=XXI-1/def/ESP/1/1/EN).

868 Vid. Conclusiones XXI-3, art.2.3, período 2013-2016 (http://hudoc.esc.coe.int/eng/?i=XXI-3/def/ESP/2/3/EN) y Conclusiones XXII-3, art.2.3, período 2017-2020 (https://hudoc.esc.coe.int/?i=XXII-3/def/ESP/2/3/EN).

869 Vid. Conclusiones XX-3, art.4.1, período 2009-2012 (http://hudoc.esc.coe.int/eng/?i=XX-3/def/ESP/4/1/EN), Conclusiones XXI-3, art.4.1, período 2013-2016 http://hudoc.esc.coe.int/eng/?i=XXI-3/def/ESP/4/1/EN) y Conclusiones XXII-3, art.4.1, período 2017-2020 (https://hudoc.esc.coe.int/?i=XXII-3/def/ESP/4/1/EN).

870 Vid. Conclusiones XXI-4, art.7.5, período 2014-2017 (https://hudoc.esc.coe.int/eng?i=XXI-4/def/ESP/7/5/EN), incumplimiento reiterado en las Conclusiones de 2023 (https://hudoc.esc.coe.int/eng?i=2023/def/ESP/7/5/EN).

de las horas extraordinarias más generosa que la del tiempo ordinario de trabajo, a diferencia de la opción más neutral adoptada por nuestra legislación[871]. El Comité, por cierto, ha destacado los esfuerzos realizados en nuestro país para reducir la brecha salarial entre hombres y mujeres[872], mediante una conjunción de valoraciones positivas y negativas que, por cierto, no se asientan totalmente en el contenido del marco normativo de referencia, sino particularmente, y sobre todo, en análisis estadísticos, como también sucede, por ejemplo, en relación con la inmigración, donde el bajo porcentaje de autorizaciones de residencia y trabajo denegadas parece haber sido determinante para la declaración de conformidad[873].

Un lugar muy singular dentro de toda esta doctrina ocupa la extinción del contrato de trabajo. Para el CEDS, la regulación española sobre sus causas, sus trámites y sus consecuencias cumple en términos generales los estándares impuestos por la Carta, pero a veces ha puesto algún reparo. En relación con la regla de preaviso, y no sólo para el supuesto de despido, el CEDS ha advertido por lo pronto que la regulación no está totalmente aquilatada o no es suficientemente previsora, ya sea porque no se contempla tal cautela para algunas causas de extinción (*v.gr.*, período de prueba), ya sea, de otro lado, porque a su parecer la duración del preaviso no puede configurarse de manera lineal o uniforme para todo trabajador, sino que debe

---

871 Vid. Conclusiones XX-3, art.4.2, período 2009-2012 (http://hudoc.esc.coe.int/eng/?i=XX-3/def/ESP/4/2/EN), Conclusiones XXI-3, art.4.2, período 2013-2016 (http://hudoc.esc.coe.int/eng/?i=XXI-3/def/ESP/4/2/EN) y Conclusiones XXII-3, art.4.2, período 2017-2020 (https://hudoc.esc.coe.int/?i=XXII-3/def/ESP/4/2/EN) .

872 Vid. Conclusiones XXII-1, art.20, período 2020 (https://hudoc.esc.coe.int/eng?i=XXII-1/def/ESP/20/EN).

873 Vid. Conclusiones XXII-1, art.18.1, período 2020 (https://hudoc.esc.coe.int/eng?i=XXII-1/def/ESP/18/1/en).

vincularse a su antigüedad[874]. También conviene poner de manifiesto que de modo casuístico se ha considerado incompatible con el artículo 8.2 de la Carta la admisibilidad del despido de una trabajadora embarazada por determinadas causas no disciplinarias, así como, en particular, la inclusión de trabajadoras en esa situación entre las personas afectadas por una decisión de despido colectivo[875]. En relación aún con el empleo femenino, y quizá con más repercusión estructural que los casos anteriores, no hay más remedio que citar la contradicción apreciada por el CEDS en sus Conclusiones del año 2023[876] entre nuestro sistema de indemnización tasada por despido y la protección que dispensa a las mujeres embarazadas el artículo 8 CSE, una postura que se inscribe en la serie de valoraciones aplicadas en los últimos años a otros sistemas nacionales en supuestos similares y que de alguna manera se convertía en un anticipo de la respuesta a las reclamaciones colectivas presentadas por UGT y CCOO en relación con el régimen general de indemnizaciones de despido[877].

Nuestro recorrido por el ancho espacio de las condiciones de asignación y ejecución del trabajo puede concluir con una

---

874 Vid. Conclusiones XX-3, art.4.4, período 2009-2012 (http://hudoc.esc.coe.int/eng/?i=XX-3/def/ESP/4/4/EN), Conclusiones XXI-3, art.4.4, período 2013-2016 http://hudoc.esc.coe.int/eng/?i=XXI-3/def/ESP/4/4/EN) y Conclusiones XXII-3, art.4.4, período 2017-2020 (https://hudoc.esc.coe.int/?i=XXII-3/def/ESP/4/4/EN).

875 Conclusiones XXI-4, art.8.2, período 2014-2017 (https://hudoc.esc.coe.int/eng?i=XXI-4/def/ESP/8/2/EN).

876 Conclusiones de 2023 relativas al art. 8.2 de la Carta (https://hudoc.esc.coe.int/eng?i=2023/def/ESP/8/2/EN).

877 El CEDS, en relación con la queja planteada por UGT, concluyó que el ordenamiento español no cumple con el art. 24.b) de la Carta, precisamente por el carácter tasado de la indemnización por despido. La Decisión, de 20 de marzo de 2024, puede consultarse en https://hudoc.esc.coe.int/fre/?i=cc-207-2022-dmerits-en.

rápida mirada al terreno particular de la prevención de riesgos laborales, en el que los órganos de control de la Carta han reprochado a España que no se hayan regulado con mayor precisión las obligaciones específicas que en materia de reconocimientos médicos se exigen para la protección de los menores de edad, especialmente en lo relativo al establecimiento de un plazo máximo entre evaluaciones médicas de carácter obligatorio[878]. Asimismo, se ha considerado no compatible con la Carta la ausencia de medidas compensatorias específicas que alcancen a todos los trabajadores que realicen actividades penosas o peligrosas (*v.gr.*, reducción del tiempo de trabajo o concesión de permisos retribuidos)[879].

Por lo que se refiere a la regulación de los derechos colectivos en el ordenamiento español, el CEDS ha mostrado tradicionalmente su conformidad[880], pero también es cierto que, en sintonía con los criterios de la OIT, ha apreciado vulneración del artículo 6 de la Carta a raíz de las reformas legales de 2012, por falta de observancia de la facultad de participación de los sindicatos que, a juicio de ese órgano, se deriva de ese precepto con vistas a la tramitación de normas que causen algún impacto, no ya en los derechos de los trabajadores en general, sino en los procedimientos de negociación entre empresarios y trabajadores. Mucho más directos han sido los reproches dirigidos a las reformas efectuadas por esas mismas fechas en el artículo 41 ET, en tanto que para el CEDS no es compatible con el artículo 31 de la CSE la modificación por voluntad uni-

---

878 Vid. Conclusiones de 2023 sobre el art. 7.9 (https://hudoc.esc.coe.int/eng?i=2023/def/ESP/7/9/EN).

879 Vid. Conclusiones XXII-3, art. 2.4, período 2017-2020 (https://hudoc.esc.coe.int/eng?i=XXII-3/def/ESP/2/4/EN).

880 En general, vid. E. CARRIZOSA PRIETO, "Los modelos de tutela del derecho de libertad sindical en el ámbito internacional", *Revista Internacional y Comparada de Relaciones Laborales y Derecho del Empleo*, núm.3 (2015), pp.18 y ss.

lateral del empleador de las condiciones de trabajo pactadas en convenio colectivo (pese a que tal regla quedó estrictamente limitada a los convenios extraestatutarios). Sí se ha estimado que lo es, en cambio, la preferencia aplicativa del convenio de empresa, ya que en tal caso los procesos de negociación siguen contando con suficiente margen de actuación y no es el empleador el que cuenta con la capacidad de decisión última[881].

En relación con el derecho de huelga, no se considera proporcionada la prohibición del derecho de huelga de los miembros de la policía (en una doctrina no totalmente consistente con la del TEDH)[882]. Además, también ha considerado el CEDS excesivas las posibilidades ofrecidas por el Real Decreto-Ley 17/1977 para imponer un arbitraje obligatorio en caso de huelga[883], reproche que sin embargo no se ha extendido a la intervención dirimente atribuida a la Comisión Consultiva Nacional de Convenios Colectivos en los procedimientos de descuelgue o inaplicación del convenio colectivo a partir de la reforma de 2012, según la redacción del artículo 82.3 ET[884]. Conviene recordar, asimismo, que hace algún tiempo el CEDS mostró su preocupación por las limitaciones de acceso al lugar de trabajo que pudieran afectar a los representantes

---

881 Vid. Conclusiones XX-3, art. 6.2, período 2009-2012 (http://hudoc.esc.coe.int/eng/?i=XX-3/def/ESP/6/2/EN) y Conclusiones XXI-3, art.6.2, período 2013-2016 (http://hudoc.esc.coe.int/eng/?i=XXI-3/def/ESP/6/2/EN).

882 Vid. Conclusiones XXII-3, art.6.4, período 2017-2020 (https://hudoc.esc.coe.int/?i=XXII-3/def/ESP/6/4/EN).

883 Vid. Conclusiones XX-3, art.6.4, período 2009-2012 (http://hudoc.esc.coe.int/eng/?i=XX-3/def/ESP/6/4/EN) y Conclusiones XXI-3, art.6.4, período 2013-2016 (http://hudoc.esc.coe.int/eng/?i=XXI-3/def/ESP/6/4/EN).

884 Vid. I. BAJO GARCÍA, "La reforma laboral a la luz de la Carta Social Europea: Convergencias y divergencias entre el Tribunal Constitucional y el Comité Europeo de Derechos Sociales", *RGDTSS* (iustel), núm.40 (2015).

de sindicatos que no tuvieran reconocida la condición de mayor representatividad, aunque en ese caso la declaración de no conformidad con la Carta de las reglas españolas se debía a la ausencia de las pertinentes explicaciones en los informes enviados por España, de modo que una vez corregido ese defecto de información el CEDS constató que no se producía vulneración de la Carta[885].

Los informes del CEDS también han entrado en alguna ocasión en áreas de protección social. Desde este flanco, ha considerado problemática la configuración de la asistencia social como tarea perteneciente al ámbito de competencias de las Comunidades Autónomas, por sus resultados de disparidad en la tutela de los ciudadanos y la inexistencia de una garantía mínima común[886], lo que conduce a eventuales incumplimientos de la Carta[887]. En cambio, y sin perjuicio de aquellos reproches a los que hicimos mención al principio, el Comité suele valorar muy positivamente el sistema sanitario español[888] y la extensión e intensidad de la protección que ofrece la Seguridad Social[889], incluso tras las reformas y ajustes que se han

---

885 Vid. A. ARUFE VARELA, "Los artículos 5 y 6 de la Carta Social Europea ante el Derecho español", *RMESS*, núm.137 (2018), pp.254-256.

886 Vid. D. TERRÁDEZ SALOM, "La aplicación de la Carta Social Europea a través de la legislación autonómica. Crónica de una disparidad Estado-Comunidades Autónomas", *RMESS*, nº 137 (2018), pp. 165 y ss.

887 Vid. Conclusiones XX-2, art.13.1, período 2008-2011 (http://hudoc.esc.coe.int/eng/?i=XX-2/def/ESP/13/1/EN) y Conclusiones XXI-2, art.13.1, período 2012-2015 (http://hudoc.esc.coe.int/eng/?i=XXI-2/def/ESP/13/1/EN).

888 Vid. Conclusiones XX-2, art. 11.2, período 2008-2011 (http://hudoc.esc.coe.int/eng/?i=XX-2/def/ESP/11/2/EN).

889 Vid. Conclusiones XX-2, art.12.2, período 2008-2011 (http://hudoc.esc.coe.int/eng/?i=XX-2/def/ESP/12/2/EN), Conclusiones XXI-2, art. 12.2, período 2012-2015 (http://hudoc.esc.coe.int/eng/?i=XXI-2/def/ESP/12/2/EN) y Conclusiones XXI-2, art. 12.3,

efectuado para contener los efectos de la crisis económica[890], lo cual no ha impedido observaciones críticas en puntos concretos. Ha ocurrido así, por ejemplo, en lo que se refiere al importe mínimo de la prestación por desempleo para personas sin responsabilidades familiares[891], que se ha considerado excesivamente bajo[892], al igual que con la cuantía del subsidio por desempleo o de prestaciones que se encuadran en el tercer nivel de protección por desempleo y cuyo importe se vincula al IPREM, como la ya derogada Renta Activa de Inserción, el Programa de recualificación profesional o el Programa de activación para el empleo[893]. Las Conclusiones de 2023 han cuestionado incluso la configuración de nuestra prestación de Ingreso Mínimo Vital, en base a que su ámbito de cobertura y su importe no se ajustan al estándar de suficiencia marcado por la CSE para la protección de las necesidades familiares, en particular de los menores[894].

Por otra parte, el CEDS ha advertido reiteradamente de que las reglas de coordinación para trabajadores migrantes deben beneficiar a los nacionales de todos los Estados que son parte

---

período 2012-2015 (http://hudoc.esc.coe.int/eng/?i=XXI-2/def/ESP/12/3/EN).

890 Vid. Conclusiones XX-2, art.13.1, período 2008-2011 (http://hudoc.esc.coe.int/eng/?i=XX-2/def/ESP/13/1/EN).

891 Vid. F. VANDAMME y R. CANOSA USERA, "Les Conclusions (2017) du Comité Européen des Droits Sociaux concernant le droit a la securite sociale et relatives notamment a l'Espagne (articles 12 et 13§§1 et 4 de la Charte Sociale Européenne)", *Lex Social*, núm.2 (2018), pp.47 y ss.

892 Vid. Conclusiones XXI-2, art.12.1, período 2012-2015 (http://hudoc.esc.coe.int/eng/?i=XXI-2/def/ESP/12/1/EN).

893 Vid. Conclusiones XXII-2 (2021), para el período 2016-2019 (https://rm.coe.int/conclusions-xxii-2-2021-spain-en/1680a5da31).

894 Vid. Conclusiones de 2023 en relación con el art. 16 (https://hudoc.esc.coe.int/eng?i=2023/def/ESP/16/EN).

del espacio de proyección de la Carta[895], y no sólo a los ciudadanos de la Unión Europea o a quienes procedan de países que disfruten de acuerdos bilaterales o multilaterales de seguridad social[896]. En alguna ocasión el CEDS ha estimado excesivo el requisito de diez años de residencia exigido por España para disfrutar de una pensión de vejez no contributiva, precisamente porque no se computa el tiempo de residencia en países no miembros de la UE o del EEE[897], y ha advertido, además, de que el importe de las pensiones no contributivas de invalidez y jubilación –no se ha valorado aún el impacto del ingreso mínimo vital- es «manifiestamente inadecuado», pues no alcanza el 40% de la «renta mediana equivalente» (*median equivalised income*)[898].

Es habitual, de otro lado, que el Comité se detenga en el examen y la ponderación del importe de las prestaciones para comprobar su adecuación al estándar mínimo derivado de la Carta, mediante cálculos efectuados a partir de los datos pro-

---

[895] Reproches similares ha efectuado el CEDS en relación con las autorizaciones de residencia y trabajo o con el acceso a la formación; vid. P. BURRIEL RODRÍGUEZ-DIOSDADO, "Empleo, Formación e Igualdad de Oportunidades en España bajo el prisma de la Carta Social Europea", *RMESS*, núm.137 (2018), pp.371 y ss.

[896] Vid. Conclusiones XX-2, art.12.4, período 2008-2011 (http://hudoc.esc.coe.int/eng/?i=XX-2/def/ESP/12/4/EN).

[897] Vid. Conclusiones XXI-2, art.12.4, período 2012-2015 (http://hudoc.esc.coe.int/eng/?i=XXI-2/def/ESP/12/4/EN), así como también Conclusiones XXII-2 (2021), para el período 2016-2019, https://rm.coe.int/conclusions-xxii-2-2021-spain-en/1680a5da31.

[898] El CEDS, con apoyo en datos de *Eurostat,* advierte que el «nivel de pobreza» se equipara al 50% de esa renta mediana equivalente (626 euros en 2019), pero consideraría suficiente que las pensiones no contributivas alcanzasen un importe del 40% de esa renta mediana equivalente (501 euros mensuales), lo que no sucedía en 2019 (457, 33 euros al mes); vid. Conclusiones XXII-2 (2021), para el período 2016-2019, https://rm.coe.int/conclusions-xxii-2-2021-spain-en/1680a5da31.

medio ofrecidos por la oficina *Eurostat*. Sobre esas premisas, el CEDS ha cuestionado la normativa española de incapacidad temporal, aduciendo que el cálculo del subsidio a partir del 60% del "Indicador Público de Rentas de Efectos Múltiples" (IPREM) no respeta aquellos umbrales mínimos[899]. Aunque su argumentación resulta bastante confusa e incurre en algún error material (pues el subsidio al que se refieren esas valoraciones se calcula a partir del 80% del IPREM según el art.283 LGSS), el CEDS pone el acento en este caso en que la sustitución del SMI por el IPREM a efectos del cálculo de prestaciones supone una reducción de la cuantía mínima que podría vulnerar el derecho a la suficiencia de las prestaciones.

Por lo demás, los incumplimientos estudiados y advertidos por el CEDS no se refieren exclusivamente al estado de la normativa laboral y social, sino que, en su tarea sistemática de supervisión de la actuación de España desde el prisma de los derechos reconocidos en la Carta, se ha extendido también a situaciones de hecho y a eventuales ineficiencias en el ámbito de la actividad administrativa y la prestación de los servicios públicos. A este capítulo pertenecen las valoraciones del CEDS en relación con los servicios públicos de empleo, cuya labor ofrece a su parecer resultados poco satisfactorios y merece valoración negativa, lo que se ha traducido en peticiones a España de mejora del sistema de intermediación laboral en su funcionamiento práctico[900]. A la misma conclusión ha llegado el CEDS en relación con la política de prevención de riesgos la-

---

899 Vid. Conclusiones XX-2, art.12.1, período 2008-2011 (http://hudoc.esc.coe.int/eng/?i=XX-2/def/ESP/12/1/EN).

900 Vid. Conclusiones XX-1, art.1.3, período 2007-2010 (http://hudoc.esc.coe.int/eng/?i=XX-1/def/ESP/1/3/EN) y Conclusiones XXI-1, art.1.3, período 2011-2014 (http://hudoc.esc.coe.int/eng/?i=XXI-1/def/ESP/1/3/EN).

borales[901], que se ha estimado adecuada desde una perspectiva puramente formal o normativa[902], pero no, en cambio, a partir de la realidad y la experiencia práctica, habida cuenta que el número de accidentes de trabajo sigue siendo elevado en España[903], amén de que el control y seguimiento de las enfermedades profesionales no se considera suficientemente efectivo[904].

Debemos decir finalmente que, como era de esperar, el Comité también ha tenido en cuenta las reformas llevadas a cabo por el país con el fin de revertir la situación tras una declaración previa de incumplimiento, y así ha sucedido, por ejemplo, en lo que se refiere a la reducción de la tramitación burocrática exigida por la normativa de extranjería para renovar autorizaciones de residencia y trabajo[905], o a ciertos aspectos del sistema de formación profesional[906], que es foco de críticas frecuentes, aunque no siempre por la disconformidad con la situación de fondo, sino, en apariencia, por la poca diligencia del Estado español en proporcionar al Comité los datos precisos que solicita y que le impiden tomar una cabal comprensión del sistema español, lo que conduce, primero, a una adverten-

---

901 Vid. J. BARCELÓ FERNÁNDEZ, "Nivel de cumplimiento de la Carta Social Europea por parte del Estado Español, en materia de prevención de riesgos laborales, salud, Seguridad Social y protección social", *RMESS*, núm.137 (2018), pp.334 y ss.

902 Vid. Conclusiones XXI-2, art.3.1, período 2012-2015 (http://hudoc.esc.coe.int/eng/?i=XXI-2/def/ESP/3/1/EN).

903 Vid. Conclusiones XXI-2, art.3.2 período 2012-2015 (http://hudoc.esc.coe.int/eng/?i=XXI-2/def/ESP/3/2/EN). Ese mismo reproche se realiza en las Conclusiones XXII-2 (2021), https://rm.coe.int/spain-and-the-european-social-charter/1680492969.

904 Como se pone de manifiesto en las Conclusiones XXII-2 (2021), para el período 2016-2019, https://rm.coe.int/spain-and-the-european-social-charter/1680492969.

905 Vid. Conclusiones XX-1, art.18.3, período 2007-2010 (http://hudoc.esc.coe.int/eng/?i=XX-1/def/ESP/18/3/EN).

906 Vid. Conclusiones XX-1, art.9, período 2007-2010 (http://hudoc.esc.coe.int/eng/?i=XX-1/def/ESP/9/EN).

cia –posponiendo su valoración- y, posteriormente, a una declaración de incumplimiento por esos defectos formales y de procedimiento[907], circunstancia, dicho sea de paso, que es relativamente habitual[908]. No obstante, las reformas emprendidas con posterioridad a la advertencia no siempre han merecido el respaldo del Comité, como ha sucedido en relación con el mantenimiento de límites ligados al requisito de nacionalidad en la reformulación de las condiciones de asignación de determinadas ayudas económicas, con la consiguiente confirmación de la conclusión provisional de incumplimiento[909].

5. La presencia de la Carta Social Europea en la jurisprudencia española

La consulta a nuestra jurisprudencia es otro de los enfoques posibles y aptos para la tarea que nos hemos propuesto de constatación y valoración de la incidencia real de la CSE en el sistema español. Obviamente, un balance completo desde esta perspectiva de aplicación o utilización de la Carta dentro de nuestro sistema jurisdiccional requeriría, sin paliativos ni

---

907 Vid. Conclusiones XXII-1, art.10.3, período 2015-2018 (https://hudoc.esc.coe.int/eng?i=XXII-1/def/ESP/10/3/EN) y Conclusiones XXII-1, art.1.4, período 2020 (https://hudoc.esc.coe.int/eng?i=XXII-1/def/ESP/1/4/EN).

908 Por ejemplo, vid. Conclusiones XXI-4, art.8.3, período 2014-2017 (https://hudoc.esc.coe.int/eng?i=XXI-4/def/ESP/8/3/EN), en relación con el permiso de lactancia en el empleo público, o las elaboradas para ese mismo período acerca del art. 19.4, que declaran la no conformidad porque el Estado español no había acreditado que los trabajadores extranjeros quedaban comprendidos en el ámbito de aplicación de los convenios colectivos y no podían ser discriminados (https://hudoc.esc.coe.int/eng?i=XXI-4/def/ESP/19/4/EN).

909 Vid. Conclusiones XX-1, art.10.4, período 2007-2010 (http://hudoc.esc.coe.int/eng/?i=XX-1/def/ESP/10/4/EN).

reducciones, un repaso exhaustivo de toda nuestra producción judicial, desde los órganos de instancia hasta la cumbre del sistema. Sobra decir que un plan de esas características está fuera de nuestras posibilidades. Pero tampoco hay mayores obstáculos para poner de relieve, al menos como conclusión provisional, que en los últimos tiempos se ha buscado con más ahínco que en fases precedentes algún amparo o refugio en la CSE para sacar adelante pretensiones relativas a las condiciones de empleo o de protección social, a veces bajo el presupuesto, o el pretexto, de una supuesta actitud de tibieza o pasividad por parte de nuestro legislador ante las exigencias de ese instrumento del Consejo de Europa. Es presumible, por lo tanto, que la Carta esté presente en buen número de resoluciones judiciales de nuestro país, especialmente en los niveles inferiores de nuestro sistema jurisdiccional y, sobre todo, desde las convulsiones más o menos profundas que hemos sufrido en nuestra legislación tras el impacto de la crisis económica y financiera de 2008. Como es de suponer, cuando se invoca o se aplica dicho texto en sede judicial se suele aludir también a la doctrina que en su caso pudiera derivar de la intervención del CEDS. En todo caso, limitaremos nuestra exploración a la labor de nuestros tribunales cúspide, con la seguridad de que la producción judicial puede ser mucho más rica en su conjunto, pero con el afán de tener una primera idea del grado de receptividad de la CSE en la doctrina de los tribunales que puede alcanzar el marchamo de jurisprudencia. Téngase en cuenta que las conclusiones que de ese primer chequeo podamos extraer no sólo son significativas en sí mismas, sino que también pueden mostrarnos las líneas de interpretación a las que en buena lógica deberían ajustarse los restantes órganos jurisdiccionales en relación con la Carta[910].

---

910 La invocación de la Carta en sentencias de juzgados y TSJ ha sido frecuente en los últimos años, en relación con asuntos concretos, como la licitud del contrato de apoyo a los emprendedores, pero el

En coherencia con esa selección preliminar, digamos en primer lugar que las menciones a la Carta en la jurisprudencia constitucional y ordinaria no son de momento especialmente abundantes, aunque, dentro de ese panorama común, también conviene resaltar que es bastante mayor el número de sentencias del TC en las que aparece dicha mención (algo más de cinco decenas por ahora), que la cifra que en ese mismo sentido nos proporciona la jurisprudencia del Tribunal Supremo, cuyo montante de pronunciamientos en los que se hace ese tipo de consideraciones apenas alcanza la cifra de sesenta a comienzos de 2024, aunque con una evidente tendencia al alza desde 2022[911]. Todo ello demuestra que la CSE no ha venido jugando un papel verdaderamente relevante en la interpretación y comprensión de nuestro sistema de derechos de contenido social, máxime si tenemos en cuenta que la cita de la Carta aparece frecuentemente en un contexto en el que también se manejan otras normas internacionales de carácter paralelo o complementario, como suele suceder a propósito

---

TS y el TC no siempre han sido receptivos a esos argumentos; vid. C. SALCEDO BELTRÁN, "Reformas legislativas, incumplimientos de la Carta Social Europea y su invocación en los órganos judiciales", *Colección Actualidad (Centro de Estudios Andaluces)*, núm.73 (2015), pp.14 y ss.; C. ORTIZ DE SOLÓRZANO AURUSA, "La Carta Social Europea: ¿El último recurso contra el periodo de prueba en el contrato indefinido de apoyo a los emprendedores?", *RTSS (CEF)*, núm.407 (2017); A. PARDELL VEÀ y M.A. CABASÉS PIQUÉ, "La Carta Social Europea y la reforma laboral", en F. PÉREZ AMORÓS y E. ROJO TORRECILLA (Dir.), *Balance de la reforma laboral de 2012*, Bomarzo, Albacete, 2016, pp.71 y ss.

911 Téngase en cuenta que en algunas materias de índole social, como la libertad sindical, pueden ser competentes otros órdenes jurisdiccionales distintos del "social". Véase precisamente para ese terreno, por ejemplo, STS (Civil) de 15-12-1982 (ponente Serena Velloso) y STS (Cont-Adv.) de 11-2-1985 (ponente: Malpica González-Elipe). En materia de derechos de los extranjeros, vid. SSTS (Cont-Adv.) de 9-7-1996 (recurso 4053/1991) y 16-12-1997 (recurso 10353/1990).

de la legitimación procesal del sindicato o de la protección que merece la negociación colectiva[912]. Conviene matizar, por otro lado, que la mención a la Carta no suele servir de sustento básico para el correspondiente razonamiento jurisdiccional[913], y que muchas de las alusiones que a ella se hacen dentro de ese acervo jurisprudencial no se ubican entre los fundamentos jurídicos de la respectiva sentencia, sino únicamente en la transcripción de las alegaciones de las partes, o en la exposición de los antecedentes del caso[914], de una forma que, por lo tanto, difícilmente puede conducir a un pronunciamiento específico sobre el tema[915]. A veces, por lo demás, no es posible encontrar más que un rechazo expreso de la pretensión de alguna de las partes del proceso de dar cabida en el mismo a ese instrumento internacional, bien porque el tribunal no considera aplicable al supuesto concreto objeto de atención[916], o bien porque

---

912 Vid. SSTS de 7-7-2015 (recurso 193/2014) y de 26-10-2016 (recurso 184/2015), entre muchas otras.

913 Vid. SSTC 23/1983, de 25 marzo, sobre libertad sindical, 121/1999, de 28 junio, acerca de la legitimación procesal de los sindicatos, 56/2019, de 6 mayo, sobre acoso laboral, ATC 573/1986, de 2 julio, relativa a la acción protectora de la Seguridad Social, entre muchas otras, y SSTS de 28-9-1992 (recurso 1970/1991), sobre protección de personas con discapacidad, y de 11-5-1998 (recurso 3962/1997), en materia de protección por maternidad.

914 Vid. STC 134/1987, de 21 julio, acerca de la acción protectora de la Seguridad Social.

915 Vid. SSTC 11/1981, de 8 abril, en materia de huelga, 99/1987, de 11 junio, sobre libertad sindical, 236/2007, de 7 noviembre, acerca de los derechos de los extranjeros, y 95/2015, de 14 mayo, en materia de revalorización de pensiones, entre otras.

916 Vid. SSTC 57/1982, de 27 julio, en relación con la negociación colectiva de funcionarios públicos, y 95/2015, de 14 mayo, sobre los límites del real decreto-ley, y STS de 3-2-1987 (ponente García-Murga Vázquez), relativa a incapacidad permanente.

se achaca a los recurrentes falta de concreción en la exposición de la infracción alegada para motivar el recurso[917].

No faltan, ciertamente, los casos sometidos al TC al TS en los que la Carta Social Europea sí aparece integrada en el contexto de la argumentación jurídica que conduce al fallo, aunque sigue siendo verdaderamente insólito, aun en tales ocasiones, que se utilice como criterio decisivo o definitorio en la resolución del caso, pues lo más frecuente es que se maneje como apoyo a una solución que ya se podía obtener conforme a otras normas concurrentes. La Carta, de esa manera, suele constituir un refuerzo para otros fundamentos jurídicos, pero no un elemento determinante o especialmente cualificado para la toma de decisiones[918]. Podría decirse, incluso, que cuando la sentencia dice inspirarse en la Carta, no suele concretar exactamente cómo o con qué alcance lo hace, salvo en alguna materia muy particular, como la asistencia social[919], cuyo concepto ha sido progresivamente aquilatado (en este caso, por el TC) median-

---

917 Vid. SSTS de 25-11-1985 (ponente Moreno Moreno), sobre incapacidad permanente, y de 26-9-2006 (recurso 165/2005), sobre descansos compensatorios por asistencia a cursos de formación, en la que además se hace alguna afirmación cuestionable, como la falta de vinculación del Estado español respecto de determinados preceptos de la Carta por no haber sido «aceptados como obligatorios por España», cuando en realidad España asumió como obligatoria la Carta en su totalidad, no haciendo uso de las posibilidad de exclusión que permite el texto.

918 Vid. SSTC 4/1983, de 28 enero, acerca de la legitimación para negociar convenios colectivos, 184/1990, de 15 noviembre, relativa a la pensión de viudedad, y 145/1991, de 1 julio, sobre igualdad salarial por razón de sexo, entre otras. También, STS de 26-6-2003 (recurso 124/2002), relativa a la formación obligatoria fuera de la jornada impuesta por convenio colectivo, o STS (Cont-Adm.) de 7-10-2020 (recurso 67/2019), sobre fijación del SMI.

919 Vid. T. FREIXES SANJUÁN, "La justiciabilidad de la Carta Social Europea", AA.VV., *Escritos sobre derecho europeo de los derechos sociales,* Tirant lo Blanch, Valencia, 2004, pp. 130 y ss.

te una remisión explícita a la CSE[920]. Las alusiones a la Carta, por lo tanto, o bien tienen el formato de mera cita, o bien se reducen a una muy escueta explicación. Sólo excepcionalmente nuestros tribunales han llegado a extraer alguna conclusión de mayor fortaleza, como se hizo en su momento para avalar la licitud de medidas de acción colectiva distintas a la huelga[921].

Curiosamente, en la única ocasión en la que, salvo error u omisión, la Carta Social Europea ha constituido un elemento central de valoración para dictar sentencia, el tribunal (de nuevo el TC) no llegó a concluir sus razonamientos con un explícito respaldo en el valor de dicho texto internacional, sino con una afirmación encaminada a salvaguardar la mayor jerarquía del texto constitucional, con el consiguiente desplazamiento de ese texto internacional por la normativa interna, bajo el presupuesto de que el precepto de la CSE implicado en tal caso contenía una fórmula que a esas alturas de la evolución social había de considerarse contraria al principio de igualdad y no discriminación por razón de sexo. Como seguramente se

---

920 Entre otras, vid. SSTC 146/1986, de 25 noviembre, 239/2002, de 11 diciembre, y 36/2012, de 15 marzo, y 180/2013, de 23 octubre.

921 Vid. sentencia TS de 30 de enero de 1989 (Roj: STS 9579/1989) para el conflicto suscitado por problemas de seguridad y decisiones de despido de representantes de los trabajadores en la empresa "Alúmina-Aluminio". La CSE aparece también aludida, bien es cierto que de modo tangencial, en la sentencia TC 11/1981, de 8 de abril, a propósito del juicio de acomodación constitucional de las reglas legales entonces vigentes sobre legitimación para la convoca toria de huelga y de la ausencia formal de las mismas de las organizaciones sindicales, a cuyo efecto el tribunal recuerda, al finalizar su FJ 15º, que "a una conclusión parecida" a la de su resolución había llegado "la representación del Gobierno" al aducir en sus alegaciones que "el art. 3.2 del Real Decreto-Ley hay que entenderlo adicionado o completado con lo que resulta de los convenios 88 y 89 de la O. I. T. del Pacto Internacional sobre derechos económicos, sociales y culturales, de la Carta Social Europea y de la Ley de Asociación Sindical".

recordará, esa fue la respuesta concreta del TC tras analizar la prohibición del trabajo de las mujeres en las minas subterráneas, consagrada en normas antiguas de nuestro sistema pero derivada a la postre, entre otras fuentes, de las previsiones ya obsoletas de la Carta[922]. Como también dijimos, la regla de aplicación al caso, recogida en el artículo 8.4 de la Carta como tradicional medida de protección a la mujer, fue denunciada en 1991 por España y desde entonces carece de aplicación en nuestro país[923]. Más recientemente, el TS ha advertido que el –ya derogado- despido por absentismo no era contrario a la versión inicial de la Carta, rechazando valorar su compatibilidad con la Carta revisada, que no había sido ratificada por España en el momento de la decisión empresarial en el caso concreto[924].

Por lo que se refiere más concretamente al TS, habría que decir de entrada, y como impresión general, que nuestra cúspide judicial parece haber apostado por una aproximación cautelosa y razonablemente prudente a la CSE, bajo el acertado diagnóstico de que su contenido es «muy heterogéneo», y de que «no es seguro que todo él posea la misma aplicabilidad directa en el ámbito de una relación de Derecho Privado como es el contrato de trabajo», de modo que, «incluso tras la vigencia de la versión revisada, solo a la vista de cada una de las prescripciones que alberga cabe una decisión sobre ese particular», amén de que la Carta «forma parte del ordenamiento jurídico, y ha de interpretarse en concordancia con las restantes, no de forma aislada»[925]. Para el TS, la pretensión de utilizar como paradigma o canon de enjuiciamiento ese instrumento inter-

---

922 Vid. STC 229/1992, de 14 diciembre.

923 BOE de 10-5-1991 (https://www.boe.es/buscar/doc.php?id=BOE-A-1991-11143).

924 Vid. STS de 2-11-2022 (recurso 3208/2021).

925 Cfr. SSTS de 28-3 y 11-5-2022 (recursos 471/2020 y 1170/2021), en relación con el contrato de apoyo a los emprendedores.

nacional puede poner en riesgo la seguridad jurídica, especialmente si se hace de manera mecánica o poco meditada y más aún cuando el órgano judicial de referencia trata de buscar amparo en ese texto con desconocimiento o en detrimento de las cautelas manifestadas previamente por nuestros máximos intérpretes (como es el caso del TC para nuestro sistema constitucional) respecto de la cuestión suscitada[926].

Sirva también para este compendiado balance de la recepción jurisprudencial de la CSE un dato relativo a los votos particulares que a veces acompañan al texto de la correspondiente sentencia, tanto en resoluciones del TC como en el ámbito jurisdiccional del TS. Es curioso, y muy significativo, que también en esa sección de las resoluciones judiciales aparezcan invocaciones a la Carta, normalmente, como habrá podido adivinar el lector, para contrarrestar con argumentos de dimensión "supralegal" los fundamentos del parecer mayoritario, algo que sobre todo ha tenido visibilidad con ocasión de la aplicación o la valoración desde el prisma constitucional de determinados aspectos controvertidos de nuestra legislación dimanantes de los siempre discutidos procesos de reforma laboral, particularmente del que se llevó a cabo en el año 2012 para afrontar los efectos de la crisis económica de 2008[927]. Recuérdese, por ejemplo, el debate sobre la vigencia en régimen de ultraactividad del convenio colectivo[928], o, en una posición un poco más distante de ese tipo de intervenciones legales, la problemática particular que muchas veces se ha planteado con motivo de la extinción del contrato de los trabajadores indefinidos no fijos[929].

---

926 Vid. SSTS de 29-3-2022 (recurso 2142/2020) y 6-7-2023 (recurso 3501/2022), relativas al despido por absentismo.

927 Vid. STC 119/2014, de 16 julio, en relación con la reforma laboral de 2012.

928 Vid. STS de 17-3-2015 (recurso 233/2013).

929 Vid. STS de 22-7-2013 (recurso 1380/2012).

Conviene decir, por otro lado, que entre los argumentos utilizados por los votos particulares para fundar su crítica al sentir mayoritario de la correspondiente resolución no sólo se han invocado en ocasiones los preceptos de la Carta, sino también las conclusiones del CEDS[930], un material que, sin embargo, no suele aparecer entre los fundamentos de la sentencia, ni en las del Tribunal Supremo ni en las del Tribunal Constitucional, lo que desde luego guarda coherencia con la escasa virtualidad que desde esas instancias se ha venido concediendo a la Carta Social Europea para el enjuiciamiento y la resolución de sus asuntos. Es posible que en el futuro la situación pueda cambiar, pues algunos TSJ han llegado a calificar como «interpretación vinculante para los operadores jurídicos internos» las conclusiones del Comité cuando se refieren a España[931], mientras que otros órganos judiciales de ese mismo escalón jurisdiccional han rechazado ese pretendido carácter con argumentos de solidez incontestable[932]. Así las cosas, cabe prever que esa cuestión, con su patente discrepancia, se suscite en algún momento ante el TS con fines de unificación de doctrina, si bien cabe pronosticar que en esa instancia cumbre no se conceda mayor protagonismo a los criterios del CEDS[933], al menos si se repara en que la reforma del recurso de casación para la unificación de doctrina del año 2011 dio acogida a las sentencias del TEDH como posibles resoluciones de contraste

---

930 Vid. SSTC 8/2015, de 22 enero, sobre la reforma laboral de 2012, y 139/2016, de 21 julio, relativa al derecho a la asistencia sanitaria de los extranjeros.

931 Cfr. STSJ de Cataluña de 8-7-2016 (recurso 2854/2016), sobre revalorización de pensiones.

932 Por todos, STSJ de Canarias de 22-4-2015 (recurso 764/2014), en relación con el contrato de apoyo a los emprendedores.

933 En defensa de la CSE y de la doctrina del CEDS como instrumentos válidos para el control de convencionalidad, vid. C. SALCEDO BELTRÁN, "La aplicabilidad directa de la Carta Social Europea por los órganos judiciales", *Trabajo y Derecho*, núm.13 (2016), pp.27 y ss.

pero no hizo lo propio, por razones perfectamente comprensibles, con las conclusiones del CEDS. Verdaderamente, las conclusiones de ese Comité no pueden servir de sustento para la interposición de un recurso de casación para unificación de doctrina[934], y cabe predecir que el Tribunal Supremo no les concederá fuerza vinculante, o decisiva, para rectificar criterios previos ya consolidados.

La regulación de esa especial casación constituye, por cierto, una muestra clara de que nuestro legislador diferencia nítidamente entre las resoluciones de un órgano jurisdiccional y el parecer de un órgano de supervisión política o institucional, que por lo demás no pone fin al procedimiento de referencia. No parece contentarse el CEDS, en cualquier caso, con esa manera de concebir su papel en el contexto jurisdiccional, como cabe deducir de sus balances internos, en los que muestra satisfacción por la creciente presencia de la Carta en las resoluciones de los órganos jurisdiccionales españoles y grandes expectativas acerca del valor que se otorgue en esos medios a su propia doctrina[935]. Veremos qué nos depara el futuro más o menos próximo, pero difícilmente se puede pedir eficacia normativa directa a un texto que se traduce en compromisos para el Estado, lo mismo que ha de relativizarse mucho el grado de vinculación que cabe atribuir a los criterios interpretativos de un órgano no jurisdiccional. Otra cosa es que tanto la Carta como la doctrina del CEDS sean puntos de referencia inexcusables para las tareas propias del jurista.

---

[934] Vid. los autos del TS de 7 de febrero y 11 de octubre de 2017 (recursos 1983/2016 y 1559/2017) y de 19 de enero de 2019 (recurso 765/2018).

[935] Vid. CEDS, *Activity Report 2018*, pp.92 y ss. (https://rm.coe.int/activity-report-2018-of-the-european-committee-of-social-rights/168097333a).

6. El juez español ante las exigencias de la Carta Social Europea

Hemos reiterado hasta la saciedad que, en cuanto ratificada por España, la Carta Social Europea forma parte de los tratados internacionales que operan en nuestro ordenamiento jurídico, y, en consecuencia, no puede ser ignorada ni eludida por los juzgados y tribunales españoles en el ejercicio de sus competencias de enjuiciamiento cuando sus previsiones tengan que ver con la cuestión ante ellos planteada. Pero también es sabido que el modo de obligar y de producir efectos de una norma procedente del espacio exterior al Estado suele revestir acusadas particularidades. A la postre, su capacidad de vinculación depende de su naturaleza, del método utilizado para la formulación de sus cláusulas o preceptos, y de la clase de compromisos efectivamente asumidos por el Estado con ocasión del pertinente acto de ratificación. En abstracto, no hay ningún obstáculo para que la norma internacional goce de eficacia jurídica en todo tipo de relaciones sociales, incluidas aquellas a las que habitualmente se asigna carácter "horizontal", pero también es verdad que ese modo de vinculación suele reservarse para aquellos instrumentos que específicamente cuentan con habilitación institucional a tal efecto, como algunos de los que pueblan el sistema normativo de la Unión Europea, por poner uno de los ejemplos seguramente más significativos. Dejando al margen la singular fisonomía de los acuerdos bilaterales o multilaterales, es más frecuente que los textos normativos internacionales limiten su impacto directo a las pertinentes instituciones estatales, para que éstas actúen en un determinado sentido en relación con su ámbito de soberanía, y, en su caso, para que amolden el ordenamiento jurídico nacional y su entera programación política a las directrices u orientaciones aprobadas a tal fin, para conseguir así los objetivos propuestos desde esas otras esferas, bajo la conformidad, y la obligación, que van insertas en los correspondientes actos de ratificación. Distinto es que aquellos instrumentos que no resulten de aplicación directa al ámbito de los negocios jurídicos entre particulares puedan surtir, pese a todo, algún efecto útil en ese mismo contexto, preferentemente por su valor interpretativo.

Como tantas veces hemos dicho ya, la asignación de mandatos al Estado es precisamente la función de la Carta Social Europea, tanto en su versión original como en la revisada de 1996. Si bien se mira, no dirige sus prescripciones al devenir ordinario del tráfico jurídico, ni siquiera al ámbito de las relaciones jurídicas entre el ciudadano y el Estado. Sus mandatos se destinan al interior de las instituciones estatales en su condición de poder público, para que mediante sus propios medios (legislación y acción política), o mediante soportes ajenos (como la negociación colectiva o prácticas equiparables), den vida a un escenario legislativo y administrativo en el que los destinatarios o beneficiarios (la población, en suma) puedan disfrutar efectivamente de los derechos proclamados a tal efecto. De una forma que no deja de ser común a otras numerosas fuentes internacionales, la Carta impone a los Estados una serie de metas que en buena lógica deben procurar con todos los esfuerzos y recursos a su alcance, incluida la correspondiente potestad normativa. *Mutatis mutandis*, y según indicábamos más arriba, algún punto de contacto puede advertirse entre esas directrices y las que con fines armonizadores son típicas de las directivas comunitarias, siempre que se tenga en cuenta que, a diferencia de esa potente veta del sistema normativo comunitario, en la declaración de derechos efectuada por el Consejo de Europa a través de la CSE ni se contemplan propiamente operaciones de transposición, ni se fija plazo para ello, ni cabe hablar en ningún caso de efecto directo, ni siquiera de mandato estricto de "interpretación conforme". Por otra parte –y frente a lo que el Tribunal de Justicia ha ido predicando de las directivas, por seguir con ese punto de contraste–, de los informes provenientes de los procedimientos de supervisión de la CSE tan sólo se derivan, en su caso, recomendaciones al

Estado afectado para recordarle su deber de activar los recursos y soportes disponibles para cumplir correctamente lo comprometido, con la tarea adicional, si fuera necesaria, de revisar, corregir o revertir las actuaciones precedentes que se estimen contrarias a esos designios.

Si hablamos ahora del papel del juez, no parece impertinente ni excesivo repetir por enésima vez que en el sistema de la CSE no son los órganos dotados de jurisdicción los que están llamados en primera instancia a garantizar el cumplimiento de esa clase de deberes, sino los poderes legislativo y ejecutivo del Estado, ya sea mediante las pertinentes tareas de regulación (*v.gr.*, art.8 sobre trabajo nocturno), ya sea mediante una acción política y administrativa de promoción o de impulso en el ámbito material de referencia, como sucede en muchos casos (por ejemplo, art.10 acerca de la formación profesional o art.12 relativo a la seguridad social). Son las instituciones que concentran la actividad legislativa y la acción gubernamental las competentes para hacer valer los mandatos de la Carta, no las pertenecientes a esa otra vertiente del Estado a la que damos el nombre de poder judicial. Dicho de otro modo, el desarrollo pleno de ese instrumento supranacional requiere de una actividad normativa o administrativa que no puede sustituirse mediante la pura presentación y en su caso estimación de demandas o reclamaciones en sede judicial. La propia configuración de la Carta, a la que ya tuvimos ocasión de referirnos en más de una ocasión, hace inviable el ejercicio de esa clase de acciones sin la mediación previa de aquellos otros poderes del Estado.

Recordemos a estos efectos que la práctica totalidad de los preceptos sustantivos de la Carta, esto es, de aquellos que contienen o proclaman derechos, comienza su enunciado con una fórmula muy expresiva de esa peculiar naturaleza jurídica, al decir, literalmente, que los Estados «se comprometen» a adoptar las medidas correspondientes para lograr el fin pretendido (*undertake*, en la versión inglesa y *s'engagent* en la francesa). A veces, la propia CSE opta por una formulación algo distinta (como ocurre en el art.17 sobre protección de madres e hijos), pero también la expresión utilizada en esos casos («adoptarán», *will take* o *prendront*) conduce a la referida óptica del compromiso político o legislativo, de cuyo cumplimiento efectivo podrán surgir en su momento, y en función de la fórmula legal utilizada, los pertinentes derechos subjetivos. Es cierto que algunos derechos de la Carta podrían ser susceptibles de ejercicio directo, como sucede, si atendemos a la versión de 1996, con el derecho a adoptar medidas de conflicto colectivo, incluida la huelga (art. 6.4), y con el derecho a emigrar, esto es, a «salir del país para ejercer una actividad lucrativa en el territorio de las demás Partes Contratantes» (art. 18.4), preceptos en los que se atribuye el derecho sin ambages («*recognise*» en la versión inglesa y «*reconnaitre*» en la francesa)[936]. Pero aun cuando la Carta Social Europea, como tratado internacional en vigor, no pueda ser ignorada por los tribunales españoles, ni pueda verse arrumbada en el baúl de los materiales jurídicos superfluos o irrelevantes, no deja de tener una textura que le dificulta enormemente gozar de aplicación directa en las relaciones sociales de referencia. No se configura como norma internacional *self-executing*, si preferimos a estos efectos la conocida expresión anglosajona[937].

Todo ello explica que, como ya tuvimos ocasión de ver, los mecanismos de garantía del CEDH y de la CSE (el recurso ante el TEDH frente al procedimiento de supervisión, respec-

---

936 Vid. J.F., AKANDJI-KOMBÉ, "La aplicación de la Carta Social Europea por los órganos jurisdiccionales de los Estados parte", en M., TEROL BECERRA, y L., JIMENA QUESADA, (dir.), *Tratado sobre protección de derechos sociales*, Tirant lo Blanch, Valencia, 2014, pp. 286 y ss.

937 Vid. I., ALZAGA RUIZ, "La aplicabilidad de la Carta Social Europea por los órganos jurisdiccionales internos", *Trabajo y Derecho*, nº. 64, 2020 (smarteca).

tivamente) caminen por senderos muy distintos, aunque a la postre en ambos casos se juzgue desde parámetros internacionales la actuación del Estado de referencia. Más allá de este elemental punto común, existen en verdad enormes diferencias entre ellos. El TEDH, como se sabe, interviene para dar respuesta, como última instancia jurisdiccional, a un típico conflicto jurídico, aunque no sea exactamente para dilucidar la controversia surgida entre las partes, sino para comprobar si los medios jurisdiccionales de ámbito nacional se ajustaron o no, en el proceso de base, a las exigencias del CEDH tal y como las entiende el propio TEDH. Ello presupone, lógicamente, la posibilidad de que los interesados (esto es, quienes se sientan lesionados o agraviados en sus derechos o intereses legítimos) ejerciten acciones judiciales para hacer valer en su favor el correspondiente pasaje del Convenio. En cambio, el procedimiento de supervisión de la CSE no tiene otro fin que valorar, de forma directa, la actuación del Estado desde el punto de vista de los compromisos adquiridos con el Consejo de Europa a través de dicho instrumento internacional, sin perjuicio de que, desde el punto de vista político, tales compromisos puedan entenderse también como deberes del Estado con sus ciudadanos. Nótese que las sentencias del TEDH avalan o corrigen una previa decisión judicial (o más bien jurisdiccional) de ámbito nacional, mientras que las conclusiones obtenidas a través del procedimiento de supervisión tan sólo pueden calificar o descalificar la actuación del legislador o del poder ejecutivo del Estado, con la consiguiente recomendación en su caso. Tómese nota asimismo de que las consecuencias de una u otra vía de control son esencialmente distintas desde la perspectiva de su impacto en el sistema judicial de referencia: mientras que el artículo 46 del CEDH establece explícitamente que los Estados deben «acatar las sentencias definitivas del Tribunal en los litigios en que sean partes», no es posible encontrar en la CSE una previsión de ese estilo y ni tal grado de contundencia para las conclusiones del Comité Europeo de Derechos Sociales y las subsiguientes resoluciones del Comité de Ministros[938].

La diferencia en el resultado final tiene su origen desde luego en la composición genética de uno y otro instrumento. En contraste con el sistema del CEDH, que ha conseguido dotarse de eficacia directa (por la clase de derechos que reconoce y por el aparato jurisdiccional del que dispone), los derechos proclamados en la Carta no están formulados en condiciones aptas para su aplicación inmediata, ni van acompañados de mecanismos que permitan al ciudadano solicitar en sede judicial su satisfacción efectiva, entre otras cosas porque su contenido carece de los elementos precisos para ello. Es verdad que, según dijimos en su momento, dentro de la Carta figuran derechos de diversa catalogación, o, por decirlo mejor, de naturaleza diferenciada. Algunos, ciertamente, podrían ser susceptibles de ejercicio por parte de los ciudadanos sin necesidad de mayor desarrollo, como ocurre con la libertad sindical o con el principio de no discriminación; derechos, que no por casualidad, están reconocidos por el CEDH, con todo lo que ello supone desde el punto de vista de su garantía jurisdiccional. Pero la singular problemática de la CSE no se refiere a ese selecto y muy reducido acervo de derechos, sino a aquellos otros que han de servirse de una intervención mediadora del Estado (a través de los pertinentes instrumentos de regulación o de la correspondiente acción política) para su virtualidad real y su satisfacción efectiva en el correspondiente ámbito de las relaciones sociales y, en particular, en el ámbito de las relaciones de trabajo o de las relaciones de protección social. En esta otra clase de derechos, que por lo demás son clara mayoría en el articulado de la Carta, la viabilidad de eventuales pretensiones

938 En este sentido, C. ORTIZ DE SOLÓRZANO AURUSA, "La Carta Social Europea: ¿El último recurso contra el periodo de prueba en el contrato indefinido de apoyo a los emprendedores?", *RTSS* (CEF), núm.407 (2017).

ante los tribunales o, incluso, ante las instancias administrativas gestoras de un determinado servicio público, depende a la postre de su grado de acogida y de su concreta plasmación en el sistema interno del Estado, con independencia de que puedan actuar como canon interpretativo en determinados contextos.

7. Sobre el llamado "control de convencionalidad" en relación con la Carta Social Europea

La gran cuestión que plantea la CSE, como ya habrá supuesto el lector, es si, teniendo tal textura (esto es, tratándose de una declaración de derechos de la que eminentemente deriven deberes para los poderes públicos nacionales), cabe la posibilidad de que los interesados reaccionen en sede judicial ante la inactividad o el incumplimiento del Estado, más allá, obviamente, de los procedimientos de supervisión previstos y provistos por la institución de la que procede, es decir, por el Consejo de Europa. Como es de rigor para todo tratado internacional, el país que ratifica un instrumento como la Carta contrae la correspondiente responsabilidad política no sólo ante la organización internacional a la que dicho texto se adscribe, sino también ante su propia ciudadanía. Contemplado el asunto en perspectiva española, tal vez pudiera sostenerse, abundando un poco más en ello, que las Administraciones públicas que dejaran de observar los compromisos derivados de la Carta incurrirían en responsabilidad patrimonial por los daños o perjuicios causados, bien es verdad que con las debidas cautelas y con la pertinente modulación en función del alcance y contenido del correspondiente mandato, pues no es equiparable el derecho a ganarse la vida mediante un trabajo libremente elegido que el derecho a descanso suplementario por realizar una actividad peligrosa, ni el derecho a una remuneración igual para trabajos de igual valor que el derecho a que el Estado promulgue reglamentos de seguridad e higiene y tome las medidas precisas para controlar su aplicación, por poner tan sólo algunos ejemplos[939]. Ahora bien, ¿pueden admitirse y sustanciarse demandas judiciales encaminadas a dar satisfacción a los derechos declarados en la CSE bajo el presupuesto de que no están correctamente atendidos por las autoridades nacionales? Más aún, ¿pueden cuestionarse en sede judicial aquellas normas internas, incluso las de rango legal, que supuestamente desconozcan o contradigan la Carta? ¿Puede imponerse la aplicación de la Carta por vía judicial aunque ello signifique un desplazamiento de las normas internas sobre la materia? ¿Es posible dar a la Carta aplicación directa por ese procedimiento con independencia de la situación normativa del país?

No son preguntas meramente retóricas. Todo jurista mínimamente informado sabe de propuestas, intentos e incluso ejemplos reales de cuestionamiento en sede judicial de la actuación de los poderes públicos estatales, e incluso de las normas legales vigentes, a la luz de los derechos proclamados por la CSE. Ciertamente, no son iniciativas que se practiquen de modo habitual y sistemático, pero sí se han visto brotar en determinados contextos o con ocasión de determinadas circunstancias, especialmente tras los conocidos procesos de reforma laboral y de contención del gasto motivados por la crisis económica y financiera de 2008[940]. Podría decirse, a mayor abun-

---

939 Vid. F. VANDAMME, "La Charte Sociale Européenne et la Politique d'emploi: Aperçu des Conclusions significatives (2016) Du Comité Européen des Droits Sociaux", *Lex Social*, núm.1 (2017), pp.558 y ss.

940 Entre los pasajes de la CSE que se han manejado en este contexto se encuentra la prohibición de despido sin causa consignada en el artículo 24 de la Carta de 1996 en los siguientes términos: "para garantizar el ejercicio efectivo del derecho de los trabajadores a protección en caso de despido, las Partes se comprometen a reconocer: a) el derecho de todos los trabajadores a no ser despedidos sin que existan razones válidas para ello relacionadas con sus aptitudes o su conducta, o basadas en las necesidades de funcionamiento de la empresa, del establecimiento o del servicio; b) el derecho de los traba-

damiento, que frente al carácter coyuntural o episódico que tales acciones parecían revestir en un primer momento, con el transcurso del tiempo han ido integrándose no sólo en las palancas de reacción u oposición crítica al resultado de tales operaciones legales y presupuestarias[941], sino también, y ya con un horizonte más amplio, en el *corpus* argumentativo de quienes apuestan, por decirlo así, por una legislación laboral y de protección social de corte clásico, entendida como entramado normativo e institucional que debe aspirar a toda costa a los máximos niveles de protección (como hemos podido comprobar en los últimos tiempos, dicho sea de paso, a propósito del montante de la indemnización por despido improcedente). En esa tesitura, los amplios contornos de los derechos reconocidos en la CSE parecen haber alcanzado la condición de punto de llegada o modelo óptimo de regulación, capaz de contrarrestar actuaciones legislativas más o menos coyunturales y de convertirse, a más largo plazo y de manera más estructural, en una especie de soporte normativo para "el progreso social". De ahí, seguramente, que hayamos asistido con alguna frecuencia, tanto en nuestro país como en algunos de su entorno cercano, a demandas judiciales encaminadas a desplazar o enmendar disposiciones legales con base en el correspondiente apartado

---

jadores despedidos sin razón válida a una indemnización adecuada o a otra reparación apropiada. A tal fin, las Partes se comprometen a garantizar que un trabajador que estime que se le ha despedido sin una razón válida tenga derecho a recurrir ante un organismo imparcial".

941 Vid. J.M. GOERLICH PESET, "(Re)descubriendo el control de convencionalidad: ¿activismo o autocontención judicial?, *Labos,* Vol.2, núm.1 (2021), pp.7 ss., y M. A. GARRIDO PALACIOS, *Control de convencionalidad y Derecho del Trabajo. El encaje del derecho internacional del trabajo en el iuslaboralismo español,* Tirant lo Blanch, Valencia, 2022, pp.95 ss. y 267 ss.

del clausulado de la Carta[942], sin renunciar por ello, como era de esperar, al uso intensivo de los procedimientos específicos de supervisión y control, particularmente el de reclamaciones colectivas.

Es en ese caldo de cultivo donde ha cobrado presencia el denominado "control de convencionalidad", que procede del sistema interamericano de protección de derechos humanos[943] y que parece haber producido una suerte de fascinación en nuestra doctrina laboralista y constitucionalista. Hay que reconocer que es una buena fórmula para preservar la fuerza vinculante de un convenio internacional frente a los obstáculos que se le pudieran oponer desde el sistema nacional, pero no es apta para cualesquiera situaciones. Puede tener sentido,

---

942 Vid. J. SARMENTO BARRA y M. AUBRIERE, "La Charte Sociale Européenne et son application par les juridictions internes: regards croises entre la jurisprudence française et espagnole", *Lex Social*, núm.1 (2015), pp.168 y ss.; C. NIVARD, "L´obscure clarté du rejet de l´effet direct de l´article 24 de la Charte sociale européenne révisée", *Droit Social*, núm.10 (2019), pp.792 y ss., y C. SALCEDO BELTRÁN, "Sinergias entre la OIT y los instrumentos internacionales de protección de los derechos sociales: estado actual y perspectivas", *RTSS* (CEF), núm.434 (2019), pp.184 y ss.

943 Puesto en marcha por el conocido como "Pacto de San José" de 1969 (Convención Interamericana de Derechos Humanos) y garantizado por un complejo sistema jurisdiccional en el que se combina el control difuso con el control dirigido o centralizado y en el que participan los órganos judiciales nacionales conjuntamente con una instancia suprema ubicada en la Corte Interamericana de Derechos Humanos; vid. R. CANOSA USERA, *El control de convencionalidad*, Civitas/Thomson Reuters, Pamplona, 2015, especialmente pp.23 ss., y E. FERRER MAC GREGOR y A. QUERALT JIMÉNEZ, "El control de convencionalidad americano y el efecto de cosa interpretada europeo ¿dos caras de una misma moneda?", en F.J. GARCÍA ROCA y E. CARMONA CUENCA (ed.), *¿Hacia una globalización de los derechos? El impacto de las sentencias del Tribunal Europeo y de la Corte Interamericana*, Aranzadi, Pamplona, 2017, pp.133 ss.

como en su momento dejamos ver, en relación con el sistema europeo del CEDH, por la manera en que están formulados sus preceptos y, especialmente, por la existencia de un órgano jurisdiccional habilitado para contrastar la respuesta dada por el sistema procesal del Estado con las exigencias de ese instrumento supranacional ante litigios concretos. Mucha menor virtualidad puede tener, sin embargo, en relación con un instrumento internacional como la CSE, sencillamente porque en este otro caso falta un armazón jurídico dotado de ese grado de contundencia y un aparato de control jurisdiccional de tales características. Recuérdese que, salvo en los casos excepcionales que ya tuvimos ocasión de señalar, la CSE no reconoce derechos que por la precisión de sus contornos sean susceptibles de aplicación directa, y que para su supervisión y control no cuenta con una instancia que, además de ejercer jurisdicción en el sentido más propio de la expresión, venga sustentada por un mandato de vinculación judicial como el que opera en relación con el CEDH y las decisiones del TEDH[944].

Por otra parte, no parece que deba mezclarse la singular figura del "control de convencionalidad" con los criterios de articulación y aplicación de las fuentes del Derecho. Por ceñirnos a nuestro país, es obvio que todo órgano judicial tiene el deber de atenerse en sus justos términos al sistema de fuentes,

---

944 Ya vimos que, según el art.5 bis LOPJ, "se podrá interponer recurso de revisión ante el Tribunal Supremo contra una resolución judicial firme, con arreglo a las normas procesales de cada orden jurisdiccional, cuando el Tribunal Europeo de Derechos Humanos haya declarado que dicha resolución ha sido dictada en violación de alguno de los derechos reconocidos en el Convenio Europeo para la Protección de los Derechos Humanos y Libertades Fundamentales y sus Protocolos, siempre que la violación, por su naturaleza y gravedad, entrañe efectos que persistan y no puedan cesar de ningún otro modo que no sea mediante esta revisión".

en el que, como también va de suyo, no solamente figuran los componentes del Derecho interno del Estado, sino también las normas internacionales debidamente incorporadas a tal ordenamiento jurídico, como es el caso, para nosotros, de las que cumplan las condiciones previstas en los artículos 96 CE y 1 CC. Pero la idea de "control de convencionalidad" parece entrañar algo más, en el sentido de que parece ser portadora de una competencia jurisdiccional específicamente dirigida a velar por la integridad de un determinado "convenio" internacional frente a la actuación de las autoridades nacionales y, en particular, frente a las desviaciones o deficiencias que pudieran producirse o advertirse en el sistema normativo nacional, incluidas las que pudieran proceder de la norma de rango legal; una competencia jurisdiccional que, para más señas, se ubica de manera primordial en una determinada instancia supranacional de la que, al mismo tiempo, se espera la formación de jurisprudencia en la materia. En su contexto más genuino (el sistema interamericano de derechos humanos y libertades públicas), el control de convencionalidad está expresamente asignado, en efecto, a un órgano jurisdiccional de proyección supranacional (la Corte Interamericana) que tiene como misión específica garantizar la supremacía de los correspondientes instrumentos internacionales ante su eventual lesión por parte del Estado, sin perjuicio de que ese control "concentrado" vaya acompañado, por haberlo decidido así esa misma "cumbre" jurisdiccional a través de su jurisprudencia, de un control "difuso" a cargo de los órganos judiciales de carácter nacional[945].

---

945 Vid., por ejemplo, E. FERRER MAC-GREGOR (Coord.), *El Control Difuso de Convencionalidad. Diálogo entre la Corte Interamericana de Derechos Humanos y los jueces nacionales*, FUNDAp. Querétaro, 2012; L.A. CAMARILLO GOVEA y E.N. ROSAS RÁBAGO, "El control de convencionalidad como consecuencia de las decisiones judiciales de la Corte Interamericana de Derechos", *Revista del Instituto Interamericano de Derechos Humanos*, Vol.64 (2016), pp.127 ss., y H. NOGUEIRA ALCALÁ y G. AGUILAR CARVALLO (Coord.), *Control de Convencio-*

En Europa, sin embargo, no contamos con una maquinaria jurisdiccional de ese tipo, dejando a salvo las semejanzas que con esa figura del control de convencionalidad pueda mostrar el sistema de protección de derechos humanos construido a partir del CEDH y el TEDH. Bien mirado, no es preciso que exista propiamente un procedimiento de "control de convencionalidad", entendido en su sentido más estricto, para que la norma internacional tenga que sobreponerse a la norma nacional si verdaderamente está confeccionada con ese tipo de mimbres. Con independencia de los itinerarios que hayan de seguirse a tal efecto, es claro que en todo supuesto de concurrencia normativa han de prevalecer las fuentes de superior jerarquía sobre las inferiores, lo cual puede entrañar, si fuera el caso, la prioridad aplicativa de una norma internacional respecto de una norma interna que se considera desviada o incompatible respecto de ese concreto parámetro de procedencia exterior. Es claro, como ha dejado ver el Tribunal Constitucional en alguna ocasión[946] (acaso para terciar a su modo en este tipo de debates), que esa tarea de depuración del sistema de fuentes no es ni puede ser ajena a la competencia de los jueces y tribunales ordinarios, que dentro de su poder jurisdiccional tienen efectivamente la facultad (y el deber) de determinar la norma aplicable y, llegado el caso, de desplazar la norma interna (incluso la de rango legal) para aplicar de modo preferente la disposición contenida en un tratado internacional. Pero deben hacerse algunas puntualizaciones a este respecto. Primero, porque ello no supone en sí mismo que la norma internacional actúe como canon para la norma interna, ni tampoco que se efectúe un juicio de validez de la ley a la vis-

---

nalidad, Corpus Iuris y Ius Commune interamericano, Triángulo, Santiago de Chile, 2017.

946 De manera explícita en el FJ 6 de la sentencia TC 140/2018, de 20 de diciembre (BOE 25 de enero de 2019), pero también en otras que en ella se citan.

ta del convenio internacional, algo bastante más complicado, sino únicamente que ante un contencioso determinado y a la vista de la pluralidad de disposiciones vigentes, debe procederse a la elección de la norma preferente o de mayor valor, todo lo cual, como en cualquier hipótesis de intervención judicial, habrá de ajustarse a las exigencias de fundamentación y motivación del artículo 24.1 de la Constitución. Y en segundo lugar, porque si a resultas de tal operación se diera primacía al convenio internacional sobre la norma interna, sólo podríamos estar, apurando las cosas, ante un control de convencionalidad por así decir "material", no equiparable al instituido formal y deliberadamente para cumplir esa función[947].

Que la norma internacional tiene capacidad para imponerse a la norma nacional es algo que puede compartirse sin mayores problemas, con los debidos matices cuando haya que manejar la norma constitucional. Además, es una conclusión que responde perfectamente a la lógica más tradicional en la configuración de los ordenamientos jurídicos, y que no en vano está aceptado por nuestro propio legislador[948]. En todo caso,

---

947 Vid. L. JIMENA QUESADA, "La consagración del control de convencionalidad por la Jurisdicción Constitucional en España y su impacto en materia de derechos socio-laborales", *RGDTSS* (iustel), núm.53 (2019), y C. SALCEDO BELTRÁN, "Conclusiones XXI-3 (2018) del Comité Europeo de Derechos Sociales: Evidencias de la "indiferencia" y "resistencia" a la Carta Social Europea", *Derecho de las Relaciones Laborales,* núm.5 (2019), pp.545 y ss.

948 Véase la Ley 25/2014, de 27 de noviembre, de Tratados y otros Acuerdos internacionales (BOE 28 de noviembre). Muchos preceptos de este texto legal son interesantes en este contexto, como los que disponen que "las disposiciones de los tratados internacionales válidamente celebrados solo podrán ser derogadas, modificadas o suspendidas en la forma prevista en los propios tratados o de acuerdo con las normas generales de Derecho Internacional" y que "los tratados internacionales válidamente celebrados y publicados oficialmente producirán efectos en España desde la fecha que el tratado determine o, en su defecto, a partir de la fecha de su entrada

para que tuviera sentido y efectos ese peculiar –llamémosle así– "filtro de convencionalidad" en la tarea de enjuiciamiento y resolución de litigios típica de jueces y tribunales (esto es, en la tarea de correcta aplicación del sistema de fuentes), y para que la norma internacional pudiera sobreponerse a la norma nacional, se habrían de dar unas condiciones muy precisas, pues no puede olvidarse ni eludirse el deber de sujeción de los órganos judiciales al imperio de la ley (art.117 CE y art.1 LOPJ)[949]. Ante todo, es necesario que la norma internacional de referencia sea clara e indubitada en sus mandatos o requerimientos, y que el desplazamiento de la norma nacional sea indispensable para que se entiendan cumplidos los compromisos adquiridos por el Estado tras el pertinente acto de adhesión a la primera; a nadie se le escapa, además, que la valoración de la norma nacional desde el parámetro de la norma internacional ha de ejercerse siempre con la prudencia propia del buen operador jurídico, por ser empeño de gran envergadura y de riesgo notorio. Por ello mismo, y aunque no sea del todo imprescindi-

---

en vigor" (art.28). También los que establecen que "todos los poderes públicos, órganos y organismos del Estado deberán respetar las obligaciones de los tratados internacionales en vigor en los que España sea parte y velar por el adecuado cumplimiento de dichos tratados" (art.29), que dichas normas "serán de aplicación directa, a menos que de su texto se desprenda que dicha aplicación queda condicionada a la aprobación de las leyes o disposiciones reglamentarias pertinentes" (art.30), que "las normas jurídicas contenidas en los tratados internacionales válidamente celebrados y publicados oficialmente prevalecerán sobre cualquier otra norma del ordenamiento interno en caso de conflicto con ellas, salvo las normas de rango constitucional" (art.31), y que "la declaración de inconstitucionalidad de los tratados internacionales se tramitará por el procedimiento regulado en el título II de la Ley Orgánica 2/1979, de 3 de octubre, del Tribunal Constitucional".

949 Vid. J.M. GOERLICH PESET, "(Re)descubriendo el control de convencionalidad: ¿activismo o autocontención judicial?, *Labos,* Vol.2, núm.1 (2021), pp.13 ss.

ble, también es pertinente poner de relieve que una operación de ese calibre es mucho más viable y segura si la norma internacional de referencia cuenta con un sistema propio de aplicación y exigencia de sus prescripciones, pues ello permite dotarla del correspondiente acervo interpretativo, además de dar la posibilidad de que se ponga remedio, si se diera el caso, a la falta de tutela judicial efectiva, dentro del ámbito nacional, en relación con el instrumento internacional prevalente.

No es casualidad, desde todos esos puntos de vista, que las normas internacionales concebidas para lograr eficacia directa en el ámbito de las relaciones sociales, y no sólo para vincular a los correspondientes poderes del Estado, hayan previsto también un órgano jurisdiccional encargado de solventar, desde la cúspide, esa clase de problemas. Ya hemos citado el caso paradigmático de "control de convencionalidad" establecido por la Convención Americana de Derechos Humanos, con independencia ahora de su singularidad en el entorno comparado. Pero a ese primer ejemplo podemos añadir otros más próximos, como el sistema jurisdiccional organizado por el Consejo de Europa para preservar la eficacia del Convenio Europeo de Derechos Humanos (a través del TEDH) y, por supuesto, como el de la compleja maquinaria dispuesta por la Unión Europea en torno a su Tribunal de Justicia para garantizar la primacía de sus normas[950]. Todas esas experiencias –unas bajo el nombre propio de "control de convencionalidad" y otras con técnicas diferentes– vienen a poner de relieve, si bien se mira, que el enjuiciamiento de la normativa nacional desde el prisma de la norma internacional es un asunto suficientemente importante como para que la labor del juez nacional esté guiada y supervisada por una instancia supranacional, con independencia de que se busque propiamente un control de convencionalidad,

---

950 Con todo detalle, R. CANOSA USERA, *El control de convencionalidad*, Civitas/Thomson Reuters, Pamplona, 2015, pp.15 ss.

de que se pretenda contribuir sobre todo a la tutela efectiva de la correspondiente tabla de derechos, o de que se quiera salvaguardar preferentemente la primacía de determinados instrumentos normativos de orden internacional. Dicho de otro modo: al ser tan compleja y delicada la relación entre normas legales y normas internacionales, la ausencia de una directriz jurisdiccional desde la cumbre acerca de la norma preferente puede ser fuente inagotable de incertidumbre o inseguridad.

Y de nuevo topamos con este problema en nuestro caso. Existen muchos obstáculos, en efecto, para elaborar y difundir directrices jurisdiccionales desde la cúspide cuando la norma internacional carece de mandatos precisos o de aplicación directa a las relaciones jurídicas de base, como le suele ocurrir a gran parte de las que se ocupan de derechos sociales. Recuérdese lo que sucede con los convenios de la OIT, con los Pactos de la ONU de 1966 o, en fin, con la propia Carta Social Europea, que sólo cuentan con procedimientos de supervisión y control de carácter más bien político o gubernativo. De ellos pueden derivar criterios valiosos para la comprensión, interpretación o aplicación de la norma en cuestión[951], pero no son, en cualquier caso, criterios elaborados y emitidos por un tribunal. Por lo que se refiere, más concretamente, al sistema de la CSE, es obvio que la ausencia de un órgano jurisdiccional específicamente encargado de su supervisión no puede ser cubierta por el TEDH –cuya doctrina, por cierto, no siempre converge con la del CEDS[952]-, salvo que tal competencia le

---

951 Vid. C. SALCEDO BELTRÁN, "Derechos sociales y su garantía: la ineludible aprehensión, disposición e implementación de Carta Social Europea (Constitución Social de Europa)", *Revista de Derecho Social*, núm.83 (2018), pág.51.

952 Vid. R. CANOSA USERA, "La interpretación de la Carta Social Europea", en R. CANOSA USERA y E. CARMONA CUENCA, La Europa de los Derechos Sociales: la Carta Social Europea y otros sistemas

fuera asignada de manera explícita[953], ni mucho menos por el TJUE, que se sitúa en otra órbita y que resuelve lógicamente conforme a otros parámetros[954]. Así las cosas, la hipotética atribución de una competencia de "control de convencionalidad" al juez nacional quedaría expuesta inevitablemente a dos grandes riesgos: de un lado, al de suplantación del legislador en la tarea "política" de dar contenido preciso a una cláusula internacional que no tiene otro fin que fijar metas u objetivos de regulación (piénsese, por ejemplo, en el derecho a «tiempo libre suficiente» para la crianza de hijos plasmado en el artículo 8.3 de la CSE, o en el derecho a la «remuneración equitativa» reconocido en el artículo 4 de ese mismo instrumento europeo); de otro lado, al de divergencia y dispersión en la interpretación de unos mismos textos normativos, respecto de cuyo contenido o efectos podrían darse criterios diferenciados no sólo entre unos países y otros, sino también, incluso, dentro de un mismo sistema nacional.

8. La Carta Social Europea como posible canon interpretativo de los derechos fundamentales

Ya dijimos en su momento que la Carta Social Europea nació con el propósito específico de orientar la acción política en materia laboral y de protección social, y que, hipotéticamen-

---

internacionales de protección, Tirant lo Blanch, Valencia, 2024, pp. 36 y ss.

953 Vid. SSTJUE *Bruno y otros* (de 10-6-2010, asuntos acumulados C-395/08 y C-396/08) y las conocidas *Viking* (de 11-12-2007, asunto C-438/05) y *Laval* (de 18-12-2007, recurso C-341/05).

954 Vid. L. JIMENA QUESADA, "La Carta Social Europea y la Unión Europea", *Revista Europea de Derechos Fundamentales*, núm.13 (2009), pp.390 y ss., y J.M. MIRANDA BOTO, "Reseña de la jurisprudencia del Tribunal de Justicia de la Unión Europea (2017) y apéndice sobre la Carta Social Europea", *RMESS*, núm.37 (2018), pp.483 y ss.

te al menos, puede actuar como indicador o elemento interpretativo para la formulación y comprensión de los derechos sociales en ella reconocidos por parte de los Estados o, en su caso, por parte de otras organizaciones supranacionales. Sus preceptos no proporcionan por lo general un contenido suficientemente preciso, pero eso no quiere decir que carezcan de valor orientativo o incluso prescriptivo, bien es verdad que en los términos –no siempre contundentes ni taxativos– que sean propios de cada uno de ellos. Nada impide, además, que desde las instancias competentes para atender reclamaciones o dar la solución a disputas o contenciosos se utilice la CSE como elemento interpretativo. Siendo así, cabría preguntarse si la CSE puede y/o debe ser incluida en el acervo de instrumentos internacionales que, conforme al artículo 10.2 de nuestro texto constitucional, pueden servir de guía para la interpretación y aplicación de «las normas relativas a los derechos fundamentales y a las libertades que la Constitución reconoce», que «se interpretarán de conformidad con la Declaración Universal de Derechos Humanos y los tratados y acuerdos internacionales sobre las mismas materias ratificados por España», por reproducir literalmente el tenor de dicho precepto constitucional. Podríamos preguntarnos si el artículo 10.2 CE ofrece una mera opción o entraña por el contrario un mandato para los "operadores jurídicos" (y especialmente para los jueces y tribunales). Pero dejemos al margen ahora ese particular problema interpretativo y detengámonos más bien en el canon de referencia identificado por esa cláusula constitucional, que formalmente se ciñe a la Declaración Universal de 1948 y a otros posibles instrumentos internacionales que, habiendo sido ratificados por España, vayan referidos a "las mismas materias", esto es, a los "derechos humanos". ¿Es la CSE un tratado sobre "derechos humanos"? ¿Se puede extender la alusión del artículo 10.2 CE a todos los derechos y todas las libertades con acogida constitucional? ¿Ha de limitarse, por el contrario, a los "derechos fundamentales" y las "libertades públicas" de la Sección 1ª del Capítulo 2º del Título I de la Constitución?

En la acepción más clásica de la expresión, no parece que la Carta Social Europea pueda catalogarse estrictamente como tratado sobre «derechos humanos», al menos si atendemos al contenido de sus preceptos desde una perspectiva global o de conjunto. Es verdad que desde hace ya bastante tiempo el cupo de derechos humanos se ha visto extraordinariamente ampliado. Suele hablarse, en efecto, de distintas generaciones de derechos humanos, y no sólo de derechos de tercera o cuarta generación, como los llamados más precisamente derechos sociales, o como los derechos culturales, sino también de derechos de quinta y sexta generación, que conectarían, sorprendentemente, con máquinas o robots. Tampoco debe olvidarse el carácter evolutivo de los derechos humanos como noción o categoría general, al paso de la propia evolución de la sociedad. Ahora bien, no podemos negar que nos encontramos ante un considerable problema interpretativo. No todo el mundo lo ve así, pero seguramente debemos extremar la cautela ante la pretensión de ampliar el artículo 10.2 CE a derechos distintos de los que formal o institucionalmente reciben la denominación de "derechos humanos", entre otras cosas porque –si no de manera exacta, sí en buena medida– son los que vienen a coincidir con los que nuestra vigente Constitución califica como derechos fundamentales[955].

No parece que nuestra jurisprudencia constitucional nos pueda servir de mucha ayuda para resolver esta clase de dilemas, al menos de momento. Dentro de ella, en efecto, es muy difícil encontrar claves seguras para llegar a la conclusión de que los derechos sociales (los más típicos de la CSE y de otros

---

955 En contra, vid. MONEREO PÉREZ, J.L., "El valor jurídico de la Carta Social Europea Revisada y su significación", *Documentación laboral*, núm.125 (2022), pp. 22 y ss.

instrumentos internacionales sobre materia laboral y de protección social) pertenezcan en "sentido constitucional" a la categoría precisa de los derechos humanos. En términos generales, nuestro TC ha distinguido de forma bastante nítida entre el alcance del artículo 96.1 CE y el del artículo 10.2 CE, pues «en tanto que uno de ellos se limita sólo a la Declaración Universal de los Derechos del Hombre y a los tratados y acuerdos internacionales sobre las mismas materias, y contiene un mandato dirigido a todos los poderes públicos», el otro «abarca todos los tratados internacionales, sea cual fuere su materia», y «además de incorporarlos a nuestro ordenamiento interno, los dota de una especial resistencia o fuerza pasiva»[956]. A partir de esa distinción, el artículo 10.2 CE obligaría a la «interpretación conforme» de la normativa interna con los tratados internacionales, pero sólo con los referidos a derechos humanos, y el TC ha sido muy comedido a la hora de usar las armas de ese precepto. Si hiciéramos un repaso de su jurisprudencia, podríamos constatar que su mandato de conexión tan sólo ha sido utilizado, al menos explícitamente, en relación con el CEDH, con ciertos instrumentos del Derecho de la UE (no sólo del originario, sino también del derivado) y con muy concretos tratados de la ONU, como la Convención sobre los Derechos de las personas con Discapacidad[957] o la Convención sobre la eliminación de todas las formas de discriminación contra la mujer de 1979[958], además, naturalmente, de la Declaración Universal de 1948.

De ahí que podamos afirmar que, en lo que se refiere a la eventual conexión de los derechos sociales con la cláusula interpretativa del artículo 10.2 CE, nuestra jurisprudencia constitucional es aún bastante parca e inexpresiva. Alguna alusión puede encontrarse en las sentencias del TC a la eventual relación entre el artículo 10.2 CE y los convenios de la OIT, pero

---

956 Cfr. STC 36/1991, de 14 de febrero.

957 Vid. SSTC 51/2021, de 15 de marzo, y 172/2021, de 7 de octubre.

958 Vid. STC 31/2018, de 10 de abril.

sin especial significado a nuestros efectos[959]. Más elocuente fue alguna sentencia de nuestra jurisdicción constitucional acerca, precisamente, de la virtualidad de la Carta Social Europea, al amparo del artículo 10.2 CE, como parámetro interpretativo del derecho a la igualdad en materia salarial reconocido en el artículo 35 CE[960], pero no debemos dejar a un lado el trascendental dato de que en ese terreno también se encontraba involucrado el artículo 14 CE, al que no cuesta mucho hacerle un sitio entre los derechos humanos. Lo cierto es que el TC no ha utilizado la Carta Social Europea como referencia interpretativa *ex* artículo 10.2 CE cuando no se ha visto afectado alguno de los derechos consignados entre los artículos 14 a 29 de nuestra norma suprema. De hecho, cuando se ha referido a la Carta en otros contextos, como por ejemplo en relación con el acoso laboral (STC 56/2019, de 6 de mayo), o con la asistencia social (STC 36/2012, de 15 de marzo), no ha llegado a mencionar la vía interpretativa del artículo 10.2 CE. Bastante significativa en este sentido puede resultar la STC 139/2016, que, a la hora de analizar los derechos de los extranjeros en situación irregular, y en particular el de acceso a la asistencia sanitaria, no hace alusión alguna a la Carta Social Europea como posible elemento constructivo a partir del artículo 10 CE, sino que se ciñe a lo

---

959 Así sucede, por ejemplo, en la STC 118/2019, cuando afirma que «por lo que se refiere a la presunta contradicción del art.52.d) LET con el art.6.1 del Convenio 158 de la OIT que apunta el auto de planteamiento, procede recordar una vez más que los tratados internacionales no integran el canon de constitucionalidad bajo el que hayan de examinarse las leyes internas, al margen de su valor hermenéutico ex art.10.2 CE en el caso de los textos internacionales sobre derechos humanos». Como puede apreciarse, la jurisprudencia constitucional rechaza abiertamente que los Convenios de la OIT formen parte de nuestro "canon de constitucionalidad", mediante unas afirmaciones que podrían ser aplicadas igualmente a un texto como el de la Carta Social Europea.

960 Sentencia TC 145/1991, de 1 julio.

dispuesto directamente por el artículo 13 de la propia norma constitucional.

Por otra parte, no debe desconocerse que la incorporación de la Carta Social Europea al elenco de instrumentos internacionales aludidos por el artículo 10.2 CE obligaría, a su vez, a una especie de reinterpretación del catálogo constitucional de derechos fundamentales, que, si lo tomáramos en su sentido más estricto, habría que extender más allá de los artículos 28 o 29 CE para llevarlo al menos hasta el artículo 35 CE (para incorporar el derecho al trabajo), o incluso hasta el artículo 52 CE, en tanto que la Carta Social Europea, como sabemos perfectamente, consagra derechos relativos a la vivienda o a la seguridad social. De esa forma, la conexión de la Carta Social Europea con el artículo 10.2 CE conduciría inexcusablemente a una ampliación de la noción constitucional de derechos fundamentales, con la apertura de un escenario, que además de incierto y técnicamente discutible, parece contradecirse con los términos estrictos del artículo 10.2 CE, en cuya dicción literal tan sólo se comprenden los tratados relativos a «los derechos fundamentales» y «las libertades que la Constitución reconoce», y no a cualesquiera otros derechos. No se trata de que determinados derechos consagrados en otras secciones de la Constitución no puedan adquirir en el futuro las trazas propias de un derecho fundamental, pero se supone que el camino hacia ese eventual panorama debe recorrerse por otros vericuetos y con pasos muy meditados.

Cabe discutir, por lo demás, si el artículo 10.2 CE permite acudir no sólo a convenios específicos de derechos humanos, sino también a todos aquellos que al menos regulen algún aspecto relativo a esos derechos, aunque se dediquen parcial o incluso primordialmente a ordenar otras facetas. Hacerlo quizá no fuera mala solución, al menos para ir acomodando el contenido y significado de la Constitución a los estándares internacionales, pero, en tanto no concierna precisamente a derechos fundamentales, tal operación podría enmarcarse mejor en el artículo 96 CE, que, al margen de esos problemas interpretativos tan particulares, exige en todo caso una interpretación del texto constitucional de conformidad con los acuerdos ratificados por España, como ha advertido la más reputada doctrina constitucionalista[961]. Cuestión distinta es que el TC se apoye en convenios internacionales –o en el estándar jurídico internacional- para llegar a determinadas conclusiones, o que en algunos casos haya mencionado convenios internacionales de ámbito laboral y social como refuerzo para sus tesis interpretativas en materia de derechos fundamentales, como ha sucedido, por ejemplo, con los convenios de la OIT que ponen en relación el principio de no discriminación con la situación de maternidad[962].

9. El grado de vinculación de la doctrina del Comité Europeo de Derechos Sociales en el sistema judicial interno

Aunque en el capítulo precedente hayamos tenido oportunidad de hablar de ello, bien es verdad que en términos más abstractos y generales, conviene preguntarse ahora, de forma más directa, si la doctrina creada por el Comité Europeo de Derechos Sociales a través de sus informes genera algún grado de vinculación para los órganos de nuestro sistema judicial. La respuesta a esta pregunta no puede ser más que afirmativa para quienes sostienen que el CEDS proporciona una inter-

---

961 Vid. F., DE CARRERAS, "Función y alcance del artículo 10.2 de la Constitución", *REDC*, núm.60 (2000), pp.321 y ss.; A., SÁIZ ARNAIZ, *La apertura constitucional al derecho internacional y europeo de los derechos humanos: el artículo 10.2 de la Constitución española*, CGPJ, Madrid, 1999, pp.17 y ss.

962 A modo de ejemplo, vid. SSTC 117/2018, de 29 de octubre, y 138/2018, de 17 de diciembre, que *obiter dicta*, y como referencia no principal, sino citada en otras sentencias, mencionan el Convenio nº 103 de la OIT.

pretación auténtica de la Carta, de forma tal que el texto y su exégesis formarían un todo indisoluble con equivalente fuerza vinculante, con el añadido de que, para tales posturas, el contenido de la Carta no deja de construirse al calor de las aportaciones de su legítimo intérprete[963]. Es una visión de las cosas que de algún modo podría enlazarse con la jurisprudencia constitucional que viene pronunciándose sobre el valor de las normas internacionales a partir de lo dispuesto por el artículo 96.1 CE, en la que se recuerda que la «obligación estatal de cumplimiento de los tratados de derechos humanos ratificados e incorporados al ordenamiento español» lleva aparejada «la exigencia de respeto a los mecanismos internacionales de garantía de tratados cuando exista [...] una voluntad estatal expresa de sumisión a dichos mecanismos»[964].

Ese parece ser asimismo el criterio del propio CEDS, que considera que su función institucional consiste en efectuar una valoración jurídica desde el objetivo de aplicación satisfactoria de la Carta por las Altas Partes Contratantes, de modo que los órganos judiciales internos habrían de resolver los litigios que concretamente se les presenten a la luz de los principios que él mismo hubiera establecido al respecto, sin perjuicio de que también reconozca que «corresponde al legislador proporcionar a las jurisdicciones nacionales los medios para extraer las consecuencias apropiadas en lo que respecta a la conformidad con la Carta de las disposiciones nacionales en cuestión»[965]. Es una posición que parece nutrirse y al mismo tiempo ser nutriente de la doctrina académica que sostiene que los cri-

---

963 Vid. L., JIMENA QUESADA, "El Comité Europeo de Derechos Sociales: valor jurídico de sus resoluciones", *Documentación laboral,* núm.125 (2022), pp.75 y ss.

964 Cfr. STC 61/2024, de 9 de abril, FJ 4° *in fine.*

965 Vid. apartado 91 de la Decisión *Syndicat CFDT de la métallurgie de la Meuse v. France* de 5-7-2022, complaint n° 175/2019 (https://hudoc.esc.coe.int/eng?i=cc-175-2019-dmerits-en).

terios del CEDS son de obligado cumplimiento[966], y que, por lo demás, suele atribuir a los informes de dicha instancia, con escaso rigor técnico, la cualidad de jurisprudencia[967]. También habría que decir que tales criterios de la academia cuentan ya, ciertamente, con su cumplido reflejo en alguna sentencia de nuestros tribunales, bajo el presupuesto de que la doctrina del CEDS tiene un «valor parajurisdiccional»[968].

Hay que precisar, sin embargo, que tal posición no cuenta en su favor más que con afirmaciones autorreferenciales del propio CEDS y con declaraciones de órganos de carácter técnico-político que carecen de virtualidad para atribuir carácter vinculante a un determinado material jurídico, y que tampoco pueden, como es lógico, determinar los contornos de nuestro sistema de fuentes y el valor de sus diferentes elementos[969].

---

966 Vid. L., JIMENA QUESADA, "La primera decisión de fondo contra España del Comité Europeo de Derechos Sociales: evidentemente vinculante", *Lex Social*, vol.14, núm.1 (2024); C., SALCEDO BELTRÁN, "Conclusiones 2023 del Comité Europeo de Derecho Sociales: los incumplimientos de la Carta Social Europea por parte de España", *Lex Social*, vol.14, núm.1 (2024); C., MOLINA NAVARRETE, "La nueva indemnización por despido improcedente: ¿cómo debe cambiar con la reprobación vinculante del Comité Europeo de Derechos Sociales (CEDS)?", *Diario La Ley*, núm.10489, 19 de Abril de 2024; J., GORELLI HERNÁNDEZ, "Razones para un cambio en la indemnización por despido improcedente", *IUSLabor*, núm.1 (2023), pp.19 y ss.; C., DÍAZ GARCÍA, "La Carta Social Europea revisada y las resoluciones del Comité Europeo de Derechos Sociales: un análisis general sobre su naturaleza y una aportación específica para su aplicación en España", *IUSLabor*, núm.1 (2024), pp.105 y ss.

967 En defensa del «valor jurisprudencial», así como de la «naturaleza jurisdiccional», C.H., PRECIADO DOMÈNECH, *El despido en la Carta Social Europea y el Convenio Europeo de Derechos Humanos,* Bomarzo, Albacete, 2023, pp.21 y ss.

968 Cfr. STSJ de Cataluña de 5-3-2024 (recurso 3817/2023).

969 Se suele traer a colación un informe de la Secretaría de Estado de Justicia, emitido por la Directora General de Cooperación Jurídica

Es claro que la Carta Social Europea genera compromisos de obligado cumplimiento para las Altas Partes Contratantes, que están asimismo obligadas a respetar los procedimientos previstos para su supervisión y control, incluyendo, en su caso, el de reclamaciones colectivas. Pero eso no significa *per se* que queden vinculadas a las conclusiones o decisiones del CEDS, entre otras razones porque los aludidos procedimientos de supervisión no concluyen hasta que se adopte la correspondiente resolución o recomendación por parte del Comité de Ministros del Consejo de Europa, que, por cierto, suele traducirse en deberes de acomodación a la Carta y previsiones de valoración de los progresos que pudieran realizarse en el futuro. En consecuencia, las conclusiones y decisiones del CEDS no son resoluciones propiamente, ni pueden ser resoluciones ejecutivas. No pasan de ser dictámenes técnicos que, en su caso, se incorporan como anexo al informe que posteriormente ha de ser presentado por el Subcomité del Comité Social Gubernamental al Comité de Ministros para que esta instancia gubernativa, finalmente, emita su recomendación. En el supuesto de que no fueran incorporadas a la decisión del Comité de Ministros, o de que el Comité decidiera apartarse de los mismos, ningún valor jurídico podrían tener los criterios del CEDS más allá de su naturaleza de informe técnico autorizado.

Internacional y Derechos Humanos, de 17 de diciembre de 2020, en el que se afirma que la Carta Social Europea revisada «es jurídicamente vinculante y las decisiones del Comité de Expertos son de obligado cumplimiento». Es un informe que se cita en los antecedentes del Dictamen del Consejo de Estado 486/2021 de 8 de julio de 2021, acerca del protocolo de reclamaciones colectivas, y este dictamen, de forma significativa, omite cualquier referencia sustantiva al carácter vinculante de las decisiones o conclusiones del CEDS, y se limita a advertir que la prestación del consentimiento para obligarse por el Protocolo requiere la previa autorización de las Cortes Generales.

Tampoco puede decirse que los informes del CEDS tengan la condición de interpretación "auténtica" de la Carta si atendemos a lo que nuestra jurisprudencia constitucional ha declarado a propósito de la labor institucional de otros órganos de supervisión y control de similares características y carentes, igualmente, de facultades jurisdiccionales[970]. Ya hemos dicho que su virtualidad real depende de su incorporación a las resoluciones del Comité de Ministros del Consejo de Europa, que es el exclusivo conducto por el que pueden afectar a las Altas Partes Contratantes implicadas en el asunto. Ni de la Carta ni de sus protocolos se puede extraer la conclusión de que los informes del CEDS, por sí mismos y sin su posterior acogida por parte de los correspondientes órganos gubernativos del Consejo de Europa, resulten vinculantes para las instituciones estatales de referencia, o de que les exijan, en particular, la introducción de modificaciones en el respectivo ordenamiento jurídico. Si bien se mira, no son más que una pieza dentro de un «sistema de supervisión» que consta de otros pasos y componentes, con independencia de que desde el punto de vista técnico sea el eslabón más relevante. Por ese mismo motivo, y por otras razones adicionales ligadas más bien a su naturaleza no jurisdiccional, no pueden tampoco predeterminar la respuesta de los tribunales a una determinada demanda, ni obligan a la rectificación de la doctrina judicial circulante en el país concernido. Recuérdese también que –a diferencia de las sentencias del TEDH, por cierto—los informes del CEDS no derivan de un itinerario procesal iniciado con ocasión de un determinado litigio, sino del ejercicio de las consabidas labores de control (de control "político" a fin de cuentas) respecto de la actuación o situación de la correspondiente "Parte Contratante" (género al que pertenecen los distintos procedimientos de supervisión de la Carta, incluido el de "reclamaciones colectivas"). Como es natural, dichos informes albergan opi-

970 STC 70/2002, de 3 de abril, fundamento jurídico núm.7.

niones de expertos a las que no puede negarse el pertinente valor interpretativo, pero no pueden tomarse como única opción posible para los órganos judiciales cuando éstos tienen que dar respuesta a contenciosos concretos[971]. Pueden ayudar desde luego en las tareas de enjuiciamiento, pero a la manera en que pueden hacerlo las resoluciones o los dictámenes de los órganos técnicos con funciones de asesoría o consulta previa.

En realidad, en la labor jurisdiccional de los tribunales no parece que sea tan determinante el valor que haya de atribuir a los informes del CEDS como la naturaleza de la propia Carta, que –salvo en muy contados casos– no reconoce derechos susceptibles de garantía judicial directa. Aun cuando se diera a esos dictámenes técnicos el alto potencial que a veces se les pretende otorgar, su aplicación en sede judicial seguiría condicionada por la peculiar formulación de los compromisos enunciados en ese instrumento supranacional, que no tienen otro destino que dirigir o encaminar la programación legislativa y la acción administrativa de las "Altas Partes Contratantes". Son los Estados los encargados de la plasmación efectiva de tales compromisos en el sistema interno, en principio según su propia comprensión de los correspondientes mandatos y, llegado el caso, conforme a las decisiones que a tal efecto hubieran sido adoptadas por el Comité de Ministros del Consejo de Europa, en las que pueden ir integrados, si lo estima conveniente ese órgano gubernamental, los criterios previamente elaborados por el CEDS. En conclusión: si el texto de partida –la CSE– no es susceptible de aplicación directa por parte de un órgano judicial, carece de sentido atribuir fuerza vinculante en tal sede a la doctrina emitida por el CEDS a resultas del ejercicio de sus

971 Vid. C., GUTIÉRREZ ESPADA, "La aplicación en España de los dictámenes de comités internacionales", *Cuadernos de derecho transnacional*, Vol.10, núm.2 (2019), pp.850 y ss.

competencias de supervisión y control de dicho texto[972]. Así las cosas, no parece que sea buena técnica jurídica poner a los jueces en la posición del legislador –y mucho menos enfrente del legislador– con vistas a garantizar derechos de contenido programático o impreciso, ni siquiera cuando tales derechos cuentan con el complemento interpretativo de los informes del CEDS. Pongamos como paradigma el derecho a una «remuneración equitativa» reconocido en el artículo 4 de la CSE revisada: ¿cabe que el juez declare la nulidad de nuestras normas reglamentarias sobre salario mínimo interprofesional, o de las cuantías salariales que se hubieran fijado mediante la negociación colectiva, por estimar que las cifras en ellas consignadas no alcanzan los niveles de referencia señalados por ese precepto en combinación con la doctrina del CEDS? ¿Cabe que el juez fije una cuantía distinta como retribución "mínima" o "equitativa" en sustitución de lo que corresponde al Gobierno o a los representantes de trabajadores y empresarios? ¿Pueden avalar los informes del CEDS una operación de ese tipo?

Es muy probable que nadie se atreva a responder afirmativamente a esas preguntas, fundamentalmente porque la toma de ese tipo de decisiones excede de manera patente de las facultades inherentes al ejercicio del poder jurisdiccional. Lo mismo podría decirse respecto de otros muchos mandatos de la CSE. Es el caso, por poner otro ejemplo especialmente significativo, del "derecho de los trabajadores despedidos sin razón válida a una indemnización adecuada o a otra reparación apropiada" reconocido en el artículo 24 de la versión de 1996 de ese

972 Cuestión distinta es que los tribunales puedan y suelan manejar esos criterios interpretativos a la hora de determinar la responsabilidad del Estado en el cumplimiento de sus compromisos internacionales, como puede deducirse de las sentencias TS Cont-Adv. de 17 de julio de 2018 (recurso 1002/2017) y de 29 de noviembre de 2023 (recurso 85/2023).

instrumento europeo[973], que, por cierto, ya ha sido utilizado por algunas resoluciones judiciales para mejorar directamente la compensación económica del trabajador en el contexto de un proceso de despido, en alguna ocasión como «solución provisional» a la espera de una (en esos momentos supuesta e incierta) reforma legal[974]. Es evidente que en estos casos el juez, mediante una interpretación a todas luces desmesurada del texto normativo de referencia, asume una posición, la de legislador, que en absoluto le corresponde[975], pues a la postre viene a recomponer por un procedimiento impropio el sistema de indemnizaciones por despido legalmente establecido. En estos supuestos, no sólo se olvida que el régimen legal de las indemnizaciones por extinción del contrato de trabajo ha traspasado en más de una ocasión nuestros filtros de constitucionalidad[976], sino también que los órganos judiciales deben

---

973 Términos (los de "adecuada" y "apropiada") que probablemente provengan tanto del Convenio núm.158 y la Recomendación núm.166 de la OIT sobre terminación de la relación de trabajo, como del Estudio General llevado a cabo sobre tales instrumentos por la Comisión de Expertos en la Aplicación de Convenios y Recomendaciones (CEACR) y presentado en la 82ª Reunión de la Conferencia Internacional del Trabajo en el año 1995.

974 Cfr. sentencia TSJ de Cataluña de 13-2-2024 (recurso 6291/2023), en la que se describe el proceso seguido por ese mismo órgano judicial en el reconocimiento de indemnizaciones adicionales en caso de despido, inicialmente limitadas a los supuestos de fraude de ley, abuso de derecho o vulneración de normas imperativas o prohibitivas, y ampliadas después a todos aquellos casos en los que «concurran determinadas circunstancias, las cuales deben ser acreditadas».

975 Vid. J.M., DÍAZ RODRÍGUEZ, "La interpretación y aplicación de la Carta Social Europea, en particular, en materia de extinción del contrato de trabajo", *Documentación Laboral,* nº 125 (2022), pp.71 y ss.

976 Vid. los autos TC 43/2014, de 12 febrero, y 35/2015, de 17 febrero, amén de la sentencia TC 8/2015, de 22 de enero, resoluciones que, de cualquier modo, admiten que la posibilidad de que también otras opciones de regulación se ajusten al marco constitucional.

plantear la pertinente cuestión de inconstitucionalidad antes de dejar de aplicar lo dispuesto por la ley[977], sin que pueda invocarse a tales efectos un hipotético control de convencionalidad que no tiene ni respaldo explícito ni canalización cierta en nuestro ordenamiento jurídico y que, por añadidura, tendría que efectuarse de modo "difuso", con los problemas de dispersión e incertidumbre que ello acarrea. En el puro terreno de la especulación dogmática, no se advierten mayores inconvenientes para poner en cuestión el nivel de "adecuación" de la indemnización prevista en el sistema español para el despido injustificado, ni para reclamar esa "otra reparación apropiada" de la que habla el mencionado precepto de la CSE. Pero sin mayores esfuerzos, y siempre en ese plano de la opinión, también cabría sostener que las indemnizaciones previstas en la legislación española -globalmente, no sólo la de despido- ofrecen una cobertura adecuada, y que, aun aceptando el reproche del CEDS sobre la indemnización tasada[978], el sistema en

---

977 «En el control de convencionalidad el juez ordinario sigue estando obligado "a respetar plenamente nuestro sistema de fuentes y de justicia constitucional", y, en consecuencia, de llegar a la conclusión de que la norma interna desplazada por la internacional vulnera nuestro sistema de derechos y libertades, a plantear la cuestión de inconstitucionalidad. La propia STC 140/2018 establece la sujeción del control de convencionalidad a la Constitución y a la jurisdicción de amparo del Tribunal Constitucional a través del débil canon del derecho fundamental a la tutela judicial efectiva, que se reitera una y otra vez. En ningún caso, la jurisdicción de los derechos fundamentales y la definición de la normatividad de la Constitución puede quedar en manos de instancias judiciales, que no son las previstas por la propia Constitución, sino del Tribunal Constitucional»; cfr. M.E, CASAS BAAMONDE, *Discurso de María Emilia Casas Baamonde en su investidura como Doctora Honoris Causa en Derecho por la Universidad de Santiago de Compostela,* accesible en https://www.usc.gal/gl/honoris-causa/maria-emilia-casas-baamonde/discurso.

978 La Decisión del CEDS puede consultarse en la siguiente dirección: https://hudoc.esc.coe.int/fre/?i=cc-207-2022-dmerits-en.

su conjunto puede ofrecer una reparación apropiada a quien sea objeto de despido, entre otras cosas por la consabida existencia de medidas de protección social de diverso tipo. Siendo así, ¿a quién corresponde, en el plano interno, afirmar que hay o no "adecuación" o proceder a la deseada "adecuación"? ¿Qué claves o parámetros nos pueden proporcionar una compensación "adecuada" no expuesta a discusión alguna? No parece que haya más procedimiento, para una cuestión y otra, que la correspondiente intervención legal[979].

No acaba de entenderse, por ello, que por vía judicial –bien es verdad que con ayuda de propuestas provenientes del ámbito académico– trate de extraerse del artículo 24 de la CSE algo que sólo el legislador puede determinar. A poco que se reflexione, la puesta de los postulados de ese precepto en condiciones aptas para su aplicación directa exige cuando menos dos operaciones de carácter normativo que no pueden ser suplidas por el juez (salvo que la ley le habilitara a tales efectos), y que tampoco pueden componerse o sustituirse por el parecer que pudieran emitir los órganos de supervisión de la Carta (que a lo sumo podría actuar como orientación o fuente de inspiración para el legislador). De un lado, es imprescindible que se opte o bien por un sistema de indemnizaciones tasadas o bien por la alternativa de indemnizaciones *ad casum*, bajo el presupuesto difícilmente rebatible de que una y otra hipótesis, e incluso la combinación de una y otra, tienen cabida en las líneas de regulación marcadas por ese instrumento supranacional[980]. De otro lado, es ne-

---

979 Vid. I.A., RODRÍGUEZ CARDO, "La acomodación de la indemnización por despido a la Carta Social Europea tras la Decisión del CEDS", pendiente de publicación en el *Anuario Coruñés de Derecho Comparado del Trabajo* en el momento de esta cita.

980 Cada una de esas opciones, naturalmente, tiene sus ventajas y sus inconvenientes. La indemnización caso por caso en función del impacto personal del despido puede ser más ajustada a los efectos reales del despido, pero, al margen de sus riesgos de trato desigual, se

cesario que se tasen expresamente las cuantías pertinentes o que, de seguirse la segunda opción, se proporcionen de manera suficientemente precisa las variables de cálculo del importe. Sin la debida roturación de esos terrenos no pueden darse condiciones aptas para la intervención judicial, a la que sólo compete resolver un litigio real y actual con arreglo a la ley. En todo caso, la alusión a la compensación económica del despido no importa tanto por lo que en sí misma representa –que parece ser mucho, dicho sea de paso– como por lo que puede tener de modelo en estas reflexiones sobre el papel del juez ante los dictados de la CSE y, derivadamente, ante las observaciones emitidas por el CEDS a propósito del cumplimiento de la Carta. Queremos decir con ello que es poco recomendable, también por razones de seguridad jurídica, que el juez pretenda resolver reclamaciones concretas con unos materiales jurídicos que, por su indetermi-

---

enfrenta con el enorme problema de evaluación y cuantificación de los daños sufridos, que, para más señas, pueden provenir no sólo de circunstancias objetivas e inevitables, sino también de decisiones o expectativas puramente personales cuyas consecuencias no siempre se pueden trasladar a terceros o al erario público. Por su parte, la indemnización tasada cuenta en su haber con las apreciables notas de certidumbre y previsibilidad, y tiene en su contra la posibilidad de que la compensación resultante de la misma no se ajuste con la exactitud debida al daño producido, bien porque el daño sea superior, bien porque el daño sea inferior, cosa que, no se olvide, también puede suceder. De todos modos, no está de más recordar, para aviso de todos, que nuestro sistema ha caminado históricamente desde la opción de indemnización *ad casum* en función de determinadas variables (art.81 de la Ley de Contrato de Trabajo de 1944 y, con alguna variación, art.37 del Real Decreto-ley 17/1977), a la opción, más moderna, de indemnizaciones tasadas (art.56 del Estatuto de los Trabajadores de 1980), tal vez por sus ventajas comparativas y sus mayores facilidades de aplicación. Nótese que el uso de valores estándar o promediados no es nada extraordinario en la ordenación de las relaciones de trabajo: el salario mínimo, sin ir más lejos, reviste la misma cuantía para todos los afectados, con independencia de la situación económica, social o familiar de cada uno de ellos.

nación, requieren para su puesta en práctica de una labor previa de elaboración y precisión por parte del legislador. Una labor que, como hemos dicho, no puede ser acometida por un órgano de supervisión como el CEDS ni puede quedar resuelta ni remediada por unas opiniones técnicas que tienen por objeto valorar el estado de un determinado ordenamiento jurídico en un momento dado y que, obviamente, no pueden descender a esos niveles de concreción o cuantificación.

PARTE CUARTA:

Convenios y acuerdos sobre protección social y trabajadores migrantes

Desde una perspectiva general, no cabe duda de que el texto normativo del Consejo de Europa de mayor impacto es el Convenio Europeo de Derechos Humanos. En lo que concierne particularmente a la política social, es indiscutible también que ese papel estelar corresponde a la Carta Social Europea. Pero desde muy pronto esa organización supranacional fue aprobando otros instrumentos de relevancia en el ámbito de la protección social y el empleo, en alguna ocasión para avanzar en la línea de proclamación de derechos sociales, y en otros casos para coordinar la acción de los Estados miembros a la vista de los desplazamientos de personas de unos países a otros. Cronológicamente, la primera muestra de esa particular veta normativa del Consejo de Europa la podemos encontrar en el Convenio Europeo de Asistencia Social y Médica. Más tarde fueron aprobados el Código Europeo de Seguridad Social, el Acuerdo Europeo sobre la misma materia y el Convenio Europeo relativo al Estatuto jurídico del trabajador migrante. A diferencia de los anteriores, son instrumentos del Consejo de Europa que no disponen de instancias propias para garantizar su cumplimiento. No obstante, dejando a salvo el Código Europeo de Seguridad Social, que tiene un carácter más programático, son textos internacionales de probada relevancia, entre otras razones porque en algunos casos llegan a reconocer derechos susceptibles de invocación directa en sede judicial.

I. EL CONVENIO EUROPEO SOBRE ASISTENCIA SOCIAL Y MÉDICA

El Convenio Europeo de Asistencia Social y Médica (CEASM), al que también se suele aludir con el nombre de "Convención", fue firmado en París con fecha de 11 de diciembre de 1953. Pactado en el seno del Consejo de Europa dentro de su propósito general de estrechar los lazos de unión entre sus miembros y favorecer en su espacio el progreso social, este singular texto fue promovido con la finalidad más específica de extender la cooperación institucional de las Altas partes Contratantes al ámbito social y de afianzar "el principio de igualdad entre sus nacionales respectivos en lo tocante a la aplicación de las legislaciones de asistencia social y médica".

1. Estructura y contenido

El CEASM no es una norma de reconocimiento directo de derechos sustantivos, sino más bien de instrumentación y puesta en conexión de los derechos plasmados en los correspondientes textos de derecho interno, con el objetivo último de que los nacionales de cualquier país miembro del Consejo de Europa fueran tratados igual que los del país de estancia o residencia en relación con ese tipo de prestaciones. Es, por lo tanto, uno de los instrumentos del Consejo de Europa destinado a la coordinación de los sistemas nacionales en materia de protección social.

El CEASM, relativamente breve en su articulado, se compone de cuatro títulos o grandes apartados: el primero contiene las disposiciones generales, el segundo se dedica específicamente a las operaciones de repatriación de personas desde un país a otro, el tercero se ocupa de definir los conceptos de nacionalidad y de residencia legal a todos estos efectos, y el cuarto precisa sus condiciones de aplicación. Va acompañado de un Protocolo Adicional de la misma fecha y de tres Anexos incorporados con fecha de 1 de julio de 1983, que en todo caso se consideran formalmente como parte integrante de su contenido (art.19).

Su regla esencial y más explícita acerca de sus objetivos se encuentra en su artículo 1, en la que se contiene el compromiso de "toda parte contratante" de "garantizar que los nacionales de las demás partes contratantes, con legitima residencia en cualquier parte del territorio de dicha parte al que se aplique la presente convención y sin recursos suficientes , tengan derecho, al igual que sus propios nacionales y en las mismas condiciones, a la asistencia social y médica (denominada en lo sucesivo "asistencia") prevista en la legislación vigente en esa parte del territorio".

Para dar cumplimiento efectivo y adecuado a este deber de trato igual, el propio Convenio aclara el alcance de esos conceptos básicos (art.2). Así, entiende por "asistencia" a estos efectos toda acción de ese tipo que esté "prevista en las leyes y reglamentos vigentes en cualquier parte de su territorio" y que tienda "a conceder a personas sin recursos suficientes los medios de subsistencia y los cuidados que su estado requiera, excepción hecha de las pensiones no contributivas y de las prestaciones a las víctimas de guerra o de la ocupación extranjera". Puede tratarse, así pues, de asistencia económica (en caso de falta o defecto de ingresos o recursos) o de asistencia sanitaria (en caso de alteración de la salud), aunque en ninguno de esos casos se exigen o establecen niveles de protección. El CEASM se refiere, sencillamente, a la asistencia que cada Estado ofrezca conforme a las normas señaladas a tal respecto. La exclusión de las prestaciones no contributivas y de otras prestaciones singulares es de todo punto razonable, en el primer caso porque son prestaciones de Seguridad Social que, como tales, son objeto de tratamiento en otros textos también aprobados por el Consejo de Europa (como por ejemplo el Código Europeo de Seguridad Social y el Acuerdo Europeo de Seguridad Social), y en el segundo caso porque son prestaciones que responden a circunstancias coyunturales o muy localizadas.

El Anexo I del CEASM, que precisamente se ocupa de relatar las normas nacionales a cuya aplicación se obliga cada uno de los Estados adheridos a esos compromisos, nos puede ayudar en definitiva a desentrañar el alcance real de esas imprecisas fórmulas. Como es natural, tanto el elenco de normas afectadas como su contenido efectivo varían notablemente de unos países a otros, aunque en cualquier caso puede hablarse en términos generales de disposiciones legales o reglamentarias de muy diverso alcance dentro del ámbito de la asistencia social o sanitaria, desde ayudas médicas a ingresos mínimos, o desde las medidas generales de asistencia social a las más particulares referidas a discapacitados o a la infancia, o desde ayudas de solidaridad a servicios de educación o salud mental, por poner algunos ejemplos. Es todo un muestrario del Estado de bienestar o benefactor.

Por otra parte, en el Convenio se especifica que los términos "nacionales" y "territorio", inevitablemente referidos a una parte contratante, "tendrán el significado que dicha parte contratante les atribuya en una declaración dirigida al Secretario General del Consejo de Europa, quien la comunicará a las demás partes contratantes", aunque con la precisión de que los "antiguos súbditos" de un Estado que hubieren perdido su nacionalidad sin habérseles declarado que quedaban privados de ella y que como consecuencia de tal circunstancia se habrían convertido desde entonces en apátridas, "seguirán siendo considerados como súbditos hasta que adquieran otra nacionalidad". Por lo demás, se entiende por "Estado de origen" aquel país "del que fuere nacional la persona a quien ampare lo dispuesto en la presente Convención".

Asimismo, el Convenio proporciona algunas reglas adicionales para afrontar eventuales supuestos de incertidumbre o controversia en relación con la nacionalidad o la residencia legal de una persona. Por lo pronto, indica que, si hubiera que llegar a ese extremo, la prueba pertinente para determinar la nacionalidad del interesado se habrá de efectuar "según las reglas establecidas en la materia por la legislación del Estado de origen" (art.3). De modo adicional, se reputará "legítima" la residencia de un súbdito extranjero en el territorio de una parte contratante, a los efectos del Convenio, "en tanto el interesado tenga una autorización válida de residencia o cualquier otro permiso que, previsto en las leyes y reglamentos de ese país, lo autorice a residir en dicho territorio".

Para solventar otros posibles problemas de aplicación relacionados con la situación de residencia legal, el Convenio ofrece reglas complementarias de diversa índole, como las que tienen por objeto clarificar que la orden de expulsión no suspendida convierte la situación administrativa en irregular (art.11), o las que tratan de concretar el modo de acreditar la continuidad de las situaciones de residencia (por ejemplo, mediante el desempeño de una actividad profesional o mediante recibos de pago de contrato de alquiler). Precisa además que las ausencias inferiores a tres meses no perjudicarán los derechos del interesado, pero sí las superiores a seis, con reglas particulares para las ausencias intermedias, entre tres y seis meses, respecto de las que el Convenio manda valorar "la intención del interesado de regresar al país de residencia y la medida en que hubiere mantenido sus vínculos con dicho país durante su ausencia" (art.12)[981]. Cierto es que, en el momento

---

981 También se contemplan otras reglas más particulares, como la relativa al servicio en buques, que "no interrumpe la continuidad de residencia" si el buque está matriculado en ese Estado, pero que podría interrumpirla en supuestos de matriculación en otro distinto, dependiendo de si la duración excede de tres o seis meses (art.13). Por otra parte, el Convenio precisa que no entran en el cálculo del tiempo de residencia "los periodos durante los cuales el interesado hubiere recibido asistencia con cargo a los fondos públicos" en

actual, estas reglas no pueden ser aplicadas sin tomar en consideración tanto la legislación interna de referencia, como el Derecho de la UE, toda vez que muchos de los afectados por el CEASM serán muy probablemente ciudadanos de la Unión.

Como es natural, la principal consecuencia del deber impuesto a los Estados de prestar asistencia a los nacionales o residentes legales de otro país es que "los gastos de asistencia contraídos en favor de un nacional de cualquiera de las partes contratantes correrán a cargo de la parte contratante que hubiere concedido la asistencia" (art.4). Pero precisamente por ello el Convenio utiliza la técnica del "reembolso", de modo que "las partes contratantes, en tanto en cuanto sus leyes y reglamentos lo permitan, se comprometen a prestarse mutualmente ayuda para facilitar el reembolso -en la medida de lo posible- de los gastos asistenciales, ora por terceros obligados pecuniariamente para con el asistido, ora por personas obligadas a contribuir al sustento del interesado" (art.5).

Dentro de ese contexto juega también un papel relevante la posible necesidad o decisión de repatriación del interesado a su país de origen, como da a entender el propio Convenio. No se especifican en el Convenio las causas de repatriación con carácter general, pero sí se dispone, como primera premisa, que "ninguna parte contratante podrá repatriar a un nacional de otra parte contratante, con legítima residencia en el territorio de la primera, por el mero motivo de que el interesado tiene necesidad de asistencia", aunque ello no significa que no pueda utilizarse el derecho de expulsión "por un motivo distinto del expresado en el párrafo precedente" (art.6).

Además, una parte contratante podrá repatriar a un nacional de otra parte contratante precisamente por aquel motivo de

virtud de las normas recogidas en el anexo primero para cada país, salvo "en el caso de tratamiento médico por enfermedad aguda o de tratamiento médico de breve duración" (art.14).

necesidad de asistencia cuando el interesado no haya residido continuamente en el territorio de la primera parte contratante por espacio de periodo mínimo (cinco años si hubiere entrado en el mismo antes de alcanzar los cincuenta y cinco años de edad, y diez años si hubiere entrado después de cumplir dicha edad), su estado de salud lo permita y carezca de "vínculos estrechos que pudieran ligarlo al territorio de residencia" (art.7)[982]. Con todo, "las partes contratantes convienen en no recurrir a la repatriación sino con la máxima moderación, y, de hacerlo así, tan sólo cuando no se opusieren a ello razones humanitarias", con la condición añadida de que en tal caso "convendría ofrecer a su cónyuge e hijos toda clase de facilidades para acompañarlo" (art.7).

El país que tome la decisión de repatriar a un nacional de otro país en esos términos, deberá sufragar "los gastos de repatriación hasta la frontera del territorio a que dicho nacional fuere repatriado" (art.8). Contrapartida de esas facultades es la obligación que se impone a toda parte contratante de "recibir a cualesquiera de sus nacionales repatriados" de conformidad con esas mismas exigencias, entre ellas la de "permitir el paso a través de su territorio de toda persona repatriada". Si una persona alegare que es nacional de un determinado Estado y éste no lo reconociera así, deberá tal Estado remitir al Estado de residencia "los justificantes o motivos de no reconocimiento necesarios", en el plazo de treinta días o, en su defecto, dentro de un plazo lo más breve posible (art.9).

Para facilitar la acción de los Estados en la aplicación de este tipo de medidas, cuando se decidiere la repatriación de

---

982 Salvo prueba en contrario, la fecha inicial del periodo de residencia a esos efectos "se determinará en cada país, ora mediante pruebas resultantes de investigación administrativa, ora por los documentos enumerados en el anejo III, ora por documentos que, según las leyes y reglamentos de dicho país, hagan fe de residencia" (art.12).

un nacional de otro Estado se deberá cursar aviso a las autoridades diplomáticas o consulares del Estado de origen (con tres semanas de antelación si fuere posible), que queda obligado por su parte a informar debidamente de ello "a las autoridades del país o países de tránsito", en el bien entendido de que "la designación de los lugares de entrega de tales personas será decidida en virtud de un arreglo entre las autoridades competentes del país de residencia y las del país de origen" (art.10).

2. Condiciones de ratificación y aplicación

Como es propio de estas normas, tras su aprobación el CEASM quedó abierto a la firma de los miembros del Consejo de Europa, con una habilitación al Comité de Ministros de dicha organización para invitar "a todo Estado no miembro del Consejo" a proceder asimismo a su adhesión (art.22) La adhesión se efectúa mediante el depósito ante el Secretario General del Consejo de Europa del pertinente instrumento, que surtiré efecto "el día primero del mes siguiente" a la fecha de dicho acto. Todo instrumento de adhesión debe ir acompañado de una notificación de los datos que habrían figurado en los Anexos I y III de esta Convención si el gobierno del Estado interesado hubiera sido, en la fecha de la adhesión, signatario del acuerdo. A los efectos de su aplicación, toda información notificada como resultado de esa regla "se reputará cual parte integrante del anexo en que se habría consignado si el gobierno del Estado interesado hubiera sido signatario del presente documento".

Según las correspondientes previsiones, la entrada en vigor del CEASM se fijó con carácter general para "el primer día del mes siguiente a la fecha del depósito del segundo instrumento de ratificación"[983], y para "el primer día del mes siguiente a la fecha de depósito del instrumento de ratificación" en relación con los Estados que lo ratificaran posteriormente (art.21)[984]. Al Secretario General del Consejo de Europa correspondía el deber de notificar a los Estados miembros "la fecha de la entrada en vigor de la presente convención y los nombres de los miembros que la hubieren ratificado, así como los de los miembros que la ratifiquen en lo sucesivo" y la obligación de proceder al "depósito de todo instrumento de adhesión", así como la competencia de recepción de los datos que lo acompañen y de "toda notificación recibida" en relación con la denuncia (art.23)[985].

Aunque el CEASM fue concertado "por un periodo de dos años desde la fecha de su entrada en vigor", también se previó su continuidad "de año en año" para todas aquellas partes contratantes que no lo hubieren denunciado con una antelación mínima de seis meses "respecto al vencimiento del bienio preliminar o al de todo periodo anterior de un año" (art.24). Cabía desde luego la denuncia mediante notificación dirigida a tal propósito al Secretario General del Consejo de Europa, que produciría efectos "al expirar el periodo de que se trate".

Junto a los deberes de colaboración que ya vimos a propósito de la repatriación, el Convenio impone un deber más general de colaboración entre Estados mediante el cual las autoridades administrativas, las diplomáticas y las consulares de las Partes contratantes han de prestarse mutuamente toda la asistencia posible para su ejecución (art.15). Del mismo modo,

---

983 Entró en vigor con carácter general el 1 de julio de 1954, juntamente con su Protocolo adicional.

984 Con todo, las partes contratantes podían, "mediante arreglos bilaterales", establecer disposiciones transitorias "para los casos de asistencia concedida" antes de la vigencia del Convenio.

985 Vid. J. NICKLESS y H. SIEDL, *CO-ordination of Social Security in the Council of Europe*, Council of Europe, Estrasburgo, 2004, pp.33 y ss.

quedan obligadas a resolver "de consumo mediante negociaciones" todas las dificultades sobre interpretación o aplicación que en ese terreno pudieran plantearse (art.20)[986].

También se rige el CEASM por la idea de no retroceso en los niveles de protección, de modo que lo dispuesto en su texto "en manera alguna derogará las disposiciones de las legislaciones nacionales, de los convenios internacionales o de los acuerdos bilaterales o multilaterales que fueren más favorables para el beneficiario" (art.18).

Como cabía esperar, las partes contratantes debían determinar en el momento de su adhesión "las leyes y reglamentos vigentes" en sus territorios respecto de los que el Convenio fuese aplicable, así como las salvedades o "reservas" de aplicación en su caso. También debían notificar al Secretario General del Consejo de Europa "toda modificación subsiguiente" en dichas leyes y reglamentos, así como "toda nueva ley o nuevo reglamento no incluido" en la lista pertinente, con la posibilidad de hacer al respecto nuevas reservas, todo lo cual debe informarse al resto de países (art.16) y debe figurar en los correspondientes Anexos al Convenio. El primero de ellos está dedicado a la cita de las normas implicadas (que vienen a determinar el

---

986 Según el propio art.20, "cuando por dicha vía de negociaciones fuere posible llegar a una solución en el término de tres meses, la controversia se someterá al arbitraje de un organismo, cuya composición y procedimiento se determinarán de consumo entre las partes contratantes", de modo que a falta de acuerdo sobre este punto dentro de un nuevo plazo de tres meses, la parte que actúe primero someterá la diferencia a un árbitro designado por el Presidente del Tribunal Internacional de Justicia. En el caso de que ese árbitro fuere nacional de una de las partes en discordia, dicha tarea se confiará al Vicepresidente del Tribunal o al juez siguiente en orden de antigüedad y no nacional de una de las partes en litigio. El laudo del organismo arbitral o del árbitro se dictará "en conformidad a los principios y al espíritu de la presente convención" y "tendrá carácter vinculante e inapelable".

alcance material de las obligaciones estatales en este particular contexto de reciprocidad), el segundo contiene la lista de "reservas formuladas por las partes contratantes", y el tercero incluye la "lista de documentos que dan fe del derecho de residencia" conforme a lo dispuesto en el artículo 11 del CEASM.

3. El Protocolo adicional sobre refugiados

El Protocolo adicional al CEASM fue firmado en aquella misma fecha de 1953 con el propósito de extender su alcance personal y funcional a los refugiados, a la vista de las disposiciones de la Convención sobre el Estatuto de Refugiados suscrita en Ginebra con fecha de 28 de julio de 1951 ("Convención de Ginebra"), lo cual explica que una de las primeras indicaciones del Protocolo fuese la de atribuir al término "refugiado" el significado que se le otorga en el artículo 1 de dicha Convención. Inmediatamente después, el Protocolo insta a los Estados a que, en el momento de la firma, ratificación o adhesión, especifiquen cuál de las opciones admitidas por dicha Convención adoptan a tales efectos.

Conviene saber, por lo tanto, que según artículo 1 de la Convención de Ginebra, el término «refugiado» se aplica a varios supuestos: a) toda persona que haya sido considerada corno refugiada en virtud de la Constitución de la Organización Internacional de Refugiados o normas de esa época[987]; b) toda persona que como resultado de acontecimientos ocurri-

---

[987] Como los arreglos del 12 de mayo de 1928 y del 30 de junio de 1928, las Convenciones del 28 de octubre de 1933 y del 10 de febrero de 1938, o el Protocolo del 14 de septiembre de 1939, a sabiendas de que "las decisiones denegatorias adoptadas por la Organización Internacional de Refugiados durante el período de sus actividades no impedirán que se reconozca la condición de refugiado a personas que reúnan las condiciones establecidas en el párrafo 8 de la presente sección".

dos antes del 1 de enero de 1951 y debido a fundados temores de ser perseguida por motivos de raza, religión, nacionalidad, pertenencia a determinado grupo social u opiniones políticas, se encuentre fuera del país de su nacionalidad y no pueda o, a causa de dichos temores, no quiera acogerse a la protección de tal país o que, careciendo de racionalidad y hallándose, a consecuencia de tales acontecimientos, fuera del país donde antes tuviera su residencia habitual, no pueda o, a causa de dichos temores, no quiera regresar a él"[988]. Los Estados en cualquier caso pueden pasar de la primera fórmula a la segunda en cualquier momento, previa notificación a la instancia competente. La Convención, por otro lado, deja de ser aplicable en ciertos casos relativos a la persona que inicialmente adquiere la condición de refugiado[989] y excluye de su aplicación algunos otros supuestos en los que no se entiende justificada su cobertura.

---

988 A los fines de la Convención, las palabras «acontecimientos ocurridos antes del 1 de enero de 1951» que figuran en el artículo 1 de la sección A, podrán entenderse como «Acontecimientos ocurridos ante del 1 de enero de 1951 en Europa», o como «Acontecimientos ocurridos antes del 1 de enero de 1951, en Europa o en otro lugar». En los casos de personas que tengan más de una nacionalidad se entenderá que la expresión «del país de su nacionalidad» se refiere a cualquiera de los países cuya nacionalidad posean, y no se considerará carente de la protección del país de su nacionalidad a la persona que, sin razón válida derivada de un fundado temor, no se haya acogido a la protección de uno de los países cuya nacionalidad posea.

989 Si se ha acogido de nuevo, voluntariamente, a la protección del país de su nacionalidad; si, habiendo perdido su nacionalidad, la ha recobrado voluntariamente; si ha adquirido una nueva nacionalidad y disfruta de la protección del país de su nueva nacionalidad; si voluntariamente se ha establecido de nuevo en el país que había abandonado o fuera del cual había permanecido por temor de ser perseguida; si, por haber desaparecido las circunstancias en virtud de las cuales fue reconocida como refugiada, no puede continuar negándose a acogerse a la protección del país de su nacionalidad (queda entendido, sin embargo, que las disposiciones del presen-

Según el artículo 2 del CEASM, sus disposiciones "se aplicarán a los refugiados en las condiciones previstas para los nacionales de las partes en dicha convención". No se aplica sin embargo lo dispuesto en el Título II de la Convención sobre repatriación, aunque en el caso de personas que ya no pudieren estar acogidas a los beneficios de la Convención de Ginebra el periodo de residencia condicionante de la repatriación se computa desde la fecha de pérdida de tal protección por parte de la persona refugiada (art.3).

Al Protocolo se le da la naturaleza de "articulado adicional" del CEASM, que será aplicable "en consecuencia", y queda abierto a la firma de los miembros del Consejo de Europa que hubieren firmado ese otro instrumento. Su entrada en vigor fue fijada para "el día primero del mes siguiente a la fecha de depósito del segundo instrumento de ratificación", y "el día primero del mes siguiente a la fecha del depósito del instrumento de ratificación o de adhesión" para todo nuevo signatario que lo ratificare ulteriormente. Los trámites de adhesión son similares a los del propio CEASM, siempre a través del Secretario General del Consejo de Europa.

---

te párrafo no se aplicarán a los refugiados comprendidos en el párrafo 1 de la sección A del presente artículo que puedan invocar, para negarse a acogerse a la protección del país de su nacionalidad, razones imperiosas derivadas de persecuciones anteriores), y si se trata de una persona que no tiene nacionalidad y, y por haber desaparecido las circunstancias en virtud de las cuales fue reconocida como refugiada, está en condiciones de regresar al país donde antes tenía su residencia habitual (queda entendido, sin embargo, que las disposiciones del presente párrafo no se aplicarán a los refugiados comprendidos en el párrafo 1 de la sección A del presente artículo que puedan invocar, para negarse a acogerse a la protección del país donde tenían su residencia habitual, razones imperiosas derivadas de persecuciones anteriores).

4. Impacto en el sistema español de asistencia social y sanitaria

España ratificó el CEASM y su Protocolo Adicional en 1982, en su integridad y con la ritual promesa de "cumplirlo, observarlo y hacer que se cumpla y observe puntualmente en todas sus partes"[990]. En ese momento lo habían ratificado Alemania (1956), Bélgica (1956), Dinamarca (1954), Francia (1957), Grecia (1960), Irlanda (1954), Islandia (1964), Italia (1958), Luxemburgo (1958), Noruega (1954), Países Bajos (1955), Portugal (1978), Reino Unido (1954), Suecia (1955) y Turquía (1976). Unos años antes, pero también en el actual periodo democrático, España había ratificado la Convención de Ginebra sobre refugiados[991].

En el momento de la ratificación, España extendió sus compromisos a lo dispuesto en la Ley de bases de 22 de noviembre

---

990 Instrumento de ratificación 29 de noviembre de 1982 (BOE 17 febrero 1984) suscrito por el entonces Ministro de Asuntos Exteriores don José Pedro Pérez-Llorca y Rodrigo, tras la pertinente firma en la ciudad de Estrasburgo el día 9 de febrero de 1981 por parte del Plenipotenciario de España, "nombrado en buena y debida forma al efecto". Por su proximidad con la asistencia médica, vale la pena tener en cuenta que España también ha firmado el Convenio sobre falsificación de productos médicos y delitos similares que supongan una amenaza para la salud pública, hecho en Moscú el 28 de octubre de 2011 por los Estados miembros del Consejo de Europa y otros signatarios, con la finalidad de "prevenir y combatir las amenazas que gravitan sobre la salud pública" (art.1), desde una perspectiva eminentemente penal. Su artículo 2 exige, por cierto, que el disfrute de las medidas encaminadas a proteger los derechos de las víctimas "debe garantizarse sin discriminación alguna, en particular por motivos de sexo, raza, color, idioma, edad, religión, opinión política o de otra índole, origen nacional o social, pertenencia a una minoría nacional, posición económica, nacimiento, orientación sexual, salud, discapacidad o cualquier otra condición".

991 España ratificó dicha Convención con fecha de 22 de julio de 1978 (BOE 21 de octubre).

de 1944 de sanidad nacional, la Ley 37/1961, de 21 de julio, de coordinación hospitalaria, la Ley General de 30 de mayo de 1974 de seguridad social, el Decreto 2176/1978, de 25 de agosto, sobre actividades del plan nacional de prevención de las deficiencias mentales, el RDL 36/1978, de 16 de noviembre, sobre la gestión institucional de la seguridad social, la salud y el empleo, el RD sobre régimen unificado de ayuda pública a los inválidos, el RD 2620/1981, de 24 de julio, de regulación de la concesión de auxilios del Fondo Nacional de Asistencia Social a ancianos, enfermos e inválidos, el RD 2347/1981, de 2 de octubre, sobre el reglamento de la Dirección General de Acción Social, y el RD 2346/1981, de 2 de octubre, sobre estructura y funciones del Instituto Nacional de Asistencia Social, así como las normas que hasta aquellas fechas habían procedido al traspaso de competencias a las comunidades autónomas en esa clase de materias[992].

Como es natural, esas referencias legales deben entenderse realizadas a las normas vigentes en este momento, pese a que el Estado no parece haber cumplido la obligación contenida en el artículo 16 del CEASM de comunicar las modificaciones normativas que pudieran afectar al ámbito material del convenio. No obstante, el artículo 1 del Convenio se refiere inequívocamente «a la asistencia social y médica prevista en la legislación vigente en esa parte del territorio», vigencia referida, obviamente, al momento en que el interesado solicite la prestación pertinente, y no al momento de entrada en vigor

---

992 RD 1949/1980, de 31 de julio, sobre la transferencia de servicios del Estado a la Generalidad de Cataluña en lo relativo a salud y a servicios y asistencia sociales, RD 2768/1980, de 26 de septiembre, sobre transferencia de servicios del Estado a la Comunidad Autónoma del País Vasco en materia de salud y servicios y asistencia sociales, y RD de 15 de enero de 1982, sobre la transferencia de competencias, funciones y servicios del Estado a los entes preautonómicos en materia de servicios y asistencia sociales.

del Convenio. Por consiguiente, la ausencia de notificaciones sobre los cambios legales no debe impedir la aplicación del convenio, porque ese listado originariamente comunicado de ningún modo ha permanecido "congelado". No hay cláusula del convenio que permita sustentar una interpretación tan formalista que conduzca a la ineficacia de sus previsiones por una mera sucesión normativa.

Cabe concluir que nuestro actual sistema normativo respeta en esencia el contenido del Convenio, cuyo cumplimiento, por cierto, no deriva solamente de su condición de convenio internacional ratificado por España, sino también por la remisión que efectúa el artículo 13.4 de la Carta Social Europea a ese otro texto[993]. Sin embargo, pese a esa doble fuerza vinculante, no hay datos seguros para afirmar que la ratificación del CEASM haya sido decisiva en la evolución del ordenamiento español, a diferencia de lo ocurrido en otros ordenamientos nacionales. Recordemos el caso del sistema alemán, que diferenciaba entre nacionales de Estados parte del CEASM y otros extranjeros a los efectos de alguna prestación para desempleados de larga duración, una medida que fue declarada compatible con el Derecho de la Unión Europea por el TJUE[994], pero que podía haber chocado con el texto del CEASM de no ser porque Alemania había formulado en el año 2011 una reserva a su texto precisamente para advertir que no se comprometía a garantizar la igualdad de trato entre nacionales y extranjeros respecto de esa concreta prestación.

La legislación española, en cambio, nunca ha introducido referencias explícitas al CEASM para justificar o prohibir dife-

---

993 Vid. R. CHOLEWINSKI, *The legal status of migrants admitted for employment*, Council of Europe, Estrasburgo, 2004, pág.16.

994 Vid. SSTJUE *Dano* (de 11-11-2014, asunto C-333/13), *Alimanovic* (de 15-9-2015, asunto C-67/14) y *García-Nieto* (de 25-2-2016, asunto C-299/14).

rencias de trato en estos terrenos asistenciales. Las razones son, desde luego, variadas, pero tampoco conviene olvidar la finalidad de ese Convenio y su fecha de elaboración. En la década de los 50 del pasado siglo la igualdad de trato por razón de nacionalidad en materia de asistencia social y sanitaria constituía, qué duda cabe, una medida de alcance significativo, toda vez que se acompañaba de limitaciones específicas a la expulsión del territorio. Sin embargo, cuando España ratificó ese Convenio, ya en la década de los 80, la situación era cualitativamente muy distinta.

En efecto, la evolución interna e internacional derivó en el reconocimiento sin ambages de los principios de igualdad y no discriminación por razón de nacionalidad, que en la actualidad se predica de cualquier extranjero, sea o no nacional de uno de los Estados parte del Consejo de Europa. La necesidad de articular y respetar procesos adecuados de expulsión no deriva exclusivamente de la legislación interna, sino que incluso puede ser fiscalizada por otros instrumentos del Consejo de Europa, y en particular por el TEDH, como se ha puesto de manifiesto recientemente con la problemática de las denominadas "devoluciones en caliente". Verdaderamente, no parece que el CEASM pueda dar hoy lugar a un avance cualitativo en relación con los derechos de los extranjeros en nuestro país, toda vez que la atención sanitaria es universal y gratuita tras el Real Decreto-ley 7/2018, de 27 de julio, y que el artículo 14 de la Ley Orgánica 4/2000, de 11 de enero, sobre derechos y libertades de los extranjeros en España y su integración social, reconoce a los extranjeros en situación regular los mismos derechos que a los españoles en relación con la asistencia social y los servicios sociales, e incluso es más generoso que el CEASM, pues también atribuye derechos a los extranjeros en situación administrativa irregular, en concreto el disfrute de los «servicios y prestaciones sociales básicas».

Sin lugar a dudas, el CEASM podría haber contado con mayor protagonismo y mayor espacio de juego en el momento de su ratificación, pero su influencia no parece que fuese reseñable, como queda demostrado por la ausencia de cualquier referencia a ese texto internacional en la ya derogada Ley Orgánica 7/1985, de 1 de julio, sobre derechos y libertades de los extranjeros en España. En ese mismo sentido parecían caminar las normas de Seguridad Social vigentes en nuestro país, que ya permitían a los extranjeros disfrutar de las prestaciones de nuestro sistema, inclusive la asistencia sanitaria y los servicios sociales, pero que no contenían referencias explícitas a los nacionales de países pertenecientes al Consejo de Europa. Esas leyes equiparaban con los españoles a los «hispanoamericanos, portugueses, brasileños, andorranos y filipinos que residan en territorio español», pero no hacían mención al resto de nacionales de nuestro entorno europeo.

Para el resto de extranjeros bastaba, simplemente, con una remisión «a lo que se disponga en los Tratados, Convenios, Acuerdos o instrumentos ratificados, suscritos o aprobados al efecto, o cuanto les fuera aplicable en virtud de reciprocidad tácita o expresamente reconocida». Esta vía, seguramente, habría permitido reconocerles la igualdad de trato en materia de asistencia social y médica a partir del CEASM, aunque esa operación, desde luego, tampoco habría estado exenta de obstáculos técnico-jurídicos, pues ese Convenio no atribuye un derecho directo a las personas, sino que, más bien, impone un compromiso de actuación al Estado, cuyo cumplimiento, a buen seguro, requiere un acto de mayor empaque que una mera o genérica remisión a los tratados internacionales.

Sea como fuere, cabe concluir que hoy en día la legislación española respeta en su integridad las exigencias del CEASM, pues en las materias que en dicho texto se contienen se garantiza la igualdad de trato, con el añadido de que el carácter gratuito de la asistencia sanitaria hará innecesarias normalmente las reglas sobre reembolso de gastos, que en todo caso podrían activarse, y con la precisión de que la solicitud de asistencia social o médica no constituye razón justificada para la expulsión de un extranjero en situación administrativa regular. No se aprecian, así pues, discordancias de nuestro sistema con el CEASM, y ni siquiera es relevante distinguir en este punto entre los Estados parte del Consejo de Europa que son miembros de la UE y los que no lo son, porque, más allá de que el marco normativo pudiera resultar algo diferente, la cuestión determinante a estos efectos es si se cumplen o no los mandatos del Convenio.

Por supuesto, podría aducirse que el CEDS, en la interpretación del artículo 13 de la CSE, ha abogado por la extensión de ciertas prestaciones médicas y asistenciales a los extranjeros en situación irregular[995]. No obstante, y al margen del voluntarismo que pudiera atribuirse a esas conclusiones, en tanto que no derivan del tenor literal de la norma, debe recordarse que la doctrina del CEDS no es vinculante, y que en todo caso se elabora a partir de una interpretación de la CSE, y no del CEASM, tratado de cuya observancia no cuida en puridad el CEDS, aunque en ocasiones se haya pronunciado sobre su alcance[996]. En todo caso, ni siquiera es necesario haber ratificado ese otro Convenio para estar vinculado por la Carta y por lo dispuesto en su artículo 13, como advierte la Parte II del Anexo de la CSE, por lo que deben verse como dos diferentes espacios de juego.

5. La posición de las comunidades autónomas

En el sistema constitucional español, tanto la asistencia sanitaria como la asistencia social y los servicios sociales son

---

995 Vid. C. SALCEDO BELTRÁN, "Incumplimientos por España de la Carta Social Europea", *Estudios (Fundación 1º de mayo)*, núm.82 (2014), pp.14-15.

996 Vid. S. PEERS y R. BARZILAY, *The legal status of persons admitted to family reunion*, Council of Europe, Estrasburgo, 2000, pág.17.

competencias típicas de las comunidades autónomas, lo que supone, lógicamente, que el cumplimiento del Convenio podría depender de forma esencial de una intervención normativa adecuada y eficiente de las administraciones regionales. Sin embargo, esa es una conclusión en buena medida precipitada, porque el CEASM no tiene como propósito prioritario fijar unas condiciones mínimas de protección en forma de prestaciones indispensables o importes garantizados, y tampoco pretende entrometerse, por supuesto, en los criterios internos de configuración de los sistemas asistenciales de los Estados parte. El contenido del CEASM, como se dijo, se circunscribe al derecho a la igualdad de trato por razón de nacionalidad, y, por tanto, a reconocer que los nacionales de un Estado parte en el Convenio pueden disfrutar de la asistencia social y médica en los mismos términos que los nacionales del Estado de residencia, que, por lo demás, no podrán ser objeto de una decisión de expulsión por ser beneficiarios de esas prestaciones.

En ese escenario, las posibilidades de incidencia de las CCAA se reducen considerablemente, porque el ámbito subjetivo de las prestaciones sanitarias y de asistencia y servicios sociales no puede ser fijado libremente por la legislación autonómica, sino que debe respetar el orden constitucional de distribución de funciones y tareas, conforme al cual el Estado tiene competencia exclusiva en materia de «nacionalidad, inmigración, emigración, extranjería y derecho de asilo» (art.149.2 CE). Por consiguiente, la consagración de los principios de igualdad y no discriminación por razón de nacionalidad, la ya mencionada universalidad de la atención sanitaria y la extensión a los extranjeros del derecho a la asistencia y servicios sociales[997], dejan escaso margen de maniobra a las CCAA en este terreno. Las comunidades autónomas podrían en su caso extender determinados derechos a los extranjeros en situación irregular,

---

997 Art.14 LO 4/2000.

con cargo a sus propios fondos, pero esa no es una medida que técnicamente se enmarque en el CEASM, ni que venga exigida por ese instrumento.

Se explica por ello que las normas autonómicas no mencionen este Convenio Europeo, pues las medidas que de él derivan, aunque desde luego repercuten en la asistencia social y médica, se elaboran y aprueban en el contexto de la legislación estatal de extranjería. Por supuesto, nada de ello significa que la actuación autonómica no pueda vulnerar el CEASM, máxime cuando las comunidades autónomas son las competentes en materia de prestación de asistencia sanitaria y de prestaciones de asistencia social y servicios sociales[998]. Pero en ningún caso cabría rebajar las exigencias que derivan de los principios de igualdad y no discriminación por razón de nacionalidad. Las CCAA podrán ser más o menos generosas con la asistencia social y los servicios sociales, y decidir libremente la extensión e intensidad de la acción protectora, con fundamento en sus competencias. Ahora bien, una vez establecida una determinada prestación, no cabría una diferencia por razón de nacionalidad, pues ese es un límite infranqueable por la configuración de nuestro sistema de fuentes normativas.

Digamos, por último, que, por su propia configuración, no cabe la invocación del CEASM para contrarrestar una eventual diferencia en las prestaciones asistenciales dispensadas por las distintas comunidades autónomas, toda vez que tal distinción afecta asimismo a los españoles. El Convenio, como reiteradamente se ha dicho, no garantiza un nivel mínimo de protec-

---

[998] Vid. F. MANZANO SANZ, "El Convenio Europeo de Asistencia Social y Médica (CEASM) del Consejo de Europa", *Revista de Seguridad Social*, núm.39 (1988), pp.179-180.

ción, sino únicamente la equiparación con los españoles de nacionales de otros países[999].

II. EL CÓDIGO EUROPEO DE SEGURIDAD SOCIAL

Con fecha de 16 de abril de 1964 fue firmado en el seno del Consejo de Europa, y en la ciudad de Estrasburgo, el Código Europeo de Seguridad Social (CESS), cuyo propósito consistía en "conseguir una unión más estrecha entre sus Miembros con el fin, especialmente, de favorecer su progreso social", bajo el presupuesto de que "uno de los objetivos del programa social del Consejo de Europa consiste en estimular a todos los Miembros a que desarrollen más su sistema de seguridad social", además de reconocer "la oportunidad de armonizar las cargas sociales de los Países miembros". Se pretendía, más concretamente, establecer "un nivel más elevado" que la norma mínima de seguridad social definida en el Convenio número 102 aprobado en 1952 por la Organización Internacional del Trabajo, pese a que el Consejo de Europa se ayudó en este caso de la colaboración de esa otra instancia supranacional[1000]. El Código cuenta con una versión revisada de 1990, que de momento no ha entrado en vigor por no haber recibido suficientes ratificaciones[1001].

---

999 Vid. B. GARCÍA ROMERO, "Protección contra la pobreza desde la perspectiva del Derecho Internacional", *Anales del Derecho* (Universidad de Murcia), núm.18 (2000), pp.41 y ss.

1000 Vid. M. VIVES CABALLERO, "Código Europeo de Seguridad Social: comentarios a su contenido y a su ratificación por España", *Relaciones Laborales*, núm.12 (1995), pp.1367 y ss.

1001 https://www.coe.int/en/web/conventions/full-list/-/conventions/treaty/139.

1. El catálogo de contingencias y prestaciones

Como es habitual en los textos normativos del Consejo de Europa, el CESS se estructura en diversas Partes o agrupaciones de preceptos. La primera de ellas contiene una serie de "disposiciones generales" sobre el significado de sus términos y el alcance de los actos de ratificación y de los compromisos asumidos, mientras que las restantes están dedicadas, sucesivamente, a la definición de su ámbito funcional de cobertura y la identificación de las situaciones protegidas, al establecimiento de reglas comunes y disposiciones "diversas", a la previsión de "beneficios complementarios" para las distintas contingencias anteriormente delimitadas y a cuestiones colaterales o instrumentales, más los típicos anexos[1002]. Se puede decir, como primera aproximación a su radio de acción, que este interesante instrumento internacional abarca el elenco más tradicional de contingencias y prestaciones de seguridad social, con la pretensión de que todos los Estados del Consejo de Europa dispongan de un sistema de seguridad social conforme a unos determinados mínimos de protección. No contiene derechos directamente ejercitables, sino mandatos a los Estados.

La primera de las prestaciones que contempla el CESS es la de asistencia médica (Parte II), que en nuestros usos habituales de lenguaje llamaríamos de asistencia sanitaria. En relación con ella, el CESS exige "garantizar a las personas protegidas la concesión, cuando su estado lo requiera, de asistencia médica de carácter preventivo o curativo", en los términos que luego va detallando (art.7). Así, la contingencia cubierta deberá comprender "cualquier estado mórbido, cualquiera que fuera su causa, el embarazo, el parto y sus consecuencias" (art.8), y deberá llegar o bien a "categorías" de asalariados que supongan al menos el 50 por 100 de esa parte de la población (así

1002 Según su art.83, el anexo del Código, que comprende a su vez dos adendas, "formará parte integrante del mismo".

como a sus cónyuges e hijos), a "categorías" más generales de la población activa que en total constituyan, por lo menos, el 20 por 100 de todos los residentes (y cónyuges e hijos), o a "categorías" de residentes que en total constituyan por lo menos el 50 por 100 de dicha población (art.9)[1003]. Entre las prestaciones debe figurar, según los casos de alteración de la salud, asistencia médica general, asistencia por especialistas, suministro de productos farmacéuticos esenciales y hospitalización cuando fuere necesaria, junto a otros posibles conceptos más específicos o más localizados funcionalmente (como asistencia en caso de embarazo, parto y sus consecuencias (art.10)[1004].

1003 Según el addendum 2 del CESS, entre las personas protegidas se han de incluir las siguientes: "a) bien categorías prescritas de asalariados, que constituyan en total al menos un 80 por 100 del conjunto de los asalariados, así como las esposas y los hijos de los miembros de dichas categorías; b) bien categorías prescritas de la población activa, que constituyan en total, al menos, un 30 por 100 del conjunto de los residentes, así como las esposas y los hijos de los miembros de dichas categorías; c) bien, categorías prescritas de residentes, que constituyan en total un 65 por 100, al menos, del conjunto de los residentes.

1004 Según el *addendum* 2 del CESS, las prestaciones "deberán incluir, al menos: a) en caso de estado patológico: i) las asistencias de Médicos de medicina general, incluidas las visitas a domicilio, y las asistencias de especialistas en las condiciones prescritas; ii) las asistencias en hospitales, incluida la estancia en los hospitales; las asistencias de Médicos de medicina general o de especialistas, según proceda; las asistencias de Enfermeras y todas las asistencias auxiliares necesarias; iii) el suministro de todas las fórmulas farmacéuticas magistrales necesarias y de todas las especialidades farmacéuticas consideradas esenciales, y iv) las asistencias odontológicas de conservación para los hijos protegidos, y b) en caso de embarazo, de parto y de sus consecuencias: i) las asistencias prenatales, durante el parto y posnatales, prestadas bien por un Médico, bien por una Matrona diplomada; ii) la hospitalización cuando sea necesaria, y iii) el suministro de productos farmacéuticos". Además, "el beneficiario o su sostén familiar podrá estar obligado a participar en los gastos de

La segunda contingencia prevista y exigida por el CESS (Parte III) es la relativa a las "indemnizaciones por enfermedad", que comprende "la incapacidad para el trabajo resultante de un estado mórbido y que entraña la suspensión de ingresos tal como la define la legislación nacional" (art.14). Las exigencias de cobertura desde el punto de vista subjetivo son aquí similares a las de la prestación anterior (art.15), y la prestación se traduce en "un pago periódico" calculado en función de la "categoría" a la que pertenezca la persona protegida (arts.15 y 16). Indirectamente se admite el establecimiento del requisito de cumplimiento de "un período de calificación" para acceder a la prestación (art.17), y también es posible limitar temporalmente su percepción (art.18).

La tercera prestación prevista en el CESS y exigida a los Estados que lo ratifiquen es la de desempleo (Parte IV), lógi-

---

las asistencias médicas recibidas: a) en caso de estado patológico; las normas relativas a dicha participación se establecerán de forma que no supongan una carga demasiado pesada, y la participación del beneficiario o del sostén de familia no deberá exceder de las cantidades siguientes: i) por asistencia de Médicos de medicina general y de especialistas prestadas fuera de los hospitales: 25 por 100; ii) por asistencias en hospitales: 25 por 100; iii) por suministros farmacéuticos: 25 por 100 como término medio; iv) por asistencias odontológicas de conservación: 33 1/3 por 100; b) en caso de embarazo, de parto y de sus consecuencias, y solamente para suministros farmacéuticos, no debiendo exceder la participación del beneficiario o de su sostén familiar del 25 por 100 como término medio; las normas relativas a dicha participación se establecerán de forma que no supongan una carga demasiado pesada. c) en los casos en que la participación consiste en una cantidad fija para cada caso de tratamiento o para cada prescripción de suministros de productos farmacéuticos, la suma total de los pagos efectuados por todas las personas protegidas respecto a cada una de las categorías de prestación mencionadas en los apartados a) y b) no deberá exceder del porcentaje prescrito del costo total de dicha categoría dentro de un período de tiempo determinado".

camente utilizada para atender las situaciones de "suspensión de ingresos...debida a la imposibilidad de obtener un empleo conveniente en el caso de una persona protegida con capacidad laboral y disponible para el trabajo" (art.20). También se ofrecen aquí alternativas a la hora de trazar el radio subjetivo de aplicación (categorías de asalariados que en total constituyan el 50 por 100 de dicha parte de la población o residentes cuyos recursos durante la contingencia no excedan de los límites prescritos) y el montante económico de la prestación, que en todo caso será "un pago periódico" (arts.21 y 22). Cabe que la legislación nacional exija asimismo "un período de calificación" (art.23), y que se limite temporalmente la duración de la prestación, con la posibilidad de establecer un periodo de carencia o espera y de adaptar esas reglas a las características de los trabajadores de temporada (art.24).

En cuarto lugar, el CESS prevé y exige la existencia de "prestaciones de vejez" (Parte V), para la contingencia denominada como "supervivencia más allá de una edad prescrita", que "no deberá exceder de 65 años", aunque se admite el establecimiento de una edad superior "a condición de que el número de residentes que hayan cumplido dicha edad no sea inferior al 10 por 100 del número total de residentes de más de 15 años que no la hayan cumplido" (art.25). Se prevén para ello tanto prestaciones contributivas como no contributivas, y se admite la posibilidad de suspenderlas "si la persona que habría tenido derecho a ella ejerce ciertas actividades remuneradas prescritas" o de reducirlas en función de los ingresos del beneficiario (art.26). De nuevo se ofrecen distintas fórmulas para determinar la población protegida, siempre con unos mínimos de cobertura (art.27), y la prestación se traduce en "un pago periódico" calculado según reglas que dependen de la fórmula utilizada a los anteriores efectos (art.28), que puede hacerse depender del cumplimiento de "un período de calificación" que también puede variar en función de esas opciones, aunque siempre se habrá de garantizar "una prestación reducida" que cumpla unos mínimos cuantitativos (art.29). La prestación se mantendrá, lógicamente, "por toda la duración de la contingencia" (art.30).

La Parte VI del CESS se dedica específicamente a las prestaciones "en caso de accidente de trabajo y de enfermedad profesional", que también son de carácter obligatorio para los Estados (art.31). Deben dar cobertura a las situación procedentes de esos riesgos que generen en la persona estado mórbido, incapacidad para trabajar con suspensión de la percepción de ingresos, pérdida total de la capacidad de ingresos o pérdida parcial de esa capacidad por encima de un grado prescrito, y pérdida de medios de subsistencia por fallecimiento del sostén familiar, por los hijos o por "la viuda", en este caso con la posibilidad de que se condicione a la presunción "de que es incapaz de subvenir a sus propias necesidades" (art.32). Por razones comprensibles, en este caso la obligación estatal de cobertura se ciñe a "categorías prescritas de asalariados que constituyan en total el 50 por 100, por lo menos, de todos los asalariados", con extensión en su caso a cónyuges e hijos supérstites (art.33). La protección debe comprender prestaciones sanitarias para el estado mórbido (con inclusión de asistencia odontológica y suministro de variado material médico, quirúrgico u ortopédico), reeducación profesional si fuera necesaria, y "un pago periódico" que puede variar en función del carácter total o parcial de la pérdida de capacidad para el trabajo y que puede ser sustituido en determinadas circunstancias por el abono de una cantidad "de una sola vez" (arts.34 a 36).

La Parte VII del CESS exige la implantación de "prestaciones familiares" para cubrir la contingencia "de tener hijos a cargo en las condiciones que se prescriban" (art.40). También en este caso se puede organizar la protección por "categorías" de asalariados o "de la población económicamente activa", siempre con unos mínimos de cobertura (art.41), y se admiten diversas modalidades de prestación, que puede consistir en "un pago periódico concedido", la provisión a los hijos o para los hijos "de alimentos, ropa, alojamiento, o el disfrute de vacaciones o asistencia doméstica" o "una combinación" de esas variantes (art.42). Se puede exigir asimismo "un período de calificación (un mes de cotización o de empleo o seis meses de residencia" (art.43). El valor total de las prestaciones concedidas a las personas protegidas "deberá ser tal que represente el 1,5 por 100 del salario de un trabajador ordinario no calificado adulto del sexo masculino...multiplicado por el número total de hijos de todos los residentes" (art.44).

De las prestaciones de maternidad se ocupa la Parte VIII del CESS, para cubrir las situaciones de "el embarazo, el parto y sus consecuencias y la suspensión de ganancia resultante de los mismos" (arts.46 y 47). Los Estados pueden optar para organizar la protección por dedicarla a "todas las mujeres pertenecientes a categorías prescritas de asalariados" o "todas las mujeres que pertenezcan a categorías prescritas de la población económicamente activa", siempre con unos mínimos de cobertura y con el añadido de que en una y otra opción habrán de preverse "prestaciones médicas de maternidad" para "las cónyuges de los hombres comprendidos en esas mismas categorías" (art.48). La protección debe comprender asistencia médica requerida por embarazo, parto y sus consecuencias (en los términos y niveles que a tal efecto se especifican) y "un pago periódico" para el supuesto de pérdida de suspensión de la ganancia por ese motivo (art.50). Se puede exigir haber cumplido "el período de calificación que se considere necesario para evitar los abusos", cabe que la cuantía del pago periódico varíe en el transcurso de la contingencia y que se limite a doce semanas, "a menos que la legislación nacional imponga o autorice un período más largo de abstención del trabajo, en cuyo caso los pagos no podrán limitarse a un período de menor duración" (art.52).

A las prestaciones de "invalidez" se dedica la Parte IX del CESS, con la habitual exigencia a los Estados con vistas a su implementación (art.53). En este caso, la contingencia cubierta "comprenderá la incapacidad para ejercer una actividad profesional, en un grado prescrito, cuando sea probable que dicha incapacidad tenga carácter permanente o cuando subsista después del cese de la indemnización por enfermedad" (art.54). Como en otros casos, la cobertura debe alcanzar o bien a "categorías prescritas de asalariados" (con unos mínimos de cobertura), o bien a "categorías prescritas de la población económicamente activa" (de nuevo con esa exigencia mínima), o bien, en fin, "a todos los residentes" cuyos recursos durante la contingencia no excedan de unos determinados límites (art.55). La prestación consiste también aquí en "un pago periódico" calculado conforme a las reglas generales que proporciona el propio CESS (art.56), y debe garantizarse al menos a las personas protegidas que hubieran cumplido antes de la contingencia un determinado "período de calificación", con la garantía en todo caso de "una prestación reducida" a quienes no lleguen al requisito anterior (art.57). La prestación deberá concederse "durante todo el transcurso de la contingencia o hasta que sean sustituidas por una prestación de vejez" (art.58).

En fin, la Parte X del CESS se ocupa de las "prestaciones de supervivencia", que también deberán ser proporcionadas por el sistema estatal de seguridad social (art.59). Debe comprender esta contingencia "la pérdida de medios de subsistencia sufrida por la viuda o los hijos a causa del fallecimiento del sostén de la familia", aunque en el caso "de la viuda" el derecho a prestación puede quedar condicionado a la presunción "de que ella es incapaz de subvenir a sus propias necesidades"; en general, la prestación puede ser suspendida si el beneficiario "ejerce ciertas actividades remuneradas prescritas", o reducirse "cuando la ganancia del beneficiario excediere de un importe prescrito" (art.60). La cobertura debe llegar "a las cónyuges y a los hijos del sostén de familia" que pertenezcan a "categorías prescritas" de asalariados o de la población económicamente activa (siempre con unos mínimos), o, cuando no sean residentes, "a todas las viudas y a todos los hijos que hayan perdido su sostén de familia y cuyos recursos durante la contingencia cubierta no excedan de los límites prescritos" (art.61). La prestación consiste en un pago periódico calculado conforme a las reglas generales (art.62), debe garantizarse al menos a quienes cumplan un determinado "período de calificación, de nuevo con la exigencia de que se garantice "una prestación reducida" en determinados supuestos (art.63), y debe concederse "durante todo el transcurso de la contingencia" (art.64). Para que una viuda sin hijos tenga derecho a una prestación de supervivencia, además de la presunción de que sea "incapaz de subvenir a sus propias necesidades", la legislación nacional podrá prescribir "una duración mínima del matrimonio".

2. Reglas generales sobre cuantificación y devengo de prestaciones

Como vemos, el acervo de prestaciones exigidas por el CESS es amplio. Una vez expuesto, podrían hacerse algunos comentarios de carácter general. Por lo pronto, recordemos que son prestaciones clásicas, entre las que no aparecen, por ejemplo, las de riesgo durante el embarazo o la lactancia natural. También vale la pena recordar que se prevén prestaciones contributivas y no contributivas, cada una de ellas con sus correspondientes exigencias. Es reseñable asimismo que el cuadro de prestaciones se ve afectado, tal vez inevitablemente, por la contingencia transversal de accidente de trabajo y enfermedad profesional, que desde el punto de vista de la protección supone una cierta reiteración o duplicación. Es llamativo, en fin, el sesgo claramente masculino que siguen ofreciendo en este texto las prestaciones de viudedad, como lo es la mención expresa al matrimonio o a "marido" y "mujer", o, a determinados afectos, a asalariados "de sexo masculino".

La lista de definiciones que proporciona el propio CESS en su artículo 1 es muy significativa en ese sentido, aunque obviamente su alcance va mucho más allá de esas posibles inclinaciones de carácter cultural o ideológico. Al margen ahora de las referencias institucionales que en esa lista se contienen, fijémonos ahora en la definición de "cónyuge" (que se refiere a "la cónyuge que se halla a cargo de su marido") y de "viuda" (que designa "a una mujer que se hallaba a cargo de su marido en el momento del fallecimiento de éste"), junto a las que podemos mencionar de paso la de "hijo", que designa "a un hijo de edad inferior a aquella en que termina la escolaridad obligatoria o un hijo de edad inferior a quince años" y en la que aquel tipo de connotaciones se limita al uso exclusivo del masculino, actualmente menos habitual.

En un plano más objetivo, vale la pena también reseñar la definición de algunas expresiones más técnicas utilizadas a lo largo de los preceptos que con anterioridad hemos recorrido, como el término «prescrito» (que significa algo "determinado" por la legislación nacional o en virtud de la misma), el término "residencia" (que designa la residencia habitual en el territorio de la Parte Contratante), el término "residente" (que designa a una persona que reside habitualmente en el territorio de la Parte Contratante), el término "período de calificación" designa "un período de cotización, un período de empleo, un período de residencia o cualquier combinación de los mismos, según lo que esté prescrito"), y el término "prestaciones" (que en el contexto de determinadas contingencias significa "prestaciones directas en forma de asistencia o prestaciones indirectas consistentes en un reembolso de los gastos hechos por la persona interesada"). La lista se completa con otras denominaciones de relieve institucional: "el Comité de Ministros" (Comité de Ministros del Consejo de Europa), "el comité" (Comité de Expertos en materia de Seguridad Social del Consejo de Europa o cualquier otro Comité al que el Comité de Ministros pueda encargar el cumplimiento de las tareas de supervisión), y "Secretario General" (Secretario General del Consejo de Europa).

La Parte XI del CESS contiene algunas reglas generales sobre cuantificación de las prestaciones, que han de completarse con lo dispuesto en los cuadros anexos. Todas ellas precisan el alcance del "pago periódico" en que consiste la prestación en el contexto de diversas contingencias, aunque difieren parcialmente en su contenido. A la postre, son distintas opciones que el articulado del CESS ofrece para el cálculo de la cuantía de la prestación en función de la contingencia de que se trate. Son en definitiva tres reglas, destinadas, cada una de ellas, a cada uno de los tres supuestos que se van delimitando a lo largo del catálogo de contingencias y prestaciones. Se completan con lo dispuesto en un "cuadro-anexo"[1005].

Una primera fórmula de cálculo se recoge en el artículo 65 del CESS, para el que el pago periódico de las correspondientes prestaciones debe alcanzar una cuantía que, incrementada con el importe de los subsidios familiares satisfechos durante la contingencia, represente para el "beneficiario-tipo" (según se define en el anexo correspondiente) y para la contingencia de que se trate, un ingreso al menos igual a un determinado porcentaje(también indicado en el anexo) en relación con el

---

[1005] El cuadro-anexo a la Parte XI, sobre la cuantificación de los "pagos periódicos al beneficiario tipo", va detallando el "porcentaje" que, según dichas reglas, debe tomarse como referencia en cada caso, según "contingencia" y "beneficiario tipo". La escala es la siguiente: III / Enfermedad / Varón con cónyuge y dos hijos / 45; IV / Desempleo / Varón con cónyuge y dos hijos / 45; V / Vejez / Varón con cónyuge en edad de pensión / 40; VI / Accidentes de trabajo y enfermedades profesionales: Incapacidad para el trabajo / Varón con cónyuge y dos hijos / 50, y Pérdida total de la capacidad de ganancia. / Varón con cónyuge y dos hijos / 50; Supervivencia / Viuda con dos hijos / 40; VIII / Maternidad / Mujer / 45; IX / Invalidez / Varón con cónyuge y dos hijos / 40; X / Supervivencia / Viuda con dos hijos / 40.

total de la ganancia anterior del propio beneficiario o de quien fuera el sostén de la familia y el total "del importe de los subsidios familiares pagados a una persona protegida que tenga las mismas cargas familiares que el beneficiario tipo"[1006]. En determinadas condiciones la legislación nacional podrá prescribir "un máximo para la cuantía de la prestación o para la ganancia que se tienen en cuenta para el cálculo de la misma"[1007]. Por lo demás, el montante de los pagos periódicos en concepto de vejez, invalidez y fallecimiento del sostén de la familia, o derivados de accidente de trabajo o enfermedades profesionales (a excepción de los que cubran la incapacidad laboral), "serán revisados como consecuencia de variaciones sensibles del nivel general de ganancias que resulten de variaciones, también sensibles, del costo de la vida".

[1006] La ganancia anterior del beneficiario o de su sostén de familia "se calculará de conformidad con reglas prescritas y, cuando las personas protegidas o su sostén de familia estén clasificados en categorías según sus ganancias, la ganancia anterior podrá calcularse de conformidad con las ganancias de base de las categorías a que hayan pertenecido" (art.65.2).

[1007] Las condiciones dispuestas por el art.65 CESS para el establecimiento de esas limitaciones cuantitativas son especialmente detalladas y toman como principal referencia el "salario de un trabajador calificado del sexo masculino", a cuya explicación se dedican muchos pasajes del precepto, sobre la base de la clasificación internacional tipo por industrias de todas las ramas de actividad económica adoptada por el Consejo Económico y Social de las Naciones Unidas, reproducida como «addendum» al propio Código. Esa especial predilección por el sector industrial, propia del momento en el que se aprobó el Convenio, se compadece mal con la evolución socioeconómica y la cada vez mayor relevancia del sector servicios, lo que ha derivado en propuestas de modificación de esa fórmula; vid. A. OJEDA AVILÉS, "La convergencia europea en materia de Seguridad Social: los problemas de un Código internacional de prestaciones mínimas", *RMTIN*, núm.84 (2009), pp.26-27.

Una segunda fórmula se recoge en el artículo 66 del CESS, según el cual, el pago periódico de las prestaciones afectadas por dicho precepto debe alcanzar una cuantía que, incrementada con el importe de los subsidios familiares pagados durante la contingencia, debe representar para el "beneficiario tipo" (según la definición del correspondiente anexo) y para la contingencia de que se trate, un ingreso por lo menos igual a un determinado porcentaje (indicado en dicho anexo) "del total del salario del trabajador ordinario no calificado adulto del sexo masculino, y del importe de los subsidios familiares pagados a una persona protegida que tenga las mismas cargas que el beneficiario tipo". También aquí esa primera prescripción viene acompañada de las pertinentes explicaciones sobre el montante de dicho salario y sobre el concepto de "trabajador ordinario no calificado adulto del sexo masculino" (con una remisión similar al *addendum* del CESS), y se hace una precisión similar respecto de la revisión de la cuantía de la prestación de determinadas contingencias.

La tercera fórmula se contiene en el artículo 67 del CESS y es aplicable a las contingencias y prestaciones que remitan a dicho precepto para el cálculo del ya conocido "pago periódico". En este caso, tal cuantía se ha de determinar "de acuerdo con un baremo prescrito, o según un baremo fijado por la autoridad pública competente de conformidad con reglas prescritas", no podrá reducirse "sino en la medida en que los demás recursos de la familia del beneficiario excedan de sumas apreciables prescritas o fijadas por las autoridades competentes, de conformidad con las reglas prescritas", habrá de ser suficiente "para asegurar a la familia del beneficiario condiciones de vida sanas y convenientes", y no podrá ser inferior a la cuantía de la prestación calculada con arreglo a la fórmula anterior. Esa exigencia se considera cumplida en todo caso si el monto total de las prestaciones pagadas supera unos determinados umbrales[1008].

La Parte XII del CESS contiene "disposiciones comunes" para el conjunto de contingencias y prestaciones. En primer término, contempla la posibilidad de suspensión del abono de prestaciones en determinados supuestos, por causas variadas (art.68). En algunos de ellos la razón de la suspensión se debe a la desaparición transitoria de las condiciones de devengo de la prestación (ausencia del interesado del territorio de la Parte Contratante o, en las prestaciones de supervivencia, situación de "concubinato") o a la percepción por el interesado de otros recursos o medios de vida[1009]. En otros casos la suspensión se debe a conductas irregulares o ilícitas (que el interesado haya intentado fraudulentamente obtener una prestación o que la contingencia haya sido provocada por un crimen o delito cometido por el interesado o por una falta intencionada del interesado). En otros, en tercer lugar, la suspensión es una especie de respuesta (que debe ser "apropiada") al incumplimiento por el interesado de deberes anejos a la prestación (como la dejación en el uso de los servicios médicos o los servicios de

---

1008 Según el art.67, se cumple si ese total excede por lo menos del 30 por 100 del monto total de las prestaciones que se obtendrían aplicando las disposiciones del artículo 16 y las del apartado b) del artículo 15 para la parte III; las del apartado b) del artículo 27 para la parte V; las del apartado b) del artículo 55 para la parte IX, y las del apartado b) del artículo 61 para la parte X.

1009 Se suspende durante el tiempo en que el interesado esté mantenido con cargo a fondos públicos o a costa de una institución o de un servicio de seguridad social (aunque una parte de la prestación deberá concederse a las personas que estén a cargo del beneficiario), que reciba otra prestación en dinero de la seguridad social (con excepción de una prestación familiar), o que esté indemnizado respecto de la misma contingencia por un tercero (a condición de que la parte de la prestación suspendida no sobrepase la otra prestación o la indemnización procedente de un tercero).

readaptación puestos a su disposición o la no observancia de las reglas prescritas para verificar la existencia de la contingencia o la conducta de los beneficiarios de las prestaciones). En el caso particular de la prestación de desempleo, la suspensión puede deberse, en fin, a la no utilización de los servicios de colocación puestos a disposición del interesado, o a la pérdida de empleo como consecuencia directa de una suspensión de trabajo debida a un conflicto profesional o por haberlo abandonado voluntariamente sin motivo legítimo[1010]).

La segunda disposición común, recogida en el artículo 69 del CESS, exige a la legislación nacional que reconozca el derecho de todo solicitante a formular apelación en caso de que se le niegue la prestación o en caso de queja sobre su calidad o su cantidad. En el caso de que la administración de la asistencia médica esté confiada a un departamento gubernamental responsable ante un parlamento, ese derecho puede ser sustituido por el de hacer examinar por la autoridad competente cualquier reclamación relativa a la denegación de asistencia médica o a la calidad de la asistencia médica recibida. También precisa el CESS que "cuando las reclamaciones se lleven ante tribunales especialmente establecidos para tratar de los litigios sobre seguridad social y en ellos estén representadas las personas protegidas podrá negarse el derecho de apelación".

La tercera disposición común del CESS (art.70) se refiere al "costo de las prestaciones concebidas en cumplimiento del presente Código y los gastos de administración de dichas prestaciones", que ha de financiarse "colectivamente" por medio de cotizaciones o de impuestos, o por ambos medios a la vez. Con ello se expresan, al mismo tiempo, dos exigencias básicas: evitar "que las personas de escasos recursos tengan que

---

[1010] Según el Anejo al CESS, "queda entendido" que este último pasaje de su artículo 68 "se interpretará de conformidad con la legislación nacional de cada Parte Contratante".

soportar una carga demasiado onerosa", y tener en cuenta "la situación económica de la Parte Contratante y las de las categorías de personas protegidas". Se precisa también que "el total de cotizaciones de seguro a cargo de los asalariados protegidos no deberá exceder del 50 por 100 del total de los recursos destinados a la protección de los asalariados, de sus cónyuges e hijos", y que para determinar si se cumple esa condición se podrán considerar "en su conjunto" todas las prestaciones dadas por la Parte Contratante al amparo del presente Código, "exceptuados lo subsidios familiares y las prestaciones en caso de accidentes de trabajo y enfermedades profesionales, si estas últimas dependen de una rama especial". En todo caso, la Parte Contratante asume "la responsabilidad general en lo que se refiere al servicio de prestaciones concedidas en virtud del presente Código y adoptar todas las medidas necesarias para alcanzar dicho fin"[1011], sin perjuicio de las exigencias de participación impuestas finalmente por el artículo 71 del propio CESS[1012].

1011 A tal fin, dice el art.70 CESS que "se procurará, cuando fuere oportuno, que se hagan periódicamente los estudios y cálculos actuariales necesarios relativos al equilibrio económico y, en todo caso, previamente a cualquier modificación de las prestaciones del tipo de cotizaciones al seguro o de los impuestos destinados a cubrir las contingencias de que se trate".

1012 Según dicho precepto, "cuando la administración no esté asegurada por un departamento gubernamental responsable ante un parlamento, representantes de las personas protegidas deberán participar en la administración o estar asociados a ella, con carácter consultivo, en las condiciones prescritas", con la aclaración de que la legislación nacional "podrá prever asimismo la participación de representantes de los empleadores y de las autoridades públicas". Se reitera, en todo caso, que la Parte Contratante "asumirá la responsabilidad general de la buena administración de las instituciones y servicios que concurran a la aplicación del presente Código".

3. Carácter mínimo, admisión de "beneficios suplementarios" y mejoras de 1990

Como hemos podido ver, las exigencias del CESS tienen carácter mínimo, y admiten mejoras o suplementos por parte de los Estados. Lo viene a reconocer el propio CESS a través de su *addendum* 2, en el que se describen algunos de los "beneficios suplementarios" que los Estados pueden alegar o computar para acreditar su adaptación a los requerimientos del CESS con ocasión del pertinente acto de ratificación, como después veremos. En principio, estos "beneficios suplementarios" pueden consistir, o bien en prestaciones adicionales, o bien en el incremento de la duración máxima de la prestación. Pero también pueden resultar de la eliminación de determinados requisitos para acceder a las prestaciones, como el "período de calificación" -o período de carencia en la terminología más propia de nuestro ordenamiento-, cuya exigencia se prevé que pueda suprimirse -y en eso consiste el beneficio- en las prestaciones de maternidad.

En relación con la asistencia sanitaria, el beneficio suplementario consiste en ofrecer "asistencia médica prestada fuera de sala hospitalaria por médicos prácticos de medicina general o por especialistas, comprendidas las visitas a domicilio, sin límite de duración" (sin perjuicio de exigir al beneficiario o a la persona que lo tiene a su cargo que participe en el costo de la asistencia recibida en una proporción de hasta un 25 por 100), en el suministro de productos farmacéuticos esenciales sin límite de duración (con una regla similar sobre la participación en su costo del beneficiario o la persona que lo tiene a su cargo), en la asistencia médica y hospitalaria general o especializada para "enfermedades prescritas, comprendida la tuberculosis, que requieran un tratamiento de larga duración" (por un período que no podrá limitarse a menos de cincuenta y dos semanas en cada caso), o en la asistencia odontológica de conservación (con la misma regla de participación en el coste)[1013].

En las prestaciones económicas el beneficio suplementario puede actuar sobre la duración o sobre la cuantía, según el tipo de prestación. En las prestaciones por enfermedad y por desempleo el beneficio suplementario opera sobre la duración máxima, que podría extenderse a 52 semanas frente a las 26 ordinarias en caso de enfermedad o, más exactamente, en caso de incapacidad temporal (art.18), y a 21 semanas en un período de 12 meses frente a las 13 ordinarias en caso de desempleo (art.24). En cambio, en las pensiones de jubilación, incapacidad permanente y muerte y supervivencia el beneficio suplementario afecta a la cuantía. En concreto, los apartados 2 y 5 del art. 29 del CESS requieren de un mecanismo específico de cobertura, en forma de prestación reducida, para quienes se aproximen al período mínimo de carencia que permite acceder a la pensión, pero no lo reúnan efectivamente. El beneficio suplementario consiste en un límite mínimo para esa pensión reducida, ya que habrá de aplicarse un tipo de, al menos, el 50%. También repercute en la cuantía el beneficio previsto para la "prestación por gastos funerarios"[1014].

1013 Cuando a la participación del beneficiario o de la persona que tiene la familia a su cargo se fije en una cantidad uniforme para cada caso de tratamiento o de prescripción de suministros de productos farmacéuticos, "el total de los pagos efectuados por todas las personas protegidas por cada una de las categorías de prestaciones mencionadas en los números 1, 2 y 4 precedentes no deberá sobrepasar el porcentaje prescrito del costo total de esa categoría en el transcurso de un período determinado".

1014 Tal prestación ascenderá a: i) veinte veces los haberes diarios anteriores de la persona protegida que sirvan o hayan servido de base para el cálculo de la prestación a sobrevivientes o de la prestación de enfermedad, según el caso; sin embargo, no será necesario que la prestación total sea superior a veinte veces el salario diario de un obrero masculino cualificado, según se determina conforme a lo

Respecto de las prestaciones familiares, y en particular las causadas por hijos a cargo, el beneficio consiste en fijar una duración mínima, pero no vinculada al tiempo de duración de la prestación, sino a la edad del hijo, pues las prestaciones deberían abonarse "hasta que el hijo que cause derecho a las prestaciones y continúe sus estudios alcance una edad que no cabrá preceptuar en menos de dieciséis años". Recuérdese que el "hijo" protegido, con carácter general, es aquel que tiene una "edad inferior a quince años" (art.1.1.h).

En fin, el CESS revisado de 1990, que, como dijimos, no ha llegado a entrar en vigor por falta de suficientes ratificaciones, pretendía mejorar la extensión y la intensidad de la protección. En relación con el ámbito subjetivo, del mínimo del 50% de trabajadores y 20% de la población activa se pasa a la totalidad de trabajadores y al 70 u 80% de la población activa según la prestación. En lo que se refiere al importe de las prestaciones, mientras que la versión original del Código toma como referencia para determinar la base reguladora el «salario del trabajador calificado del sexo masculino» (art.65), y sitúa los porcentajes mínimos -que dependen de la prestación- entre el 40 y el 50%, el Código revisado toma como referencia para el cálculo de la base reguladora la remuneración del beneficiario (art.71), y además incrementa significativamente los porcentajes, que no son fijos en cada prestación, sino que presentan diferencias en atención a las cargas familiares, de modo que los porcentajes mínimos para beneficiarios sin cargas familiares ascienden al 50%, y se elevan hasta el 65 en presencia de esa clase de responsabilidades (art.73). Se trata de mínimos mucho más exigentes y no siempre fáciles de cumplir; de hecho,

---

dispuesto en el artículo 65; ii) veinte veces el salario diario de un peón ordinario adulto masculino, según se haya determinado de conformidad con lo dispuesto en el artículo 66; iii) de los sectores que no llegan al nivel de las normas del Código.

en 1990 la pensión de viudedad española no habría superado ese listón.

4. Condiciones de ratificación y naturaleza de las obligaciones

Como en otros casos ya analizados, el CESS no contiene de forma directa un catálogo de derechos, sino un conjunto de exigencias impuesto a los Estados para que actúen en esa dirección en lo que se refiere a la seguridad social. Con la firma del CESS las partes contratantes asumen en efecto el compromiso de implantar un sistema de seguridad social de esas características o, en su caso, de adaptar a ellas el sistema ya existente. Dicho de otra forma: regula el derecho a la seguridad social desde la perspectiva de las directrices y orientaciones para la política social. De ahí que, como también suele suceder en este tipo de textos internacionales, ofrezca diversas opciones o posibilidades a la hora de imponer las correspondientes cargas a los Estados, razón por la cual también ofrece diversas posibilidades de adhesión y de delimitación del correspondiente nivel de cobertura. De la legislación estatal derivarán, en consecuencia, las posibilidades de solicitud y reclamación de prestaciones por parte de los interesados o beneficiarios.

Según su articulado, la adhesión al CESS supone que la Parte Contratante debe aplicar lo dispuesto con carácter general en su Parte I y lo dispuesto en al menos seis Partes de las comprendidas entre la II y la X (en el bien entendido de la Parte II cuenta por dos y la Parte V por tres), así como las disposiciones correspondientes de la Partes XI (cálculo de pagos periódicos), las "disposiciones comunes" de la Parte XII y las "disposiciones diversas" de la Parte XIII (art.2.1). Para el cumplimiento de la segunda de esas condiciones (referida a la aplicación de las Partes II a X, en las que, como vimos, se exponen y delimitan las contingencias y prestaciones) los Estados pueden utilizar una vía singular, consistente en obligarse por al menos una de las Partes agrupadas a tal efecto (las Partes IV, V, VI, IX y X) y demostrar que su sistema de seguridad social se ajusta a alguna de las posibles combinaciones de ratificación en tanto que determinadas ramas de protección exceden de las normas del Código "en lo que respecta al ámbito de aplicación o a nivel de prestaciones o a ambas cosas", otras ramas exceden de ese umbral por atribuir "beneficios suplementarios"[1015], y otras ramas, en fin, "no llegan al nivel de las normas del Código" (art.2.2). Estas exigencias de fondo se completan con otras dos reglas: la que exige a la Parte Contratante que se asegure de que se alcanza el porcentaje de cobertura mínimo cuando esté obligada a proteger "categorías prescritas de personas" (art.5), y la que permite que para cumplir lo dispuesto para la asistencia médica en las Partes II, III, IV, V y VIII y lo dispuesto en las Partes IX o X se tenga en cuenta "la protección resultante de seguros que, en virtud de la legislación nacional, no sean obligatorios para las personas protegidas", siempre que se cumplan unas determinadas condiciones (art.6)[1016].

La Parte XIV del CESS, dedicada a "disposiciones finales", incluye las condiciones de ratificación, que desde luego han de tener a la vista las anteriores exigencias de fondo. Según su artículo 77, los instrumentos de ratificación se deben depositar ante el Secretario General, "sin perjuicio, si ha lugar, de la decisión afirmativa previa del Comité de Ministros". Toda Parte

---

1015 Tales beneficios suplementarios deben ajustarse a las posibilidades ofrecidas por el *addendum* 2 del CESS.

1016 Que estén subvencionados por las autoridades públicas o, si se trata solamente de una protección complementaria, cuando estén controlados por las autoridades públicas o administrados en común, con arreglo a normas prescritas, por los empleadores y los trabajadores; que cubran una parte sustancial de las personas cuya ganancia no sea superior a la de un "trabajador calificado del sexo masculino", y que "cumplan, conjuntamente con las otras formas de protección, si procediere, las disposiciones correspondientes del presente Código".

Contratante debe especificar en su instrumento de ratificación aquellas Partes de la II a la X para las cuales acepte las pertinentes obligaciones (art.3), y los Estados que deseen acogerse a la mencionada vía singular para el cumplimiento de la segunda de aquellas exigencias de ratificación (la del art.2.2 del CESS) deben presentar ante el Secretario General una solicitud acompañada de un informe "en el que indique en qué medida su sistema de seguridad social se ajusta a lo dispuesto en el presente Código", con testimonio de la legislación existente en la materia, prueba de que el Estado signatario satisface determinadas exigencias estadísticas formuladas por diversos preceptos del CESS (en relación con el número de personas protegidas, los importes de las prestaciones, la duración de las prestaciones de desempleo y la proporción de los recursos que provienen de las cotizaciones de seguro de los asalariados protegidos), y "todos los elementos que el Estado signatario quiera que se tengan en cuenta"; también deberá proporcionarle, a petición de dicha instancia, "información complementaria sobre la manera en que su sistema de seguridad social cumple las disposiciones del presente Código". La decisión queda en manos del Comité de Ministros, que debe pronunciarse, por mayoría de dos tercios, "sobre si el sistema de seguridad social de dicho Estado signatario es conforme a las disposiciones del Código" (arts.2, 3 y 78 CESS). La Parte Contratante puede posteriormente notificar al Secretario General la aceptación de obligaciones relativas a una o varias de las Partes II a X que no se hubieran ya especificado en su ratificación, que "se considerarán parte integrante de la ratificación y surtirán idénticos efectos desde la fecha de su notificación" (art.4).

El CESS tenía prevista su entrada en vigor para "un año después de la fecha del depósito del tercer instrumento de ratificación"[1017], y, para todo signatario que lo ratificara pos-

[1017] Entró en vigor de forma general el día 17 de marzo de 1968.

teriormente, para "un año después de la fecha del depósito de su instrumento de ratificación" (art.77). Tras la entrada en vigor el Comité de Ministros quedaba habilitado para "invitar a todo Estado no miembro del Consejo de Europa a adherirse al mismo", con sujeción desde luego a las condiciones generales y al procedimiento de rigor, mediante depósito de un instrumento de adhesión ante el Secretario General (art.79). Para los Estados que se adhieran por este cauce las obligaciones y los derechos "serán los mismos que los previstos por el presente Código para los Estados signatarios que lo hayan ratificado" (art.79). En principio el CESS se aplica "al territorio metropolitano de cada Parte Contratante", aunque el Estado puede precisar mediante declaración formulada ante el Secretario General "el territorio que será considerado a este fin como territorio metropolitano suyo", decisión que puede ser modificada con posterioridad (art.80).

Naturalmente, cabe denuncia del CESS por parte de los Estados que lo hubieran ratificado o se hubieran adherido. Pero no se admite ni la denuncia del CESS ni de una o varias de sus Partes II a X "hasta la expiración de un período de cinco años después de la fecha en que el Código haya entrado en vigor para esa Parte Contratante, o hasta la expiración de cualquier otro período sucesivo de cinco años, y en cualquier caso mediante preaviso de un año notificado al Secretario general", denuncia que en cualquier caso no afectará a la validez del Código respecto de las demás Partes contratantes, a condición de que el número de los Estados para los que el Código esté en vigor no sea inferior a tres" (art.81). El Secretario General notificará a los Estados miembros del Consejo de Europa y al Gobierno de todo Estado adherido el depósito de todo instrumento de adhesión, toda notificación recibida en aplicación de lo dispuesto en los artículos 4 y 80 sobre el ámbito de aplicación, y todo preaviso recibido en relación con actos de denuncia (art.82). También deberá comunicarlo al Director general de la Oficina Internacional del Trabajo[1018].

Las "disposiciones diversas" de su Parte XIII completan y precisan el alcance del CESS para las Partes Contratantes. Por lo pronto, advierten de que lo dispuesto en dicho instrumento no se aplica ni "a las contingencias sobrevenidas antes de la entrada en vigor de la parte correspondiente del Código para la Parte Contratante interesada", ni "a las prestaciones concedidas por contingencias que hayan sobrevenido después de la entrada en vigor de la parte correspondiente del Código para la Parte Contratante interesada, en la medida en que los derechos a dichas prestaciones provengan de períodos anteriores a la fecha de dicha entrada en vigor" (art.72). En segundo lugar, exigen a las Partes Contratantes un esfuerzo "por regular, en un instrumento especial, las cuestiones que se refieran a la seguridad social de los extranjeros y de los emigrantes, en particular por lo que atañe a la igualdad de trato con los nacionales y a la conservación de los derechos adquiridos o en curso de adquisición" (art.73). Por lo demás, imponen a los Estados la presentación de una memoria anual sobre la aplicación del Código ante la Secretaría General del Consejo de Europa, con información suplementaria en su caso, para su examen por el Comité de Ministros (art.74), y la remisión a esa misma instancia de una memoria cada dos años "sobre el estado de su legislación y de su práctica con respecto a las disposiciones de cada una de las partes II a X del Código que, conforme al artículo 3, no hayan sido especificadas en su ratificación o en una notificación ulterior" (art.75).

1018 Vid. S. MOLINA, "Standards of the Council of Europe", Social Policy, núm.1 (2005), pp.21 y ss., (http://www.ipiss.com.pl/wp-content/uploads/downloads/2013/04/ps_en_2005.pdf#page=21).

5. El sistema de control y supervisión del CESS

El Código Europeo de Seguridad Social no dispone de un aparato institucional de supervisión y control comparable al del CEDH, y ni siquiera al de la CSE. Sin embargo, ello no significa que el Consejo de Europa se haya desentendido de su aplicación, ni que haya renunciado a instaurar mecanismos y procedimientos que permitan comprobar el cumplimiento de esos estándares mínimos de protección entre los Estados que han ratificado el Código. El procedimiento de control se basa, al igual que sucede en relación con la Carta Social Europea, en un sistema de informes nacionales, aunque no es el Comité Europeo de Derechos Sociales el encargado de valorar el cumplimiento de las garantías mínimas, sino que la competencia a tal efecto ha ido recayendo en distintas instancias a lo largo de los años.

En verdad, el artículo 74 del Código esbozaba un primer mecanismo de control, que se concretaba en la presentación por parte del Estado de una memoria anual en la que se probase el cumplimiento de los mínimos. No obstante, con el paso del tiempo la obligación se ha modificado levemente, de modo que los informes anuales deben limitarse a las novedades durante ese período, y a la eventual corrección de incumplimientos previos, mientras que el informe detallado sólo se exige por periodos más amplios, acotados en cinco años desde 1995 por el Comité de Ministros. Lo característico de ese procedimiento -en el que pueden participar las organizaciones sindicales- es la ausencia de un órgano de control verdaderamente específico dentro del Consejo de Europa, y, en contrapartida, la colaboración permanente de la OIT en el desarrollo de esa tarea, para aprovechar los medios de esa organización, dadas las similitudes del Código con el Convenio número 102. El procedimiento concluye, como es habitual, con la intervención del Comité de Ministros, que puede invitar a las partes a realizar las pertinentes reformas si considera que existen incumplimientos.

En consecuencia, el Consejo de Europa no valora directamente las memorias presentadas por los Estados, sino únicamente el informe elaborado por la Comisión de Expertos en Aplicación de Convenios y Recomendaciones (CEACR) de la OIT, cuya intervención se justifica en este caso por la conveniencia de unificar la interpretación de dos textos que tienen notables similitudes; en verdad, no parece razonable que surjan diferencias significativas en los criterios de interpretación y aplicación de normas tan próximas en su contenido. Ahora bien, no existe un único procedimiento de supervisión para el CESS y para el Convenio número 102 de la OIT, por lo que no es el mismo, de modo que los Estados obligados al mismo tiempo por ambos instrumentos deben someterse a dos diferentes procedimientos de control, cada uno con sus plazos y sus reglas.

En el seno del Consejo de Europa, esos informes del Comité de Expertos de la OIT no se remiten directamente al Comité de Ministros, sino que pasan por un filtro previo. Esas atribuciones correspondían al denominado Comité de Expertos en Seguridad Social hasta 2012 (CS-SS), y desde entonces están asignadas al Comité Gubernamental de la Carta Social Europea y del Código Europeo de Seguridad Social. El Código revisado de 1990 contempla un sistema de supervisión con mayores similitudes al de la Carta Social Europea, ya que prevé la creación de una Comisión de Expertos Independientes, al estilo del CEDS (art.79)[1019].

Por cierto, en relación con las partes de su contenido que no hubieran sido ratificadas por el Estado en cuestión, el artículo

---

[1019] Vid. F. PENNINGS y G. VONK, *Research Handbook on European Social Security Law*, Edward Elgar Publishing, Reino Unido, 2015, pp.177 y ss.; A. GÓMEZ HEREDERO, *Social Security. Protection at the international level and developments in Europe*, Consejo de Europa, Estrasburgo, 2009, pp.105 y ss.

76 del CESS exige a las Partes Contratantes la presentación de una memoria cada dos años, con el fin de constatar el nivel de cumplimiento y, al mismo tiempo, valorar la procedencia de sugerir al Estado implicado la ratificación de esas cláusulas o la introducción de reformas en su sistema que permitan acercarse en lo posible al mínimo garantizado por el CESS.

Conviene también poner de manifiesto que el Consejo de Europa nunca se ha mostrado completamente satisfecho con ese mecanismo de control, por lo que ha tratado de conocer en todo momento las dificultades que atraviesan los sistemas nacionales de Seguridad Social, así como las tendencias emergentes o dominantes en materia de protección social, para mejorar así su labor de supervisión. En este sentido, el Consejo de Europa valoró mucho la eficacia de las iniciativas adoptadas en el seno de la Unión Europea a efectos similares y, en especial, sus acreditadas redes de intercambio de información, con el papel relevante del Sistema de Información Mutua sobre Protección Social (MISSOC) creado en 1990[1020]. El Consejo de Europa, a la vista de los valiosos resultados obtenidos por esos mecanismos, decidió constituir una red similar para los Estados parte que no pertenecían a la UE, y ello dio lugar en 1999 al Sistema de Información Mutua sobre Protección Social del Consejo de Europa (MISSCEO)[1021]. Gracias a ambas redes se elaboran periódicamente tablas comparativas que permiten comprobar la situación existente y, en general, el nivel de armonización entre los diversos sistemas europeos de Seguridad Social.

1020 https://www.missoc.org.

1021 https://www.coe.int/en/web/european-social-charter/missceo-database#missoc.

6. El impacto del CESS en el sistema español

El CESS fue ratificado por España en el año 1993[1022], y entró en vigor para nuestro país el día 9 de marzo de 1995. En el momento de ratificación se habían adherido ya Alemania (República Federal) en 1964, Austria en 1970, Bélgica en 1964, Chipre en 1992, Dinamarca en 1964, Francia en 1976, Grecia en 1977, Irlanda en 1971, Italia en 1964, Luxemburgo en 1964, Noruega en 1964, Países Bajos en 1964, Portugal en 1981, Reino Unido en 1967, Suecia en 1964, Suiza en 1976 y Turquía en 1964.

Como no podía ser de otro modo, España se sumó a las disposiciones generales sobre cálculo de pagos periódicos (Parte XI), a las disposiciones comunes (Parte XII) y a las disposiciones diversas (Parte III) y a las disposiciones finales (Parte XIV). Como partes "optativas" España suscribió las de asistencia médica (II), indemnizaciones por enfermedad (III), prestaciones por desempleo (IV), prestaciones por vejez (V), prestaciones en los casos de accidentes de trabajo y de enfermedades profesionales (VI), prestaciones en caso de maternidad (VIII), y prestaciones en los casos de invalidez (IX). "prometiendo cumplirlas, observarlas y hacer que se cumplan y observen puntualmente". En cambio, España decidió no aceptar la parte VII, relativa a prestaciones familiares, ni la parte X, sobre prestaciones por muerte y supervivencia, tal vez para evitar eventuales fricciones con el CESS en algún aspecto de nuestra regulación, en particular respecto del importe de las prestaciones, aunque de un análisis detenido se desprende que en la actualidad España también respetaría las exigencias en esos dos ámbitos[1023].

1022 Instrumento ratificación 12 febrero 1993, con fecha de expedición de 17 de marzo de 1968 suscrita por don Javier Solana Madariaga, a la sazón Ministro de Asuntos Exteriores (BOE 17 marzo 1995).

1023 Vid. A. OJEDA AVILÉS, "La convergencia europea en materia de Seguridad Social: los problemas de un Código internacional de presta-

En un balance global podría decirse que el sistema español de seguridad social se ajusta a las exigencias del CESS, de cuyas posibilidades de "beneficio suplementario", por lo demás, se ha hecho uso en alguna ocasión (concretamente, en lo que toca a la supresión del periodo de carencia de las prestaciones de maternidad para los beneficiarios menores de 21 años, a tenor del art.178 LGSS). No obstante, alguna regla vigente en nuestro ordenamiento podría ser más controvertida desde esa perspectiva, como la que exige el requisito de alta o de situación asimilada para causar pensiones de viudedad y orfandad[1024].

A diferencia de otros textos, como el ya comentado CEASM, la responsabilidad fundamental del cumplimiento del CESS recae, indudablemente, sobre el Estado. En la medida en que el artículo 149.1.17ª de la Constitución, en los términos que han sido interpretados por el Tribunal Constitucional, atribuye al Estado una competencia prácticamente plena en materia de Seguridad Social, será el Estado el responsable principal, y prácticamente único, de los incumplimientos. En consecuencia, podría decirse en principio que las comunidades autónomas no cuentan de momento con competencias por cuyo desarrollo pudieran incurrir en la vulneración del Convenio. No obstante, esa afirmación tan categórica quizá debe ser matizada en algunos ámbitos, toda vez que las competencias autonómicas en el ámbito de la Seguridad Social (más allá de la asistencia sanitaria) no pueden calificarse de inexistentes, y ni siquiera de simbólicas. Las CCAA tienen encomendada la gestión de las pensiones no contributivas y no es descartable que sus atribuciones se amplíen en un futuro cercano, como se ha previsto ya para el ingreso mínimo vital y puede que se prevea

---

ciones mínimas", *RMTIN*, núm.84 (2009), pp.34-35.

1024 Vid. M. VIVES CABALLERO, "Código Europeo de Seguridad Social. Comentarios a su contenido y a su ratificación por España", *Relaciones Laborales*, Tomo 1 (1995), pp.1377 y ss.

en algún momento en materia de protección por desempleo. Además, y como observación general, no conviene olvidar que la valoración sobre el cumplimiento no atiende exclusivamente al tenor de la norma, sino también a las prácticas nacionales, lo que obliga a tener en cuenta situaciones o circunstancias respecto de las que las comunidades autónomas, o incluso los entes locales, despliegan su influencia, como sucede con las obligaciones de los beneficiarios de prestaciones o subsidios de desempleo, principalmente las que derivan del acuerdo de actividad.

Por otro lado, y aunque nunca ha jugado un papel protagonista en sede jurisdiccional, conviene poner de manifiesto que no son infrecuentes las referencias al CESS en la doctrina judicial. Dejando al margen los casos de invocación infructuosa realizada por la parte e ignoradas o descartadas por el órgano jurisdiccional sin demasiado esfuerzo argumentativo, por entenderlas simplemente infundadas, lo cierto es que en alguna ocasión se han extraído consecuencias del Código, como por ejemplo la justificación de la responsabilidad subsidiaria del INSS en caso de insolvencia de la mutua patronal[1025]. No obstante, en términos generales los tribunales dan por sentada la compatibilidad de nuestro ordenamiento con las prescripciones del Código, y expresamente así se ha afirmado en relación con la configuración del período de carencia de la incapacidad permanente[1026] y, de forma muy reiterada, con las limitaciones a la revalorización en tiempos de dificultad[1027], pues las medidas de ajuste que afectaron a la Seguridad Social a resultas de la crisis de 2008 han sido confrontadas a menudo con los míni-

---

[1025] Por todas, vid. SSTS de 14-6-2000 (recurso 2358/1999) y de 15-10-2009 (recurso 2864/2006).

[1026] Vid. STSJ de Valencia de 27-6-2019 (recurso 2012/2018).

[1027] Por todas, vid. SSTSJ de Cataluña de 27-10-2017 (recurso 4807/2017), de Galicia de 6-6-2016 (recurso 1315/2016) y de Castilla y León (Valladolid) de 3-3-2016 (recurso 177/2016).

mos previstos en el CESS[1028]. En cualquier caso, los tribunales dejan claro que el Código no reconoce «derechos individuales para los ciudadanos y directamente exigibles frente al Estado», de modo que no cabe fundamentar una demanda exclusivamente en el incumplimiento de ese texto[1029]. Cuestión distinta, como se advirtió en otros capítulos, es la posibilidad de exigir una reparación por los daños causados, al haber tenido lugar por una conducta -activa o pasiva- de la propia Administración, pero esa vía de la responsabilidad patrimonial no ha sido aún explorada en estas situaciones.

En cualquier caso, el Estado español cumple escrupulosamente con las exigencias de presentación periódica de memorias acerca del funcionamiento de su sistema, y particularmente en relación con las partes del CESS no ratificadas[1030]. Por su parte, tampoco el Consejo de Europa ha puesto especiales reparos al sistema español de Seguridad Social, que parece superar holgadamente los mínimos del Código[1031], una vez que se flexibilizó su interpretación para que pudieran encajar los períodos de carencia específica -en un lapso temporal inmediatamente anterior al hecho causante- que se requieren en España para el acceso a determinadas prestaciones, como por ejemplo la pensión de jubilación y la de incapacidad permanente por

---

1028 Vid. A. NOGUERA FERNÁNDEZ, "El control de los organismos internacionales de derechos humanos sobre las medidas de austeridad anticrisis en Grecia: los pronunciamientos de la OIT y el CEDS durante el periodo 2010-2014", *Revista de Información Laboral*, nº 4 (2016).

1029 Vid. SSTSJ de Cataluña de 20-5-2019 (recurso 1369/2019).

1030 El último informe, correspondiente al período julio 2016-junio 2018, puede consultarse en https://rm.coe.int/spainart76report-code-2018/1680924ddd.

1031 Vid. A. OJEDA AVILÉS, La convergencia europea en materia de Seguridad Social: los problemas de un Código internacional de prestaciones mínimas, *RMTIN*, núm.84 (2009), pp.15 y ss.

enfermedad común[1032]. Por lo general, el Comité de Ministros confirma que la «ley y la práctica» en España son plenamente compatibles con el Código, sin perjuicio de que habitualmente se solicite información más detallada, como, por ejemplo, en relación con los efectos de la crisis económica y de determinadas reformas. Sin embargo, no se ha cuestionado el cumplimiento del Código[1033], pues los informes presentados por el Estado español están cuidadosamente elaborados y contienen abundantes datos[1034]. Conviene señalar, no obstante, que en su última Resolución relativa a España, de 6 de septiembre de 2023, el Comité de Ministros consideró que la legislación española debía garantizar que el rechazo a realizar trabajos de colaboración social no implicara la suspensión de las prestaciones por desempleo durante las primeras 13 semanas (objeción que ha perdido virtualidad tras la derogación de esa obligación por la Ley 3/2023, de 28 de febrero, de Empleo), y exigió además que se efectuara una mejora en el importe de las prestaciones por incapacidad permanente parcial, para ajustarlo a los mínimos previstos por el art.36, apartados 2 y 3, del Código[1035].

En fin, es posible que la conclusión no fuera idéntica si la comparación se efectuase con la versión revisada del Código aprobada en 1990, mucho más ambiciosa que la que aún rige, pero precisamente esa mayor intensidad en las obligaciones impuestas a los Estados explica que ese nuevo Código sólo haya

---

1032 Vid. M. VIVES CABALLERO, "Código Europeo de Seguridad Social. Comentarios a su contenido y a su ratificación por España", *Relaciones Laborales,* Tomo 1 (1995), pp.1375-1376.

1033 Vid. Informe del Comité de Expertos en Seguridad Social de 2009 (https://rm.coe.int/CoERMPublicCommonSearchServices/DisplayDCTMContent?documentId=0900001680598f20).

1034 El último informe (junio 2018 a junio 2019) puede consultarse en https://rm.coe.int/spain-art74report2019no24/16809c9078.

1035 Resolución CM/ResCSS(2023)17, correspondiente al período 1 de julio 2021 a 30 de junio de 2022 (https://search.coe.int/cm/Pages/result_details.aspx?ObjectId=0900001680ac6452).

sido ratificado por Países Bajos, y por tanto que no cuente actualmente con ninguna eficacia práctica, al no haber podido entrar en vigor[1036].

III. LOS ACUERDOS DE COORDINACIÓN EN MATERIA DE SEGURIDAD SOCIAL

Con fecha de 14 de septiembre de 1972, y bajo los auspicios del Consejo de Europa, fueron firmados en París otros dos relevantes textos internacionales en materia de protección social: el Acuerdo Europeo de Seguridad Social y el Acuerdo Complementario para su aplicación (AESS y ACSS, respectivamente). Para fundamentar su aprobación, de nuevo se invocaron los ya clásicos objetivos de estrechamiento de vínculos entre los Estados miembros de esa Organización europea y de favorecer el progreso social, aunque en este caso no se trataba de proclamar nuevas tablas de derechos, sino más estrictamente de establecer mecanismos de "coordinación multilateral de las legislaciones de seguridad social" existentes en ese espacio territorial; ni el Acuerdo básico ni el Acuerdo complementario influyen directamente en el contenido o alcance de los sistemas nacionales de seguridad social, sino en su efectivo radio de acción desde una perspectiva supranacional. En buena medida, se estaba construyendo un peldaño más en el proceso iniciado con el Código Europeo de Seguridad Social de 1964, en el que ya se preveía, precisamente, que las Partes contratantes "procuraran regular en un instrumento especial las cuestiones referentes a la seguridad social de los extranjeros y migrantes, especialmente en lo que respecta a la igualdad de trato con los nacionales y la conservación de los derechos adquiridos o

---

1036 https://www.coe.int/en/web/conventions/full-list/-/conventions/treaty/139.

en vías de adquisición". Para abordar efectivamente esa nueva tarea, también se tomaron como punto de partida "determinadas disposiciones de la Carta Social Europea" y, al mismo tiempo, se utilizó la provechosa referencia de "varios convenios de la Organización Internacional del Trabajo".

1. Germen, funciones y capacidad de impacto de los instrumentos de coordinación

El AESS y el ACSS son textos inseparables, pues ambos son necesarios para garantizar la adecuada aplicación de las pertinentes reglas de coordinación. Su nacimiento se debe en ambos casos a las evidentes dificultades para crear un sistema de Seguridad Social común para los distintos Estados Parte del Consejo de Europa, por las diferencias históricas, culturales y estructurales de cada una de sus sociedades. Es comprensible, por ello, que desde las instancias internacionales con interés en la materia se empezaran a promover otro tipo de iniciativas, más volcadas en la coordinación de los instrumentos nacionales que en la creación de un sistema supranacional de protección social. El AESS y el ACSS son a la postre el resultado de esos impulsos, y tal vez pueda decirse que, en combinación con el Código de 1964 y con lo dispuesto sobre esta materia en la Carta Social Europea, conforman el cuerpo normativo más completo y ambicioso de orden internacional a lo largo de la particular historia de la protección social.

Nadie duda de que los reglamentos de seguridad social de trabajadores migrantes en el ámbito de la Unión Europea constituyen hoy en día el mejor ejemplo de coordinación de sistemas nacionales, pero las aspiraciones de regulación y armonización legislativa en materia de seguridad social dentro de este otro conglomerado de países europeos se siguen limitando a facetas muy concretas, como la que tiene que ver con los principios de igualdad y no discriminación. El Consejo de

Europa, en cambio, decidió actuar sobre las dos caras de la moneda: tanto en el terreno de la armonización como en el de la coordinación de sistemas. Inicialmente centró su interés en la armonización, como ya tuvimos ocasión de ver en el epígrafe anterior al abordar el contenido y la eficacia del Código Europeo de Seguridad Social. Menos de una década después, retomó sus esfuerzos para atender el flanco de la coordinación, mediante la aprobación del Acuerdo Europeo y de su Acuerdo Complementario. Conviene advertir que entre nosotros –por influencia del Instrumento de ratificación español[1037]– suele utilizarse la denominación de "Acuerdo" para referirse a esos textos, aunque en muchas ocasiones se alude a ellos con el nombre de "Convenio"[1038], seguramente porque los términos usados en las lenguas oficiales del Consejo de Europa -"*European Convention on Social Security*" y "*Convention européenne de sécurité sociale*"- admiten ambas traducciones a la lengua española.

Al margen de esa cuestión terminológica, también vale la pena apuntar que la elaboración de esos cuerpos normativos para el espacio del Consejo de Europa parece ser producto, en principio, del influjo de las Comunidades Europeas, que en 1958 habían apostado por esa fórmula con los Reglamentos 3 y 4, y volvieron a repetirla con los Reglamentos 1408/71 y 574/72. La proximidad temporal entre estos últimos Reglamentos y los Acuerdos del Consejo de Europa no es, obviamente, una casualidad. En verdad, los Reglamentos de 1958 habían resultado particularmente eficaces en el ámbito de las Comunidades Europeas, y las normas de coordinación jugaban un papel decisivo en la protección de los derechos de los trabajadores migrantes, así como también en la erradicación de la discriminación por razón de nacionalidad. El Consejo de

1037 De 4 de noviembre de 1986 (BOE de 12 de noviembre).

1038 http://www.seg-social.es/wps/portal/wss/internet/InformacionUtil/32078/32162/32165.

Europa pretendía extender esas reglas más allá de los estrictos contornos territoriales de las Comunidades Europeas, amén de contar con un ámbito personal y material más ambicioso en aquel momento, pues pretendía proteger asimismo a los trabajadores autónomos, a diferencia de los reglamentos comunitarios.

En cualquier caso, sería injusto, y no conforme a la verdad, atribuir a las Comunidades Europeas el mérito de haber creado esas normas de coordinación, que ya se conocían con anterioridad, y tampoco estaría bien olvidar que, además de algunas experiencias preliminares en las décadas de los años 30[1039] y 40[1040] del siglo pasado, el germen de aquellos Acuerdos –al igual que el de los Reglamentos de coordinación de la UE– se encuentra en los Acuerdos provisionales de Seguridad Social que se firmaron en el seno del Consejo de Europa con fecha de 11 de diciembre de 1953, el primero relativo a pensiones[1041] y el segundo para el resto de prestaciones[1042], a los que se añadieron sus respectivos protocolos[1043]. Fueron textos bien intencionados en su concepción y diseño, pero no se mostraron capaces de lograr una coordinación eficaz de los sistemas nacionales, por lo que ya desde finales de los años 50, coincidiendo con la aprobación de los primeros reglamentos

---

1039 Vid. Convenio núm.48 de la OIT sobre la conservación de los derechos de pensión de los migrantes, de 1935.

1040 Vid. J. SELLARÉS SERRA, "El Consejo de Europa y su actividad institucional en el ámbito social", en J. BONET PÉREZ y A. OLESTI RAYO (dir.), *Nociones básicas sobre el régimen jurídico internacional del trabajo*, Huygens, Barcelona, 2010, pp.218 y ss.

1041 https://www.coe.int/en/web/conventions/full-list/-/conventions/treaty/012A.

1042 https://www.coe.int/en/web/conventions/full-list/-/conventions/treaty/013.

1043 https://www.coe.int/en/web/conventions/full-list/-/conventions/treaty/012A y https://www.coe.int/en/web/conventions/full-list/-/conventions/treaty/013A.

de coordinación en el seno de las Comunidades Europeas, el Consejo de Europa mostró su intención de perfeccionar e intensificar esa tarea coordinadora.

El resultado final fue la sustitución en el año 1972 de los mencionados Acuerdos provisionales por el Acuerdo Europeo y su Acuerdo Complementario[1044]. Aunque desde luego son dos normas con una finalidad muy razonable y que pueden ocupar un espacio propio y parcialmente distinto al de los reglamentos de coordinación aprobados en el seno de las Comunidades Europeas (o de la Unión Europea), también es cierto que en los tiempos actuales pueden provocar la tentación de considerarlos como fruto de un proyecto cuasi fallido. Realmente, el crecimiento de la Unión Europea con sus impulsos a la libre circulación y sus particulares mecanismos de coordinación para trabajadores migrantes, ha ido restringiendo paulatinamente el espacio vital de los instrumentos del Consejo de Europa.

De todos modos, y a diferencia de otras iniciativas de esa misma Organización, como el ya comentado Código de Seguridad Social revisado de 1990, los Acuerdos de coordinación sí han entrado en vigor. Austria fue el primer Estado en ratificarlos, el 10 de junio de 1975, siguiendo a continuación Luxemburgo, el 13 de noviembre de ese mismo año, y Turquía, que los ratificó el 2 de diciembre de 1976, lo que derivó en la entrada en vigor del AESS con fecha del 1 de marzo de 1977. Sin embargo, con posterioridad sólo han ratificado estos Acuerdos cinco países más, Bélgica, España, Italia, Países Bajos y Portugal, lo que supone que sólo ocho Estados se han vinculado por el AESS y siete de ellos están comprendidos en los reglamentos

---

1044 Vid. R. PLENDER, *International migration Law,* Segunda Edición, Martinus Nijhoff, Dordrecht, 1988, pp.248 y ss.; I. DOZO MOUGÁN, *La protección laboral mínima de los trabajadores migrantes en el orden público internacional,* Aranzadi, Pamplona, 2021, pp.66 y ss.

de coordinación de la UE. Por consiguiente, la función principal del AESS (y del ACSS), que no es otra que extender las reglas de coordinación fuera de las fronteras de esa organización internacional de integración, no ha resultado verdaderamente exitosa[1045]. Por supuesto, Turquía puede beneficiarse del AESS, pero no conviene olvidar, por un lado, que los nacionales de terceros Estados pueden invocar los Reglamentos de coordinación de la UE por sus actividades desarrolladas dentro del ámbito territorial de la Unión, y que, por otro, Turquía y la UE están vinculadas desde hace muchos años por un Acuerdo de Asociación, y, entre otros objetivos, también se pretende extender a Turquía las reglas de coordinación, como demuestran varias decisiones del Consejo[1046]. No obstante, en tanto la aplicación de esas reglas de coordinación resulte incompleta, el AESS sigue siendo apto para completar esa laguna, junto con los convenios bilaterales[1047], aunque esa posibilidad en modo alguno colma las expectativas que en su momento probablemente llegara a tener a ese respecto el Consejo de Europa.

Pueden ser varias las razones de este limitado impacto de los Acuerdos de coordinación del Consejo de Europa, aunque principalmente cabe pensar en dos. La primera de ellas, que afecta en particular a los Estados miembros de la UE, es la existencia misma de los reglamentos de coordinación de la UE,

---

[1045] Vid. F. PENNINGS, *Introduction to European Social Security Law,* Cuarta Edición, Intersentia, Antwerp, 2003, pág.15.

[1046] Vid. Decisión del Consejo, de 6 de diciembre de 2012, relativa a la posición que deberá adoptar la Unión Europea en el seno del Consejo de Asociación establecido por el Acuerdo por el que se crea una asociación entre la Comunidad Económica Europea y Turquía con respecto a la adopción de las disposiciones de coordinación de los sistemas de seguridad social (2012/776/UE).

[1047] Vid. C. GARCÍA DE CORTÁZAR Y NEBREDA, *Coordinación de los regímenes de Seguridad Social entre la Unión Europea y países de EUROMED,* Comité Económico y Social Europeo, Bruselas, 2016, pp.24 y ss.

que ya cumplen esa función con una maquinaria normativa más sofisticada, que, además de las herramientas puestas a tal fin por las instituciones nacionales, cuenta con cauces propios de asesoramiento a los interesados (*v.gr.*, SOLVIT[1048]) y, sobre todo, con el respaldo jurisdiccional del TJUE para la interpretación de sus reglas y la unificación de criterios de aplicación. En verdad, para los Estados miembros de la UE el AESS resulta ser, de alguna manera, una norma duplicada o redundante, con menos rodaje y claridad en el plano aplicativo[1049].

La segunda de esas razones, que se refiere ya tanto a los Estados miembros de la UE como a los terceros Estados, es la heterogeneidad entre los Estados parte del Consejo de Europa, más acusada que entre los que son miembros de la UE, y, en particular, la ausencia de un elemento que ha sido determinante para el desarrollo de las reglas de coordinación entre sistemas, que no en vano nacieron y han evolucionado en el ámbito de la UE gracias al sustento de una de las libertades fundamentales, la de circulación de personas/trabajadores. Los reglamentos de coordinación han derivado en la aplicación de los principios de igualdad y no discriminación por razón de nacionalidad muy generosa, en particular respecto de las prestaciones no contributivas -una de las razones del incremento del euroescepticismo el algunos países-, y desde luego contribuyen a fomentar la apertura de fronteras y la movilidad de personas. Ese es un efecto con el que no todos los Estados se sienten igualmente cómodos y que probablemente haya contribuido a incrementar las reticencias para la ratificación del AESS.

En cierta medida, el propio Consejo de Europa parece haber rebajado sus expectativas respecto de sus Acuerdos, toda

---

1048 https://ec.europa.eu/solvit/index_es.htm.

1049 Vid. OIT, *Social security coordination for non-EU countries in South and Eastern Europe. A legal analysis,* Budapest, 2012, pp.29 y 30.

vez que ha dejado de promover activamente su ratificación y de aprobar medidas de seguimiento análogas a las de la Carta Social Europea o al propio Código de Seguridad Social, probablemente porque considere que no compensa el coste y el esfuerzo a la vista del escaso número de ratificaciones y de la general aplicación de los Reglamentos de la UE, lo que hace que las controversias acerca de su interpretación y aplicación únicamente puedan surgir respecto de las relaciones con Turquía (y quizá con la Confederación de Suiza, dependiendo de sus relaciones con la UE). Muestra de todo ello es el Protocolo de 1994[1050], que pretendía ampliar el ámbito subjetivo del AESS para declarar comprendida a toda persona sujeta a la legislación de un Estado parte, así como a sus familiares y supervivientes, y a todos los funcionarios públicos. Pues bien, ese Protocolo no ha llegado aún a entrar en vigor: pese a que únicamente requería dos ratificaciones, sólo ha sido aceptado por el momento por Portugal, y no respecto a la totalidad de su articulado[1051].

2. Estructura y ámbito de aplicación de los Acuerdos de coordinación

El AESS consta de cinco títulos, dedicados sucesivamente a disposiciones generales (con definiciones y reglas sobre ám-

[1050] https://www.coe.int/en/web/conventions/full-list/-/conventions/rms/090000168007c07d.

[1051] En concreto, Portugal no aceptaba la ampliación del ámbito subjetivo en relación con los arts.8 y 11, relativos a la igualdad de trato y a la ausencia de todo perjuicio por residir en un Estado distinto del competente; https://www.coe.int/en/web/conventions/full-list/-/conventions/treaty/154/declarations?p_auth=ULgwgs7x&_coeconventions_WAR_coeconventionsportlet_enVigueur=false&_coeconventions_WAR_coeconventionsportlet_searchBy=state&_coeconventions_WAR_coeconventionsportlet_codePays=POR&_coeconventions_WAR_coeconventionsportlet_codeNature=10.

bito de aplicación), disposiciones sobre legislación aplicable, disposiciones especiales para las diferentes categorías de prestaciones (con diferentes capítulos y secciones), disposiciones varias y disposiciones transitorias y finales. También contiene diversos anexos, y concluye con las típicas reglas sobre ratificación y entrada en vigor.

El apartado de definiciones no resulta especialmente significativo en el momento actual, pues parece evidente que «legislación», por ejemplo, ha de incluir no sólo las normas con rango de ley, sino también cualquier otra norma comprendida en el sistema de fuentes. Por supuesto, esa referencia no se limita a las normas vigentes en el momento de la entrada en vigor, sino que también se abre a las futuras, con la advertencia de que no ha de tratarse necesariamente de legislación aplicable al conjunto del Estado de referencia, de modo que el AESS afecta asimismo a la que rija únicamente «en una parte cualquiera del territorio de cada parte contratante» (art.1). Se trata, en verdad, de precisiones necesarias para acotar debidamente las reglas, pero cuyo contenido no suscita incertidumbres jurídicas de entidad. Por lo tanto, no merece la pena reproducir en este momento todas esas definiciones, pues poco puede aportar en una presentación general detallar el concepto de «parte contratante», «institución» o «autoridad competente», sin perjuicio de su eventual relevancia práctica en situaciones concretas.

Junto con las definiciones, el Título I del Acuerdo delimita su ámbito subjetivo y objetivo de aplicación (arts.2 a 4), identificando las ramas de Seguridad Social que serán objeto de coordinación, sin perjuicio de una mayor precisión relativa a cada Estado Parte en los anexos. La relación del AESS con otros instrumentos internacionales de coordinación, y principalmente con convenios bilaterales, es desde luego una materia de interés (arts. 6, 7 y 9), como se desarrollará en un epígrafe posterior.

Ese apartado de disposiciones generales se completa con la consagración explícita de la igualdad de trato y no discriminación por razón de nacionalidad en materia de seguridad social, aunque con algunas limitaciones para las prestaciones no contributivas (art. 8), y con la precisión de que el derecho a prestaciones no puede verse condicionado, ni en el reconocimiento, ni el importe, ni en el mantenimiento, por el hecho de que el interesado no resida en el Estado obligado al pago (arts.10 y ss.).

Los siguientes Títulos del AESS abordan las cuestiones más específicas y enjundiosas, mediante una serie de reglas de gran complejidad, como es habitual, y seguramente imprescindible, en los instrumentos de esta índole. En este sentido, el Título II se dedica a las normas de conflicto para identificar la ley aplicable (arts. 19 a 26), el Título III concreta las reglas de coordinación en materia de incapacidad temporal, maternidad y pensiones de jubilación, incapacidad y muerte y supervivencia (arts.27 a 37) y se dedica un capítulo específico a las peculiaridades de las contingencias de origen profesional (arts.38 a 48). Por supuesto, la protección por desempleo cuenta con un capítulo propio (arts.51 a 56), al igual que las prestaciones familiares (arts. arts.57 a 63).

El Título IV, bajo la rúbrica de "miscelánea", se refiere esencialmente a problemas de índole más administrativa y a cuestiones de funcionamiento ordinario, como por ejemplo la determinación de la moneda en la que deben expresarse ciertas cantidades debidas (art.68), la exención del trámite de autentificación de documentos (art.65.2), o la aceptación de documentos en otro idioma (art.64.4).

En fin, el Título V aborda las reglas de vigencia, ratificación y transitoriedad, algunas de las cuales carecen ya de relevancia práctica habida cuenta de los casi cincuenta años que han transcurrido desde la firma del AESS. Conviene recordar, no obstante, que el Acuerdo, con vigencia indefinida (art.78) aunque con posibilidad de denuncia tras cinco años de permanencia, se firmó el 14 de septiembre de 1972, pero necesitaba la ratificación de tres Estados para su entrada en vigor, que no se produciría de forma inmediata, sino a los tres meses de esa tercera ratificación. Esa entrada en vigor diferida en tres meses sería de aplicación asimismo para los Estados que fueran ratificando el AESS con posterioridad (art.75).

El artículo 80 del AESS dispuso que su aplicación se regiría "por las disposiciones de un acuerdo complementario, que estará abierto a la firma de los Estados miembros del Consejo de Europa". Junto a esa cláusula, encaminada directamente a cerrar los distintos flancos de este sistema normativo de coordinación, el AESS dispuso lo siguiente: a) que todo Estado signatario del presente convenio que lo ratificara o aceptara, "deberá, ora ratificar o aceptar al mismo tiempo el acuerdo complementario, ora firmar el dicho acuerdo complementario sin reserva de ratificación o aceptación, a más tardar, en el momento del depositado de su instrumento de ratificación o aceptación del convenio"; b) que todo Estado "que se adhiera al presente convenio, deberá, al propio tiempo, adherirse al acuerdo complementario", y c) que "toda parte contratante que denuncia el presente convenio, deberá, al mismo tiempo, denunciar el acuerdo complementario". Fruto de esas previsiones fue el ACSS, elaborado, en consecuencia, para hacer viable y facilitar la aplicación del AESS.

La estructura del ACSS comprende cuatro títulos: disposiciones generales (también con algunas definiciones), aplicación del título primero del Convenio (sobre disposiciones generales), aplicación del título segundo del Convenio (sobre disposiciones relativas a la legislación aplicable), y disposiciones varias. En todo caso, el ACSS es en el fondo parte integral e indivisible del AESS, de modo que no cabe la ratificación del Acuerdo europeo sin que vaya seguida de la ratificación del Acuerdo Complementario. Es, por así decirlo, una especie de reglamento de desarrollo del Acuerdo, con previsiones de mucho mayor detalle que tienen que ver con aspectos de mera tramitación, como los relativos a la preparación de modelos de certificados (art.2), o que bajan al terreno de la pura gestión administrativa, para la que se contempla, por ejemplo, la creación de «oficinas de enlace» para facilitar la comunicación entre todas las partes interesadas (art.3). No obstante, son reglas que en general se configuran como disponibles, pues la dificultad de las operaciones de coordinación y la muy variada casuística hicieron decantarse por un modelo flexible, toda vez que «dos o más partes contratantes podrán, de común acuerdo, en aquello que les concierne, establecer normas para la aplicación del convenio distintas de las previstas en el presente Acuerdo» (art. 5 ACSS). La falta de un ente unificador, como el TJUE en relación con los reglamentos de coordinación de la UE, aconsejaban desde luego fórmulas de menor rigidez.

El ámbito objetivo o material de AESS y ACSS alcanza a "todas las legislaciones relativas a los sectores de la seguridad social" que se refieran a las prestaciones por enfermedad y maternidad, las prestaciones por invalidez, las prestaciones de vejez, las prestaciones de supervivientes, las prestaciones de accidentes de trabajo y de enfermedades profesionales, los subsidios por fallecimiento, las prestaciones por desempleo y las prestaciones familiares (art.2.1). Se aplica tanto a los regímenes "generales" de seguridad social, como a los regímenes "especiales" de carácter contributivo o no contributivo, así como a los regímenes "relativos a las obligaciones del empleador con respecto a las prestaciones a que se refiere el párrafo anterior" (art.2.2)[1052]. En cambio, no alcanza "ni a la asistencia social y médica", pues esa es la función del CEASM, ni a los "regímenes de prestaciones en favor de las víctimas de la guerra o de sus consecuencias, ni a los regímenes especiales de los

---

[1052] Como adelanta el art.3.1 AESS, en su anexo II se mencionan, para cada parte contratante, esas legislaciones y esos regímenes.

funcionarios o del personal asimilado" (art.2.4), pero sí a los funcionarios comprendidos en un régimen general para trabajadores por cuenta ajena. Su Título III tampoco se aplica, en lo que respecta a la legislación relativa a la gente de mar, a las obligaciones del armador, que no obstante tiene la condición de empleador en ese contexto (art.2.3).

Por consiguiente, este sistema de coordinación comprende las prestaciones de Seguridad Social en su sentido más típico, incluidas las de modalidad contributiva y las no contributivas. En realidad, la coordinación es necesaria respecto de todas aquellas prestaciones incluidas en el sistema de Seguridad Social de cada uno de los Estados parte del Acuerdo, ya se trate de prestaciones de corta duración, inclusive de pago único, o de pensiones, y de todos los elementos que las componen, pues no sólo merece atención la pensión base, sino también sus eventuales complementos y revalorizaciones. Esa extensión del ámbito objetivo conduce, lógicamente, a que también las prestaciones en especie han de disfrutar de estas reglas de coordinación, y se alude expresamente a las "prestaciones concedidas en virtud de regímenes transitorios", esto es, bien las "prestaciones concedidas a las personas que hayan cumplido ya una determinada edad en el momento de la entrada en vigor de la legislación aplicable", bien las "prestaciones concedidas con carácter transitorio en consideración de acontecimientos ocurridos o de periodos cumplidos fuera de los límites actuales del territorio de una parte contratante".

En cuanto al ámbito subjetivo, y como suele ser habitual en normas de esta índole, quedan comprendidas en las aludidas reglas de coordinación las "personas que estén o hayan estado sometidas a la legislación de una o más de las partes contratantes y que sean nacionales de una parte contratante, o bien refugiados o apátridas que residan en el territorio de una parte contratante, así como los miembros de sus familias y sus supervivientes" (art.4.1 del ACSS). Los Acuerdos se refieren a "personas" porque han de adoptar una perspectiva amplia, incluyendo regímenes contributivos y no contributivos, pero es claro que el criterio de profesionalidad alcanza una posición preferente en una norma con finalidad de coordinar regímenes de Seguridad Social de países distintos. De ahí que el concepto de "trabajador" esté presente en todo momento, y sea definido en sentido amplio, pues debe entenderse como tal un "trabajador asalariado o independiente, así como cualquier persona asimilada con arreglo a la legislación de la parte contratante de que se trate, a menos que al respecto no disponga en otro sentido el presente Convenio". La referencia a la asimilación permite extender estas reglas a los funcionarios públicos que se encuentren protegidos por los mismos regímenes que los trabajadores asalariados -pero no a los incluidos en regímenes especiales propios-, como expresamente precisa el art. 4, cuyo apartado 2, no obstante, excluye con carácter general las "categorías de personas que no sean los miembros del personal de servicio de las misiones diplomáticas u oficinas consulares y el personal doméstico privado al servicio de agentes de dichas misiones u oficinas".

Evidentemente, con la ratificación de estos instrumentos comienzan a regir, para el Estado en cuestión, las pertinentes obligaciones de cumplimiento, que no sólo implican la aplicación práctica de sus reglas a supuestos concretos, sino también la observancia de compromisos obligacionales con el Consejo de Europa, indispensables para poder proceder a su seguimiento. A estos efectos, los Estados se encuentran principalmente obligados a notificar las reformas legislativas en materia de Seguridad Social (arts.3, 72, 73 y 81). En cualquier caso, no se contempla un procedimiento similar al de la Carta Social Europea, ni al del Código Europeo de Seguridad Social, porque el grado de cumplimiento no depende, en verdad, de las reformas legislativas que se acometan en el ordenamiento interno, sino que debe traducirse en prácticas administrativas adecuadas, de modo que se admite la exportación de las prestaciones y que en el reconocimiento y cálculo de las mismas se tenga debidamente en cuenta que el beneficiario es un trabajador migrante, y por tanto no pueden ignorarse los períodos de cotización y/o residencia en otro Estado.

De ahí que las eventuales discrepancias deban solucionarse a partir de los procedimientos de reclamación de carácter administrativo y judicial previstos en cada Estado parte, aunque no conviene olvidar que el artículo 71 del CESS previó una vía particular de solución de discrepancias, que remite en primer término a la negociación entre los Estados afectados, con la precisión de que, de no alcanzarse la avenencia, podría someterse la cuestión a un procedimiento de arbitraje «a instancia de cualquiera de las partes en conflicto», del que resultaría un laudo inapelable y de obligado complimiento.

3. La determinación de la legislación nacional aplicable como regla básica

Las normas internacionales de coordinación de sistemas de Seguridad Social se asientan en una serie de principios y técnicas que buscan ante todo que el trabajador (o la persona) migrante no se vea perjudicado por el hecho de desplazarse de un país a otro. La aplicación de esos principios y técnicas parte de una premisa básica, que no es otra que la territorialidad de los sistemas de Seguridad Social. Aun cuando su gestión y financiación pueda contar con elementos privados, en ocasiones muy acusados, lo cierto es que la Seguridad Social es un mecanismo de protección de riesgos sociales siempre auspiciado y supervisado por el Estado y dirigido a las personas que se encuentran en su territorio. A la postre, la Seguridad Social no suele estar diseñada para proteger a quienes residen o trabajan en otros países. Es más, el traslado de la residencia al extranjero se configura usualmente como una causa de exclusión del campo de aplicación de la Seguridad Social o de la condición de beneficiario de prestaciones.

Sin embargo, la casuística es variada, y desde luego parece razonable afrontar de forma distinta supuestos de desplazamiento meramente temporal con intención de retorno a corto plazo, y otras situaciones con vocación pretendidamente permanente o cuando menos de larga duración. De lo contrario, sería muy probable que se produjera efectos indeseables, en forma de exclusión de toda protección, o en forma de duplicación de la protección, resultados ambos no razonables. El propósito de la coordinación consiste en garantizar que el migrante esté protegido efectivamente, pero también en evitar efectos perversos como la doble cotización (de forma análoga al ámbito tributario, con los convenios sobre doble imposición) y la multiplicidad de prestaciones frente al mismo riesgo.

En ese contexto, no sorprende que todos los instrumentos internacionales sobre coordinación de los sistemas de Seguridad Social incorporen normas de conflicto para determinar la ley aplicable a las situaciones con elemento internacional. Esas normas de conflicto pueden parecerse, pero no son idénticas a las que rigen para la determinación de la ley aplicable al contrato de trabajo, donde es posible la concurrencia acumulativa de varias legislaciones. La naturaleza pública de la Seguridad Social ha hecho apostar por la "unicidad de la legislación aplicable", es decir, la norma de conflicto remite a un solo sistema de Seguridad Social cuyas reglas serán de aplicación aun en situaciones donde la persona afectada no resida y/o trabaje en el Estado cuya ley regirá el supuesto de hecho.

Como pauta general, el punto de conexión en estos casos es la *lex loci laboris*, esto es, la ley del lugar donde se desarrolle la actividad, en consonancia con la naturaleza contributiva de la mayor parte de sistemas de Seguridad Social. Por tanto, el trabajador estará comprendido en el campo de aplicación de la Seguridad Social del país en el que trabaje «incluso aunque resida en el territorio de otra parte contratante» (trabajador fronterizo) o que la «empresa o el empleador que lo emplee tenga su sede o su domicilio en el territorio de otra parte contratante» (art.14 AESS).

Desde luego, esa regla general cuenta con excepciones, como sucede con los trabajadores del mar, a los que resulta de aplicación la llamada «ley del pabellón» (art.14.b), con alguna matización[1053], o con los funcionarios públicos, que «estarán sometidos a la legislación de la parte contratante de la que dependa la administración que les emplee» (art.14.d), previsión razonable porque el desempeño de sus funciones en el extranjero no rompe el vínculo funcionarial ni la conexión con el Estado de envío.

Ello supone, por lo tanto, que las normas de conflicto pueden dan lugar, por un lado, a la aplicación extraterritorial de un sistema de Seguridad Social, que va a extenderse más allá de las fronteras del Estado. Pero también, por otro lado, a la inhibición de un sistema de Seguridad Social respecto de situaciones y circunstancias que acontecen en su territorio, precisamente porque la relación de Seguridad Social se ha de regir por una única ley.

Así se aprecia, sin lugar a dudas, en el desplazamiento temporal de trabajadores decidido por una empresa. Durante esa encomienda temporal el trabajador residirá y trabajará en un

---

[1053] Por ejemplo, el art.15 dispone que los «trabajadores que ejerzan normalmente su actividad en las aguas territoriales o en un puerto de una parte contratante en un buque con pabellón de otra parte contratante, sin pertenecer a la tripulación de dicho buque, estarán sometidos a la legislación de la primera parte», y que los «trabajadores asalariados empleados a bordo de un buque con pabellón de una parte contratante, remunerados en virtud de dicho empleo por una empresa o una persona que tenga su sede o su domicilio en el territorio de otra parte contratante, estarán sometidos a la legislación de esta última parte si tienen su residencia en su territorio», debiendo considerarse como empleador «a la persona que abone la remuneración».

Estado distinto del habitual, pero en virtud de un mismo contrato de trabajo, y habrá de retornar al Estado de origen una vez finalizado el cometido que le hubieran asignado. Las normas de coordinación, desde hace décadas, operan del mismo modo en relación con estas situaciones, haciendo depender el encuadramiento en la Seguridad Social de la duración previsible del desplazamiento. Es decir, no remiten en todo caso a la ley del Estado de residencia y trabajo, ni tampoco extienden automáticamente la legislación del Seguridad Social por la que se venía rigiendo el trabajador, sino que la norma de conflicto ofrece un resultado diferente en atención a si el desplazamiento se prevé de corta o de larga duración. En concreto, el art.15 AESS dispone que los trabajadores asalariados «continuarán sometidos a la legislación de la primera parte, siempre y cuando la duración previsible de dicho trabajo no sea superior a doce meses y no se les envíe para sustituir a otros trabajadores que hayan cumplido el periodo de su destino». Es posible además que se extienda esa aplicación extraterritorial si el trabajo encomendado «se prolongase por razón de circunstancias imprevisibles más allá de la duración originariamente prevista y fuese superior a doce meses», aunque en tal caso el Estado donde se realiza la actividad ha de dar su consentimiento, en los términos del art.12 del ACSS.

Lógicamente, deben contemplarse asimismo reglas para el personal itinerante, como es el caso, por ejemplo, de los trabajadores dedicados al transporte internacional, toda vez que se mueven por Estados distintos y no es razonable -por razones de eficiencia y ahorro de costes- que coticen en cada uno de ellos de forma proporcional al tiempo en que la ruta transcurre por ese Estado. Con carácter general, será de aplicación a estos trabajadores la legislación de Seguridad Social del Estado donde la empresa que los contrata tenga su sede, o en su caso una sucursal, aunque se contempla una regla especial que remite al lugar de residencia del trabajador si la actividad se desarrolla en dicho territorio «predominantemente». Por consiguiente, es menester proceder a una interpretación casuística en la que se valora el lugar en que la empresa tiene su sede, o una sucursal, y el lugar donde reside y presta efectivamente servicios el trabajador (art.15 AESS).

Una regla similar se prevé para los «trabajadores autónomos que ejerzan normalmente su actividad en el territorio de dos o más partes contratantes», supuesto en el que será de aplicación la legislación del Estado de residencia «si ejercen una parte de su actividad en dicho territorio o si, con arreglo a dicha legislación, están sometidos a ella por el solo hecho de su residencia en el territorio de esta última parte». En caso contrario, el artículo 15 AESS remite a un acuerdo entre los Estados para determinar la ley aplicable.

Como se dijo, los funcionarios públicos están sometidos a la legislación de Seguridad Social del Estado del que dependan y, como es razonable, esta regla afecta a los agentes diplomáticos y consulares, incluso aunque las reglas de coordinación de los Sistemas de Seguridad Social no lo contemplasen expresamente. Recuérdese que los Convenios de Viena de relaciones diplomáticas (1961) y consulares (1963) ya contienen una regulación al efecto, distinguiendo entre esos agentes y el «personal al servicio de las misiones diplomáticas o de las oficinas consulares» y los «domésticos privados al servicio de agentes de dichas misiones u oficinas». Este personal que no es agente diplomático o consular está afectado por la *lex loci laboris*, pero podrá optar por la legislación de Seguridad Social del Estado al que pertenece la misión diplomática o consular si es nacional de ese Estado (arts.17 AESS y 14 ACSS).

4. Principios y técnicas para efectuar las operaciones de coordinación

Desde que en la década de los 50 del pasado siglo nacieran y comenzaran a desarrollarse las normas de coordinación de los sistemas de Seguridad Social, es claro que ha tenido lugar un intenso proceso de perfeccionamiento de sus principios y técnicas. Esas reglas son hoy mucho más precisas y ajustadas, y desde luego más completas, para evitar vacíos de regulación y, fundamentalmente, permitir automatismos en la aplicación y una mayor previsibilidad en los resultados. No obstante, conviene tener presente que esa mayor riqueza y rigor técnico han tenido lugar a partir de una evolución "natural", fruto de la experiencia a medida que la casuística permitía aquilatar el marco normativo, y también, sin género de duda, gracias a la labor de los tribunales, tanto internos como internacionales, en particular el TJUE, cuya aportación resulta determinante. Sea como fuere, lo cierto es que toda esta regulación se asienta, ya desde el origen, en una serie de principios muy consolidados, que deben plasmarse en técnicas concretas para alcanzar el propósito perseguido.

En resumen, las normas de coordinación tratan de conseguir cuatro objetivos principales. En primer lugar, garantizar un trato libre de discriminación por razón de nacionalidad, pues el presupuesto de aplicación es una migración transnacional y no es razonable que una norma que pretende, precisamente, evitar perjuicios a quien se desplaza de un país a otro acepte como resultado un trato diferente y peyorativo por esa razón. En segundo lugar, las reglas de coordinación tienen como fin asegurar la conservación de derechos en curso de adquisición, toda vez que muchos derechos de Seguridad Social están supeditados al cumplimiento de condiciones a lo largo de un determinado tiempo. En tercer lugar, la coordinación busca eliminar las fronteras no sólo en el momento de acreditar los requisitos de acceso a prestaciones, sino también posteriormente, ya en condición de beneficiario, pues por lo general los sistemas de Seguridad Social ponen obstáculos a la percepción de prestaciones en otro país; de ahí que la conservación de derechos adquiridos se haya convertido en un tercer principio básico de la coordinación. En cuarto y último lugar, ya desde un primer momento fue evidente que el reconocimiento de derechos sustantivos podía resultar completamente ineficaz si no era acompañado de previsiones de índole menos dogmática y mucho más práctica, en forma de reglas expresas de colaboración institucional y administrativa. A la postre, de nada sirve el reconocimiento formal de derechos si la información no fluye debidamente entre administraciones y si se ponen obstáculos a la tramitación de las distintas prestaciones.

Las reglas de coordinación responden de una u otra manera a alguno de esos cuatro objetivos (y principios). El AESS no es, en modo alguno, una excepción o una *rara avis* en tal contexto, y no es difícil identificar esos principios en su articulado. En relación con la igualdad y no discriminación, su artículo 8.1 dispone que «a menos que se disponga en otro sentido en el presente convenio, las personas que residan en el territorio de una parte contratante y a las cuales sea aplicable el convenio se someterán a las obligaciones y se acogerán a los beneficios de la legislación de cualquier parte contratante en las mismas condiciones que los nacionales de esta última parte». No obstante, las prestaciones de carácter no contributivo, siempre problemáticas en este contexto de la coordinación, se sujetan a reglas especiales que permiten a cada Estado parte condicionarlas a un previo período de residencia, a tenor del artículo 8.2[1054].

[1054] «El beneficio de las prestaciones de carácter no contributivo cuyo importe sea independiente de la duración de los periodos de residencia cumplidos podrá estar sujeto a la condición de que el interesado haya residido en el territorio de la parte contratante de que se trate o, en el caso de prestaciones de supervivientes, de que el difunto haya residido en el mismo durante un periodo de tiempo que no podrá, según el caso, fijarse: a) en más de seis meses, inmediatamente antes de la petición de prestaciones, en lo que respecta a las prestaciones por maternidad y desempleo. b) en más de cinco años consecutivos, inmediatamente antes de la petición de prestaciones, en lo que respecta a las prestaciones por invalidez, o inmediatamente antes de la defunción, en lo que respecta a las prestaciones de

El requisito de residencia es, desde luego, determinante, y su flexibilización parece imprescindible para evitar tratos discriminatorios, más acusadamente en prestaciones que toman en consideración a la familia, y en particular a los hijos. La necesidad de convivencia se sustituye por dependencia económica para evitar en estos supuestos que los trabajadores migrantes no puedan acceder a prestaciones familiares cuando sus hijos no le acompañan al lugar de trabajo, sino que permanecen en otro Estado (art.61 del AESS). En cualquier caso, no conviene olvidar que la igualdad de trato por razón de nacionalidad no es un objetivo que el Consejo de Europa haya perseguido exclusivamente a través del AESS, sino que también deriva de otros textos con un mayor bagaje, principalmente el CEDH y la CSE.

Sin perjuicio de la posición nuclear de esos principios de igualdad de trato y no discriminación, las reglas que más prolijamente se detallan son las que tienen que ver con el principio de conservación de derechos en curso de adquisición, pues se trata de normas técnicamente muy complejas, toda vez que deben coordinar tres clases de sistemas distintos: los de tipo contributivo, los de naturaleza más asistencial/universal y los que combinan esas dos facetas. De ahí que sea menester precisar minuciosamente qué períodos de cotización y/o residencia computan cada prestación, así como las respectivas reglas de cálculo de la base reguladora y porcentaje. Con ese propósito se han desarrollado las técnicas de totalización de períodos y pago a prorrata. A modo meramente ilustrativo, y sin desconocer que la operativa es mucho más compleja, como se desprende de una mera lectura superficial del AESS o de cualquier

---

supervivientes. c) en más de diez años entre la edad de dieciséis años y la edad de devengo de la pensión de vejez, de los cuales podrán exigirse cinco años consecutivos inmediatamente anteriores a la petición de prestaciones, en lo que respecta a las prestaciones de vejez».

otra norma de la misma finalidad, podría decirse que las reglas de coordinación no dan lugar a que el beneficiario disfrute de una sola pensión, sino de varias pensiones parciales en distintos países.

En este sentido, la movilidad del trabajador migrante puede hacer peligrar el derecho a la pensión, como fácilmente se comprueba entre Estados donde no operan estos mecanismos de coordinación, pues cada sistema de Seguridad Social debe comprobar el cumplimiento de los requisitos de acceso a prestaciones conforme a los datos y/o hechos acontecidos o producidos en su territorio, lo que podría suponer, en último término, la denegación de las prestaciones en todos ellos, o el reconocimiento en todos o alguno de esos países, pero con una notable minoración del importe. La coordinación no da lugar a una atribución de responsabilidades en exclusiva a un Estado, sino que todos los Estados donde el trabajador haya cotizado (o en su caso residido, dependiendo del tipo de prestación y/o de la clase de sistema de Seguridad Social involucrado) deberá comprobar el cumplimiento de los requisitos, pero tomando como propios los períodos acreditados en el resto de Estados parte. Esta técnica de la totalización de períodos -que también funciona a otros efectos, como por ejemplo la admisión al seguro voluntario o facultativo continuado cuando requiera un período previo de cotización o residencia (art.10 AESS y arts.7 y 15 ACSS)- simplifica el cumplimiento de los requisitos, así como el cálculo de la prestación, pero el resultado de este cálculo se conoce habitualmente como "pensión teórica", pues no es el importe que percibirá el trabajador. Cada Estado involucrado calculará una prestación o pensión "teórica", pero sólo abonará la parte proporcional que corresponda en atención al tiempo de cotización o residencia acreditado en ese Estado respecto del total.

El artículo 29 del AESS, relativo a las pensiones de jubilación, incapacidad permanente y muerte y supervivencia, puede servir como referencia. En su apartado 1 dispone que «la institución de cada parte contratante a cuya legislación el interesado estuvo sometido determinará, de acuerdo con la legislación que aplica, si tal persona satisface las condiciones requeridas para tener derecho a las prestaciones». En caso de respuesta afirmativa, cada institución competente debe calcular «el importe teórico de la prestación a la que el mismo podría pretender si todos los periodos de seguro y de residencia cumplidos con arreglo a la legislación de las partes contratantes de que se trate y que entren en cuenta de acuerdo con las disposiciones del artículo 28 para determinar el derecho se hubieran cumplido exclusivamente con arreglo a la legislación que dicha institución aplique» (apartado 2 del art.29). A continuación es necesario calcular «el importe real de la prestación» que deba percibir el interesado «sobre la base del importe teórico calculado de acuerdo con las disposiciones del párrafo 2 o del párrafo 3 del presente artículo, según sea el caso y a prorrata de la duración de los plazos de seguro o de residencia cumplidos antes de que la eventualidad surgiera con arreglo a la legislación que aplica, en relación con la duración total de los plazos de seguro o de residencia cumplidos antes de que surgiera la eventualidad con arreglo a las legislaciones de todas las partes contratantes interesadas».

No obstante, la obligación de abonar esa prestación "parcial" está condicionada a que el período cotizado o residido en el Estado correspondiente tenga cierta entidad, y en concreto un año para las pensiones de incapacidad permanente y muerte y supervivencia y cinco para las pensiones de jubilación (arts.31 y 32 del AESS). En caso contrario, esos períodos más reducidos no son ignorados, sino que deben ser tomados en consideración por otro de los Estados involucrados, aquel en el que se acredite el período de cotización o residencia más largo, que deberá recibir una compensación de ese otro Estado que no abonará directamente la pensión, compensación «en concepto de liquidación definitiva» que consiste en «un tanto alzado igual a diez veces el importe anual de la fracción de prestación que esta última institución esté obligada a efectuar» (art.32.3 del AESS).

Como se adelantó, el reconocimiento y cálculo de la pensión teórica y de la prorrata constituye una operación bastante compleja, máxime cuando las dificultades no se limitan al cumplimiento de períodos de carencia, sino que afectan de lleno al cálculo de la cuantía. Pensando en la base reguladora, no resulta sencillo determinar qué cantidades deben tenerse en cuenta respecto de los períodos cotizados en un Estado distinto. Las normas internacionales y la doctrina judicial han ofrecido diversas posibilidades, pues a falta de datos concretos se recurre a ficciones (remuneración media, máxima, mínima o la última real en el Estado que debe hacer el cálculo). El artículo 30 AESS contempla diversos escenarios en función del modo de cálculo de la pensión, con reglas de cierta complejidad, pero en último término muestra su preferencia por la «media de los haberes», con el fin de lograr una solución de compromiso entre la preferencia del trabajador (remuneración verdaderamente percibida incluso si el importe excede del máximo permitido en el Estado competente) y la de las autoridades estatales cuando el interesado no aportó cotizaciones a ese sistema durante el período de referencia (bases o haberes mínimos).

Conviene señalar, no obstante, que se introducen varias cautelas. En primer término, las normas de coordinación no impiden disfrutar de pensiones completas en Estados distintos, siempre que se reúnan en ellos los requisitos correspondientes sin necesidad de acudir a las reglas de totalización. En segundo lugar, el resultado de la aplicación de las reglas de coordinación no puede ser más perjudicial que el cálculo que deriva de la aplicación exclusiva de los períodos acreditados en un Estado (arts.33 y 34 AESS). Desde luego, a estos efectos conviene siempre tener presente la regla anticúmulo del artículo 13, en cuya virtud el AESS no puede servir de base para «conferir ni mantener el derecho a beneficiarse de varias prestaciones de la misma naturaleza o de varias prestaciones relativas a un mismo periodo de seguro obligatorio». Procederá entonces la reducción, suspensión o supresión de la pensión, en atención a las circunstancias, conforme a lo dispuesto en los artículos 8 y ss. del ACSS.

Como se ha dicho, la aplicación práctica de estos instrumentos no es en absoluto sencilla, y tanto el AESS como el ACSS van desgranando distintas situaciones, que tienen que ver con las diferencias entre unos y otros sistemas de Seguridad Social. A modo de ejemplo, el artículo 19 AESS dispone, en el marco de las prestaciones por enfermedad y maternidad, aunque la regla se reproduce después para el resto (por ejemplo en el artículo 28 para las pensiones de jubilación, incapacidad permanente y muerte y supervivencia), que «si la legislación de una parte contratante subordina la adquisición, el mantenimiento o la recuperación del derecho a las prestaciones al cumplimiento de periodos de seguro, la institución competente de dicha parte tendrá en cuenta, a tal efecto, en la medida necesaria a fines de totalización, los periodos de seguro cumplidos con arreglo a la legislación de cualquier otra parte contratante, así como llegado el caso los periodos de residencia cumplidos después de la edad de los dieciséis años, con arreglo a la legislación de carácter no contributivo de cualquier otra parte contratante, como si se tratase de periodos de seguro cumplidos con arreglo a la legislación de la primera parte».

Como es razonable, los accidentes de trabajo y las enfermedades profesionales tienen particularidades específicas, incluso desde la perspectiva de la imputación de responsabilidades, como se desprende por ejemplo del artículo 39 de AESS, en el que se clarifica que el «accidente ocurrido en el trayecto de ida o de vuelta del trabajo, en el territorio de una parte contratante distinta al Estado competente, se considerará como ocurrido en el territorio del estado competente». Se contempla asimismo la posibilidad de que el trabajador que sufra un riesgo profesional pueda cambiar de Estado de residencia sin que ello suponga perjuicio alguno a efectos de continuidad de prestaciones en especie y económicas (art.40 del AESS y art.55 y ss. del ACSS), con algunas limitaciones respecto de «prótesis de grandes aparatos y otras prestaciones mayores en especie», que se condicionan a la «autorización por la institución competente» (art.41 del AESS). La enfermedad profesional disfruta también de una amplia regulación, porque ese tipo de dolencia no siempre se manifiesta y/o diagnostica rápidamente, la actividad que genera el riesgo puede haberse desarrollado en varios países y el Estado de residencia del trabajador quizá incluso sea distinto de aquellos donde prestó servicios. De ahí que el AESS se decante por una regulación marcadamente casuística para determinar qué Estado es el competente (arts.46 y ss. del AESS y arts.64 y ss. ACSS).

Por su parte, la conservación de derechos adquiridos se traduce en la técnica de la exportación de prestaciones, que supone conceder al beneficiario el derecho a residir en un Estado distinto de aquel que le abona la prestación. Este es un derecho que por lo general no se reconoce en las legislaciones internas, y que ha tratado de salvarse en la normativa internacional recurriendo en ocasiones a la reciprocidad, aunque desde luego reviste muchas mayores garantías el reconocimiento directo dentro del ámbito de aplicación del convenio correspondiente. Así sucede con el AESS, cuyo artículo 11 dispone que «las prestaciones en metálico por invalidez de vejez o de supervivientes, las pensiones por accidente de trabajo o enfermedad profesional y los subsidios al fallecimiento, devengados en virtud de la legislación de una o más de las partes contratantes no podrán experimentar ninguna reducción, modificación, suspensión, supresión o confiscación por el hecho de que el beneficiario resida en el territorio de una parte contratante que no sea aquel en que se encuentre la institución deudora». En cualquier caso, esa regla cuenta con excepciones, pues no se admite la exportación de las prestaciones no contributivas, ni de las «prestaciones especiales concedidas en concepto de socorro o en consideración a una situación de necesidad» (art.11.3). Sin embargo, sí es posible la exportación de las prestaciones por desempleo, a condición de que el beneficiario presente una solicitud ante la institución del lugar de residencia en el plazo de treinta días, debiendo entonces abonar la prestación la institución del lugar de residencia, pero con cargo a la institución competente (art.52 del AESS y art.73 del ACSS).

Las reglas de coordinación del AESS son algo menos ambiciosas que las de los reglamentos de la UE, lo que es razonable, porque carecen del soporte de las libertades fundamentales, tanto la libre circulación, como las de prestación de servicios y establecimiento. Así se explica que el artículo 18 del ACSS establezca que «en el caso de trabajadores fronterizos o miembros de sus familias, no se podrá suministrar medicinas, vendajes, gafas, pequeños aparatos o efectuar análisis y exámenes de laboratorio más que en el territorio de la parte contratante en el que se hayan prescrito, conforme a lo dispuesto en la legislación de dicha parte». No pueden operar aquí, al menos con la misma intensidad, las reglas de reembolso de gastos que se han generalizado en el ámbito de la UE, precisamente porque ese reembolso nació de las libertades de establecimiento y prestación de servicios que no resultan operativas en el conjunto de los países que conforman el Consejo de Europa.

El último de los principios indicados seguramente no es tan vistoso o significativo desde una perspectiva dogmática, pero es de todo punto indispensable para garantizar la eficacia de las normas de coordinación. La colaboración entre las administraciones implicadas es un presupuesto para que la coordinación resulte efectiva, y el AESS manifiesta una decidida voluntad de crear canales fluidos de comunicación entre las partes implicadas, imponiendo numerosas obligaciones recíprocas entre las instituciones competentes de los Estados parte involucrados.

El artículo 64.1 del AESS es una clara muestra de ello, al disponer que las «autoridades competentes de las partes contratantes se comunicarán: a) toda información concerniente a las medidas tomadas para la aplicación del presente convenio; b) toda información atinente a las modificaciones de su legislación susceptibles de afectar a la aplicación del presente convenio». El apartado 2 insiste en que «para la aplicación del presente convenio, las autoridades e instituciones de las partes contratantes se prestarán sus buenos oficios, cual si de la aplicación de su propia legislación se tratara», y esa mutua asistencia administrativa debe ser gratuita, salvo acuerdo para el reembolso de gastos. Además, y en virtud del apartado 4 de ese artículo, «las autoridades, instituciones y jurisdicciones de una parte contratante no podrán desestimar las demandas u otros documentos dirigidos a las mismas por el mero hecho de estar redactados en lengua oficial de otra parte contratante».

Esas exigencias generales se traducen en reglas concretas en el contexto de cada prestación, tan numerosas que no procede una enumeración exhaustiva, y que, por supuesto, repercuten en todos los aspectos de la prestación, inclusive su pago. Así lo indica, por ejemplo, el artículo 20 del AESS en relación con el pago en metálico de prestaciones por enfermedad y maternidad, que correrá a cargo de la institución competente, aunque el interesado resida en otro Estado, pero se admite que, «previo acuerdo entre la institución competente y la institución del lugar de residencia», dichas prestaciones se abonen «por intermedio de esta última institución por cuenta de la institución competente». Desde luego, en supuestos de incapacidad temporal o maternidad también nacen estas obligaciones de colaboración, que en muchos casos se traducen en la notificación de la situación y en una información completa y actualizada para que la institución competente, por un lado, tenga conocimiento y, por otro, pueda tomar las medidas oportunas, inclusive proceder a reconocimientos médicos pese a que el beneficiario se encuentra en otro país (arts.17.6 y 19.4 ACSS).

Parece claro, no obstante, que la colaboración administrativa no puede limitarse al abono de la prestación o al control del cumplimiento de las obligaciones, sino que debe tener lugar desde el momento inicial de tramitación. Como se dijo, cuando el migrante se ha desplazado por varios países todos ellos, en principio, habrán de calcular la pensión teórica para después determinar la pensión prorrata. Ese es un procedimiento que podría resultar especialmente gravoso para el beneficiario si ha de solicitar la prestación en cada uno de los Estados involucrados. La colaboración administrativa juega un papel fundamental, pues las normas de coordinación permiten al interesado solicitar la prestación en un país y después exigen que la maquinaria administrativa se ponga en marcha para que todo el resto del procedimiento se desarrolle a través del intercambio mutuo de información entre las instituciones competentes, descargando sustancialmente al beneficiario de obligaciones documentales y, sin duda, reduciendo el coste económico y de tiempo que supondrían todas esas gestiones. Esas reglas se recogen en los artículos 32 y ss. del ACSS, que obligan a designar una «institución de instrucción» (art.36), encargada de poner en marcha el proceso y asumir en cierto modo la responsabilidad inicial de recopilar los datos y comprobar el cumplimiento de los requisitos, sin perjuicio desde luego de la intervención del resto de instituciones de los Estados parte, que habrán de proporcionar la información oportuna y seguir la tramitación correspondiente a efectos de reconocimiento, cálculo y pago de prestaciones (arts.38 y ss.). No obstante, es la institución de instrucción la que ha de recapitular y remitir «al solicitante el conjunto de las decisiones adoptadas por las instituciones interesadas» (art.42.2 del ACSS).

5. Impacto en otras normas de coordinación y relación con los convenios bilaterales

En el momento de su aprobación, el AESS no era una propuesta novedosa o desconocida, toda vez que, como se dijo, ya contaba con precedentes incluso en el seno del Consejo de Europa, como los Acuerdos provisionales de 1953. El artículo

76 del AESS los declaró inaplicables tras su entrada en vigor, habida cuenta que la principal misión de este instrumento no era otra que implantar una regulación más perfeccionada y moderna en sustitución de la anterior. En cualquier caso, no se trataba técnicamente de una derogación, sino de la aprobación de un texto con preferencia aplicativa.

Con ese mismo espíritu, el artículo 5.1 del AESS afirmaba que sus reglas habrían de sustituir, «en lo que respecta a las personas a quienes se aplique, a cualquier convenio de seguridad social que vincule: a) o exclusivamente a dos o más partes contratantes, o b) al menos a dos partes contratantes y a otro u otros Estados, cuando se trate de casos en cuya solución ninguna institución de uno de dichos Estados esta llamada a intervenir». Por consiguiente, cuando el supuesto de hecho involucre exclusivamente a Estados parte prevalece el AESS, salvo que los países afectados lleguen a un acuerdo para mantener esos convenios precedentes, como advierte el artículo 6.3 del Acuerdo. En cambio, el AESS no rige en situaciones en las que alguno de los involucrados no sea un Estado parte, como reiteradamente se advierte a lo largo de su articulado (*v.gr.*, art.2.5 del AESS).

Conviene tener presente, no obstante, que el AESS no siempre contiene disposiciones directamente aplicables, pues algunos de sus pasajes no resultan operativos en tanto no se concreten en acuerdos bilaterales o multilaterales, como sucede, principalmente, con algunas reglas relativas a las prestaciones por enfermedad y maternidad (art.26 del AESS) o a las prestaciones familiares (art.58), así como en materia de desempleo, pues en el génesis de la elaboración del AESS era evidente que determinadas prestaciones exigían una aproximación más flexible para favorecer las ratificaciones. La propia memoria que acompañaba al AESS, denominada *explanatory report*, y preparada por el Comité de Expertos encargado de elaborar el AESS para facilitar su aplicación (aunque expresamente se descarta como "interpretación auténtica)[1055], afirmaba que la «mayoría de disposiciones, incluidas las básicas en materia de igualdad de trato, exportación de prestaciones y totalización de períodos de cotización, residencia y empleo serán aplicables automáticamente tan pronto como el Acuerdo entre en vigor», pero la «aplicación de otras disposiciones, relativas particularmente a la enfermedad, desempleo y prestaciones familiares, está sujeta a la conclusión de convenios bilaterales o multilaterales»[1056].

En ese contexto, el AESS no podría sustituir a los convenios anteriores en tanto no se formalizasen nuevos convenios bilaterales y multilaterales. El listado completo se contenía en el Anexo III del AESS y en el Anexo V del ACSS, y, en el caso particular de España, afectaba exclusivamente al Convenio bilateral celebrado con Austria en 1981 y su acuerdo de aplicación de 1983. Téngase en cuenta, no obstante, que los beneficios de esos convenios precedentes podrían «ampliarse a los nacionales de cualquier parte contratante, de común acuerdo entre las partes vinculadas por dichas disposiciones» (art.9.1) -lo que se concreta en el Anexo V del AESS[1057]-, pero que el propósito último, a tenor del *explanatory report*, consistía en lograr una aplicación general del AESS, de modo que estos convenios precedentes deberían ser desplazados progresivamente por este instrumento del Consejo de Europa.

En relación con convenios auspiciados por organizaciones internacionales, en el artículo 6.1 AESS se aclaró que «las dis-

---

1055 https://rm.coe.int/CoERMPublicCommonSearchServices/DisplayDCTMContent?documentId=09000016800c97ce.

1056 Un mayor detalle en J. NICKLESS y H. SIEDL, *CO-ordination of Social Security in the Council of Europe*, Council of Europe, Estrasburgo, 2004, pp.41 y ss. Accesible en https://www.coe.int/t/dg3/sscssr/Source/SocSec%20coordination%20Short%20Guide_English.pdf.

1057 https://rm.coe.int/CoERMPublicCommonSearchServices/DisplayDCTMContent?documentId=090000168007460e.

posiciones del presente convenio no afectarán a las obligaciones que se deriven de un convenio cualquiera adoptado por la Conferencia Internacional de Trabajo», en clara muestra de la siempre próxima relación, y mutuo respeto, entre ambas organizaciones. En particular, el AESS había tomado como referencia el Convenio número 118 OIT de 1962, sobre igualdad de trato en materia de seguridad social, como explícitamente reconocía el *explanatory report*[1058], sin perjuicio de que la OIT ha incorporado esa regla sobre no discriminación por razón de nacionalidad en la práctica totalidad de sus convenios sobre trabajadores migrantes[1059]. En cualquier caso, no conviene olvidar que la OIT, con esa finalidad de coordinación, había aprobado en 1935 el Convenio número 48, sobre la conservación de los derechos de pensión de los migrantes, que sería sustituido en 1982 por el Convenio número 157 (complementado a su vez por la Recomendación número 167, sobre la conservación de los derechos en materia de seguridad social), si bien esos instrumentos no han contado con una acogida demasiado favorable[1060].

Respecto del Derecho Comunitario, el apartado 2 de ese mismo artículo 6 disponía que «el presente convenio no afectará a las disposiciones relativas a la seguridad social del Tratado de 25 de marzo de 1957 por el que se instituyó la Comunidad Económica Europea ni a los acuerdos de asociación previstos por dicho tratado, ni a las medidas de aplicación de dichas

---

1058 https://rm.coe.int/CoERMPublicCommonSearchServices/DisplayDCTMContent?documentId=09000016800c97ce.

1059 V.gr., Convenios 97 y 143.

1060 En concreto, el Convenio de 1935 fue ratificado por Bosnia-Herzegovina, Croacia, Eslovenia, España, Hungría, Israel, Italia, Macedonia, Montenegro, Países Bajos, Polonia y Serbia, y ya no está en vigor para España (por haber ratificado el Convenio de 1982), ni para otros tres Estados que procedieron a su denuncia (Hungría, Países Bajos y Polonia). Por su parte, el Convenio número 157 únicamente ha sido ratificado por España, Filipinas, Kirguistán y Suecia.

disposiciones», lo que derivaba, por lo tanto, en una preferencia aplicativa para los reglamentos de coordinación aprobados por las Comunidades Europeas (y actualmente por la UE). La experiencia en el ámbito comunitario constituyó una referencia y una fuente de inspiración ineludibles para el Comité de Expertos encargado de elaborar el AESS, y el *explanatory report* (pág.5) deja constancia de la permanente comunicación entre el Consejo de Europa y las Comunidades en orden a conseguir una coexistencia pacífica entre ambos instrumentos, de modo que el AESS será de aplicación cuando esté involucrado un Estado parte del Consejo de Europa que no sea miembro de la UE, pues el ámbito territorial de los reglamentos de coordinación no permite aplicar técnicas como la exportación de prestaciones o la totalización a Estados no pertenecientes a la UE o al Espacio Económico Europeo, al margen de Suiza. En cambio, se aplicarían los Reglamentos comunitarios a situaciones meramente "internas" a la UE, aunque el interesado no sea un ciudadano de la UE. El *explanatory report* considera aplicable el AESS en tales situaciones porque en 1972 las normas comunitarias no se extendían a nacionales de terceros Estados, pero la situación ha cambiado sustancialmente, como se desprende en la actualidad del Reglamento 1231/2010, de 24 de noviembre.

En último término, el artículo 7.1 del AESS convierte las reglas del convenio en dispositivas, toda vez que permite a las partes contratantes «concertar entre sí, cuando sea necesario, convenios de seguridad social fundados en los principios del presente convenio», cuyos efectos podrán «ampliarse a los nacionales de cualquier parte contratante, de común acuerdo entre las partes vinculadas por dichas disposiciones» (art.9.1).

Resulta significativo, no obstante, que en estas reglas sobre preferencia aplicativa o disponibilidad no se incorpore en ningún momento una garantía de mínimos, pues no se exige expresamente que la norma que sustituya o complemente al convenio deba proporcionar al interesado una mejor protección que la reconocida en el AESS. Sin embargo, ese principio sí es mencionado en el *explanatory report*, en el que se afirma que «no es deseable que todos los convenios concluidos previamente sean sustituidos sin un período transitorio», porque «hay algunos convenios bilaterales y multilaterales que pueden ser más favorables o más apropiados que el Acuerdo», y ello obliga a plantearse la «cuestión de los derechos adquiridos y en curso de adquisición, que deben ser mantenidos» (pág.12).

6. Los instrumentos de coordinación del Consejo de Europa en la experiencia española

España se adhirió al Convenio de 1972 y su Acuerdo Complementario en el año 1984[1061], así como a sus instrumentos adicionales y sus respectivos protocolos[1062]. En la fórmula ritual de aquel acto de ratificación se expresaba, literalmente, que "vistos y examinados los 81 artículos del Convenio, sus anejos y los 98 artículos del Acuerdo complementario para la aplicación del convenio, concedida por las Cortes Generales la autorización prevista en el artículo 94.1 de la Constitución, vengo en aprobar y ratificar cuanto en ellos se dispone, como en virtud del presente los apruebo y ratifico, prometiendo cumplirlos, observarlos y hacer que se cumplan y observen puntualmente en todas sus partes".

1061 Instrumento de ratificación de 12 de noviembre de 1984, expedido el día 10 de enero de 1986 y suscrito por don Francisco Fernández Ordóñez, a la sazón Ministro de Asuntos exteriores, con el refrendo de rigor del Rey don Juan Carlos I (BOE 12 noviembre 1986). Se hizo público para conocimiento general por Resolución de 4 de noviembre de 1986 del Secretario General Técnico del Ministerio de Asuntos Exteriores.

1062 El Instrumento de ratificación del Acuerdo provisional sobre pensiones fue publicado en el BOE de 21 de marzo de 1984 y el relativo al resto de prestaciones en el BOE de 8 de abril de 1987.

En la parte correspondiente del Anexo al Convenio y al Acuerdo de 1972 se consignaron en relación con España las tres precisiones siguientes: a) que su aplicación se extendía al "territorio del estado español"; b) que por "nacional" había que entender "la persona que tenga la nacionalidad española", y c) que desde el punto de vista funcional y material la ratificación comprendía tanto "las disposiciones del régimen general de la seguridad social" relativas a vejez, invalidez, muerte y supervivencia, enfermedad común o profesional, incapacidad laboral transitoria y accidentes, sean o no de trabajo, protección a la familia y prestaciones por desempleo, como "las disposiciones de los regímenes especiales incluidos en el sistema de seguridad social" con ese mismo alcance. También se dejó constancia del convenio bilateral existente entre España y la República de Austria, con su protocolo final de 6 de noviembre de 1981 y con el acuerdo complementario para su aplicación de 8 de abril de 1983, en su condición de convenios bilaterales que permanecían vigor tras la ratificación, tal y como permitía el artículo 5 del AESS.

Como "autoridad competente" en España a todos estos efectos se designaba el Ministerio de Trabajo y Seguridad Social, y como instituciones encargadas de la gestión de las prestaciones económicas de los diversos Regímenes de nuestro sistema, las direcciones provinciales del Instituto Nacional de Seguridad Social, con la salvedad del Régimen Especial de los trabajadores del mar (gestionado por el Instituto Social de la Marina), de las prestaciones en especie (las direcciones provinciales del Instituto Nacional de la Salud, salvo para los trabajadores del mar), y de las prestaciones de desempleo (las direcciones provinciales del Instituto Nacional de Empleo).

Con posterioridad, y en concreto en el año 1995, España formuló una serie de enmiendas, dirigidas principalmente a modificar los Anexos para actualizar las referencias normativas que debían tenerse en cuenta en la aplicación de las reglas de coordinación[1063]. En concreto, la creación de prestaciones no contributivas en 1990 propició una modificación del Anexo II para actualizar el cuadro de contingencias (en el que también se incluyó la maternidad, después de que la incapacidad laboral transitoria se escindiera dos prestaciones distintas, la incapacidad temporal y la maternidad, tras la Ley 42/1994), así como también de los Anexos IV y VI, con el fin de limitar la igualdad de trato por razón de nacionalidad, de modo que no se garantiza el reconocimiento de las pensiones no contributivas a quienes no acrediten un previo período de residencia en España, ni tampoco su eventual exportación.

Asimismo, se introdujeron particularidades en la aplicación de las reglas de coordinación relativas a las pensiones de jubilación, incapacidad permanente y muerte y supervivencia para aquellos casos en los que el beneficiario ya no se encuentre comprendido en el sistema español de Seguridad Social en el momento del hecho causante. El propósito de esas precisiones consistía en clarificar la forma de cálculo de las prestaciones, y en concreto consolidar el criterio de las "bases remotas", pues se advertía que «el cálculo de la prestación teórica española se efectuará sobre las bases de cotización reales del asegurado, durante los años inmediatamente anteriores al pago de la última cotización a la Seguridad Social española», si bien «la cuantía de la pensión se incrementará con arreglo al importe de los aumentos y revalorizaciones calculados para cada año

[1063] Vid. las Enmiendas al Acuerdo Europeo de Seguridad Social y el Acuerdo complementario para la aplicación del mismo, hechos en París el 14 de diciembre de 1972 (publicado en el «Boletín Oficial del Estado» de 12 de noviembre de 1986), formuladas por España el 31 de mayo de 1995 y registradas en la Secretaría General del Consejo de Europa el 9 de junio de 1995 (BOE de 15 de mayo de 1997).

posterior y hasta el año anterior al hecho causante, para las pensiones de la misma naturaleza»[1064].

Esas enmiendas también afectaban a los anexos del ACSS, ya que se incluían nuevas "instituciones competentes", en concreto la Tesorería General de la Seguridad Social y el entonces Instituto Nacional de Servicios Sociales (hoy Instituto de Mayores y Servicios Sociales). Asimismo, se modificaba el Anexo VII para dar entrada a la TGSS y, en general, para ajustar las referencias institucionales al reparto competencial vigente en ese momento.

Como valoración global, cabe afirmar que la aplicación de estos instrumentos ha resultado muy limitada en España, debido a las escasas ratificaciones que han recibido y a su concurrencia con otras normas de idéntica finalidad. En la práctica, el desplazamiento de trabajadores es la situación que en más ocasiones ha provocado la entrada en juego del AESS, en particular cuando Turquía es el otro Estado involucrado[1065].

1064 Además, mediante esa enmienda se extendía la posibilidad de suscribir convenio especial con la Seguridad Social a los funcionarios o empleados de organizaciones internacionales si concurría alguna de estas condiciones: «a) Cuando residan en territorio español; o b) Cuando residan en el territorio de otra Parte Contratante y hayan estado anteriormente, en algún momento, afiliados obligatoriamente al régimen español de Seguridad Social; o c) Cuando residan en territorio de un tercer Estado que no sea Parte Contratante y hayan efectuado cotizaciones durante al menos mil ochenta días al régimen español de Seguridad Social y no estén asegurados obligatoriamente o voluntariamente en virtud de la legislación de otra Parte Contratante».

1065 Así lo pone de manifiesto la propia página web de la Seguridad Social, que contempla formularios específicos para el desplazamiento de trabajadores a Turquía al amparo del AESS y del ACSS; vid. http://www.seg-social.es/wps/portal/wss/internet/InformacionUtil/32078/32162/32165.

No es sorprendente, así pues, que estos Acuerdos del Consejo de Europa no hayan contado con una presencia relevante en sede jurisdiccional, ni desde una perspectiva cuantitativa ni, sobre todo, cualitativa. Muchas de las menciones al AESS son, en verdad, meras referencias al mismo en el contexto de una enumeración de normas internacionales de Seguridad Social que pudieran contar con algún impacto, pero en último término la respuesta del órgano judicial competente suele fundamentarse en normas distintas al AESS o al ACSS[1066]. En otras ocasiones parece declararse aplicable el AESS, pero también la normativa de coordinación aprobada en el seno de la UE, y en la argumentación jurídica que conduce al fallo no llega a precisarse cuál de esas normas ha tenido en cuenta verdaderamente el tribunal[1067]. De este modo, las referencias al AESS no son verdaderamente sustanciales y sirven en su mayor parte para consolidar o ratificar la conclusión que con otros soportes más determinantes alcanza el órgano judicial, como sucede con la jurisprudencia que no admite el cómputo de las cotizaciones a través de convenio especial para lucrar prestaciones o subsidios por desempleo, en la que se advierte que el AESS no contiene «regla que exonere de la obligación de cotizar en España»[1068].

Sin embargo, cabe consignar alguna excepción a ese panorama general, referida al caso de Suiza, respecto de la que en ocasiones el AESS ha sido considerado como principal referente normativo[1069]. No conviene olvidar que en ese marco hoy está vigente el Acuerdo sobre la libre circulación de personas

---

[1066] V.gr., SSTS de 1 y 14-2-2018 (recursos 3062/2016 y 2530/2015) y SSTSJ de Cantabria de 28-3-2003 (recurso 902/2002) y de Castilla y León (Valladolid) de 26-2-2018 (recurso 2229/2017).

[1067] V.gr., STSJ de Madrid de 18-7-2011 (recurso 3053/2011), en relación con Suiza.

[1068] Por todas, cfr. STS de 24-1-2012 (recurso 1054/2011).

[1069] Vid. STSJ de Castilla y León (Burgos) de 25-10-2006 (recurso 662/2006), en relación con Suiza.

entre la Comunidad Europea y sus Estados miembros, por una parte, y la Confederación Suiza, por otra, pero es un instrumento del año 2002[1070]. Respecto de las situaciones en las que ese Acuerdo no resulte aplicable, el Tribunal Supremo se decantó por la preferencia del AESS sobre el convenio bilateral entre España y Suiza, y de ese modo reconoció el derecho a la totalización de períodos en materia de protección por desempleo[1071].

IV. EL ESTATUTO JURÍDICO DEL TRABAJADOR MIGRANTE

Entre los instrumentos de política social aprobados por el Consejo de Europa conviene citar, por último, el Convenio Europeo relativo al Estatuto jurídico del trabajador migrante (CETM), hecho en Estrasburgo con fecha de 24 de noviembre de 1977. De nuevo se apela en su preámbulo al persistente objetivo del Consejo de Europa "de conseguir una unión más estrecha entre sus miembros, a fin de salvaguardar y promover, en el respeto de los Derechos del Hombre y de las Libertades Fundamentales, los ideales y principios que son su patrimonio común y facilitar su progreso económico y social", y de nuevo se fija la atención en "la situación jurídica de los trabajadores migrantes, súbditos de los Estados miembros del Consejo de Europa", en este caso "para asegurarles, en lo posible, un tratamiento que no sea menos favorable que el que disfrutan los trabajadores nacionales del Estado de acogida, en todo lo que se refiere a las condiciones de vida y trabajo". El Convenio aspira, en definitiva, a "facilitar la promoción social y el

---

1070 https://eur-lex.europa.eu/legal-content/ES/TXT/?uri=celex:22002A0430(01).

1071 Vid. SSTS de 7-3-2005 (recurso 894/2004) y de 5-2-2007 (recurso 2912/2005).

bienestar de los trabajadores migrantes y de los miembros de sus familias", y para ello impone determinadas obligaciones a las Partes Contratantes con ocasión de los desplazamientos de personas de unos países a otros con fines de empleo. También trata de tutelar a estos trabajadores, para los que, en todo caso, no se llega a reconocer el derecho a la libre circulación propio de la Unión Europea. El CETM supone un considerable acercamiento entre los países miembros del Consejo de Europa, pero de ninguna manera la creación de un mercado de trabajo unificado.

1. Ordenación de los flujos migratorios

El Convenio de 1977 diseña un sistema de migraciones "regladas", con una ordenación bastante precisa y estricta de los movimientos de personas entre los Estados miembros del Consejo de Europa. De ahí que no otorgue la condición de "trabajador migrante" a cualquier extranjero que acceda al territorio de un país europeo, sino únicamente "al súbdito de una Parte Contratante que haya sido autorizado por otra Parte Contratante a permanecer en su territorio para desempeñar en él un empleo remunerado" (art.1). En realidad, el CETM no sólo pretende ocuparse de las personas que migran y de los problemas que les son propios, sino también, y tal vez en mayor medida, de los flujos migratorios entre países europeos como fenómeno masivo o sistemático que requiere un cierto tratamiento global, que lógicamente ha de llevarse a efecto desde una perspectiva supranacional. Por otra parte, al Convenio le interesan aquellos desplazamientos de personas que pueden implicar o implican por naturaleza la permanencia prolongada en otro país, razón por la cual excluye de sus reglas a quienes acuden a otro país con fines profesionales pero sin ánimo de afincarse en ese otro territorio[1072].

El hecho de que el CETM se ciña al espacio del Consejo de Europa permite entender que proclame de forma contundente tanto el derecho de salida del territorio de la Parte Contratante de la que se es súbdito, como el derecho de admisión en el territorio de una de las Partes Contratantes para desempeñar en él un empleo remunerado (art.4). Correlato inevitable de ese reconocimiento es el deber de "Cada Parte Contratante" de garantizar ambos derechos "al trabajador migrante" (o, más bien, a las personas), bien es verdad que dejando a salvo la necesidad de que, para su admisión en el país de destino, el trabajador migrante "haya sido previamente autorizado" para entrar en dicho país y aporte "los documentos exigidos" a tal efecto (que deberán extenderse "en los plazos más breves posibles, a título gratuito o contra pago de una suma que no supere su costo administrativo"). Ambos derechos están sometidos, además, "a las restricciones prescritas por la ley y relativas a la seguridad del Estado, al orden público, a la salud pública o a la moralidad" (art.4.2).

Con esta base, la primera preocupación del CETM se centra en la racionalización y regulación de los actos de reclutamiento de trabajadores migrantes, esto es, del reclutamiento desde un Estado miembro del Consejo de Europa de trabajadores procedentes de otros países que también lo son. En esa línea, el CETM impone a las Partes Contratantes, por lo pronto, la tarea de intercambiar entre sí y entregar a "los candidatos a la emigración" información apropiada "sobre su instancia, las

---

1072 Excluye, concretamente, a trabajadores fronterizos, artistas, marinos, personas que realizan prácticas profesionales, trabajadores de temporada o "trabajadores súbditos de una Parte Contratante que realizan un trabajo determinado en el territorio de otra Parte Contratante, por cuenta de una empresa que tiene su sede social fuera del territorio de dicha Parte".

condiciones y posibilidades de reagrupación familiar, el tipo de empleo, las posibilidades de concluir un nuevo contrato de trabajo una vez expirado el primero, las cualificaciones requeridas, las condiciones de trabajo y de vida (incluido el coste de vida), la remuneración, la seguridad social, la vivienda, la alimentación, la transferencia de los ahorros, el viaje, así como las cantidades deducidas del salario para la protección y seguridad sociales, impuestos, tasas y demás cargas", con la posibilidad de añadir datos "sobre las condiciones culturales y religiosas en el Estado de acogida" y con la advertencia de que se tomen "las medidas apropiadas para hacer frente a la propaganda engañosa relativa a la emigración e inmigración" (art.6).

A partir de aquí, el Convenio admite el reclutamiento tanto por "petición nominativa" como por "petición no nominativa" (también conocida como petición "genérica" en nuestros usos de lenguaje), aunque en este caso con la exigencia de intervención del "órgano oficial del Estado de origen" y, si fuera preciso, "del órgano oficial del Estado de acogida", y con la precisión de que "los gastos administrativos" derivados de las operaciones de "reclutamiento, introducción y colocación" realizadas por un órgano oficial "no deberán correr a cargo del futuro trabajador migrante" (art.2). El reclutamiento, por otra parte, "puede ser precedido por una revisión médica y un examen profesional" dirigidos a determinar "si el futuro trabajador migrante responde a las condiciones de salud y a las aptitudes técnicas necesarias para el empleo ofrecido" y a "cerciorarse que el estado de salud del trabajador no presenta ningún peligro para la salud pública"[1073]. Como regla particular, "el trabajador migrante provisto de una oferta de empleo

---

1073 Según el CETM, "las modalidades de reembolso de los gastos originados por la revisión médica y el examen profesional se determinarán, en su momento, en el marco de acuerdos bilaterales, de tal manera que estos gastos no corran a cargo del futuro trabajador migrante".

nominativa no podrá ser sometido, salvo excepción justificada por causa de fraude, a un examen profesional sino a petición del empleador" (art.3).

Formalizado el reclutamiento, la Parte Contratante que admita a un trabajador migrante para que ocupe un empleo remunerado ha de otorgarle "un permiso de trabajo en las condiciones previstas en su legislación", salvo en los casos en que haya dispensa de ello. Inicialmente, el permiso de trabajo "no podrá, por regla general, vincular al trabajador al mismo empleador o a la misma localidad por un período superior a un año", si bien en caso de renovación el permiso de trabajo "debería tener, por regla general, una duración de al menos un año, siempre y cuando la situación y evolución del mercado del trabajo lo permitan" (art.8). Si su legislación nacional lo exigiera, se deberá otorgar también "un permiso de residencia" a los trabajadores migrantes autorizados a ocupar un empleo remunerado, que habrá de tener una duración mínima de un año cuando no se hubiera determinado la duración del permiso de trabajo y que habrá de renovarse si fuera preciso "por una duración igual, por regla general, a la del permiso del trabajo" (art.9). El permiso de residencia, en todo caso, podrá ser retirado por razones de seguridad nacional, orden público o moralidad, por negativa de su titular "a conformarse a las medidas prescritas para él por una autoridad médica oficial, con objeto de proteger la salud pública", y por falta o desaparición de "una condición esencial para su concesión o validez", siempre con salvaguarda del derecho del interesado a un "recurso efectivo, conforme al procedimiento previsto por su legislación, ante una autoridad judicial o administrativa" (art.9.5).

En caso de reclutamiento colectivo oficial, los gastos de viaje han de ser asumidos por los Estados implicados "en el marco de acuerdos bilaterales", con la obligación de "la autoridad competente del Estado de tránsito", en su caso, de "tomar las medidas necesarias para acelerar su viaje y evitar retrasos y dificultades administrativas" (art.7). A su llegada al Estado de acogida, "los trabajadores migrantes y los miembros de sus familias recibirán todas las informaciones y consejos apropiados, así como toda la asistencia necesaria para su instalación y aceptación", y "disfrutarán de la ayuda y asistencia de los servicios sociales y organismos de utilidad pública del Estado de acogida, así como de la ayuda prestada por las autoridades consulares de su Estado de origen" (art.10)[1074]. Las Partes Contratantes implicadas han de esforzarse "en asegurar, cuando así lo exija la situación, servicios sociales especializados para facilitar o coordinar la acogida de los trabajadores migrantes y sus familias"[1075].

Los trabajadores migrantes tienen derecho a la reagrupación familiar. En este sentido, "el cónyuge del trabajador migrante, empleado legalmente en el territorio de una Parte Contratante, y sus hijos no casados, mientras se les considere como menores por la legislación pertinente del Estado de acogida, y que dependan del trabajador migrante, están autorizados, en condiciones análogas a las estipuladas en el Convenio para la admisión por la legislación o por acuerdos internacionales, a unirse con el trabajador migrante en el territorio de una Parte Contratante, siempre que éste disponga para su familia de una vivienda considerada como normal para los trabajadores nacionales en la región donde esté empleado", aunque las Partes

---

[1074] Se declaran exentos "de derechos y tasas a la importación en el momento de la entrada en el país de acogida, de la vuelta definitiva al Estado de origen, así como en el tránsito", tanto "los efectos personales y objetos mobiliarios pertenecientes a los trabajadores migrantes y a los miembros de sus familias y que forman parte de su menaje" como, en una cantidad razonable, "las herramientas manuales y equipo portátil necesarios a los trabajadores migrantes para desempeñar su oficio" (art.7).

[1075] También han de comprometerse "a asegurar a los trabajadores migrantes y miembros de sus familias la libertad de practicar el culto correspondiente a su confesión; les facilitará, dentro de los medios disponibles, la práctica de este culto" (art.10.3).

Contratantes podrán supeditar dicha autorización "a un plazo de espera que no podrá exceder de doce meses", lo mismo que pueden, mediante declaración dirigida al Secretario general del Consejo de Europa, supeditar la reagrupación familiar "a la condición de que el trabajador migrante disponga de recursos estables suficientes para subvenir a las necesidades de su familia" o incluso "derogar temporalmente la obligación de conceder la autorización" anteriormente prevista, siempre que tramiten la pertinente declaración al Secretario general del Consejo de Europa y acrediten las causas justificativas (art.12). El trabajador migrante y sus familiares tienen derecho en materia de vivienda a "un tratamiento que no sea menos favorable que el que otorga a sus propios súbditos" (art.13), a la enseñanza general y profesional "con el mismo título y en las mismas condiciones que los trabajadores nacionales" (art.14), y a no estar sometidos "a derechos, tasas, impuestos ni contribuciones, cualquiera que sea su denominación, que sean más elevados u onerosos que los que se impongan a sus súbditos en circunstancias análogas" (art.23)[1076]. Además, las Partes Contratantes deben autorizar "la transferencia de la totalidad o parte de las ganancias y ahorros de los trabajadores migrantes que éstos quieran transferir" (art.17).

2. Estatuto laboral y de seguridad social de los trabajadores migrantes

Obtenido un empleo, y antes de su salida hacia su nuevo destino, el trabajador migrante debe ser provisto "por el Estado de acogida" de un contrato de trabajo u oferta de empleo

---

[1076] Según el art.15 CETM, "las Partes Contratantes interesadas tomarán medidas de común acuerdo con vistas a organizar, en lo posible, cursos especiales para los hijos de los trabajadores migrantes, destinados a enseñarles la lengua materna del trabajador migrante y a facilitar, entre otras cosas, su retorno a su Estado de origen".

definida", redactados en uno o varios idiomas en uso en el Estado de origen y en uno o varios idiomas en uso en el Estado de acogida (art.5). En cuanto a las condiciones de trabajo, "los trabajadores migrantes autorizados a desempeñar un empleo disfrutarán de un tratamiento no menos favorable que el que se reserve a los trabajadores nacionales, en virtud de las disposiciones legislativas o reglamentarias, de los Convenios colectivos de trabajo o de las costumbres", regla de trato igual que expresamente, y de forma comprensible, se declara no susceptible de derogación "por contrato individual" (art.16). El principio de igualdad de trato también se extiende al plano de la representación profesional, por cuanto las Partes Contratantes han de reconocer al trabajador migrante "el derecho de afiliación sindical, con el fin de proteger sus intereses económicos y sociales, en las condiciones previstas en la legislación nacional para sus propios nacionales" (art.28), y han de facilitar "en lo posible la participación de los trabajadores migrantes en los asuntos de la Empresa en las mismas condiciones que los trabajadores nacionales" (art.29).

En lo que respecta a la seguridad social, el CETM contiene dos reglas básicas de singular relieve, dirigidas a distintos planos, pero en ambos casos con eminente finalidad protectora. De un lado, se consagra de nuevo el principio de igualdad entre migrantes y nacionales del país de acogida, de modo que "cada Parte Contratante se compromete a otorgar en su territorio a los trabajadores migrantes, así como a los miembros de sus familias, el mismo tratamiento que a sus propios nacionales, sin perjuicio de las condiciones que requiera su legislación nacional y los acuerdos bilaterales y multilaterales ya concluidos o que sean concluidos entre las Partes Contratantes interesadas" (art.18.1). De otro lado, se toma conciencia de la posible implicación de varios sistemas nacionales en la carrera de seguro del trabajador, a cuyo efecto se dispone que las Partes Contratantes habrán de procurar "garantizar a los trabajadores migrantes y a los miembros de sus familias la conservación de los derechos en curso de adquisición y de los derechos adquiridos, así como el servicio de prestaciones en el extranjero, mediante acuerdos bilaterales y multilaterales" (art.18.2).

Dos importantes complementos acompañan a esas reglas básicas de seguridad social. El primero se refiere al riesgo profesional, y se traduce por lo pronto en la atribución a los trabajadores migrantes "de los mismos derechos y de la misma protección que los trabajadores nacionales" en lo relativo a "la prevención de accidentes de trabajo y enfermedades profesionales y a la higiene del trabajo", a la vista de lo dispuesto en las leyes y en los convenios colectivos vigentes en la Parte Contratante de prestación del trabajo y atendiendo a la "situación particular" del migrante (art.20.1), con la precisión de que en caso de que el trabajador migrante sea víctima de un accidente de trabajo o sufra una enfermedad profesional en el territorio del Estado de acogida, "se beneficiará de la rehabilitación profesional de igual modo que los trabajadores nacionales" (art.20.2). La segunda previsión complementaria se refiere a la "asistencia social y médica", respecto de la cual "cada Parte Contratante se compromete a prestar en su territorio a los trabajadores migrantes y a los miembros de sus familias que residan legalmente en su territorio, asistencia social y médica sobre las mismas bases que a sus nacionales, conforme a las obligaciones que asuma, en virtud de otros acuerdos internacionales y, en particular, del Convenio Europeo sobre Asistencia Social y Médica de 1953" (art.19).

De nuevo emerge la regla de igualdad de trato con ocasión de la terminación del contrato de trabajo, en tanto que en el supuesto de vencimiento de los contratos temporales o de "cancelación" anticipada del contrato (temporal o de duración indeterminada), "el trabajador migrante disfrutará de un tratamiento no menos favorable que el de los trabajadores nacionales, conforme a las disposiciones de la legislación nacional o de los Convenios Colectivos de Trabajo" (art.24.1). En el supuesto particular de despido (individual o colectivo), "el trabajador migrante recibirá el tratamiento reservado a los trabajadores nacionales, en virtud de la legislación nacional o de los Convenios Colectivos de Trabajo, especialmente por lo que se refiere a la forma y plazo de la notificación previa de despido, a las indemnizaciones que se derivan de la legislación o de los Convenios, o a las que podría tener derecho en caso de cancelación abusiva de su contrato de trabajo" (art.24.2).

En general, "los trabajadores migrantes se beneficiarán, con el mismo derecho que los trabajadores nacionales, de la ayuda y asistencia de los servicios de empleo" (art.10), lo cual implica "el derecho a recurrir a los servicios de colocación, en las mismas condiciones que los trabajadores nacionales, conforme a las disposiciones y normas legales y a las prácticas administrativas, incluidas las condiciones de admisión en vigor en dicho Estado", posibilidad que se reconoce no sólo a los trabajadores migrantes sino también a los miembros de sus familias "legalmente admitidos" en el territorio del Estado de acogida (art.27). Del mismo modo, "si un trabajador migrante pierde su empleo por razones ajenas a su voluntad, en particular por paro o por una enfermedad prolongada, la autoridad competente del Estado de acogida facilitará su reempleo de acuerdo con las Leyes o Reglamento de dicho Estado", a cuyo fin habrá de fomentar "las medidas necesarias para asegurar, en lo posible, la reconversión y readaptación profesionales del trabajador migrante en cuestión, siempre y cuando tenga intención de seguir trabajando en el Estado de acogida" (art.25).

Por otro lado, los trabajadores migrantes que dejen de desempeñar un empleo por incapacidad temporal o por paro involuntario, deben quedar autorizados "a permanecer en el territorio del Estado de acogida por un período que no debería ser inferior a cinco meses", aunque con la advertencia de que "ninguna Parte Contratante estará obligada, en el caso mencionado en el apartado anterior, a autorizar al trabajador migrante a permanecer en su territorio por un período que exceda de la duración del pago del seguro de desempleo" (art.7). En todo caso, las Partes Contratantes deben tomar "en lo posible las medidas adecuadas para asistir a los trabajadores migrantes y a sus familias con motivo de su regreso definitivo a su Estado de origen", y con el fin de que los trabajadores migrantes puedan conocer antes de emprender su viaje de regreso las condiciones en las cuales podrán volver a establecerse en su Estado de origen, este Estado comunicará al Estado de acogida información relativa especialmente a las posibilidades y condiciones de empleo en el Estado de origen, la ayuda financiera acordada para la integración económica, la conservación de los derechos a la Seguridad Social adquiridos en el extranjero, las medidas que puedan facilitar la búsqueda de alojamiento, la convalidación de los certificados o diplomas profesionales adquiridos en el extranjero o, si fuera preciso, las pruebas para su convalidación, o la convalidación de los títulos de estudios adquiridos en el extranjero para que los hijos de los trabajadores migrantes se integren en las Escuelas sin perder curso (art.33).

Por lo demás, el CETM exige a las Partes Contratantes que inspeccionen "las condiciones de trabajo de los trabajadores migrantes de igual manera que para los trabajadores nacionales", bien a través de los organismos o instituciones competentes del Estado de acogida, bien "por cualquier otra instancia autorizada por este Estado" (art.21). Las Partes Contratantes también deben asegurar a los trabajadores migrantes un tratamiento no menos favorable que a sus propios nacionales por lo que se refiere al ejercicio de "acciones ante los Tribunales", de modo que los trabajadores migrantes habrán de gozar, en las mismas condiciones que los trabajadores nacionales, del derecho "a una plena protección legal y judicial de su persona y bienes y de sus derechos e intereses", a recurrir a los Tribunales y autoridades administrativas competentes "de acuerdo con la legislación del Estado de acogida", a recibir la asistencia de toda persona de su elección cualificada según la Ley de dicho Estado, especialmente en caso de litigio con su empleador, miembros de su familia o terceras personas", a recibir asistencia judicial en las mismas condiciones que los nacionales del país de referencia, y a obtener "la ayuda de un intérprete cuando no entienda ni hable el idioma empleado en el Tribunal" en caso de procedimiento civil o penal, todo ello sin perjuicio de "las normas sobre conflictos de Leyes del Estado de acogida" (art.26).

3. Condiciones de aplicación y reglas de observancia del Convenio

Como es natural, una vez aprobado el CETM quedó "abierto a la firma de los Estados miembros del Consejo de Europa" para los pertinentes actos de "ratificación, aceptación o aprobación", de los que se exige depósito "ante el Secretario general del Consejo de Europa" (art.34.1). Con carácter general, previó su entrada en vigor para "el primer día del tercer mes a partir de la fecha del depósito del quinto instrumento de ratificación, aceptación o aprobación" (art.34.2), que se traslada al "primer día del tercer mes a partir de la fecha del depósito de su instrumento de ratificación, aceptación o aprobación" para los Estados signatarios que lo ratifiquen, acepten o aprueben con posterioridad (art.34.3).

Como también es habitual, el CETM admite precisiones, salvedades o reservas de carácter territorial o material. Respecto del primero de esos planos, "cualquier Estado puede, en el momento de la firma o del depósito de su instrumento de ratificación, aceptación o aprobación o en cualquier fecha posterior, mediante una declaración dirigida al Secretario general del Consejo de Europa, extender la aplicación de este Convenio a todos, a uno o a varios territorios de cuyas relaciones internacionales sea responsable o en nombre de los cuales puede estipular", en el bien entendido de que cualquier declaración de ese tipo "puede ser retirada por lo que se refiere a cualquiera de los territorios mencionados en dicha declaración", con efectos "a los seis meses de haber recibido el Secretario general del Consejo de Europa esta declaración" (art.35). Respecto del segundo plano, las Partes Contratantes tienen la posibilidad de "formular una o varias reservas relacionadas con nueve artículos como máximo de los capítulos II a IV inclusive, con excepción de los artículos 4, 8, 9, 12, 16, 17, 20, 25 y 26" en el momento de la firma o del depósito de su instrumento de ratificación, aceptación o aprobación, al igual que tiene la posibilidad de retirar en cualquier momento, en parte o en su totalidad, las reservas que hubiera formulado, con efectos a partir de la fecha de la recepción de dicha declaración por parte de Secretario general del Consejo de Europa (art.36).

Igualmente, cabe denuncia del Convenio "mediante notificación, dirigida al Secretario general del Consejo de Europa, y que tendrá efecto seis meses después de la fecha de su recepción", aunque "ninguna denuncia puede formularse antes de un plazo de cinco años a partir de la entrada en vigor de este Convenio para la Parte Contratante interesada", y con la apostilla de que la Parte Contratante que deje de ser miembro del Consejo de Europa "dejará de ser Parte de este Convenio seis meses a partir de la fecha en la que haya perdido su calidad de Estado miembro del Consejo de Europa" (art.37)[1077].

La firma del CETM no afecta "a las disposiciones que están o entrarán en vigor y que son o serán más favorables a las personas protegidas por este Convenio, en virtud del derecho interno y de los tratados, convenios, acuerdos o arreglos bilaterales o multilaterales, así como de las medidas tomadas para

---

[1077] Según el art.38 CETM, el Secretario general del Consejo de Europa debe notificar a los Estados miembros del Consejo los actos de los que sea receptor referidos a firma, depósito de instrumento de ratificación, aceptación o aprobación, reagrupación de familiares, fecha de entrada en vigor, alcance territorial, reserva de contenido, retirada de reserva previamente realizada y denuncia del Convenio.

su aplicación" (art.32), y, por la misma razón, ninguna disposición del CETM "puede interpretarse de tal manera que justifique un tratamiento menos favorable que el acordado a los trabajadores migrantes por la legislación nacional del Estado de acogida o por los acuerdos bilaterales y multilaterales, de los cuales dicho Estado es Parte Contratante" (art.31).

Para la aplicación y observancia de sus reglas, el propio Convenio mandó constituir un Comité Consultivo en el plazo de un año a partir de su entrada en vigor, compuesto por un representante de cada Parte Contratante y abierto a la posibilidad de que cualquier otro Estado miembro del Consejo de Europa, no signatario del Convenio, esté representado "por un observador con voz pero sin voto" (art.33). El Comité Consultivo tiene como misión el estudio de "todas las propuestas que le someta una de las Partes Contratantes con vistas a facilitar o mejorar las condiciones de aplicación del Convenio, así como cualquier propuesta para enmendarlo", y puede adoptar tanto "dictámenes y recomendaciones" por mayoría de sus miembros, como "propuestas para enmendar el Convenio" por unanimidad de los mismos, unas y otras dirigidas al Comité de Ministros del Consejo de Europa para la toma de las decisiones oportunas. Además, es tarea del Comité Consultivo la preparación con carácter periódico de un informe sobre "las leyes y normas en vigor en el territorio de las Partes Contratantes que se refieran a las cuestiones objeto de este Convenio" para su conocimiento y uso por parte del Comité de Ministros del Consejo de Europa. Fruto de esa labor del Comité Consultivo se han efectuado algunas recomendaciones u observaciones a los Estados firmantes, entre ellos España, pero ninguna con verdadera trascendencia en el momento actual, ni que en absoluto implique que España es un país más incumplidor o menos diligente que otros[1078].

4. Virtualidad para España del Convenio Europeo sobre trabajadores migrantes

España ratificó el Convenio Europeo relativo al Estatuto jurídico del trabajador migrante mediante Instrumento de 29 de abril de 1980[1079], en un momento en el que dicho texto contaba tan sólo con cuatro ratificaciones[1080], y con la protocolaria promesa de "cumplirlo, observarlo y hacer que se cumpla y observe puntualmente en todas sus partes". Según reza el documento de su publicación oficial en España[1081], "el CETM entró en vigor con carácter general y para España el 1 de mayo de 1983".

El CETM, por tanto, es un tratado internacional en vigor, pero su aplicación práctica en España ha sido prácticamente inexistente, quizá porque su ratificación coincidió en el tiempo con la adhesión a la entonces Comunidad Económica Europea. Desde luego, cabría reproducir aquí las consideraciones ya realizadas anteriormente para el CEASM, pues lo cierto es que de un modo u otro estos tratados relativos a la extranjería e inmigración se han visto desplazados por el Derecho de la UE,

---

1078 Vid. E. GUILD, *The European Convention on the legal status of Migrant Workers (1977): An Analysis of its Scope and Benefits*, Consejo de Europa, 1999, accessible en https://www.coe.int/t/dg3/migration/archives/documentation/Legal_texts/CDMG%20_99_11_en.pdf.

1079 BOE 18 de junio de 1983.

1080 Portugal con fecha de 15 marzo de 1979, Suecia con fecha de 5 de junio de 1978, Turquía con fecha de 19 de mayo de 1981 y Países Bajos con fecha de 1 de febrero de 1983.

1081 Firmado en Madrid con fecha de 16 de mayo de 1983 por el entonces Secretario General Técnico del Ministerio competente, don Ramón Villanueva Etcheverría.

tanto por las consecuencias de la libre circulación, como por el desarrollo cada vez mayor de la política migratoria de la UE, amén de por las reglas dirigidas a nacionales de terceros Estados. Cierto es que alguna directiva ha previsto expresamente su coexistencia con ese instrumento del Consejo de Europa, que entraría en juego cuando sus disposiciones fueran más favorables para el extranjero[1082], pero de momento no parecen haberse detectado espacios reales para su aplicación.

En efecto, ni el legislador ni los tribunales han prestado atención al CETM, que no se menciona en normas internas, ni siquiera en la Ley de Extranjería de 1985, ni tampoco ha sido utilizado por los órganos jurisdiccionales del orden social. Y no parece previsible cambio alguno en esa tendencia, porque no es fácil detectar aspectos en los que el CETM, una norma de 1977, pueda resultar más favorable que la legislación –internacional e interna- más moderna, particularmente por el notable desarrollo de los principios de igualdad y no discriminación en los últimos años a todos los niveles, y también en este terreno de la extranjería. De hecho, cuando se han planteado situaciones con conexión con el ámbito material del CETM, la respuesta suele canalizarse, al margen de por las normas internas, por la vía del Derecho de la UE, con el refuerzo en ocasiones de los convenios de la OIT. En verdad, si se mencionan instrumen-

1082 A modo de ejemplo, puede verse la Directiva 2014/36/UE del Parlamento Europeo y del Consejo, de 26 de febrero de 2014, sobre las condiciones de entrada y estancia de nacionales de terceros países para fines de empleo como trabajadores temporeros, cuyo considerando 44 afirma que «la presente Directiva debería aplicarse sin perjuicio de los derechos y los principios enunciados en la Carta Social Europea, de 18 de octubre de 1961, y, cuando proceda, en el Convenio Europeo relativo al Estatuto Jurídico del Trabajador Migrante, de 24 de noviembre de 1977». También remite a las reglas más favorables del CETM el art. 3.3 de la Directiva 2003/86/CE del Consejo, de 22 de septiembre de 2003, sobre el derecho a la reagrupación familiar.

tos del Consejo de Europa, se recurre directamente al CEDH, o incluso a la Carta Social Europea, seguramente porque se entiende que su virtualidad e impacto resultan notablemente mayores.

A la postre, el CETM es un instrumento que no parece tener más virtualidad que su pertenencia formal al acervo de las fuentes internacionales, con muy escasa relevancia o proyección práctica. Es conocido y citado por la doctrina científica, pero no cuenta con especial recepción en sede jurisdiccional, una situación que probablemente no registre especial variación en un futuro más o menos próximo[1083]. No conviene olvidar que de los diez Estados que lo han ratificado[1084], además de España, la mayoría son Estados Miembros de la UE o del EEE, con todo lo que ello implica por la aplicación de las libertades de circulación. De este modo, sólo los nacionales de Albania, Moldavia, Turquía y Ucrania podrían beneficiarse en la práctica del CETM, pero tampoco parece probable que ese acuerdo resulte más ventajoso que las reglas que derivan bien de la normativa específica de la UE sobre inmigración, bien de los acuerdos bilaterales de la UE con esos países (como el Acuerdo de Asociación con Turquía).

1083 Vid. M. SAN MARTIN CALVO, "El Derecho a la reunificación familiar en la Unión Europea y en España desde una perspectiva legal y jurisprudencial", *Aranzadi Unión Europea,* núm.12 (2020) (BIB 2020\37184); II. LOSADA GONZÁLEZ, "El estatuto jurídico del trabajador extranjero ", en A. PALOMAR OLMEDA (Coord.), *Tratado de Extranjería,* Aranzadi, Pamplona, 2012, pp. 145 y ss.; M.N. ALONSO GARCÍA y D. CARRIZO AGUADO, "*Quo vadis* del derecho a la salud de los inmigrantes en situación administrativa irregular en el escenario jurídico español", *Revista de Derecho Migratorio y Extranjería,* núm.51 (2019) (BIB 2019\6167).

1084 Albania, Francia, Italia, Moldavia, Noruega, Países Bajos, Portugal, España, Suecia, Turquía y Ucrania; vid. https://www.coe.int/en/web/conventions/full-list?module=signatures-by-treaty&treatynum=093.

PARTE QUINTA:

El Consejo de Europa en el contexto de las organizaciones internacionales

Por el ámbito geográfico en el que actúa y los objetivos a cuya consecución aspira, el Consejo de Europa no puede por menos que coexistir con otras organizaciones internacionales de acreditada trayectoria y notoria influencia en el concierto de las relaciones entre países. La coexistencia siempre puede tropezar con dificultades, máxime cuando se comparte un mismo espacio de juego y se persiguen fines similares. Pero, lejos de buscar una posición hegemónica o de erigirse en actor principal, el Consejo de Europa ha mostrado reiteradamente más voluntad de cooperación que ánimo de confrontación con sus *partenaires*, principalmente con Naciones Unidas y con la Organización Internacional del Trabajo. Muy estrecha ha sido asimismo su relación con la Unión Europea, en la que ambas organizaciones han logrado preservar su propio ámbito de actuación y sus particulares canales de influencia.

I. LA RELACIÓN CON NACIONES UNIDAS Y, EN PARTICULAR, CON LA ORGANIZACIÓN INTERNACIONAL DEL TRABAJO

Los fines que justificaron la creación del Consejo de Europa explican, por sí mismos, que esta organización internacional siempre haya procurado mantener una estrecha colaboración con la ONU. A la postre, la defensa de los valores democráticos es un propósito común de ambas organizaciones que indudablemente favorece su mutua relación. No son, como sabemos perfectamente, organizaciones especializadas en el ámbito laboral y social, ni es ése el terreno en el que se desenvuelven la mayor parte de sus programas e iniciativas. No obstante, en el seno de Naciones Unidas, como una "agencia especializada", realiza su importante labor la Organización Internacional del Trabajo, cuyos vínculos con el Consejo de Europa siempre han sido muy apreciables, como hemos tratado de poner de manifiesto en capítulos anteriores.

1. La influencia recíproca en la protección de los derechos humanos

A bucn scguro, la ONU y cl Consejo de Europa son las dos organizaciones internacionales que más activamente se han dedicado a la protección de los derechos humanos en el panorama mundial. Y lo han hecho con un espíritu eminentemente colaborativo, y no competitivo. La eficacia en esa labor exige, por supuesto, más dosis de cooperación que de afán de protagonismo, y ninguna de esas organizaciones ha buscado resaltar sus propios méritos y logros a costa de minimizar la efectividad de las actuaciones de su *partenaire*. Más bien al contrario, pues la ONU y el Consejo de Europa han caminado por lo general en una misma dirección, con una retroalimentación constante que se deja sentir, entre otras facetas, en su producción normativa[1085].

Esas sinergias fueron evidentes desde el mismo origen del Consejo de Europa[1086]. Como es sabido, la ONU proclamó en diciembre de 1948 la Declaración Universal de Derechos Humanos, meses antes de la constitución del Consejo de Europa.

1085 Vid. J. GARCÍA MURCIA, "La legislación laboral internacional: mandato y función de la Organización Internacional del Trabajo", *Documentación Laboral,* núm.116 (2019), pp.9 y ss.

1086 Extensamente, vid. A.H. ROBERTSON, "*Relations between the Council of Europe and the United Nations*", en B. LANDHEER (Ed.), *European Yearbook,* Springer, Dordrecht, 1972, pp. 85 y ss.

El primer fruto de envergadura de esta organización internacional fue, a su vez, el Convenio Europeo de Derechos Humanos, que se abrió a la firma menos de dos años después de la DUDH, con fecha de 4 de noviembre de 1950. La proximidad temporal, junto a sus objetivos esenciales, son muestras incontestables de la conexión entre esos textos y entre ambas organizaciones, algo que nunca se ocultó por parte del Consejo de Europa.

Una primera comparación de su respectivo articulado sirve también para remarcar sus notables paralelismos, tanto en lo que se refiere al catálogo de derechos en ellos reconocidos, como en lo que tiene que ver con su estructura interna y con el contenido concreto de cada derecho. Los dos comienzan reconociendo el derecho a la vida, prohibiendo la tortura y la esclavitud y consagrando el derecho a la libertad y a un proceso equitativo, para seguir con otros muchos derechos y dedicar, en ambos casos, una especial atención al principio de igualdad y no discriminación.

De todas formas, no era propósito del Consejo de Europa la aprobación de una declaración mimética ni coincidente con la de Naciones Unidas, porque un instrumento de ese tipo, como es fácil de entender, no podría obtener el grado de eficacia que se buscaba en ese concreto ámbito europeo. Sin desconocer en modo alguno la trascendencia que ha alcanzado por sí misma la declaración de la ONU[1087], no debe olvidarse a este respecto que en el momento de la proclamación de la DUDH se suscitaron muchas dudas y significativas diferencias de parecer acerca del éxito efectivo de un instrumento de tales características[1088].

1087 Vid. H. HANNUM, *"The UDHR in National and International Law"*, *Health and Human Rights*, Vol.3, núm.2 (1998), pp.144 y ss.

1088 Vid. D. SCHINDLER, *"European Convention on Human Rights in Practice"*, *Washington University Law Review*, issue 2 (1962). *Accesible en: https://openscholarship.wustl.edu/law_lawreview/vol1962/iss2/2.*

Por ello, el Consejo de Europa trató desde el principio de superar esos previsibles obstáculos mediante la confección de una carta de derechos y libertades dotada de fuerza vinculante, que supusiera por sí misma un avance cualitativo en materia de derechos humanos. Era consciente el Consejo de Europa, por decirlo de otro modo, de que no bastaba con un reconocimiento formal, sino que había que dotar a los derechos reconocidos de instrumentos adecuados para su plena efectividad[1089].

El Preámbulo del CEDH es muy clarificador en este punto, por reconocer la influencia de la DUDH y, al mismo tiempo, advertir sobre sus limitaciones. El CEDH deja constancia desde luego de que la DUDH era el punto de partida, en tanto que "tiende a asegurar el reconocimiento y la aplicación universales y efectivos de los derechos en ella enunciados». Con el CEDH, el Consejo de Europa reafirmaba «su profunda adhesión a estas libertades fundamentales que constituyen las bases mismas de la justicia y de la paz en el mundo, y cuyo mantenimiento reposa esencialmente, de una parte, en un régimen político verdaderamente democrático, y, de otra, en una concepción y un respeto comunes de los derechos humanos de los cuales dependen». Sin embargo, el Consejo de Europa también consideraba que la DUDH resultaba insuficiente para lograr los objetivos declarados por la ONU, y que era necesario «tomar las primeras medidas adecuadas para asegurar la garantía colectiva de algunos de los derechos enunciados en la Declaración Universal». El Convenio, así pues, se presentaba a sí mismo como un paso más evolucionado respecto de la DUDH, como una vía más efectiva para garantizar esos derechos gracias a los mecanismos institucionales instaurados a tal efecto. Cabría decir que mientras la ONU se encargaba del reconocimiento formal de derechos o principios con alcance global, el

---

1089 Vid. W.A. SCHABAS, *The European Convention on Human Rights: A commentary*, Oxford University Press, Oxford, 2015, pp.47-48.

Consejo de Europa aprovechaba ese impulso para consolidar y profundizar en el reconocimiento y efectividad de esos derechos en un ámbito geográfico, social y político más reducido y homogéneo[1090].

No cabe duda de que, en ese escenario, el TEDH estaba llamado a jugar un papel determinante en la consolidación y desarrollo no sólo del Convenio, que constituye su estricto canon de enjuiciamiento, sino también de la propia Declaración de 1948, toda vez que, como se dijo en un capítulo precedente, la doctrina de ese particular órgano jurisdiccional no se ha elaborado en el vacío, ni partiendo completamente de cero, sino sobre la base, como el propio Tribunal ha reconocido, de las aportaciones de los órganos de gobierno y supervisión de la ONU y, en su caso, de las organizaciones especializadas que de ella forman parte, como tantas veces ha ocurrido con la doctrina de la OIT. Muy pronto, en efecto, el TEDH empezó a tomar en consideración los estándares internacionales en la protección de los derechos humanos, a los que con el paso del tiempo se sumaron asimismo los que progresivamente se fueron acuñando en el contexto de la Unión Europea[1091].

Por otro lado, las relaciones de colaboración o cooperación entre la ONU y el Consejo de Europa no se han limitado a esa perceptible repercusión de la labor de Naciones Unidas en el diseño e interpretación del CEDH, sino que han mostrado otras muchas manifestaciones. Ya en el año 1951, las respectivas Secretarías de dichas organizaciones firmaron acuerdos

---

1090 Vid. P. SMITHERS, "*The Council of Europe after twenty years*", en B. LANDHEER (Ed.), *European Yearbook*, Springer, Dordrecht, 1970, pp.10-11.

1091 Vid. K. LÖRCHER, "*The new social dimension in the jurisprudence of the European Court of Human Rights*", en F. DORSSEMONT, K. LÖRCHER y I. SCHÖMANN (Ed.), *The European Convention on Human Rights and the Employment Relation*, Hart Publishing, Londres, 2013, pp.5 y ss.

con esa finalidad, que se fueron renovando y expandiendo en las décadas siguientes[1092], hasta el punto de que se han convertido en "socios" o "compañeros" (*partners* en expresión anglosajona) en numerosas iniciativas sobre derechos humanos, destacando las relativas a tráfico de personas o terrorismo[1093]. Pese a algunas reticencias iniciales, la Resolución 44/6, de 17 de octubre de 1989, de la Asamblea General de Naciones Unidas, concedió al Consejo de Europa la condición de observador para poder participar en sus sesiones de trabajo[1094].

En el estricto terreno de los derechos sociales, también cabe apreciar una relación entre el Pacto Internacional de Derechos Económicos, Sociales y Culturales (PIDESC) aprobado por la ONU y la Carta Social Europea promovida por el Consejo de Europa. En este caso hay que hacer notar, por cierto, que el Consejo de Europa tomó la delantera, pues su Carta data de 1961 mientras que el Pacto de la ONU tan sólo pudo ver la luz en 1966, sin perjuicio de que en la DUDH ya se hubieran incluido numerosos derechos de contenido social. El Preámbulo del PIDESC no es tan expresivo como el del CEDH acerca de sus puntos de referencia, y no hace mención alguna a la Carta Social Europea[1095], pero la influencia de ésta en aquél parece evidente, como se desprende, por un lado, de ese doble y dis-

---

1092 Vid. https://www.coe.int/en/web/der/united-nations.

1093 Vid. DIRECCIÓN DE RELACIONES EXTERIORES DEL CONSEJO DE EUROPA, *Co-operation between the United Nations and the Council of Europe*, Consejo de Europa, Estrasburgo DER/Inf (2019) 2. Disponible en https://rm.coe.int/cooperation-between-the-united-nations-and-the-council-of-europe/1680947118.

1094 Vid. S. SCHMAHL y M. BREUER, *The Council of Europe. Its Law and Policies*, Oxford University Press, Oxford, 2017, pp. 887-888; F. BENOÎT-ROHMER y H. KLEBES, *Council of Europe law. Towards a pan-European legal area*, Consejo de Europa, Estrasburgo, 2005, pp.135 y ss.

1095 Vid. F. COOMANS, "*Application of the International Covenant on Economic, Social and Cultural Rights in the Framework of International Organi-*

tinto canal de protección para los derechos humanos de primera y segunda generación y, por otro, del listado de derechos reconocidos, de su ordenación e incluso de su redacción. El derecho al trabajo, a una remuneración equitativa, a la seguridad e higiene en el trabajo o a la libertad sindical, se formulan en términos tan similares en uno y otro instrumento que lo más sensato es dar a la Carta la condición de modelo para el PIDESC. Hasta tal punto cabe apreciar su grado de cercanía que algún Estado, a la hora de ratificar el PIDESC, ha querido atenerse de forma expresa al contenido de los derechos equivalentes tal y como están reconocidos en la Carta[1096].

Esa influencia de la CSE ha tenido también otros efectos significativos. Como se indicó, el Consejo de Europa instauró en el año 1995 un procedimiento de reclamaciones colectivas para dar eficacia a los derechos reconocidos en tal instrumento. Pues bien, en el seno de las Naciones Unidas fue aprobado en el año 2008 un "Protocolo Facultativo" que permite la presentación de denuncias individuales en relación con sus convenios de derechos y libertades, incluido el PIDESC[1097]. Con independencia de que el cauce implantado por la ONU sea más avanzado, entre otras razones por su mayor modernidad, es clara la relación entre ambos procedimientos, particularmente en lo que se refiere al órgano encargado de sustanciarlos y dirigirlos: el Comité de Derechos Económicos, Sociales y Culturales en el caso de la ONU[1098], y el Comité Europeo de

---

sations", en AA.VV. (ed. A. VON BOGDANDY y R. WOLFRUM), *Max Planck Yearbook of United Nations Law,* Volume 11, 2007, pp.359 y ss.

1096 V.gr., Francia, en relación con la libertad sindical; vid. https://treaties.un.org/Pages/ViewDetails.aspx?src=TREATY&mtdsg_no=IV-3&chapter=4.

1097 https://www.ohchr.org/Documents/Publications/FactSheet7Rev2_sp.pdf.

1098 Vid. O. DE SCHUTTER, *Economic, Social and Cultural Rights as Human Rights: An Introduction,* CRIDHO Working Paper 2013/2, pp.

Derechos Sociales en el caso del Consejo de Europas, en ambos casos formados por expertos independientes[1099]. La naturaleza del procedimiento ordinario de control de unos y otros instrumentos, basado en informes periódicos, es otro punto de analogía entre ambas sedes internacionales.

En fin, más recientemente, la estrecha conexión entre ambas organizaciones se ha vuelto a poner de manifiesto a raíz de la expulsión de Rusia del Consejo de Europa. Esa decisión ha provocado otras consecuencias colaterales, como, por ejemplo, que Rusia haya decidido ignorar las condenas del TEDH, que sigue resolviendo los recursos planteados contra ese país con anterioridad a su expulsión. En ese contexto, el Consejo de Europa ha buscado la complicidad de la ONU, organización de la que Rusia sigue formando parte, para conseguir que a través de los procesos internos de control de Naciones Unidas la Federación Rusa acate las condenas del TEDH[1100], aunque hasta el momento el resultado haya sido infructuoso.

2. El influjo de los convenios y recomendaciones de la OIT

El impacto de la OIT en la producción normativa de ámbito laboral de las principales organizaciones internacionales no es, ni mucho menos, anecdótico o meramente simbólico. Al contrario, es una influencia muy notable y cada vez más do-

---

8-9. Disponible en (https://sites.uclouvain.be/cridho/documents/Working.Papers/CRIDHO-WP2013-2-ODeSchutterESCRights.pdf).

1099 Vid. A.G. LÓPEZ MARTÍN, "La protección internacional de los Derechos Sociales. A propósito de la ratificación española del Protocolo Facultativo del Pacto de Derechos Económicos, sociales y culturales de 2008", *FORO*, núm.13 (2011), pp.38 y ss.

1100 Vid. 1483rd meeting, 5-7 December 2023 (DH). H46-33 *Magnitskiy and Others (Application No. 32631/09) and Mazepa and Others (Application No. 15086/07) v. Russian Federation* (https://search.coe.int/cm/pages/result_details.aspx?objectid=0900001680ad82d1).

cumentada, particularmente en lo que se refiere a la UE[1101]. Esa influencia también alcanza al Consejo de Europa, lo que no resulta extraño habida cuenta de los esfuerzos por articular una actuación coordinada a través de una estrecha colaboración. Así lo demuestra el Acuerdo que ambas organizaciones alcanzaron en el inicio de la década de los 50 del pasado siglo[1102], mediante el que se comprometían a una consulta mutua, se otorgaban recíprocamente la posibilidad de incluir temas o asuntos en la agenda de la otra organización, así como de nombrar de representantes en reuniones de interés común, y se ampliaban las vías de intercambio de información y documentación[1103].

De la colaboración con sentido más institucional se dará cuenta en el epígrafe siguiente, pero digamos ya que desde una perspectiva estrictamente jurídica parece evidente la ascendencia de la labor normativa de la OIT sobre la producción del Consejo de Europa. No es una perspectiva de fácil análisis, pues en muchas ocasiones esa influencia sólo puede detectarse a través de inferencias o deducciones. Pero a veces la incidencia es manifiesta, como ocurre con el impacto del Convenio número 102 de la OIT en el Código de Seguridad Social de 1964 del Consejo de Europa, que, como se dijo en su momento, está confeccionado sin duda a partir de aquellos otros estándares internacionales[1104]. Hasta tal punto que el Código ha

---

1101 Vid. COMISIÓN EUROPEA, *Analysis – in the light of the European Union acquis – of the ILO Conventions that have been classified by the International Labour Organisation as up to date*, Unión Europea, Luxemburgo, 2014, pp.17 y ss.

1102 Con entrada en vigor el día 23 de noviembre de 1951.

1103 https://www.ilo.org/wcmsp5/groups/public/---dgreports/---jur/documents/genericdocument/wcms_440247.pdf.

1104 Vid. A. OJEDA AVILÉS, "La convergencia europea en materia de Seguridad Social: los problemas de un Código internacional de prestaciones mínimas", *RMTIN*, núm.84 (2009), pp.17 y ss.

llegado a calificarse como una «adaptación a la realidad europea del Convenio núm.102»[1105].

No es, en verdad, el único producto normativo del Consejo de Europa en el que pueda reconocerse esa influencia, que en ocasiones se pone de manifiesto en los trabajos preparatorios del convenio correspondiente[1106], y en otras en los denominados *explanatory reports*, informes de los redactores del convenio donde explican los pormenores de la elaboración y ofrecen pautas sobre el alcance y contenido, y en los que no es infrecuente encontrar una cita a los convenios de la OIT como fuente inspiradora[1107]. Y aun cuando esa conexión no haya resultado expresa, las sinergias han sido evidentes en algunos campos, como por ejemplo el de la protección de los trabajadores extranjeros con el fin de evitar la discriminación por razón de nacionalidad, pues la coincidencia en el tiempo de convenios de ambas organizaciones no parece en absoluto casual[1108].

1105 Cfr. M. VIVES CABALLERO, "Código Europeo de Seguridad Social: comentarios a su contenido y a su ratificación por España", *RL*, Tomo I (1995), pág.1369.

1106 Como ha sucedido, por ejemplo, en relación con el trabajo infantil, vid. STEERING COMMITTEE OF HUMAN RIGHTS (CDDH), *Draft feasibility study on corporate social responsibility in the field of human rights*, 2012, pág. 9 (https://www.business-humanrights.org/sites/default/files/media/documents/draft-feasibility-study-council-of-europe-nov-2012_.pdf).

1107 Así acontece, por ejemplo, en relación con el Convenio contra el tráfico de seres humanos de 2005, que cita los Convenios OIT 29, 105 y 182; vid. https://rm.coe.int/CoERMPublicCommonSearchServices/DisplayDCTMContent?documentId=09000016800d3812.

1108 Vid. K.A. HÄUSLER, *Defenceless workers? The protection of irregular migrant workers in Europe with a focus on the situation in France and Spain*, Institut de Dret Public, Universidad de Barcelona, Barcelona, 2010, pp.10-11.

En un sentido análogo, el Consejo de Europa ha querido mostrar en ocasiones su absoluto respeto por la labor de la OIT en el terreno en cuestión, como queda de manifiesto, señaladamente, en el artículo 6.1 del AESS, en cuya virtud esas reglas de coordinación entre sistemas de Seguridad Social «no afectarán a las obligaciones que se deriven de un convenio cualquiera adoptado por la Conferencia Internacional de Trabajo». Se pretende evitar, de ese modo, una situación de concurrencia conflictiva entre normas 1 que al fin y al cabo responden a objetivos y propósitos que podrían resultar idénticos.

No obstante, es probable que el mayor impacto de la labor de la OIT en la actividad del Consejo de Europa en el terreno laboral y de seguridad social se haya reflejado en la elaboración y evolución de la Carta Social Europea. No cabe ninguna duda de que tanto en la delimitación del catálogo de derechos reconocidos en la Carta como en la tarea de asignarles contenido, el Consejo de Europa ha tomado como referencia la labor de la OIT. Nótese que muchos derechos nucleares en la CSE se corresponden con la materia propia del acervo de "convenios fundamentales" de la OIT, tal y como ocurre con la prohibición del trabajo forzoso (Convenios 29 de 1930 y 105 de 1957), la libertad sindical (Convenio 87 de 1948), la negociación colectiva (Convenio 98 de 1949), la igualdad retributiva (Convenio 100 de 1951) o la prohibición de discriminación (Convenio 111 de 1958). Por otra parte, muchos de los derechos estampados en los denominados por la propia OIT "convenios técnicos" fueron en su momento incorporados a la Carta, como los relativos a la edad mínima para trabajar (Convenios 5 de 1919, 7 de 1920, 10 de 1921 y 33 de 1932), las limitaciones al trabajo nocturno (Convenios 6 de 1919 y 41 de 1934), la garantía de tiempos de trabajo y descanso adecuados (Convenios 1 de 1919, 14 de 1921, 47 de 1935 y 52 de 1936) o la protección de las trabajadoras embarazadas (Convenio 3 de 1919), por citar sólo algunos de los iniciales[1109]. No es un resultado sorprendente, pues, como se desarrollará en el epígrafe siguiente, la OIT participó activamente en la elaboración de la Carta Social Europea, de modo que el resultado final tomaba muy en cuenta los textos de esa organización, considerados como estándar mínimo de protección internacional en materia de derechos laborales y de protección social[1110].

Por supuesto, el impacto también se ha producido en sentido inverso, de modo que algunos textos de la OIT están muy conectados con actuaciones previas del Consejo de Europa. Sucede así, por ejemplo, en materia de protección de datos, en la que el Convenio número 108 del Consejo de Europa, de 28 de enero de 1981, constituye un hito destacado en la preocupación internacional por la protección de datos personales[1111], y al que siguió en enero de 1989 la Recomendación R (89) 2, sobre protección de datos personales "usados con pro-

1109 Vid. M. RODRÍGUEZ-PIÑERO Y BRAVO-FERRER, "La Carta Social Europea y su puesta en práctica", *Revista de Instituciones Europeas*, núm.1 (1978), pp. 59 y ss.; F. JIMÉNEZ GARCÍA, "La Carta Social Europea (Revisada): entre el desconocimiento y su revitalización como instrumento de coordinación de las políticas sociales europeas", *Revista electrónica de estudios internacionales (REEI)*, núm.17 (2009) (http://www.reei.org/index.php/revista/num17/articulos/carta-social-europea-revisada-entre-desconocimiento-su-revitalizacion-como-instrumento-coordinacion-politicas-sociales-europeas).

1110 Vid. H.G. BARTOLOMEI DE LA CRUZ, "La Carta Social Europea y la Organización Internacional de Trabajo; veinticinco años de colaboración ejemplar", en AA.VV., *La Carta Social Europea en la perspectiva de la Europa del año 2000*, MTSS, Madrid, 1989, pp. 136 y ss.; S. EVJU, "The European Social Charter and the International Labour Organisation: interlinks past and present", en W. DÄUBLER y R. ZIMMER, *Arbeitsvölkerrecht, Festschrift für Klaus Lörcher*, Nomos, Baden Baden, 2013, pp.156 y ss.

1111 https://www.coe.int/en/web/conventions/full-list/-/conventions/treaty/108.

pósito de empleo" (*used for employment purposes*)[1112]. Esos dos instrumentos han servido como punto de partida para desarrollos posteriores de ese derecho también en el ámbito laboral y constituyeron referentes para otras organizaciones, y en particular para la OIT, que en 1997 aprobó su "Repertorio de recomendaciones prácticas sobre protección de los datos personales de los trabajadores"[1113]. Por cierto, la Recomendación del Consejo de Europa de 1989 ha sido sustituida por otra de 2015, que parece tomar como referente la actividad de la UE, y no tanto de la OIT[1114].

En otro contexto, y mucho más recientemente, el Convenio número 190 de la OIT sobre la violencia y el acoso (2019) nos brinda otro ejemplo de influencia del Consejo de Europa en la labor de esa otra Organización, pues para su elaboración se utilizó como uno de sus referentes principales el Convenio para prevenir y combatir la violencia contra las mujeres y la violencia doméstica del Consejo de Europa[1115], firmado en Estambul en el año 2011[1116].

1112 https://www.coe.int/t/dg3/healthbioethic/texts_and_documents/Rec(89)2E.pdf.

1113 Vid. OIT, *Repertorio de recomendaciones prácticas de la OIT. Protección de los datos personales de los trabajadores*, OIT, 1997, http://www.ilo.org/public/libdoc/ilo/1997/97B09_118_span.pdf.

1114 Vid. Recomendación CM/Rec(2015)5 del Comité de Ministros del Consejo de Europa, sobre tratamiento de datos personales en el contexto del empleo, disponible en https://search.coe.int/cm/Pages/result_details.aspx?ObjectID=09000016805c3f7a.

1115 Vid. I. CROTTI, *Protecting workers from gender-based violence and harassment in Europe. A comparative analysis of ILO Convention 190, Istanbul Convention, Social Partners Framework Autonomous Agreement*, European Public Service Union, 2019 (https://www.epsu.org/sites/default/files/article/files/EPSU%20Briefing%20Report%20ILO%20190_FINAL_0.PDF).

1116 https://www.coe.int/en/web/conventions/full-list/-/conventions/treaty/210.

En fin, a todo ello habría que unir la influencia que la producción normativa de la OIT ha podido desplegar en la conformación de la doctrina laboral o social del TEDH. Como ya se ha dicho con anterioridad, el Tribunal de Estrasburgo se aproxima a los distintos supuestos de hecho no sólo a partir del CEDH, sino también de las aportaciones de instituciones u organizaciones que han contribuido a elaborar algún tipo de estándar internacional en materia de derechos sociales, principalmente de la ONU y de la OIT, lo cual, evidentemente, ha contribuido a realzar esas estrechas relaciones que siempre se han mantenido entre el Consejo de Europa y la OIT[1117].

3. Las vías de comunicación institucional entre la OIT y el Consejo de Europa

Como se indicó en el epígrafe anterior, el Consejo de Europa mostró una decidida voluntad de cooperar con la OIT desde prácticamente su gestación, voluntad que muy pronto quedó formalmente acreditada. Justamente el día 23 de noviembre de 1951 entró en vigor el Acuerdo con el que ambas organizaciones[1118], según su preámbulo, pretendían «coordinar sus esfuerzos» para una mejor consecución de sus fines respectivos «evitando duplicaciones y solapamientos» y «facilitando la concentración de esfuerzos con vistas a garantizar el uso más eficiente de los recursos disponibles»[1119]. Coordinación,

---

1117 Por ejemplo, y en relación con el derecho de huelga, vid. A. VELDMAN, "*The Protection of the Fundamental Right to Strike within the Context of the European Internal Market: Implications of the Forthcoming Accession of the EU to the ECHR*", *Utrecht Law Review,* Vol.1 (2013), pp.112 y ss.

1118 https://www.ilo.org/wcmsp5/groups/public/—dgreports/—jur/documents/genericdocument/wcms_440247.pdf.

1119 Esa voluntad de cooperación está asimismo presente en otros acuerdos a los que ha llegado la OIT con organizaciones de otros ámbitos geográficos, como África, América y Asia; vid. J.M. SERVAIS, "The

conjunción de esfuerzos y eficiencia iban a ser, por lo tanto, los lemas de esa estrecha cooperación.

En aquel momento, el Acuerdo de 1951 se mostraba muy ambicioso, y comenzaba con un elogioso compromiso de consulta mutua mediante el que ambas organizaciones debían reunirse regularmente para poner en común asuntos o problemas comunes y coordinar su actuación (art. 1). En particular, la OIT se comprometía a avisar previamente al Consejo de Europa de aquellas actuaciones que programa desarrollar en ese ámbito geográfico, y el Consejo de Europa asumía esa misma obligación en sentido inverso, con el deber de cada organización de «considerar las observaciones» realizadas por la otra. Además, también se contemplaba la designación de representantes de la organización *partenaire* para su participación en las sesiones de los órganos directivos en las que pudieran abordarse materias de interés común.

El artículo 2 del Acuerdo contemplaba a su vez una fórmula de comunicación institucional aparentemente más intensa, toda vez que se preveía la facultad de ambas organizaciones de «proponer asuntos para la inclusión en la agenda» de actuación de la otra organización. Esa propuesta no había de limitarse, por lo demás, a las acciones que pudieran requerir tareas de colaboración o cooperación, sino que podía derivar del convencimiento de una de las organizaciones de que la intervención de la otra en el tema en cuestión resultaba mucho más conveniente para lograr un resultado efectivo.

La cooperación no sólo se contemplaba en el plano político, con participación en las más altas instancias de toma de decisiones, sino también en relación con los aspectos más técnicos, pues ambas organizaciones se comprometían a organizar

---

ILO law and the present crisis", *International Society for Labour and Social Security Law,* 2013 (https://islssl.org/the-ilo-law-and-the-present-crisis/#_ftn1).

y promocionar reuniones de expertos en materias de interés común (art.4), así como a proporcionarse recíprocamente la asistencia técnica necesaria para la consecución de sus fines respectivos (art.5). Todo ello operaba, por otra parte, en un marco general de colaboración que debía traducirse en un intercambio continuo de información, datos y estadísticas para llevar a buen término esa cooperación, y que en los años siguientes daría lugar a otros resultados tangibles, como la creación de un Centro de Información e Investigación en materia de Formación Profesional Internacional, lograda gracias a un Acuerdo de 8 de diciembre de 1960[1120]. Conviene tener presente que estos acuerdos se enmarcan en una decidida voluntad del Consejo de Europa de estrechar los lazos con la ONU y sus organismos o agencias especializadas, de modo que por las mismas fechas pueden encontrarse convenios similares con la UNESCO o con UNICEF, por ejemplo[1121].

Particularmente significativos son los canales de comunicación que ambas organizaciones han establecido en el contexto de la Carta Social Europea. Esa conexión no es nada sorprendente si se tiene en cuenta que la OIT estuvo involucrada muy directamente en el proceso de elaboración de la Carta, ya que tras varios proyectos frustrados, el propio Comité de Ministros del Consejo de Europa pidió a la OIT que asumiera un papel más activo, que se concretó en la convocatoria de una «Conferencia tripartita» que elaboró dos informes con sugerencias de mejora del último proyecto presentado, de 1958, y que proporcionaron un impulso determinante para continuar con los

---

1120 *Arrangement between the International Labour Organisation and the Council of Europe on the creation and activities of the International Vocational Training Information and Research Centre* de 8 de diciembre de 1960; vid. https://rm.coe.int/CoERMPublicCommonSearchServices/DisplayDCTMContent?documentId=0900001680467006.

1121 Vid. S. SCHMAHL y M. BREUER, *The Council of Europe. Its Law and Policies,* Oxford University Press, Oxford, 2017, pág. 885.

trabajos preparatorios, vencer las reticencias de los Estados y finalmente aprobar el texto de la Carta[1122].

En cuanto a la interacción más directa entre ambas Organizaciones, conviene recordar ahora lo que ya dijimos en un capítulo anterior acerca de la previsión en el articulado de la CSE de la posibilidad de participación de la OIT en los procedimientos dirigidos al control de su cumplimiento. Recuérdese que dentro de la Parte IV de la Carta original se regulaba el sistema de informes que debía conducir a las conclusiones pertinentes del «Comité de Expertos» (que pasaría a ser el Comité Europeo de Derechos Sociales), y que, en ese marco, el artículo 26 de la CSE se refería a la «participación de la Organización Internacional del Trabajo». Concretamente, dispone ese precepto que «se invitará a la Organización Internacional del Trabaje a que designe un representante para que participe a título consultivo en las deliberaciones del Comité de Expertos».

Todo ello muestra clara sintonía con los fines que en términos más generales fueron plasmados en el Acuerdo de cooperación entre el Consejo de Europa y la OIT de 1951, y no es, a la postre, más que la expresión de una de las muchas vertientes de una relación de colaboración especialmente rica. En realidad, el mecanismo de control al que acabamos de aludir, referido a la CSE, coincide sustancialmente con el que ha adoptado la OIT, y la existencia de esas múltiples vías de comunicación explica que muchos criterios elaborados por el CEDS sigan fielmente las directrices de los órganos de control de la OIT,

---

1122 Vid. M. RODRÍGUEZ-PIÑERO Y BRAVO-FERRER, "La Carta Social Europea y su puesta en práctica", *Revista de Instituciones Europeas*, núm.1 (1978), pág.55; H.G. BARTOLOMEI DE LA CRUZ, "La Carta Social Europea y la Organización Internacional de Trabajo; veinticinco años de colaboración ejemplar", AA.VV., *La Carta Social Europea en la perspectiva de la Europa del año 2000*, MTSS, Madrid, 1989, pp.131 y ss.

entre ellos el Comité de Libertad Sindical o la Comisión de Expertos en Aplicación de Convenios y Recomendaciones[1123].

Sin lugar a dudas, la OIT ha jugado un papel determinante en la posterior evolución de la CSE, pues algunos de sus más significativos progresos han tomado como modelo a esa organización[1124]. Así sucede con el procedimiento de reclamaciones colectivas, inspirado en el procedimiento de queja ante el Comité de Libertad Sindical. Como era de esperar, la Carta revisada de 1996 también toma como referencia la labor de la OIT, además de exigir en el artículo "O" que se notifique a la OIT toda aquella información que le pudiera resultar relevante, como la relativa a reservas, modificaciones o denuncias. En todo caso, también es cierto que en los últimos lustros va siendo cada vez más difícil identificar fehacientemente la fuente primaria de influencia, toda vez que el Derecho de la Unión Europea ha ido ganando terreno y protagonismo en el contexto de las relaciones internacionales[1125].

II. LA RELACIÓN CON LA UNIÓN EUROPEA

Como ya apuntamos en su momento, el nacimiento en fechas muy próximas del Consejo de Europa y de lo que hoy

---

1123 http://www.ilo.ch/global/standards/applying-and-promoting-international-labour-standards/committee-of-experts-on-the-application-of-conventions-and-recommendations/lang–en/index.htm.

1124 Vid. K. LÖRCHER, "Interpretation", en N. BRUUN, K. LÖRCHER, I. SCHÖMANN y S. CLAUWAERT (Ed.), *The European Social Charter and the employment relation,* European Trade Union Institute, Oxford, 2017, pp.56-57.

1125 Vid. S. EVJU, "The European Social Charter and the International Labour Organisation: interlinks past and present", en W. DÄUBLER y R. ZIMMER, *Arbeitsvölkerrecht, Festschrift für Klaus Lörcher,* Nomos, Baden Baden, 2013, pp.156 y ss.

conocemos como Unión Europea no fue en absoluto casual. Las dos grandes guerras que afectaron al continente europeo en la primera mitad del siglo pasado reafirmaron entre los dirigentes y responsables políticos la convicción de que era necesario poner en marcha acciones comunes entre los países europeos capaces de sustituir el escenario de la confrontación por la idea de cooperación, más aún ante el peso creciente de otras potencias comerciales, sobre todo Estados Unidos, pero también Japón y otros focos orientales. En aquel proceso de (re)construcción europea se combinaban, así pues, unos fines marcadamente políticos con otros objetivos de más claro carácter económico, con el propósito último de lograr una paz duradera mediante estructuras sólidas de participación y colaboración.

1. Dos vías paralelas para la construcción europea

La buena convivencia entre los países europeos y la observancia compartida de un ideario básico común en lo que se refiere a los derechos humanos actuaron definitivamente como detonantes del Consejo de Europa. Obviamente, no eran cometidos despreciables, pero al parecer no llegaban a colmar las aspiraciones de algunas Partes Contratantes, que apostaban por una relación más estrecha en el campo de la economía y las finanzas y que, ante la falta de respaldo de esos propósitos en el seno del Consejo de Europa, exploraron cauces paralelos para constituir alianzas en esos otros dominios de la acción gubernamental. En este otro camino, la propuesta más definida propugnaba la creación de una "autoridad especializada" en el sector del carbón con competencias supranacionales, que impulsada principalmente por Francia daría lugar no mucho más tarde a la creación de la Comunidad Económica del Carbón y del Acero (CECA)[1126], uno de los gérmenes más inmediatos, junto con el Benelux, de la Comunidad Económica Europea, que con el paso del tiempo adoptaría la denominación más global de Comunidades Europeas, y que, como todos sabemos, se transformaría en los años noventa del siglo pasado en la actual Unión Europea (UE). Añadamos a ese pequeño recuento histórico que por esas mismas fechas las iniciativas comunitarias se vieron engrosadas con la adhesión de los países de la antigua EFTA (Asociación Europea de Libre Comercio), que compusieron así lo que hoy en día todavía denominamos como Espacio Económico Europeo (EEE).

La historia posterior es bien conocida y ha derivado en la consolidación de esas dos grandes organizaciones supranacionales de matriz europea, que coexisten pacíficamente y que articulan dicha coexistencia sin especiales dificultades, habida cuenta que actúan con objetivos parcialmente distintos y en todo caso compatibles. La UE es hoy una organización internacional de integración económica y política que ejerce competencias soberanas por delegación de los Estados Miembros, a diferencia del Consejo de Europa, que es una organización de cooperación que no busca exactamente el establecimiento de instancias compartidas de decisión en los terrenos político y económico, sino la promoción y difusión de los valores que sirven de base al Estado democrático[1127].

En consecuencia, el Consejo de Europa es una organización potencialmente abierta a un mayor número de Estados que la UE, en la que los requisitos de acceso y de permanencia son bastante más exigentes, por las renuncias que ello implica res-

---

[1126] Vid. R. OYARZÚN IÑARRA, "Etapas de la integración europea: El Consejo de Europa y el Plan Schuman", *Revista de Política Internacional*, núm.11 (1952), pp.24 y ss.

[1127] Vid. J.A. PASTOR RIDRUEJO, "Sesenta años del Consejo de Europa", *Revista de Derecho Comunitario Europeo*, núm.33 (2009), pp.441 y ss.

pecto de la capacidad decisoria de los Estados, lo cual, dicho sea de paso, no deja de ser una constante fuente de tensiones en su orden interno. En el seno del Consejo de Europa los Estados mantienen el ejercicio de sus competencias soberanas, y, más allá de los instrumentos de aceptación obligatoria, como el Convenio Europeo de Derechos Humanos, deciden su estrategia política y económica. Consejo de Europa y Unión Europea son, en cualquier caso, organizaciones europeas que han nacido y crecido de forma paralela y que, por caminos diferentes, han buscado una mayor aproximación, e incluso un mayor grado de complicidad, entre las naciones europeas.

En cualquier caso, que la coexistencia entre las dos organizaciones haya sido eminentemente pacífica no deriva exclusivamente de sus diferencias en los respectivos ámbitos competenciales, sino también, con toda probabilidad, de la actitud flexible y del buen talante que siempre ha mostrado el Consejo de Europa en sus iniciativas y actuaciones, en las que ha primado la eficacia y la efectiva consecución de sus objetivos sobre otros aspectos formales o de índole competencial. Es evidente que las Comunidades Europeas primero, y la Unión Europea después, fueron incrementando progresivamente sus áreas de influencia, a menudo sin tomar en consideración si alguna otra organización intervenía en las correspondientes parcelas con anterioridad. El Consejo de Europa, aunque en algún momento haya podido mostrar malestar o queja por la invasión de espacios en los que venían actuando con cierto grado de exclusividad, ha optado por evitar que las relaciones entre ambas organizaciones se malograran por cuestiones de competencia o posiciones conflictivas[1128]. Podría decirse que, más bien, ha intentado aprovechar la labor de la UE, o de cualesquiera otras

1128 Vid. M. KOLB, *The European Union and the Council of Europe*, Palgrave Macmillan, Reino Unido, 2013, pág.2.

organizaciones internacionales, como una oportunidad para perseverar en el logro de sus fines.

Concretamente, la progresiva implantación de estándares comunes en el espacio comunitario por parte de la UE, que por definición puede alcanzar grados de integración mucho más intensos que el Consejo de Europa, ha permitido a esta otra Organización incorporar dichos criterios a su propio acervo de directrices, con la posibilidad de trasladarlos, llegado el caso, a un ámbito territorial más amplio que el de la UE, principalmente a las zonas del Este de Europa a las que aún no ha podido alcanzar la acción comunitaria.

2. La senda de comunicación institucional entre el Consejo de Europa y la Unión Europea

En términos generales, no hay duda de que el Consejo de Europa ha mostrado sistemáticamente una decidida voluntad de cooperar con las restantes organizaciones internacionales para alcanzar de forma más eficaz los resultados pretendidos. La intensidad de esa colaboración con Naciones Unidas y con la OIT, de la que ya hemos hablado, constituye un ejemplo evidente. Situados en esa línea, no era de extrañar que las relaciones de cooperación lograran también cotas satisfactorias en lo que se refiere a la Unión Europea, principalmente porque son ya muy numerosos los Estados involucrados en una y otra Organización, y porque hay bastantes puntos en común en sus respectivos objetivos y ámbitos de actuación.

Sin embargo, esa buena relación entre ambas organizaciones no se ha reflejado siempre en vínculos institucionales suficientemente consolidados, a diferencia, por ejemplo, de lo que ya vimos sobre la relación entre el Consejo de Europa y la OIT. Mientras que los lazos con esta organización especializada de la ONU quedaron formalizaron desde los inicios de la década de los cincuenta, prácticamente desde el momento de entrada en funcionamiento del Consejo de Europa, los contactos formales con las Comunidades Europeas experimentaron algún retraso, pese a que los sucesivos Tratados comunitarios han ido contemplando de forma expresa la cooperación con el Consejo de Europa.

Ya en el Tratado CECA se incluía, en efecto, un Protocolo sobre la configuración de esas relaciones[1129], en el que se quería consignar la preferencia por la designación como representantes de la Asamblea de la CECA de aquellos parlamentarios estatales que fueran a su vez representantes en la Asamblea del Consejo de Europa. Además, se establecían obligaciones para las instituciones de la CECA en relación con el Consejo de Europa, como la de enviar a tal Organización informes sobre sus actividades y sobre la implementación de las recomendaciones efectuadas en tal sentido.

Más tarde, el Tratado de las Comunidades Europeas volvió a referirse a las relaciones futuras con el Consejo de Europa[1130], aunque no incluía previsiones sobre la elaboración de protocolos al respecto, sino que se limitaba, mediante una declaración de tono más general, a mostrar la disposición de las instituciones comunitarias a concluir acuerdos con organizaciones internacionales en orden a facilitar el cumplimiento de los objetivos de interés común. Una disposición similar proclamaba, por cierto, el Tratado EURATOM[1131], que de nuevo se limitaba a dejar constancia de la voluntad de colaboración con el Consejo de Europa por parte de esa particular Comunidad Europea, pero sin mayor desarrollo ulterior a lo largo de su articulado, ni siquiera en el interior de sus anexos.

De cualquier modo, estas previsiones de los Tratados fundacionales propiciaron el intercambio de misivas entre el Se-

---

1129 Expresamente previsto en el artículo 94 de dicho Tratado.

1130 Art.230 del Tratado.

1131 Art.200 del Tratado.

cretario General del Consejo de Europa y el Presidente de la Comisión de las Comunidades Europeas en el año 1959 con el fin de concretar las modalidades de colaboración, si bien tales contactos tan sólo dieron lugar en aquellos momentos a la decisión concorde de que fueran invitados representantes de cada una de esas organizaciones a las deliberaciones de los órganos o comités de su *partenaire* cuando se trataran asuntos de interés mutuo[1132].

Esta colaboración, que realmente no llegó a lograr especial intensidad, fue de alguna forma replanteada por el Consejo de Europa cuando en el año 1974 manifestó, a través de su Comité de Ministros, su voluntad de actuar de manera conjunta con las Comunidades Europeas en determinadas materias, con la consiguiente intensificación de sus vínculos institucionales. Sin embargo, ese propósito tampoco llegó a concretarse en resultados inmediatos. Una década después, en su Resolución (85) 5, de 25 de abril de 1985, el Comité de Ministros insistió en la conveniencia de estrechar lazos con las Comunidades Europeas, unos buenos deseos que en este caso sí llegaron a mejor puerto, ya que un par de años después, con fecha de 16 de junio 1987, se materializó un segundo Acuerdo entre ambas organizaciones[1133].

Dicho Acuerdo implicaba la participación de representantes de la Comisión Europea en los comités o comisiones del Consejo de Europa, o en las conferencias de ministros de dicha Organización, siempre que se abordaran asuntos de interés común para ambas organizaciones. También incorporó a su contenido cláusulas específicas para abrir la posibilidad de que

---

1132 Vid. S. SCHMAHL y M. BREUER, *The Council of Europe. Its Law and Policies*, Oxford University Press, Oxford, 2017, pp.893-894.

1133 https://rm.coe.int/CoERMPublicCommonSearchServices/DisplayDCTMContent?documentId=090000168064c45d.

las Comunidades Europeas pudieran acceder como parte signataria en los convenios celebrados por el Consejo de Europa.

Aunque las modalidades de cooperación se ampliaban, la situación real distaba al parecer de ser óptima, por lo que el propio Consejo de Europa trató de poner de manifiesto en varias ocasiones su insatisfacción en tal sentido, como pudo constatarse en el "Informe sobre el papel futuro del Consejo de Europa en el proceso de construcción europea" presentado a discusión en la Asamblea Parlamentaria del Consejo de Europa en el año 1989, en el que se insistía en la necesidad de fortalecer los vínculos con la Unión Europea[1134]. Durante la década de los años noventa del siglo pasado se sucedieron, sin excesivo éxito, diversos intentos de avanzar en esa línea[1135], pero el verdadero salto cualitativo se produjo en el año 2005, tras la ampliación de la UE a varios países del Este de Europa, fenómeno que planteaba diversos retos tanto a la Unión Europea, habida cuenta de las diferencias históricas y políticas entre ese nuevo bloque comunitario y los socios precedentes, especialmente en lo que se refiere a la concepción y aplicación de los derechos fundamentales, como al propio Consejo de Europa, que de algún modo percibía una nueva invasión de su genuino espacio de actuación, muy centrado en esos años en los Estados que no formaban parte de la UE[1136].

1134 https://www.cvce.eu/content/publication/2004/4/29/83608007-8937-41ad-8d59-4bbac5575bcc/publishable_en.pdf.

1135 Por ejemplo, un intercambio de cartas entre el Secretario General del Consejo de Europa y el presidente de la Comisión Europea en 1996, o una declaración conjunta del Consejo de Europa y la Comisión en 2001 donde mostraban su voluntad conjunta de intensificar la cooperación; vid. https://rm.coe.int/CoERMPublicCommonSearchServices/DisplayDCTMContent?documentId=090000168064c45d.

1136 Vid. F. BENOÎT-ROHMER y H. KLEBES, *Council of Europe law. Towards a pan-European legal area*, Consejo de Europa, Estrasburgo, 2005, pp.127 y ss.

El Plan de Acción aprobado en la ciudad de Varsovia en el año 2005 entre ambas organizaciones trataba de hacer viable el buen entendimiento mutuo en ese nuevo contexto. Para la UE, era una buena ocasión para valerse de la experiencia y la especialización del Consejo de Europa en materia de derechos humanos, y para el Consejo de Europa era el mejor cauce para mantener una influencia relevante en esos espacios territoriales, en los que podía apoyarse en la potencia logística y económica de la UE. En esencia, ese Plan de Acción contenía directrices específicas para reforzar la cooperación, procurando minimizar solapamientos entre ambas organizaciones.

3. La implicación del Consejo de Europa y la Unión Europea en el terreno de los derechos humanos

Fue en ese contexto institucional y temporal cuando empezó a promoverse la incorporación formal de las Comunidades Europeas al CEDH y a cualesquiera otros convenios del Consejo de Europa referidos a los derechos humanos y las libertades públicas, como nueva Parte Contratante. No se trata de una declaración de intenciones retóricas, sino que se ha materializado en hechos concretos, con ejemplos significativos, entre los que puede destacarse la ratificación (con efectos de 1 de octubre de 2023) del Convenio del Consejo de Europa para prevenir y combatir la violencia contra las mujeres y la violencia doméstica, conocido como Convenio de Estambul[1137]. Ya desde su inicio, esta forma de actuar es muestra del deseo común de actuar con coherencia en la garantía de esos derechos, mediante una colaboración más estrecha entre las instituciones y agencias co-

---

1137 Vid. Decisión (UE) 2023/1075 del Consejo de 1 de junio de 2023 relativa a la celebración, en nombre de la Unión Europea, del Convenio del Consejo de Europa sobre prevención y lucha contra la violencia contra las mujeres y la violencia doméstica, en lo que respecta a las instituciones y la administración pública de la Unión.

munitarias y las del Consejo de Europa. Esos firmes propósitos se plasmaron en un primer momento en el Informe que en el año 2006 presentó Jean-Claude Juncker, en nombre de la Unión Europea, ante los Jefes de Estado y de Gobierno de los Estados parte del Consejo de Europa, en el que aseveraba que el «Consejo de Europa y la Unión Europea fueron productos de la misma idea, el mismo espíritu y la misma ambición»[1138], aunque también se advertía acerca del riesgo de solapamiento de sus respectivas acciones y competencias y de la necesidad, en consecuencia, de favorecer sinergias entre ambas organizaciones y de evitar derroches innecesarios de recursos.

A tal fin, el referido Informe contemplaba numerosas vías de colaboración, que, no sin dificultades[1139], se concretaron un año después en el Memorando de Entendimiento de mayo de 2007[1140], en el que se reconocía explícitamente al Consejo de Europa como la «referencia en materia de derechos humanos, Estado de Derecho y democracia en Europa». En ese mismo documento conjunto se instaba a desarrollar las relaciones entre ambas organizaciones en «todas las áreas de interés común, en particular la promoción y protección de la pluralidad democrática, el respeto a los derechos y libertades fundamentales, el Estado de Derecho, la cooperación legal y política, la cohesión social y el intercambio cultural», lo cual dio lugar a una «alianza estratégica» entre ambas organizaciones que se concretó en la potenciación del diálogo político al más alto nivel, con un papel muy relevante para el Alto Representante de la Unión Europea para Asuntos Exteriores y Política de

---

1138 Cfr. J.C. JUNCKER, *Council of Europe-European Union: "A sole ambition for the European continent"*, pág.1 (https://rm.coe.int/16804e3d96).

1139 AA. VV., *EU engagement with other European regional organisations*, Frame, Comisión Europea, 2016, pp.26 y ss (https://www.venice.coe.int/files/articles/Suchocka_EU_and_other_institutions.pdf).

1140 https://rm.coe.int/CoERMPublicCommonSearchServices/DisplayDCTMContent?documentId=0900001680597b32.

Seguridad[1141]. También se impulsó la cooperación legal, se promovió el contacto entre las agencias y los organismos con finalidad común en cada uno de los partenaires, y se activó la elaboración de programas conjuntos de cooperación en áreas de interés mutuo.

A partir de ese momento, la cooperación no se limitó a la participación de un representante de una de esas organizaciones en las reuniones o agencias de la otra que pudieran tratar asuntos comunes, fórmula hoy en día afortunadamente muy generalizada[1142], sino que se fueron sucediendo pasos y procesos de colaboración de muy variada índole, que han implicado, por ejemplo, el intercambio de información de modo periódico entre el Tribunal de Justicia de la UE y el TEDH, o entre el Consejo de Europa y las distintas agencias y organismos de la UE con campos competenciales comunes, como la Agencia de los Derechos Fundamentales de la Unión Europea (FRA)[1143].

Como se puede apreciar, no se trata de una colaboración ceñida a materia laboral y de seguridad social, sino de relaciones de más amplio espectro temático, aunque con la pertinente irradiación en esos terrenos más específicos[1144]. Pese a asen-

---

1141 Vid. DIRECCIÓN DE RELACIONES EXTERIORES DEL CONSEJO DE EUROPA, *Co-operation between the United Nations and the Council of Europe*, Consejo de Europa, Estrasburgo DER/Inf (2018) 2, pág.4. Disponible en https://rm.coe.int/der-inf-2018-2-overview-of-coe-eu-cooperation-mechanisms/16808e4706.

1142 Un detallado listado de los organismos del Consejo de Europa en los que participa una representación de la Unión Europea puede encontrarse en https://rm.coe.int/CoERMPublicCommonSearchServices/DisplayDCTMContent?documentId=09000016805970c0.

1143 El Acuerdo entre la FRA y el Consejo de Europa se publicó en el DOUE de 15 de julio de 2008 (https://fra.europa.eu/sites/default/files/cooperation-agreement-ec-coe-fra_bg.pdf).

1144 La documentación relativa a esas vías de cooperación está disponible en la página web del Consejo de Europa: https://www.coe.int/en/web/der/european-union-documents.

tarse en un instrumento propio de *soft law,* como el *Memorando de Entendimiento* de 2007, los resultados prácticos han sido calificados por el propio Consejo de Europa como satisfactorios, aunque con la advertencia de que esa alianza debe fortalecerse para afrontar los retos futuros[1145], lo que desde algún sector se ha aprovechado para sugerir, o al menos plantear, la conveniencia de una asociación más formalizada entre esas organizaciones[1146]. En este sentido, parece que en un futuro inmediato tendrá lugar una negociación bilateral entre las dos organizaciones en una materia tan sensible como la regulación de la inteligencia artificial[1147], aunque tampoco cabe desdeñar otras formas de colaboración distintas, incluso peculiares, como la autorización de la UE para que los Estados Miembros firmen «en interés de la Unión Europea» algún convenio del Consejo de Europa, como ha sucedido en el contexto de la protección de datos personales[1148], o el establecimiento de pautas para fi-

1145 Vid. el "*Summary Report on co-operation between the Council of Europe and the European Union*" del Consejo de Europa de 30 de abril de 2019 (https://search.coe.int/cm/pages/result_details.aspx?ObjectId=0900001680943482).

1146 Vid. F. BENOÎT-ROHMER y H. KLEBES, *Council of Europe law. Towards a pan-European legal area*, Consejo de Europa, Estrasburgo, 2005, pp.134-135.

1147 Vid. Decisión (UE) 2019/682 del Consejo, de 9 de abril de 2019, por la que se autoriza a los Estados miembros a firmar, en interés de la Unión Europea, el Protocolo que modifica el Convenio del Consejo de Europa para la protección de las personas con respecto al tratamiento automatizado de datos de carácter personal.

1148 Vid. Decisión (UE) 2022/2349 del Consejo de 21 de noviembre de 2022 por la que se autoriza la apertura de negociaciones en nombre de la Unión Europea con vistas a un convenio del Consejo de Europa sobre inteligencia artificial, derechos humanos, democracia y Estado de Derecho. Esa intención de negociar se ha reiterado posteriormente, como se refleja en https://ec.europa.eu/commission/presscorner/detail/es/ip_23_6473.

jar la posición de los Estados miembros en algunos convenios del Consejo de Europa[1149].

4. La influencia del Consejo de Europa en el sistema de derechos humanos de la UE

El influjo en la Unión Europea de la labor normativa desarrollada desde su origen por el Consejo de Europa en materia de derechos humanos y libertades públicas no es fácil de medir. Desde luego, en una primera etapa cabe decir que la incidencia del Consejo en esa otra organización europea no podía ser elevada en modo alguno, por la diferencia material de los ámbitos de actuación típicos en cada una de esas organizaciones. Mientras que las Comunidades Europeas centraron su interés prioritario en la liberalización de los intercambios comerciales, no parecieron prestar demasiada atención al papel del Consejo de Europa, más volcado con la promoción de la democracia y los derechos humanos. En cambio, cuando las Comunidades Europeas comenzaron a dedicar más esfuerzos a estos otros temas, la conexión con el Consejo de Europa parecía más necesaria.

Por lo que respecta al sistema normativo de la UE, cabe encontrar menciones a los instrumentos del Consejo de Europa tanto en el derecho originario como en el derivado desde la década de los 80 del siglo pasado, pero no es claro qué grado

---

1149 Vid. Decisión (UE) 2024/1667 del Consejo, de 30 de mayo de 2024, relativa a la posición que debe adoptarse, en nombre de la Unión Europea, en la 16.a reunión del Comité de las Partes en el Convenio del Consejo de Europa sobre prevención y lucha contra la violencia contra las mujeres y la violencia doméstica, con respecto a la adopción de una recomendación y varias conclusiones dirigidas a cinco Estados Parte sobre su aplicación del Convenio, en lo que se refiere a los asuntos relacionados con las instituciones y la administración pública de la Unión.

de influencia cabe atribuir a esos textos en las normas que las Comunidades Europeas pusieron en marcha en aquellos momentos. De cualquier modo, no es baladí que el Preámbulo del Acta Única Europea hiciera mención tanto al CEDH como a la Carta Social Europea, ni tampoco que en las modificaciones introducidas por el Tratado de Ámsterdam figurara la incorporación de la CSE al elenco de instrumentos internacionales que la UE debía tomar en consideración en el diseño e implementación de las medidas dirigidas a mejorar las condiciones de trabajo[1150]. Como ya se advirtió en el epígrafe anterior, es posible, incluso, que la Unión Europea se convierta en parte de los tratados auspiciados por el Consejo de Europa, lo que, lejos de constituir un mero gesto simbólico, supone incorporar dichos acuerdos al acervo o bagaje comunitario, con las consecuencias jurídicas que ello inevitablemente conlleva.

Hasta el momento, esa posibilidad se ha materializado en la ratificación de más de una docena de convenios y dos protocolos. El primero de los que mereció el beneplácito de las instituciones comunitarias fue el relativo al intercambio de sustancias terapéuticas de origen humano, que fue suscrito en el Consejo de Europa en el año 1958 y que las Comunidades firmaron y ratificaron en el año 1987, el mismo día que ratificaron el Convenio para la importación temporal en régimen de franquicia aduanera, a título de préstamo gratuito y con fines diagnósticos o terapéuticos, de material médico-quirúrgico y de laboratorio destinado a los establecimientos sanitarios, que se había aprobado en el Consejo de Europa con fecha de 28 de abril de 1960. Con posterioridad, las Comunidades Europeas

[1150] Preámbulo del TUE, art.136 -antiguo art.117- del Tratado Constitutivo de la Comunidad Europea y art.151 TFUE.

ratificaron otros numerosos convenios de temática muy variada[1151], y ha firmado, aunque no ratificado, algunos otros[1152].

Como puede apreciarse, el interés de la UE por la actividad del Consejo de Europa parecía centrado en esas primeras etapas en materias de interés muy general, tales como la protección medioambiental, la lucha contra la corrupción, la prevención frente al denominado *cibercrimen* o la adopción de medidas de represión del blanqueo de capitales[1153]. Sólo a partir del Memorando de Entendimiento del año 2007 la temática general de los derechos humanos pasó a formar parte de las interacciones entrc ambas organizaciones de manera más o menos continuada. Desde ese momento, el foco de atención comunitario se fue resituando en la delicada operación de ratificación del CEDH por parte de la Unión Europea.

1151 Son convenios relativos a las materias siguientes: intercambio de reactivos para determinación de grupos sanguíneos (1962), elaboración de una farmacopea Europea (1964), intercambio de reactivos para la determinación de los grupos de tejidos histológicos (1974), protección de los animales en las ganaderías (1976), conservación de la vida silvestre y del medio natural en Europa (1979), protección de los animales vertebrados utilizados con fines experimentales y otros fines científicos (1986) y su protocolo (1998), derechos de autor y derechos conexos en el marco de la radiodifusión transfronteriza por satélite (1994, aunque no ha entrado en vigor), protección jurídica de los servicios de acceso condicional o basados en dicho acceso (2001), información y la cooperación jurídica en materia de servicios de la sociedad de la información (2001, pero no ha entrado en vigor) y prevención del terrorismo (2005), con su protocolo (2015).

1152 Hablamos de los siguientes: protección de los animales durante el transporte internacional (2003), blanqueo, seguimiento, embargo y comiso de los productos del delito y a la financiación del terrorismo (2005), y prevención y lucha contra la violencia contra las mujeres y la violencia domestica (2011).

1153 Vid. M. KOLB, *The European Union and the Council of Europe,* Palgrave Macmillan, Reino Unido, 2013, pág.2.

En efecto, el compromiso político al más alto nivel se convirtió en jurídico al incorporarse al artículo 6.2 del Tratado de la Unión Europea una declaración taxativa en el sentido de que «la Unión se adherirá al Convenio Europeo para la Protección de los Derechos Humanos y de las Libertades Fundamentales». Sin embargo, ese paso, desde luego trascendental, no se llegó a materializar debido a la intervención opositora del TJUE. En efecto, el Dictamen 2/2013 del TJUE concluyó que el «acuerdo de adhesión de la Unión Europea al Convenio Europeo para la Protección de los Derechos Humanos y de las Libertades Fundamentales no es compatible con el artículo 6 TUE, apartado 2, ni con el Protocolo (nº 8) sobre el apartado 2 del artículo 6 del Tratado de la Unión Europea relativo a la adhesión de la Unión al Convenio Europeo para la Protección de los Derechos Humanos y de las Libertades Fundamentales». En particular, el TJUE afirma que la adhesión al CEDH podría «afectar a las características específicas del Derecho de la Unión y a su autonomía» (considerando 200), y advierte que la competencia del TJUE reconocida en el artículo 344 TFUE se opone «a cualquier control externo anterior o posterior» (considerando 210), pues no considera compatible con los tratados la encomienda del control jurisdiccional de ciertos «actos, acciones u omisiones en exclusiva a un órgano externo a la Unión» (considerando 258). Por consiguiente, el TJUE no está en contra del CEDH o de la incorporación de los derechos que reconoce al acervo del Derecho de la UE, sino que busca blindar su posición, esto es, pretende evitar que su actividad pudiera quedar supeditada o condicionada, directa o indirectamente, por el TEDH[1154].

A nadie se le escapa que ello podría provocar divergencias y disfunciones en lo que se refiere a la interpretación y aplica-

---

1154 AA. VV., *EU engagement with other European regional organisations*, Frame, Comisión Europea, 2016, pp.63 y ss. (https://www.venice.coe.int/files/articles/Suchocka_EU_and_other_institutions.pdf).

ción de los derechos humanos, que, por otra parte, no cuentan con una configuración totalmente equivalente en el CEDH y en la Carta de Derechos Fundamentales de la UE[1155]. Mientras tanto, no ha decaído sin embargo el propósito de la UE de adherirse a la estrategia de derechos humanos y defensa de la democracia del Consejo de Europa, de lo que es buena prueba la Decisión (EU) 2024/2218 del Consejo de la UE, de 28 de agosto de 2024, por la que se autoriza la firma, en nombre de la Unión Europea, del Convenio Marco del Consejo de Europa sobre Inteligencia Artificial, Derechos Humanos, Democracia y Estado de Derecho (DOUE de 4 de septiembre de 2024).

5. El impacto de los derechos sociales proclamados por el Consejo de Europa en el sistema normativo de la UE

En el proceso de ratificación de instrumentos del Consejo de Europa por parte de la UE, los derechos sociales parecían quedar relegados a un segundo plano, tal vez por su carácter sectorial y las inevitables limitaciones de su radio de acción. En todo caso, cabe detectar algún grado de influencia del Consejo de Europa en el sistema normativo de la UE también en ese

---

1155 Vid. J.M. CORTÉS MARTÍN, *Avatares del proceso de adhesión de la Unión Europea al Convenio Europeo de Derechos Humanos*, Reus, Madrid, 2018, pp.22 y ss.; J.A. JIMÉNEZ CARRERO, "El proceso de adhesión de la Unión Europea al CEDH: ¿una batalla perdida?, *Derecho y Economía de la Integración*, num.5 (2018), pp.77 y ss.; P. LLOPIS NADAL, "La necesidad procesal de la adhesión de la Unión Europea al CEDH: un asunto que continúa pendiente tras el dictamen 2/13 del TJUE", *Revista electrónica de estudios internacionales (REEI)*, num.29 (2015); R. ALONSO GARCÍA, "Análisis crítico del veto judicial de la Unión Europea al CEDH en el Dictamen 2/13, de 18 de diciembre de 2014", en UGARTEMENDÍA ECEIZABARRENA, J.I., y LABAYLE, H. (dir.), *La tutela judicial de los derechos fundamentales en el espacio de libertad, seguridad y justicia de la Unión Europea*, Instituto Vasco de Administración Pública, 2016, pp.142 y ss.

terreno, principalmente a partir de lo dispuesto en la Carta Social Europea y, en la medida correspondiente, en las cláusulas de contenido social del CEDH. Los restantes instrumentos del Consejo de Europa en materia social, como el AESS, el Código de Seguridad Social o el CEASM, han tenido desde luego mucho menor interés para la UE, por varias razones. Por un lado, porque el principio de igualdad de trato por razón de nacionalidad, cuyo reconocimiento es el propósito principal del CEASM, constituye en sí mismo un ingrediente básico de la libertad de circulación que forma parte de la espina dorsal del derecho comunitario. Es probable que, en el contexto comunitario, el CEASM hubiera podido descubrir un importante espacio de aplicación en lo que se refiere a nacionales de terceros Estados, pero el listado de ratificaciones no ha permitido comprobarlo, toda vez que Turquía es el único Estado signatario que no pertenece a la UE o al EES (al margen de la particular situación de Suiza), y del acuerdo de asociación UE-Turquía cabe extraer directamente el mencionado principio de igualdad de trato.

Por su parte, el Código de Seguridad Social es un instrumento que no se acomoda bien a las competencias efectivamente ejercidas por la UE, pues pretende un tipo de intervención en los sistemas nacionales, con los consabidos fines de armonización, que formalmente se contempla en los Tratados básicos de la UE (dentro del Título dedicado a la "política social"), pero que de momento no ha sido apenas activada, de modo que el sistema normativo de la UE en materia de seguridad social sigue prácticamente ceñido al plano de la coordinación entre sistemas nacionales, además del reconocimiento de los principios de igualdad de trato y no discriminación[1156]. Es verdad que, desde esta concreta perspectiva, el AESS podría haber des-

---

[1156] Vid. J. GARCÍA MURCIA (dir), *La transposición del Derecho Social Comunitario al ordenamiento español*, MTAS, Madrid, 2005, pp.633 y ss.

plegado mayor impacto que el Código, pero los Reglamentos de coordinación de la UE, como también tuvimos ocasión de exponer, son instrumentos mucho más perfeccionados y experimentados, por lo que el AESS se ha visto desplazado en el espacio comunitario y, hasta cierto punto, olvidado. Téngase en cuenta, además, que la intensa labor desplegada por el TJUE en la interpretación y aplicación de esas normas comunitarias de coordinación ha permitido su constante evolución y actualización, en mucho mayor grado que cualesquiera otros instrumentos de los que, con similar finalidad, pudieran tener como destino el territorio de Europa, entre ellos el AESS/ACSS.

A decir verdad, en el terreno de los derechos sociales sólo la Carta Social Europea ha podido tener repercusión significativa en la configuración de la materia social dentro del Derecho de la Unión Europea, lo que en cierto modo resulta curioso o sorprendente, dado el relativamente escaso impacto que la Carta ha jugado en la configuración o reforma del sistema legislativo de los Estados que, perteneciendo al Consejo de Europa, efectivamente la han ratificado. Da la impresión de que la Unión Europea ha sido más receptiva que sus propios socios respecto de este veterano texto del Consejo de Europa, no tanto por el éxito que hubiera adquirido a escala nacional, sino más bien por la necesidad de tener a la vista algún modelo tangible y atractivo para adentrarse por su propia cuenta en el campo de los derechos sociales, una vez superada la absoluta prevalencia de los aspectos económicos y comerciales típica de sus primeras fases de desarrollo. En buena lógica, tampoco podía la Unión Europea erigir un sistema de derechos sociales al margen de unos instrumentos que estaban ratificados por los Estados que la conformaban y que, en su condición de Partes Contratantes del Consejo de Europa, ya tenían incorporado dicho arsenal de derechos a su ordenamiento interno, con reflejo en más de un caso en el correspondiente texto constitucional.

En relación con la CSE, hubo en algún momento propuestas para su ratificación por parte de las instituciones comunitarias, e incluso una invitación formal a tal efecto desde el Consejo de Europa[1157], pero sin llegar en ningún caso a convertirse en una iniciativa con visos de materialización. Sea como fuere, lo cierto es que la Carta Social Europea fue la más directa fuente de inspiración tanto de la Carta Comunitaria de los Derechos Sociales de los Trabajadores de 1989, como de la parte social de la Carta de Derechos Fundamentales de la Unión Europea del año 2000, y así se reconoce en el Preámbulo de ambas. En el caso de la Carta de 2000, se afirma explícitamente que la Unión pretende garantizar los «derechos que emanan, en particular, de las tradiciones constitucionales y las obligaciones internacionales comunes a los Estados miembros, del Convenio Europeo para la Protección de los Derechos Humanos y de las Libertades Fundamentales, las Cartas Sociales adoptadas por la Unión y por el Consejo de Europa, así como de la jurisprudencia del Tribunal de Justicia de la Unión Europea y del Tribunal Europeo de Derechos Humanos", y se añade que "en este contexto, los órganos jurisdiccionales de la Unión y de los Estados miembros interpretarán la Carta atendiendo debidamente a las explicaciones elaboradas bajo la autoridad del *Praesidium* de la Convención que redactó la Carta y actualizadas bajo la responsabilidad del *Praesidium* de la Convención Europea». Nótese, y no es casual, que no se reconoce a la doctrina del Comité Europeo de Derechos Sociales un papel equivalente a la del TEDH, sin perjuicio de que el propio CEDS haya matizado sus criterios para acercar la interpretación de la Carta a los derechos y obligaciones que derivan del Derecho de la UE[1158].

1157 Vid. O. DE SCHUTTER, *L'adhésion de l'Union européenne à la Charte sociale européenne révisée*, EUI Working Paper LAW núm.2004/11 (https://cadmus.eui.eu/bitstream/handle/1814/2826/law04-11.pdf?sequence=1).

1158 Vid. COMITÉ EUROPEO DE DERECHOS SOCIALES, *The relationship between European Union law and the European Social Charter*, Consejo de Europa, 2014, pp.24 y ss. (https://rm.coe.int/CoERMPublic-

Por otra parte, las Explicaciones sobre la elaboración de la Carta de Derechos Fundamentales de la UE[1159] precisan de forma bastante nítida en qué puntos la influencia de la Carta Social Europea fue más intensa. En concreto, se inspiran en la Carta de 1961 los siguientes derechos: libertad profesional y derecho a trabajar (art.15), derechos de las personas mayores (art.25), integración de las personas discapacitadas (art.26), derecho a la negociación y acción colectiva (art.28), derecho de acceso a los servicios de colocación (art.29), protección de menores (art.32), vida familiar y vida profesional (art.33), seguridad social y ayuda social (art.34) y protección de la salud (art.35). La Carta revisada, de su lado, fue utilizada también como guía en relación con el derecho a la igualdad entre mujeres y hombres (art.22), con los derechos a la información y consulta de los representantes (art.27) y con la prohibición del despido injustificado (art.30). Y ambas versiones de la Carta se mencionan respecto del derecho a las condiciones de trabajo justas y equitativas (art.31).

La traslación de fórmulas de la Carta Social Europea a instrumentos comunitarios de matriz propia no tiene por qué sorprender, pero también es cierto que entraña una determinada opción de política legislativa, o de política sin más. Si bien se mira, la UE podía haberse decidido por la ratificación directa de la Carta Social Europea, lo cual habría propiciado, previsiblemente, una estrategia social completamente concorde y coordinada con el Consejo de Europa, evitando la duplicación de textos con el mismo objetivo dentro del espacio europeo. Pero es obvio que las instituciones comunitarias prefirieron contar con su propio margen de maniobra y no verse constre-

---

CommonSearchServices/DisplayDCTMContent?documentId=0900 0016806544ec).

1159 Publicadas en el DOUE de 14-12-2007 (https://eur-lex.europa.eu/legal-content/ES/TXT/PDF/?uri=CELEX:32007X1214(01)&from=EN).

ñidas por criterios de interpretación y aplicación procedentes de instancias ajenas que escapaban a su control, como pudiera ser el caso del Comité Europeo de Derechos Sociales[1160].

Por lo demás, la Carta Social Europea es asimismo mencionada tanto en el pórtico del Título X del TFUE, dedicado a "Política Social" (arts.151 y ss.), como en numerosos instrumentos comunitarios de derecho derivado, y en particular en el preámbulo de diversas directivas. Pongamos el ejemplo de la Directiva 2014/36/UE del Parlamento Europeo y del Consejo, de 26 de febrero, sobre las condiciones de entrada y estancia de nacionales de terceros países para fines de empleo como trabajadores temporeros. En algunos casos, las menciones a la Carta aparecen incluso dentro del articulado de la correspondiente norma comunitaria, como sucede en la Directiva 2003/109/CE, de 25 de noviembre, relativa al estatuto de los nacionales de terceros países residentes de larga duración, tras su modificación por la Directiva 2011/51, o en la Directiva 2003/86/CE del Consejo, de 22 de septiembre, sobre el derecho a la reagrupación familiar. Como era de prever, la CSE también se menciona en otros muchos instrumentos comunitarios de carácter más programático, como recomendaciones y planes de acción[1161].

En tiempos más recientes, conviene destacar la influencia de la Carta Social Europea en el diseño del Pilar Europeo de

---

1160 Vid. T.K. HERVEY y J. KENNER, *Economic and social rights under the EU Charter of Fundamental Rights*, Hart Publishing, Oxford, 2003, pp.8 y ss.

1161 Vid. COMITÉ EUROPEO DE DERECHOS SOCIALES, *The relationship between European Union law and the European Social Charter*, Consejo de Europa, 2014, pp.10 y ss. (https://rm.coe.int/CoERMPublicCommonSearchServices/DisplayDCTMContent?documentId=09000016806544ec).

Derechos Sociales, con sus 20 principios estructurales[1162]. De hecho, el Consejo de Europa fue consultado por la Comisión Europea durante el proceso de gestación de esa iniciativa, y adoptó a tal efecto una actitud muy proactiva[1163]. Sin embargo, se ha puesto de manifiesto que esa aparente sintonía no conlleva necesariamente una interpretación y aplicación de los derechos sociales que conduzca a unos mismos resultados. Por ello se ha propuesto con cierta insistencia que el Derecho de la UE contemple alguna fórmula que obligue al TJUE a tomar en consideración la doctrina del Comité Europeo de Derechos Sociales[1164], aunque las instituciones de la Unión parecen más partidarias de mantener cierta independencia y preservar en este terreno su libertad de actuación. El diálogo entre la Comisión Europea y el CEDS en el campo de los derechos sociales parece bastante fluido[1165], pero desde luego no puede alcanzar igual eficacia jurídica que un mecanismo de carácter vinculante, como demuestra el hecho de que la Carta Social Europea no cuenta con peso material alguno en la conformación de la doctrina del TJUE[1166].

1162 Vid. Recomendación (UE) 2017/761, de la Comisión, de 26 de abril de 2017, sobre el pilar europeo de derechos sociales (DOUE de 29-4-2017).

1163 Vid. *Opinion of the Secretary General of the Council of Europe on the European Union initiative to establish a European Pillar of Social Rights*, Consejo de Europa, 2016 (https://rm.coe.int/16806dd0bc).

1164 Vid. O. DE SCHUTTER, *The European Pillar of Social Rights and the role of the European Social Charter in the EU legal order*, Consejo de Europa, 2018, pp. 47-48 (https://rm.coe.int/study-on-the-european-pillar-of-social-rights-and-the-role-of-the-esc-/1680903132).

1165 Vid. COMISIÓN EUROPEA, *Labour Law and working conditions. Social Europe Guide, Volume 6*, 2014, pág.76, disponible en (http://knjiznica.sabor.hr/pdf/E_publikacije/Social_Europe_guide_vol_6_Labour_law_and_working_conditions.pdf).

1166 AA. VV., *EU engagement with other European regional organisations*, Frame, Comisión Europea, 2016, pág.54 (https://www.venice.coe.int/files/articles/Suchocka_EU_and_other_institutions.pdf).

Como balance final, ha de decirse que el propio Consejo de Europa ha constatado que prácticamente todos los derechos reconocidos en la Carta Social Europea, incluso en la versión revisada de 1996, forman también parte del acervo comunitario y deben ser respetados conforme a las disposiciones pertinentes de Derecho de la Unión. De ahí que el Consejo muestre su extrañeza por el hecho de que algunos Estados miembros de la UE hayan sido reacios a ratificar la Carta en toda su extensión, toda vez que los compromisos materiales que deberían asumir no parecen más elevados que aquellos que ya deben respetar como Estados miembros de la UE[1167]. Verdaderamente cabe apreciar en el espacio comunitario signos de querencia hacia la Carta Social Europea, que aspira a convertirse en un estándar mínimo de protección de los derechos sociales que debe ser respetado en todo el ámbito de la UE[1168]. Sin embargo, la incidencia exacta de la CSE en este entorno parece depender en exclusiva de la voluntad de las instituciones de la UE, de modo que su eficacia real está supeditada a variables circunstanciales que, en suma, mantienen el riesgo de colisión entre la Carta y el Derecho de la UE[1169]. No es extraño, así pues, que

---

1167 Vid. COMITÉ EUROPEO DE DERECHOS SOCIALES, *The relationship between European Union law and the European Social Charter*, Consejo de Europa, 2014, pág.6 (https://rm.coe.int/CoERMPublicCommonSearchServices/DisplayDCTMContent?documentId=09000016806544ec).

1168 Vid. S. GARBEN, "The European Pillar of Social Rights: an assessment of its meaning and significance", *Cambridge Yearbook of European Legal Studies*, núm.21 (2019), pp.105 y ss.

1169 Vid. O. DE SCHUTTER, "The European Social Charter as the Social Constitution of Europe", en N. BRUUN, K. LÖRCHER, I. SCHÖMANN y S. CLAUWAERT (ed.), *The European Social Charter and the employment relation*, European Trade Union Institute, Oxford, 2017, pp.25 y ss.

esta alianza o relación entre el Consejo de Europa y la UE haya sido calificada como "frágil" (*shaky*)[1170].

En último término, conviene también tener presente que las corrientes de influencia entre el Consejo de Europa y la UE son recíprocas, como queda demostrado por el hecho de que el catálogo de derechos añadido por la Carta Social Europea revisada en el año 1996 fuera notablemente influido por las directivas de la UE vigentes en aquellos momentos (algo que es fácil de comprobar, por ejemplo, en el derecho del trabajador a ser informado sobre sus condiciones de trabajo, en los derechos de los trabajadores a la protección del salario u otros créditos laborales en caso de insolvencia del empleador, en la protección de menores de edad y mujeres embarazadas, o en los derechos de información y consulta de los representantes)[1171]. El propio Consejo de Europa ha reconocido explícitamente esa influencia, evidente en cualquier caso[1172].

1170 Cfr. B. SCHUMACHER, "The influence of the Council of Europe on the European Union: resource exchange and domain restriction as venues for inter-institutional influence", en O. COSTA y K.E. JØRGENSEN (eds) *The Influence of International Institutions on the EU. Palgrave Studies in European Union Politics*, Palgrave Macmillan, Londres, 2012, pp.187 y ss.

1171 En general, sobre las influencias recíprocas entre la Carta y el Derecho de la Unión, vid. F. VALDÉS DAL-RÉ, *El constitucionalismo laboral europeo y la protección multinivel de los derechos laborales fundamentales: luces y sombras*, Bomarzo, Albacete, 2016, pp.79 y ss.

1172 Vid. COMITÉ EUROPEO DE DERECHOS SOCIALES, *The relationship between European Union law and the European Social Charter*, Consejo de Europa, 2014, pág.7 (https://rm.coe.int/CoERMPublicCommonSearchServices/DisplayDCTMContent?documentId=09000016806544ec).

6. La relación entre el TEDH y el TJUE en materia social

Las relaciones institucionales entre el Consejo de Europa y la UE no han de ceñirse al nivel estrictamente político o ni siquiera al plano normativo, puesto que comprenden también una interesante vertiente jurisdiccional, toda vez que ambas organizaciones cuentan con un órgano jurisdiccional especializado en la interpretación y aplicación de su respectivo sistema normativo, o cuando menos de sus instrumentos más significativos: el TEDH y el TJUE, respectivamente. No son, como es perfectamente sabido, tribunales de orden social, pero ambos han acumulado a lo largo de su dilatada historia una nutrida y muy relevante doctrina en el terreno laboral y de seguridad social. El primero, al calor de las cláusulas sociales del CEDH. El segundo, con ocasión de la interpretación y aplicación del denominado "derecho social comunitario", conformado principalmente por directivas y reglamentos, pero también integrado por declaraciones y cartas de derechos.

No es éste el momento más apropiado para hablar de esas imprescindibles vetas de jurisprudencia social. De la producción del TEDH en nuestro campo de estudio ya dimos cuenta en un capítulo anterior, y de la jurisprudencia social del TJUE sólo podríamos tratar a fondo, y con los ineludibles elementos de juicio, en una obra específicamente dedicada al sistema normativo e institucional de la Unión Europea, ya fuese en su totalidad, ya fuese exclusivamente en esa parcela que llamamos social. De cualquier modo, no carece de sentido para nuestro actual cometido la comparación o el contraste entre la labor desplegada por una y otra jurisdicción especializada en el ámbito de los derechos sociales, para detectar en su caso no sólo sus previsibles diferencias, sino también sus muy probables influencias mutuas. Y no está de más, para ser más explícitos, explorar las huellas del Consejo de Europa en la jurisprudencia de un órgano que, siéndole ajeno, le resulta tan cercano por muchas razones, como es el caso del Tribunal de Justicia. A primera vista, poca receptividad cabría encontrar en la doctrina del TJUE respecto de la doctrina elaborada al calor de los instrumentos del Consejo de Europa, puesto que ninguno de ellos (CEDH, CSE, CEASM, o AESS, por citar los de mayor relevancia social) forman parte del acervo normativo comunitario. Evidentemente, no son de producción propia, pero tampoco son aplicables en el espacio comunitario por vía de adhesión, por ausencia de los pertinentes actos de ratificación a esa escala supranacional.

No obstante, la ausencia de una vinculación jurídica formal de la UE con ese otro acervo normativo europeo no constituye en sí misma obstáculo alguno para que el TJUE pueda utilizar los instrumentos del Consejo de Europa como parámetro o estándar de enjuiciamiento, máxime si opta por participar en la construcción compartida de una doctrina sobre derechos humanos que tenga proyección común y valor universal. Es claro que dicho Tribunal no tiene competencias para velar jurisdiccionalmente por tales instrumentos (como el CEDH o la CSE), como lo es, igualmente, que la utilización que pudiera hacer de esas cartas de derechos tan sólo podría tener virtualidad para los Estados que, más allá de su pertenencia al Consejo de Europa, fuesen también socios de la UE. Ahora bien, debe recordarse una vez más que estamos hablando de unos textos jurídicos que no son completamente ajenos ni a la Unión Europea como tal, ni a las normas que la disciplinan. Sin ir más lejos, el artículo 6.3 del TUE dispone que «los derechos fundamentales que garantiza el Convenio Europeo para la Protección de los Derechos Humanos y de las Libertades Fundamentales y los que son fruto de las tradiciones constitucionales comunes a los Estados miembros formarán parte del Derecho de la Unión como principios generales». Téngase también en cuenta que, como ya se dijo, la CSE es objeto de mención expresa en ciertos pasajes del Derecho originario de la UE (como el Preámbulo del TUE o la entradilla del art. 151 TFUE).

Por lo tanto, parece razonable que el TJUE, al elaborar su doctrina acerca del Derecho de la Unión Europea, use entre sus referencias argumentativas las respuestas proporcionadas desde aquel otro contexto normativo a propósito de los derechos fundamentales y las libertades públicas, un ámbito relativamente novedoso para el Tribunal de Luxemburgo y, en cambio, especialmente experimentado en el entorno del Tribunal de Estrasburgo. No se trata, obviamente, de que el TJUE pueda aplicar directamente los instrumentos del Consejo de Europa, sino de que acoja o integre en sus razonamientos, de una u otra manera, tanto los criterios de regulación de esa organización europea como la doctrina elaborada en esas otras esferas. Naturalmente, la posibilidad de acogida de tal doctrina en una jurisdicción de contornos tan singulares como la del Tribunal de Justicia está muy ligada al proceso de recepción de los derechos fundamentales en el sistema comunitario, que, como es de sobra conocido, dio sus primeros pasos con la identificación de unos principios generales a partir de las "tradiciones nacionales" de los Estados miembros (reflejadas en sus bases constitucionales y en sus compromisos de adhesión a normas y tratados internacionales)[1173], y que sólo logró fraguar de forma definitiva mediante la sigilosa y persistente labor del TJUE y, finalmente, con la promulgación de la Carta de Derechos Fundamentales de la Unión Europea (CDFUE) y la reforma de las normas básicas de la Unión emprendidas desde el año 2000[1174].

1173 Vid. A. MANGAS MARTÍN, "Introducción: el compromiso con los derechos fundamentales", en AAVV, *Carta de derechos fundamentales de la Unión Europea. Comentario artículo por artículo,* Fundación BBVA, Madrid, 2008, pp.33 y ss., y C. WALTER, "The Notion of Fundamental Rights and Freedoms", en D. EHLERS (Dir.), *European Fundamental Rights and Freedoms,* De Gruyter, Berlin, 2007, pp.11 y ss.

1174 De este renovado sistema normativo conviene destacar ahora el art.6.3 TUE, según el cual los derechos fundamentales que garantiza el CEDH (junto a los que son fruto de las tradiciones constitu-

Pero lo cierto es que, en todo ese largo y peculiar proceso comunitario, la jurisprudencia del TEDH, que empezó siendo utilizada como una especie de caja de herramientas para que el TJUE pudiera dar forma y contenido a los derechos fundamentales en el seno de la Unión[1175], ha pasado a erigirse en inexcusable canon hermenéutico en el interior de esta comunidad de países, desde el momento en que los derechos reconocidos en la CDFUE que guarden correspondencia con derechos garantizados por el CEDH han de interpretarse con un "sentido y alcance" que, cuando menos, pueda equipararse «a los que les confiere dicho Convenio»[1176]. De esa forma, y sin perjuicio de que haya que contar con potenciales divergencias en ciertas áreas de las relaciones humanas, como la extranjería

---

cionales comunes a los Estados miembros), «formarán parte del Derecho de la Unión como principios generales», una previsión muy ligada, desde luego, a la del art.52.3 de la CDFUE, de cuyo texto se hace cargo una nota posterior. Vid. R. ALONSO GARCÍA, *Sistema jurídico de la Unión Europea*, Civitas, Madrid, 2012, pp.357 y ss.

1175 Vid. R. BUSTOS GISBERT, "TJUE y TEDH: una relación de enriquecimiento mutuo en la construcción de un sistema europeo para la protección de derechos", en J. GARCÍA ROCA y P.A. FERNÁNDEZ SÁNCHEZ (Dir.), *Integración europea a través de derechos fundamentales: de un sistema binario a otro integrado*, CEP y C, Madrid, 2009, pp.147 y ss. Un ejemplo de esta influencia puede encontrarse en la sentencia TJUE de 7 de enero de 2004 (KB contra Agencia del Servicio Nacional de Pensiones del Reino Unido), que aplica la doctrina de la STEDH *Christine Goodwin vs. Reino Unido* (de 11-7-2002, recurso 8957/95), en materia de discriminación por orientación e identidad sexual.

1176 Dice concretamente el art. 52.3 de la Carta de Derechos Fundamentales de la Unión Europea que, «en la medida en que la presente Carta contenga derechos que correspondan a derechos garantizados por el Convenio Europeo para la Protección de los Derechos Humanos y de las Libertades Fundamentales, su sentido y alcance serán iguales a los que les confiere dicho Convenio», en el bien entendido de que ello «no obstará a que el Derecho de la Unión conceda una protección más extensa».

y la inmigración[1177], la doctrina del Consejo de Europa ha podido irradiar hacia la Unión Europea. Es obvio que el impacto de la jurisprudencia del TEDH en la actividad jurisdiccional del TJUE habría subido de tono si la UE se hubiera adherido al CEDH, con la pertinente condición de Alta Parte Contratante. En tal escenario, la jurisdicción del TEDH no sólo actuaría como fuente externa de jurisprudencia especializada en materia de derechos humanos, sino que habría podido desplegar también, en ese contexto particular, sus funciones generales de control directo de los actos imputables a las Altas partes Contratantes que entrañaran violación del CEDH. Habría podido controlar, por ejemplo, los actos de las instituciones públicas de la Unión que pudieran haber incurrido en ese tipo de desviaciones, incluidas las resoluciones de su Tribunal de Justicia[1178].

En tal hipótesis, y por esa misma razón, la jurisprudencia del TEDH habría podido superar sus actuales dimensiones de soporte o de punto de referencia en la actividad jurisdiccional del TJUE, para convertirse en un complemento del CEDH en

---

1177 T. MOLNÁR, "The impact of ECtHR case-law on the CJEU's interpreting of the EU's return acquis: More than it first seems?", *Hungarian Journal of Legal Studies*, núm.62 (2021) 4, pp.257 y ss.

1178 A nadie se le escapa la complejidad de tal escenario, que de alguna manera aflora en la sentencia de nuestro Tribunal Constitucional 26/2014, de 13 de febrero (*Stefano Melloni*), en la que, por las características del acto público objeto de impugnación, junto a las conocidas exigencias del art. 10.2 CE, el TC examina una eventual violación del derecho a la no indefensión y a un proceso con todas las garantías con ayuda no sólo del CEDH, sino también de la Carta de Derechos Fundamentales de la Unión Europea, y no sólo de la jurisprudencia del TEDH, sino también de los criterios interpretativos del TJUE. Para una aproximación a muchos de estos problemas puede consultarse el estudio de R. ALONSO GARCÍA, *El juez nacional en la encrucijada europea de los derechos fundamentales*, Real Academia de Jurisprudencia y Legislación, Madrid, 2014.

el ámbito comunitario, dotado de la correspondiente fuerza vinculante. En términos más generales, no cabe duda de que la incorporación de la UE al ámbito institucional del CEDH favorecería la construcción definitiva de un sistema unitario en materia de derechos humanos en el conjunto del espacio europeo, con un estándar de protección idéntico, a diferencia de lo que ahora ocurre[1179], y muy previsiblemente con el TEDH como garante último de tal clase de derechos[1180]. Naturalmente, la adhesión expresa al CEDH de un sujeto tan especial como la UE también podría generar algunas dificultades de tipo institucional y especialmente en el plano jurisdiccional (por ejemplo, a propósito de la composición del TEDH, o del juego del principio de subsidiariedad en relación con las funciones jurisdiccionales del TJUE)[1181], y con toda seguridad obligaría al TJUE a renovar y perfilar su doctrina sobre el valor

---

1179 «Whatever the causes – autonomy or legitimacy –, are all of these jurisprudential fluctuations not affecting the level of protection in the EU compared to the ECHR standard? No, they are not. The standard of protection remains broadly unaffected by the use or non-use of European Convention law in the CJEU's case-law. Surely the EU standard is not always exactly identical to that of European Convention law. It can be, for a while, slightly lower or higher than the ECHR's one.40 But it does not differ more (or less) than it would if compared to how a national supreme court proceeds in similar settings.41 Because, whatever the formal place occupied by ECtHR case-law in the CJEU's case-law, the European standard remains the bottom line of EU fundamental rights' protection. And this is the most important point»; cfr. R. TINIÈRE, "The use of ECtHR case law by the CJEU: Instrumentalisation or quest for autonomy and legitimacy?", *European Papers*, Vol.8, núm.1 (2023), p.330.

1180 Vid. A. MANGAS MARTÍN, "Introducción: el compromiso con los derechos fundamentales", en AAVV, *Carta de derechos fundamentales de la Unión Europea. Comentario artículo por artículo*, Fundación BBVA, Madrid, 2008, pp.70 y ss.

1181 Vid. J.A. PASTOR RIDRUEJO, "La Carta de derechos fundamentales de la Unión Europea y la adhesión al Convenio Europeo según el Tratado de Lisboa", en J. GARCÍA ROCA y P.A. FERNÁNDEZ

y la posición jerárquica de los tratados internacionales, desde la perspectiva del Derecho de la Unión, en lo que respecta a los instrumentos del Consejo de Europa.

Por el momento, esas hipótesis son de imposible verificación, ante la ya aludida negativa del Tribunal de Luxemburgo a la ratificación del CEDH por parte de la UE. Con esa postura, el TJUE mantiene incólume su posición de exclusividad y autonomía no sólo para juzgar sobre el sistema comunitario, sino también para decidir acerca del grado de influencia que pudiera tener la jurisprudencia del TEDH en la interpretación del alcance y contenido de los derechos fundamentales en el contexto de la UE. Ciertamente, y como ya dijimos, para evitar divergencias estridentes, poco saludables para la seguridad jurídica, se ha procedido a la apertura de una vía de «coordinación informal, basada en la convergencia práctica de la jurisprudencia de ambos Tribunales»[1182], que permite el intercambio mutuo de información con carácter periódico e incluso la participación de representantes de ambas instituciones en reuniones conjuntas. No es desde luego un mecanismo de colaboración al máximo nivel, y quizá no resulte completamente satisfactorio, pero demuestra, al menos, la voluntad recíproca de no provocar disfunciones en una materia tan relevante y con tanta proyección presente y futura como la relativa a los derechos fundamentales y las libertades públicas. Seguramente se ha tomado conciencia, de uno y otro lado, de que la interpretación separada de unos sistemas de protección, el de la UE y el del Consejo de Europa, entre los que no existe

---

SÁNCHEZ (dir.), *Integración europea a través de derechos fundamentales: de un sistema binario a otro integrado*, CEP y C, Madrid, 2009, pp.9 ss.

1182 Cfr. L. LÓPEZ GUERRA, "El Tribunal Europeo de Derechos Humanos, el Tribunal de Justicia de la UE" y '*Le mouvement nécessaire des choses*'" *Teoría y realidad constitucional*, núm.39 (2017), pág.166.

estricta equivalencia, puede dar lugar a resultados dispares y disfuncionales[1183].

En todo caso, parece claro que el impacto de la Carta Social Europea en la jurisprudencia del TJUE no puede alcanzar el grado de virtualidad que *a priori* puede tener el CEDH, por razones que no dejan de ser evidentes y que están ligadas a la postre no sólo a la propia naturaleza de los textos en juego, sino también a lo que se ha dado en llamar grado de "justiciabilidad" o de exigibilidad jurídica, concepto en el que mucho tiene que ver el tipo de órgano encargado de para hacer valer su contenido y la clase de procedimiento que a tal efecto se sigue. Aunque carezcamos de evidencias científicas sólidas, no parece demasiado arriesgado afirmar que la autoridad moral o jurídica que se está dispuesto a reconocer desde el entorno del Tribunal de Luxemburgo, y desde la comunidad jurídica en general, no alcanza la misma envergadura ni la misma fuerza persuasiva cuando se refiere a la doctrina del TEDH que cuando se extiende a los informes del Comité Europeo de Derechos Sociales. Como de sobra hemos podido ver en capítulos precedentes, ni son órganos equivalentes en su estatuto jurídico, ni el CEDH es equiparable a la CSE en el grado y modo de vinculación, por las acusadas diferencias de formulación de sus respectivos mandatos.

No es sorprendente, por consiguiente, que las referencias a la CSE en la jurisprudencia del TJUE resulten más bien simbólicas y que aparezcan en todo caso con un evidente tono

---

1183 Vid. F. EMMERT y C. PICHÉ CARNEY, "The European Union Charter of Fundamental Rights vs. the Council of Europe Convention on Human Rights and Fundamental Freedoms–A comparison", *Fordham International Law Journal*, Vol. 40 (2017), pp.1116 y ss., y S. DOUGLAS-SCOTT, "The European Union and Human Rights after the Treaty of Lisbon", *Human Rights Law Review*, Volume 11, Issue 4 (2011), pp.655 y ss.

incidental[1184], como meras menciones dentro de una argumentación que lógicamente se centra en el correspondiente precepto de la UE y que en ningún caso concede a las previsiones de la CSE la condición de elemento determinante del fallo[1185]. Habría que tener en cuenta, por lo demás, que ni siquiera el TEDH, que obviamente opera dentro del mismo entorno institucional que el CEDS, se muestra siempre concorde con las posiciones adoptadas por esta otra instancia al pronunciarse sobre la CSE, al margen de que en algunas materias se esté produciendo cierta aproximación de criterios interpretativos, como sucede con las que transitan por el procedimiento especial de reclamaciones colectivas[1186]. Por cierto, esa circunstancial diferencia entre el TEDH y el CEDS, y en último término el TJUE, puede provocar dudas o confusiones en el Estado afectado, en tanto que en relación con un mismo asunto puede ser destinatario de declaraciones contradictorias o divergentes procedentes de uno y otro órgano, con tacha de

---

1184 Vid. SSTJUE *Bruno y otros* (de 10-6-2010, asuntos acumulados C-395/08 y C-396/08) y las conocidas *Viking* (de 11-12-2007, asunto C-438/05) y *Laval* (de 18-12-2007, recurso C-341/05).

1185 Vid. L. JIMENA QUESADA, "La Carta Social Europea y la Unión Europea", *Revista Europea de Derechos Fundamentales*, núm.13 (2009), pp.390 y ss., y J.M. MIRANDA BOTO, "Reseña de la jurisprudencia del Tribunal de Justicia de la Unión Europea (2017) y apéndice sobre la Carta Social Europea", *RMESS*, núm.37 (2018), pp.483 y ss.

1186 Vid. G.T. CHATTON, "La armonización de las prácticas jurisprudenciales del Tribunal Europeo de Derechos Humanos y del Comité Europeo de Derechos Sociales: una evolución discreta", *Revista de Derecho Político*, núm.73 (2008), pp.275 y ss., y J.F. FLAUSS, "Las interacciones normativas entre los instrumentos europeos relativos a la protección de los derechos sociales", AA.VV., *Escritos sobre derecho europeo de los derechos sociales*, Tirant lo Blanch, Valencia, 2004, pp.39 y ss.

incumplimiento desde una de esas instancias y con diagnóstico de conformidad desde otra[1187].

Hemos hablado de la eventual influencia del TEDH en el TJUE, pero también cabe hablar de irradiación de la doctrina del segundo sobre el primero. No podía ser de otra forma, si se tiene en cuenta que muchos de los Estados parte del Consejo de Europa son al mismo tiempo Estados Miembros de la UE. En verdad, ha sido razonablemente habitual el planteamiento ante el TEDH de conflictos derivados de la aplicación del Derecho de la UE, lo que implica, a fin de cuentas, que las condenas emitidas por el TEDH respecto de Estados miembros del Consejo de Europa que al mismo tiempo lo son de la UE se convierten automáticamente en una especie de condena a la propia UE, aunque tales efectos fueran mediatos o indirectos. No es de extrañar, en ese curioso escenario, que el TEDH haya querido precisar el alcance de sus sentencias mediante algunos textos no jurisdiccionales –como un informe titulado "Jurisprudencia sobre la Unión Europea" (*Case-law concerning the European Union*)[1188], o una "Guía" sobre la recepción del Derecho de la UE y de los criterios del TJUE en las sentencias del TEDH[1189]– en los que viene a dejar claro que el Tribunal

---

[1187] Vid. L. JIMENA QUESADA, "El Comité Europeo de Derechos Sociales: sinergias e impacto en el sistema internacional de Derechos Humanos y en los ordenamientos nacionales", *Revista Europea de Derechos Fundamentales*, núm.25 (2015), pp.119 y ss.; C. SALCEDO BELTRÁN, "La protección de los derechos sociales a escala europea: de la confrontación "presente" a la ineludible integración 'futura'", *RMESS*, núm.137 (2018), pp.91 y ss., y F. VALDÉS DAL-RÉ, *El constitucionalismo laboral europeo y la protección multinivel de los derechos laborales fundamentales: luces y sombras*, Bomarzo, Albacete, 2016, pp.95 y ss.

[1188] https://www.echr.coe.int/documents/d/echr/fs_european_union_eng.

[1189] Vid. "Guide on the case-law of the European Convention on Human Rights. European Union law in the Court's case-law", de 2022, acde Estrasburgo no pretende ser, en absoluto, beligerante en relación con el Derecho de la UE.

Es claro que se necesita una base de sintonía entre uno y otro sistema, pues de lo contrario podría darse la hipótesis de que los Estados pertenecientes a ambas organizaciones se encontraran ante dilemas de imposible solución, como sería el caso de que el cumplimiento de sus obligaciones respecto de una de ellas implicara incumplimiento respecto de la otra. Cierto es que, como se ha puesto de relieve, existen ya vías informales de coordinación, bajo el indiscutible presupuesto de que ambas organizaciones cuentan con un sistema de protección de derechos humanos que tiene cimientos equivalentes[1190]. En cualquier caso, para nuestro estudio es importante tener presente que los riesgos de divergencia no se han convertido en siniestro en lo que se refiere a la rama social del Derecho. De momento parece que esos no deseables efectos se han concentrado en el terreno penal y penitenciario, a propósito de determinadas órdenes europeas de arresto de personas, del alcance de los deberes de confidencialidad entre abogado y cliente o del contenido del derecho a la traducción en el contexto de un proceso, todo ello muy ligado al derecho a un juicio justo proclamado por el CEDH.

En relación con los derechos de índole laboral y social, debe decirse sobre todo que el TEDH suele incluir en sus sentencias citas explícitas del Derecho de la UE relacionado con el caso[1191], seguramente para contribuir a la deseable homoge-

---

cessible desde https://www.echr.coe.int/documents/d/echr/Guide_EU_law_in_ECHR_case-law_ENG.

1190 Vid. A.I. KARGOPOULOS, "ECHR and the CJEU: Competing, overlapping, or Supplementary Competences?", *Eurcrim,* núm.3 (2015), pp.96 y ss.

1191 Un amplio compendio de casos puede encontrarse en el documento titulado "Guide on the case-law of the European Convention on Human Rights. European Union law in the Court's case-law", de

neidad de los sistemas implicados. De todos modos, también es justo poner de manifiesto que el TEDH se ha anticipado al TJUE en muchos de los supuestos expuestos a colisión entre uno y otro sistema, como ha sucedido, por ejemplo, con ocasión de la libertad religiosa en el medio de trabajo, con la sentencia *Eweida*. De ese modo, ha sido el TJUE el encargado a fin de cuentas de decidir sobre la acomodación entre la doctrina de una y otra instancia. En todo caso, más allá de referencias por parte del TEDH a la CDFUE, a ciertas normas comunitarias (como la Directiva de protección de datos de 1995) y a la doctrina del TJUE (en sentencias tan relevantes como *Bărbulescu* y *López Ribalda*), no resulta sencillo localizar asuntos de índole laboral en los que el TEDH haya debido pronunciarse tras una intervención previa del TJUE sobre la correspondiente clase de asuntos. Aunque ha de dejarse constancia de que, cuando eso ha ocurrido, el TEDH ha optado normalmente por sumarse a la posición del TJUE[1192], aunque tampoco son inexistentes las decisiones en las que se muestra disconformidad.

Tal vez el supuesto paradigmático en ese sentido venga dado por las sentencias TJUE *Laval*[1193] y *Viking*[1194], que se pronunciaron, como bien se recordará, acerca de la admisibilidad de medidas de acción colectiva promovidas por los trabajadores a través de sus representaciones sindicales en relación con decisiones empresariales amparadas en las libertades económicas reconocidas en la UE. Casi tres lustros después de esas senten-

---

2022, accessible desde https://www.echr.coe.int/documents/d/echr/Guide_EU_law_in_ECHR_case-law_ENG.

1192 Vid. STEDH *Stec y otros vs. Reino Unido* (de 12-4-2006, recursos 65731/01 y 65900/01), sobre igualdad y no discriminación por razón de sexo en el marco de las prestaciones de seguridad social. También SSTEDH *Jurčić vs. Croacia* (de 4-2-2021, recurso 54711/15) y *Napotnik vs. Rumanía* (de 20-10-2020, recurso 33139/13), en relación con la discriminación de trabajadoras embarazadas.

1193 De 18-12-2007, asunto C 341/05.

1194 De 11-12-2007, asunto C 438/05.

cias, un asunto similar se planteó ante el Tribunal de Estrasburgo, que, tomando en consideración esa doctrina, y dejando a salvo la necesidad de que los Estados miembros de la UE cumplan las obligaciones que deriven del Derecho comunitario, consideró pertinente recordar que en el sistema del CEDH las libertades de establecimiento y prestación de servicios no se encuentran en la misma posición que el derecho de libertad sindical, que en ese marco del Consejo de Europa cuenta con una recepción formal (art.11 CEDH) de la que carecen esas otras libertades de contenido económico[1195]. Se trata, no obstante, de una toma de posición más bien simbólica y de mero refuerzo de sus habituales criterios interpretativos acerca de la libertad sindical, habida cuenta que la sentencia acaba por desestimar la demanda de los interesados para no generar al Estado afectado el deber de atender compromisos prácticamente incompatibles.

Por lo que a nuestro terreno respecta, y por lo que se refiere más concretamente a los derechos de contenido laboral, podría llegarse a la conclusión muy probablemente de que el TEDH, frente al TJUE, tiene la ventaja interpretativa, si pudiera decirse así, de que sus juicios pueden restringirse a la perspectiva social, mientras que la máxima instancia jurisdiccional de la UE debe actuar en un contexto normativo en el que debe combinar o articular el análisis de los derechos fundamentales de la persona con las consabidas libertades económicas y empresariales. De todos modos, esa diferencia de canon interpretativo no siempre proporciona los mismos márgenes para la correspondiente labor de enjuiciamiento. El espacio parece libre del todo para el TEDH cuando conoce de un asunto sobre el que con anterioridad no se han emitido pronunciamientos por parte del TJUE. Sin embargo, cuando sucede a

---

1195 Vid. STEDH *Norwegian Confederation of Trade Unions (LO) and Norwegian Transport Workers' Union (NTF) vs. Noruega* (de 10-6-2021, recurso 45487/17).

la inversa la libertad de movimientos del TEDH no parece ser tan extensa, pues da la impresión de que en tal hipótesis el Tribunal de Estrasburgo parece sensibilizado en el sentido de evitar conflictos de jurisprudencia que, a corto o medio plazo, pudieran perturbar la efectividad de sus sentencias y el grado de seguimiento de su doctrina en el espacio de referencia, que es eminentemente el espacio europeo[1196]. Con justicia o sin ella, ello puede acarrearle, naturalmente, tanto parabienes como valoraciones críticas por parte de la doctrina científica, en función de la recepción que en ese plano intelectual hayan podido tener las resoluciones del TJUE.

[1196] Como ejemplo de esos previsibles efectos, entre otros posibles, X.M. CARRIL VÁZQUEZ, "Los golpes bajos de la Unión Europea a la Carta Social Europea", *Lex Social*, vol.13, núm.2 (2023).

Conclusiones

No es tarea sencilla calibrar el impacto del Consejo de Europa a lo largo de su ya dilatada existencia, y mucho menos valorar el grado de cumplimiento o de satisfacción de sus objetivos originales. Son empeños que, por su propia enjundia, están abocados con seguridad a la parcialidad y diversidad de sus conclusiones, pues mucho dependen esos diagnósticos de la perspectiva de aproximación que se adopte, de las expectativas que al respecto se alberguen o incluso de la posición ideológica y de la visión política de quienes los intenten. También hay que tener en cuenta que no es posible ponderar cabalmente la labor de una organización internacional de esas características si tan sólo se aborda desde uno de sus muchos campos de actuación, como es nuestro caso. Desde el principio nos hemos querido ceñir al terreno de los derechos sociales, que desde luego no es parcela menor, pero que evidentemente no agota todos los espacios de intervención de una instancia supranacional que fue promovida para inculcar y defender los valores de paz, democracia y buena convivencia entre las naciones europeas.

Sea como fuere, no es posible un balance global del papel institucional y de la actividad efectivamente desarrollada por el Consejo de Europa sin tener a la vista la Unión Europea. Es probable que la capacidad de intervención y el grado de influencia que sus más convencidos promotores ansiaran para la primera de esas Organizaciones europeas se hayan frustrado en parte por la poderosa irrupción de la segunda, que cuenta con unos mimbres políticos y con un aparato de producción normativa que difícilmente pueden estar en manos de un concierto de países que nació bajo la preeminente bandera de defensa de los valores e ideales democráticos. Si bien se mira, la progresiva expansión de la Unión Europea en todos los órdenes, y no sólo en el territorial, ha sido una suerte de amenaza constante para la vitalidad del Consejo de Europa, que a cada paso de las instituciones comunitarias ha visto restringido lo que inicialmente pudo llegar a vislumbrarse como su potencial espacio de juego. De ahí que el Consejo de Europa adoptara desde hace ya mucho tiempo una estrategia eminentemente pragmática de elusión de confrontaciones o disputas competenciales con la Unión Europea y de especialización en terrenos más próximos a su particular idiosincrasia, entre los que destaca, junto a la aludida difusión de los valores democráticos, la protección de los derechos humanos. En esos frentes, el Consejo de Europa ha sabido encontrar posibilidades de acción sin mayores riesgos de interferencia con su *partenaire* europeo, siempre con la ventaja estructural de estar abierto a la incorporación de nuevos socios sin las duras exigencias de desarrollo económico y financiero impuestas por la Unión Europea.

Esa especialización ha servido al Consejo de Europa para trazarse un itinerario propio, con independencia de que sus iniciativas puedan ser asumidas con posterioridad por la Unión Europea (como sucedió en el ámbito de la protección de datos personales), de que pueda desplegar cierta labor de complementariedad respecto de esa otra Organización en el espacio supranacional europeo (como ocurre en el terreno de la coordinación de los sistemas nacionales de seguridad social), de que hipotéticamente pudiera contribuir a la extensión territorial de las operaciones de armonización legislativa emprendidas en el seno de la Unión Europea (por ejemplo, en materia de prevención de riesgos laborales o de conciliación de la vida laboral y familiar), o de que la propia Unión vaya buscando con el transcurso del tiempo objetivos que pudieran ser concurrentes (como el mentado campo de los derechos humanos). En todo caso, no parece que la experiencia de los últimos tiempos proporcione indicadores que de manera inequívoca jueguen a favor de la fortaleza del Consejo de Europa en el concierto europeo, ni siquiera en los asuntos que parecen serle más genuinos, como la defensa de los valores democráticos o la aplicación de criterios de buena convivencia en las relaciones políticas y humanas. Las prácticas que últimamente parecen ensombrecer la democracia parlamentaria en el entorno europeo, la emergencia y persistencia de conflictos bélicos en ese mismo contexto, o la desordenada marcha de los flujos de personas procedentes del exterior, son ejemplos de una falta de protagonismo por parte del Consejo de Europa que no acaba de entenderse. Son datos que hacen pensar, incluso, que también en esa clase de asuntos la Unión Europea ha conseguido caminar con mayor firmeza que las instituciones de Estrasburgo.

En realidad, el mayor logro del Consejo de Europa, al menos si lo medimos por la intensidad de su impacto sobre los ordenamientos nacionales de las Altas Partes Contratantes, no ha tenido lugar en el terreno de su acción estrictamente política ni ha derivado de sus funciones de coordinación o cooperación entre sus miembros, sino en el plano de la interpretación y aplicación de los derechos humanos. El CEDH como catálogo de derechos y el TEDH como intérprete máximo de su contenido, constituyen sin duda alguna la más valiosa contribución del Consejo de Europa al patrimonio europeo, por no decir al acervo universal de derechos fundamentales y libertades públicas, con un grado de incidencia muy superior al de los correspondientes instrumentos de la ONU. La labor del TEDH en materia de derechos humanos es equiparable a la que suelen desarrollar las cortes constitucionales a escala nacional respecto de los derechos fundamentales y las libertades públicas, con el valor añadido de que su proyección es supranacional y de que su doctrina ha de ser observada también por los tribunales cúspide de los sistemas nacionales. Tan sólo la posición jurisdiccional del TJUE está en condiciones de alcanzar esos niveles de supremacía, con la precisión de que en esos dominios de los derechos fundamentales y las libertades públicas la jurisprudencia del Tribunal de Estrasburgo ofrece una extensión material, una riqueza argumentativa y unas cotas de profundidad que aún parece no haber alcanzado el Tribunal de Luxemburgo, si acaso con la salvedad del principio de igualdad y no discriminación.

Cabe decir, además, que la jurisprudencia del TEDH ha ido evolucionando con el paso del tiempo al compás de la progresiva labor que en sus respectivos ámbitos han desarrollado las cortes constitucionales o supremas de carácter nacional, para acabar reconociendo que los derechos humanos no se agotan en los derechos y libertades civiles de corte clásico, ni en la relación Estado-ciudadano. Ello supone, por un lado, que el Estado debe respetar esa clase de derechos no sólo cuando el individuo ejerce sus libertades individuales básicas, sino también cuando el propio Estado interviene en ejercicio de las actividades que le son propias, inclusive en la faceta prestacional. Y significa también, por otro lado, que los derechos fundamentales despliegan eficacia horizontal, por lo que siguen en manos de la persona que trabaja en el devenir de su relación laboral. De ahí que el TEDH haya podido pronunciarse sobre cuestiones que en principio no parecerían propias de una jurisdicción de derechos humanos, y que haya elaborado una "doctrina social" que no queda constreñida a los derechos expresamente proclamados por el CEDH, como habría podido suceder si se hubiera contentado con una interpretación literal de ese compendio de derechos.

En ese terreno laboral y social, puede decirse que el TEDH acumula ya una doctrina extraordinariamente abundante desde el punto de vista cuantitativo y definitivamente avanzada desde la perspectiva cualitativa. Así sucede, por ejemplo, en relación con algunos aspectos de la influencia del fenómeno religioso en el trabajo o con el modo y la intensidad en que la empresa puede controlar la prestación laboral de sus empleados. El impacto de la jurisprudencia del TEDH en la rama social del Derecho es ya patente, y ciertamente no menor. De hecho, cabría afirmar sin temor a equivocarse que la percepción de la doctrina de ese Tribunal por parte de los tribunales nacionales, y en particular por parte de los españoles, ha experimentado cambios relevantes. En términos generales, ya no se acude a la doctrina del TEDH "a mayor abundamiento", esto es, con el mero propósito de reforzar una posición ya adoptada, dado que la jurisprudencia del TEDH ha adquirido suficiente fuerza –tanto desde un plano jurídico como también moral- como para servir de guía o base principal en la labor cotidiana de las jurisdicciones nacionales, e incluso para reconducir o modificar líneas jurisprudenciales internas consolidadas y para propiciar cambios normativos con vistas a un mejor ajuste entre los sistemas legales de las Altas Partes Contratantes y la doctrina sobre derechos humanos.

Esa creciente relevancia del CEDH y del TEDH en el campo de lo social, verdaderamente sorprendente, contrasta de alguna manera con el impacto de la Carta Social Europea y de sus instrumentos de aplicación, que han tardado más en hacerse notar y que por el momento tienen un grado de influencia bastante más relativo. Por más que en ocasiones se haya querido convertir en una especie de instrumento hermano del CEDH para el terreno de los derechos sociales, lo cierto es que ni el sustento normativo y logístico que le ha sido proporcionado por el Consejo de Europa, ni la atención prestada por las Partes Contratantes, permiten dar fuste a una aspiración tan optimista. Habría que señalar, más bien, que la Carta Social Europea ha sido entendida preferentemente desde su ineludible condición de compromiso político, como un camino por el que se haya de avanzar, y no tanto como una fuente de obligaciones jurídicas exigibles ante los tribunales, cualidad que en verdad resulta muy difícil atribuirle. Ocurre, además, que la Carta Social Europea no ha podido actuar, por lo general, como espoleta para poner en marcha o dar justificación a reformas legales, ni tampoco ha sido capaz de proporcionar mimbres aptos para la construcción de líneas jurisprudenciales con sustantividad propia. Las razones son múltiples, desde luego, y cabría mencionar entre las principales la propia confección y estructura de la Carta, no concebida como un catálogo de derechos subjetivos para los ciudadanos, sino más bien como un conjunto de "principios rectores" de la política social, bien es verdad que con una nutrida tabla de obligaciones para los Estados. También hay que tener en cuenta que el órgano específicamente encargado de su seguimiento, el Comité Europeo de Derechos Sociales, no es, ni por el momento puede ser, un órgano jurisdiccional que pudiera resistir la comparación con el TEDH.

Es cierto que se aprecian algunos indicios que sugieren un cambio de tendencia, aunque de intensidad variable en razón de la coyuntura y del país de referencia. En los últimos tiempos, algunas organizaciones sindicales o políticas, y determinados sectores de la doctrina científica, buscan la reorientación de los pasajes del ordenamiento jurídico nacional supuestamente contrarios a la CSE con base en los informes o dictámenes del CEDS, tanto de los que se adoptan por la vía del procedimiento ordinario, como de los que se emiten a través del más moderno de reclamaciones colectivas. Es todavía prematuro aventurar el grado de recepción o acogida de esos criterios, ya sea por parte del legislador, ya sea en el seno de los juzgados y tribunales nacionales. La situación en Europa es muy dispar, dado que, si en algunos países la doctrina del CEDS carece realmente de peso y difusión, en otros, entre los que quizá España ocupe un lugar puntero, parece estar fraguándose un apoyo doctrinal, judicial y también político a favor de la remodelación de determinadas parcelas de la legislación social para lograr supuestamente una mejor acomodación a las pautas del CEDS. Aunque de momento no se trate de posturas unánimes, o ni siquiera mayoritarias, lo que resulta incuestionable es que la CSE se ha convertido en muchos casos en un elemento de argumentación de primera línea, a veces mediante la atribución a sus previsiones de unos efectos jurídicos que parecen poco compatibles con su propia fisonomía, que no responde a enunciados tan directos o determinantes. La elevación del importe del SMI, que como operación política no puede tildarse de descabellada o irrazonable, es un buen ejemplo práctico de esa renovada invocación de la

CSE para incrementar los niveles sociales. El incremento de la cuantía de la indemnización por despido atendiendo a las circunstancias concurrentes en cada caso, que puja por abrirse camino, es, de su lado, una sintomática muestra de las reivindicaciones que con el carácter de *lege ferenda*, y con un futuro más o menos incierto, se han puesto en circulación al amparo de ese texto del Consejo de Europa. Son muestras de esa especie de activismo social que, a veces con argumentos sólidos y otras veces con claras posiciones de parte, se viene construyendo desde hace algún tiempo a partir de los derechos reconocidos en la Carta Social Europea.

Por otra parte, y como probablemente sea fácil de comprender, si el impacto de la CSE se ha mostrado hasta el momento en tono manifiestamente menor, al menos en comparación con la jurisprudencia del TEDH, la repercusión del resto de instrumentos promovidos por el Consejo de Europa en este terreno específico de los derechos laborales y de protección social ha sido prácticamente anecdótica, o acaso meramente simbólica, bien es verdad que por razones diferentes. En algunos casos, como sucede con las reglas de coordinación en materia de Seguridad Social o con el estatuto jurídico del trabajador migrante, la intervención del Consejo de Europa se ha visto notoriamente superada por el sistema institucional y normativo de la UE, que ofrece reglas mucho más perfeccionadas, amén de que la libertad de circulación de personas garantiza la aplicación del principio de igualdad de trato y permite prescindir de las reglas de inmigración en caso de movilidad en el seno de las fronteras de la Unión. Todo ello supone, en último término, que esos instrumentos únicamente resultarían de aplicación a los países del Consejo de Europa que no son miembros de la UE, con el factor añadido de que, dentro de ese grupo, no son muchos los que han dado el paso de proceder a su ratificación. Se trata, a la postre, de instrumentos concebidos en otro contexto histórico (hace cinco décadas), en el que, razonablemente, parecía necesario atender ciertas lagunas de regulación supranacional que luego fueron cubiertas por otras vías. Es poco probable que el Consejo de Europa tomara iniciativas de ese calado en el momento actual.

Quizá el Código Europeo de Seguridad Social pudiera contar con un recorrido mayor, al menos en hipótesis, pero en su proyección práctica la Seguridad Social no deja de ser una institución muy delicada, tanto en el plano social como en el económico y financiero, por lo que no resulta en absoluto sencillo imponer esa serie de niveles mínimos de protección social a un conjunto tan numeroso y diverso de Estados, que se enfrentan a escenarios económicos y sociales muy diferentes y que previsiblemente mantengan posturas muy variadas en cuanto a su tabla de prioridades. La falta de ratificaciones suficientes para su entrada en vigor que ha venido sufriendo la versión revisada de 1990 de dicho Código no deja de ser un dato significativo desde ese punto de vista, como lo es, igualmente, el hecho de que hasta el momento no haya sido posible establecer a ciencia cierta mecanismos de armonización en este campo de la protección social, y mucho menos acompañarlos de palancas coercitivas para las hipótesis de incumplimiento. No ha podido hacerlo el Consejo de Europa, pero tampoco lo pudo hacer en su momento la OIT, ni parece que la Unión Europea, con todo su potencial, esté aún en condiciones de lograrlo, lo cual da una idea bastante aproximada de la envergadura del empeño.

Hacia el futuro, es probable que el Consejo de Europa trate de combinar sus formas tradicionales de actuación, dirigidas básicamente a los espacios menos atendidos por otras instancias internacionales, con propuestas e iniciativas más sofisticadas, entre las que tal vez pudiéramos anotar una cierta pretensión de influir, de forma mediata o inmediata, en la programación o la estrategia política de la propia Unión Europea. Pero hay que reconocer que faltan todavía estructuras sólidas que fomenten y canalicen el diálogo y el entendimiento entre esas dos grandes instancias europeas. Las sinergias que por ahora se hayan podido producir han sido fruto de la actitud generalmente receptiva de la UE respecto del acervo normativo y jurisprudencial del Consejo de Europa, o del respeto que el Consejo de Europa ha venido mostrando hacia la UE, más que resultado de una cooperación institucionalizada. Parece evidente el influjo del CEDH y de la CSE en muchos pasajes de la Carta de Derechos Fundamentales de la UE y en buena parte del Pilar de Derechos Sociales, por poner algunos ejemplos de interacción, pero la convivencia armónica entre los respectivos instrumentos de ambas organizaciones no está institucionalmente garantizada, y puede que siga dependiendo de la buena voluntad de cada una de las partes. Capítulo particular es el relativo al terreno jurisdiccional, en el que está por ver si el TJUE decide adoptar una posición más activa en la defensa de los derechos fundamentales y las libertades públicas a partir de la Carta de Derechos Fundamentales de la UE, con la consiguiente afectación al sistema del CEDH. Habrá que estar atentos asimismo a la hipótesis de que se produzcan nuevos intentos de adhesión de la UE a dicho sistema, que de momento sigue cerrada, precisamente, por los informes emitidos a tal efecto por el Tribunal de Luxemburgo. En todo caso, parece conveniente evitar desajustes o discordancias entre el TJUE y el Tribunal de Estrasburgo, y es de esperar, en un plano más general, que la UE y el Consejo de Europa sigan explorando vías que les permitan la conjunción de sus respectivos esfuerzos, cuando menos en determinadas áreas del devenir económico y social en el entorno europeo. Algo de eso parece adivinarse, por ejemplo, en el proceso de cooperación que una y otra organización han emprendido en el proceloso campo de la inteligencia artificial, en el que tal vez se pueda caminar hacia un acervo común de reglas o recomendaciones sustentado en una estrategia coordinada y homogénea. Desde ahí, como es natural, podría pasarse a otros muchos campos de la gobernanza y la “cultura” europea, donde la conjunción de iniciativas y esfuerzos podría rendir asimismo muy buenos resultados. Volvamos de nuevo al terreno más específico de reconocimiento y tutela de los derechos humanos, que en perspectiva histórica parecía más propio y exclusivo del Consejo de Europa y que en los últimos tiempos parece concitar un interés sobresaliente en las instancias de gobierno de la Unión Europea (como precisamente han puesto de relieve sus ambiciosas incursiones en el mencionado campo de la inteligencia artificial). Es posible que poco a poco nos vayamos situando, ahora más que nunca, en el deseable camino de la confluencia entre las dos grandes organizaciones supranacionales de ámbito europeo.

Bibliografía y documentación

- AA. VV., *EU engagement with other European regional organisations,* Frame, Comisión Europea, 2016.
- ABRIL STOFFELS, R.M., "La conciliación entre la vida personal, familiar y laboral, la corresponsabilidad en el hogar y la lucha contra los estereotipos: una nueva punta de lanza del Tribunal Europeo de Derechos Humanos", *Revista General de Derecho Europeo,* núm.28 (2012).
- AKANDJI-KOMBE, J.F.,

  * "Carta Social Europea y Convenio Europeo de Derechos Humanos: perspectivas para la próxima década", *Revista de Derecho Político,* núm.67 (2006).
  * "La aplicación de la Carta Social Europea por los órganos jurisdiccionales de los Estados parte", en TEROL BECERRA, M., y JIMENA QUESADA, L. (Dir.), *Tratado sobre protección de derechos sociales,* Tirant lo Blanch, Valencia, 2014.

- ALMENDROS GONZÁLEZ, M.A., "Derecho de asociación y derecho de sindicación de los miembros de las fuerzas armadas y de la Guardia Civil", *RTSS* (CEF), núm.382 (2015).
- ALONSO GARCÍA, M.N., y CARRIZO AGUADO, D., "«Quo vadis» del derecho a la salud de los inmigrantes en situación administrativa irregular en el escenario jurídico español", *Revista de Derecho Migratorio y Extranjería,* núm.51 (2019).
- ALONSO GARCÍA, R.,

  * *Sistema jurídico de la Unión Europea,* Civitas, Madrid, 2012.
  * *El juez nacional en la encrucijada europea de los derechos fundamentales,* Real Academia de Jurisprudencia y Legislación, Madrid, 2014.
  * "Análisis crítico del veto judicial de la Unión Europea al CEDH en el Dictamen 2/13, de 18 de diciembre de 2014", en UGARTEMENDÍA ECEIZABARRENA, J.I., y LABAYLE, H. (dir.), *La tutela judicial de los derechos fundamentales en el espacio de libertad, seguridad y justicia de la Unión Europea,* Instituto Vasco de Administración Pública, 2016.

- ALTÉS TÁRREGA, J.A., "La videovigilancia encubierta en la nueva regulación sobre derechos digitales laborales y la incidencia de la STEDH López Ribalda (II), *RGDTSS* (iustel), núm. 55 (2020).
- ÁLVAREZ CORTINA, A.C., "Derecho de las confesiones religiosas a la selección del personal por creencias religiosas", en A. MOTILLA (Coord.), *La jurisprudencia del Tribunal Europeo de Derechos Humanos en torno al derecho de libertad religiosa en el ámbito laboral*, Comares, Granada, 2016.
- ÁLVAREZ RODRÍGUEZ, I., *Brechas Convencionales en España. Un Reto Constitucional del Siglo XXI*, Aranzadi, 2020 (con Prólogo de F.J. GARCÍA ROCA).
- ALZAGA RUIZ, I.,

  * "Maternidad subrogada y prestaciones de Seguridad Social", *RMESS*, núm.34 (2018).
  * "La aplicabilidad de la Carta Social Europea por los órganos jurisdiccionales internos", *Trabajo y Derecho*, núm.64 (2020).
  * "Análisis y reflexiones críticas sobre la jurisprudencia del Tribunal Europeo de Derechos Humanos en materia social", *RGDTSS (iustel)*, núm.58 (2021).
  * "La protección de los derechos sociales por el Tribunal Europeo de Derechos Humanos: la construcción de unos principios esenciales en materia social", *Revista Galga de Dereito Social*, nº 19 (2023).

- ANDRÉS SÁENZ DE SANTA MARÍA, P., GONZÁLEZ VEGA, J.A., y FERNÁNDEZ PÉREZ, B., *Introducción al Derecho de la Unión Europea*, Eurolex, Madrid, 1996.
- ARANGÜENA FANEGO, C., "El cumplimiento de las sentencias del Tribunal Europeo de Derechos Humanos y la revisión de sentencias firmes", en J. GARCÍA ROCA y P.A. FERNÁNDEZ SÁNCHEZ (Dir.), *Integración europea a través de derechos fundamentales: de un sistema binario a otro integrado*, CEP y C, Madrid, 2009.
- ARUFE VARELA, A., "Los artículos 5 y 6 de la Carta Social Europea ante el Derecho español", *RMESS*, núm.137 (2018).
- AYALA CORAO, C., *Hacia una justicia constitucional internacional de los derechos humanos (La internacionalización de las constituciones y la constitucionalización de los tratados)*, Tirant lo Blanch/Ciudad de México, 2024.

- BAJO GARCÍA, I., "La reforma laboral a la luz de la Carta Social Europea: Convergencias y divergencias entre el Tribunal Constitucional y el Comité Europeo de Derechos Sociales", *RGDTSS* (iustel), núm.40 (2015).
- BARCELÓ FERNÁNDEZ, J., "Nivel de cumplimiento de la Carta Social Europea por parte del Estado Español, en materia de prevención de riesgos laborales, salud, Seguridad Social y protección social", *RMESS*, núm.37 (2018).
- BARTOLOMEI DE LA CRUZ, H.G., "La Carta Social Europea y la Organización Internacional de Trabajo; veinticinco años de colaboración ejemplar", en AA.VV., *La Carta Social Europea en la perspectiva de la Europa del año 2000*, MTSS, Madrid, 1989.
- BELORGEY, J.M., "La Carta Social Europea del Consejo de Europa y su órgano de control: el Comité Europeo de Derechos Sociales", *Revista de Derecho Político*, UNED, núm.70 (2007).
- BELTRÁN DE HEREDIA RUIZ, I., "¿Un sindicato de la Guardia Civil? La incompatibilidad de principio entre jerarquía y disciplina militar y libertad sindical persiste", en R. QUESADA SEGURA (Coord.), *Treinta años de la Ley Orgánica de Libertad Sindical: perspectivas y retos*, CARL, Sevilla, 2016.
- BENOÎT-ROHMER, F., y KLEBES, H., *Council of Europe law. Towards a pan-European legal area*, Consejo de Europa, Estrasburgo, 2005.
- BILBAO UBILLOS, J.M., "Las libertades de reunión y asociación: algunas vacilaciones en una trayectoria de firme protección", en J. GARCÍA ROCA y P. SANTOLAYA MACHETTI (Dir.), *La Europa de los derechos. El Convenio Europeo de Derechos Humanos*, CEC, Madrid, 2005.
- BOLAÑOS CÉSPEDES, F. (Compilador), *Curso de Derecho Laboral*, Tomo IV, Editorial Jurídica Continental, San José (Costa Rica), 2023.
- BONET PÉREZ, J., "Reforma de los regímenes de seguridad social en Europa: el Comité Europeo de derechos sociales y el Tribunal Europeo de Derechos Humanos frente a la potencial regresividad en el goce y disfrute del derecho a la seguridad social", *Revista General de Derecho Europeo*, núm.34 (2014).
- BRILLAT, R., "La actividad pre-convencional y para-convencional del Consejo de Europa en el ámbito de los derechos sociales", en AA.VV., *Escritos sobre derecho europeo de los derechos sociales*, Tirant lo Blanch, Valencia, 2004.

- BRONSTEIN, A., *Derecho internacional y comparado del trabajo,* Organización Internacional del Trabajo, 2011.
- BURGOS ADURIZ, A., "La protección del contenido esencial de la libertad sindical en la Unión Europea ¿cómo afectaría esta situación a la futura adhesión de la Unión Europea al convenio europeo de derechos humanos?: Contradicciones con la jurisprudencia del tribunal europeo de derechos humanos", *Revista de Estudios Europeos,* núm.71 (2018).
- BURRIEL RODRÍGUEZ-DIOSDADO, P., "Empleo, Formación e Igualdad de Oportunidades en España bajo el prisma de la Carta Social Europea", *RMESS,* núm.137 (2018).
- BUSTOS GISBERT, R., "TJUE y TEDH: una relación de enriquecimiento mutuo en la construcción de un sistema europeo para la protección de derechos", en J. GARCÍA ROCA y P.A. FERNÁNDEZ SÁNCHEZ (Dir.), *Integración europea a través de derechos fundamentales: de un sistema binario a otro integrado,* CEP y C, Madrid, 2009.
- BUSTOS GISBERT, R., y PASTRANA, E., "*Good training for good judgments.* El programa HELP (*human rights education for legal professionals*) de formación en derechos humanos del Consejo de Europa", *Teoría y Realidad Constitucional,* núm.42 (2018).
- CABEZA PEREIRO, J.,

  * "La protección jurisdiccional de los derechos humanos y libertades fundamentales de los trabajadores ante el TEDH", *Revista de Derecho Social,* núm.69 (2015).
  * "El necesario cambio en la jurisprudencia constitucional sobre videovigilancia y control de mensajería electrónica de los trabajadores a la vista de la doctrina del TEDH", *Temas Laborales,* núm.41 (2018).

- CACHO SÁNCHEZ, Y., "La última reforma del sistema de garantía del Convenio Europeo de Derechos Humanos: alcance, impacto y viabilidad futura", *Revista General de Derecho Europeo,* núm.50 (2020).
- CAJALEÓN CASTILLA, E.R., *La convencionalización del derecho al trabajo y a la estabilidad en el empleo,* Palestra, Lima, 2022.
- CAMARILLO GOVEA, L.A., y ROSAS RÁBAGO, E.N., "El control de convencionalidad como consecuencia de las decisiones judiciales de la Corte Interamericana de Derechos", *Revista del Instituto Interamericano de Derechos Humanos,* Vol.64 (2016).

- CANO RUIZ, I., "Vestimenta y símbolos religiosos en el ámbito laboral", en A. MOTILLA (Coord.), *La jurisprudencia del Tribunal Europeo de Derechos Humanos en torno al derecho de libertad religiosa en el ámbito laboral*, Comares, Granada, 2016.
- CANOSA USERA, R.,
  * "La interpretación evolutiva del Convenio Europeo de Derechos Humanos", en J. GARCÍA ROCA y P.A. FERNÁNDEZ SÁNCHEZ (Dir.), *Integración europea a través de derechos fundamentales: de un sistema binario a otro integrado*, CEP y C, Madrid, 2009.
  * *El control de convencionalidad*, Civitas/Thomson Reuters, Pamplona, 2015.
  * "La prohibición de la tortura y de penas y tratos inhumanos o degradantes en el CEDH", *Teoría y Realidad Constitucional*, núm.42 (2018).
  * "La interpretación de la Carta Social Europea", en R. CANOSA USERA y E. CARMONA CUENCA, *La Europa de los Derechos Sociales: la Carta Social Europea y otros sistemas internacionales de protección*, Tirant lo Blanch, Valencia, 2024.
- CANOSA USERA, R., y CARMONA CUENCA, E., *La Europa de los derechos sociales: la Carta Social Europea y otros sistemas internacionales de protección*, Tirant lo Blanch, Valencia, 2024.
- CARDONA RUBERT, M.B.,
  * "Tratamiento automatizado de datos personales del trabajador", *RTSS*, núm.16 (1994).
  * "La situación del Estado Español en relación al cumplimiento de la Carta Social Europea", *Revista de Derecho Social*, núm.69 (2015).
- CARMONA CUENCA, E.,
  * "Derechos sociales de prestación y obligaciones positivas del Estado en la jurisprudencia del Tribunal Europeo de Derechos Humanos", *Revista de Derecho Político*, núm.100 (2017).
  * "Los principales hitos jurisprudenciales del Tribunal Europeo de Derechos Humanos en materia de igualdad de género", *Teoría y realidad constitucional*, núm.42 (2018).

– CARRIL VÁZQUEZ, X.M.,

* "La doctrina del Comité Europeo de Derechos Sociales acerca del incumplimiento por España de derechos laborales elementales regulados en la Carta Social Europea", *RTSS (CEF)*, nº 460 (2021).

* "Los golpes bajos de la Unión Europea a la Carta Social Europea", *Lex Social*, vol.13, núm.2 (2023).

– CARRILLO SALCEDO, J.A.,

* "El Convenio Europeo de Derechos Humanos y sus protocolos adicionales", en J.A. CARRILLO SALCEDO (Dir.), *Jurisprudencia del Tribunal Europeo de Derechos Humanos II*, CGPJ, Madrid, 1995.

* "El convenio europeo de derechos humanos", en F. GÓMEZ ISA (Dir.), *La protección internacional de los derechos humanos en los albores del siglo XXI*, Universidad de Deusto, Bilbao, 2004.

– CARRIZOSA PRIETO, E., "Los modelos de tutela del derecho de libertad sindical en el ámbito internacional", *Revista Internacional y Comparada de Relaciones Laborales y Derecho del Empleo*, nº 3 (2015).

– CASAS BAAMONDE, M.E.,

* "¿Hacia un orden jurídico constitucional europeo e internacional a través de los tribunales constitucionales? La jurisprudencia constitucional sobre el derecho comparado del trabajo y de la seguridad social", *Anuario Coruñés de Derecho Comparado del Trabajo*, Vol. XIII (2021).

* *Discurso de María Emilia Casas Baamonde en su investidura como Doctora Honoris Causa en Derecho por la Universidad de Santiago de Compostela*, accesible en https://www.usc.gal/gl/honoris-causa/maria-emilia-casas-baamonde/discurso.

* "Indemnización adicional por daños y perjuicios en despido sin causa y exigüidad de la indemnización legal tasada. Y sobre la aplicación directa del artículo 24 de la Carta Social Europea (revisada) y la orfandad del arbitrio judicial en la fijación de la indemnización adecuada por despido inválido", Revista de Jurisprudencia Laboral, nº 5 (2024).

– CASAS BAAMONDE, M.E. *et alteri* (Dir.), *Derecho social de la Unión Europea. Aplicación por el Tribunal de Justicia*, BOE, 2023.

– CASTRO ARGÜELLES, M.A., "Normas internacionales y norma constitucional: A propósito del trabajo de la mujer en las minas", *Revista española de derecho del trabajo*, núm.63 (1994).

– CATALÀ i BAS, A.H., *Libertad de expresión e información. La jurisprudencia del TEDH y su recepción por el Tribunal Constitucional*, Ediciones Revista General de Derecho, Valencia, 2001.

– CEDS,

* *The relationship between European Union law and the European Social Charter*, Consejo de Europa, 2014 (https://rm.coe.int/CoERMPublicCommonSearchServices/DisplayDCTMContent?documentId=09000016806544ec).

* *Activity Report 2018* (https://rm.coe.int/activity-report-2018-of-the-european-committee-of-social-rights/168097333a).

– CHACARTEGUI JÁVEGA, C., *Dignidad de los trabajadores y derechos humanos del trabajo según la jurisprudencia del Tribunal Europeo de Derechos Humanos*, Bomarzo, Albacete, 2013.

– CHATTON, G.T., "La armonización de las prácticas jurisprudenciales del Tribunal Europeo de Derechos Humanos y del Comité Europeo de Derechos Sociales: una evolución discreta", *Revista de Derecho Político*, núm.73 (2008).

– CHOLEWINSKI, R., *The legal status of migrants admitted for employment*, Council of Europe, Estrasburgo, 2004.

– CLIMENT GALLART, J.A., "El derecho de libertad sindical en la Guardia Civil a la luz de la jurisprudencia del TEDH (casos Matelly y ADEFDROMIL) y de la STS (Sala de lo social) de 22 de junio de 2016", *Lex Social*, núm.1 (2017).

– COMISIÓN EUROPEA,

* *Labour Law and working conditions. Social Europe Guide, Volume 6*, 2014.

* *Analysis – in the light of the European Union acquis – of the ILO Conventions that have been classified by the International Labour Organisation as up to date*, Unión Europea, Luxemburgo, 2014.

– COOMANS, F., "*Application of the International Covenant on Economic, Social and Cultural Rights in the Framework of International Organisations*", en AA.VV. (ed. A. VON BOGDANDY y R. WOLFRUM), *Max Planck Yearbook of United Nations Law*, Volume 11, 2007.

- CORTÉS MARTÍN, J.M., *Avatares del proceso de adhesión de la Unión Europea al Convenio Europeo de Derechos Humanos,* Reus, Madrid, 2018.
- COSTA, J.P., "La libertad de expresión según la jurisprudencia del Tribunal Europeo de Derechos Humanos de Estrasburgo", *Persona y Derecho,* nº 44 (2001).
- CRISTÓBAL RONCERO, R., "La influencia de la Carta Social Europea en la jurisprudencia española", *Documentación Laboral,* nº 125 (2022).
- CROTTI, I., *Protecting workers from gender-based violence and harassment in Europe. A comparative analysis of ILO Convention 190, Istanbul Convention, Social Partners Framework Autonomous Agreement,* European Public Service Union, 2019 (https://www.epsu.org/sites/default/files/article/files/EPSU%20Briefing%20Report%20ILO%20190_FINAL_0.PDF).
- CRUZ VILLALÓN, J., "La jurisprudencia del Tribunal Europeo de derechos humanos en materia laboral", *Temas laborales,* núm.145 (2018).
- CUBERO MARCOS, J.I., "La *vis* expansiva de los derechos fundamentales y su incidencia en la configuración y exigibilidad de los derechos sociales", *Revista Española de Derecho Constitucional,* núm.110 (2017).
- CUCARELLA GALIANA, L.A., "Derechos humanos, proceso jurisdiccional y sus modos normales de terminación, *Anuario Iberoamericano de Justicia Constitucional,* núm.1 (2019).
- CUENCA GÓMEZ, P., "Revisando el tratamiento de la capacidad jurídica de las personas con discapacidad en el Consejo de Europa desde la Convención de la ONU", *Revista Europea de Derechos Fundamentales,* núm.20 (2012).
- DE SALAS MURILLO, S., "Sobre el alcance del ámbito de la protección de la vida privada y familiar en la jurisprudencia de Estrasburgo", *Revista Boliviana de Derecho,* núm.23 (2017).
- DE SCHUTTER, O.,

  * *L'adhésion de l'Union européenne à la Charte sociale européenne révisée,* EUI Working Paper LAW núm.2004/11 (https://cadmus.eui.eu/bitstream/handle/1814/2826/law04-11.pdf?sequence=1).

  * *Economic, Social and Cultural Rights as Human Rights: An Introduction,* CRIDHO Working Paper 2013/2 (https://sites.uclouvain.be/cridho/documents/Working.Papers/CRIDHO-WP2013-2-ODeSchutterESCRights.pdf).

* "The European Social Charter as the Social Constitution of Europe", en N. BRUUN, K. LÖRCHER, I. SCHÖMANN y S. CLAUWAERT (ed.), *The European Social Charter and the employment relation*, European Trade Union Institute, Oxford, 2017.

* *The European Pillar of Social Rights and the role of the European Social Charter in the EU legal order*, Consejo de Europa, 2018.

- DEL REY GUANTER, S.,

  * "Revelación pública de infracciones cometidas por la empresa y ejercicio de la libertad de información por la persona trabajadora en cuanto informante (whistleblower). Criterios a la luz de la doctrina del Tribunal Europeo de Derechos Humanos y del Tribunal Constitucional", *Labos*, Vol. 4, núm.3 (2023).

  * *Whistleblowing en el entorno laboral, de la función pública y del trabajo autónomo*, La Ley, Madrid, 2024.

- DELGADO DEL RINCÓN, L.E., "El TEDH y las condenas a España por la vulneración del derecho a ser juzgado en un plazo razonable: las dificultades para alcanzar una duración óptima de los procesos judiciales", *Teoría y realidad constitucional*, núm.42 (2018).
- DESDENTADO BONETE, A, y DESDENTADO DAROCA, E., "La segunda sentencia del Tribunal Europeo de Derechos Humanos en el caso Bărbulescu y sus consecuencias sobre el control del uso laboral del ordenador", *Revista de información laboral*, núm.1 (2018).
- DÍAZ GARCÍA, C., "La Carta Social Europea revisada y las resoluciones del Comité Europeo de Derechos Sociales: un análisis general sobre su naturaleza y una aportación específica para su aplicación en España", *IUSLabor*, nº 1 (2024).
- DÍAZ RODRÍGUEZ, J.M., "La interpretación y aplicación de la Carta Social Europea, en particular, en materia de extinción del contrato de trabajo", *Documentación Laboral*, nº 125 (2022).
- DÍEZ FERNÁNDEZ, J.A., "La libertad religiosa de personas jurídicas en el ámbito laboral. Análisis comparativo entre la jurisprudencia europea y la norteamericana", en I. CANO RUIZ (Ed.), *Identidad religiosa y relaciones de trabajo. Un estudio de la jurisprudencia el Tribunal Europeo de Derechos Humanos*, Comares, Granada, 2015.
- DIRECCIÓN DE RELACIONES EXTERIORES DEL CONSEJO DE EUROPA, *Co-operation between the United Nations and the Council of Europe*, Consejo de Europa, Estrasburgo DER/Inf (2018)

(https://rm.coe.int/der-inf-2018-2-overview-of-coe-eu-cooperation-mechanisms/16808e4706).

- DOUGLAS-SCOTT, S., "The European Union and Human Rights after the Treaty of Lisbon", *Human Rights Law Review*, Volume 11, Issue 4 (2011).
- DOZO MOUGÁN, I., *La protección laboral mínima de los trabajadores migrantes en el orden público internacional*, Aranzadi, Pamplona, 2021.
- DURÁN ALBA, J.F., "Fuentes Bobo c. España (STEDH de 29 de febrero de 2000): alcance de la libertad de expresión en el ámbito laboral", en R. ALCÁCER GUIRAO (Coord.), *Conflicto y diálogo con Europa: las condenas a España del Tribunal Europeo de Derechos Humanos*, Civitas, Madrid, 2013.
- DURÁN LÓPEZ, F., "El derecho de huelga en la doctrina del Tribunal Europeo de Derechos Humanos", *Temas Laborales*, núm.145 (2018).
- EHLERS, D. (Dir.), *European Fundamental Rights and Freedoms*, De Gruyter, Berlin, 2007.
- EMMERT, F., y PICHÉ CARNEY, C., "The European Union Charter of Fundamental Rights vs. the Council of Europe Convention on Human Rights and Fundamental Freedoms–A comparison", *Fordham International Law Journal*, Vol.40 (2017).
- EVJU, S., "The European Social Charter and the International Labour Organisation: interlinks past and present", en W. DÄUBLER y R. ZIMMER, *Arbeitsvölkerrecht, Festschrift für Klaus Lörcher*, Nomos, Baden Baden, 2013.
- FARRELL, M., "Just How Ill-Treated Were You? An Investigation of Cross-Fertilisation in the Interpretative Approaches to Torture at the European Court of Human Rights and in International Criminal Law", *Nordic Journal of International Law*, Vol. 84, nº. 3 (2015).
- FERNÁNDEZ BURGUEÑO, B., "El trabajo forzado, la servidumbre y la esclavitud en Europa atendiendo a los sectores productivos: análisis crítico del alcance de la jurisprudencia del artículo 4 del Convenio Europeo de Derechos Humanos", *Universitas*, núm.25 (2017).
- FERNÁNDEZ DOCAMPO, B., "La eficacia de la protección antidiscriminatoria por origen racial ante el Tribunal Europeo de Derechos Humanos", *Revista de Derecho Social*, núm.69 (2015).
- FERNÁNDEZ SÁNCHEZ, P.A., "Naturaleza jurídica de las sentencias del TEDH y del TJCE", en J. GARCÍA ROCA y P.A. FERNÁNDEZ

SÁNCHEZ (Dir.), *Integración europea a través de derechos fundamentales: de un sistema binario a otro integrado*, CEP y C, Madrid, 2009.

- FERNÁNDEZ VILLAZÓN, L.A., "Protección de datos y derechos digitales de los trabajadores", en L.A. FERNÁNDEZ VILLAZÓN (Coord.), *Derecho y nuevas tecnologías,* Civitas, Madrid, 2020.
- E. FERRER MAC-GREGOR (Coord.), *El Control Difuso de Convencionalidad. Diálogo entre la Corte Interamericana de Derechos Humanos y los jueces nacionales,* FUNDAp. Querétaro, 2012.
- FERRER MAC GREGOR, E., y QUERALT JIMÉNEZ, A., "El control de convencionalidad americano y el efecto de cosa interpretada europeo ¿dos caras de una misma moneda?", en F.J. GARCÍA ROCA y E. CARMONA CUENCA (Ed.), *¿Hacia una globalización de los derechos? El impacto de las sentencias del Tribunal Europeo y de la Corte Interamericana,* Aranzadi, Pamplona, 2017.
- FLAUSS, J.F., "Las interacciones normativas entre los instrumentos europeos relativos a la protección de los derechos sociales", AA.VV., *Escritos sobre derecho europeo de los derechos sociales,* Tirant lo Blanch, Valencia, 2004.
- FLORES RODRÍGUEZ, J., "Gestación por sustitución: más cerca de un estatuto jurídico común europeo", *Revista de Derecho Privado (Universidad Externado de Colombia),* núm.27 (2014).
- FORNASIER, M., y STANZIONE, M.G. (Eds.), *The European Convention on Human Rights and its Impact on National Private Law. A Comparative Perspective,* Intersentia, 2023.
- FORST, D., "The execution of judgments of the European Court of Human Rights", *Vienna Journal of International and Constitutional Law,* Vol.7, núm.3 (2013).
- FRANCO DEL POZO, M., *El derecho humano a un medio ambiente adecuado,* Universidad de Deusto, Bilbao, 2000.
- FREIXES SANJUÁN, T., "La justiciabilidad de la Carta Social Europea", AA.VV., *Escritos sobre derecho europeo de los derechos sociales,* Tirant lo Blanch, Valencia, 2004.
- GALIANA MORENO, J.M., "El closed shop ante el Tribunal Europeo de Derechos Humanos", *Revista de Trabajo,* núm.67-68 (1982).
- GARBEN, S., "The European Pillar of Social Rights: an assessment of its meaning and significance", *Cambridge Yearbook of European Legal Studies,* núm.21 (2019).

- GARCÍA BLASCO, J., y GONZÁLEZ LABRADA, M., "Instrumentos del Consejo de Europa. Carta Social Europea revisada y Código Europeo de Seguridad Social", en J.L. MONEREO PÉREZ y G. RODRÍGUEZ INIESTA (Dir.), *Tratado de Derecho de la Seguridad Social*, Tomo I, Laborum, Murcia, 2017.
- GARCÍA DE CORTÁZAR Y NEBREDA, C., *Coordinación de los regímenes de Seguridad Social entre la Unión Europea y países de EUROMED*, Comité Económico y Social Europeo, Bruselas, 2016.
- GARCÍA GONZÁLEZ, G.,

  * "Libertad religiosa y contrato de trabajo en la jurisprudencia del Tribunal Europeo de Derechos Humanos: una propuesta armonizadora", *Lex Social*, Vol. 6, núm.1 (2016).
  * "La recepción de la Carta Social Europea en el ordenamiento español: aspectos jurídicos, políticos e institucionales (1978-2018)", *RMESS*, núm.137 (2018).

- GARCÍA MURCIA, J.,

  * (Dir.) *La transposición del Derecho Social Comunitario al ordenamiento español*, MTAS, Madrid, 2005.
  * "La legislación laboral internacional: mandato y función de la Organización Internacional del Trabajo", *Documentación Laboral*, núm.116 (2019).
  * "Algunos datos de jurisprudencia europea sobre derechos humanos", *FORO. Revista de Ciencias jurídicas y sociales*, núm.2 (2021).
  * "Algunas pinceladas sobre la labor de la Corte Interamericana de Derechos Humanos", *FORO. Revista de Ciencias jurídicas y sociales*, núm.1 (2022).
  * (Dir.) *La influencia de los convenios y recomendaciones de la OIT en la legislación social española*, BOE, 2023.

- GARCÍA MURCIA, J., e RODRÍGUEZ CARDO, I.A., "Discriminación por motivos de religión y convicciones", en J. GARCÍA MURCIA (Dir.), *Condiciones de empleo y relaciones de trabajo en el Derecho de la Unión Europea*, Aranzadi, Pamplona, 2017.
- GARCÍA ROCA, F.J.,

  * "El preámbulo y el contexto hermenéutico del Convenio: un instrumento constitucional del orden público europeo", en J. GARCÍA

ROCA y P. SANTOLAYA MACHETTI (dir.), *La Europa de los derechos. El Convenio Europeo de Derechos Humanos*, CEC, Madrid, 2005.

* "Soberanía estatal *versus* integración europea mediante unos derechos fundamentales comunes: ¿cuál es el margen de apreciación nacional?", en F.J. GARCÍA ROCA y P.A. FERNÁNDEZ SÁNCHEZ (dir.), *Integración europea a través de derechos fundamentales: de un sistema binario a otro integrado*, CEP y C, Madrid, 2009.

* *El margen de apreciación nacional en la interpretación del Convenio Europeo de Derechos Humanos: soberanía e integración*, Civitas, Madrid, 2010.

* "La evolución del sistema del Convenio Europeo de Derechos Humanos", en AA.VV., *Historia de los Derechos Humanos*, Tomo IV, Dykinson, Madrid, 2014.

* *La transformación constitucional del Convenio Europeo de Derechos Humanos*, Civitas, Madrid, 2019.

- GARCÍA ROCA, F.J., y SANTOLAYA MACHETTI, P. (dir.), *La Europa de los derechos. El Convenio Europeo de Derechos Humanos*, CEC, Madrid, 2005.
- GARCÍA ROCA, F.J., SANTOLAYA MACHETTI, P., y PÉREZ-MONEO, M. (coord.), *La Europa de los derechos. El Convenio Europeo de Derechos Humanos*, Vol.I y II, CEPC, Madrid, 2023.
- GARCÍA ROMERO, B., "Protección contra la pobreza desde la perspectiva del Derecho Internacional", *Anales del Derecho* (Universidad de Murcia), núm.18 (2000).
- GARCÍA SAN JOSÉ, D., "La gestación por sustitución y las obligaciones emanadas para los Estados parte en el Convenio Europeo de Derechos Humanos: repercusiones en el ordenamiento jurídico español del activismo y de la autolimitación judicial del Tribunal Europeo de Derechos Humanos en relación con la gestación por sustitución", *Revista Española de Derecho Constitucional*, núm.113 (2018).
- GARCÍA SEDANO, T., "El concepto de trabajo forzoso en la jurisprudencia del Tribunal Europeo de Derechos Humanos", *Revista Internacional y Comparada de Relaciones Laborales y Derecho del Empleo*, núm.4 (2018).
- GARCÍA VIÑA, J., "¿Las indemnizaciones adicionales en los casos de extinción del contrato de trabajo a las reguladas en el Estatuto de los Trabajadores son válidas?", *LABOS*, Vol. 4, nº 3 (2023).

- GARCÍA-PERROTE ESCARTÍN, I., "La gobernanza de las relaciones de trabajo", *Derecho de las Relaciones Laborales*, núm.5 (2019).
- GARRIDO PALACIOS, M.A.,

  * *Control de convencionalidad y Derecho del Trabajo. El encaje del derecho internacional del trabajo en el iuslaboralismo español*, Tirant lo Blanch, Valencia, 2022 (con "Prólogo" de A. GUAMÁN HERNÁNDEZ).
  * "La indemnización adicional por despido improcedente en España: un análisis desde el control de convencionalidad", *IUSLabor*, nº 1 (2024).

- GARRIDO PÉREZ, E., "El derecho de reunión: contemplación jurídica y elementos de restricción desde el Tribunal Europeo de derechos humanos y el sistema español de relaciones laborales", *Temas Laborales*, núm.145 (2018).
- GODINO DE FRUTOS, A., "La indemnización por despido improcedente ante la Carta Social Europea revisada: control de convencionalidad y posible reforma legislativa", *Trabajo y Derecho,* nº 98 (2023).
- GOERLICH PESET, J.M., "(Re)descubriendo el control de convencionalidad: ¿activismo o autocontención judicial?, *Labos,* Vol.2, núm.1 (2021).
- GÓMEZ FERNÁNDEZ, I., "Muñoz Díaz c. España (STEDH de 8 de diciembre de 2009) y Manzanas Martín c. España (STEDH de 3 de abril de 2012): abrir la puerta al reconocimiento de derechos sociales a través de la cláusula de igualdad", en R. ALCÁCER GUIRAO (coord.), *Conflicto y diálogo con Europa: las condenas a España del Tribunal Europeo de Derechos Humanos*, Civitas, Madrid, 2013.
- GÓMEZ HEREDERO, A., *Social Security. Protection at the international level and developments in Europe,* Consejo de Europa, Estrasburgo, 2009.
- GONZÁLEZ AYESTA, J., "Libertad sindical en el seno de las confesiones religiosas", en A. MOTILLA (Coord.), *La jurisprudencia del Tribunal Europeo de Derechos Humanos en torno al derecho de libertad religiosa en el ámbito laboral,* Comares, Granada, 2016.
- GONZÁLEZ ORTEGA, S., "Libertad religiosa y contrato de trabajo en la jurisprudencia del Tribunal Europeo de derechos humanos", *Temas Laborales,* núm.145 (2018).
- GOÑI SEIN, J.L., "Video vigilancia empresarial mediante cámaras ocultas: su excepcional validez como control defensivo «ex post»", *Trabajo y Derecho,* núm.47 (2018).

- GORELLI HERNÁNDEZ, J.,

  * "La prestación por maternidad en los casos de gestación por sustitución o maternidad subrogada (vientres de alquiler)", *Revista Aranzadi Doctrinal*, núm.1 (2017).
  * "Razones para un cambio en la indemnización por despido improcedente", *IUSLabor*, nº 1 (2023).

- GRABENWARTER, C., *European Convention on Human Rights. Commentary*, C.H. Beck, Munich, 2014.
- GUILD, E., *The European Convention on the legal status of Migrant Workers (1977): An Analysis of its Scope and Benefits*, Consejo de Europa, 1999.
- GUILLÉN LÓPEZ, E., "Ejecutar en España las sentencias del Tribunal Europeo de Derechos Humanos. Una perspectiva de Derecho constitucional europeo", *Teoría y Realidad Constitucional*, núm.42 (2018).
- HANNUM, H., *"The UDHR in National and International Law", Health and Human Rights*, Vol. 3, núm.2 (1998).
- HARRIS, D.J., O'BOYLE, M., y WARBRICK, E.P., *Law of the European Convention on Human Rights*, Oxford University Press, New York, 2009.
- HÄUSLER, K.A., *Defenceless workers? The protection of irregular migrant workers in Europe with a focus on the situation in France and Spain*, Institut de Dret Public, Universidad de Barcelona, Barcelona, 2010.
- HERVEY, T.K., y KENNER, J., *Economic and social rights under the EU Charter of Fundamental Rights*, Hart Publishing, Oxford, 2003.
- HIERRO HIERRO, F.J., "Maternidad subrogada y prestaciones de Seguridad Social", *REDT*, nº 190 (2016).
- HINOJO ROJAS, M., "Se inicia el diálogo entre las jurisdicciones nacionales de más alta instancia y el Tribunal Europeo de Derechos Humanos", *Revista General de Derecho Europeo*, núm. 52 (2020).
- HOBBY, C., *Article 10: the Right to Freedom of Expression & Whistleblowing* (https://www.ier.org.uk/blog/article-10-right-freedom-expression-whistleblowing).
- IZQUIERDO SANS, C.,

  * "El carácter no ejecutivo de las sentencias del Tribunal Europeo de Derechos Humanos", *Derecho Privado y Constitución*, núm.11 (1997).
  * "Comentario a las sentencias TEDH de 10 de julio de 2012 (Sala) y 21 de octubre de 2013 (Gran Sala) en el Asunto Del Río Prada

sobre la doctrina Parot", *Revista Española de Derecho Internacional,* núm.1 (2014).

- JIMENA QUESADA, L.,

  * "Retos pendientes del estado social españolen especial, la ratificación de la Carta Social Europea revisada de 1996", *Nuevas Políticas Públicas: Anuario multidisciplinar para la modernización de las Administraciones Públicas,* núm.2 (2006).
  * "La Carta Social Europea y la Unión Europea", *Revista Europea de Derechos Fundamentales,* núm.13 (2009).
  * "El último bastión en la defensa de los derechos sociales: la Carta Social Europea", *RJUAM,* núm.29 (2014).
  * "El Comité Europeo de Derechos Sociales: sinergias e impacto en el sistema internacional de Derechos Humanos y en los ordenamientos nacionales", *Revista Europea de Derechos Fundamentales,* núm.25 (2015).
  * "Retrospectiva del proceso de Turín: origen y trabajos preparatorios de la Carta Social Europea", *RMESS,* núm.137 (2018).
  * "Le rôle des pouvoirs locaux et régionaux dans la mise en oeuvre de la Charte Sociale Européenne", *Lex Social,* núm.2 (2018).
  * "La consagración del control de convencionalidad por la Jurisdicción Constitucional en España y su impacto en materia de derechos socio-laborales", *RGDTSS* (iustel), núm.53 (2019).
  * "El derecho a la protección contra la pobreza y la exclusión social como paradigma del respeto de la dignidad humana. La inserción del ingreso mínimo vital en el marco de la evolución de los estándares internacionales", *Lex Social,* Vol.10, núm.2 (2020).
  * "El Comité Europeo de Derechos Sociales: valor jurídico de sus resoluciones", *Documentación Laboral,* nº 125 (2022).
  * "La primera decisión de fondo contra España del Comité Europeo de Derechos Sociales: evidentemente vinculante", *Lex Social,* vol. 14, nº 1 (2024).

- JIMÉNEZ CARRERO, J.A., "El proceso de adhesión de la Unión Europea al CEDH: ¿una batalla perdida?, *Derecho y Economía de la Integración,* núm.5 (2018).
- JIMÉNEZ GARCÍA, F.,

* "La Carta Social Europea (Revisada): Entre el desconocimiento y su revitalización como instrumento de coordinación de las políticas sociales europeas", *Revista Electrónica de Estudios Internacionales* (REEI), núm.17 (2009).

* "El Comité Europeo de Derechos Sociales en el sistema de la Carta Social Europea", en C. FERNÁNDEZ DE CASADEVANTE ROMANÍ, *España y los órganos internacionales de control en materia de derechos humanos,* Dilex, Madrid, 2010.

* "La protección internacional de los derechos sociales y económicos. Avances recientes; técnicas de aplicación y propuestas de reforma constitucional", *Revista Europea de Derechos Fundamentales,* núm.25 (2015).

- JUNCKER, J.C., *Council of Europe-European Union: "A sole ambition for the European continent"* (https://rm.coe.int/16804e3d96).
- KARGOPOULOS, A.I., "ECHR and the CJEU: Competing, overlapping, or Supplementary Competences?", *Eurcrim,* núm.3 (2015).
- KHALIQ, U., y CHURCHILL, R., "The European Committee of Social Rights. Putting flesh on the bare bones of the European Social Charter", en M. LANGFORD, *Social rights jurisprudence,* Cambridge University Press, Cambridge, 2008.
- KOLB, M., *The European Union and the Council of Europe,* Palgrave Macmillan, Reino Unido, 2013.
- KOTZUR, M., "Los derechos fundamentales en Europa", *Revista de Derecho Constitucional Europeo,* núm.12 (2009).
- LÓPEZ AHUMADA, J.E.,

* "La libertad religiosa en las relaciones laborales conforme a la reciente jurisprudencia del Tribunal Europeo de Derechos Humanos", *Anuario de Derecho Eclesiástico,* núm.30 (2014).

* *Libertad religiosa y relaciones laborales,* Diké, Medellín, 2022.

- LLOPIS NADAL, P., "La necesidad procesal de la adhesión de la Unión Europea al CEDH: un asunto que continúa pendiente tras el dictamen 2/13 del TJUE", *Revista electrónica de estudios internacionales (REEI), num. 29* (2015).
- LÓPEZ BETANCOURT, E., y FONSECA LUJÁN, R.C., "Jurisprudencia de Estrasburgo sobre el derecho a un proceso equitativo: senten-

cias contra España de interés para México", *Revista de Derecho UNED*, núm.21 (2017).

- LÓPEZ DE LA FUENTE, G., "La doctrina jurisprudencial del Tribunal Europeo de Derechos Humanos sobre el control de las comunicaciones electrónicas en el trabajo: ¿el fin de una eterna cuestión?", *Revista de Estudios Europeos*, núm.69 (2017).
- LÓPEZ GUERRA, L.,

  * "La protección de derechos económicos y sociales en el Convenio Europeo de Derechos Humanos", *Parlamento y Constitución*, núm.14 (2011).
  * "El diálogo entre el Tribunal Europeo de Derechos Humanos y los tribunales españoles. Coincidencias y divergencias", *Teoría y Realidad Constitucional*, núm.32 (2013).
  * "Crisis económica y derechos humanos. Una nota de jurisprudencia", *Teoría y Realidad Constitucional*, núm.36 (2015).
  * "La evolución del sistema europeo de protección de derechos humanos", *Teoría y realidad constitucional*, núm.42 (2018).
  * "El Tribunal Europeo de Derechos Humanos, el Tribunal de Justicia de la UE" y '*Le mouvement nécessaire des choses*'", *Teoría y realidad constitucional*, núm.39 (2017).
  * *El Convenio Europeo de Derechos Humanos según la jurisprudencia del Tribunal de Estrasburgo*, Tirant lo Blanch, Valencia, 2021.

- LÓPEZ MARTÍN, A.G., "La protección internacional de los Derechos Sociales. A propósito de la ratificación española del Protocolo Facultativo del Pacto de Derechos Económicos, sociales y culturales de 2008", *FORO*, núm.13 (2011).
- LÖRCHER, K.,

  * "*The new social dimension in the jurisprudence of the European Court of Human Rights*", en F. DORSSEMONT, K. LÖRCHER y I. SCHÖMANN (Ed.), *The European Convention on Human Rights and the Employment Relation*, Hart Publishing, Londres, 2013.
  * "Interpretation", en N. BRUUN, K. LÖRCHER, I. SCHÖMANN y S. CLAUWAERT (Ed.), *The European Social Charter and the employment relation*, European Trade Union Institute, Oxford, 2017.

- LOSADA GONZÁLEZ, H., "El estatuto jurídico del trabajador extranjero", en A. PALOMAR OLMEDA (Coord.), *Tratado de Extranjería*, Aranzadi, Pamplona, 2012.
- LOUSADA AROCHENA, J.F.,

  * "El convenio del Consejo de Europa sobre prevención y lucha contra la violencia contra las mujeres y la violencia de género", *AequAlitaS*, núm.35 (2014).
  * "Encuentros y desencuentros entre el TEDH y el TJUE en materia de igualdad de género", *Femeris*, vol.4, núm.2 (2019).

- LUCAS MORILLO DE LA CUEVA, E., "Derechos humanos y atención sanitaria ante el Tribunal Europeo de Derechos Humanos", *Derecho y Salud*, número extraordinario 1 (2019).
- MANGAS MARTÍN, A., "Introducción: el compromiso con los derechos fundamentales", en AAVV, *Carta de derechos fundamentales de la Unión Europea. Comentario artículo por artículo*, Fundación BBVA, Madrid, 2008.
- MANZANO BARRAGÁN, I., "La jurisprudencia del Tribunal Europeo de Derechos Humanos sobre orientación sexual e identidad de género", *Revista Española de Derecho Internacional*, vol.LXIV/2 (2012).
- MANZANO SANZ, F., "El Convenio Europeo de Asistencia Social y Médica (CEASM) del Consejo de Europa", *Revista de Seguridad Social*, núm.39 (1988).
- MARTÍN HUERTAS, M.A.,

  * "El derecho de asociación en el contexto del Consejo de Europa", *Revista de Ciências Jurídicas e Sociais da UNIPAR*, núm.1 (2009).
  * "Las sentencias del TEDH relativas a partidos políticos y a sindicatos", *Revista Mexicana de Derecho Constitucional*, núm.23 (2010).

- MARTÍN LÓPEZ, A., *La Carta Social Europea*, Publicaciones de la Escuela Social de Granada, Granada, 1963.
- MARTÍN VALVERDE, A.,

  * *Jurisprudencia y casación para unificación de doctrina*, Universidad de Oviedo, 2009.
  * "Tendencias recientes de la jurisprudencia del TEDH sobre libertad sindical", *Derecho de los Negocios*, núm.248 (2011).

- MARTÍN VALVERDE, A., y FERNÁNDEZ MÁRQUEZ, O., "Artículo 219", en J.L. MONEREO PÉREZ (Dir.), *Ley de la Jurisdicción Social. Estudio Técnico-Jurídico y sistemático de la Ley 36/2011, de 10 de octubre*, Comares, Granada, 2013.
- MARTÍN-RETORTILLO BAQUER, L., "Libertad religiosa y exigencias laborales", *Revista de Administración Pública*, núm.195 (2014).
- MARTÍNEZ BADENES, M.A., "Presente y futuro de los derechos sociales en el ámbito internacional", *Revista internacional y comparada de relaciones laborales y Derecho del Empleo*, Vol.3, núm.4 (2015).
- MARTÍNEZ DE PISÓN CAVERO, J.M., "Las generaciones de derechos humanos", en J. BETEGÓN CARRILLO y otros (Coord.), *Constitución y derechos fundamentales*, Presidencia del Gobierno, Madrid, 2004.
- MARTÍNEZ GIRÓN, J., "El cumplimiento por España de los artículos 2 y 3 del protocolo adicional de 1988 a la Carta Social Europea", *RMESS*, núm.137 (2018).
- MARTÍNEZ GIRÓN, J., y ARUFE VARELA, A., "La (in)aplicación de la Carta Social Europea al personal laboral al servicio del Consejo de Europa. Un estudio normativo y jurisprudencial", *RGDTSS (iustel)*, núm.61 (2022).
- MARTÍNEZ MIRANDA, M.M., "Jurisprudencia social del Tribunal europeo de derechos humanos", *Lex Social*, núm.1 (2016).
- MARTÍNEZ ROMPELTIEN, S., "La protección de los derechos sociales y el control de las medidas anticrisis a través del derecho de propiedad. Una visión desde el TEDH", *Revista General de Derecho Europeo*, núm.57 (2022).
- MARTÍNEZ TORRÓN, J., "La cuestión del velo islámico en la jurisprudencia de Estrasburgo", *Derecho y Religión*, núm.4 (2009).
- MATÍA PORTILLA, F.J., "Examen de las sentencias del Tribunal de Estrasburgo que afectan al Reino de España", *Teoría y Realidad Constitucional*, núm.42 (2018).
- MENÉNDEZ SEBASTIÁN, P., "Artículo 219", en G.L. BARRIOS BAUDOR, *Comentarios a la Ley Reguladora de la Jurisdicción Social*, Aranzadi, Pamplona, 2020.
- MENÉNDEZ SEBASTIÁN, P., y DE CASTRO MEJUTO, S.J., "¿Mater semper certa est? La maternidad subrogada como situación generadora de los derechos laborales. Pautas de urgencia para la solución de un intrincado litigio", *RGDTSS*, núm.40 (2015).

- MESEGUER VELASCO, S., "La cuestión de las prácticas religiosas en el ámbito laboral: la jurisprudencia de Estrasburgo", *Boletín Mexicano de Derecho Comparado,* núm.144 (2015).
- MESTRE I MESTRE, R.M., "La protección de los derechos sociales por el Tribunal Europeo de Derechos Humanos", *Cuadernos Electrónicos de Filosofía del Derecho,* núm.33 (2016).
- MILIONE FUGALI, C.,

  * "¿Es razonable que España no haya ratificado todavía la carta social europea revisada en 1996?", *Documentos de trabajo (Centro de Estudios Andaluces),* Serie 3, núm.1 (2012).
  * *El Derecho a la tutela judicial efectiva en la jurisprudencia del Tribunal Europeo de Derechos Humanos,* Tirant lo Blanch, Valencia, 2015.

- MIRANDA BOTO, J.M., "Reseña de la jurisprudencia del Tribunal de Justicia de la Unión Europea (2017) y apéndice sobre la Carta Social Europea", *RMESS,* núm.37 (2018).
- MOLA, L., "The margin of appreciation accorded to States in times of economic crisis: an analysis of the decision by the European Committee of Social Rights and by the European Court of Human Rights on national austerity measures", *Lex Social,* núm.1 (2015).
- MOLINA, S., "Standards of the Council of Europe", *Social Policy,* núm.1 (2005).
- MOLINA NAVARRETE, C.,

  * "Método abierto de interpretación y Tribunal Europeo de Derechos Humanos: Otro nivel prevalente de justicia socio-laboral a medio descubrir", *RTSS (CEF),* núm.399 (2006).
  * "Libertad de procrear, vida en familia y prestaciones de maternidad subrogada: impacto nacional de la jurisprudencia del Tribunal Europeo de Derechos Humanos", *RTSS (CEF),* núm.399 (2016).
  * "El derecho a la vida privada del trabajador en el Tribunal Europeo de derechos humanos: ¿Diálogo o conflicto con la jurisprudencia nacional?", *Temas Laborales,* núm.145 (2018).
  * "De "Barbulescu II" a "López Ribalda", ¿qué hay de nuevo en la protección de datos de los trabajadores? Comentario a la Sentencia del Tribunal Europeo de Derechos Humanos de 9 de enero de 2018, caso López Ribalda "et alii" vs. España", *RTSS* (CEF), núm.419 (2018).

* "La obsolescencia legalmente programada del despido improcedente en España. Por qué y cómo corregirla en virtud de la Carta Social Europea Revisada", *Labos,* Vol. 4, núm.3 (2023).
* "La nueva indemnización por despido improcedente: ¿cómo debe cambiar con la reprobación vinculante del Comité Europeo de Derechos Sociales (CEDS)?", *Diario La Ley,* nº 10489 (19 de Abril de 2024).

- MOLNÁR, T., "The impact of ECtHR case-law on the CJEU's interpreting of the EU's return acquis: More than it first seems?", *Hungarian Journal of Legal Studies,* núm.62 (2021) 4.
- MONEREO PÉREZ, J.L.,
  * "Los principios del sistema jurídico internacional multinivel de garantía de los derechos fundamentales", *RGDTSS* (Iustel), núm.45 (2017).
  * *La garantía de los derechos de Seguridad Social en la Carta Social Europea en tiempos de crisis,* Laborum, Murcia, 2021.
  * "El valor jurídico de la Carta Social Europea revisada y su significación", *Documentación Laboral,* nº 125 (2022).
- MONEREO PÉREZ, J.L., y MUROS POLO, A., "La indemnización por despido improcedente ante la interpretación de la carta social europea revisada: análisis de las reclamaciones colectivas presentadas por UGT y CC OO", *LA LEY Unión Europea,* nº 117 (2023).
- MONEREO PÉREZ, J.L., y ORTEGA LOZANO, P.G., "Prohibición de discriminación", *Temas Laborales,* núm.145 (2018).
- MONTES FERNÁNDEZ, F.J., "El Consejo de Europa", *Anuario Jurídico y Económico Escurialense,* núm.47 (2014).
- MORENO BOBADILLA, A., "La influencia europea en el ámbito de los derechos fundamentales en España, en concreto, en el derecho a la intimidad", *Estudios constitucionales,* núm.2 (2017).
- MORENO GARCÍA, L., "La revisión civil de sentencias firmes como cauce procesal para la ejecución de las sentencias del TEDH", en AA.VV., *La influencia de la jurisprudencia del Tribunal Europeo de Derechos Humanos en el derecho interno,* Tirant lo Blanch, Valencia, 2019.
- MORENO VIDA, M.N., "El derecho a un proceso equitativo en el convenio europeo de derechos humanos", *Temas Laborales,* núm.145 (2018).

– MORTE GÓMEZ, C.,

* "El Convenio Europeo de Derechos Humanos: primeros pasos para una nueva reforma", *Anuario de Derechos Humanos*, núm.5 (2004).
* "El procedimiento ante el Tribunal Europeo de Derechos Humanos", en M. NOGUEIRA GUASTAVINO y G. GARCÍA BECEDAS (Dir.), *Lecciones sobre jurisdicción social*, Tirant lo Blanch, Valencia, 2013.
* "Los derechos económicos y sociales en la jurisprudencia reciente del Tribunal Europeo de Derechos Humanos: una selección", *Teoría y Realidad Constitucional*, núm.42 (2018).

– MOTILLA, A., "Derecho a conmemorar las festividades y descanso semanal", en A. MOTILLA (Coord.), *La jurisprudencia del Tribunal Europeo de Derechos Humanos en torno al derecho de libertad religiosa en el ámbito laboral*, Comares, Granada, 2016.

– MUÑOZ CATALÁN, E., "El medio ambiente como bien jurídico y derecho humano de tercera generación reconocido desde el imperio romano", *DELOS: Desarrollo Local Sostenible*, núm.21 (2014).

– NAVARRO NIETO, F.,

* El alcance del derecho al respeto de la correspondencia del trabajador en la jurisprudencia del Tribunal Europeo de derechos humanos, *Temas Laborales*, núm.145 (2018).
* "La videovigilancia laboral. Un comentario a la STEDH 17-10-2019, Asunto López Ribalda", *Diario La Ley*, núm.9519 (15 de noviembre de 2019).

– NICKLESS, J., y SIEDL, H., *CO-ordination of Social Security in the Council of Europe*, Council of Europe, Estrasburgo, 2004.

– NIÑO ESTÉBANEZ, R., *Fuerza obligatoria y ejecución de las sentencias del Tribunal Europeo de Derechos Humanos en España: el procedimiento de revisión*, Tesis Doctoral, 2018.

– NIVARD, C.,

* "La justiciabilidad de los derechos sociales en el Consejo de Europa", *Lex Social*, vol.6, núm.2 (2016).
* "L´obscure clarté du rejet de l´effet direct de l´article 24 de la Charte sociale européenne révisée", *Droit Social*, núm.10 (2019).

- NOGUEIRA GUASTAVINO, M., "Contrato de apoyo a emprendedores: el empresario puede desistir libremente durante el período de prueba, pero debe preavisar con 15 días de antelación. Aplicación y límites del control difuso de convencionalidad", *Revista de Jurisprudencia Laboral*, núm. 4 (2022).
- H. NOGUEIRA ALCALÁ y G. AGUILAR CARVALLO (Coord.), *Control de Convencionalidad, Corpus Iuris y Ius Commune interamericano,* Triángulo, Santiago de Chile, 2017.

  * "Hacia una reforma de la Carta Social Europea: propuestas para seguir avanzando en la justiciabilidad de los derechos sociales", *Revista Española de la Función Consultiva,* núm.26 (2016).
  * "El control de los organismos internacionales de derechos humanos sobre las medidas de austeridad anticrisis en Grecia: los pronunciamientos de la OIT y el CEDS durante el periodo 2010-2014", *Revista de Información Laboral,* núm.4 (2016).

- OIT,

  * *Repertorio de recomendaciones prácticas de la OIT. Protección de los datos personales de los trabajadores,* OIT, 1997.
  * OIT, *Social security coordination for non-EU countries in South and Eastern Europe. A legal analysis,* Budapest, 2012.

- OJEDA AVILÉS, A., "La convergencia europea en materia de Seguridad Social: los problemas de un Código internacional de prestaciones mínimas", *RMTIN,* núm.84 (2009).
- OLARTE ENCABO, S.,

  * "Tutela indemnizatoria y recurso de amparo en la doctrina del TEDH en relación con la no discriminación laboral por razón de sexo", *AL,* núm.12 (2013).
  * "La doctrina del Tribunal Europeo de derechos humanos sobre esclavitud, servidumbre y trabajo forzado", *Temas Laborales,* núm.145 (2018).

- OLLERO TASSARA, A., "Diálogo de tribunales en el marco europeo", en J. DE LUCAS MARTÍN y otros (Coord.), *Pensar el tiempo presente,* Tomo I, Tirant lo Blanch, Valencia, 2018.
- OLMEDO PALACIOS, M., "La sentencia del TEDH en el asunto S.A.S. c. Francia [GC], núm. 43835/2011, ECHR 2014, sobre la prohi-

bición del velo integral en lugares públicos", *Diario La Ley*, núm.8363 (2014).

- ORLANDINI, G., "«Tomando los derechos en serio»: la decisión del Comité Europeo de Derechos Sociales sobre la regulación italiana del despido (CGIL contra Italia)", *Trabajo y Derecho*, núm.71 (2020).
- ORTIZ DE SOLÓRZANO AURUSA, C., "La Carta Social Europea: ¿El último recurso contra el periodo de prueba en el contrato indefinido de apoyo a los emprendedores?", *RTSS (CEF)*, nº 407 (2017).
- OYARZÚN IÑARRA, R.,

  * "El Consejo de Europa", *Revista de Política Internacional*, núm.5 (1951).
  * "Etapas de la integración europea: El Consejo de Europa y el Plan Schuman", *Revista de Política Internacional*, núm.11 (1952).

- PARDELL VEÁ, A., *Los derechos sindicales en la Carta Social Europea*, Bosch, Barcelona, 1989.
- PARDELL VEÀ, A., y CABASÉS PIQUÉ, M.A., "La Carta Social Europea y la reforma laboral", en F. PÉREZ AMORÓS y E. ROJO TORRECILLA (Dir.), *Balance de la reforma laboral de 2012*, Bomarzo, Albacete, 2016.
- PASTOR RIDRUEJO, J.A.,

  * "El Tribunal Europeo de Derechos Humanos: la reforma de la reforma", *Persona y Derecho*, núm.44 (2001).
  * "Sesenta años del Consejo de Europa", *Revista de Derecho Comunitario Europeo*, núm.33 (2009).
  * "La Carta de derechos fundamentales de la Unión Europea y la adhesión al Convenio Europeo según el Tratado de Lisboa", en J. GARCÍA ROCA y P.A. FERNÁNDEZ SÁNCHEZ (Dir.), *Integración europea a través de derechos fundamentales: de un sistema binario a otro integrado*, CEP y C, Madrid, 2009.

- PAVÓN PÉREZ, J.A., "La protección de datos personales en el consejo de Europa: el protocolo adicional al convenio 108 relativo a las autoridades de control y a los flujos transfronterizos de datos personales", *Anuario de la Facultad de Derecho de la Universidad de Extremadura*, núm.19-20 (2002).
- PEERS, S., y BARZILAY, R., *The legal status of persons admitted to family reunion*, Council of Europe, Estrasburgo, 2000.

- PÉLISSIER, J., SUPIOT, A., y JEAMMAUD, A., *Droit du travail*, 22ª Ed., Dalloz, París, 2004.
- PENNINGS, F., *Introduction to European Social Security Law,* Cuarta Edición, Intersentia, Antwerp, 2003.
- PENNINGS, F., y VONK, G., *Research Handbook on European Social Security Law,* Edward Elgar Publishing, Reino Unido, 2015.
- PÉREZ ALBERDI, M.R., "La jurisprudencia social del Tribunal Europeo de Derechos Humanos", *Lex Social,* núm.1 (2011).
- PÉREZ DE LOS COBOS ORIHUEL, F., *El recurso individual ante el Tribunal Europeo de Derechos Humanos,* Tirant lo Blanch, Valencia, 2018.
- PÉREZ LUÑO, A.E., "La incorporación del Convenio Europeo sobre Protección de Datos Personales al ordenamiento jurídico español", en LOSANO, M.G., PÉREZ LUÑO, A.E., y GUERERO MATEUS, M.F., *Libertad informática y leyes de protección de datos personales,* Centro de Estudios Constitucionales, Madrid, 1989.
- PLENDER, R., *International migration Law,* Segunda Edición, Martinus Nijhoff, Dordrecht, 1988.
- POHL, J., "Sobre la exigibilidad judicial débil de los derechos sociales: escuchar al TEDH, o hacerlo decir", *Revista Chilena de Derecho,* vol.45, núm.3 (2018).
- POQUET CATALÁ, R., "La protección del derecho a la intimidad del teletrabajador", *Lex Social,* núm.1 (2018).
- PRECIADO DOMÈNECH, C.H.,

  * "La protección de los derechos sociales a través del CEDH. La STEDH 22 marzo 2012, Caso Konstantin Markin c. Rusia", *Jurisdicción Social,* núm.203 (2019).
  * *La Carta Social Europea y su aplicación. Los derechos sociales en serio,* Bomarzo, Albacete, 2021.
  * *El despido en la Carta Social Europea y el Convenio Europeo de Derechos Humanos,* Bomarzo, Albacete, 2023.

- QUERALT JIMÉNEZ, A.,

  * *El Tribunal de Estrasburgo: una jurisdicción para la protección de los derechos fundamentales,* Tirant lo Blanch, Valencia, 2003.
  * "Los usos del canon europeo en la jurisprudencia del Tribunal Constitucional: una muestra del proceso de armonización eu-

ropea en materia de derechos fundamentales", *Teoría y Realidad Constitucional,* núm.20 (2007).

* *La interpretación de los derechos: del Tribunal de Estrasburgo al Tribunal Constitucional,* Centro de Estudios Políticos y Constitucionales, Madrid, 2008.
* "Las sentencias piloto como ejemplo paradigmático de la transformación del Tribunal Europeo de Derechos Humanos", *Teoría y Realidad Constitucional,* núm.42 (2018).

- QUESADA POLO, S., "El Convenio Europeo de Derechos Humanos: Apuntes sobre el sistema de control del Convenio", *Anales de Derecho,* núm.16 (1998).
- RENUCCI, J.F., «*Article 9 of the European Convention on Human Rights*», *Human Rights Files,* Consejo de Europa, 2005.
- REQUENA CASANOVA, M., "TEDH - Sentencia de 08.12.2009, Muñoz Díaz c. España, 49151/07 - Artículos 12 y 14 CEDH - Derecho a contraer matrimonio - Discriminación por motivos étnicos - Matrimonio gitano - Artículo 1 del Protocolo n.° 1 - Pensión de viudedad", *Revista de Derecho Comunitario Europeo,* núm.36 (2010).
- RÍO SANTOS, F., "La jurisprudencia del TEDH en materia de gestación por sustitución y su influencia en la jurisprudencia española", *Actualidad civil,* núm.6 (2017).
- RIPOL CARULLA, S., "El Tribunal Europeo de Derechos Humanos: jurisprudencia del TEDH relativa a España", en C. FERNÁNDEZ DE CASADEVANTE ROMANÍ, *España y los órganos internacionales de control en materia de derechos humanos,* Dilex, Madrid, 2010.
- ROBERTSON, A.H., "*Relations between the Council of Europe and the United Nations*", en B. LANDHEER (Ed.), *European Yearbook,* Springer, Dordrecht, 1972.
- ROCA FERNÁNDEZ, M.J.,

* "Impacto de la jurisprudencia del TEDH y la Corte IDH sobre libertad religiosa", *Revista Española de Derecho Constitucional,* núm.110 (2017).
* "Tribunal constitucional y sentencias de los tribunales internacionales de derechos humanos", en M.C. MALDONADO SÁNCHEZ, *Memorias de las Jornadas Académicas "Derecho Constitucional para operadores de Justicia",* UNIR, La Rioja, 2020.

- RODRÍGUEZ BLANCO, M., “La protección social de los ministros de culto”, en A. MOTILLA (Coord.), *La jurisprudencia del Tribunal Europeo de Derechos Humanos en torno al derecho de libertad religiosa en el ámbito laboral,* Comares, Granada, 2016.
- RODRÍGUEZ CARDO, I.A.,

  * “Forma matrimonial y pensión de viudedad: en particular, el matrimonio por el rito gitano”, *Aranzadi Constitucional,* núm.16 (2008).
  * “Las resoluciones del Tribunal Europeo de Derechos Humanos como sentencias de contraste en el recurso de casación para la unificación de doctrina”, *RTSS (CEF),* nº 435, 2019.
  * “El impacto de la doctrina del Tribunal Europeo de Derechos Humanos en la jurisprudencia de la Sala de lo Social del Tribunal Supremo”, *RMTES,* nº 154, 2022.
  * “Jurisprudencia reciente del TEDH en materia laboral y de seguridad social (2020-febrero de 2023)”, *Foro, Nueva Época,* vol. 25, nº 1, 2022.
  * “La acomodación de la indemnización por despido a la Carta Social Europea tras la Decisión del CEDS”, de publicación prevista en *Anuario Coruñés de Derecho Comparado del Trabajo.*

- RODRÍGUEZ DÍAZ, A., “La mayor protección interna de los derechos de la Convención Europea de Derechos Humanos y el impacto del margen de apreciación nacional”, *Revista de Derecho Político,* núm.93 (2015).
- RODRÍGUEZ CRESPO, M.J., “La protección del trabajador ante nuevas formas de discriminación: la orientación y/o condición sexual. Análisis de la cuestión a la luz de los pronunciamientos del Tribunal Europeo de Derechos Humanos y del Tribunal de Justicia de la Unión Europea”, *RGDTSS (iustel),* núm.53 (2019).
- RODRÍGUEZ ESCANCIANO, S., y MARTÍNEZ BARROSO, M.R., “El Tribunal Supremo ante la «gestación por sustitución»: reconocimiento de prestaciones por maternidad derivadas de un negocio jurídico nulo y la necesaria tutela del interés del menor”, *Derecho de las Relaciones Laborales,* nº 2 (2017).
- RODRÍGUEZ-PIÑERO Y BRAVO-FERRER, M.,

  * “Antecedentes, génesis y significado de la Carta Social Europea”, *RPS,* núm.53 (1962).

* "La Carta Social Europea y la problemática de su aplicación", *RPS*, núm. 118 (1978).

* "La Carta Social Europea y su puesta en práctica", *Revista de Instituciones Europeas*, núm.1 (1978).

- RODRÍGUEZ-PIÑERO Y BRAVO-FERRER, M., y RODRÍGUEZ-PIÑERO ROYO, M., "Libertad sindical, derecho a la negociación colectiva y derecho de huelga en la jurisprudencia reciente del Tribunal Europeo de Derechos Humanos", *Relaciones Laborales*, núm.23-24 (2009).
- RODRÍGUEZ-RICO ROLDÁN, V., "Las facultades empresariales de vigilancia y los derechos fundamentales de los trabajadores: su difícil equilibrio en la era tecnológica", *Revista de Derecho Constitucional Europeo*, núm.29 (2018).
- ROJO TORRECILLA, E., "Nueva esclavitud y trabajo forzoso. Un intento de delimitación conceptual desde la perspectiva laboral", en E. PÉREZ ALONSO, *El Derecho ante las formas contemporáneas de esclavitud*, Tirant lo Blanch, Valencia, 2017.
- RUILOBA ALVARIÑO, J., "El Tribunal Europeo de Derechos Humanos: aspectos organizativos y funcionales", en A.V. SEMPERE NAVARRO (Dir.), *Prontuario de jurisprudencia social del Tribunal Europeo de Derechos Humanos*, Aranzadi, Pamplona, 2009.
- RUÍZ CASTILLO, M.M., *El cierre patronal*, MTSS, Madrid, 1990.
- RUIZ GONZÁLEZ, C.M., "Las nuevas propuestas interpretativas del Tribunal Europeo de Derechos Humanos sobre el control del uso laboral de la tecnología de la empresa: Barbulescu y López Ribalda", *Cuadernos de Derecho Transnacional*, núm.2 (2018).
- RUIZ MIGUEL, C., *El derecho a la protección de la vida privada en la jurisprudencia del Tribunal Europeo de Derechos Humanos*, Civitas, Madrid, 1994.
- SÁENZ DE SANTA MARÍA, P., *Sistema de Derecho Internacional Público*, Civitas, Madrid, 2018.
- SÁEZ LARA, C.,

* "Libertad de expresión de los trabajadores, tutela internacional y protección en España de los *whistleblowers*", *Temas laborales*, núm.145 (2018).

* *La protección de denunciantes: propuesta de regulación para España tras la Directiva Whistleblowing*, Tirant lo Blanch, Valencia, 2020.

– SAIZ ARNAIZ, A., "Tribunal Constitucional y Tribunal Europeo de Derechos Humanos: las razones para el diálogo", en ASOCIACIÓN DE LETRADOS DEL TRIBUNAL CONSTITUCIONAL, *Tribunal Constitucional y diálogo entre tribunales,* Centro de Estudios Políticos y Constitucionales, Madrid, 2013.

– SALADO OSUNA, A., "La ejecución de las sentencias indemnizatorias del TEDH y del TJCE", en J. GARCÍA ROCA y P.A. FERNÁNDEZ SÁNCHEZ (Dir.), *Integración europea a través de derechos fundamentales: de un sistema binario a otro integrado,* CEP y C, Madrid, 2009.

– SALANOVA SÁNCHEZ, B., *El ejercicio del derecho a la libertad de conciencia del trabajador en la empresa privada: el acomodo razonable,* Tesis Doctoral, 2016 (https://e-archivo.uc3m.es/handle/10016/23979#preview).

– SALAS PORRAS, M.,

* "El tratamiento jurisprudencial de la libertad sindical conforme al Tribunal Europeo de Derechos Humanos", en R. QUESADA SEGURA (Coord.), *Treinta años de la Ley Orgánica de Libertad Sindical: perspectivas y retos,* CARL, Sevilla, 2016.
* "La libertad de asociación sindical y el derecho de huelga", *RTSS (CEF),* núm.399 (2016).

– SALCEDO BELTRÁN, C.

* "Crisis económica, medidas laborales y vulneración de la Carta Social Europea", *Revista Europea de Derechos Fundamentales,* nº 22 (2013).
* "Incumplimientos por España de la Carta Social Europea", *Estudios (Fundación 1º de mayo),* núm.82 (2014).
* "Reformas legislativas, incumplimientos de la Carta Social Europea y su invocación en los órganos judiciales", *Colección Actualidad (Centro de Estudios Andaluces),* núm.73 (2015).
* "La aplicabilidad directa de la Carta Social Europea por los órganos judiciales", *Trabajo y Derecho,* núm.13 (2016).
* "La protección de los derechos sociales a escala europea: de la confrontación "presente" a la ineludible integración 'futura'", *RMESS,* núm.137 (2018).
* "Derechos sociales y su garantía: la ineludible aprehensión, disposición e implementación de Carta Social Europea (Constitución Social de Europa)", *Revista de Derecho Social,* núm.83 (2018).

* "Conclusiones XXI-3 (2018) del Comité Europeo de Derechos Sociales: Evidencias de la "indiferencia" y "resistencia" a la Carta Social Europea", *Derecho de las Relaciones Laborales,* núm.5 (2019).

* "Sinergias entre la OIT y los instrumentos internacionales de protección de los derechos sociales: estado actual y perspectivas", *RTSS* (CEF), núm.434 (2019).

* "El procedimiento de reclamaciones colectivas como paradigma del constitucionalismo y la justifica social (*nullum ius sine actione*)", *RGDTSS (iustel),* núm.57 (2020).

* "La intervención de las organizaciones nacionales en el sistema de informes de la Carta Social Europea: una cita insoslayable con las «observaciones»", *RGDTSS (iustel),* núm.55 (2020).

* "La autorización de la firma del protocolo de reclamaciones colectivas: un premio para los derechos sociales", *RGDTSS (iustel*), núm.58 (2021).

* "Conclusiones 2020 del Comité Europeo de Derechos Sociales: un imperio de discriminaciones sociales sobrevuela Europa", *Revista General de Derecho Europeo,* núm.54 (2021).

* "Conclusiones 2021 del Comité Europeo de Derechos Sociales: más utopía que realidad en los derechos relativos a la salud, la seguridad social y la protección social", *Revista General de Derecho Europeo,* núm.57 (2022).

* "La Carta Social Europea y el procedimiento de reclamaciones colectivas: un nuevo y excepcional escenario en el marco legislativo laboral", *Trabajo y Derecho,* núms.91-92 (2022).

* "Rumbo a la Carta Social Europea: navegando en aguas procelosas hacia el reconocimiento de los derechos sociales y sus garantías", *Documentación Laboral,* nº 125 (2022).

* "Conclusiones 2023 del Comité Europeo de Derecho Sociales: los incumplimientos de la Carta Social Europea por parte de España", *Lex Social,* vol. 14, nº 1 (2024).

– SALDAÑA DÍAZ, M.N., "Estándares internacionales de derechos humanos adoptados en el Consejo de Europa para combatir y prevenir la violencia contra la mujer: Los llamados "crímenes de honor", *AequAlitaS,* núm.41 (2017).

– SALES i JARDÍ, M., *La vida familiar en la jurisprudencia del Tribunal Europeo de Derechos Humanos,* Bosch, Barcelona, 2015.

- SALIDO BANÚS, J.L., "Tratamiento de personas, instituciones y colectivos especialmente sensibles en la Carta Social Europea (arts. 7, 8, 16, 17 y 19) y su regulación en el ordenamiento jurídico español", *RMESS,* núm.137 (2018).
- SAMUEL, L., *Fundamental Social Rights–Case Law of the European Social Charter,* Consejo de Europa, 1997.
- SAN CRISTÓBAL VILLANUEVA, J. M., "La aplicabilidad de la Carta Social Europea por los órganos jurisdiccionales españoles: reflexiones desde la perspectiva de la regulación de los recursos de casación laboral", *RTSS (CES),* nº. 460 (2021).
- SAN MARTIN CALVO, M., "El Derecho a la reunificación familiar en la Unión Europea y en España desde una perspectiva legal y jurisprudencial", *Aranzadi Unión Europea,* núm.12 (2020).
- SÁNCHEZ PUERTA, D.A., "La tutela multinivel de los derechos laborales: el protocolo de reclamación colectiva ante el Comité Europeo de Derechos Sociales", *Documentación laboral,* núm.127 (2022).
- SÁNCHEZ-RODAS NAVARRO, C.,

  * "La aplicación del primer protocolo adicional del Convenio Europeo de Derechos Humanos a las prestaciones sociales ¿freno para las reformas de seguridad social?", *Cuadernos de Derecho Transnacional,* núm.2 (2018).
  * "El primer protocolo adicional del convenio europeo de derechos humanos y el derecho a la seguridad social", *Temas Laborales,* núm.145 (2018).

- SARMENTO BARRA, J., y AUBRIERE, M., "La Charte Sociale Européenne et son application par les juridictions internes: regards croises entre la jurisprudence française et espagnole", *Lex Social,* núm.1 (2015).
- SCHABAS, W.A., *The European Convention on Human Rights: A commentary,* Oxford University Press, Oxford, 2015.
- SCHINDLER, D., *"European Convention on Human Rights in Practice", Washington University Law Review,* issue 2 (1962).
- SCHMAHL, S., y BREUER, M., *The Council of Europe. Its Law and Policies,* Oxford University Press, Oxford, 2017.
- SCHUMACHER, B., "The influence of the Council of Europe on the European Union: resource exchange and domain restriction as venues for inter-institutional influence", en O. COSTA y K.E. JØRGEN-

SEN (eds) *The Influence of International Institutions on the EU. Palgrave Studies in European Union Politics*, Palgrave Macmillan, Londres, 2012.

- SELA QUINTANA, L., *La Carta Social Europea,* Publicaciones de la Escuela Social, Oviedo, 1962.
- SELLARÉS SERRA, J., "El Consejo de Europa y su actividad institucional en el ámbito social", en J. BONET PÉREZ y A. OLESTI RAYO (Dir.), *Nociones básicas sobre el régimen jurídico internacional del trabajo,* Huygens, Barcelona, 2010.
- SERRANO ARGÜELLO, N., "La protección de los trabajadores frente a los despidos y su tutela ante situaciones de insolvencia empresarial. A propósito de los artículos 24, 25 y 29 de la Carta", en R. CANOSA USERA y E. CARMONA CUENCA, *La Europa de los Derechos Sociales: la Carta Social Europea y otros sistemas internacionales de protección*, Tirant lo Blanch, Valencia, 2024.
- SERRANO MAÍLLO, M.I., "El derecho a la libertad de expresión en la jurisprudencia del Tribunal Europeo de Derecho Humanos: dos casos españoles", *Teoría y Realidad Constitucional,* núm.28 (2011).
- SIERRA NAVA, J.M., *El Consejo de Europa,* Instituto de Estudios Políticos, Madrid, 1957.
- SMITHERS, P., "*The Council of Europe after twenty years*", en B. LANDHEER (Ed.), *European Yearbook,* Springer, Dordrecht, 1970.
- STANGOS, P., "Sinergias entre la Unión Europea y la Carta Social Europea, en la hora del Pilar Europeo de Derechos Sociales", *RMESS,* núm.137 (2018).
- STEERING COMMITTEE OF HUMAN RIGHTS (CDDH), *Draft feasibility study on corporate social responsibility in the field of human rights,* 2012 (https://www.business-humanrights.org/sites/default/files/media/documents/draft-feasibility-study-council-of-europe-nov-2012_.pdf).
- TALÉNS VISCONTI, E.E.,

  * "La expectativa razonable de confidencialidad como presupuesto de vulneración de derechos fundamentales en la fiscalización informática llevada a cabo por el empresario", Aranzadi Social, núm.8 (2013) (BIB 2013\2377).
  * "Video-vigilancia y protección de datos en el ámbito laboral: una sucesión de desencuentros", *Revista internacional y comparada de Relaciones Laborales y Derecho del Empleo,* Volumen 6, núm.3 (2018).

- TEDH,

* *Health-related issues in the case-law of the European Court of Human Rights*, Consejo de Europa, 2015.

* *Guía del artículo 6 del Convenio Europeo de Derechos Humanos. Derecho a un proceso equitativo (parte civil)*, TEDH, 2013.

- TEIXEIRA ALVES, L., "Los artículos 2 y 4 de la Carta Social Europea ante el Derecho español", *RMESS*, núm.137 (2018).
- TENORIO SÁNCHEZ, P., "Diálogo entre tribunales y protección de los derechos fundamentales en el ámbito europeo", *Revista General de Derecho Europeo*, núm.31 (2013).
- TINIÈRE, R., "The use of ECtHR case law by the CJEU: Instrumentalisation or quest for autonomy and legitimacy?", *European Papers*, Vol. 8, núm.1 (2023).
- TERRÁDEZ SALOM, D.,

* *La Carta Social Europea en el orden constitucional español*, Tesis doctoral, Valencia, 2014.

* "La aplicación de la Carta Social Europea a través de la legislación autonómica. Crónica de una disparidad Estado-Comunidades Autónomas", *RMESS*, núm.137 (2018).

* "Lucha contra la exclusión social y la pobreza. La necesaria ratificación de la Carta Social Europea revisada y su protocolo sobre reclamaciones colectivas en España", *Lex Social*, núm.1 (2019).

- ÚBEDA DE TORRES, A., "La Carta Social Europea: una visión de los procedimientos de seguimiento", en R. CANOSA USERA y E. CARMONA CUENCA, *La Europa de los Derechos Sociales: la Carta Social Europea y otros sistemas internacionales de protección*, Tirant lo Blanch, Valencia, 2024.
- USHAKOVA, T., "La responsabilidad de las empresas en el sistema del Consejo de Europa", *Lex Social*, Vol.10, núm 2 (2020).
- VALDÉS DAL-RÉ, F.,

* "La libertad de expresión e información en la Carta de Niza", *Relaciones Laborales*, núm.1 (2014).

* "La jurisprudencia del TEDH sobre libertad sindical", *Derecho de las Relaciones Laborales*, núm.6 (2016).

* *El constitucionalismo laboral europeo y la protección multinivel de los derechos laborales fundamentales: luces y sombras*, Bomarzo, Albacete, 2016.

- VANBELLINGEN, L., *La neutralité de l'entreprise face aux expressions religieuses du travailleur,* Bruylant, Bruselas, 2022.
- VANDAMME, F.,

* "La revisión de la Carta Social Europea", *Revista Internacional del Trabajo,* núms.5-6 (1994).
* "La Charte Sociale Européenne et la Politique d'emploi: Aperçu des Conclusions significatives (2016) Du Comité Européen des Droits Sociaux", *Lex Social,* núm.1 (2017).

- VANDAMME, F., y CANOSA USERA, R., "Les Conclusions (2017) du Comité Européen des Droits Sociaux concernant le droit a la securite sociale et relatives notamment a l'Espagne (articles 12 et 13§§1 et 4 de la Charte Sociale Européenne)", *Lex Social,* núm.2 (2018).
- VÁZQUEZ ALONSO, V.J., "Laicidad y libertad religiosa en la jurisprudencia de la Corte Europea de Derechos Humanos: una convivencia necesaria y difícil", *Estudios de Deusto,* Vol. 56/2 (2008).
- VELDMAN, A., "The Protection of the Fundamental Right to Strike within the Context of the European Internal Market: Implications of the Forthcoming Accession of the EU to the ECHR", *Utrecht Law Review,* Vol. 1 (2013).
- VENTURA FRANCH, A., "El Convenio de Estambul y los sujetos de la violencia de género. El cuestionamiento de la violencia doméstica como categoría jurídica", *Revista de Derecho Político,* núm.97 (2016).
- VIGO SERRALVO, F., *El derecho al trabajo: un primigenio y alternativo proyecto de Estado social,* Aranzadi, Pamplona, 2019.
- VIVERO SERRANO, J.B., "El despido improcedente y la Carta Social Europea: las experiencias de Finlandia, Italia y Francia", *Trabajo y Derecho,* nº 113 (2024).
- VIVES CABALLERO, M., "Código Europeo de Seguridad Social: comentarios a su contenido y a su ratificación por España", *RL,* núm.12 (1995).
- WALTER, C., "*The Notion of Fundamental Rights and Freedoms*", y D. EHLERS, "*General Principles*", en D. EHLERS (Dir.), *European Fundamental Rights and Freedoms,* De Gruyter, Berlin, 2007.

- ZUMAQUERO, J.M., "La Constitución española de 1978 y el Convenio Europeo de Derechos Humanos", *Persona y Derecho*, núm.8 (1981).

tirant PRIME

Inteligencia jurídica en expansión

Trabajamos para **mejorar el día a día** del **operador jurídico**

Adéntrese en el universo de **soluciones jurídicas**

96 369 17 28

atencionalcliente@tirantonline.com

prime.tirant.com/es/